U0588838

1916

高有鹏 著

中国国际广播出版社

权力是一把金光闪闪的椅子，可以激发人改天换地的豪情壮志，也可以令人神魂颠倒，忘乎所以。历史的巨大魅力，应该在于其不尽的遗憾，使人警醒。

——作者题记

高有鹏，河南项城人，历史学博士，博士生导师，中央电视台《百家讲坛》主讲人，中国神话学会副会长、中国地域文化学会副会长；著名民俗学家、大篆书法家。

目　录

卷上　杨花落尽子规啼

第一章

野就是乡间，就是百姓，就是无边无际的大水，改朝换代离不了它。天下礼崩乐坏，出现了乱子时，只有走进乡间，才会查出真正的根源。因为官僚之中更多的是阿谀奉承之人，绝少像民间百姓信口开河，无遮无拦。乡野从来都是朝廷的一面镜子啊！

第二章　小站

袁世凯望着这情景，止不住激动，汗水，缓缓在脸颊上流着。他使劲地抹了一把。他思量着，待这里稳定住规模之后，再派老部下吴长纯他们去山东、安徽、河南、奉天一带，多招一些步兵、骑兵。然后，将

1

采买的洋枪洋炮洋刀运送来，过山炮、陆路炮、曼利夏枪、连着六响的左轮手枪，该让这些年轻人都惊喜上一番。当然，这里不准他们任何人携带私人武器。他们服装要采用新式洋装。官是官，兵是兵。官兵一致，严加训练，试看天下谁能敌！

第三章　山东巡抚

山东自古就多响马，如今多出来义和拳，这又有什么可怕的！春天，袁世凯奉荣禄之命到山东德州学习行军阵法，就曾给荣禄写信，提到"内有德酋请治其罪，地主复求其疵，出师未捷，已腹背受敌，今而后知带兵之难也"。回到小站后，他奏请朝廷，山东要安宁，必须"慎选守令"，"讲求约章"，"分驻巡兵"，"遴员驻胶"。

第四章　临山临水

　　袁世凯说："彰德是一片宝地啊！太行山古称五行山，此地的确不俗。得中原者得天下焉；拥太行者，得拥日月矣。"等了片刻，他问道，"你们知道，当年曹孟德他为何选择这里安息吗？"

第五章　来日

　　张镇芳明白他的话，连连点着头，说："是啊，是啊，天旋地转，自古就是在动生静，静生动。依我看，天地大旋转的时候就要来临了。看那江南江北，大河上下，日日传来匪患。这，是新景象啊。"说着，他压低了声音，"慰亭，我有一个湖北朋友萧无良，说他们那里有人正在搞什么兄弟会，准备来日……"

第六章　五大臣

　　笑容在他们脸上绽开着。人们若更加仔细地去探视、端详，就会发现数徐世昌的脸最好看。此刻，他并没有与袁世凯表示过分的亲热，而是扫瞄了一下，短暂的圣礼中，已将数不清的密码该破译的破译，该储藏的储藏。他对奕劻和载沣则格外亲密地笑着，好像他与袁世凯不曾认识。

第七章　才堪大用

慈禧说："袁世凯呀袁世凯，以前，李鸿章说你才堪大用。我待你怎么样？你就忘了吗？赵炳麟他参你'权高势重'，将你比为年羹尧，陈田他劾你揽权营私。湖北的按察使梁鼎芬、御史成昌他们，都是怎么说你的呀？唉，袁世凯，都依了你，大清国的名号该怎么换呀？你和革命党不一样，你别那么傻，你要多学庆王，享些福不好？岑春煊、瞿鸿机，我把他们都赶出去了。你，非要都如你的愿才罢休吗？"

第八章　洹上

袁世廉望去，见照片上是袁世凯头戴斗笠，披着蓑衣，手执渔竿，正静望着水面，连声称好。接过照片后，他顿了顿下颏，说："我们就合拍一张这样的。这鱼钩是渭河的水洗过的吗？它是直的吗？"

两人哈哈大笑起来。

卷下　滚滚长江东逝水

第九章　滚滚长江东逝水

　　武昌城的天，飞满了欢笑，飞满了喜悦，飞满了歌声。一串串鞭炮炸响，散发出的硝烟被人争相嗅着称"好香"。蛇山笑着，望着龟山。轰轰烈烈的长江奔腾着，把武昌的消息送往南京，送往上海，送往全中国。

第十章　少年中国

铁如对大家说:"湖北的革命党派来了一位同志,叫胡鄂公,已经来到了天津。再过几天,他要秘密来京,和各革命团体取得共识,要运动整个北方的革命,推翻清王朝,打击袁世凯!"

第十一章　南方

黄兴说:"中山先生,其实啊,这个袁世凯并不可怕。张勋徐州哗变,袁世凯派张广建防务,李奉选在台儿庄起义。到底徐州为我所占领,张广建请他调兵增援,他也无兵可调。他收买了阎锡山,河南又举起了王天纵的旗。哪里他都想伸手,可他并不从心。我们应该坚持北伐,不应该停战议和。可事到如今,我就只好解甲归田了。"

第十二章　截杀宋教仁

大憨提出要找同志会，那人摆着手说："不能急，同志会的人，他们也不全可靠啊。袁世凯在河南的爪牙到处收买革命党；有人经不住诱惑，投了过去。现在，他们正预备截杀宋教仁！"

第十三章　骗子

袁世凯只手扯起熊希龄，走出屋子，站在清凉的绿阴下，显得意味深长地说："秉三，缔造一个崭新的国家，真正不容易啊。数一数前几个朝代，唐也好，宋也好，明也好，有哪一个朝代像民国这样荟萃英才，同求共和的？这是改天换地的大变革呀！无论别人怎样骂我，可他们不能不承认，在我的身边，即使是我的敌人，我也能容忍。若孙中山、黄兴能改邪归正，我会马上请他们来共谋大业！只有这样，才能使民国免于灭亡啊。"

第十四章 白朗起义

白朗他们亲手处决了一些恶棍，召集民众开会，宣传起义军的主张，号召天下的人民为再造共和奋起反对袁世凯。

第十五章　真龙天子

此刻，他睡眼惺忪，在蒙眬中感觉到自己正被人穿上沉重的龙袍，带着四周垂旒的平天冠；周围阴森森的，聚拢着数不清高呼万岁的人，都像阴风裹就的魑魅魍魉，正露出狰狞。他们在怂恿自己去坐在御座上。这是在干什么呢？怎么像做梦一样呢？

第十六章　魂兮归来

在昏暗的世界里，他觉得向前迈动一步很难，前面很远的地方好像是一座山峦。看清了，是太行山，山下是一片绿水环绕的村庄，是洹上村。那里的青草正探伸起头，向他呼唤着，招着手。忽然，那手都变作了写满"为日本去一大敌，看中华再造共和"的纸幡。

卷上　杨花落尽子规啼

第一章

　　野就是乡间，就是百姓，就是无边无际的大水，改朝换代离不了它。天下礼崩乐坏，出现了乱子时，只有走进乡间，才会查出真正的根源。因为官僚之中更多的是阿谀奉承之人，绝少像民间百姓信口开河，无遮无拦。乡野从来都是朝廷的一面镜子啊！

1. 银子

　　从翁同龢家出来的时候，袁世凯深一脚浅一脚走着，头昏脑涨。

　　多少天来，袁世凯无论如何也摆不脱在朝鲜的日子里的那些记忆。闵妃与大院君他们之间争斗的前前后后，时常令他心里不好受。

　　他一次次摇着头，感到无限的沮丧。他在想，自己整日奔走，四处经营，到底是为了什么呢？其实，自己是说不清楚的，一切都仿佛在梦中。儿时，曾经有一个梦，自己对谁都没有说过：梦见遥远的东方升腾起一轮红彤彤的太阳，冉冉升起，渐渐变成一把金色的椅子，闪着逼人的金光，飞过来！梦醒了，原来是早晨的阳光透过窗户，照射在自己的身上。一天晚上，一家人聚在院子里乘凉，母亲讲了一个故事，说从前一个老妇人积德行善，每当夜晚，就在月下祷告苍天，祈求天神送给他一把金椅子，从此吃喝不尽。也有一个人，习惯了飞扬跋扈，眼儿气这个老妇人，也在月下祷告，请求天神送给她一把金椅子；结果，天神送给她一把外面是金子里面是石头的椅子，她坐在上面就再也站不起来！一家人哈哈大笑。金椅子，金椅子，每每想起这把金椅子，袁世凯总是热血沸腾。

　　袁世凯心头又涌动起无限广阔的温暖。是啊，究竟有几个人能懂得世界，懂得朝鲜和日本真实的局势呢？他在心里说：翁同龢大人，你，你们动辄侃侃而

3

谈，似乎世上一切都在你的手心；你，你真正懂得日本人吗？你们真正懂得这个世界吗？

昨天去直隶总督府，见到了张佩纶和李经方两人，他们言语之中流露出对自己的佩服。李经方说："闵妃和大院君的事，您做得对。大院君这个家伙就得收拾收拾。我记得那年日本人桂小五郎和小松带刀他们准备抢占朝鲜，美国人、法国人也来凑份儿，大院君他不是和咱们一同携手对外，而是引来了一批天主教徒。在我们帮助下，他们打退了美国人、法国人，接着大院君他们去搞什么国禁，翻脸无情，冷落我大清国。闵妃是什么人？她入宫时才十六岁，是一个有城府有志气的娘们儿；当年，她使出手段，逼着大院君退隐三溪洞。她才是个了不起的人！"

当时，袁世凯没有说什么。他心里明白，开化党金玉均他们不是真正做事的。知道必须和我们大清国亲近的是闵妃。这个女人她也憎恨中国，但是，她不得不选择我，作出果断选择，走进我的怀抱！日本人恨她，朝鲜的百姓拥戴她，才使大院君像驴肉一样上不了席桌。日本人收买下金玉均和朴泳孝那一帮子"开化党"的事，只有自己是明白的。那年，汉城的士兵因为米中有沙闹事，赶跑了日本人，连着把闵妃也赶跑，实在是失策。闵妃一跑，大院君又上台来，这家伙竟然向日本人卖乖，让出驻兵权。当时，若不是自己把大院君押送出朝鲜，肯定会误大事的！大院君他们不明白，日本人帮助金玉均、徐光范他们练了四营兵，想的是慢慢吞并朝鲜。这个混账的李熙经不住金玉均的花言巧语诈骗和恫吓，却让他掌握生杀大权。朴泳孝家里开会时，开化党烧了邮政大厦的那些草屋，刺杀闵泳翊，带着日本人占了王宫，捉了那个混账李熙。他们想着掌握住六曹大臣就平安无事，料不到我们和汉城的老百姓包围了王宫，又赶跑了日本人。若不是我袁世凯，朝鲜国恐怕早就亡了。这个大院君是个没出息的东西！"高升"号打沉那一天，大院君扬言只有日本人帮助才能振兴朝鲜国。于是，总理大臣金弘集当即宣布与大清国绝交，靠日本人把中国的军队赶出来。黄海大战，日本人大败北洋，李鸿章拔去三眼花翎，交部严加议处。满朝的官员，竟有许多人举杯相庆。

袁世凯依然头昏脑涨，漫无目的地走着，走着。他打发那些随从们都回家去，自己一人随便走一走，让清凉的风吹一吹滚烫的脑袋。多少天来，他烦得心躁。

他想起了那个朴泳孝，止不住想骂出声。

朴泳孝逃到日本后，成了日本人的走狗，回到朝鲜做内务大臣，与金弘集作搭档。听说日本人正逼着他们想法杀掉闵妃，准备全面掌握皇宫大权。唉，朝鲜亡国之日近矣！

他想起了热烈呼喊革新的那几个朝鲜人，心里联想起了翁同龢他们。的确，口头上喊革新最响的人，恐怕是误国、卖国、亡国最早最快的人。朝鲜就要灭亡，就要被日本人操纵、奴役；大清国会毁在日本人的手中，而且会先毁在这群处处辱骂别人，欲斩除一切不顺眼的人才后快的人手中哩！李熙无能，金玉均、金弘集、朴泳孝之流才得以持左操右。光绪，你和李熙是一路货色吗？

"哗啦哗啦！"

迎面猛然响起一阵整齐的莲花落声，抬头一看，是一群蓬头垢面的叫花子。他们一个个龇牙咧嘴，堵住了自己的路，齐声高唱着：

> 打竹板，
> 响连天，
> 迎面的君子听我言。
> 我看您，
> 不一般，
> 三天之内必升官！
> ……

袁世凯笑了，随手向他们撒一把银子。

斗转星移，日复一日，袁世凯按捺不住满腔的血奔腾不息、沸腾不止。他将当时中日之战的场景用巨幅地图描绘出来，画了一幅又一幅，认真揣摸双方的兵力，认真总结我方败绩的具体原因。

画啊，画啊，他亲手画着，标下一个又一个箭头，写上密密麻麻的文字。他又将画出的图挂起来，贴起来，布满了整个屋子。指点着一个又一个战场，他恨得手指哆嗦不已，嘴中喃喃念着"我们本来是可以打败日本人的"！不知何时，他的眼角被泪水涂抹成一泓泓湖水，汩汩地流淌着愤恨。他忍不住抓起图纸，撕得粉碎——他一边撕，一边喊着："这群狗娘养的坏东西……"

他设想着，来日我强大，自己一定要亲率百万大军东征，为东方消除祸端！旋而，他静下心来，拿起笔连写了几个"征"字，将笔一把折断。

他闭上双眼，才感觉到周身袭来一阵阵倦意，掠去他的激动，连动他的仇恨和快乐。回想起往日，心头泛起那些如火的情感，心上的沈雪梅，还是那样妩媚、年轻，那双眸子和那片嘴唇，都闪烁着娇滴滴的光芒吗？秦淮河畔，多少岁月被当年的情谊点燃。貌若天仙的沈雪梅，给了自己多少安慰和激励！唉，他不觉长叹了一口气，猛然间，思绪荡然无存，脑子里一片空白。许久许久，他才回想起自己近些日子奔波的事情。

中日之战，注定要发生的，但是，为何会形成这样的结局呢？在朝鲜时，自己曾经派出一批批乔装打扮的探马，探听日本人的虚实，日本上上下下都在努力准备打中国——有人到处喊叫用中国人的钱买枪买炮买轮船，办学校，培养最优秀的年轻人，占领中国！他们发起一碗米运动，人人每天省出一碗米做军饷去打中国。而我方呢？全中国，大大小小的官僚，一个个肥得像猪，只知道吃吃喝喝，敲诈勒索。几千年风风雨雨留下的中国，如今到处荒芜，凋敝，死气沉沉，无所作为，像一个猪圈！

此刻，他想大吼一声；无奈，一行热泪流淌着，沿着他颤抖的面颊流淌着。

他抬起头，想起当年在开封跟随叔父练习官场的日子。他告诫自己说，仅仅有仇恨是不够的，《周易》讲，穷则变，变则通。要变通，而一切关键在于人，在于思路。他一遍遍对自己说，思路就是出路。

他站起身，又感到天旋地转，遂咬紧牙。

他亲手写道：

> 此次兵务，非患兵少，而患在不精，非患兵弱，而患在无术，其尤足患者，在于军制冗杂。事权分歧，纪律废弛，无论如何激励亦不能当人节制之师……为今之计，宜力惩前非，汰冗兵，节靡费，退庸将，以肃军政。亟检名将帅数人，优以事权，厚以饷糈，予以专责，各裁汰归并为数大枝，扼要屯扎。认真整励。并延慕西人，分配各营，按中西营制律令参配改革，著为成宪。必须使统帅以下均习解器械之用法、战阵之指挥、敌人之伎俩，冀渐能自保。仍一面广设学堂，精选生徒，延西人著名习武备者为之师，严加督课，明定官阶，数年成业，即检凤将中年力尚富者分带出洋游历学习，归来分殿最予以兵柄，庶将弁得力而军政可望起色……且此次赔输甚巨，开源节流，亟须整理，而养兵之费，向属繁巨。似应速派明练公正真知兵大员，除将著名骄饱疲儒诸军即须遣散外，仍将拟留各军认真点验，分别减汰，务期养一兵即得一兵之用……统计奉直一带，如有精兵六七万人，分归二三名帅扼要驻扎，计可自守……

这是他写给李鸿藻的信。他拿起来，细心看了又看，对袁世勋说："这，就是这。"

袁世勋读着，慷慨激昂，越读越有精神。读后，他深思许久，拍案击节，连声称好。

6

他望着袁世凯发黑的眼圈，劝道："慰亭啊，练兵之事，势在必行。只是此等事必须督办军务处的人拍板，才能确定是否由您负责练新军。我只有尽力游说，以真诚感动诸公，急不得啊。"

甲午战败之后，恭亲王奕訢为首，庆亲王奕劻会办，李鸿藻、翁同龢、荣禄、长麟等人会同办理，成立了负责整顿京畿旧军改练新军的"督办军务处"。袁世凯将目标瞄准了李鸿藻和荣禄两人。前一个时期，袁世勋曾多次奔走于李鸿藻府上，现在这样上书，应该能够说服他们，起到锦上添花的效果吧。

袁世凯说："只有这些还不够，大路和小路，我们都要走。庆亲王那里，银子送去了吗?"

"他收到了。"袁世勋说，"庆亲王没有推辞，而是又要了几册嵩云草堂刻印的西洋兵书。"

"那就多送几册。"袁世凯向前探了探身子，说，"刘坤一、张之洞那里，听说香帅这位张南皮也在忙着练新兵呢；他们那里，要再送几册。"

"荣禄那里怎么办呢? 这个家伙，据说他是不白吃银子的人。我恐怕如此操之过急，会弄巧成拙。"袁世勋面带愠色，向袁世凯解释，说军务处只有荣禄那份礼送不出去。

袁世凯颇有把握地说："不用着急。我会想办法的。这人最重要，他说话是很算数的啊。"

他心里明白，不练兵，手中无兵权，就如同猛虎无利爪，什么事情都无从谈起。曾国藩练了湘军，李鸿章练了淮军，他们才位高如日中天。今日，自己该练一支什么样的军队呢? 很显然，私家军是不能练了。湘军淮军皆如黄昏落日，丝毫无起色，现在只有练一支采用西式军事方法的新兵，才能立得住脚跟。更重要的是全国都在呼唤练新军，即使自己不练，别人也要练，而且，谁掌握了这样一支新军，谁就掌握了明天。

袁世勋受到他的感染，提醒他说道："这些人固然很重要，但也不能怠慢、疏忽了中堂大人他们。尽管他和这些人是政见不同，他的面子还是很宽的。"

"那当然，那当然。"袁世凯说着，挪了一下身子，从怀中掏出一张纸条，让袁世勋看，"中堂想得很远，兄台您看，他就这样有把握地认定要由我来练新兵。这里是他们推荐给我的几个人。像这个阮忠枢，中堂说他'武阀能文'，来日显得身手，说不定是一个孔明再世呢! 荫昌推荐了一个叫王士珍的人，在平壤打仗很勇敢，或许也是个将才。这里有个叫冯国璋的，自己投书来自我荐举；他曾在日本考察军事，写了很好的一本书，很有见地，却不受人重视，我们该将他重用。此辈皆为英才也! 我们要多用一批武备学堂的年轻人。这些人，很可能都是龙是虎，来日要成大气候呢。"

袁世勋说："可世间人都最喜欢狗——让它咬谁便咬谁。"

两人哈哈大笑。

"表弟永庆和吴凤岭他们，这里就不用说了。咱自己家的人，还能不用吗？"提到表弟刘永庆，家人的儿子吴凤岭，袁世凯笑着对袁世勋说，"像王同玉、赵国贤、唐天喜、王凤岗这些人，在朝鲜时就跟着我，现在也当重用。将来，他们就是左右臂膀，管事还得靠这些人，外手要考验考验才能使用。人家不用的，咱们不但要用，还要重用。超人之才，破格重用，何愁我新兵气象不新？兄台，这两天您在家歇一歇；我想出去看一看，访一访乡野。听说南蛮子在北京闹腾着要搞什么富国强兵，变法革新。成也萧何败也萧何，读书人，读死书，死读书，读书死；他们口口声声救国救民，力挽狂澜，做起事来一个个却首鼠两端，只知道谋取私利，没有一点出息！他们成不了精。我真想去会一会他们呀。前些年，我整天憋在朝鲜，对这京城的事不闻不问，只凭人家盯着我的一举一动。我得出去转上几天，好好巡访巡访天下，弄清楚天下百姓的苦乐，也好看看这世道是怎样转动的。"

袁世勋连连点头称是，说："您尽管去吧。忙过了这几天，等事情有了着落，我想回老家去看一看。听人讲，老家春荒闹得很厉害，寨墙又该修了。老一辈的人，走的都走了。大事，就得等您出来撑起门面。家中的事不能指望袁世敦，老兄那个人的心眼太狭窄。咱们袁家，只有您才是个干大事的啊。"

袁世凯苦笑着没再说什么。

2. 大刀王五

五月的北京城灰头土脑，无精打采。春天瘸着双脚走来了，护城河内外，没有鲜花，没有歌声，只有一阵阵风传来不尽的叹息。北京满地瘫痪着高高低低的楼房和城墙，垂头丧气，像废墟一样破烂，在炎热和烦躁中推出了漫天的尘垢。

一阵雨下来，满地都是温热而又腥臭的雨雾，让人更烦。

袁世凯在前门信步走着，自己也不知道怎么来到了这里。

现在，他已经是浙江温处道的道员；但他并没有赴任，而是留在了北京。他特意置办了这身相当不显眼的衣服，自己想着要学那当年的乾隆皇帝下江南，微服私访民间的疾苦、怨怨，睁眼看一看天下的事理如何演绎。在小时候，养父袁保庆常告诫自己，要学会忍，要学会让别人说你好，而不要随意张扬。那一天，自己不明白"礼失而求诸野"的意思，袁保庆说："野就是乡间，就是百姓，就是无边无际的大水，改朝换代离不了它。天下礼崩乐坏，出现了乱子时，只有走进乡间，才会查出真正的根源。因为官僚之中更多的是阿谀奉承之人，绝少像民间百姓信口开河，无遮无拦。乡野从来都是朝廷的一面镜子啊！"这些日子，小白脸、白眼狼实在是太多了。如今，自己的朋友们，怎么和当年陈州城文社中那帮人一模一样呢？唉，是狗都吃屎；天下的道理都是一样吧。

早晨，他想去徐世昌那里详谈一下自己对操练一支新军的想法，徐世昌却在昨天晚上到朋友家里玩，没有回来。于是，自己就到这儿来闲散。再过几天，他就要到吏部受人引荐了。

走过一处处商铺，各种叫卖声都挤进了耳朵里。他感到从来没有过的实在和亲切，这样的气息，已经有多少年没有闻到了。还是那年养母有病，自己从朝鲜回到陈州城，逢春二三月，陈州的太昊陵有庙会时，也是这样的嘈杂声，这样的气息。他用力吸了吸鼻子，格外惬意，身旁偶尔有车马驶过，"得儿得儿"的马蹄声，像踏在袁世凯的心坎儿上，令他忐忑不安。他不停地向左右瞥去。路边的商贩们忙乎着，有人打量着他。他感到自己好像正被人跟踪似的，觉得四周的人都是鬼鬼祟祟地在注意他。找了一个僻静的栅栏旁边，他侧身向两边仔细瞅着，并不见一个人影跟来，才放下了心。

栅栏上爬满了爬山虎、丝瓜秧的青藤，一簇簇花儿争相开放着，红的、黄的、白的、蓝的、紫的，淫荡的笑容在风中翻腾着，令他眼花缭乱。霎时，那些花儿又变成了故旧们斑驳的脸。

"汪！汪汪！"栅栏远处传来了几声沉闷的狗叫。

袁世凯定睛望去，只见一处破草房立在几棵高大的柳树下面，旁边停放着一辆骡马大轱辘车。一大一小两只瘦狗用力昂起脖子，守护在两匹骡马的一侧，正远远地朝这边吠叫。他在它们身上看到了两个熟悉的人影！

一个穿蓝袍的中年人从门内钻了出来，向周围认真探视着，很快发现了袁世凯，转身对屋内招呼了一下，屋内马上走出来几个人。一群人像渔网一样缓缓展开，向袁世凯包围，一步步逼了过来。

袁世凯心中猛一阵寒栗，正要转向离去，突然，一个络腮胡子的汉子高声喊住了他："先生，不要走，请到寒舍一叙。"

说话间，一群人逼得更近了。

袁世凯强装出笑容，说："诸位兄弟，请你们不要误会。在下是来自河南的客商，今日走迷了路，不知为什么，竟走到了这里。若是我冒犯了各位的话，这里我就先请抱歉，此厢有礼了。"说着，他弯腰鞠了一个躬，又抱拳行了几个揖。同时，他在想如何对付他们。

络腮胡子的中年汉子打量着他，猛然喊一声："凯儿！凯——儿呀！我的四哥！"一边奔跑过来，连声叫道："怎么是你在这里！"

袁世凯怔住了，这声音如晴天霹雳。

同来的那几个人也愣住了，都驻足不前。

络腮胡子汉子跑过来，一把抓住袁世凯的臂膀，使劲顿了几顿，扑通跪下，哭喊着说道："我是大憨呀！凯儿，你忘了吗？我认得你！过来，让我看你肋下那块青疤！"边说，他边扒开袁世凯的内衣，疯了一般，哆哆嗦嗦，摸着，摸着。

袁世凯立刻发愣了。他认真打量着大憨，眼前确确实实是大憨，只不过多了一副络腮胡子。他一把拉起大憨，紧抱住，哽咽着，抽搐着说："大憨，我的亲兄弟，我的好兄弟呀！我们……"

他们边流泪边说着别离后意外相逢的话。

大憨的手特别有力，狠狠抓住袁世凯的肩膀，抓得他生疼。大憨的眼泪像溪流一样汩汩冲刷着两颊，许久说不出话来。

袁世凯挥起衣袖，用力为他擦着眼泪，一边埋怨他，压低了声说："大憨，我的亲兄弟呀，这么长时间，你也不去找我。到底你们是咋个样子？铁头和狗蛋呢？他们在不在这儿，快领我去看他们！"

大憨哭得更痛，恼恨得直跺脚，用拳头捶打着胸膛，猛地又蹲在地上，抱住头，大声号叫着说："铁头，还有狗蛋，他们，他们都死了呀！他们，他们被狗日的日本兵用鱼雷炸死了。我们兄弟几人，一同离开家乡，二憨在路上早早地去了。如今，只剩了你和我！去年海战之前，铁头、狗蛋我们几个还聚在一起，想着等到太平年景，早一些回家置买一些田地，过上舒服的平安日子。谁知道，竟成了今天这等模样，世凯，凯儿！就剩下你和我两个人了！凯儿！日子，日他娘的真难呀！我日他娘啊！"说着，他抱头痛哭不已。

袁世凯双手把大憨拉起来，拉住他的手，紧搭在自己胸前，说："大憨，走吧。从前，二爷那时候，在这京城里曾经买了一些房产。我也算有个住处。你到我那儿住上几天，咱们好好玩一玩吧。我也是天天发愁啊。"

正说着，只见远处一阵尘土飞扬，很快，一匹骏马嘶叫着来到这里。大憨他们急忙迎了上去。马背上的红脸汉子喊叫着"大憨哥"，喘着粗气跳下马来。

红脸汉子细长的身材，尤其是腿和胳膊，都比普通人要长得多，显得很有力，一双灰蓝眼珠儿上长眉毛发着红光，让人猛一看见时会发憷。他正要与人说什么时，忽然看到袁世凯在一旁站着，欲言又止。

大憨说："不要怕，这是我的同乡，我俩是一个村里的兄弟，他叫袁世凯。"同时，拉着袁世凯走向红脸汉子，介绍道："这位是燕赵豪侠，人称大刀王五！"

袁世凯和王五同时感到吃惊，双方都猛地怔住了，立在那儿不动，相互用目光审视着。

大刀王五，这声名多么显赫！袁世凯曾听人讲过，传说他是个盗马贼，能飞檐走壁，在黑夜奔跑，眼观六路，耳听八方，一轮大刀片舞动时，像一团白光在滚动。这是个行侠仗义的角色。怎么？难道大憨入了杆子伙，当了打家劫舍的土匪吗？

袁世凯！王五眼睛直盯着他，心里咯噔了一下。他曾经听说过这个人。王五在朋友那里知道有一个人物叫袁世凯，听说这人曾在朝鲜办理商务，很有能耐，被人称为第二个李鸿章。他，他怎么会来到这里呢？

袁世凯哈哈大笑着，向王五打了揖，分外热情地说："久仰！久仰！人说今日大刀王五，是当年荆轲在世，天下有名的豪侠！幸会！幸会！"说着，转身又对周围的人说，"兄弟今日幸会各位豪侠，若不嫌弃兄弟之不才，恳请各位随同兄弟寻一酒馆，把几杯如何？"

大憨讲了他们往日的情谊。大家对袁世凯开始有了好感，都嚷着在这里坐一坐，酣畅淋漓一番。

大憨说："请两位光临寒舍，我们自家兄弟何必讲太多的客套？请吧！屋内还有刚煮好的大块儿狗肉，大块儿牛肉、羊肉，香喷喷的，热腾腾的，还有嫩蒜瓣儿就着，正好下大碗酒呢！"

"哈哈哈哈哈"，人们狂笑着，齐向那间破草房走去。

王五牵着袁世凯的手，一群人有说有笑。

破草房只是一个门面，走进去，只见豁然一亮，里面掩藏着大片的木屋，一排排有十几间，成曲水式连环状。通道格外宽敞，墙壁上的木板错落有致，隐隐约约可看到这里布满了暗器。袁世凯用心四处打量着，小心翼翼地向前走着，觉得脚下不时感到空空的，踏上去"咚咚"地响。他想，这该都是暗道藏着无数的机关吧？周围更是别有洞天，转来转去，一切都像迷宫。大憨把他们引进一个宽敞的大厅内。待大家都坐下后，他大声吩咐人把酒肉都端上来！大厅里插满了巨大的火把，明亮如白昼。桌子很大，袁世凯打量着眼前这张桌案，厚墩墩的，像豫东农村的椿木大床，一眨眼工夫，上面摆好了大锅的狗肉，逼人的香气喷薄着，诱得人直抽鼻子，太香了！大憨亲手将一只酒瓮抱起，倒满了桌上摆放的那些大海碗，随后，他向周围的人扫视着，自己带头，两只手捧起海碗，再郑重地对人绕了一圈，"咕嘟嘟"喝了个精光。他狠抹了一把嘴，大声说："弟兄们，今儿个咱们开个龙虎英雄兄弟会。俺四哥和我重逢，又有王五大哥送来如此振奋人心的喜讯，喜上加喜，来，干了！"

大家呼喊着"干"，都仰起脖子将大碗的酒喝了。

袁世凯怎么也仰不起脖子将这么多的酒喝完，平时哪里有过这样的豪情？他颤抖抖地捧起海碗，望着周围的眼睛都在盯着自己，狠了狠心，一咬牙，放开喉咙喝了下去！

大家都叫好！

大憨请大家接着喝，给袁世凯倒得少了许多，用眼色告诉袁世凯：无论如何，一定要把这酒喝完。袁世凯会意地点了点头。

连喝了三碗，大家像亲兄弟一般，互相推让着去吃大块的狗肉。

王五站起身来，笑着把狗肉往嘴里送着，声音像铜锣一样清亮："弟兄们，今日真是大喜啊！世凯兄幸会我们'少年王府'，我们又多了一位好兄弟。明日，湖南的大才子谭嗣同来咱们这里给弟兄们讲经。这也是双喜临门啊！"

大憨笑着，泪流满面，一连喝了三大海碗的酒，将一只海碗"啪啦"摔碎在地上，怪声怪气地喊着："把野狗蛋端上来！"

内间一声应答，一个尖嘴猴腮的黄脸中年人端着一盘子菜肴，笑吟吟地走过来，把菜肴端正地放在袁世凯和王五的面前。

一盘子像鸽子蛋大小的肉蛋儿，被烹调得晶莹剔透，散发着浓郁的奇香。

袁世凯被推让不过，用筷子夹了一只，在嘴里嚼着，像烹制好的鸡胗，感到从未有过的可口香嫩。他越吃越兴奋。大家都望着他笑。

他被笑得不好意思，正要放下筷子，被大憨拦住了。

大憨说："凯儿，俺四哥，吃！即使是皇帝佬儿来到这少年王府，弟兄们也不会让他吃这等菜呢！这野狗蛋香不香？我敢说，天底下没有比这菜更香的。熊掌、猴头那些东西都算个啥？来，四哥，你吃！哪一天，说不定我们把皇帝佬儿的野狗蛋也给挤出来，吃了它！"

王五也附和着说："老兄，请多吃！我来这儿多，曾吃过几回。您第一次来，只管由着兴头吃。"

袁世凯吃罢，学着其他人的样子，把嘴一擦，对周围的人说："好滋味儿！"

大家笑得前仰后合。

大憨说："四哥，喝！喝了我再给你讲这野狗蛋是从哪儿采来的。"

袁世凯喝了一大口酒，问："好兄弟，这是从哪儿采来的？我还真没有尝过这样的菜，该是绝世的手艺！"

大憨说："说了你可别介意。这是那皇宫里也采不来的。"

袁世凯笑着，朝大憨肩上拍了一掌，说："大憨，咱出来的时候，你可是最老实不过的。什么时候你也学会了耍把戏？"

大憨抿了一口酒，笑了一阵儿，说："四哥啊，我说的可是真的。从前人都讲，世上的牛鞭子、狗鞭子都是大补。这太监你知道不？刚才我们吃的就是太监净身前的玩意儿。您说皇帝佬儿他能吃到男人的这东西吗？"

袁世凯一听，瞪大了眼睛，只觉得五脏六腑直翻滚，想吐，却吐不出来。他惊讶得直颤抖，问大憨："啊呀！大憨，我刚才吃了这么多的这种东西？"

大憨拉他坐下，带安慰性地说："四哥，你别怪。弟兄们弄这也都是不得已。老家河南，我记得有那宰猪匠，他们阉下的郎猪蛋和这太监的东西是一样的。说不定啊，刚才你吃下的，就有当朝哪个得势的红太监的那东西。我们该吃，就别管它是啥！"

袁世凯平静下来，努力使自己不呕吐，装着一副傻乎乎的样子，说："兄弟，那不脏吗？"

大憨说："不脏。四哥，你放下心，这东西啊，干净得很。我们把那些东西挤出来，放在清油缸中，存上十年八年，也不会坏的。等一会儿，我带你去看那缸中的野狗蛋。一颗颗像珍珠玛瑙，放明光呢。当朝的李莲英你知道吗？"说着，他露出狡黠的笑。袁世凯点了点头，往四周看，人都他顾。

大憨摆出满不在乎的样子说："他就是在我们这儿净了身的。若你想当大官，需要这个家伙帮忙，他就得买我们的账。谁的账他都可以不买，我们这儿的账，他不敢不买。咋？啥时候我给你一张印纸，印着我们这里的标志，你一伸给他，准会吓他一跳。让他干啥他干啥。"

袁世凯瞪大了眼，不由自主地张大了嘴，说："好啊，大憨兄弟，你是脱胎成仙，有这般神奇的本领！照你说，保不住哪一天还真得结识这个阉狗呢。"他越说声音越低，好像怕别人听见。

大憨说："是啊，你可真别小瞧了这些太监。他们是世间小人的头目，别看他们文不能舞墨，武不能挥剑，但是他们却有一颗比针尖麦芒还要狭窄比蛇蝎蜈蚣还要狠毒的心肠。谁得罪了他们，那算是该谁倒霉。我真想盼得到有真龙天子出世，能惩治这些没有人性的东西，杀尽普天下的贪官污吏，让穷苦人都有饭吃啊！四哥，还记得小时候……"

袁世凯止住了他，悄声说："大憨兄弟，哪一天到我家里去吧，世绳你该认识认识的，他可想念咱们家乡人了。等有机会我再来看望众弟兄吧，请弟兄们多饮上几杯！"说罢即准备告辞。

大憨对一旁的人喊道："弟兄们，我四哥就要走了！"

人们嘈杂着，纷纷围过来挽留袁世凯能多住上一些日子。强留不住，大家一起走出来。大憨拦住了大家，他要单独送别袁世凯。

夏夜的月亮高高地挂在头顶上，四周是黑黝黝的野地，高一声低一声的虫子争相叫着，空气里弥漫着带有腥苦味儿的青草气息。

袁世凯对一直纳头不语、想着沉重心事的大憨说："大憨兄弟，世情险恶，你要多保重。我袁世凯要诚交天下的英豪，来日，弟兄们要恢复大明家的江山，把皇帝从满人的手里夺过来！你平日在京城没有事时，要记着多给我物色一些英雄豪杰，我们，要重振乾坤！"

大憨抽泣着，用袖子拂拭着双眼，抬头望望月亮，说："四哥，打小我就看重你，想着你要成一个大人。中，大憨我给你招兵买马。你放心吧。据说白云观有个老道人看相很神，你想不想去看看？"

袁世凯摇了摇头，说："命是生就的，让人看出了倒不好。果真有人算得出我们谁是真龙天子，不被朝廷满门抄斩才怪哩！大憨啊，四哥我不信那些道人的话，我只相信世间老百姓的话——风水都在转着呢。有人说我，过了八月十五，我的霉气就散尽了。耐心等吧！哪一天有出头之日，我能忘了你吗？"

旁边野地里"呼啦"响了一声。

袁世凯"嗖"地从腰中拔出短剑，闪电般向声响处飞刺去，只听一声哀鸣，"咚"的一声之后，什么都没有了。

大憨跑过去，一把揪起一条狗，掂着让袁世凯看，说："四哥的眼力真中！"

二人大笑起来。

袁世凯把短剑拽掉，对大憨说："我用的这个家伙是用毒药浸煮过的。即使是挨着它的皮，它也难以活成。"

大憨惊得直张嘴。

袁世凯和大憨在夜色中立定，谈了许多往事。最后，袁世凯对大憨说："真想不到你的日子有这样难，等几天，待我的事安置住，就为你操办一房媳妇。有了个家，也就稳当住了，兄弟有个知冷知热的人在身边，该歇一歇了。至于老家那些事，我会着人替你照应的。"

大憨眼里噙着泪，紧一声慢一声地对袁世凯说："四哥，这世上，俺只有你一个亲人了。我的四哥！"说着"呜呜"地哭了起来。

袁世凯像哄孩子一样，扶着大憨的肩膀，劝他不要再哭。大憨不哭了，点点头。

天上的月亮给大地刷上一片银光，高高的前门箭楼像一尊武士在月光中挺立着。

3. 老袁安

袁安正在哗哗啦啦地扫着院子里的地，一边独自哼着一曲儿：

三更里呀么那个鼓儿响，

　　小二姐梳罢又梳连换了几回妆。

　　左思念右思念如何也睡不着，

　　想来想去她就是放不下那个小二郎……

　　他越唱越兴奋，脸红红的，胳膊腿儿显得尤其灵活。

　　他来回扫着，听着扫帚响，沉醉在自己的曲子中，一点儿也没有发现袁世凯站在走廊东头正望着他。

　　袁世凯不愿惊动他，想让他多唱一会儿，也好让老人的心情更舒畅一些。

　　老人来袁家已经几十年了，对袁家的孩子像对自己亲生的一样。几十年来，他一直没有结婚，家里穷，娶不起。再说，跟着袁家的人也习惯了。一个人过着好，七十多岁的人了，权且把袁家当做自己的家；袁家整日人来人往，熙熙攘攘的，这样也很好。

　　半个月前，袁家雇了个年轻的伙计，让他喂马，兼做院子里的清扫。袁家要付两倍的工钱给这个伙计。伙计高高大大，有七尺高的个头，整天虎着脸，满脸煞气。袁家的孩子看见他都害怕，直拉着袁安的衣襟，往身后藏。袁安看在眼里，对袁世凯说："凯儿，把他换了吧。这些活儿我一个人就做完了，别吓着孩子事儿大。"就这样，袁安连看家、喂马、清扫院子、养花、喂鸟、值更，所有的家常活儿一并揽了。袁世凯说："您这样一来，该给我省了多少工钱啊。"袁安说："啥钱不钱的，按辈分，你们都该是我的晚辈儿。如今，我看着你们都有了出息，心里比啥都要高兴。多干点活儿，我这身子骨就要硬朗些，心里也就更高兴，痛快呀。别说了，什么都别说了。"

　　最令袁世凯感激的是，当年袁安救下自己，自己带着铁头他们星夜投军，才有今天。想到这里，他眼角不禁湿润。

　　满院子的花草、树木，像吃饱了奶的婴儿一样，太阳一出来，都水灵灵精神起来。绚丽的花瓣儿和嫩绿的树叶，滚动着晶莹的露珠，一个个摇头晃脑，志得意满的样子。

　　今天早晨的太阳格外鲜艳，被风吹得喝醉了酒一般，将漫天撒遍了飞舞的云锦。

　　袁世凯清了清嗓子，亲切地叫了声："老世叔！"

　　袁安最喜欢听袁世凯喊他"叔"，扭过身来，响亮地答应了一声："哎！"忙抓着扫帚，停了下来，站在那儿傻笑起来。

　　袁世凯走过去，缓缓来到他跟前，轻轻拍打着他身上的灰尘，一边捏下几根草芥，说："俺叔，看您，一大清早就起来，让人多不好受。这么大年纪，该我们晚辈的孝敬您呢。"

袁安动情地说："你看俺世侄儿怎能这样说呀！从您二爷他们那时候起，我就是袁家的人了。闲着也是闲着，累能累到哪里去？"

一缕风吹过来，满面都是清爽和芬芳。两人的鼻子，都不自禁地吸了一下。袁世凯低了声说："世叔啊，我有一个事，想问问您。来，到屋里我给您说吧。"

两人从走廊中穿过去，进了东屋客房。

袁世凯悄悄地给他拿出了一包银子、细软放在桌上。

袁安霎时哭了，十分委屈地说："凯儿，咋了？您，这是要撵我走吗？您是嫌我老了，不中用了吗？"说着，从椅子上霍地跳起来。

袁世凯笑着，扶他坐下，轻轻地说："噫嘻，俺叔，您看俺叔呀，您看您，您咋能这样说咧——您把您侄儿看成啥号子人了！"

袁安迷惑着，一边搓手，一边用力点着头说："那你不知道我老头子从来不要钱吗？"

袁世凯郑重地说："我的叔，您别慌；我是请您老人家帮我去做一件扭转乾坤的大事。"

袁安傻傻地笑了，说："咦，咦咦咦！你看你，你把我吓成了啥！我还以为你是让我回老家，是嫌我老了不中用了呢。"

袁世凯哽咽着说："俺叔呀，我怎么能做那样的事情呢？如今，俺爹他们都不在了，您是俺的长辈儿。我这一窝子家小，不都是靠您，才平平安安的吗？俺叔呀俺叔，您放心吧，咱爷儿俩一辈子都要在一块儿。您看着我这有哪不顺眼的，您该打就打，该骂就骂！俺叔，那年，那年，若不是您，我，小凯儿我，我就……"他指的是当年在项城老家自己投军前受辱，受袁安搭救的事情。

袁安捏着衣襟，把头低下猛又仰起脸来说："孩子啊，你别再提那些事了。我说，也都是咱们家乡人见识太短太浅；不提它了！俺世侄儿如今对我把老骨头这样好，还记着这些小事。唉，我说也是，你如今撵还撵不走我哩！我不走，你能用牛屎锨把我铲出去？"说着他用目光认真打量着袁世凯。

袁世凯的目光异常平静，他什么也不应，悄悄地又拿出一些药品，对他说："叔，我想请您老人家出一趟远门儿。路上带着这些药，可在应急时使用。"

袁安挺起了胸膛，说："啥事儿呀？说吧！"

袁世凯说："我家二姐淑莲，您还记得不记得她？"

袁安长出了一口气，眉目渐渐舒展开来，说："二姑娘？二姑娘淑莲？淑莲姑娘呀，她小时候，我还哄过她玩呢。知道，我知道，她嫁了个女婿，叫张香谷，是淮安人。这一晃已经有十几年没有见过她了。你让我找她有什么事?"

袁世凯说:"叔啊，俺叔，您看我现在，人不人鬼不鬼的。前些天我去拜见军机大臣翁同龢，只因为我冒昧相求拜望，人家根本就看不起我。如今，咱们袁家朝中无人，我，也显得就什么本事也没有了。"

袁安说:"贤侄儿啊，你可别看不起我。我虽不才，这几十年，有些事我还是知道一些的。你当我是整天光知道干一些杂拌儿活? 这朝廷中的消息，我得悉不少呢。只是当咱们袁家保恒、保龄他们兄弟一走，我来回送信的机会也就少了。在那些年，我曾经是袁家的千里眼、顺风耳。如今这两年才显得清闲，好像是没有用了。那翁同龢的家底，我还是知道的。"

"怎么，世叔和他也有交往?"袁世凯问。

袁安点点头，端起袁世凯为他倒的茶水，轻轻吹了一口热气，慢条斯理地说:"这翁同龢，我还吃过他家的酒席呢。那一年，我到他府上，给他送过一封密信，他留住我，一定要留我在他府上吃饭。回家来，保恒对我讲起了十几年前翁家与咱们袁家的一段交往。咱们袁家曾接济过他们翁家。翁同龢他如今当上光绪皇帝的师傅，还有咱袁家的引荐之恩呢。他哪里是瞧不上你? 他是给人看的。他当着那么多人与你来往，落下个得你钱财的名声，岂不是挨骂吗? 慢慢来，这过去我曾听说呀，翁同龢与那当朝的荣禄之间的一段事。他们两人明和暗不和，不仅仅是一个靠了太后，一个靠了皇上的缘故!"

袁世凯瞪大眼睛，急问:"噢，到底是如何一回事?"

袁安咳嗽了两声，眯缝起眼睛，仍然慢条斯理地说:"光绪开始时，有一个人叫沈桂芬，他破了先前的例子，以枢府当国。还有一个李鸿藻。他们两人都是皇上的大红人。荣禄，在那时候只是一个步兵统领，血气方刚，他不服这两个汉人。有一次，荣禄入见的时候，适逢沈桂芬请假没到，山西巡抚缺职，空着呢。荣禄灵机一动，对朝廷说，山西是最富的地方，有钱的人，数山西多，沈桂芬是朝廷的忠臣，还是让他去那里当巡抚为皇上理好财吧。这样一来，就是从内臣换到外臣，两职之间待遇和前途，可就差距大得很啊! 军机大臣里面，有谁做这样的鬼? 李鸿藻是沈桂芬的铁哥们儿，他知道这肯定是荣禄的贼点子。他就在心里发誓，一定要整荣禄这家伙。"

袁世凯为他续沏了茶水，让他喝着慢慢再讲，同时，又取出上好的点心给他吃。

袁安喜形于色，说:"机会终于到了。李鸿藻他就安排派翁同龢去套荣禄的近乎。那时，翁同龢与荣禄都年轻着呢，他们很快一拍即合，结成了兄弟把儿，在酒兴中大骂沈桂芬如何不仁不义。荣禄开始还曾提防着他，这时，酒意大作，也就放开了口，大讲起当年沈桂芬如何被自己赶出朝廷，自己对太后讲让他去了山西的事。他说这都是为了削弱李鸿藻的力量。他还说，这李鸿藻与沈桂芬两人狼狈为奸，做了多少阴地里见不得人的勾当。嗨，翁同龢急着做官儿往高处爬，就将这话与李鸿藻和沈桂芬他们讲了明白。当时正赶上西安将军空缺，李鸿藻为了当年沈桂芬，上朝极力保举荣禄，又悄悄做了许多手脚，骗得荣禄也离开朝廷。荣禄去了西安，一去就是十几年，日子一长，几乎被朝廷忘掉。后来他想尽了门子，才回到京城。你说，他能不恨翁同龢出卖了他吗？"

袁世凯恍然大悟，拍了手，说："哎呀，我这才明白，为什么翁同龢总是提防人。他出卖了人家，生怕有人再卖了他！"

袁安说："对。有个御史，叫杨崇伊，是李鸿章的女婿，和荣禄交往颇深，听说现在和翁同龢闹得不太好。翁同龢他知道你从李鸿章那里来的，所以要冷淡你了。慰亭啊，你越是讲什么练新兵，他越是烦你恨你，嫉妒你。别急，等以后我去看他，让他消消气，他对你就会有好感了。"

袁世凯连连点头，恭敬地站立起，再三行礼，请袁安多谅解这些日子自己在外奔波，忘了早日请教他。

袁安说："你看，你看，这你就见外了，咱们爷儿俩，这是谁跟谁呀？你天天在人家那里泡，又到处造舆论，让人都说你是家世将才，娴熟兵略，最适合练兵怎么的。大家对你提防还不够，有谁会对你讲真话呢？"

袁世凯连连点头，说："贤叔，真是自己人才说自己话啊。我这一次让您出去，就是要您到淮安，通过我二姐家的路，找一位叫路润生老先生的家人。特别是路家有威望的人，想方设法让他来京城，在我们这里住下来。我要请他帮我大忙！这忙也只有路家才能帮。"

袁安说："那好。我今天就去。"

袁世凯说："贤叔，您心里要明白，这荣禄最尊敬一位老旗人，这老旗人与前朝的军机大臣阎敬铭是莫逆之交，而阎敬铭正是这路家的前辈路润生的入室弟子。我与那路家结拜成莫逆之交，才能顺着这条路一步步走进荣禄的大门。据说荣禄他是个犟种，硬头鳖，认人而不认钱。我只好走这样的一条路。阎敬铭是路家的女婿呀！"

袁安说："这我听说过。有人讲，荣禄是个贪赃不枉法的家伙。中，我这就准备去。"

袁世凯说："贤叔大人，此行越快越好。这些东西，您先带上。路上我安排有人保护着您，需要什么时，他们会及时帮助您的。切记着，走村串户，住店吃饭，您都不用掏钱，自然有人替您把事情安排好。"

袁安拍了拍手，笑个不停，说："嗨呀！凯儿，你的脑子真管用，比着当年你二爷他们，你的脑袋瓜管用得多啊。我看，你的官运绝不比他们差到哪里去！咱袁家就要中兴啦！"

袁世凯说："这都托俺叔您老人家的福。"

仆人在门外轻轻按动门铃，请他们去用早餐，说大家都等整齐了。袁世凯亲手开了门，扶着袁安缓缓走向餐厅。

袁安高兴得像个孩子，若不是这么多晚辈在面前，他真想跳起来，再伸伸手，看能蹦多高，还能不能摸到头顶上飘舞的树枝儿。饭间，他吃饭出奇得多。袁家吃饭，历来是主仆分开的，今天，袁世凯特地把他请来坐到了主位置上，他格外高兴。他讲着吃着，吃着讲着，好像袁家的历史只有他一个人清楚。别人不耐烦，他也故意装作没有看见，只顾大声讲着，大口吃着。接着，他又讲起了自己年轻时的风流韵事，讲得津津有味。

袁世凯强装出十分高兴的样子，用眼扫了他人几眼，大家都努力拿出几分笑容陪着，他能理解袁安此刻的心情。袁安看大家早吃完了饭，都在陪着自己，听自己乱讲，很不好意思。他紧吃了一会儿，自我解嘲，狠抹了一把嘴，说："哎呀，这人年纪一大吧，话就稠了。你们不要嫌弃我啊。不过，我说的都是咱自己家里的事，想你们也都想听。赶明儿个我就要出远门，得好多天见不到你们，就趁这吃饭时，多给你们讲些吧！等我回来了再接着讲，把袁寨家家户户，还有那十里八乡的事都讲出来，让你们听个够。你们记着，咱项城老家有句俗话，叫高袁两家。他高家读书人多，出功名多，可咱袁家出的官儿大。嗨，你们要记住家乡，记住祖宗，要记住光耀门庭；老家，祖宗，是咱们的根儿啊……"

4. 官星

初夏的京城，一夜新雨，绿树都郁郁葱葱，金瓦熠熠。今日，袁世凯着一身灰蓝色的丝绸，大早赶到了徐世昌的寓所。

门人还没有进里院向徐世昌禀报，徐世昌已经开了二门，大声喊着"慰亭兄"不停，快步来到大门迎接袁世凯。

二人亲热地寒暄了半天，相互间问长问短后，相携着手，一直向书房走去。

徐世昌的书房四壁墙上全是书架，最醒目的是一摞摞精装的西洋书，烫金的书名告诉人，这里有历史、文化、宗教、哲学，也有科技、医学、教育学之类的，数不胜数；周围摆满了各种花卉，夺目的花儿争相开放，给人格外清爽的感觉。

袁世凯吸了吸鼻子，笑吟吟地说："真香呀，菊人兄，这简直是瑶池咧！"

徐世昌哼哈着，待两人静坐下，茶水沏好后，他挥手让仆人出去，对袁世凯说："恭喜慰亭兄！这几天，该走的门子差不多都走通了；有钱能使鬼推磨，没有钱，寸步难行啊。奕劻和荣禄另说，李鸿藻与翁同龢这几个人，您一定要多去拜望上几次。张之洞那里，他们都夸您是异才，说您可堪大用呢！"

袁世凯恭敬地打了躬，谦虚地说："全赖菊人兄提携和栽培。"

徐世昌挥一挥手，说："这说哪里了？袁慰亭，是您英雄本色，令人敬仰啊！我将那二十万两银票呈给奕劻，他当下就说，天下英豪当推袁慰亭，有这样重情谊轻财帛的志士，该大清中兴有望！荣禄更不用说，他正缺这数十万两银子呢。他说，只有慰亭理解我，我会让他有作为的！您看，百万银两，我们买了多少道路！慰亭，长天云翼立当展——"

"扶摇直上九万里！"袁世凯接过话头，他心里清楚，二姐家的门路起了作用，一边附和着，满脸堆着笑说，"菊人兄，清朝的江山您说它有没有筷子长？嗯？"

徐世昌笑声朗朗："即使有筷子长，也合该折上两截！"他转而又沉下面孔，低声说道，"中堂大人太不幸了。"

袁世凯说："是啊，《马关条约》本来是慈禧他们让签订的，却一点儿也没有慈禧他们的过错，却都成了他的罪。中堂大人就这样替人背黑锅，要落下千古骂名了呀。后人不懂事儿，只知道李鸿章是卖国贼！这太不公平了。过上几天，我要去看望他。"

徐世昌说："您可知道，许多人都在躲着他呢。您怎么不怕连累？如今，还有人说您出卖了他。"

袁世凯愤愤地说："天下人无情无义者实在太多，我袁慰亭深恶痛绝。如今，世道不平，一个个蝇营狗苟。狗杂种们无情无义；他们到处诋毁我，似乎我是恶贯满盈的人。他们拍拍胸膛问一问，凭良心说，我是出卖人的小人吗？"

徐世昌将头探过来，装出一副很神秘的样子，对袁世凯耳语道："听说那年春天，李鸿章在马关被刺时，您发电慰问，李经方感激得直流泪啊！连薛福成都说，天底下只有袁慰亭您一个人是敢讲义气的。那张佩纶虽是李鸿章的女婿，这时却到处洗白自己，说自己瞧不起中堂岳丈的卖国。谁卖国？慈禧不让的事，李鸿章他敢吗？连当朝的皇上都得听这个寡妇媳子的话，更何况一个受人猜忌的汉人！天下跟着起哄的人太多啊。"

袁世凯露出一副深有同感的样子，叹了一口气，半天未语。

徐世昌窸窸窣窣地找出一叠纸，对袁世凯笑着说："慰亭，要沉得住气固然重要，想得开更重要啊！您看，这些讨伐日本倭寇的檄文已经散得到处都是了。

现在，北京、直隶都在讲，留学生要造反，强烈斥责日本倭寇追杀、谋刺袁世凯的事。要知道，您属于因祸得福，朝野都知道日本人对您又恨又怕。都说您是岳武穆在世啊。"

"可直隶的那一帮子人却到处在骂我是曹操哩！"袁世凯接过话题，愤愤地说，"甲午战败，有人说都是因为我惹恼了日本人才引出来这么多麻烦，好像百般的灾难都是我捅了这马蜂窝才形成的。日本人明治维新，大力改革，早就图谋吞噬我中华。全日本上上下下都在备战，一家一户，一人一天献出一碗米，买军舰，打中国。而我无动于衷，整日沾沾自喜，夜郎自大。我给多少达官贵人上过书，言我军制酿错，呼吁改革军制，他们麻木不仁。想不到我招来许多的骂名！"

徐世昌哈哈大笑，说："我的慰亭兄啊，人怕出名猪怕壮。这道理您应该明白。曹操怎么啦？他是三国第一位英雄！迂腐之徒骂您，日本人怕您东山再起，要追杀您。如此，不止中堂大人佩服您，奕劻、翁同龢、李鸿藻他们也都佩服您。听说湖南有个谭嗣同，是谭继洵的公子，如今他正在到处称赞您'有胆有识'，称赞您敢与日本人斗。这些都是无价之宝啊。等着吧，用不了多久，您的官星就要动了。听说练兵的事情，大家都在给您吹风鼓劲。练新兵，非您莫属！"

袁世凯眨了眨眼，佯装出憨态，谦恭十足地说："都多亏菊人兄运筹。"

他们还要再讲什么的时候，门人传来消息说："有一书生求见。"

徐世昌大喜，对袁世凯说："好了，要找的人来了！"说罢边收拾东西，边着人请进来人。过了一会儿，一位白皙面孔，瘦长个子的青年正站立在门外。他望着徐世昌，微微点着头致意。徐世昌把他迎进内室，对袁世凯做了介绍后，说："今天，这位贾先生从海外归来，饱学西洋军事理论；袁将军则久经沙场，屡战屡捷，且饱读传统兵法。你们二位合作撰写新的军事学说著作，实为我大中华有幸。相信来日新军受你们的智慧熏陶，定会奋发振动，成为保家卫国的劲旅强兵！我，先祝二位合作顺利进行，早日完成巨著。来，取酒来！"

门人将酒菜送至屋内，三人把酒阔论当今军事弊端积习过深，应该操练新军，兴致越谈越高。酒越喝越浓时，贾先生滔滔不绝地讲起自己家世贫寒，如何幼时受孤，又如何出国留学，专攻军事理论，最后讲到回国后不受重视的委屈，越讲越激动，大有与二人相见恨晚的感慨。

贾先生喝醉了，吐得满地污秽。袁世凯笑了笑，对徐世昌说："还是让我把他带走吧，我早已为他准备了一座四合院，美酒与美女都足足够这呆子享受的。慰亭告辞了。"

外面来人将贾先生扛上了一辆车子。袁世凯又给徐世昌留下一些银票，嘱他多补补身体，说了些感谢他连日奔波劳累的话就走了。

5. 眼前这条路

一夜铿锵的雷雨将北京城洗得新美如画，锣鼓停息，一切都极其静谧。袁世凯推开房门，望着远天一片湛蓝，深深吸了一口气，用力伸展开双臂，遂举步迈过门槛，沿着长满青草的石板路，向对面偏房走了过去。

高大的银杏树，叶子绿油油的如乍从水中捞出来一样鲜嫩欲滴，几只锃亮的画眉在树枝间穿飞，翅膀触动树叶片儿，滴下细细的雨点儿，洒在袁世凯的头上。他感觉到难得的清凉。

大憨他们还在睡着，发出粗重的鼾声。

袁世凯眉飞色舞，喜悦露于面容。是啊，谢天谢地，天下事如此巧——铁头和狗蛋没有被鱼雷炸死，他们抱着破木板在水中飘荡了几天几夜，在海岸上被渔民搭救了。如今，他们刚从家乡来；昨夜里下暴雨时，他们找到了这里，恰遇见了大憨来送信，告诉关于康有为他们感谢自己为强学会捐款的事情，大家抱头痛哭得像一群孩子一样！

"大憨！"袁世凯轻轻唤着，一边轻轻拍打着门板。今天他要让大憨再给梁启超送一封信。康有为的强学会成立了，一群热血沸腾的青年，要探索振兴国家的道路。所以，第一次自己捐了五百金。强学会要建报馆，建图书馆，启迪民智，自己应该多多捐助才是。而且自己还要发动更多的人来捐款。可是，李鸿章送来的钱，强学会他们无论如何不收，说是马关的事情让人不好受。这如何是好！中堂大人的心他们哪里真正懂得呢？听说康有为和梁启超明天要到直隶去讲学，李中堂声称一定要会一会他们；若他们和中堂大人相遇该如何解释呢？梁启超啊，你们太认死理了。要么你们收下中堂大人的捐资，要么你们暂且勿往直隶去！因为这捐资是叫我转给你们的啊。

大憨起来了，咧嘴笑着，说："唉，一睡就睡到这光景，真是懒惯了！"

大憨要叫醒铁头和狗蛋他们，袁世凯摆手止住了，催他快去，要速回来一起吃早餐，将信交给了他。

大憨刚走，门外有人送来一件包裹和一封信。

袁世凯打开一看，是十几册书稿，再拆开信，他笑了！

原来，贾先生将书稿写好了，正要亲自送给袁世凯，想着能换个一官半职，或得到一笔钱财，门人告诉他：还是趁早跑吧！书是你写的不错，可那是与袁大人日夜切磋，一起写成的，特别是其中掺杂着许多战例分析，如朝鲜作战经验之类的内容。你不要动辄谈什么是你的著作了。贾先生得了几百两银子，携着平日陪伴他的女人，半夜里趁暴雨天气逃走了。临走时，他又送来这一封信，说了一些感谢的话，并请谅解他的不辞而别。

袁世凯将书稿带到内室，认真读了几页，这里面有许多是自己口述的作战思想。他对内容很满意，又重新写了书名，一笔一画题上自己的姓名，吩咐人带走刊印，要用上好的纸印好后做成精装。

沈雪梅领着几个女人和孩子起来了，她和众人依次恭恭敬敬地向袁世凯问过安好，转过身走开去，漱洗梳理。背后望去，沈雪梅的背影依然苗条，但少了许多往日迷人的韵味儿，尤其是那张脸，枯槁得发皱，令人如何也难以想象南京城那销魂的岁月。此时，袁世凯又想起了当年的秦楼楚馆，自己和袁世绳一起在八大胡同的日子，不觉长叹了一声粗气。长子袁克定从德国回来探亲，找了几个妙龄的姑娘日夜陪他玩。老家人袁安，以为他自己曾照顾过袁保龄他们，看不惯袁克定的做法，屡次来告说要管教的话。袁克定说，真是小家子气！有作为的男人方能多找几个老婆呢！穷苦人家没有本事，白辛苦一辈子，才一直打光棍呢。袁世凯在心里说，儿呀，我也想让你像我年少时一样去大闹几番；你兄弟几个性情都太忠厚。忠厚有余，难成大器呀！

他猛地想起了于氏，不觉脱口而出："这个不懂事理的女人！"

铁头和狗蛋从老家带来消息，说她对娘很孝顺，家务活儿也时不时地干一些。这个不懂事的女人……他想着，猛咬起牙。

他想起了袁甲三，这位淮军将领、漕运总督，还有养父袁保庆，叔父袁保恒、袁保龄他们，眼蒙眬热起来。自入朝鲜十三年，多少风云，才练就今天的翅膀，如今该借秋风高扬了吧！他回味着，从朝鲜回来才一年多，往见奕劻、荣禄、李鸿藻、翁同龢、张之洞、刘坤一、长麟等权贵，还有李莲英那一帮子太监，自己花费了将近三百万两的银子啊！这，这是自己积攒了十几年的血汗呀。鬼推磨！眼前这条路，是用白花花的银子铺起来的，它要通向皇宫！通向每一座王府！

他眯缝起双眼，狠狠望着远天，在心里说：银子就如同水，可以淹没一切。

回转身来，走进神龛，他认真行了礼，喃喃在心中说道：龙王爷，多多保佑！我敬奉你多少年，供奉你多少香烟，你该帮我逢凶化吉，让我渡过难关，得以重见天日了吧。若来年我心愿实现，一定要给你修一座庙，我要到天坛地坛去祭你。

仰天望去，一只鹰正从头顶天上飞过，翅膀有力地展扬起，格外从容。

袁世凯抬头望着，将胳膊用力伸展开，发出"咯咯"响声，挺起胸脯，眼睛更加明亮了。

铁头和狗蛋也都醒了，远远地站在厢房门口，望着正发呆的袁世凯。

袁世凯发现了他们，笑着向他们走去，领他们去客厅里吃饭。

铁头说："四哥，昨天夜里你说让我们回家招兵买马，几时该让我们回去？"

袁世凯忙低声制止住他，轻声说："嗨！别吭声。等一会儿吃完饭，我再给你们说。这些话可千万不能让人听去。"

铁头笑了，对狗蛋说："看四哥说的，招兵还多难吗？老家有人公开招呢。"

袁世凯一怔，问："招啥兵？"

铁头说："杆子！看中谁，谁就得当兵。有个杆子头儿喊着说，要招上十万人马，奔鲁山、宝丰，在那儿立国都，杀了满人，天下太平咧！"

袁世凯问："招了多少人？"

铁头说："谁愿意走那条路？各村各寨都自己办团练，要保家乡除匪患呢！不过，现在都说捻子又复活了。"

"捻子？"袁世凯带着焦急的语气问道，"捻子是如何复活的？"

铁头说："说不清。有人说西乡鲁山、宝丰一带闹得最凶，杀富济贫，替穷苦人报仇申冤。人数多得很。"

三人边说边走进客厅，分主次坐下，袁世凯要给他们备酒。他们谢绝了，说："有好面稀饭喝就中。"

袁世凯笑了，说："来到我这里喝啥好面稀饭！吃着点心，喝着牛奶。你俩不是出过洋飘过海，见洋人吃什么吗？来，就吃这！"

佣人将饭准备好，袁世凯刚端起碗，铁头说："四哥，你忘了吧？老家的人吃饭，都是用瓦盆当碗。这是碗吗？这是大一点的酒盅子吧？还不够我一口喝的咧。"

袁世凯说："就这样喝吧，喝了接着盛。多吃些点心。我马上叫人多放些点心，再端上两盆稀粥。这猴头燕窝粥，掺的有鹿茸熊掌，精品，喝多了净浪费。"

狗蛋说："这一盆得值上几十两银子吧？咱仁多用一顿饭，就要喝下去好几亩地的收成呀！"

大家都笑了。

袁世凯说："两位兄弟，你们在这儿多玩上几天，我给你们派几车银子，回到老家为我多招些身体强壮的兵。记着，要多找那些个子大、力量大、胆子大的。用不多长时间，我就要带兵练新军了。你两位是元勋，当然要当大官，发大财了。"

铁头和狗蛋相互望着，神色都异常严肃。

袁世凯接着说："记着，多找一些天不收地不留的小伙子，这样的穷苦人心底实诚。那些富豪家的子弟不能随便要。纨绔子弟少伟男，他们不成才的多啊。

招好了兵，先在老家养起来，让他们帮助家里种田地，啥时候我用得着了，再派人去接。"

铁头和狗蛋一齐点点头，什么也没有说，只管埋头吃饭。

大憨回来了，袁世凯招呼他快些吃饭。

临吃完饭时，袁世凯神色非常庄重地说："你们两位回到老家，用我给你们的钱，把大憨的房子和坟地都修一修。有了时间，多带上几个人，想办法把二憨兄弟的骨殖起了，运回家来。要厚葬，立上碑。写上二憨兄弟是为保家卫国而死，二憨……"说着，他哽咽不已。

大憨埋头痛哭起来，大声喊着二憨的名字。

袁世凯说："大憨，别哭了。你要是想老家，就和他俩一起回去看看吧。少年王府那里离不了你，你要快去快回。"

大憨停住了哭声，愤愤地说："不。我不干出一番名堂，我就不回老家见乡亲。"

四个人用完餐，等到回客房休息时，已是九点多了。太阳照得院子里亮堂堂的。

铁头说："四哥，大憨，我们不在这儿玩了。四哥快些安排人，把银子装好，我们快些回家做大事吧！"

袁世凯吩咐完毕，将他们送了很远。

6. 沙河

铁头和狗蛋很快就回到了家乡，他们来到沙河北岸，要坐船到水寨集时，天已经快黑，贾营就是北岸的这个临河村庄，庄户人家已经烧锅做饭了。炊烟袅袅升起，又渐渐四散开，像云雾一样盘绕在树枝间。满耳都是"呱啦啦"的拉风箱声。渡河的船还没有拐回来。

铁头肚子饿了，对狗蛋说："你去买些吃的东西吧，还有这几个弟兄推这么沉的车子，大家太辛苦了。打些酒，买些咸牛肉好顶饥。"

狗蛋说："别急。听说贾营、窦门一带常有土匪来回窜；若我们走了风声，那就坏了大事了。这几十万两银子可是和咱俩的脑袋连着的啊！"

铁头说："不怕。你看，这几个弟兄都是能打能斗的好汉，银子上面又用粮食伪装起来了，人一看就说是贩粮食的。没有事的！"

狗蛋说："还是进了水寨，过了河那边再吃饭。不怕一万，怕的是万一，忍一下吧。"

正在说着，担任警戒的一位兵士跑过来，气喘喘地说："快隐蔽，东北方向来了一队人马，呼喊着杀声，有百十号人。"

铁头镇静片刻，对人说："大家别慌，都听我的。将德国造手枪拿出来！这些土匪，他们哪见过这玩意儿？咱们就站在这不用躲，待他们领头的过来，给他们一梭子，保准吓跑他们！"

大家照他的吩咐，做好了准备。

士兵里面有一个高个子，站出来对铁头说："老兄，我们受袁大人恩典不小，这个你放心。我看还是让弟兄们都换上戎装，穿上这洋军装，是威武不过，若天神一般；又有这洋枪，不是更好吗？我的枪法准得很咧！"

"中！"铁头对大家说，"快换衣裳吧！也给我一份洋装。大个子兄弟，你就当一会儿袁大人，咱们就说是袁世凯回家省亲了。"

"别那样讲，"狗蛋说，"就说是当了大将军，回家来招兵买马的！"

待大家做好准备，一队人马从贾营东头冲了过来。高喊着"杀啊"、"冲啊"。村子已有几个地方起火了，浓烟滚滚，哭叫声连天。

离铁头他们有五六丈远，这队人马都停住了。为首的几个骑马的汉子手舞着大刀，大刀上血迹斑斑，他们喊叫着："哪里的弟兄，通名报姓来！"其中一个大胡子看上去像头儿。

大个子兵抬手开枪，将几个汉子拿刀的手打伤了，刀"啪啦啦"落在地上。

铁头高喊着："狗娘养的，这样无礼，看我们不杀光你们！我们是项城县袁世凯大将军回来招兵买马，你们想来比试一下吗？"

大胡子将手一挥，翻身下马，抱拳作揖，喊着："袁世凯我们听说过，不是去打高丽国了吗？真是他回来，我们愿意入份。给我们面子吗？"同时，示意人用火枪瞄准铁头。

铁头说："狗杂种，你不想活了吧？你打兔子的枪，能在这儿用上场吗？"

大个子一看，抬手一枪，把火枪手打死了，脑浆迸开一地。大胡子正要翻身上马逃跑，铁头一挥手，说了声"要活的"，大个子兵又一枪打中大胡子的肩膀，打落下马。

铁头高喊着："都别动！谁动打死谁！"

大胡子哭丧着脸，对周围的人说："服了人家吧，看那啥枪？日他娘，不知道咋这么厉害。离多远就打住人。"

几个土匪头儿嘀咕了一会儿，要投降了。

铁头说："别慌！投过来可以，把刀都扔了，把衣服都脱了再过来，就凭你们那几张吊刀片子，还想劫我们？"他回头对一个兵士说："把炸药瓜亮给他们看看！"

一个兵士掏出一枚炸弹，拉响了环，掷向一片空地，只听"轰"的一声，火光冲天。

大胡子他们都穿着裤头过来了，冷得直咧嘴。

铁头对大个子兵说："袁大人，还是让他们先留在这里等候吧！回头我们渡过河再说。"

大个子兵点了点头，众人推车向前走去。`

渡河船只正在河边等候着，铁头、狗蛋和兵士们鱼贯上船。装银子的小车子停放在船舱内。大个子兵他们手中一直掂着手枪，瞪大了双眼。船缓缓行驶，拨动浪花的声响。

两个艄公都是中年人，见船体吃水很深，知道车子上肯定有硬通银子，他们交换了一下眼色后，"扑通"跳下水去，任船在河面上漂。

铁头指着两个旋涡，对大个子兵说："朝那儿快打！"

两声枪响后，艄公的尸体浮了上来，顺水向东漂去。大个子兵着急地问："没人撑船该怎么办是好？"

狗蛋笑着说："忘了吧？我们两人当过好几年的海兵。去年舰船被炸，我们在海上冲了几天几夜，漂到岸上，捞了今日的活命。还会怕这小河吗？"

铁头和狗蛋将船整理好，缓缓向南岸驶过去。几个兵士惊叫着："船漏水了！"

铁头和狗蛋闻声走去，察明了情况，毫不迟疑地把衣服脱下，裹成一团，塞进漏水的破洞，水很快止住了。

大个子兵夸铁头和狗蛋说："你们两个真不愧为袁大人的同乡，做事都如此利索！"

铁头说："这算啥！刚从海边回来时，就觉得家乡的河像水沟一样。我们连日本海盗都不怕，更不用说这两个水贼了。"

大个子兵问："刚才他们为啥要跳水？"

狗蛋说："嗨！这是做鬼的把戏。他们知道这船上有硬货，就想跳下水去，从船底把船板打开，把船沉了，好淹死我们几个，他们再捞这些银子！"

南岸灯火一明一灭，夜色中有人在大声喊叫着："哎——驴儿、鳖儿！你们快划过来，西山的爷要过河！"

铁头对大个子兵说："我们又遇上土匪了，还是鲁山、宝丰的，都凶狠着呢！"

大个子兵说："估计有多少人？"

铁头说："照常理该有百十号人，和刚才北岸的那一伙差不多。他们家伙不行，就是人多。"

大个子兵说："这样吧，到了岸边，船停下来后，我和几个弟兄先上。你们两个在船上守着，我们用枪和炸弹给他们一阵子。他们没有枪就好办，那些刀片子近不了前。你们只管放心。"

船悄悄向南岸驶去，要靠岸了。

猛然，一个家伙蹿上来，跳到船上，手持大刀，高喊着："船家，货呢?"

大个子兵顺手一扬，"砰"的一声，那人栽倒了，"哗啦"一声落在水中。

岸上嘈杂起来，向船头涌过来一群人。

大个子兵喊了一声"打"，几个兵士开枪的开枪，掷炸弹的掷炸弹，打得人群凄厉地叫喊着，号哭着，纷纷逃跑了。

平静了片刻，他们上岸一看，打死了几十人，还有几个伤重的，补了几枪全报销了。

狗蛋说："这德国的家伙就是中，怪不得人都买洋人的武器。有了这些，什么拳，什么兵器，不都没有用了吗?"

铁头说："那咋不是! 四哥练兵，听他说用的家伙要都换成这样的呢!"

南岸上一片灯明火把，人声如沸。

铁头摇了摇头说："哎呀，毁了! 来这么多人，我们如何对付得了?"

大个子兵也急了，说："怎么办，我们的弹药有限，对付不了太多的人呀!"

这时，南岸上有人喊："铁头，狗蛋! 你们过来了吗? 等着，弟兄们接你们来了!"

铁头高兴得哈哈笑，对狗蛋说："咦——我的乖乖儿唉! 真正是永庆和保安、保迎他们。他们接咱们来了。走，上去!"

永庆和保安他们接过来铁头和狗蛋，又认识了大个子兵他们，着人把银子都抬上了岸。

永庆说："前几天我们就接到信了。是世凯从京城里派人来告诉我们的。他说你们在路上走得慢，叫袁寨所有的团丁都去接应。刚才，有人说河两边都有土匪，我们就带人来接你们了。你们看，这是邻村的几个寨主，大家都盼着世凯来带兵呢!"

保安和保迎说："刚才枪一响，我们就急了，连忙赶着跑过来。大家都才吃饭哩!"

铁头一挥手，喊一声："弟兄们，东西收拾停当，好好地喝上一夜!"

水寨的寨主也来了，是一位白胡银髯的老者。他由人搀扶着，高一脚低一脚地迎上来，对铁头他们说："辛苦啊，辛苦! 弟兄们快到寨内歇息歇息，老夫不才，照应不及时，真是罪过！"

铁头与他寒暄了几句，安排人往寨里先搬运银子，领着大个子兵他们向寨内走去。一路上，他想着明日开始招兵买马的事情。

7. 一手有刀，一手有钱和官

过了八月十五，转眼秋风吹紧，天地间一片肃杀，只有硕大的柿子红透了，笑眯眯的在枝头炫耀着光辉。袁世凯派出去打探消息的门人都喜滋滋地回来报信。四合院的空气，缕缕都是柿子的清香，夹着橘子石榴苹果梨桂圆各种果香，让人神志感到异常清爽。

袁世凯吩咐管家，跑事的人他们太辛苦，每人都置办起两身新衣。大家更起劲了。

中秋节前，袁世凯给几处地方送了几篓门头沟的石榴，几捆高丽参。尤其是荣禄和奕劻，又分别送去了五万两的银票。同时，许多地方都送去了他新著的几本兵书和评论时事之作，每一套书上，又附上一封信，言自己写作水平欠缺，敬请各位赐教之类的话语。大家都很高兴，许多人说"袁世凯平易、谦恭、独到见解，才堪大用"。尤其是强学会的人，他们广传袁世凯文武双全，是治国的难得大才贤才。甚至有人在酒楼中趁着酒兴，大喊什么"有了袁世凯，中国就亡不了"。袁世凯听了这些话，苦笑着说："这些书呆子，只会让我遭人嫉恨啊！"心里却甜滋滋的。

每天的清晨，他都要早早起来，悄悄来到供奉龙王的神龛前，上一炷高香，请龙王多多保佑。

徐世昌又来了。还是老习惯，人没有进，先用力地咳嗽两声。他的咳嗽声很响，清脆，像一面小铜锣，袁世凯常戏称为"雏凤鸣"。他一向以凤凰自居，满心里得意着呢。

袁世凯闻声出门，远远地迎接徐世昌。

徐世昌看起来比以往年轻了许多。前些日子，袁世凯为他用重金买了一房姜。开始，他摆手推辞，坚决不受，说："慰亭不知我意在于修身养性，哪里能涉足此等事？"姜本是歌妓出身，伶牙俐齿，只几个回合，就把他的衣服都脱掉、拽掉，乖乖地将自己鲜嫩葱白儿似的身躯让他抱定而不能自拔。连日来，徐世昌的兴致也高了许多，腿脚明显轻便了。

袁世凯笑着向他恭贺，说："新郎官，昨天夜里睡得很晚吧？看，额头上的口红印儿都没有擦掉呢！"

徐世昌强装着笑容，作出一副无可奈何的样子随袁世凯进屋后，轻声说：

"应该恭贺的是你啊！张之洞、刘坤一那边没有什么大的事情，翁同龢这老头子还是计较你与李鸿章的牵连，不过，之后还是被你那封信所感动。他说你忠厚。说你不是奸猾之徒，一切为国家着想，朝廷上是应该重用你的。李鸿藻那里很轻易，他说你是家世将才，娴熟兵略，如果让你特练一支新军，一定能改变各种军制弊端，早日中兴大清帝国，振奋军威。荣禄让你注意想办法就多练洋操，整理出一套方案，最好赶快拟两份新军训练的营制饷章、订两份聘请洋人为教官的合同，送给他一份，再呈给督办军务处一份。等一等吧，不到两个月，我的慰亭兄，练洋队的事就告成了！"说罢，他从怀中掏出一张纸，递给袁世凯，"这是清晨早起，自作打油诗一首，请赐教。"

袁世凯恭敬地接过，轻轻读起：

> 曾经大泽说屠龙，
> 敢教新天换薰风，
> 依稀星辰有明天，
> 遍种神州菊千顷。
> 忆得陈州初相识，
> 万里赠金话鲲鹏，
> 一十七年共甘苦，
> 数点东西南北中。

袁世凯抱拳相谢，眼微微温热，说："菊人兄，若让您帮我如此辛苦筹划，这类事端实在是太委屈您了！"

徐世昌说："哪里，哪里，这是我们兄弟携手共进。久居京城，容易与人同污，成井底之蛙，何日会显示大丈夫气！八大胡同那里，有一处楼馆已说妥，价钱也合适。待办洋兵队的事定下来，我们就可以把那些英雄豪杰用这些美妞儿捆住心，让他们成你的女婿，哪里还愁他们与你不一条心！"

二人都笑了。接着，两人继续谈起如何避免湘军、淮军中的松懈等弊端事宜。

吃过午饭，两人谈兴依然很浓，袁克定站立在门外，说明日一早就要走，问父亲有什么事要安排。他又要远去德国读书了。

袁世凯大声说："过来！孩儿，爹正要找你呢。快快过来见过你徐世伯。"

袁克定进屋来，对徐世昌鞠了躬，退后站立一旁。

袁世凯指着一张小圆凳子，让他坐下，问道："孩儿，你在德国读书时，可曾知悉日耳曼人是如何操练？该不是像我们这样靠兵多将广取胜吧！"

袁克定谦恭地答道："德国人打仗分许多兵种，如，步兵、炮兵、骑兵、工兵、辎重，各负其责，各尽其职，受元帅统一指挥。特别是工兵，逢山铺路，遇水架桥，埋设地雷，测量地形地势，发送电报，使全军如一人。军队有师有团有营有连，层层相辖。军人走路，说话，和打仗一样，都有章法，全不敢有贪生怕死之辈。军人皆以服从命令为天职。"

袁世凯与徐世昌对望着。等了一会儿，袁世凯对袁克定说："晚两天再走吧，我还有事要问你。先去休息吧！"

袁克定走后，徐世昌摸了摸下巴，眼睛成了一条线，乐不可支，说："孩子一出去，就像鸟儿一样敢在天上飞了。云台说的这些，编译官们怎么就没有人写出来呢？慰亭，这岂止是国之中兴，也是家道中兴啊！治军的良药不就在你自己家里吗？《现代兵学》要修改了。"

袁世凯陷入了沉思，呷了几口茶，面露忧色，说："洋兵队一练成，会不会……"

徐世昌摇摇头，很有把握地说："如果士兵都变成了你的孩儿，任他是谁也休想得动。这就看你如何调教了！恕我直言，这就看你是让兵知道，他们该忠于皇帝，还是该忠于你。"

袁世凯眼睛一亮，会意地笑了。

他在想，菊人是和自己想到一起了。天底下什么最亲？骨肉。他曾经设想，要在八大胡同买一些楼馆，再到外面买一些有姿色的孤苦少女，把她们养育起来。像那扬州瘦马一样，来日能派上用场。他想等将来练兵的事一定，就让人具体来操办，最好让沈雪梅亲手调教好她们。更重要的是要让她们明白自己的救命恩人就是袁世凯，还要让她们学会举手投足都显出大家闺秀的风度。待将来培养出能征善战的将军再让她们一个个嫁过去，天天叮嘱这些青年将军忠于袁世凯！对于小兵，更该让他们明白只有跟着袁世凯才有出路，也只有袁世凯，才是他们的衣食父母。

徐世昌打破了袁世凯的思索，问："家乡招兵的事如何？听人讲，要饭的跑去的多。这是好事，也是不好的事啊！"

袁世凯用疑惑的目光求问徐世昌。

徐世昌接着说："要饭的都是穷人，奔着来的是混一碗饭吃，打起仗来会不要命，可他们不一定能打好仗啊。我看，要紧的还是要办学，要他们开动脑筋，学会打巧仗。"

袁世凯捏得手指"咯吧"响，愤愤地说："脑筋开通了，容易胆怯。平壤城挂白旗的可是读过书的人。他们读书，通了文墨，哪里还会赴汤蹈火？"

徐世昌摇了摇头，颇有感叹地说："那些熟读了诗书的人，固然不用为好。一酸二傲三奸，想的都是他们自己。慰亭你来办学堂，还会办成摆满坛坛罐罐咸菜店一般的私塾吗？要知道，刘步蟾也是学堂毕业的，他是学洋学的。我听说，日本广办学堂，首先让兵士锻炼就一副忠诚心肠，让兵士懂得视死如归，杀身成仁，做成人枪人炮。贤兄袁慰亭，这学堂出来的可都是你的学生，就像那当年主考官，进士及第的人都是他的弟子。"

袁世凯点头称是，他想起前些日子严修也曾经对他说过这样的话；他想对他说，来日让孩子们跟随严修读书的事情，猛止住，连声说："菊人兄所言极是。我要让其有所学，更要让其有所忠，有所畏。是啊，我一手有刀，一手有钱和官，还怕他们不听我的吗？"

二人哈哈大笑。天已是黄昏时分，二人还在谈论着，一会儿低声细语，一会儿慷慨激昂。

8. 等着

几天来，李鸿章到欧洲游历的轶事不断传来。有人绘声绘色地描述着，说李鸿章到了欧洲，径直去钻那烟花柳巷，整日烂醉如泥。袁世凯不以为然，他在心里骂这一张张破嘴，骂他们只是为了一时痛快。他深知，李鸿章不是那种人，一位年迈七旬的老人，已是风烛残年，哪里还会做这等男盗女娼的事！他回想起几天前在贤良寺，自己和李鸿章谈论天下，谈了整整一宿的情景。自从甲午海战失利后，李鸿章落下了所有的骂名，离开直隶总督府，闲居在京师贤良寺；李经方、张佩纶他们个个都无精打采，闲了许久也不来看他们这座大山。李鸿章讲了许多，说，中国只有一条路，就是必须走西方人的道路，若是仍然刚愎自用，天下只能是像驴儿在磨道里行走，纵然是将驴儿累死，也只是沿着一个圈儿。他说，举数天下兴亡，人开口就谈的汉唐气象，汉家，李家，哪一家不是把目光盯向四海之外？最可怜的是大宋，赵家王朝把一纸文章看得格外重，也确实出了唐之后诸多大家，像那三苏，像那欧阳修、王安石、曾巩和司马光，但是，大宋的命运又是如何？李鸿章语重心长地说，大宋朝英雄辈出，最值得人敬佩的是王安石。他说，王安石才是大丈夫，是大英雄，前不让范仲淹，后不让岳武穆，但是，这样的一个大豪杰，却被一群腐儒们泼得满身污水。他讲着讲着，把手指都拍肿了，连声说，历史，历史，我们总是眷恋历史的辉煌，而历史有多少是真实的呢？一个司马光，他与人写了一部洋洋几十万言的《资治通鉴》，写得灿烂辉煌，似乎乾坤在手；可是，这司马光一伸手，就将大宋王朝弄了个乱七八糟，而

32

后人却把这个丝毫不懂治理国家的迂夫当做什么真宰相！讲着，讲着，他满眼都是泪水！最后，李鸿章叹了一口长长的气，说，这当世的翁同龢他们，就是历史上的司马光，治国无术，清谈误国。中国，上上下下，推崇这样的学问，不但没有用，反而会祸国殃民；而人人不知道个中道理，不懂得是是非非。

袁世凯久久不能忘怀李鸿章眼角晶莹的泪痕。他回味着李鸿章的一番话，在心中来回咀嚼着，咀嚼着。

"若你读得懂王荆公，你就真正读懂了一部中国历史，包括那许许多多无用的文人为何成为历代帝王家砧板上的蝇子。等着吧。"

这是李鸿章临别送给他的一席话。

王安石、王荆公，王文公。袁世凯一直在咀嚼着这几个字眼。他心里愈加佩服李鸿章，自疚于并不会读书，不会思索。他在心里一遍又一遍地问道：等着，李中堂让等什么呢？

很快，传来了光绪皇帝的谕旨：

> 此次所练专仿德国章程，需款浩繁，若无实际，将成虚掷。温处道袁世凯既经王大臣等奏派，即着派令督率创办，一切饷章著照拟支发。该道当思筹甚难，变法匪易，其严加训练，事事核实，倘仍蹈勇营积习，惟该道是问。懔久慎之！

袁世凯的脸上仍然很平静，他的心里绽满了欢乐的涟漪。自己苦心经营的《新建陆军兵略录存》及所收《练兵要则十三条》、《营制饷章》、《募订洋员合同》诸篇，在军务处广受称赞，终于得到朝廷首肯。这么长时间的多方奔波，处心积虑所花费的心血，终没有白费。

他好像看到了浩浩荡荡的新军正在太阳下面滚滚向前进发，与大海连接成浩瀚的一片。他在心中止不住喊道，春江潮水连海平，我的春月啊！

过几天，他就要去天津东南七十里外一个叫小站的地方，到那里去接管定武军。小站的定武军曾是淮军的家底，当年，李鸿章平定捻军，命淮军周盛波、周盛传在此驻扎，世称盛军。他们在此屯田二十年之后，于甲午年开赴前线，因为卫汝贵当了逃将，盛军即崩散。后来，李鸿章又派长芦盐运使胡燏棻在这里招募十营定武军，这里才又成兵营。

他设想着，若接管了定武军，自己亲身充当督办，下设执法营务处、稽查营务处、督操营务处、参谋营务处、教习处、粮饷处、军械处、特运处、军医处。再设上几所随营学堂，学生每季一次大考，嘉奖优等生，用自己的薪金作奖学金。自己要教育学生"上为国家御侮，下为生民除暴"。不消两年过后，小站的人马，它绝不逊色于湘军、淮军。尤其是延请来洋人做教练，武器装备皆用洋枪，小站，就会为全世界所刮目相看。

　　他在想，有了枪，有了兵，就有了新的天地！我的太阳，正在喷薄而出！

　　小站，你并不小，你只是袁慰亭稍做停脚的地方，来日——他在心里重复着李鸿章送给自己的那句话：等着吧！

第二章　小站

袁世凯望着这情景，止不住激动，汗水，缓缓在脸颊上流着。他使劲地抹了一把。他思量着，待这里稳定住规模之后，再派老部下吴长纯他们去山东、安徽、河南、奉天一带，多招一些步兵、骑兵。然后，将采买的洋枪洋炮洋刀运送来，过山炮、陆路炮、曼利夏枪、连着六响的左轮手枪，该让这些年轻人都惊喜上一番。当然，这里不准他们任何人携带私人武器。他们服装要采用新式洋装。官是官，兵是兵。官兵一致，严加训练，试看天下谁能敌！

9. 小站，我来了

下雪了，白茫茫的大地，让人感到陡地心胸开阔起来。

东往天津的路上，袁世凯一行人正策马疾驰。马蹄扬起翻飞的雪霰，像云一样飘在人的足下。几杆旗翻飞着，"哗哗"响着，卷起漫天一派昂扬。

袁世凯兴奋得直想高喊几声，让粗重嘹亮的声音在旷野里飞扬，让这声音飘向九霄云外，让所有的人都知道这声音的力量是无可比的。他狠劲地打着马，把群人远远地抛在后面，然后勒起马，让马腾起前蹄直立起冲着长天，"咴咴"叫着不停，像要飞向天空一样！

他想起了年少时代，在南京的日子里，那里多少次清凉山比马，他只脚独立在飞驰的马背上，令伙伴们惊羡不已。如今，他多想再那样显示一身的豪情、豪气。

当年自己是十几岁的少年，而今，自己已经是三十六岁的壮年了！

三十六岁，是本命年。这一年有惊也有喜啊！惊的是自朝鲜回国，多少人要杀自己，朝廷权贵要杀自己，日本浪人要追杀自己，搞得自己整日提心吊胆，夜里有多少噩梦！喜的是每每逢凶险而总是化吉祥，今天，督办军务处的诸位亲王和大臣们都奏请朝廷，让自己督练新建陆军，立即去直隶接管胡燏棻的定武军十营，着手开办。

记得刚从朝鲜回来，在天津街头，自己遇见一个卦摊，那个自称"半仙"的算命先生神兮兮地说自己晦气至极便自散，要等到八月中秋节过后，才能心想事成，天遂人愿。嘿！还真让他说对了。现在，练洋队，建新军，事情终于遂人所思，遂人所愿。

他望着无际的雪野，想着自己该是一只猛虎，已插上了翅膀。不，自己该是一条龙，正借着漫天的云，向高空飞翔着！

小站镇，你是我人生第二个小站。我在朝鲜十三年，那是第一站；现在，你是我命运转折的又一站，还会有第三站、第四站、第五站。我的驿站会通向哪里呢？应该通向紫禁城去获取那耀眼的花翎、金黄的马褂！

直隶总督府的那群官僚们，你们不是骂我"曹操"吗？我就是曹操又该如何？曹操才是挟天子号令天下的英雄。我，谁敢说比不上大丈夫曹操曹孟德！让你们随着那些往日的凄凉和耻辱都见鬼去吧！有了今天，还愁明日吗？你们不会知道，我的家乡每逢佳节，处处都演着帝王戏，教导人去做一个英明的帝王！这些有什么不好？我，要做西方拿破仑那样的帝王……

小站，我来了——这是你想不到的吧！

群人赶上了袁世凯，簇拥着他。他们又一起呼啸着挥鞭东进。

袁世凯兴起，展开双臂，忽儿跃向马前，再跳向马后，单腿挺立！大家高声喧哗着，争夸袁世凯只腿独立马背上傲视天地间的雄风。

狂奔了一阵，袁世凯他们将马勒住，人口中争相吐出长长的雾。

袁世凯翻身下马，握着马鞭，指着远处一丛树枝对众人说："弟兄们，看，那里是什么？"

有年轻的走过去，又折回来，对他说："是几座坟丘和一片树枝。"

袁世凯满脸凝重地说："对，这坟丘上生满了树丛。这树丛为什么在这里长得兴旺，而在他处就生不出来呢？"

大家你看看我，我看看你，没有说什么。

袁世凯见大家都不明白他的意思，用力说道："这树没有为人所注意，所以在荒丘里自由生长。可是，又因为它太任性，所以没有成材。若是换上一个地方，稍加修整，不就很容易成长为大树，成为大材料了吗？这树木，好比世间的道理，你一个人孤零零地站立在原野中，看起来你比周围的草高了许多，大了许多；但你经不得狂风暴雨，一颗炸雷，将你劈开，你就没有了生命。若是许多树木手扯手，肩并肩，根连根，长成一片片冲天的巨木，昂起头，共同抗击风雨，任你雷霆万顷，也无可奈何；而你，郁郁葱葱，可以做高楼大厦的栋梁，令天下安康，也可以做桥梁，让千军万马，浩浩荡荡，一往无前！弟兄们，要齐心协力，学那大森林，学那雄鹰，学那侠肝义胆，千万别学那些蝇营狗苟、窝窝囊囊的读书人！"

"对！做人要做大森林！"大家露出惊喜之色，齐声高喊；他们纷纷称赞袁世凯眼光远大，屡有过人之处。

袁世凯抱起拳头，向各位行了揖礼；他接着说："弟兄们，你们都到过朝鲜，和我一起闯荡，你们受了十几年的苦。那时，都是因为我没有大本事，所以太委屈了你们自己。今天，弟兄们要憋足劲儿，刻苦奋斗，等稳住了阵脚，我再送你们读洋学堂，学洋操，用洋枪洋炮，何愁天下来日没有弟兄们一地？古人说，王侯将相宁有种乎？对！都是人，都有他娘的胳膊腿儿，都是娘生的血肉之躯。今后，你们就是我的依靠，就是我的手足。你们要学会带兵。将来的荣华富贵都在此一举了！我们都是老乡亲，人还少，我们要学会与不同的人在一起做事。以后，我还要请一些洋学堂毕业的来做事。光靠咱们现在的本事，啥新兵也练不成！大家要记住，打虎靠的是父子兵，以后，袁世凯我真正依靠的还是你们。你们是我的眼睛，是我的胳膊腿儿，是我的嘴和鼻子。人家再有本事，我只是利用人家，绝不会把心交给人家，只有咱们乡亲，才是自己人。"

大家群情激愤，有人喊了一句："凯儿，你放心吧！我们都誓死跟你一条心！"

有一年长的马上制止，说："嘿！以后大家记着，可不能随便再喊'凯儿'、'凯儿'的了，这是小名，要喊袁大人。"

袁世凯咧着嘴说："喊只管喊我'凯儿'吧，我听着心里舒服，觉得还是这声音亲切。"

有人说："咱们背后没有人的时候这样喊可以，若是当着众人，就不能这样了。到哪儿就要讲哪儿！"

大家都说这样好。

人群中有一个青年一直不做声，袁世凯注意到了他，喊着对他说："怀芝，你怎么不说话呀？"

怀芝说："四哥，我，我是想出来攒两个钱，等明儿啥时候有机会回老家娶上媳妇。我可没有想做多大的官儿。"

人们都笑他，有人嘲笑他"没出息"。

袁世凯说:"怀芝是实在人,他说得对。谁能打一辈子仗,当一辈子兵?年轻时还好说,年老跑不动了呢?"他清了清嗓子,提高声音说,"放心吧,弟兄们!你们都是我的乡亲,是我的亲戚,我才特意把你们从庆军里找来,和我一起干事。我年老了也要回老家哩!没有老婆的我给你们找。家里没地的,我给你们置办!一个老婆不够,再给你们多找几个。"

人们"轰"地笑了。

有人说:"对,多找几个好。过过瘾!日他娘,咱家里穷,娶不上老婆;日后要娶就多娶几个来,天天轮换着睡。睡他个昏天黑地!"

又有人打趣说:"那也不能背驮着老婆去练兵,去打仗啊!"

人们又一阵子笑。

袁世凯说:"弟兄们,等铁头和狗蛋他们来了,咱们老家的人就更多了!人都喊我袁项城,没有项城老乡亲,哪里会有我这个'凯儿'?"

雪止住了,人们说笑着,慢慢向前走。

袁世凯吩咐人相互传递着喝葫芦里装的酒,借以消乏。人人都说这酒好喝,味道醇。漫空立时弥漫起浓浓的酒香。

袁世凯说:"这酒,你们知道是从哪里弄来的吗?"他没有等大家回答,又高声喊着,"是咱们项城的五谷老窖!咱们老家城关地都说是一个了不起的地方。人称其秣陵,也称其扬州,是出过五个帝王十七任宰相的宝地。家乡人把这物华都酿进了酒中。我们饮下的,就是秣陵老窖的酒头,一斤酒头,能勾兑二十斤老酒。那酒采的水,是地下十九丈深处的温水,那酒采的五谷,是上好的五谷,一百天揉搓,一百天蒸煮,一百天闷制,整整三百天,才酿成这般好味道。最重要的是,它是咱们家乡的酒,永远都是香的;就像这人,永远都是亲的。咱们心连着心,血连着血,走遍普天下,都分不开咱们大家的情谊。"接着,他清了清喉咙,认真注视着众人的面孔,一个个叫着他们的名字,直叫得他们眼里怒放着泪光。他说,"可是,弟兄们要记着,乡亲是乡亲,练兵是练兵,练兵就是六亲不认。过去,咱们中国有个吴起,他严肃兵纪,兵行将令如大山倾倒,才有一代攻无不克的将风。西方遥远的法兰西,有一个叫拿破仑的军人,如今,那里有一种名酒,名字就叫拿破仑酒。拿破仑他个子不高,学问不大,但是,他目光远大,在欧罗巴大地上,凭一副快枪利炮武装起来的队伍,战则无不胜!他靠的不仅是枪炮,还有整齐的心。拿破仑他特别能吃苦,他的队伍敢于喝自己的血,吃自己的肉,从不怕外来的敌人——一个人置生死于度外时,他还怕什么呢?咱们兄弟呢?"

"嗨!"众人格外整齐地猛一声吼。

38

一只雄鹰从雪地上惊飞起，直冲向云天。

袁世凯打了一声响鞭，对人们喊道："弟兄们！我们准备好，再冲一阵子，前面，就快到我们的小站了！"

大家又齐喊一声"冲啊"，又奔跑起来，他们踏起的雪霰化成一条巨龙。

10. 小站的枪声

小站到了。

稀稀拉拉的破房子像是一只只熊瞎子躺倒，横七竖八地分散着，整整一个冬天还没有睡醒一样。袁世凯他们一行人赶到的时候，这茫茫一片寒霜裹地，空荡荡荒无人烟。定武军正在直隶城中等待他们接收。

袁世凯用马鞭指着四周，高声对大家说："弟兄们，这就是咱们的营地。这里一边是大沽，一边是直隶。现在我们先放假三天，谁想到哪儿玩，就去哪儿玩。一人先发十块大洋。不想去玩的，晚上睡帐篷，天天有烧狗肉，有烧酒。"

"砰——"忽然，远处传来一阵枪响，闷闷的，像雷的余音。

人们都惊愕了。

袁世凯镇静自若，对人说："没有事儿，肯定是打兔子的。雪地打兔子，用的是长筒子火枪。"

放哨的兵跑来报告，说有几个老乡在附近打兔子。

于是，大家都笑了。

袁世凯说："下雪天，记得咱们小时候在家除了打兔子，还去捡野雁，捉大鹅。晚上上冻时，谁想去逮就去逮吧。以后，营房盖好了，都正儿八经地练兵时，就没有这机会了。"

人群中有几个年龄小的，摩拳擦掌，跃跃欲试，在雪地上比划了几下拳脚。

天落黑时，又有几队人马赶到了。袁世凯有条不紊地指挥着大家扎帐篷，升起篝火。

半夜时分，一群青年骑着快马赶到了。他们将一封信呈给袁世凯，袁世凯看后，学着他们的样子向他们还敬礼，爽朗地笑着说："欢迎！弟兄们辛苦了！王士珍，段祺瑞，冯国璋，好啊，都是北洋武备学堂的高材生，先谢谢你们啦！走，进帐先休息休息。"

袁世凯带着王士珍他们向营帐走去，见路边帐篷有被风吹开角的。他都要亲手给掖好，并不断吩咐正说话的士兵早一些睡。王士珍他们肃然起敬。

到了营帐，袁世凯先安排他们用酒用饭，为他们亲自倒酒，恭敬如宾客相迎，感动得他们心里热乎乎的。

营外又报告有军队开来，袁世凯很抱歉地对王士珍他们说："诸位兄弟，实在对不起，我要亲往迎接。弟兄们雪夜赶来，可见一片赤诚，我真想将身分开几处来照料。见谅！恕我失陪。"

王士珍他们不多时就睡着了，等天将明时，醒来还可听见袁世凯正奔忙着。

冯国璋说："芝泉，聘卿，我看这个袁世凯真是不一般。当今为官者，带兵人多为军阀，薄情寡义；如此厚重之人，实少见。新气象！该我辈大展宏图啊！"

段祺瑞说："别慌，此言甚早。世面上人常讲，山东的响马山西的贼，河南好出流星锤。我看此人城府很深，还是多提防一些为好。日久才见人心嘛。"

王士珍说："什么叫流星锤？"

段祺瑞说："这流星锤是一种比喻，就是神出鬼没，骗了就没影儿的人。"

三人笑得前仰后合。

帐篷外又一阵嘈杂声，袁世凯的喉咙沙哑着，说不完的感谢和慰劳。

天明了，袁世凯家乡来的第一批人马一齐呼喊着跑出来。大家以为出了什么事情，听人在高一声低一声叫着"铁头"、"狗蛋"、"蛤蟆"、"大哥"、"表弟"等称呼；他们在话语中时时夹杂着"我日他嘞呀"，重复着"咋"、"啥"和"毬毛"、"鸡巴毛"这些土语，说不完的感叹。听得出来，都是地地道道的河南口音。人在背后说："看吧，新军不是湘军，不是淮军，而是豫军了；如果像湘军、淮军一样，新军的新字，能够新到什么地方就难说了。"

待太阳升起来时，应召各路人马陆续到齐，整个小站旌旗飞舞着，猎猎声响，人声如沸。

袁世凯望着这情景，止不住激动，汗水，缓缓在脸颊上流着。他使劲地抹了一把。他思量着，待这里稳定住规模之后，再派老部下吴长纯他们去山东、安徽、河南、奉天一带，多招一些步兵、骑兵。然后，将采买的洋枪洋炮洋刀运送来，过山炮、陆路炮、曼利夏枪、连着六响的左轮手枪，该让这些年轻人都惊喜上一番。当然，这里不准他们任何人携带私人武器。他们服装要采用新式洋装。官是官，兵是兵。官兵一致，严加训练，试看天下谁能敌！

太阳越升越高，越来越热，尽情在头顶开放，照得他心里格外温暖，他的双眼不知怎么，挤成了一条线，挤得那样紧，那样严，又酸又涩。很快，他感觉到自己打起了响亮、舒畅的呼噜。

"睁开眼！"他猛一拳砸向自己的头。他知道，这时刻，不能睡，必须睁大双眼。

月亮颤抖着从云层中站出来，又钻进去。小站一明一暗，在嗖嗖的夜风中，

40

树梢儿瑟瑟响着。

袁世凯读着书信，翻阅一些文件，对唐绍仪的一篇文章格外感兴趣。他读着，读着，新留起的羊角胡子微微翘动，他一拍案几，叫了一声："杨修！杨修！孟德度小，未敢用也，误了一代雄杰！唐绍仪言之有理。"此前，徐世昌早就谈到过唐绍仪这个人，把他比作杨修。他想起严修，严修不是杨修。此天下才俊，当为我龙与虎！还有唐绍仪，饱览世界风云的大才，英才；早在朝鲜时，他就在自己身边，一同度过艰难的时日。杨修是绝顶聪明的人，只是他嘴不严；唐绍仪年少，同样爱议论。这又有什么呢？他们城府未深，不一定是坏事。我要好好重用这个人。几天前，自己曾让他写一篇论杨修的文章，这小子竟写得如此意气风发。他借题发挥，论汉献帝，论司马氏，痛数曹氏少德的道理。是啊，曹操失去旷世之才杨修，他岂止是失去了一个能舞文弄墨的才子？人人都可为尧舜，而不能人人都为孔明。念我军中，没有结义的兄弟党邦，我却有成群的儿男兵勇，只是最缺少的还是唐绍仪这样的孔明之才。

他想着，想着，缓缓起身，取过墙壁上的一只洞箫，试吹了两声调整了音准，便吹起一曲《满江红》。

箫声如泣如诉，如行云流水，飞出了窗口，扑向那明明灭灭的云端，凭着风，数着星辰点点，也数着夜色中的大地，融进莽莽的群山，蜿蜒的长河。他在心里一遍遍唱着"莫等闲，白了少年头"。

来小站这么长时间了，人心基本上稳定下来。让人欣喜的是有如此多的青年奔过来，军营内外有了欢歌笑语。特别是那一批洋学生，他们带来了许多新玩意儿。谁说新军只把他们当做摆设？刘备只会哭，没有大气派，身边有诸葛孔明，有五虎上将，可他无雄才，少大略，蜀中早衰。曹孟德是雄才大略，可他心胸狭窄，爱才而疑才不敢用才，魏家易主，司马家族夺得天下。孙权，东吴年少儿郎，乃真举世之英才！江南风景好，育得此等人杰。想我新军，羽翼未展，有了冯国璋、段祺瑞、王士珍这三匹骏马，再加上来这个唐绍仪，以后还会有严修他们一群俊彦。此如何比不得当年的刘备？不！刘比不上曹，曹不如孙！孙，他们又如何如我？

袁世凯改换了《茉莉花》，在心里一遍遍唱着"我有心摘一朵头上戴"。箫声飞出心扉，他似乎看见初逢沈雪梅，与她共戏于万花丛中的情景。他吹得悠悠扬扬，如醉了一般。

一阵风从窗外吹来，将蜡烛吹得摇摇晃晃，几下要灭。霎时，他停住了箫声。

乐极生悲。

一个声音在他耳边响起。

他猛然想起了李鸿章的话：小子不可得意，得意必忘形，忘形必铸错，铸错必有灾祸至矣！是啊。涤丈、曾大帅他是一世的英豪，培植出李鸿章如此敢作敢为的门生。今又有人言，少荃有方，得慰亭小子以济清廷。果真是如此之道理吗？

那一天，自己去拜访翁同龢，翁同龢就讲了这些传言。翁同龢轻蔑地讲着，一边抽着水烟，用眼乜斜着自己，训斥得自己面红耳赤，难堪透顶。是啊，树大招风，水阔生浪，名高招嫉；一部精美的《现代兵学》就曾被人恶意涂上马粪，扔在长安街上。这世道！

他不知道自己如何是好！

许久，他又举起箫管，感到格外沉重；他狠狠地吸了一口气，运了运神，重新吹奏起来。

他吹的是《沁园春》，曲调在庄重之中裹着昂扬，一忽儿轻俏如花飞蝶舞，一忽儿则急如滚雷驶过天穹。风雨算得了什么？他在想，古来成大业者，无一不是为人所恨的人。翁同龢瞧不起我？哼！李鸿章与你纵有百般深冤，你们何不能化解？你们都是慈禧捉的蚂蚱呀！我袁世凯是一只雄鹰，经风经雨，如今要冲上天穹，去拥抱苍穹，展翼千万里。哪怕他庸众之人多少闲言碎语，岂能挡得住我逢山劈道、遇水架桥的雄心！

继而，他想起江南的岁月，想起初识马虎，初恋沈雪梅，想起自己来到明孝陵问说朱元璋，江南茉莉花香沁人心腑。他举起洞箫，不由又吹起《茉莉花》；吹着吹着，一颗心飞向江南如画的烟雨中，如痴如醉。

他吹着，吹着，把箫缓缓放下，眺望着窗外忽明忽暗的夜空，心中沸腾着冲天的诗情。提起笔来，意欲挥洒时，他却又觉得烦乱不堪，把笔往水洗中一掷，重回到窗前。

站了一会儿，仍然没有睡意。袁世凯披起皮袍，叫了亲兵，一起去营中查看。

穿过一个又一个帐篷，袁世凯不断对营房内的士兵说：要学会吃苦，小站的生活条件不太好，等到将来，朝廷用着我们的时候，有了立功的机会，就会心想事成了。刚来的新兵们都感动得不知说什么才是，一双双感激、充满着希望的眼巴巴地望着他。帐篷中到处弥漫着浓郁的青春气息。一个新兵猛地从被窝里爬了出来，跪在袁世凯面前，"咚咚"磕了两个响头，哭着说："袁大人，我是个孤儿，穷得没有了办法，才来当兵，找一条活路来。我现在连个名字都没有，人家叫我王八，怪难听的。您给我起个名字吧！"

袁世凯满脸堆起温和，把他扶起来，问道："多大了？"

"不知道。"

"姓什么？"

"也不知道。"

"哪里人？"

"记不得了。"

袁世凯用手抚摸着他的头顶，说："穷孩子啊，来到这里，咱们就是一家人啦。若你同意，就随我的姓吧，叫袁大勇，好不好？"

新兵又扑通跪在地上，连哭带喊地叫了一声"爹"，连磕了几个响头，说："孩儿从今就把命交给您了！"众人望了都止不住热泪如春泉般奔涌。袁世凯抿了抿嘴唇，压低了声音，对营内的士兵们说："大家都看到了，天地这般大，茫茫众生，只有我们几个人能走到一起来！这，就是缘分。现在，我们都是一家人。今后，你们就都是我的好儿郎。有我吃的肉，我不会让你们啃骨头。咱们团结一心，练出一身好武艺，还愁将来没有出路吗？"

营房内的士兵早钻出被窝，并肩站立在他面前，一个个胸肌突起，鼓囊囊闪着亮光。他们齐声高喊道：

> 我们的人是袁大人的人，
> 我们的心是袁大人的心，
> 我们永远听袁大人的话！
> 我们永远报袁大人的恩！
> 袁大人热爱我热爱，
> 袁大人仇恨我仇恨；
> 袁大人命令我听从，
> 袁大人挥手我前进！
> 紧跟袁大人，一齐向前进，
> 前进，前进，向——前进！

喊到最后一句"向——前进"时，他们竭尽全力，喊得地动山摇。

袁世凯微微笑着，再三嘱咐大家早一些入睡。他慢慢走出了营房帐篷，又去其他的营房巡看。他听到身后有许多感慨声；有人议论着如何为他在帐篷中立上袁大人的牌位。

忽然，远处一座帐篷内，隐隐传来了一阵嬉笑打闹声。

他加紧脚步，站在营外静听了片刻，被帐篷内的话语吸引住了。

"弟兄们，过上几天，各位就要进行操练，就不能像这样玩了。来，咱们玩一会儿老家的叨鸡！"

一群人应着："来，叨鸡！"

一人问："谁当鸡头头？"

一人答："我来！大家同唱了歌诀，再来叨着玩。"

众人笑着同意。一问一对答：

"哪里鸡？"

"荒凉店儿的鸡！"

"一天吃多少？"

"八斗八簸箕！"

"一天屙多少？"

"一万一千一！"

……

随后，只听一声"叨啊"，满房都是翻天覆地的扑腾声！

袁世凯咳嗽了两声，帐篷内立刻寂静下来。这群老家来的孩子，表弟就在里面。他没有进去。他清楚这些人的聪明。

夜风微微，寒冷交加。他忽然想起了自己的妻子和儿女。此刻，他们在家生活得怎么样？小站练兵，一律不准带家眷。漫漫长夜，该有多么寂寞啊。自己还免不了会有这种感觉，何况这些远离家乡的青年呢？家乡的斗鸡游戏，使他想起了许多。儿时，柿树林子里所演的游戏，一幕幕又浮现在眼前。日子说快也真快，眨眼就半辈子了。这时，他觉得自己才算能理解曹操的那些诗篇"青青子衿，悠悠我心"、"对酒当歌，人生几何"，他不觉吟出口来。

猛一声鸣叫，提醒他朝东天望了望，启明星已升起很高了。东方地平线上隐约泛起一层晃动的白光，在夜色与大地之间犹如飘舞的白绫。天，快亮了。如海的朝霞猛地在天穹喷放，洒遍神州！他在想，隔一段时间，让新兵们去直隶城的妓院，尽他们玩一通。但很快，他一转念，心中念道：不行！新兵就要有新气象，如何放纵他们让他们无法无天？要养精蓄锐啊！

刺耳的军号声猛地响起来，冲天昂扬地叫着！

这是一群洋学生提议的，报时使用西洋军号代替往日的牛角号和铜锣。他们还提出，早晨一起身，就让士兵放声高唱战歌，整顿精神。对，就这样。他想，一切事在人为；没有新气象，就不会有新兵。

11. 小站的歌声

春天的雪还没有化完，小站的简易营房处处可见有随地飘散的白木楂儿。耐不住寂寞的桃花，早早在营房周围闪烁起来，风吹来时，花瓣儿摇晃着淫荡，飘荡着风骚。

天还没有还暖，而习操的人日日都头冒热汗，满脸通红。

袁世凯身着大帅服，头盔上的英雄翎高高地挺立着，显示出威武、雄壮。他笔挺的制服像石雕一般硬朗，黑亮的马靴闪放着油亮的光芒。此时，他站在观礼台上，一手紧握短剑，一手放在额前向前来报到的各路长官敬礼。雪白的手套令人畏惧，生满寒意。一群洋教官在一旁挺立着。

"左翼翼长姜桂题?"

"到!"

"右翼翼长龚元友?"

"到!"

"统带段祺瑞?"

"到!"

"统带杨荣泰?"

"到!"

"统带徐邦杰?"

"到!"

"统带任永清?"

"到!"

"统带王士珍?"

"到!"

"营务处王英楷?"

"到!"

"营务处梁华殿?"

"到!"

"营务处冯国璋?"

"到!"

……

每答应一声"到"后，他们都是标准的转身立正。

随着一声声响亮的"到"，军官们整齐分列台下，衬托得袁世凯更加高大。

他将手向空中一挥，"咚！咚！咚！"三声炮响，旗手们高举起五颜六色的军旗，队伍在军乐队响亮的乐曲声中作出各种动作。一队队人马分别从礼台下面通过，每一队人马走过，他都要高喊："兄弟们好！"他们齐声应答："精忠报国！"先是步兵队通过，左翼两营，右翼三营，人数总计有五千，浩浩荡荡。接着炮队通过，右翼快炮和左翼重炮并进，随后是接应马炮队。三支炮队有一千人，隆隆驶过时，炮兵们连续三遍高呼着冲天的"啊——"，整齐的节奏，嘹亮的喊声，激荡着人心。四列马队齐刷刷地过来了，骑在马上的士兵们一手勒缰，一手向空中高举着马刀，像一片森林正逼紧天空，让浮云退去。最后是工程兵，他们簇拥着胶轮马车，正步向前，目不斜视，那些铺路架桥的器械和通讯设备，更有一番姿色。

袁世凯的面容像雕像般冷峻。他抬眼凝望着队伍的上空，那是正翻滚的云，那里该有着龙虎万千，正向前涌动吧！

一声长号过后，所有的士兵一齐高唱《劝兵歌》：

> 为子当尽孝，
> 为臣当尽忠。
> 朝廷出利借国债，
> 不惜重饷来养兵。
> 一兵吃穿百十两，
> 六品官俸一般同。
> 如再不为国出力，
> 天地鬼神必不容。
> 自古将相多行伍，
> 休把当兵自看轻。
> 一要用心学操练，
> 学了本事好立功。
> 军装是我护身物，
> 时常擦洗要干净。
> 二要打仗真奋勇，
> 命该不死自然生。
> 如果退缩违军令，
> 一刀两断落劣名。
> 三要好心待百姓，

粮饷全靠他们耕。

只要民兵成一家，

百姓相助功自成。

四莫奸淫人妇女，

哪个不是父母生？

家家都有妻与女，

受人羞辱怎能行！

五莫见财生歹念，

强盗终究有报应。

纵得多少金银宝，

拿住杀了一场空。

六要敬重朝廷官，

越分违令罪不轻。

要紧不要说谎话，

老实做事必然成。

七戒赌博吃大烟，

官长查出当重刑。

安分守己把钱剩，

养活家口多光荣。

人人常记此等语，

必然就把头目升。

如果全然不经意，

轻打重杀不容情……

　　歌声雄浑、厚重，旋律短快、昂扬，犹如巨大的蜂群在轰鸣，如春天的雷声从天穹隆隆驶过。

　　士兵们唱着这歌声，随着歌曲节奏、旋律，迈出整齐的步伐，一会儿将枪扛在肩上，一会儿将枪抱在怀中，动作整齐有力。数千人举手投足，如一人在操练。

　　他们唱了一遍又一遍，一个个神情异常庄严、肃穆，如一尊尊威武的金刚神像。间或他们喊出几句震天的号令，每喊一个号令，就变换一次队形。

　　一阵长号又响起，伴随一阵短号，人开始背诵《十八斩律》：

临阵进退不听号令，战后不归，斩！

临阵退缩，交头接耳，斩！

探报不实，诈功冒赏，斩！

私自逃亡，临阵装病，斩！

临守松懈，禀报迟误，斩！

奉命怠慢，贻误战机，斩！

首领战死，兵丁不前，斩！

用心不专，临阵误事，斩！

衣带不整，抛弃枪械，斩！

口实不保，泄露密令，斩！

欺压百姓，烧抢奸淫，斩！

私自接盟，造谣惑众，斩！

黑夜惊呼，扰乱军心，斩！

打架斗殴，聚众闹事，斩！

违抗军令，凌辱官长，斩！

寅夜窃出，离营浪游，斩！

身为官弁，纵兵扰民，斩！

吸食鸦片，酗酒赌博，斩！

斩！斩！斩！

每一声"斩"，都格外地响亮，令人颤抖。

袁世凯又将手一挥，旗官舞动令旗，全场兵士中开列两侧，中间敞开一片空地。空地中间很快有人分别泼上粪便，架上刀叉，点燃篝火。空气顿时寂静得如凝固的寒冰。

一队兵士手握步枪，迈着整齐的步伐，在值日官的号令下，向前走去，没有半点怯惧，穿过粪便、刀叉、篝火！

全场欢声雷动！

几个洋教官都跷起了大拇指。

阅兵结束之后，德国教官开始训练军操，讲习各种军事常识，分头练习。

袁世凯带着姜桂影一行人在场内巡视，望着练兵场热火朝天的景象，大家都流露出满意的神色。

走到一队队的操练队列旁，袁世凯都要停下来看一会儿。这时，训练教官都要喊"立正"、"稍息"的口令，请袁世凯训话。袁世凯总是很和蔼地笑着，用亲切的目光扫视兵士们一遍，然后讲"弟兄们辛苦了"之类的慰劳的话。遇见有士兵的面容瘦弱，他总是嘱咐"要注意好身体"。特别是一些兵士的名字，他能随口叫出，令兵士们都异常佩服。望着这支年轻的队伍，此时，他感到无上的光荣和自豪。同时，他在想，当年在朝鲜，庆营的士兵整日赌博、斗殴，奸淫当地妇女，吴长庆他却睁一只眼闭一只眼，根本不管教约束他们。方伯谦他们又如何不是这个样子？新兵有新气象，才会有新作为；推而广之，全中国的人民也是这样生龙活虎，若全中国的兵勇都像眼前的战士这样英勇无畏，还会怕他们列强肆意侵略我大中国吗？由此，他想起了那一张张松弛着肌肉的老脸，花白的胡子下面，整天都是之乎者也，它顶个屁用？美其名曰薪火相传，亡国之际，朽木如何雕也！此刻，他又想起贤良寺那一天的夜晚，李鸿章扳着手指对他讲，大宋朝的时候，出了一个王安石，敢作敢为，他做了宰相，手下重用的吕惠卿、章惇、蔡确、曾布他们，个个都年轻有为，才有熙宁变法一扫腐朽。变法，变则通，变又难免痛。练兵，也是这样。国无法度必乱，如今慈禧和一片权臣则正是内乱的根源。唉，唉，做国家栋梁，吾侪……李鸿章一声声哀叹，最后哭了起来，无奈的泪水涌满老脸。

而朝廷之中，一群新贵们正吵嚷着提防汉人拥兵自重。

呸！袁世凯怒目望着猎猎战旗，把牙咬得"咯咯"响着。

他在心里告诫着自己慎躁，此时练兵，尤不能急躁，更不能浮躁。一定要珍惜此等机会，待来日，若真的有十万、百万大兵，何愁江山不改换这一片片凋零破落毫无生机的气象？哼！他在想，慈禧这个老女人，她算个什么东西？他想骂，大中国的朝廷，全他娘的是一场戏，是一场游戏，这一切都和家乡柿林里演的儿戏是完全相同！《左传》讲，国之大事，在祀与戎。祀是什么？就是游戏的规则，戎是什么？就是兵，就是能吞山河洗日月的新兵。而兵，则在于精，在于新。

他想，只要练好了兵，一切都好说，有了兵，就有了一切——汉唐都是这样。

12. 小站训词

每天，每天，袁世凯养成了习惯，总要独自站立在指挥台，静静望着东方，一直期待着远天升起红日；他静静地期待着，期待着，从不眨眼，把鲜红的太阳努力看做金光四射的金椅子，金椅子！

七千健儿涌向小站，旌旗林立，杀声震天，寒冬很快就被这杀声融化了。这喊杀声如滚滚惊蛰雷，把深藏在营房后墙角处的残雪全部碾碎了。瞬息间和煦的春风荡涤、融化的大地，猛吐出绿茸茸的青苗儿。各路人马很快装备整齐，大家聚集在简陋的督办处，听袁世凯训话。袁世凯扫视着这些焕然一新的新军军官，心头甜滋滋的。是啊，年龄都不大，一个个显得生龙活虎，这样的兵带出来才能一往无前。执法营务处交给了路孝允和王英楷，督操营务处的讲武堂交给了王士珍，学兵营交给了冯国璋、景启，参谋营务处要交给徐世昌，现在由陈燕昌负责，行营中军交给张勋；教习处交给了一群德国人巴林斯负责全军训练、作战演习，操场稽查、训练，交给施壁士、伯罗恩两人，礼节和军械稽查交给魏贝尔，炮兵教习交给祁开务，骑兵稽查和教习交给曼德，还有德文教习慕兴礼，号兵乐队教习高士达。这里只有曼德是挪威人。他们要用德国操法训练、培养这支新军。

粮饷、军械、转运、军医，这些都交给刘永庆。刘永庆比自己小四岁，自小就在袁寨自己家中一起玩耍，与保安、保清、保迎他们都是自己的表兄表弟。那年他去了朝鲜，跟随自己充当书记，后来被自己提升为驻仁川的交涉通商分委员。只有他刘永庆，才能稳住后院，保障供给。

炮兵营和炮兵学堂交给了段祺瑞。这人比自己小六岁，是中堂大人的同乡，曾以文童考入武备学堂，到德国学过一年炮兵，回来后任威海卫防军的教习。督操营务处帮办、步兵学堂兼督冯国璋，也是武备学堂出身，和自己同年生，河间县人。这人在武备学堂读书时考中秀才，做过学堂教习，跟随过聂士诚见过甲午年的海战世面。这样的人才，竟不被聂士诚所用，淮军如何有生机！他考察日本军制所写成的这部兵书送来，自己赞叹不已。新军的兵法操典大都是经他的手修订的。他在心里说：冯国璋，你好好干，过些日子，我要提升你为总办，让你有更大作为。那位是王士珍，比自己小两岁，同样是武备学堂毕业。甲午年他曾率正定镇标随营炮队学堂的学生去朝鲜打仗，在平壤负了伤，是个好样的。小子，看得出，你是个城府很深的人，督操营务处帮办和讲武堂的教习先干着，等几天我要让你做工程营的统带。那是天津人曹锟，山东东阿人张怀芝，安徽人段芝贵，他们都比自己小几岁，眉毛梢儿都往上翘呢，一色的武备学堂。好！那一个个腰杆笔挺的人，分别是陆建章、李纯、田中玉、杨善德、王占元、田文烈、陈光远、何宗莲、李长泰、钟麟同、刘承恩、邱开浩、商德全、王汝贤、张永成、吴金彪、马龙标、梁华殿、龚元友、张勋、任永清、王怀庆、言敦源、孟恩远、姜桂题、江朝宗、雷震春、杨荣泰、徐邦杰、王同玉、赵国贤、王凤岗、唐天喜。他们一个比一个年轻力壮，都挺直胸脯，傲气十足。傲气足了好！这傲气是胆，是识，是才，是无价之宝，酸臭的书生们是不会有这傲气的。

"弟兄们！"

他嘹亮的嗓音令所有的军官都猛之一震。

他高声讲道："天下兴亡，匹夫有责。今后，大家的肩上，就直接担当起振兴国家的神圣重任了！今天，我们刻苦练兵，为的不仅仅是保家卫国，更重要的还在于振军威，兴国威！日本人，俄国人，英国人，他们都不断地欺侮我们。今天，我们，要翻过身来，成为东方巨人。享福的，贪图安逸的，混日子的，我一概不要；我要的是同生死共患难的热血兄弟，要的是同心同德的英才。弟兄们，德国朋友不远万里来到这小站，来帮助我们练兵，我们要摒弃一切杂念，认真，严格，听从德国朋友的指挥和训导，任何人不得有半点儿违抗。我们要练一支东方日耳曼军队！日耳曼民族是世界上最优秀的民族，我们要无条件地学习、接受他们的军法、军操、军制，为振兴大清国威军威，肝脑涂地，在所不惜！"

"肝脑涂地，在所不惜！"大家齐声高呼。

接着，德国人汉纳根讲了一通德国陆军的精良，炮兵、步兵、骑兵、工兵、德文学堂的洋教习各自表态，尽职尽责，帮助练好兵。

最后，袁世凯让大家讨论"训词"，待改定，由各级军官召集士兵时训话。《训词》中写道：

> 历代抽丁征戍，而本朝无之，外国编民入伍，而中国无之。国恩，厚矣！尔之祖若宗，食毛践土，沐浴深仁厚泽，垂数百年，及尔之身，优游太平，自顶至踵，何莫非朝廷所赐……今且应募而来，坐食厚饷矣，不知效忠，何以对尔祖父？……古人一饭之惠，终身不忘，受国厚恩，讵止一饭？且尔果有功，必有一功之赏；尔果有劳，必有一劳之酬。国不负尔，尔何负国？夫犬马之贱，尚知报主，人不如物，尔又何甘？苟或不忠，甘自暴弃，大义一亏，神明共鉴，宪典即可幸免，天理亦断难容。营内设官，皆所以统摄尔也，平居事之，宜如子弟之敬父兄，临事畏之，应如手足之畏头目……上下有礼，斯为有制之师……能敬官，斯能用命；能用命，斯能效忠……人之生死，皆由命数……尔等战阵之时，须持定见，谓命由天赋，敌何能为？弹雨枪林，视若无睹，且前进者未必即死，后退者，必有严诛，与其死于法贻笑于人，曷若死于敌而流芳于世！

徐世昌过了一些日子才赶来，任参谋营务处总办。一路风尘仆仆，没有顾得上休息，他就随袁世凯和几个劳务处的总办们去参加随营军事学校的典礼。他打量着四周，一片逼人的清新正迎面扑来。一路上，袁世凯向他介绍了几位总办和统带，又介绍了粮饷局、转运局、军医局、洋务局等机构的职能、组织之类的具体情况。他不住地点头，笑眯眯地打探着众人的神情。当袁世凯介绍到步兵学堂、炮兵学堂、工程学堂及其三总办的情况时，徐世昌连声称赞办得好，说："华甫兄、芝泉兄、聘卿兄，三位北洋武备学堂的高材生，一定能带出朝气蓬勃的良材。其有学有术，德才兼备。慰亭，这些将才是全国的模范啊！"

他们一行人正在走着，忽然背后有人远远地高喊道："袁大人！那边出了大事。弟兄们请您快去做主呢！"

袁世凯停住了脚步，沉下脸厉声问道："什么事情，值得如此大惊小怪？快讲，我必须按时赶去参加学堂的典礼！"

来人见许多人在场，就凑过来对袁世凯耳语一番。袁世凯听罢，勃然大怒，愤愤地说："午时三刻，当斩不误！等我亲去监斩！"

来人悻悻然立在那儿，猛地抱头痛哭。

袁世凯带着人径直去了学堂典礼的会场，连头也没有扭一下，好像什么事也没有发生一样。

学堂典礼会场朴素大方，冯国璋、段祺瑞和王士珍，以及一群洋教官，都立正在会场的一旁。一副标语横幅挂在会场的台上方，写着"新军步兵学堂、炮兵学堂、工兵学堂开学典礼"。台下三个学堂的士兵分三行，整齐地列队挺立。

袁世凯亲自将大红的绶带披挂在冯国璋他们三人的身上，笑着对他们说："你们三位总办，珍、璋、瑞，名字的最后一个字，都带有'玉'字偏旁；你们是苍天赐给我的三件玉宝啊！"

典礼开始了，袁世凯讲话，说："我们新军，有光荣的新风！做事要快，讲话要精。我讲三句话：一、大家要以苦为荣，刻苦学习；二、大家要以勤为荣，勤学好问，勤练勤习；三、大家要以职为荣，忠于职守，做一名优秀的新军战士！"

学员们爆发出雷鸣般的掌声。冯国璋、段祺瑞、王士珍三人依次做了简短的讲话，共同向袁世凯宣誓，决心练好新兵，不负众望。

最后由洋教官讲话，他们说，今天这样的学堂典礼，是他们很少见到的；这样的新兵，也将是很少见到的。这是世界上最优秀的士兵。他们表示，要竭诚效力，尽职尽守。

学堂典礼只一会儿工夫就结束了，学员们分头上课。袁世凯他们也都离去。

13. 蛤蟆

当袁世凯赶到刑场时，只见木桩上绑着一个人，铁头和狗蛋他们一群项城同乡，齐刷刷跪在地上，向执法处的军官苦苦求情。

铁头和狗蛋见袁世凯来到，哭着说："世凯，你今天一定要救蛤蟆一命！啥都不念，就念他是你亲姑家的独苗儿。当年你们袁家大分家之后，你的娘亲她粮食不够吃，是蛤蟆一家接济了你的娘。那时，咱们都在朝鲜打仗。咱们有谁能顾得上家？若你有良心，凯儿！你救下蛤蟆，我们弟兄们也从此，以此为戒；再不做这蠢事傻事。若你见死不救，我们项城同乡都一律散伙，从此大家就是路人，绝不再见你袁世凯一面！你这一辈子，也不要再回项城县！"

袁世凯十分镇定地说："蛤蟆，你抬起头来。你讲，这到底是怎么回事？"

蛤蟆泪流满面，呜咽着说："表哥，俺对不起你。昨天夜里，我跑到外面，糟蹋了人家的小妮儿。不过，那只是一个穷要饭的啊！我才十九岁，哥啊，你救救我吧。我下次再不敢干啦！"

袁世凯十分平静地问："你会不会背《十八斩律》？"

蛤蟆继续哭着说："欺压百姓，烧抢奸淫，斩！我，该犯斩罪。"

铁头把脖子一拧，大喊一声说："呸！毬毛！袁世凯，袁慰亭，小凯儿！规矩是人定的！大清的法律那么多，无官不贪赃枉法，他们都该杀掉，可是你见哪个被杀？和珅贪污钱那么多，皇帝也不查了。你，你，你要想一想，我们弟兄几个千里投军来找你，为的就是这样被砍头吗？再说，蛤蟆才十九岁，我们把那小妮儿买过来，给蛤蟆做媳妇也可以。为啥非杀不行？你要敢杀他，我，我吐你脸上，我拿鸡巴齨你脸上！"

狗蛋也哭着喊："世凯，小凯儿！你要救下蛤蟆，你就是个有良心的人，也不枉当年咱们去登州投军一路同甘共苦共患难的兄弟一场。若你不救，我要骂你不是个人，骂你袁家断子绝孙！世凯，小凯儿！你想想，人不能没有良心。你有一大群老婆，蛤蟆他却还没有娶一个老婆；难道你就让你姑这样失去她家的独生儿子吗？你姑，以后咋活呀……"

一群人痛哭连天，他们大声喊着为蛤蟆求情。

袁世凯也哭了，他跪下来，对蛤蟆说："表弟，你放心去吧。你，别挂念什么。我姑，从今就是我的亲娘！我一定要把她从老家接过来，我要伺候她一辈子。"说着，他爬到蛤蟆身旁，抱住蛤蟆大哭起来。

徐世昌他们看着，也都不禁用衣袖擦拭两眼，跟着抽泣、呜咽，执法军官也难为情了。

袁世凯吩咐人速取来好酒好菜，对铁头他们说："弟兄们，国法难容，兵纪难违；你们让我救了蛤蟆，我就用这把剑杀了我自己。你们要真让我救他，我现在就死在你们面前！"说着，猛地拔出短剑，朝自己的脖子上划去。铁头赶紧扑上去，用力夺下袁世凯手中的短剑，两人抱住哭得一起一伏。

袁世凯抽泣着说："铁头，狗蛋，你们都是我的患难兄弟。甲午年，咱们的国家因为什么打了那个败仗？不就是兵法不严吗？方伯谦他们敢临阵逃跑，而中堂大人却昧了良心，徇了私情去保他们；所以，才有那如山倾的大败！咱们练新军，靠的是什么？是严明军纪！我，挨骂，挨打，你们吐我脸上，只管随你们的便。你们觉得怎样处置我好，就怎样处置吧。"

周围顿时一片寂静。铁头和狗蛋他们把头低下去。一群人都纷纷悄声呜咽，继而放声痛哭起来，若山崩地裂；执法的军官脸上红得发紫，他不敢望人，直喘着大口的粗气。

酒菜都送来了。菜用盆盛，酒用碗盛。蛤蟆摇了摇头，无可奈何地叹了一口气。他仰起脸，呆望着远天的云朵。

袁世凯为蛤蟆擦干泪水，亲手将酒送到他嘴边，待他饮下，又夹起菜让他吃。

蛤蟆苦笑着说："表哥，俺就该活这十九岁。投军之前，我百事不成，我叫郑郭的王瞎子给我算过命。他说我命中有劫。唉，真的是，在家躲不过，出外也躲不过。这都是命！唉，你砍吧。再托生成人，我说啥也不干这缺德的事了。"

袁世凯站起身来，扭过脸去，闭住双眼，忽然"扑通"一声晕倒在地……

天淅淅沥沥地下起了小雨，刑场上已空无一人。四周阴冷的风越刮越猛，很快，一切都被黑暗所包裹。刘永庆从天津回来（新军转运局设在天津），蛤蟆的棺材已经入了土。他大吼一声，拔出手枪，朝天狠狠打了几枪。

雨仍然下着。

他嘶哑着喉咙，高声喊道："老天爷啊老天爷，你为什么偏偏要让我的小弟弟遭此灾难呢？袁世凯，狗日的小凯儿呀，你博得个大义灭亲的美名，你心里就好受吗？"之后，他竭尽全力吼一般喊道，"我操他祖奶奶，谁陷害了我的表弟！我要亲手宰了他个狗日的！"

刘永庆久久跪在地上，哭得涕泪交加，痛数着世道，一直哭了许久许久。当他转身时，他看见铁头、狗蛋和保安、保迎他们都跪在泥水中。他们紧紧搂抱在一起，高声喊着"蛤蟆"的名字，一个个泪水涟涟，任雨水越下越猛。

狗蛋说："弟兄们，算了吧，咱们生就的是吃五谷杂粮的苦命人，不要做这封官晋爵的美梦了。走，咱们，散伙吧。这地方，不是咱们能待的。走！回老家……"

"不。"铁头拦住了大家，他咬紧牙，望着天边滚滚的黑云，说，"大家不要慌，即使散伙，也不能这样说走就走。你们听我的，听我说，世凯他说得有道理。换了咱们，也会这样。人常讲，棍棒出孝子。练兵，离不开这刀和枪。这锄头和枪头的用法是不一样的。我们离开了家乡，就不能凡事太任性，就不能把家乡当做他乡，更不能把他乡当做家乡。"他亲手扶起刘永庆和狗蛋，用力拍了拍他们的肩头，说，"狗蛋兄弟，你还记得当年咱们漂洋过海的日子吗？大不列颠的街道上，人，车，各行其道，井井有条。据说他们凡事认真讨论，相互监督；他们洋人说话，彬彬有礼，穿戴讲究整洁。还有人说，他们一夫一妻，贫富平等。这，就叫文明。如今，咱们的读书人在大办强学会；可是，他们妻妾成群，念歪了经。什么叫强学会？强学，就是向那列强学习，学习他们富强的真本领。再看一看，咱们天津大街上，人人衣着破烂不堪，满身污秽，更可恨那一张张臭嘴，如猪狗一样遍地随意吐痰，口是心非，随口骂人。唉，新军呀，必须新，只有新了法度，新了风度，国家才会强盛。我们，当从自我做起，重思量自身。"

"难道，蛤蟆的血，就这样白流了吗？"刘永庆问。

雨渐渐停下，周围一片寂静。

铁头、狗蛋把手紧握在一起，他们又紧握住刘永庆的手；接着，众人都围拢来，把手紧紧握在一起。

袁世凯终于病倒了，高烧不止，放声号哭不已，一遍遍喊着"啊啊啊啊啊啊——"军医局的医生为他用了多少药，都不见效。

刘永庆又出去了，他要到天津办理粮饷。他悄悄走进袁世凯身边，用手背体味着，一边在心里说：放心吧，一定！

徐世昌和姜桂题他们主持练兵事宜，早晚从不间断。表面上看来，一切都平平静静。

袁世凯病倒之前，常常领统带们去各营房查夜，督促士兵洗脚、早睡。夜深时，袁世凯还为那些把腿伸出被窝的士兵掖被子。遇到有士兵生病，他常亲自陪同军医看病，或亲手喂士兵吃药。发饷时，他一般都在场，当着士兵的面说："今后若有谁少发于这个数，你们可直接告诉我。查实后，我一定要亲手砍掉贪污军饷者的头！"吃饭时，袁世凯也不断地和士兵一起吃，看饭菜做得怎么样。

现在，士兵们听说袁世凯病了，许多人都在营房内供上他的牌位，祷告神灵，请求神灵保佑他早日康复。徐世昌带着统带们查夜时，发现了这种情况。有统带指斥士兵，徐世昌则说："大家爱袁将军，是发自内心的，就由着他们去吧！"各营士兵听见，更多的人这样做。

半个多月后，袁世凯的病痊愈了，阅操时，他努力作出高兴无比的样子，高声讲："托兄弟的福，我又平安无事了。大家要勤学苦练，为新军争光！"

众人立刻高喊道："勤学苦练，为新军争光！"

练兵中，他发现和任用了一大批青年，像段芝贵、曹锟、张勋、田中玉、阮忠枢、陆建章、王怀庆、倪嗣冲、张怀芝、王占元、吴长纯、马龙标、孟恩远、赵国贤、雷震春，等等。当年在八大胡同养的姑娘，一个个如花似玉，现在都派上了用场。他合计着，把这些姑娘嫁过去，让他们都成个家。

袁世凯体力很快恢复如初了，但他心里从来就没有安静过，望着人的脖子，他常下意识地摸一下刀。有时，他暗自将牙根咬得直痒，很想亲手剁下几颗人头，才觉得解气。

原来的执法营务处有一个军官，表面上很受袁世凯赏识。袁世凯对他说："粮饷局实在是太乱，太无能了。你在执法处干得很好，是个良材，你带几个靠得住的兄弟去接管粮饷局的主事吧。一定要干得更出色，我不会亏待你。"人员进行了调整后，一段时间平平安安。

这一天，又要发饷了。大家和往常一样欢欢喜喜。袁世凯和统带们照例在场监督，粮饷局的几个军官谨慎发放着，喊一个，发一个。

忽然，一个士兵发现银子有假，外壳是银子镀的，而里面是铁。接着，又有几个士兵发现了类似情况，一时间大家嘈杂起来。

粮饷局的几个军官一齐跪在袁世凯面前，都哭着说："袁大人明察，我们真不知道是怎么一回事儿啊！"

袁世凯什么也不再说，将脸色阴沉得可以拧出一把水。他直望着远方，什么也不说。

几个执法处的士兵赶过来，将这几个牢牢地捆了起来，当众斩杀了。那血是紫色的！

人群中的铁头和狗蛋他们暗自高兴，在心里说："蛤蟆呀，世凯为你报了仇，你可以在九泉之下瞑目了！世凯，真有你的啊！"

几天过后，京城里送来消息：有人向御史胡景桂告发袁世凯贪污军饷。

袁世凯派铁头秘密赶赴北京，告诉大憨，说有人陷害袁世凯，请大憨想办法查清是什么人所为。一面，他和往常一样，显得若无其事。铁头回来了，带回了大憨查找到的消息。第二天一早，袁世凯命人将告发自己的人捆起来，以"黑夜惊呼，扰乱军心"为名，立即处斩。

袁世凯心里暗暗生气，觉得到了连士兵都普遍敬奉自己牌位的程度，竟有人会告发自己。他不明白这到底是什么人所为。

清晨，雾升起来了，湿漉漉地沾在人身上。

袁世凯带着几个人查哨，刚走到营房大门的外侧，只觉得一个人影在晃动。

袁世凯大声喝问："口令！"

人影跑起来，根本不做回答。

袁世凯从随从手里把手枪接过，朝人影打去。枪声响后，人影倒在了地上。

人过去一看，原来是附近农村卖菜的老汉，人被打死了，菜挑子扔在远处。袁世凯笑了，让人收拾卖菜老汉的尸首，告知其家人，讲明缘由，死者家属也不敢说什么，赔了几个钱了事。

没有几天，御史胡景桂大发雷霆，参劾袁世凯"克扣军饷，诛戮无辜"，极力争取朝廷惩治。

消息传来，袁世凯没有气急败坏，他表面上仍然很平静。他悄悄对自己说，一定不能乱了阵脚，稳住胡景桂他们；一定要查到底，看看是谁这样接二连三地告发自己！上一次查到的只是一个，看起来，身边的眼线绝不止两三个。他想，若查清，一定要杀掉。此时，传来消息，荣禄奉旨而来，要"查明督练新建陆军道员袁世凯被参各节"；他们过两天就到了。徐世昌他们提心吊胆，惊慌不已。

袁世凯满脸若无其事。天越来越暖和，花儿争奇斗妍，他觉得春光如此妩媚，令人心喜。

他悄然谋划着所有的步骤，一边走进沙盘营地；他要求所有的军官都必须掌握迅速堆置沙盘的能力。他曾经多次告诉大家，知彼知己，必须熟悉战场周围一草一木，找到关口，控制敌人行军路径。他一遍遍对大家讲汉朝马援以米粒儿堆置沙盘的故事，要求大家学会闭住眼睛指出战场山川河流，指出敌我较量的进攻与撤退路线。年轻的将领们听着，听着，一个个屏住呼吸，频频点头。

14. 军歌

夏初的乌云聚集在小站的上空，黑压压的如数不清的魔鬼正扑向兵营。天气闷热得人辗转反侧，蚊虫叮咬得人心里格外烦躁。许多营房上，绑着红布捆扎的艾叶，而人们照样不安。随着几道闪电，闷雷愤怒地吼鸣着，有胆小的士兵用被单捂起了头。

集合的号声响了。一声声尖厉的军号，催促着人快一些奔出营房。熙熙攘攘的人流很快变得有条不紊地奔跑着。

暴风雨像撕开了天穹一般，猛地倾向士兵们！

军号声继续响着。袁世凯陪伴着荣禄，他带领新军官兵，要进行一场实地演习。此刻，他们披着褐色的斗篷，正站立在营房南侧刚修好的炮楼上巡查。借着此起彼伏的闪电，他们望着新军如此迅捷的集结好，都露出会意的笑容。

袁世凯命令军号手，用号声指挥炮兵掩护步兵，由马队和工程兵配合，继续进行演习。

炮声隆隆，犹如成群的火龙从平地跃起，腾空扑向前方。

步兵紧紧跟着冲上前去！

马队士兵手持快刀，呼喊着，驱马前追。

远处出现了一条壕沟，借着闪电的光，可以看到壕沟有三四丈宽，沟内的水汹涌奔流。很快，炮火封锁了壕沟；工程兵出现了，他们像魔术师的戏法一样，壕沟上面迅速搭起了几道桥。马队像闪电一样飞过，步兵也很快通过了。

荣禄止不住地点头，拿眼睛瞥视着袁世凯；袁世凯佯装不知，任噼噼啪啪的雨水抽打着他的周身。

将近天亮时，暴风雨停息了。战斗演习结束。军号声声，士兵们在激昂的军号声中凯旋。士兵们仍然保持着整齐的队列，在军号声的指挥下，放声高唱他们的军歌：

东方白，

大旗开，

新军兵士大步迈！

古有神勇战敌兵，

今有新军抗敌来！

练好武艺，

不怕牺牲，

斩尽恶魔，

新军震撼世界！

嗨！嗨！嗨！

嗨嗨！嗨嗨！嗨嗨！

嗨！

……

袁世凯告诉荣禄，新军队伍有几个从国外回来的洋学生，他们专业负责制歌谱曲来教会兵士们歌唱；在列队出发时，有《出征歌》；队伍凯旋时，则有《凯旋歌》；早操有《晨歌》，饭前有《感恩歌》，平时有《劝兵歌》。所有的歌声，都是昂扬的。他说，如此，可以提高兵士们的斗志，振奋他们的精神。

荣禄很高兴，他故意问袁世凯："为什么要让他们不停地唱歌呢？他们情愿不情愿？"

袁世凯说:"唱歌时,他们浑身都在使用力气。他们唱着歌,会忘掉一切,丢掉一切的杂念。他们愿意唱,不论心情多不高兴,一齐大声唱时,都兴奋起来,都有劲头了。"

荣禄点头称是,连声说"好",最后对袁世凯亲热地讲道:"慰亭呀,办一件事,特别是像这样一只新军,很不容易啊!有人参劾你多次,说你狂妄自大,目无朝廷,所练的士兵只知有袁世凯,而不知有大清!这些都给我驳回去了。那些无用的翰林嘛,吃饭没有事干,总要找一些事来闲磨水门,更不用说他们有人对我不满,借整你来害我。他们不知道你用心良苦,为的是报效朝廷。慰亭,你放心干吧,有我在,谁也告不倒你!以前我看对了你,现在,我看的还是对的。"接着,他停顿了一下,又问,"慰亭,户部拨来的薪饷经费是否及时啊?有没有缺短现象?翁大人可是一贯清廉刚毅的啊!"

袁世凯眨巴了一下眼睛,说:"及时是及时。只是上次发饷时,出现了假银子。我的粮饷官依法处决了。请大人明察。"

荣禄"噢"了一声,不再言语。

袁世凯看不透荣禄在想什么,只是听人讲荣禄在太后面前活动很频繁,而翁同龢在朝廷面前也很受重视,至于他们两个人之间有无明显的冲突,还不清楚。于是,他放低了声音说:"大人放心,我会及时报告户部,您对慰亭的告诫,慰亭记取,愿肝脑涂地!没有兵部大人对新军的苦心栽培,我们何谈操练?"

荣禄点了点头,不紧不慢地说:"我忠告你一句话,为了避免太多的猜忌,你要迅速将士兵营房中为你供奉的生辰牌位拆掉!新军,是朝廷出钱办的,可不能光姓袁。湘军,淮军,都是靠不住的啊。"

袁世凯额头上惊出了密密麻麻的一层汗,赶紧连声道谢。

演习结束,天上的太阳一直没有出来。

几天后,袁世凯接到上谕:

新练陆军督练洋操,为中国自强关键,必须办有成效,方可逐渐推广。袁世凯此次被参各款,虽经荣禄查明,尚无实据;惟此事关系重大,断不准徒饰外观,有名无实,为外人所窃笑。袁世凯勇敢耐劳,于洋操情形亦尚熟悉,但恐任重志满,渐启矜张之习,总当存有则改之无则勉之之心,以付委任。

他正要着人去感谢荣禄,徐世昌拦住了说:"此时众目睽睽,切不可给兵部尚书荣禄大人增添什么不必要的麻烦。新军的事,署两江总督张之洞曾编练'自

59

强军'。现在张之洞回任湖广总督，'自强军'交给了刘坤一；张之洞本人在武昌又练起了新军，办什么武备学堂，以德国人做教习。广东也有人练新军。他们都是自行筹饷，只有我们是户部供应。翁同龢大人也说我们花钱太侈。胡景桂接二连三地参劾您，您多多提防为是。荣禄那里，以后有机会报答。再说，有人透露，太后和皇上想来天津亲自检阅，可能有意提您为直隶按察使。我们当稳重求胜，切不要轻举妄动，给人把柄。"

袁世凯钦佩徐世昌的洞察能力，再三点头。

15. 天阴天晴

荣禄之行，小站化险为夷，许多人都说虚惊一场。小站和前一段一样又恢复了朝气。士兵中有人骂荣禄是一条"恶狗"，悄悄地把袁世凯的长生禄牌位又供奉起来。兵营写里的歌声依然响入云端。

袁世凯看到这一切，感到很踏实，步子迈得稳健，谈吐少了许多。

入夜，他和徐世昌一起查阅着一些公文。

徐世昌说："慰亭，康有为的名声越来越大了。朝廷将他的上书发给了各省督抚会议，要学东洋的明治维新，励精图治了。今年是戊戌年，我看呀，狗年的天会犯日头，可能有日食发生。恐怕将有大变故，许多事情都要格外谨慎才是啊。"

袁世凯的心怦怦跳起来，说："是啊，菊人兄，皇帝明定国是，颁示全国，要变法维新要中兴大清。这又谈何容易？康有为他们在总理各国事务衙门行走来统筹新政，人已议论纷纷；新政诏书频频下达，谭嗣同他们入值军机，参与新政。这，真的不会太平静吧！老佛爷已经撤帘归政，可奕劻、荣禄这些老臣会听这年少皇帝的摆布吗？自古以来，几个读书人，单凭会读几篇文章，就能够治理好国家吗？"

徐世昌说："现在，得罪了荣禄，麻烦的事情太多了。他派来的人，我们没有重用；他是借胡景桂来做人情文章，又拉又打。弹药仓库被他控制着，我们有枪无弹。聂士诚、董福祥他们调至京津之间，其用意很明显啊！"

袁世凯说："清家的暮气真是太沉了，没有人真心中兴。他们想的都是他们的安逸，全然无新风。我们都恨日本人，也该学日本人的革新精神，使国真富，使民真强。我们的新军才有几天？你看，就有那么多人来找事！"

徐世昌说："这是两边的人都在拉你。荣禄又拉又打，是为了拉，利用新军，削去皇帝的力量。他怕的是新军七千，人虽不多，却是精兵；在他看来，若我们为皇帝听用，外有日本人配合，那乱子就多了。皇帝拉你，荣禄自然异常嫉恨你，这是情理之中。棋子该怎么走，要看全盘；我们走不起闲棋、废棋，更不能走臭棋。"

这时，门外有人报告，梁华殿家人求见拜谢。

袁世凯和徐世昌整理了一番，迎接梁华殿家人。

梁华殿是执法劳务处的总办，由阴昌推荐来的武备毕业生，前些日子在夜操中失足落进河里淹死了。袁世凯安排文案唐绍仪报上，请授英烈号；同时，唐绍仪他们和徐世昌一起，格外隆重地举行了葬礼，安抚了梁华殿的家人。梁家过意不去，今天特来致谢，却因为迷了路，摸到半夜才找来。

袁世凯和徐世昌又送给梁华殿的家人一些银两，吩咐人安排膳食和食宿，再三告辞。

回到房内，徐世昌对袁世凯笑着说："慰亭啊，告诉你一件事，咱们的王士珍，就是那个会铺气垫的总办，是个假家伙。"

袁世凯"啊"了一声，又笑了，问道："那个真的呢？"

徐世昌说："那个真的在湖南乡下正为人烧饭。聂士诚编练武新军的时候，从朝阳镇总兵那里调人，有个守备叫王士珍，被开入了保单。那个真的王士珍年老还乡；而保单递了上去，缺一个人该怎么办呢？总兵的一个马弁就顶替了。这以后，马弁进了武备学堂，算是由此发迹了。"

袁世凯说："听说这人单独为荣禄召见过，值得注意。这马弁因为搭了一次气垫桥，荣禄送了他一本工程学习的小册子。他写信来，说王士珍'负治国大才，不第长于兵事也'。嗨！假货可卖上好价钱啦！"稍停了一下，他又问："那个王占元是不是假的？"

徐世昌说："查过，这家伙从小到大是个赖痞，据说曾经要过十年饭，当过刘铭传的掌旗。他也不寻常，人说他要饭时披羊皮睡觉，被人当做'白虎星'呢。这个不假，是个过种的好苗子。"

袁世凯说："嘿！好啊。我日他娘，菊人兄，你看看，咱这，啥货都有呀！杀猪的，卖布的，土匪，地痞，小偷，乞丐，真是龙盘虎踞，气象蒸荣！"说罢，自个儿笑起来。

徐世昌也哈哈大笑。他猛然想起一件事，压低声音对袁世凯说："那个孙中山你还记得不记得？"

袁世凯点了点头，说："记得。当年给中堂大人上过书；前年还是什么时候，听说他在檀香山组织'兴中会'，要推翻清朝，建立什么'中华民国'。又听说怎么说是偷运手枪，被逮捕了？"

徐世昌说："对。他是被逮捕过，在英国逮住的。现在他又跑到日本，聚众反清，响应众多。这个人很有声望，日本人对他很看重；其实是想利用他。说不定，将来就他能成事；要是真正能建立'中华民国'，那该有多好啊！灭中国者，东洋；兴中国者，亦为东洋啊。慰亭，我们的处境是很危险的，以后，到了北京，我有一个朋友叫尹铭绶，曾中榜眼，这个人很有见地。你可多向他请教。他会帮助你找人认识孙中山这个人的。南蛮儿，点子多，会办事。"

鸡叫了，格外昂扬，激动。

窗户纸已微微露出曙色时，徐世昌和袁世凯用罢了消夜，继续谈论"明定国是"之后的系列上谕。他们谈论起慈禧罢免翁同龢，使光绪真正孤掌难鸣等话题，对窗外毫无察觉。

徐世昌说："阴盛，则阳衰，阳衰，则图盛。盛极必衰，否极泰来。慈禧收权的把戏，在于让人知道她还有能力，我们万不能得罪她半分。二品以上的命授大臣，都要去到她面前谢恩；她又强使皇上任荣禄先署后任这直隶总督，加文渊阁大学士。现在，甘军、武毅军、新建陆军部为他所统率；崇礼署步军统领，紫禁城和颐和园都为这个老婆子掌握了。皇上的立意虽好，恐怕只是一场春梦啊！"

袁世凯正要接话，门外又有人报告，京城来一秀士，持密函请见。徐世昌迅速躲进内室。

来人一进门，立即将函呈上，并自我介绍说："袁将军，在下叫徐仁禄，早即景仰您的大名。今南海先生特派在下求见，恳请赐教。"

袁世凯请他坐下来，看了信，随即用火将信点燃，亲眼看着成为灰烬，才抬头对徐仁禄说："认识。在强学会那阵子，我和菊人诸位曾见您在南海先生左右。我们该是老相识了。先生所说荣禄废皇上及阅兵之事，我怎么没有听说过？"

徐仁禄悄悄说："袁大人可知，李大人署理吏部尚书，他可是不会胡言乱语的。"

袁世凯愤怒地拍了一巴掌大腿，瞪大眼睛说："皇上富国强兵，开矿、办学、练新军、裁陈冗，满腔赤诚，却遭如此不幸。此乃国之大不幸，但幸有南海诸先生左右，如此悲天悯人之心，经天纬地之才。我看，荣禄小人之辈未敢真动。若其冒天下之大不韪，我所练新军七千，是不会坐视其猖狂的！"

徐仁禄摇摇头，装出一副天真的样子说："将军固然为天下第一豪杰，而荣禄是吃素的吗？康南海、梁启超诸先生多次向皇上奏荐您时，都是这荣禄老贼，讲给皇上许多逆言，诸如跋扈不可大用之类。原来，将军与之有隙早矣，为何到这种程度？"

袁世凯把头低下，放缓语气说："徐先生啊，我练新军，他人早有非议。有人骂我是为清朝养虎，在于威慑天下黎民。有人则嫉恨我练新军投资太多，恐将来威胁朝廷。我苦心在于何处，人应该明白。过去，翁先生想叫我增兵，想看扩展成两万。荣禄老贼他一意打断，唯恐我辈成了气候。他们全没有半点儿强兵的念头。这不是明显痛恨汉人吗？听说，被革职的礼部六堂官怀塔布他们到处攻击南海先生。康先生知道此事吗？”

徐仁禄说：“不知道。不过，此在情理之中。康、梁二先生，与谭嗣同军机四先生，他们备受满族故旧的仇恨。袁将军，康先生让我代向您讲，他代替新任礼部侍郎徐致靖，拟了密保练兵大员疏，向皇上推荐您。过两日，皇上可能还要召您进京。天下兴亡的重任，就落在了您的肩头。神州黎民，真要感谢您拯救于水火之中！袁将军，请先受我一拜！”说着，跪倒在袁世凯面前。

袁世凯赶紧把他扶起，口中说：“言重，徐先生言重了。这是折我的寿啊！”待徐仁禄坐好，又虔诚的样子说：“天下兴亡，匹夫有责。我袁世凯绝不会望着皇上圣主遭不测。请圣主放心，若袁慰亭心存二念，愿受天谴！”

徐仁禄告辞了。袁世凯把他送至门外，对守营士兵说：“护送好徐先生。徐先生是我河南老家来看我的；我想多送一些路程，有诸多不便，就请你们多劳了！”

守营士兵很殷勤地照办，令徐仁禄格外激动，频频回头致谢。

回到营中，袁世凯对徐世昌说：“看来，我要再去拜望奕劻和中堂大人才是啊。天到底是阴还是晴，谁也说不准啊。”

徐世昌则仰脸笑道：“更应该去看一看翁大人。”

“噢，对！对！”袁世凯拍了拍自己的脑门，憨笑道，“翁先生帮过我们的大忙，现在正是去看他的时候。我也不怕因为看翁先生而得罪中堂大人了，人之情谊总该讲在当面的。他中堂大人遭举世诟骂时，我不是同样冒险去看了他吗？敢作敢为，才是大丈夫，才为人所信所敬。我不怕人因此再弹劾我！”

16. 光绪皇帝召见

秋风越吹越紧，紫禁城在寒风中微微地颤抖着，满地都是枯黄的树叶。三两只鸟雀儿躲在枯老的洞里，隐约可听到它们凄婉的哀鸣声。街头，几个年老的乞丐蜷缩在墙角，死灰般的面容木然不动。

袁世凯回到屋内，心一阵热，一阵凉，说不出的惊恐、担忧。他闭上了眼。这两天，光绪在颐和园两次召见他，其情其景都历历在目，让人倍觉不安。

第一次，光绪皇帝异常慈祥，却掩饰不住惊慌地询问他练兵的事怎么样，他一一答复。尤其是光绪皇帝问及荣禄有什么不轨时，他说：“可能有，只是还没明确证据。”光绪笑了，对他说：“放心吧，朕会给你机会的。”果然，当他退至皇宫以外时，光绪皇帝即让内阁开去他的原缺直隶按察使，而超擢侍郎，继续加紧操练新军。他特别叮嘱袁世凯可以根据情况随时专折具奏。满朝愕然！尹铭绶他们建议他还是多观望为好。

袁世凯心里边最担心的是，为皇上所重用，最易引起人嫉恨。特别是礼亲王世铎协办大学士、兵部尚书刚毅，两位军机大臣即讯问尚书王文韶、礼部尚书裕禄他们云云。这些人平日对他就生出了许多不满。这时，他不得不挨门挨户去解释自己无意于此，恐自己力不能及，而想辞却。连着数日，他的心里乱得如一团麻。

一早，袁世凯又被召见。

他谢了恩，光绪皇帝夸他练兵练得好，以兵带学，以学带兵，这样的兵亘古未闻，当称天下第一雄师。最后，光绪皇帝说："你虽在荣禄之下，但可各办各的事。"

往日，他拜见奕劻和李鸿章时，两位老臣都对他打哈哈。他反复阐明实出无奈，他们才告诉他，这边光绪皇帝召见他时，那边人早已经请慈禧"训政了"。李鸿章还特意告诉他："光绪皇帝重用你，都是谭嗣同的主意。现在，关于荣禄借阅兵之际废光绪的说法更盛了，杨锐带着密诏都吓破了胆，康有为已经逃离北京了。你要救驾，只管去救得了！"说罢，露出阴森的冷笑，那目光令袁世凯心怵。

此刻，拜见过的那些人和光绪皇帝的面孔一齐聚集在他的眼前，不知不觉，车已到法华寺。等仆人喊："袁大人，到了。"他才转过神，"唔"了声，由人搀着，缓缓走进法华寺。仆人说："袁大人，您的汗这么多，身体肯定欠佳，早一些休息吧。"他说："哪里，是一整天都没有闲着，到处跑，累的了。"

刚进屋内，外面下起了雨。

大憨早等在屋内，悄悄对他说："四哥，荣禄来电，说英俄开战，大沽口有数艘英舰在驶动，请你立即回去布防。"

袁世凯用颤抖的手把毛巾敷在额上片刻，说："你觉得，这是真的吗？"

大憨说："肯定是诈！皇上召见您，荣禄必定有察觉。您刚回来时，他就着人送来几件珠宝；这不是明摆着的吗？适才王五来，他说少年王府的兄弟们也得知荣禄欲废皇上的事，准备见机会先杀掉荣禄老贼！只是他防备太严了，弟兄们一直找不到机会。康先生、梁先生、谭先生和徐世昌先生，他们见了皇上的密诏，在商量救皇上的事，没有更好的办法。他们都哭了。最后，他们说，只有一条路，就是请您带领新军，组成敢死队，杀掉荣禄，剔除旧党，才能保得上皇！"

袁世凯平静下来了，对大憨说："大憨，皇上是想富国强兵，呕心沥血，却为慈禧和荣禄这群老贼所困。我心里很难受呀！想我们几个投吴帅去登州时，受尽了多少苦难，大家是死里逃生。今天，若是我为救皇上而遭大不幸，家中就拜托您照应了。以后，逢清明节，能到我坟上去烧一张纸，也，也算兄弟有缘一场……"说着，他放声号哭起来。

大憨也哭了，他替袁世凯擦着泪，边安慰他，说："四哥，莫想得太多。天塌下来，有我们兄弟一齐顶着。谁怕天砸着，让他龟孙跑就是了。等一会儿，谭嗣同先生还要来和您一起详细商量。您先吃点儿饭吧。"

袁世凯摆手阻止，说："别让人忙了。法华寺比不上咱们自己的家。再说，我哪里能吃得下呢！我们等一会儿吧。你见了谭先生，要向他讲清形势，知道天下的大势所趋。我，我必须接受命令，立即回去部署。让我说实话，我也想让铁头和狗蛋他们迅速组成敢死队，劫杀荣禄这个蠢贼！你想，若能救得皇上，即使是我辈身遭不测，也算彪炳千秋，对得起家乡，更对得起祖宗。"

大憨点头称是，说："四哥，您先歇一会儿。我去找大刀王五他们。弟兄们去协助您一齐干！"

袁世凯拦住他，说："大憨，不必让这些兄弟也做这不必要的牺牲了。你若有意，请你速回项城。你一得知我遭不幸的消息，就带着俺娘他们逃走他乡。这些年，我太对不住老人家，让她一个人在家，是俺太没有孝心了。"说着，又揉起眼来。

大憨没有看见袁世凯根本就没流泪，立刻答应了，说："放心吧，四哥！咱娘，我会照顾好的。我和少年王府的兄弟们说一声，这就回家去！您，只管放心去干！"

大憨走了，袁世凯眼中闪烁着凶光，将嘴唇紧紧抿了起来。

他想起了李鸿章对他说的那些话，他那冷笑，他那目光。他心里说：谭嗣同啊谭嗣同，我们都有一腔热血，可是，你，你们懂得这个国家吗？你在干啥？你们不明白，此刻风紧，传言甚多，这哪里是荣禄要废皇上？都是那个屄老婆子的事。这个贼女人不死，清家的劫数就不会这样快就绝。可这中间也不是那么简单啊！你前些天对人讲，让我去杀荣禄，什么派兵包围颐和园。国家大事，能这样随便做吗？这简直就是儿戏呀！你不知道，慈禧她哪里是住在颐和园？昨天一早，慈禧她就回到了宫内，她要想法监视光绪与伊藤博文的对话。她早已运筹帷幄，你们的一切都在她的掌中。哪里是你们要夺取政权？恐怕她今天夜里就要动手杀你们了。这气味儿不一样啊！

强学会，目前只怕是难强人意呀！

大憨呀，你也跟着让我卷入这事之中，逼着我演戏给天下人看。什么现在荣禄要杀光绪皇帝？他早就想杀了他！什么慈禧要借阅兵的机会废了光绪？你们就没有脑子！他要废，什么时候都可废，何必要等去阅兵时废？康有为他们一群书呆子，只会指手画脚，说几句大话还可以。他们能成事吗？呸！和如今罢了职的翁同龢差不多一个样，他们都是嘴上有劲儿，啥事也做不成。说到底，是沽名钓誉罢了。你们要我表态杀荣禄，我也只能表态了。秀才造反，从没有成事的！

杨崇伊他们为什么要请慈禧训政呢？

乱套了，皇上能成事吗？乱了套了，太后那边的人是吃素的吗？

康有为呀，你们要变法，还没多大的事；谭嗣同，你为啥要这样急着豁开干呢？难道你就不想一想，慈禧在京城密布了那么多侦探，走漏了风声，你的小命儿还会有吗？

火车开动的时间快到了，左等右等谭嗣同他们一直没有来到，袁世凯命人立刻启程去火车站，不能再等。

离开了法华寺，袁世凯的心仍然不安静：荣禄让自己速回去布防，是不是知道了谭嗣同他们来法华寺议事的事情？他猜不透荣禄现在到底在想些什么。他对自己说：光绪皇帝，你靠不住；慈禧登台，你就会乖乖地听她的话。我，还是听慈禧这老太婆的吧。此时此刻，是国家政要的非常时期，这帮子读书人只知道青史留名，什么时候想过中国人从来只以成败论英雄？谭嗣同，你们的血是热的，你们的脑子更热！我可能因为你们而免不了落下千秋骂名。"身后是非谁管得"！骂，你们就骂吧，大清国就要寿终正寝，分崩离析，改天换地的日子迟早会来到的。想骂，你们就尽情地骂！你们拥戴的是谁？是大明王朝的洪武皇帝吗？你们如何骂，也不能不说你们是在为一个满人而辛勤劳作。骂，又算得了什么！汉高祖不怕骂，逼项羽乌江别姬，有大汉帝国繁荣昌盛。唐朝太宗不怕骂，斩割兄弟情，建立大唐，威风撼世界。宋太祖不怕骂，黄袍加身，把孤儿寡母赶出朝廷，建成自己的大宋江山，富丽满中原。朱洪武不怕骂，布衣起家，大明朝赫然屹立天下；什么庆功楼火焚，依你们这帮子手无缚鸡之力的酸臭笔杆子，什么事也做不成！强学会是好的，富国强兵，是众愿所归，是人心所向。天下大事，单靠目前几个笔杆子摇来晃去的，能成吗？你们要擒拿皇太后，诛杀荣禄，凭什么？凭我七千新军士兵吗？荣禄能有多少人你们知晓吗？光绪皇帝又有几个兵，你们有数吗？

"咣当，咣当！"回直隶的火车猛地喘着粗气，就要开了。

谭嗣同，我不能等你们了！

袁世凯感到恐慌，胸闷，离开了北京。

17. 传说

这一年的雪下得纷纷扬扬，整整一个腊月没有停。戊戌六君子的头化作京城郊外的一片片坟丘。漫天大雪，在无数人家的屋檐上挂起了一根根幡棍般的琉璃。成群的乌鸦在漫天回旋，"嘎啊——嘎啊"叫着，令人揪心难受。人说是苍天为谭嗣同他们披麻戴孝，致哀。

海河冰封，有人在河面上打陀螺，边打边唱着时下流行的歌谣：

> 打呀，打！
> 打陀螺儿玩！
> 打得陀螺圆圈转，
> 陀螺下个大鳖蛋！
> 大鳖蛋，
> 圆又圆，
> 卖了好赚钱！

不久，直隶总督府的房顶上，传说有人看见一只巨大的鳖，这鳖趴在房顶上连哭了三天；前天下雪时打了雷，把这鳖给打碎了。

传说越来越多，越来越神奇。整个天津都在传说什么有一个老鳖精，从海河里钻出来，变成一个大官，到直隶总督府去，先把总督女眷挨个儿奸污了，生得满直隶总督府都是像铜钱大小的鳖娃子，还有什么老鳖最后又把直隶总督都吃了。于是，老鳖成了精，直隶总督是鳖变成的——这传说家喻户晓。

传说最神的是，鳖精施展了法术，变成了荣禄，潜入紫禁城，把慈禧迷得颠三倒四，先是与慈禧交媾，后是吸食慈禧的血，慈禧快成了空皮囊了。又传说满朝文武看着慈禧被鳖精迷惑不醒，有一个军机大臣，从白云观请来了一个道士，让他来除妖捉怪。谁知，这道士反被鳖精吃掉，更不可收拾。鳖精调集了海河里的鳖子鳖孙，住满了紫禁城，又住满了颐和园，将王公贵族都吃掉，三宫六院七十二妃都被鳖精们霸占了——鳖精又在中南海聚会，要吃掉天下所有的人！

"要改朝换代了！"

人们都在奔走相告。大街小巷都在喊，说什么满世界的人就要灭绝了，普天下要变成老鳖的天下了！

袁世凯署理了十天的直隶总督后，又回到了小站军营，继续练兵。铁头和狗蛋他们来到他的室内，对他讲了这些传说。袁世凯气得嘴都歪了，转而他又笑了，十分不自然地说："这是天机预示啊！你们知道那古人传下来的《推背图》吗？看着玄乎，说的都是真谛；凡人不解其中的意思，跟着起哄。天，恐怕真要变了。"

铁头说："四哥，这里没有外人。我要问你一句话，人人都在骂你为什么不去救皇上，反而和荣禄搅在一起，这么多人都说你出卖了皇上。这是真的吗？"

袁世凯没吭声。

狗蛋说："世凯呀，我觉得咱应该救皇上啊！即使不救他，咱可以自立为王，连那皇上和那太后，一股气给他妈的废完，天下响应的肯定会有很多！你为什么让那太后又成了精呢？"

袁世凯笑眯眯地望着他们，半天不言语，忽然高声喊人备酒菜来。铁头和狗蛋的嘴都撅着，赌气不理他。

袁世凯举起酒杯说："两位贤弟，慈禧终于替咱们老家报了仇！对荣禄讲那密诏的事，是慈禧已经成了事了。怎么是我告密给荣禄才有这些事呢？谭嗣同他们给我的条子说是什么谕诏，却不是朱谕，而是墨写的。他们要我起兵。这是在闹着玩呀。我敢轻易信吗？好，我练兵，都想拉我用我；拉不来用不来，我就成了罪人。他们都以为是我害了皇上，是我害了谭嗣同他们！你们也这样以为。谁来给我作证？你们谁知道，事发那一天，京城到天津的火车一天没发！捉拿谭嗣同他们，那是太后临朝训政，与大臣们共审皇上时，搜出康有为家藏的'催康出京之函'后第四天才作出的决定。这与我有什么联系？我不是告密，我没有告密！我是在事后为了讲清这些事，才给荣禄说出实情的；当时不说，以后就说不成了。慈禧差一点儿没杀我，是荣禄救了我啊！不过，我对南蛮子是恨，他们太精明，不好对付。说实在的，咱们真该谢谢太后和荣禄。"

铁头一惊，问："怎么？"

袁世凯眼含凶光慢条斯理地说："你们忘了吗？咱们老家项城，传说要出一斗小米那么多的官，还要出真龙天子。结果，风水被小南蛮来给败坏了。真不知何年何月这风水才能够复兴呢。"

狗蛋说："对，我想起来了。有这样的传说，记得那南蛮儿知道自己原来也是项城人，气得上吊死了。难道你说的是这些？"

袁世凯点了点头，对他们讲道："前年我在京城里闲转，遇见了一个癞头和尚。他对我说，长虫、蛤蟆成了精怪，得用竹竿打。这康有为、梁启超，连那谭嗣同四个人，就是这精怪。他们若乱起来了，那可真难想得见啊。这竹竿就是荣禄。你看，荣，就是绒，是皮儿，禄，是绿，合起来是皮儿绿，正是他荣禄。康有为，有尾，有尾巴，不就是长虫吗？竹竿打长虫，就是这个理呀。天下的事情都在数，谁也改不了。"

铁头笑起来，说："四哥，你是在瞎编乱造呀。要是我不入学堂，我啥也不懂，现在我懂事了。唉，皇上太可怜了，他该早重用你，让你练兵不止这七千，而是七万，七十万，他就不会这样窝囊了。康先生他们的主张实现了。那天下就会一派兴旺，该多好啊！四哥，别瞎蒙我们了。我能明白你的日子不容易，将来，你若得了地，别忘记还是梁先生、康先生他们的办法。有了粮，才有小康，人家是让百姓富强幸福。我也看透了，这世道没救了！你们，以后再找我，就上五台山或少林寺吧！"

袁世凯说："怎么，你要当和尚？"

铁头点了点头，说："是的。我早想好了。自从蛤蟆死后，到皇上被办，谭先生他们断头菜市口，又有你受人明枪暗箭整治。一切我都看透了。今儿个给你打个招呼，兄弟我明儿个就走。四哥，以后你的日子会很不好过。你想，康有为、梁启超跑国外去，他们会饶你吗？荣禄这些人，能会对你放心吗？你要挨天下人的骂。若你哪一天……唉，不说了。就这样吧。不管怎样，你脱不清的。"

狗蛋张大了嘴，说："铁头，你，你怎么从没有对我这样说过？"袁世凯独自不语。

铁头说："人各有志，不可强求。好人没有好报，满朝的腐败，遍地的贼盗，这天下太让人失去信心，失去希望了。我会到了庙院里为你们超度的。大憨哥他失踪了，二憨早就走了；咱们弟兄几人，就剩下你们两个。四哥，狗蛋他心眼直，以后你要多关照他，别让他吃太多的苦。"

狗蛋哭了，说："四哥，铁头去当和尚，你天天和达官显贵们来往，我也没有个依靠。我就回项城老家种地去吧。当的官再大，日子不安稳，又有啥用？"

袁世凯端起酒杯，猛地自个儿饮了数杯，满眼通红，抱住了铁头和狗蛋，放声号哭。

窗外的雪还在下着，整个世界变得臃肿不堪，没有了眉目。三人喝着，骂着，哭着。

袁世凯站起身来，要给铁头拿一些钱，念叨着"给你当盘缠"，站立不稳，歪倒在地上失去了知觉，嘴角流出一股亮闪闪的水。

铁头和狗蛋都横躺在地上打着呼噜。

炉中的火虽然亮着，却是冰凉冰凉的，如一块灰白的土布正被谁抖动着。

袁世凯醒来的时候，铁头和狗蛋都走了。他孤零零的，心里有说不出的难受，刘永庆和雷震春来看他，他连床也没有下，一点儿饭也不想吃。铁头的话，对他刺激太大了。他感觉到嘴中又涩又甘，干渴得很，肚子里却胀得很。谁劝他，他也听不进。

他想起了少年王府的事，想起了强学会刚成立时，自己和康有为、梁启超他们交往的事，又想起因为劝说李鸿章辞去大学士而遭谴责、痛斥的事，头晕得更为严重。他索性躺在床上，任脑袋随便晕，漫天都在转，好像自己的身体正在空中来回翻滚、飘荡。从心里讲，康有为、梁启超和谭嗣同他们，是真心为国为民；可他们生不逢时，没有找到真正的明主、圣主，而错把这软弱、懦弱的光绪当做中国的太阳——他们若何没有不败的道理！

他想起那些日子里，新军的事还没有定下来时，自己去探访康有为、梁启超，大家一起称兄道弟，谈练兵，谈变法，常常谈至深夜仍兴致正浓。康有为说，人皆聆其言论，目为一世英雄，对朝鲜王宫中赶走日本人的壮举大加赞赏。康有为曾写成万言书递呈，而各衙门纷纷拒绝，只有自己自告奋勇，交督办军务处荣禄，请求其代为呈递。康有为多次上书无路，就办报纸，办学会，广造舆论。记得强学会每十日聚会演讲，自己每次都亲聆他们变法的主张；自己还到处募捐，甚至募到王文韶、刘坤一和张之洞这些显要的钱，他们每人捐出五千两。自己与康有为结成了兄弟情谊。唯此次冒险，自己没有与他们配合，就为他们所恨吗？

光绪是个无胆无识的皇帝，虽然他曾颁发了一些诏令，取消了詹事府、光禄寺，裁撤绿营，科举考试中废除了八股而改成策论，在京城设立了铁路局、矿务局和农工商局，倡导民办工业，言论缓和，开办京师大学堂，派送留学生，倡西学，改书院为学校，等等。这都是皮毛。最要紧的是没有兵，没有军权，说话、做事，又有谁肯得罪那有兵有权的西太后呢？没有兵权在手，一切都无从谈起。自古开国的皇帝，哪一个不是靠军队起家？不是他们说话才有人听，枪炮不说话，谁都不敢不听！连这个道理都不懂，能是一个英明的皇帝吗？能算得上什么有作为的皇帝吗？一听人说自己的帝位将被西太后废去，就惊慌失措，要用几百人去颐和园捉拿慈禧，要用小站新军这七千人去硬拼荣禄那数万大军，这，不是梦一场吗？

康梁都跑了，你们何必跑？你们不是英雄吗？你们该用你们的血唤醒大众成千上万，像谭嗣同那样，青史上万古流芳，该多好！命算个什么呀？

你们都是英雄，何畏死！

他把牙咬得"咯咯"响个不停。

第三章 山东巡抚

山东自古就多响马，如今多出来义和拳，这又有什么可怕的！春天，袁世凯奉荣禄之命到山东德州学习行军阵法，就曾给荣禄写信，提到"内有德酋请治其罪，地主复求其疵，出师未捷，已腹背受敌，今而后知带兵之难也"。回到小站后，他奏请朝廷，山东要安宁，必须"慎选守令"，"讲求约章"，"分驻巡兵"，"遴员驻胶"。

18. 戒石亭

铁头悄无声息地走后，狗蛋带着袁世凯送给他的三千两银子回老家了。狗蛋说，自己要到开封办一个布匹店，每年都少不得要来天津卫采买洋布。若有机会，他就到小站找袁世凯和那些同乡们玩。

袁世凯常独自一个发呆，他想着如烟往事，想起投军的路上他们所经过的事，想起在朝鲜的日日夜夜，心里像云海翻腾着。

山东巡抚毓贤调离了，朝廷命袁世凯署理山东巡抚，立即赴任。

冬天的风一阵比一阵紧，他带着人马整理好行装，就打道起程。铁头和狗蛋走了，他难受了一段，日子一久也就渐渐淡忘掉。自己被赏西苑门内骑马，升任工部右侍郎，又做巡抚，该高兴才是！

山东是个好地方，事情应该很好办。遗憾的是毓贤是个糊涂虫，不会办事。山东自古就多响马，如今多出来义和拳，这又有什么可怕的！春天，袁世凯奉荣禄之命到山东德州学习行军阵法，就曾给荣禄写信，提到"内有德酋请治其罪，地主复求其疵，出师未捷，已腹背受敌，今而后知带兵之难也"。回到小站后，他奏请朝廷，山东要安宁，必须"慎选守令"，"讲求约章"，"分驻巡兵"，"遴员驻胶"。山东人粗直，宜疏导，而德国人那里，又何必结下仇呢？德国人不找事，仅凭义和拳，是不会惹麻烦的。上一个月见太后时，他又谈了这些。

出了直隶地界，一踏进山东，袁世凯就觉得天高远了许多。山也绿了，水也青了。儿时在这里的一幕幕，此刻都浮上心头。他笑了。到了德州，桑园城赶来的劳乃宣急匆匆来到袁世凯住榻的地方。这位吴桥县令是坐船来的，他说他早就仰慕袁世凯。

袁世凯对他表示了感谢，说："我来山东接替毓贤大人，听说山东省的响马又起来闹事了。这到底是怎么一回事？"

劳乃宣说："不是响马，胜似响马。都是我民风愚钝，不开化，抵制洋风才引起的。想当年，多少志士奔往日本，奔往欧美，都呼喊用洋人的法儿来刷新中国，整顿我们的河山。可是，我们叶公好龙，洋人来了，我们又都害怕了。人越有病，越怕用药啊。回首汉唐，我中国光辉照世界，各国使者来而忘返。想那从洛阳城到欧罗巴的丝绸路，我们曾经怕过洋人吗？我们被人打怕了，看见人家的东西，又仇恨，又羡慕。可悲呀！前年，曹州的老百姓，竟打死两个德国传教士，引来那德国鬼子强占了胶州湾。洋人早就想着我们的财富，这是真的，可是大清朝弄成了这样子，怎么来形成那国富民强呢？我看，做点儿牺牲是值得的，咱们用洋人的法儿治国，不怕国不强。洋人还会把咱们的土地，都用船载走？我们的民风敬的都是王八杂神，您看，浑身下下，挪一挪脚步都有神。人家外国多好，只有一上帝，上帝给人许多清静，哪像我们百姓连黄鼠狼都当做大仙来敬祀。看咱们哪个村庄里没有庙？那么多神，该怎么穷还怎么穷；洋风刮来，出了个义和拳又去杀人家。实在是不可救药呀！"

袁世凯点点头，说："你说的，我也深有同感。洋人来了，有什么大惊小怪的？洋人也是人，以前是我们的败将，现在比我们强，我们该向人家学着些。义和拳杀洋人，是帮了洋人的忙。你想，洋人路这么远就能赶来，能是简单的吗？前几年我从同文馆的朋友那里才知道，咱们现在百事不如人，还夜郎自大。这是井底之蛙呀。要打什么洋人，不如请教洋人。"

劳乃宣说："袁大人，义和拳杀洋人是小事，装神弄鬼，败坏民风，搞帮会，才是个大事啊。他们像狂妄的道士，作法，画符，念咒什么的，令人恶心！蛤蟆鬼道的，靠这若能打败洋人，我把头许给谁！洋人的坚船利炮，我们不去学，却搞这些下流的东西，会误了子孙万代的啊！"

袁世凯说："是啊。甲午之战，我们船不坚，炮不利，兵勇纪律松弛，将领贪生怕死，后方供应不力，贪污腐化成风。打了那样的败仗，我早就看到了。人家日本人虽说野蛮，是兽性十足，可人家有志气呀！那样穷的地方，人一天只吃两顿饭，挤出钱来买舰，打我们中国，就是为了抢夺我们的财富。就人家这股劲，我们也该好好学。听人讲，我们赔给日本人那么多银子，你知道他们是干什么用去？"说着，他直盯着劳乃宣，像在催他回答。

劳乃宣说："买船，要打遍全世界！"

袁世凯摇摇头，说："买那么多船，谁来开？让斗大字不识的人来开吗？"

"办学校？"劳乃宣惊奇地问。

袁世凯说："对。我们中国人忘性大。当年，范仲淹他们讲兴办学校，办义学，我们很快都忘了；所以，大宋灭了。从我们这里夺走的银子，人家日本人谁也不敢乱花一分。他们都用来建了学校，每个乡村几乎都建有一所小学。看人家！我们有了两个钱，吃了，喝了，嫖了，抽大烟，赌博，都他娘的白白扔去。我们该学习列强啊！"

劳乃宣说："山东物华天宝，本该富起来的。洋人来开发，我们不学着人家做，义和拳却要杀尽洋人！靠他们那一套，用那几根木棍，凭那几个烂刀片子、烂枪头子，能杀尽用洋枪的洋人？要我说，先杀义和拳，山东才能有太平。像义和拳这样的，以前有太平天国，他们成事了吗？装神弄鬼，他们成不了事。什么平均地权，都是蛊惑人心；天底下从来没有合理的均平事，谁想办也办不到。"

将劳乃宣送走后，袁世凯站在府衙的当院里，望着假山那斑驳的石块，想起了英国人朱尔典。那一年，自己在朝鲜受日本人追杀，是唐绍仪找到朱尔典，由朱尔典接应，自己才捡回一条活命。后来，这个朱尔典不断与自己来往。前一段，毓贤对山东义和拳失策，先弹压，后安抚，越弄越乱，是朱尔典他们向慈禧建议自己来山东，才使自己有这样一个机会。

他正在沉思着，一阵脚步声轻轻移过来，轻过身一看，是王士珍。

王士珍低声唤过："慰帅您还没有休息？一路上风餐露宿，可要多保重啊。"

袁世凯眼睛一亮，说："聘卿，你来，我给你说个事情。"

王士珍很得意，却又装出很虔诚的样子，随着他向府衙的内庭走去。

袁世凯待让他坐下，说："聘卿，你说，山东这地方怎么样？有这么多义和拳，我们该如何待他们呢？"

王士珍毫无迟疑的样子说："杀！"

袁世凯问："为什么要杀？"

王士珍说："自古军人不杀不威风。不杀人，就没有英雄气派！义和拳是乱民，当杀尽才是。"

袁世凯说："若遍地都是义和拳呢？山东人人都是义和拳，我们如何办？"

王士珍说："慰帅，恕我直言，斗胆将想法说出，见笑于慰帅。"

袁世凯说："说，尽管说。这里只有我们两人。"

王士珍说："慰帅，您是听说过的，河南、安徽、山东一带的人，比外乡人要聪明许多。这是啥原因？胡大海杀光了中原百姓，从四面八方迁移来的人，换了水土，所以中原人要聪明得多。王府为什么会没落？他们是死水一潭，臭得快，早晚要干涸的。"

袁世凯微笑着，鼓励他说下去。

王士珍说："假如在山东搞一个试验区，让洋人在这里开发，搞一个小洋人国。我们到底要看看洋人要怎么弄的，然后，把他们的办法总结起来，各省的都来学。何愁我们不会很快富强起来？"

袁世凯说："讲得好啊。聘卿，你看，现在的朝廷，会让像你说的这样做吗？"

王士珍长叹了一口气，笑了。

袁世凯说："别叹气，聘卿。我的老家有一句俗语说：'长叹一口气，少买二亩地。'叹气干啥？等着吧，若来日换了天地，我们小站的人马成了事，就让你去做这样的事情。只管去试一试。我看见洋人那样儿，心里就很高兴。他们就像那好马驹子、好骡驹子，浑身的毛儿都油光发亮的，该好使唤着呢！"

王士珍的嘴唇激动得直抖，等好一会儿才平静下来。他往前稍凑了凑，说："慰帅，前年咱们在小站练兵时，我听有老兵偷偷议论，说小站上面的云彩有龙虎气象。我还听说，您睡觉时，有人看见您身上常有一条青蛇盘绕在那儿。"

袁世凯猛一瞪眼，说："聘卿，可不许胡言乱语！这种话是从哪里听来的？以后可不能随便乱说。不知道吗？若传出去，我们都要被杀头的啊！再说，我是不相信那些传说的。弟兄们都有这种想法，我很懂得弟兄们的好意，但你们要想一想，时机到了才有动静。没有煮烂的肉，能啃吗？"

王士珍一副有所悟的样子，说："慰帅说得对，在下明白了。我一定记着，今后不能再说这些事。"

袁世凯说："聘卿啊，你也没有个家小，我一直想着再给你找一个贤良的姑娘。男人没有女人，心里会安宁不下来的。等到了济南，我就把你的婚事给办了，让你吃饱睡好，能做安邦定国的大事啊！从你一到小站，我就觉得你不是凡人，心里常想着有机会多让你做些事，让你多经一些事，以后自然会挑起重任的。"

王士珍马上跪下来，磕头磕得"咚咚"直响，哭着说："父帅大人，孩儿愿为您效命。孩儿把命都交给您，随时听从您的使唤！"

一路上走着，王士珍命令到处张贴告示，编成歌谣，让老百姓易懂易记。有乡绅取媚于他，就以酬金给鼓书艺人，遍地传唱。走村串户，这歌声到处都有唱的。尤其是《劝谕百姓各安本分勿立邪会歌》，传唱最广，袁世凯也最为得意：

　　　　本院抚此土，
　　　　敬愿广皇仁，
　　　　嫉恶如所仇，
　　　　好善发所亲，
　　　　但论曲与直，
　　　　不分教与民，
　　　　民教皆亦子，
　　　　无不勤拊循。
　　　　尔皆同乡里，
　　　　还翼免忿争，
　　　　忿争何所利，
　　　　仇怨苦相寻，
　　　　传教载条约，
　　　　保护有明文。
　　　　彼此无偏倚，
　　　　谕旨当敬遵。
　　　　……
　　　　此示已多次，
　　　　昏迷应早醒，
　　　　如再堕昏迷，
　　　　法网尔自撄，
　　　　首领惧不保，
　　　　家产将尽倾。
　　　　父母老泪枯，
　　　　兄弟哭失声，
　　　　作孽自己受，
　　　　全家共艰辛。
　　　　扪心清夜思，
　　　　梦魂惊不惊！

从此早回头，

还可出火坑，

倘能获匪首，

指拏解公庭，

并可领赏稿，

趁此立功勋。

王士珍让民间鼓书艺人到处传唱，让随从们配合着到处张贴。这个办法好。袁世凯决定，待一到济南，就在全省实行这个办法。

正在路途上行走，他忽然得到有人送来的消息：俄国公使巴布诺夫，唆使端郡王载漪他们，图谋废光绪，立了载漪的儿子为大阿哥。刘坤一等人坚决抵制、反对，联合了英国公使窦纳乐，制止了这项行动。太后对这事很不高兴，她以为洋人是不安好心的，所以对洋人越来越不满。他不觉心中涌起愁云，忖思道：自己的感觉是对不对？义和拳是乱民，要灭洋人，能不能诛杀义和拳？

天下了溜冰，一路上的人马不知摔倒了多少，路两旁的树枝儿上挂起许多冰柱，如悬起无数把短剑，逼得人直吸气。

袁世凯骑的马格外高大，是德国人送给他的洋种马。马蹄子特意挂了防滑的铁掌，马走动时，砸得冰冻的地"咔嚓""咔嚓"响着。他们逼近了济南。尹铭绶和王士珍、冯国璋、段祺瑞他们都骑着马，簇拥着袁世凯前行。远远可望见高高的城墙笼罩着雾霭。时而，大家穿着裘皮长袍，头戴着狐皮帽，脖子里围着水獭皮制成的围巾，由卫兵们牵着他们的马，缓缓往前行走着。连着数日，大家都疲惫不堪，前前后后，队伍在冰天雪地中，如一条裹着铠甲的巨龙，正在银白色的世界中穿行，它要开进济南城！寒风搅动猎猎旌旗飘荡在这冰山雪野，不时发出"呜呜"的哀鸣。

袁世凯望着景色，思索着，不觉轻声吟出：

万马奔腾，蛰龙猛醒，旌旌战旗如烟。云怒雷鸣，英雄笑峰峦。到处藏日储月，看长剑、频画阑干。多少梦，把酒临风，神圣卧双肩！

山河，沉胸怀，沧漠岁月，景消云散。叹百万雄师，风雨冶炼；挥斥群山泥丸，多少病，苦不堪言。浩然气，龙腾虎颠，从兹换人寰！

众人齐声叫好，赞袁世凯气象非凡。

76

尹铭绶重吟了一遍，提议大家一齐吟唱这首《满庭芳》。

人们唱着，没有伴奏，越唱越有劲，歌声飘荡在银装素裹的世界。

尹铭绶动情地说："自古英雄都是谈吐质朴，而胸臆间有乾坤日月的。慰帅是带兵的人，我原以为只是纵横挥阖的雄才，今亲眼睹得气象是如何广大。弟兄们，我耻为学政，而不能像你们这样跟随慰帅奔驰疆场！这是我一生一世的遗憾啊！人一辈子，能遇见一位像慰亭这样的人，足矣！幸矣！"

袁世凯激动地说："尹兄言重了。我只不过是胡诌了几句，哪里像尹先生所说的这样！只是今后的事业，都依赖众兄弟捧场了！"

王士珍高喊了一句："听命慰帅！"

众人齐应着，声音如雷滚动，又飞奔起来。

队伍开进济南城，府衙前站满了欢迎的人群。雪落在他们的头上、肩上，一个个像雪人一样摆满了府衙前的旷地。

袁世凯徒步向前头走着，府衙的官僚们都簇拥上前，一见如故，说不尽的知己话语。毓贤满脸堆笑，紧拉着袁世凯的手，向府衙走着，一边说："兄弟贤明，久仰，久仰，在下之不才早即渴望拜会兄弟，今实有幸也。"

忽然，袁世凯停住了脚步，向府衙前的一个亭子望去，喃喃地说："请问大人，这可是戒石亭？"

毓贤连连点头，说："是，是。"

相随的人，也都向戒石亭张望着。

袁世凯放慢了脚步，走近戒石亭；他转过身，用洪亮的声音说："诸位，你们可看清了，这，就是戒石。早在商朝时，就有了这警告为官要清正廉洁的石碑。后来人们盖下牌坊，立为戒石亭，圣谕亭，上面刻着'尔俸尔禄，民脂民膏；下民易虐，上天难欺'这十六个大字。前明朱皇帝，立下圣谕，若有人贪污六十两以上银子，谁就要被活剥下皮，将稻草装在人皮里面，放在衙门内的土地祠内，人称为'皮场庙'。洪武一十八年，户部的侍郎郭桓等人，贪污官粮七百万石。朱皇帝大怒，将涉及的六部侍郎以下八百官员一律处死！大明朝有那几百年，和这戒石、皮场是分不开的啊。如今，吾大清江山固若金汤，诸位更要以此戒石为戒，要清，要廉，要正，才不辜负圣上浩荡恩泽。若卑职敢污辱此戒石亭，诸位请以剑将卑职处斩亭前，以祭圣谕！"

毓贤首先跪下，袁世凯和所有的随从都跪在雪地上，大家一齐诵念着：

尔俸尔禄，

民脂民膏；

下民易虐，

上天难欺！

上天难欺！

雪纷纷扬扬地飞个不停，府衙前不知什么时候围满了观看的百姓。有几位老者从人群中走出来，向袁世凯行过礼，捧上一壶热腾腾的黄酒，沏了几杯，递给袁世凯。其中一位老人颤抖着说："巡抚大人，齐鲁百姓自古粗直，有话说在明处。若您在任上立此恩德，东省老少一定要上书圣上，为您请功！薄酒数杯，请大人纳用。"

袁世凯谢了众百姓，双手捧起酒杯饮下，激动地说："父老乡亲们，卑职是朝廷的官，也是百姓的官，为百姓做事，清正廉洁还不够，还要……"没有说完，他猛地一个寒噤，"扑通"倒在地上。人们连忙围上去把他搀扶起来。

毓贤脸上闪过一丝阴险的笑。

19. 云雾中穿行

袁世凯梦见自己正在云雾中穿行，非常得意，望着遍野枯草荒野，感觉到从未有过的解脱。

一只只鸟儿，红的，绿的，黄的，蓝的，灰的，白的，簇拥在他的周围，鸣叫着，发出人尖着嗓子似的声音。他听到这声音很熟，仔细辨认，竟是小站上的新军大小首领，有冯国璋、段祺瑞、王士珍，有段芝贵、陆建章、曹锟、王占元、张勋、阮忠枢，还有一个更老的，是姜桂题。这些鸟儿飞着飞着都恢复了人的头，像拳头大小，身子依旧是鸟的。袁世凯对他们说："我手里没有米了。"这些鸟儿就"哄"地飞散了。片刻，它们又飞了回来，变成蛇的身子，人口中伸出粉红的信子，如蛇一般，逼向袁世凯，问他腹中是否藏着米。袁世凯笑了，说："有米，是糠，是假粮食，是康梁，都是维新的人物。你们吃不吃？"它们恼羞成怒，将信子伸向袁世凯，把他啄下了天空，摔落在一片荒坟乱岗中，周围的树阴森森的。

荒坟的墓碑残缺不全，依稀可辨出是谭嗣同他们的。他感到惶恐，正要离去时，却挪不动脚步。只听一声凄厉的尖叫，几只猫头鹰一齐从树林中飞来，扑向他，又都变成了披头散发的恶鬼，满脸血污，把铁锁链子套在他的脖子上，把他带走了。

前面是一座破窑口，恶鬼们将他带进去，里面就是地狱，有各种刑具，那边不远处是奈何桥，桥下血水奔腾，数不尽的恶鬼们正在大口大口地啃着整个的人来吃。更远处是火刑、锯刑、鞭刑，热腾腾的雾气弥漫着。

"啪"的一声响，袁世凯抬头望去，只见是黑脸包公正坐在案子后面，两列放置着带血的铡刀，衙役们个个青面獠牙，怒目而视。包文正公喝令道："袁世凯，项城袁四儿，你要如实招来，你为什么要出卖当今皇上？你为什么要出卖那些有志富民强国的义士？若你不从实招来，一定要让你尝遍这十八层地狱的味道！"

袁世凯还没说话，下身已热乎乎的，尿了一裤子，哆嗦着，站立不住，瘫倒在地上。

谭嗣同上来了，他掂着自己的头颅，用脖子说出话："袁世凯，你个混蛋！你为什么骗了我？我们信任你，把你当做救社稷挽危亡的千古豪杰，而你，你竟卖了我们！你说你杀荣禄就像杀一条狗，你才是个狗，是一条笑脸狗！你把圣上要了！用我们大家的血，染红了你的帽子，你不觉得可耻吗？"

林旭他们也都掂着头走过来，随着谭嗣同一起斥骂他。一个个慷慨激昂！

包文正公又一拍惊堂木，喝令袁世凯快一些招来。

袁世凯细看去，那包文正公的脸竟是假的，是泥巴涂上色彩后画的；那手哪里是人手，分明是狼爪。环顾四周，只有谭嗣同他们是人，其余的都是面具！

袁世凯镇定下来，冷笑着，问包文正公："老包，你说你这地狱是干什么的？"

包文正公忽然变了声，像捏紧了脖子在叫："啊？问这个呀？伸张正义，惩恶扬善！怎么？你，还不服气？小的们，来给他用刑！"

一群恶鬼过来，用绳索把袁世凯套住，又为他戴上镣铐，而这所有的刑具，却如纸轻。

袁世凯心里不再害怕了，他扬起头，问："老包，你说天下腐败，黑暗，贫穷，愚昧，任列强凌辱，是我造成的，还是慈禧他们造成的？"

包文正公说："当然是他们了！可你也有一份呀。你嘛，你是为虎作伥！助纣为虐！"

袁世凯猛地站起身来，使劲一挣，把绳索和镣铐都挣破了，怒声骂道："呸！他妈的，你哪里是什么老包？你是野鬼！你们都是冻死饿死的野鬼！是狗，是狼，是兔子，一群杂种托生成的野鬼！他娘的，你们演戏来骗我，看我不打煞你们！你们不敢骂那当权的朝廷，却变着法儿来捉弄我，我，我要杀光你们！"说着，他冲上前去，就要捉包文正公，却只见一道白光闪过，什么都没有了。他发现自己正站在旷野里，周围都是陷阱，有许多草绳做成的套子连着陷阱。

一只狗从远处跑过来，蹲在他的对面，用阴冷的眼光望着他。

他从狗的眼光里发现，这狗就是荣禄。

他对狗说："你没有看见这许多陷阱和套子吗？你敢过来吗？别咬我了，咱们一起想法走出这鬼地方吧！"

狗好像是在冷笑，似乎在说："你不用这样，你还是怕我的。有我在，你就不敢乱动，小心我收拾你。"

袁世凯说："哼！你没有什么可怕的。你会老死的。老，这个字没有人逃脱得了，除非你早早死去。你是条老狗，尽管你很凶，又很狡猾，可是你活不了几天了！"

狗"呜呜"地哭了，声音异常悲凉。

袁世凯四处张望着，终于找到一条出路，这是一串歪歪斜斜的狗蹄子留下的印痕，直通向远方。他心里空荡荡的，不知道这是什么地方，也不知道自己将要向哪里走去。

走着，走着，他听到有人喊他的名字，喊声越来越急切，周围望过去，并没有人影。他继续朝前走，喊他的声音越来越急，越来越多。

他醒来时见自己正躺在床上，家人围在周边，他问大家是怎么回事。

沈雪梅揉着哭红了的眼睛说："都把人给急坏了，您发烧，说胡话，怎么也唤不醒您。全家人陪着您，都很长时间不安宁。这下好，终于醒过来了。快吃一些东西吧。"

他苦笑着说："现在什么也不想吃。让我安静一会儿。"

等了好长时间，他才想起来，自己已经到山东来两个多月了。去年，新军改成武卫右军，自己又升为工部右侍郎，依然专管练新军。年前，自己晋升为署理山东巡抚，带着武卫右军来任职了。戒石亭前，百姓敬的凉酒喝多了，再加上自己太疲惫，才有这噩梦。

20. 学政尹铭绶

天气稍微暖和了一些，袁世凯带着学政尹铭绶，在济南城里闲逛起来。他们二人换上了便装，确实没有谁认出他们。望着刚绽开的满城杨柳，在阳光下放射出一圈圈虹雾的泉喷，和那绚丽的鲜花，掠来掠去的春燕，两人心情格外舒畅。

两人步履轻盈，登上黄河大堤，北望黄河滚滚一泻千里，岸边芦苇如漫天扯起的绿彩绸带，轻轻地抖动着，又宛若一条绿色的长龙，正扑向东海！转过身来，南望万家烟树，群山逶迤于城南，尹铭绶脱口而出："真是一片宝地，这风水比京城要旺得多。难怪有人说，此景为十万芙蓉天外落啊。"

袁世凯指着青山深处的楼台寺庙，神采飞扬，对尹铭绶说："那儿是四门塔，

80

那儿是灵岩寺，那儿，是先贤大舜躬耕的千佛山。济南城有'齐烟九点'，如华山有青莲，当年李白在这有诗：

> 我昔有齐都，
> 登华不注峰，
> 兹山何俊秀，
> 绿翠如芙蓉。

山多，虎生风，水多，龙生雾，这七十二泉，趵突泉，金钱泉，漱玉泉，柳絮泉，马跑泉，黑虎泉，连那大明湖，人称'四面荷花三面柳，一城山色半城湖'。天下有哪里能比得上这里呢？这济南城该虎啸龙吟，'海古寺亭古，济南名士多'。来到这里，人就不想再走了。尹兄，将来我们年迈，就在这儿闲居，颐养天年，多好啊！"

尹铭绶指着大明湖南岸说："慰亭兄，那里可是稼轩祠？"

袁世凯点点头。

尹铭绶说："记得幼安有诗，记单骑捉得张安国。我们缺少的是这样的飞将军啊。营中兄弟，近日颇多生出外心，王士珍这个人应该多拉才是，别让他太得意。我看荣禄、慈禧气色已衰，经不起再折腾了。济南城养下心来，不愁来日擒得清朝的狗儿们！"

两人又谈了裕禄等人的情况，慢慢向城中走去。一路秀丽风光，激起许多话题。袁世凯笑吟吟地对尹铭绶说："尹兄，我有打油诗一首，随口拈来，请赐教。

> 记得三十三年前，
> 泉城浴龙放紫烟，
> 走马儿顽戏日夜，
> 呼鹰年少喜娇莲。
> 荷月抢得胡虏归，
> 戴星描就伏虎倦。
> 漫天青雨今又生，
> 润我雄师百千万！"

尹铭绶立定脚步，望着袁世凯的面孔，像打量一个陌生人，半天说道："慰亭兄，怪不得荣禄、载沣他们如此嫉恨您，您是豪气侠风掩不住，让人望而生畏呀！百日维新时，我就觉得老兄绝非平凡之辈，今日一识，愿肝脑涂地，听命老兄。"

风吹动身边垂柳，两人宛如两叶扁舟，正轻逸地飘荡在绿色中。

他们走进了通向巡抚府的一条小巷，见前方不远处有一群人正挤着望墙上看。走近时，见是前些天颁布的《禁止义和拳匪告示》，而一旁却画着一幅画：一只大鳖爬在一个洋人的身后。画的上方则写着两句诗：杀了鼋鳖蛋，大家好吃饭！

人群中悄悄议论着。有人说："毓贤是个无能的家伙，还算平安；来了袁世凯，他敢卖皇上。活该山东倒霉了。"大家附和称是。又有人说："这老袁怕慈禧，慈禧怕洋人，洋人怕百姓，百姓怕老袁，是个圆圆的圈啊。"

尹铭绶瞥见袁世凯面色异常冷静。

两人又往前走时，却听到周围有轻轻的磨刀声和议论声。仔细听时，是几个人在议论着暗杀山东巡抚及各要人，造成大乱，于乱中起义，号召普天下人造反，杀尽鞑虏。

袁世凯瞪大眼睛，忙拉起尹铭绶加快脚步向巡抚府走去。

到了省府，袁世凯立即命令军中抽百余壮士装扮成洋人的兵，迅速将刚才走过的小巷包围住，详细搜查歹人。他说，凡是有可疑之徒就地处决勿论！

天到傍晚时分，太阳像一只火红的绣球，悬挂在西天上，济南城到处响起了枪声、杀喊声和哭叫声。人们在争相转告，说一队穿着洋装的兵，带着快枪袭击了义和拳，仅一个时辰，就杀了二百多人，烧毁数十座房舍。

这天，袁世凯在省府衙门里约了几个绅士，请他们谈地方建设的良策。绅士们争先恐后，纷纷倾囊而谈，袁世凯只一个劲地"嗯嗯"地应着他们，根本未听清他们说些什么。

门外有士兵跑来报告，说："大批拳民向省府涌来！"

袁世凯吃了一惊，霍地站立起来。

他请绅士们从旁门退走，自己向大门方向走去。望着拥来的义和拳队伍，他仰起头。

为首的一位银髯须发，满面红光的拳民，首先向袁世凯行了礼，继而愤怒地质问道："请问巡抚大人，我义和拳何罪之有，竟连日来为官府所困所禁？"

此时，他后面的队伍越聚越多。

袁世凯十分平静地说："义和拳是干什么的？"

老人轻蔑而又爽朗地笑着说："这还用说吗？连朝廷都发布上谕，说我们是自卫身家，互保闾里。我们合乎朝廷的法典。"

袁世凯说："那你们又为什么聚众滋事？"

"哼！聚众滋事？"老人挺起胸膛，提高了声音说，"念我山东自古出多少豪杰，眼看着今日有多少洋鬼子欺我父母，辱我姐妹，实为咽不下这口气！是洋人与洋奴才仗势欺人，我不得不奋起反抗，杀洋鬼子，卫我中华！"

袁世凯冷笑道："说得好听，你们拿什么来杀退洋人？洋人用枪炮占领了大片疆土，难道你们有比枪炮更利的武器吗？"

老人说："有！我有神功，可以抵得上它洋鬼子万千千，水火不近，刀枪不入！"

袁世凯正色道："你可以与我洋枪队来比吗？"

老人不屑一顾，说："你洋枪队算得了什么！要比，明日清晨就可比！你挑个地点吧！"

成群的义和拳一齐喊道："比个高低！"

袁世凯说："这样吧，咱们各挑十人，各用各自的法来比。比之前，大家要立上生死文书，谁打死谁，都概不负责。比得赢，我允许你义和拳在山东任意行动，即使打家劫舍，我也毫不干涉。若是你们比不赢呢？"

老人非常自信地说："若我义和团输了，就不在家乡待半天。我要远离家乡，与洋人誓死相拼！"

袁世凯说："就这样吧！明天清晨开始，在演武场，咱们比一比！"

老人抱拳告辞，转身领着拳民们退去。

袁世凯回到府内，稍作休息，尹铭绶对他说："慰亭兄，你有十成的把握，可以胜过义和拳吗？"

袁世凯说："他们靠什么法？靠发功，靠念符，挨两棍还可以，挨洋枪子儿，那就显不了灵。我要让义和拳在山东绝迹！"

尹铭绶说："怎么？你要将他们都斩尽杀绝？"

袁世凯说："若是义和团他们都灭了，我也跟着就要完了。让他们都涌向直隶、京畿，由裕禄他们来对付。到了时候，我看义和拳长出了翅膀，或者惹恼洋人，或者使裕禄他们的元气大伤，对我来讲，是两全其美。"

尹铭绶说："您的意思是让义和拳出场来为您解围？好主意！"

袁世凯喊来段祺瑞，对他说："你派一部分士兵，打扮成义和团，先烧了教堂，再杀几个豪绅。要快，要干净利索。"

段祺瑞走后，袁世凯对尹铭绶说："芝泉是最善于办这种事的。"接着，两人哈哈大笑。

当晚，夜色很黑，府外的柳树上传来猫头鹰的叫声，像人在傻笑，令人毛骨悚然。

袁世凯猛一怔，喊道："不好！"

猫头鹰叫，是民间最忌讳的，人们都传说，有猫头鹰笑，家中要死人，有血光之灾。他命人迅速护理，赶回家中，却见满院如同一地黄花，许多诅咒的语言，写在黄裱纸上，都是辱骂袁世凯祖宗之类的词句。在大门外侧，发现有人置放的几根纸幡。墙壁上不知什么时候涂满了标语和漫画，标语写的是"袁世凯是洋人的狗"、"天地诛杀袁世凯"，漫画画的是一只巨大的鳖坐在地上，背部插满了尖刀和利剑，面前写着一行字："老袁命短。"

他狠狠地骂着："义和拳，看我不把你杀净！"

21. 势不两立

沈雪梅跪在刚从项城接来的刘氏面前，轻轻地哭泣。刘氏面容苍白，喊着冷，而身子却热得烫人，额头上沁出麻麻密密的汗珠。

袁世凯跪在刘氏面前，连声喊着"娘"，请老人宽恕自己太忙，没能在家照看。

沈雪梅将一张纸符递给袁世凯说："这是娘在路上，遭强人惊吓，把这符贴在轿子上，是咒娘……也咒您不得好结果。我们刚来这里，又如何得罪了谁？都是作孽呀！"

袁世凯接过纸符，咬着牙在心中骂道："狗日的义和拳，我与你们势不两立！"

这里，门外有人求见。

来人将两封电报呈给袁世凯。袁世凯让沈雪梅替他念。沈雪梅念道：

> 拳民聚众滋事，自无宽纵酿祸之理。惟目前办法，总经弹压解散为第一要义。如果寻击官兵，始终抗拒，不得已而示以兵威，亦应详察案情，分别输与，不可一意剿击，致令所在地，激成大祸。着袁世凯相机设法，慎之又慎，严饬吉灿升从难从严，金叙等随机因应，各了各案，毋轻听谣传，任令营员贪功喜事，稍涉操切。倘输不善，以致腹地骚动，惟袁世凯是问。

袁世凯鼻子"哼"了一声，将第二封电报自个儿看，是催问补用知府袁世敦前镇压义和拳，为息人言，现应驱逐回籍的事。袁世敦是袁世凯花了许多银子，在前山东巡抚毓贤任下作为补用知府，奉毓贤之命剿杀义和团，被人参劾而革职。

84

袁世凯把电报一扔，吼一声，恶狠狠地说道："明日清晨，杀！"

"啊——"一旁有人惊叫着，瘫倒在地上求饶，连声说，"别杀，别杀，我明日就走，明日就走。"

袁世凯一看，原来是于氏的兄长。他又气又可笑，瞥了两眼，没有搭理他，拂袖而去。

他想起了那时在陈州闲居，就是这个小舅子当面羞辱他，在许多人面前指斥他："你袁世凯是个大喷儿！老婆孩子养活不起，你不嫌丢人，我还嫌丢人呢！"最为困难的时候，这小舅子比谁躲得都远。如今，自己做了山东巡抚，把娘接来，这于氏和小舅子也跟来。袁世凯没有搭理他，让管家告诉他："还是在老家待着好！"

于氏也在一旁苦苦地抽泣。她不是为刘氏的病而哭，而是跑了这么远的路，袁世凯仍然没有搭理她，夜里只和沈雪梅她们在一起。于氏对袁世凯说："你休了我吧，我嫁个土匪也比嫁给你强。"袁世凯顺手要写休书时，她寻死觅活，非要上吊自杀不可。袁世凯看见她也只当没有这个人，眼角都不扫她。

夜深了，门人又呈来一封电报，是一洋人传教士强奸一民女，被当地百姓乱棍打死，而领事却硬要惩办众人。

来济南这几天，没有一天休息得好！

22. 义和拳

清晨，太阳刚刚升起。演武场上，空旷场地的两侧，一边是十名青年义和拳战士，身穿红衣，手持大刀，显得气宇轩昂；一边是武卫右军士兵，身穿洋装，脚蹬马靴，腰插双枪。

袁世凯和银髯老人互致礼仪，双方在协约上各签具姓名，然后，共同宣布比赛开始。

先由义和拳亮招，做单独表演。

一青年义和拳战士做各种拳法、刀法、脚法、枪法、棍法，博得阵阵喝彩。最后，一青年义和拳战士上场，念咒、画符之后，大喊一声，唱道：

> 天灵灵，
> 地灵灵，
> 离地三尺有神灵，
> 各位仙师请来。

天门开，

地门开，

太上老君来！

天门开，

地门开，

九天玄女来！

天门开，

地门开，

祖师神灵来！

……助我斩妖捉怪，

给我神力。

呜哈哈啊——

然后，让另一名义和拳战士用刀砍他的肚子，刀被顶了回去。又让人用长枪刺去，长枪顶弯了，还是安然无恙！

最后，义和拳收功，立定，让武卫右军来表演。

一名士兵做洋操动作，立正，致礼，开步走，转身，卧倒，跃起，摸、滚、爬，向前。

义和拳战士哈哈大笑！银髯老人笑得最响。他们用轻蔑的目光扫视着一切。

一名士兵在空旷地上树起一支木架，在木架上放一坛子酒，由另一句士兵用双枪射击，只听"砰砰"几声枪响，坛子破碎，架子上仅剩下一片坛子底儿。人都惊住了。

生死战开始了！

十名士兵持枪在南，十名义和拳战士持刀在北，大家相约等炮声响后，双方只管上前拼杀去。此刻，双方相隔有五六丈的距离。

观看的人们离开有几十丈远。

炮手点燃了药捻，蓝灰色的烟雾随着"滋滋"声越来越多。等了片刻，人们都屏住气，就是听不见响，原以为哑了炮，炮手刚要去察看，猛听"咚"一声巨响，炮膛炸裂开，炮手炸死了。

大家没有顾得上这些，而是转身看两队人马拼杀。

义和拳一方"哈哈"地喊着，跳着，舞起大刀冲去！

武卫右军的士兵不慌不忙，把手枪举起，瞄准冲过来的义和拳战士。领头的士兵喊了一声"打"，一阵清脆的枪声响过后，人们都像梦中一样：义和拳十名战士全部倒毙身亡。

袁世凯望着银髯老人，鼻子喘着粗重的气息。

银髯老人一拳砸在自己的天灵盖上，顿时脑浆迸裂，鲜血如泉喷一样！

太阳颤抖着，黑紫黑紫的，被大片的乌云吞没了。一只乌鸦惊叫着从人头顶上空掠过。

义和拳的战士们抱起战友们的尸体，个个都悲痛地哭起来。

武卫右军的士兵有人又抬起了枪，向义和拳战士瞄准。

袁世凯大喝一声："住手！全部撤去！"

义和拳战士的哭声起伏着，他们抬起同伴儿的身躯，迈着沉重的步子，向远方走去，一直走着，没有一个人将头扭动。

许久，人们听到倔强的唢呐声在原野飘扬，一棵古树下，几位老人正在祭奠亡灵。

武卫右军的兵士们往回走着，突然有人捂着肚子喊叫疼痛，接着，又有几个人喊叫疼痛难忍。一会儿，几乎所有的士兵都在喊。

喊叫声像杀猪似的尖叫充斥在旷野！

军医检查后，报告袁世凯："有人投毒，必须立即抢救！"

袁世凯连忙吩咐按军医的话办，让身体健康的人给喊叫疼痛的人喂药，可是，来不及抢救的士兵已经死去了十多个。有人提供线索说，昨天夜里，营房的伙房房顶被揭开一个洞，大家原以为是有贼寇偷米面，没想到是来投毒在饭食中的。

袁世凯眼里像在喷火，大声命令："全城日夜巡逻，严加防范！"随后，他又命令各地方官"分赴回四乡，严行查禁拳丁，如仍有开设处所，克日督令撤去，取具首事、庄长，永远不敢再行设丁、教习神拳甘结。现无拳处，亦须督饬查禁，一并取结报标明"，"令各庄遵照保甲章程，随时互相稽查"，"挨户传谕，不准纵令子弟学习神拳"，同时，他派出七千武卫右军，分赴山东各地，剿杀、搜捕义和拳。一月之内，断无义和拳！

唢呐声仍然在顽强地响着，冲上九霄。

袁世凯望着这十几具尸体，悻悻地说："这都是命薄啊，厚葬了吧。以后抓到拳匪，用他们的头来祭这些弟兄！"

一只野兔没头没脑地跑过来，钻进人群，有人一把抓住，猛地摔死了。兔子的嘴唇儿还是那样成瓣儿，流着血。兔子的眼珠被摔出来，愤怒地望着人。

袁世凯指着兔子，说："兔子的窝儿，人是瞅不见的。和义和拳一样，怕人捣了窝儿。我们偏偏要到处找它的窝，赶得它们没有地方钻，没命地跑。别看朝廷护着义和拳，义和拳和响马没有什么两样。兔子的尾巴，长不了的!"

大家都笑了，纷纷附和着他的话。

新军中的洋教习对袁世凯的做法很高兴，而袁世凯则秘密找到刘永庆，要他和冯国璋他们想办法借合同期满之名将洋教习解聘。洋教习们要走了，他专程相送，装出涕泪交加的样子，说了许多友谊长存的话，洋教习们也都很感动。慈禧喜欢义和拳，他不得不拿出样子来表示对洋人的疏远。当然，他绝对不会饶恕义和拳。但是，他要剿杀的不是"义和拳"，而是"恶匪"、"响马"，只是不再重奖杀伐义和拳的人。

23. 巧儿

胶州湾的风又湿又咸，从东南吹来，越过胶县的村野，直吹向高密。高密的乡村，那些土黄色的房舍半遮半映在绿树中，任风从村野的一户户房顶上穿过，飘来飘去那些鸡鸣声、狗吠声。春天的太阳像喝醉了酒的汉子，脸儿红红的想钻进人家的窗户，被贴着大红窗花的窗纸羞涩地推挡在外。

窗花很简洁，活灵灵的《喜鹊登枝》、《闹春梅》、《鱼莲》、《刘海戏金蟾》等，在春风中浴着明媚的阳光抖动着。

门"吱扭"一声打开了!

一位看上去有二十一二岁的姑娘，将雪白的鞋儿小心翼翼地伸向门外，轻轻点住门槛外的地，闪身露出黑色的布裤和蓝底儿白花的小袄。她将乌黑发亮的头发扭转过来时，白净红润的脸蛋让人一看就愣住了! 永远微笑的一双丹凤眼，弯弯细细长长的柳叶眉下，水汪汪的黑眼珠儿异常明亮、温柔，那红唇像涂上的胭脂般鲜艳。背转身时，那臀部像一朵莲花美。

她右手握了一只雪白的毛巾，迎着风，向村外的田野走去，任村头的老槐树满身狰狞。

田野里的麦子绿得发亮，豌豆花们猛地开满了大片的粉红和水蓝，刺得人睁不开眼! 远远的麦野尽头，是一座教堂，高高的屋顶尖儿挺立在集镇的一角。那是德国人的。

姑娘向教堂方向张望着，又扭回头，往村口张望着，转身走向麦野中的一座坟丘，跪下哭出声了。

她的哭声轻轻地飘起，在油光闪亮的绿色和花的绚丽中飞舞着。

风吹过来，似一只粗犷的手掌，抚摸着她的青丝，抚摸着她柔嫩的肩头，抚摸着她那鼓起的一对乳房。草刺得她屁股痒痒的。

她哭着，唱着，圆润的歌喉诉说着：

> 春天的花儿呀，
>
> 都是成双成对地开放着，
>
> 春天的蜜蜂儿呀，
>
> 都爬在花瓣儿上。
>
> 根儿呀，
>
> 我的那个根儿咧，
>
> 你好狠心！
>
> 你把我一个人抛下，
>
> 整整三年我守着空床，
>
> 我睡着那个冰凉凉的床啊——
>
> 我的那个根儿呀，
>
> 你就光知道一个人走了，
>
> 钻进地底下睡着。
>
> 你呀你，
>
> 我的那个根儿呀，
>
> 你就不替我想一想！
>
> 我的那个根儿！
>
> 你……

她哭着，肩头柔嫩的肉被衣服紧裹住，有节奏地抖动着。风将她脖颈上的发撩起，雪似的肉在阳光下放出芬芳的光芒。

一群蝶儿翻飞着，在她身后盘旋着，像害怕电击一样，不敢近前。

她哭着，歌喉飘起不尽的孤独和委屈，深情地哭诉着青春的空寂。她喜欢这样在空旷的原野中向大地哭诉，这样享受着酣畅淋漓。她总想起自己的少女时代和自己那只心爱的小羊，她有无数次回忆起自己怀抱着小羊让它喊自己妈妈，让它吃自己微微鼓起的乳；许多年来，她心头还有这种幸福。

此时，一双毛茸茸的手从背后把她抱起，掐起她细细的腰肢。

她一点儿也不感到惊恐。她十分顺从地任那双毛茸茸的手把她抱起，紧紧地抱在一个高大魁梧的身躯里，将眼睛闭上，将柔嫩的嘴唇送给那金发碧眼的鹰鼻下的满是络腮胡须的大嘴，任人热烈地吻！她被幸福地吻着，轻轻地说："威廉，把我抱到麦田的深处，不要让根儿看见。"

威廉也轻轻地说："巧儿，我的宝贝儿。"他重复着生硬的汉语，激动得浑身颤抖着。他将她抱起，走向麦野的深处，狂吻着，将她的衣服一件件撕扯下！

巧儿的胴体如一块晶莹的美玉，在阳光下被风吻着。

威廉把她放在一堆衣服上，他和她摊开如床单一样的衣服上；他跪在她的身边，抚摸着她光滑、柔软、散发出温热芳香的胴体，在她的胸膛上、在她的腰间、在她的两腿轻轻地抚摸着，用他湿润的嘴唇儿深深地久久地亲吻着！

陡然，他扑上去，将生满黑毛的身躯覆盖在她的身上；两人喊叫着，甜蜜地扭动着，任阳光和风尽情地洒在他们的身上……

巧儿说："威廉，你很有味儿，像一头公牛，让我感到从未有过的快乐。"

威廉说："巧儿，你是天使，让我销魂，让我永远都记在心里的。"

他们的情话被阳光和风托起，在绿油油的麦叶儿上，在鲜艳的花瓣儿上，舒畅地飞舞，引来数不清的如痴如醉的蜂和蝶。

"巧儿，我不懂得，为什么你新婚的丈夫死去时，你就不能再结婚？"

"威廉，你是德国人，你不知道我们有我们的族权、族规。我失去了自己的丈夫，但是我没有失去家；有很多的族里人，他们都不允许我再去找别的男人。他们要我一个人守到老死，成为满脸皱纹的老太太。"

"他们的这种权利，是谁给予的？"

"自古到今都这样的。"

"为什么不废除了这种野蛮的行为呢？"

"一个人的穷困、生死，从来是没有人管的。但像我和你这样做，是要被人管的。他们是天经地义的，是天给了他们这种权利，谁也夺不去的。"

"巧儿，我向你求婚，可以吗？"

"要我做你的媳妇吗？除非你把我偷走，离开这里。"

"我现在就把你带走。明天，我们离开这里，经过我们的使馆帮助，我们可以结婚的，尽管日耳曼人强调自己的纯洁。因为，你是纯洁、美丽的。"

和煦的风和温柔的阳光都微笑着，把他们的情话抖动起，抛洒成绚烂的花的光彩。威廉牵起巧儿的手，在麦田里游动着，向教堂方向走去。两人的脸都闪着幸福的红光。

威廉对她说："巧儿，这里是美丽的。铁路修通之后，这里的人们就会扩大视野，变得文明和聪明起来。"

巧儿说："你们挖了我们的麦子和蔬菜，还把这里的坟挖掉，破坏这里的风水。你们，这是犯罪的行为。"

威廉说："不。没有铁路，这里将会永远都这样闭塞、愚昧、野蛮。修了铁路，给这里增加了发展的机会，这是造福。"

巧儿说："有了铁路，就可以很快到很远的地方吗?"

威廉说："对，不但可以到中国很远的地方，而且，可以到欧洲，那里是先进、发达的。"

他们正说着，远远地听见村子里响起了锣声和喊声，一阵紧似一阵。

巧儿惊慌地说："威廉，我们快去你住的地方! 他们要来捉我，会杀掉我的。"

威廉说："为什么他们这样不尊重个人的选择呢?"

巧儿急切地说："威廉，背起我来，快跑吧!"

威廉笑着蹲下，把巧儿背在背上，飞快地向教堂方向跑去!

急促的锣声和呐喊声越来越近!

人们在愤怒地喊着:

"快追呀，德国鬼子把人抢走了!"

"都来呀，截住德国鬼子，捉住小贱妇!"

"四邻八村的老乡们，都来呀! 德国鬼子拐走小寡妇啦! 快截住，别让他们跑了呀!"

四周都冒出了人，密密麻麻的人围过来。

威廉和巧儿被围在人群中，巧儿从他背上掉下，瘫倒在地上，昏厥过去。

村头的老槐树下面，有两只大木笼子，一只装着满脸血污的威廉，一只装着怒目而视的巧儿。他们都被背绑着双手。密集的人群将老槐树下面围得水泄不通，人们都在怒声斥责着，咒骂着:

"这个小寡妇，真是淫荡，非要跟一个德国鬼子胡混! 就他的那东西能用?"

"德国鬼子那龟孙样子，看那脸，长的都是毛儿，多像个畜生!"

"女人太漂亮了就是不行啊。她光生野心，要跟洋鬼子睡觉。这还了得吗?"

"嘻嘻，人家洋人吃得好，那东西又粗又长，像驴的一样，正合着这小寡妇呢。"

"对呀，唐朝武则天，就是找了个驴头太子，才过了瘾的。这洋鬼子该是驴头太子投胎生成的吧!"

"他娘的，把洋鬼子的那东西给他割了! 他娘的，他娘的，这些狗日的洋人，毁坏了咱们多少庄稼，把咱们的风水宝地都挖断了气脉。他们挖了这么多的祖坟，修什么铁路，洋人盗宝，说来就真正的来到眼前了。"

"都是这骚寡妇，不正经地守在空房里，浪得急，去找那洋鬼子。实在丢我们周家的人呐！应该把她扔到河里去喂鱼！"

"就是啊，周根儿家的寡妇，找谁不行？村里有那么多的光棍儿，夜里去敲她的门，她都破口大骂。多正经！想不到就在野地里，就那样干起来。真不知羞耻，咱们全中国的人，脸都被她一个小娘儿们给丢尽了。"

"别那样讲，人家那样细皮嫩肉的，一掐就是一股水儿，留着给床神呀！"

"那也不能和洋鬼子睡呀！洋人下的种儿人说都是妖怪。至少庙会上拴一个，真生下来个，谁也不敢说啥！周根儿家就是淫妇，是荡妇，浪得人管不住。"

"小娘儿们也怪水灵呢，爬在她身上，真不知道会有多舒服。若是我在野地里遇见她和洋鬼子正干那事儿，我就把那洋鬼子赶跑，我上去弄上几天几夜的，让她尝个够！"

"别说，你还真行呢。想的怪舒服。你就在这里弄吧！咱们村的光棍汉都上去，把她弄烂，叫她吃个饱喝个透！"

人浪笑着，诨骂着，发泄着对洋鬼子的恨、对巧儿的鄙夷。

"周二爷来了！"

不知谁喊了一声，老槐树底下霎时静了下来。

一个五十开外、留着山羊胡的人，被几个人簇拥着朝人群中走来，人群自觉地闪过一条线路，让他们通向老槐树底下。

周二爷狠狠地扫了威廉和巧儿几眼，朝他们吐了一口唾沫！

他扭转过身，扫视着人群，清了清嗓子，响亮的声音使每一个人都感到惊颤："周家村的老少爷们儿！今天，出了个大丑事呀！我们对不起列祖列宗，人们该痛心疾首。按照族规，对这等犯事者，先审后打，再用火烧了，立一块羞耻碑，让子孙们都记下这耻辱。开审！"

几个壮汉把威廉和巧儿都拉出木笼，加捆几道绳索，让他们跪在青石板上。

威廉不愿意跪，他愤怒地喊着："支那，野蛮人！没有文明，是不讲道理的！我和巧儿是爱恋，有什么过错？你们是犯了罪的！我要抗议这种侮辱人格的做法！"

周二爷冷笑着，看也不看他一眼，厉声喝道："打折他的腿！让他交代，是怎么勾引这小贱人的！我山东地是儒学故乡，绝不容忍畜生们玷污这圣地！"

壮汉们猛踢威廉的腿、屁股、裆，逼他跪在青石板上，令他交代罪行。

威廉拧紧脖颈，大声喊叫："你们中国是礼仪之邦吗？呸！中国人是在反对文明的。男女相爱，这是人生的幸福和快乐，为何却是犯法？我给了巧儿快乐和温暖，是要结成夫妻的；难道这也是犯了法吗？你们，是一群野蛮人！"

周二爷大声喊道："一定要交代，让全村的人都知道他们所做的见不得人的丑事！"

壮汉们使劲加紧了绳索，逼迫威廉交代。

威廉紧咬着牙，鼓起的腮帮子上，浓浓的胡须像钢针一样炸裂开。他望着跪在身旁的巧儿，巧儿低下头，头几乎触到了地，如晒蔫了的菜叶。他失望了，这是那个巧儿、他心爱的巧儿姑娘吗？那个麦野里女神般美丽的女性吗？

巧儿抽泣着，抬起头，满脸的泪汨汨奔流着，红肿的眼，像盛开的桃花，接受着威廉的目光。

威廉舒下心来，感到幸福和温馨，轻轻地说："巧儿，谢谢你。请允许我讲述我们美丽的情曲，即使死去，我们的灵魂是会飞向光辉的天堂，接受爱和美的鲜花的。"

巧儿猛地咬住一缕飘荡在她脸庞前的发丝，瞪着双眼，怒视着人群！

周二爷侧过身朝她看时，接触到她逼人的带着嘲讽的目光，禁不住颤抖了一下。

巧儿"呸"了一声，鄙夷地骂着："周春然，你个不要脸的畜生！你自己知道，你是人吗？"

周二爷脸红红的，如破鞋打的一样。他心虚地正对着人群，佯装出冷静。他的脸上红一阵，青一阵，白一阵，嘴角微微抖动着。

巧儿低声骂着，说："周春然，你满口之乎者也，道貌岸然。你对大家说，你几番几次图谋霸占我；我是谁？我是你的孙儿媳妇呀！你个不要脸的畜生，你忘记了你的辈分，你还有脸来像人一样站着？你不要脸，你不是人，你扒灰，你满口仁义道德！你是圆毛畜生、扁毛畜生都不如的杂种！"

周二爷恼羞成怒地令壮汉们狠打她的嘴，强压着慌张，说："让这个洋鬼子交代！"

巧儿的嘴角，流淌着鲜红的血！她愤怒地望着壮汉们，令他们的心悚然而颤。

威廉望着坚强的巧儿，热血沸腾，他用不太纯正的汉语讲道：

"我和巧儿是在春天相识，相爱的。在河水边，绿草地上的她，正在薅草，我看她很美丽，动人的美，一眼就爱上她了。她天天来，我也天天来。她刚看到我时，说我怎么是这个样子，吓得要跑，我就追上去，把她抱住了。我是不能不冲动的，所以我亲吻了她。我对她讲，我是大学刚毕业的铁路工程师，受你们的巡抚邀请，和人一起来修建铁路的。我给她讲中国是美丽的，欧洲是美丽的。我的国家是美丽的。我还对她讲，我知道中国有李白这样伟大的诗人，我们德意志有歌德，他们使各自的国家都感到骄傲。我为她唱了歌儿，给她吹口琴，她是很高兴的。她笑的时候，更生动，更性感。她为我用树叶片儿吹歌曲，我更喜爱她了，热烈地爱上了她。她告诉我，她的童年是很快乐的，她的手是神奇的，能剪很多花儿、鸟儿。只是她和她不喜欢的男人结了婚。后来，她的丈夫又死去，那时，她才十八岁，她就陷入了痛苦。她讲这些故事时，有很多泪水在她的眼睛和脸上。我爱她的美丽，善良又坚强。我在我的国家，从来没有遇到过这样美的姑娘，我要把她娶回去做我的妻子。我是幸福的，可是，你们不讲道理，就把我的自由剥夺去，这是不仁道的，与人们所说的中国文明，是相悖的。我要求你们，很快把我们两人放掉，还给我们自由！自由是上帝给人的，谁也不能夺去的。我很想、很喜爱和她在一起，她的歌声很美。我不能离开她，可是，你们无端无故地欺侮她，我抗议！"

巧儿的脸上恢复了白皙，又涌出了红嫩的光泽。她将头颅高高地昂起。

人群中又嘈杂起来，有人说："对呀，这个洋人哪里是拐走她的呢？"嬉笑声一阵阵响起。

周二爷使劲地"呸"了一声，大着声说："洋鬼子是一派胡言！德国人抢占了我们的胶州湾，把我们不当人看，抢夺我们的财产，还要修上铁路，抢夺去更多的财产。他们都是野兽成了精怪，来喝我们的血，吸我们的精髓的！现在，这个洋鬼子又来偷我们周家的媳妇，侮辱我们周家的门庭！我们不理他骗人的把戏。这个贱妇，肮脏了我们的周家祠堂，她不去孝敬公婆，要与洋鬼子私通。她偷的是洋汉，犯下了不可饶恕的罪行。大家要以此为戒！今后，我们要连成一股劲儿，与洋人斗到底，像义和拳那样，杀尽洋人！我们从此不许读洋人的书，不许用洋货、说洋文，若再有人敢与洋人交往，格杀勿论！若不然，将成何体统！"他环顾了四周，庄重地宣布："把这两个狗东西装进笼子，架上劈柴，给我烧！"

人群寂静得连呼吸都屏住了。

几个壮汉把威廉和巧儿都塞进了木笼子。

威廉大声喊着："我抗议！"

巧儿骂着，要求壮汉们把她和威廉放一个笼子里，死也要和威廉死一起。

周二爷轻蔑地"哼"了一声，说："把火点上，设供，祭祖！"

火把点燃了劈柴，火势很快鼓起，熊熊地燃烧起来！和着骂声，凄厉的呐喊声，无情地燃烧着。威廉和巧儿紧紧依偎在一起。他对巧儿深情地说："亲爱的巧儿，让我们做最后一次吻吧。如果有来生，我还会爱你，像这烈火一样永远。"巧儿把嘴唇送上，两人紧紧地，紧紧地吮吸着对方。

火越来越猛。

威廉嘶哑着声音对巧儿说："亲爱的，我们是世界上最幸福的人。你永远是我心中的茉莉花；让我们，歌唱吧！"

于是，两人同时放声唱起他们曾经唱过的那首《茉莉花》：

好一朵茉莉花，
好一朵茉莉花！
满园春风……

歌声在烈焰中升腾着，微风送向了四面八方。人们沐浴着这歌声离开了老槐树，没有人回头。只有两堆灰烬，被风吹得打着转儿，在地上旋着，旋着，终于无力地趴下。

天将黑时，一对佝偻着腰的男女老人，颤巍巍地走到老槐树底下，无声地拾掇着，把这些灰烬整理成一个小堆，扫进一只钉满破补丁的灰色口袋中，带走了。

他们向麦野走去。

天黑了，麦子都无声息地低下头颅。一只乌鸦"嘎哇——"叫着，从两位老人前方的路上飞去。天越来越黑；天上没有星光。四野寂静的夜幕，将世界拉严了，什么都被遮掩起来，连这两位老人一起，都吞没在夜的黑色中。

从此，歌声总是在夜晚响起，有许多日子，村庄的孩子们没有了欢快的歌声，因为他们害怕这歌声。他们的父母对他们严厉地说："若有谁像巧儿那样被洋鬼子迷住，谁就会遭到报应，就会落下那种下场。"而这歌声还是飘荡着，坚韧地在飘向四面八方。

后来。从远处赶来一群洋人，他们站在威廉和巧儿化为灰烬的地方，静静地站立了许久，而后一起放声歌唱着：

好一朵茉莉花，
好一朵茉莉花，
满园春风关也关不住她……

歌声随着风走了，从此，村庄安静了。然而，这个村庄想不到，在他们收割麦子的时候，几个洋人领着大队的人马将这村庄包围起来了。一队德国兵的枪，亮得让人心寒。恶魔样的洋人们走到老槐树下面，向老槐树下面的两块青石板鞠了几个躬，在胸前划着十字，默默地祈祷着。同来的武卫军一个首领发出命令：

"按照袁大人的命令，配合行军，包围村庄，捉拿祸魁。若有抵抗，一律斩杀！"

德国兵和武卫右军一起向村庄冲了过去。

火光、爆炸声在村子里激起了数不尽的哭喊声！老槐树愤怒地摇晃着粗大的身躯，任满树绿叶瑟瑟抖个不停。许久，村子里的杀声响过后，一切都成了废墟！

同时，有幸存的人跑进野地，商议着要报仇雪恨。他们高一声低一声地议论着：

"我们进京告状去！一定要面见老太后，参他袁世凯一本。他个王八蛋，对外国人就那么驯服，像一条小狗，而对咱老百姓，就这样狠毒！"

"听说过吗？袁世凯是太后的红人，谁能告倒他？"

"哼！我就不信，大清的天下，会让袁世凯这样的东西横行霸道！杨乃武和小白菜的事，才有几天？一下子免了那么多人的官。我们告去！祖祖孙孙告下去，不告倒他个王八蛋，我们就不罢休！"

"这年月，连皇上都身不由己，有说理的地方吗？叫我讲啊——"

"怎么？快讲！"

"大家去当义和拳，杀尽普天下的洋人；咱们也杀了他袁世凯，出出这口气。"

"对！"

"对！找义和拳去！"

"对！咱们找到义和拳，报仇雪恨！"

于是，他们勒了又勒腰带，攥紧了拳头，披着夜色，走出自己的家乡，没有回头。

渐渐地，老槐树和这个村庄一起化作泥土。两块青石板旁慢慢生出一丛小槐树，嫩绿而秀美的叶子被风吹着，欢快地生长着。一年又一年，这里变成茂密的槐树林，重新长起一棵棵参天的巨槐。但无论树叶多么茂密，从来没有开过槐花，从来没有飞来一只鸟儿。

24. 借刀

秀丽的济南，碧绿的垂柳摆动着，知了们高一声低一声地吟唱着，像个撒娇的疯女人。袁世凯和尹铭绶等人乍从城内归来，谈笑着，冲了凉，着人请来几个女艺人，让他们唱上几段梆子戏，松弛一下脑筋。凉亭里的风异常舒服。梆子戏，是袁世凯最喜欢的家乡戏，梆子声声，动人心扉；河南、山东都有梆子戏，给他许多快慰。袁世敦派人送信来了，毓贤他们帮助购买的军火就要到了，让袁世凯组织人马到海边去接货，防止义和团把军火抢走。

此时，一群艺人到了，袁世凯在家里办起来堂会。

尹铭绶知道，袁世凯如此办堂会是作掩护，不想让人看到自己大张旗鼓。他说："慰亭兄，这批货太及时了。我们的先锋队、左右翼防军，有了这洋枪洋炮，就是裕禄来，我们也不必怕！"

袁世凯只笑而不言语，领他走进内室。

尹铭绶又往前靠近了聚拢过来，压低声音说："西太后对义和拳很有意思，想把它变成官办的团练。兄之意下如何？"

袁世凯问："札子处理得怎样？"

尹铭绶说："我的意思是，现在是否要重写，慈禧那帮子人极力主张抚，而我们要杀。若万一老太太不喜欢，是否对咱们不利？"

"嗵！"袁世凯放了一个响屁，把尹铭绶吓了一大跳。袁世凯没有注意到这些，起身往厕所走去。

尹铭绶望着袁世凯的背影，暗自思忖道："看来这步棋他是走定了。他要借洋人和义和团来攻慈禧，让慈禧知道什么最可怕，也让荣禄他们知道谁可以打仗。"

> ……话说情郎举起来红罗伞，
> 三尺白绫眼前翻卷哎嗨呀……

两个女艺人正唱着；尹铭绶听着柳琴戏美妙的乐声，渐渐睡着了——连日来，他与袁世凯一起巡营，犒劳兵士，累得上气不接下气，太困了。

袁世凯从厕所里走出后，见尹铭绶睡着躺在那里，吩咐人把薄毯子给他盖上，一边让人为尹铭绶熬一些参汤，好好补一补。

袁世凯挥一挥手，让几个艺人退下，着人把捉来的义和拳两个小头目当堂押上来。同时，摆上一些酒菜来。他笑眯眯地等着，不时用手指敲打着椅子扶把，小声哼着曲子，摇晃着脑袋。他盘算着该如何走下一步棋。

两个身强力壮的义和拳被押上来，五花大绑，看管士兵强令他们跪下，两人瞪大双眼，强拧着头，直挺挺地站立不从。血渍浸透他们全身。

袁世凯说："不必。都是自己兄弟，何必要这样强人呢？来，我要亲手为他们松绑。"边说边走过去，为两人松解绳扣，并接着说，"都说义和拳与我是对头，这是什么话？谁看见过我亲手杀过一个义和拳？至于义和拳离开山东，这是君子协定，而且是义和拳救国救民的义举。大家并不懂得我是敬佩义和团的呀！"

两个义和拳头目撇着嘴，一个说："袁大人这样说，可不怕人把嘴笑歪到后脑勺吗？"

　　袁世凯请他们坐下，作出语重心长的样子说："我不怕。只是我笑人在没有道理地笑我。"他转而把两杯酒端到他们面前，说："我请两位兄弟帮一个忙，这是六千两银子，你们替我送到直隶义和团首领那里，聊表寸心。同时，请弟兄们转告山东全省义和拳，洋人就要攻打北京了，请义和拳兄弟离开山东，奔赴京津，与洋人决一死战！"

　　一个说："袁世凯，你别玩你的把戏了。你杀了山东英雄王立言、王玉振、朱士和，杀了我们多少义和拳兄弟。今天，你又要借洋人攻打北京的谣言，把义和拳都赶到京津一带，让直隶总督用重兵灭了我们。你是在借刀杀人，何其毒辣！呸！弟兄们就是杀到最后一个，也要和你斗！"

　　另一个接着说："袁世凯，人说满汉矛盾重重，而你连满人都不如！满人还知道抚我义和拳，共同抵外；而你呢，你却一味地杀伐我兄弟。你还巧言来辩！"

　　袁世凯摇摇头说："你们错了。你们都错了。慈禧是抚你们吗？她是在利用你们，把你们当炮灰用！待你们打退了洋人，她再来收拾你们。你们是被慈禧老太后所骗！抚清灭洋，什么抚清灭洋？清朝权贵无德无才，骑在汉人头上拉屎撒尿，你们高兴。洋人如何？他们有刺枪利炮，义和团的肚皮能抵回去他们的枪子儿吗？洋人来了，是站不住脚的，他们来了还会走。义和拳兄弟，你们只知国仇，不知家恨！你们才是真正的糊涂虫呀。许多道理你们是不会懂的。这样吧，你们先将这六千两银子送去；等到月底，若是洋人不打北京，你们就来骂我。我要洗耳恭听，你们只管痛痛快快骂个够。"

　　一席话说得两人目瞪口呆。

　　"那人明知洋人厉害，为什么还要我们去和洋人决一死战？"一个义和拳头目质问道。

　　袁世凯说："只有这样才打得出义和团的威风！洋人走后，你们打进北京，我的人马来做你们的策应。要知道，裕禄他们的兵与洋人交锋之后，必定会溃散的。只有义和拳才能与洋人打得过！那时候，大清的江山风吹雨摇，我汉家复兴，黎民才真正得救。"

　　两个义和拳头目半信半疑地望着袁世凯，说："袁大人，这可是你亲口讲的！"

　　袁世凯吩咐人把银子带出来，派人随两个义和拳头目一起去。

　　尹铭绶已经醒了，待人都离去，他从内室走出，瞪大眼睛对袁世凯说："慰亭兄，义和拳和洋人都可以帮你的忙啊。不过，为了防止走漏风声，还要做一件事，待银子送到，义和团必定要让这两人回来致谢，在路上要把他们两人杀掉！"

袁世凯拍着他的手背说："尹兄，我们两个想到一起去了。你是我肚子里的蛔虫啊！"

参汤端上来了，尹铭绶格外感动。

袁世凯客气一番，对他说："兄台是孔明再生。此来到山东，辛苦奔忙，不嫌弃我粗鄙之人，令贤兄委屈。以后还请贤兄多指点呀！"

尹铭绶轻轻摇动手中的羽扇，眯起眼睛，点了头，说："慰亭，我观天象，兄之气正盛，但还没到星区极位。慈禧想让义和拳出面来打洋鬼子，八国联军此来，非要大乱不可！荣禄老贼他就不得不损兵折将了。听说，日本人杉山杉被乱刀砍死，德国人克林德在东单被打死；义和拳他们把大学士孙家鼐、徐桐的相府，把肃亲王府，都抢了个一塌糊涂！端亲王恼羞成怒，他杀了吏部的许景澄、太帝寺的袁旭、户部的立山、兵部的徐用仪。有人说，他还要杀荣禄呢！载漪呀，西太后让他指挥义和团，据说他要杀尽当朝权贵再杀掉皇上，让自己的儿子即位，他来当监国呢。等着吧，有好戏就要开场了。"

袁世凯说："传言有真有假；现在端亲王已经让出了位子。奕劻接管总理衙门，去各使馆慰问洋鬼子，人家不理他那脸。对，乱吧，越乱越好。刘坤一和中堂大人，还有张之洞他们举出东南互保。你看，北战而南和，要我们一起互保。尹兄，您以为如何更妥当呢？"

"等等看！"尹铭绶微笑着，露出一脸的得意，接着说，"太累了，睡一会儿吧。"

两人走进内室，呼噜着，看就要睡沉，来人送过电报，大声喊道："巡抚大人！电谕进京勤王！"

袁世凯咕哝着骂了一句，说了一声"知道了"，转身又睡去。

尹铭绶喊醒了他，说："慰亭兄，我想好了。互保要干，勤王也要干。若要夏辛酉、张勋两人入京勤王，让他们做一次英雄，不是更好吗？若不然，来日是没法交代的啊。"

袁世凯迟疑了一下，马上开朗起来，说："对，我让他们……"

两人击掌而笑。

25. 参拜圣人

一连数天，袁世凯勒马驰骋在齐鲁大地，战胶东，剿沂蒙。他密令部下，要把义和团赶出山东，不要打恶仗。有聪明的部将，私下议论着："这袁大人如此既要打仗，又不让杀人，该是一箭双雕。他巴结住洋人，当朝的太后怕的就是洋人，找到了靠山。他又借了义和团的人马，替自己打仗，将来消耗的是他人的力量。山东全省太平无事，他既有实力，又有名望。袁大人就是聪明！"

袁世凯听到这些议论，把这些人找来，为他们摆了一桌酒席，作出一副兴高采烈的样子说："来，我听说你们骂我不去勤王，而要在山东兜圈儿，是图谋私利。我用老家的话说，真该日您祖奶奶！这话要是让哪个王八蛋传过去，慈禧这个老婆子不要我的命才怪！其实，这都是以小人之心，度君子之腹，漠然不视我武卫右军在山东奔波跋涉的千万般辛劳。我们战死了多少兄弟？我们是忍辱负重啊。天底下若都像咱们山东这样平安，该是皇上几辈子的好造化。都乱七八糟的才算好吗？日您八辈儿！新军的风尚才有几天？一点儿也不能丢！弟兄们要打出威风来，让洋人看看，让朝廷看看，让天底下的人都看看，只有我们新军能打仗，会打仗，而且是常胜之师！有弟兄们说，红灯照留下来了，义和拳去京津打洋人去了。好！红灯照里那些漂亮的娘们儿，谁有本事拉过来做媳妇儿就只管拉。我们图得个荫妻封子，也该过一些平安日子啦。大家以后再不要误解咱们自己，只管打仗，别再胡说八道！"酒席散后，他分头找人，查询是谁起了这样的话题，最后，终于查出了是武备学堂毕业的一个青年人。在入武备学堂之前，他曾中过秀才，平时能写会画的，爱舞文弄墨，常发牢骚不受重用。袁世凯把他召进密室，厉声喝道："大胆狗儿，你是杨修！还记得鸡肋吗？"那人吓得面如灰纸，连声叩头请罪。袁世凯平缓了片刻，用温和的声音说："这也不光怪你。我忽略了你，该自责才是啊。起来吧。从明天起，你就到我帐里来帮唐绍仪和阮忠枢他们吧，他们忙都忙不过来。好好干，日后我不会亏待你的。"最后，他又问了"成家没有"、"家是哪里的"一类的话，笑着说，"若是你不嫌弃我是一介武夫，我就把你作为养子吧。百年后，知道给我坟上添把土就行了。我们该是一家人。"那人像梦醒了一般，道不尽的感谢，指天发誓说："苍天在上，我若不孝不忠于父亲大人，天打五雷轰！"袁世凯让他多注意身边的人动静，说："若是有谁有非分之举，你要迅速报告给我。"等了两天，参与过这种议论的人，相继都提升了一级，大家说不出有多高兴。

这天，队伍过了兖州，东渡泗河，猛见到处绿树成林，郁郁葱葱，有成群的白鹇、鹁鸪、画眉等鸟儿在林子上如云飞舞着，满面清凉。

袁世凯手握马鞭，指着前边绿树林说："这是什么地方？"

手下有人说："袁大人，前边就是圣人故里曲阜。"

袁世凯翻身下马，徒步走着，对众人说："我说为什么昨天夜里梦见有一群凤凰在头顶盘旋着，原来是孔圣人帮助我们，一直在保佑我们。走，我们去参拜圣人！"同时，嘱咐在此留下一些兵士，看守马匹、粮草，免得惊动了圣人眠地。

亲兵一行和几个将领随着袁世凯步行前往，路上，袁世凯对周围的人说："我是孔圣人家的学生啊。早岁在济南，我有一位老师，就是姓孔的，还是孔家的嫡传呢。"

大家笑着，簇拥着他往前走。

袁世凯走着，被湿润的凉风吹拂着，尤其那松柏特有的香味儿，令人兴奋不已。他越发有兴致，说："事实上，这孔圣人和我还是正儿八经的老乡呢。他的老家，就是这西边的夏邑，后来才迁到山东的。山东的水土好，人都说，山东出相，山西出将。这圣地脉气就是非凡，你们看，四野有多旺盛的气象，曲阜才出了个大圣人。在这之前，曲阜又叫寿丘，出了个更大的圣人，就是轩辕黄帝。这里还是少昊的国都，他和弟弟颛顼在这里造琴，至今，东海岸传说还能听到那琴声作响呢。当年，乾隆皇帝来曲阜朝圣，写了这样的诗：

> 徙都传曲阜，
> 践作忆穷桑。
> 克缵三皇后，
> 宏开五帝庆。
> 建宫遵鸟纪，
> 举德以金王。
> 名与乾坤永，
> 功同日月光。
> 貌予承后统，
> 积恫谒云阳。
> 言念大渊盛，
> 瞠乎已望洋。

他指的是少昊他们这一群圣人。"

人群中称赞声不绝，说袁世凯记性竟是这样好，并叹自己遇上了几辈难逢的好机会。

袁世凯说："哪里是呀，我从小念书是很不喜欢背的，可有些诗文，我看了一眼，就真忘不掉啦！所以，后来我投军。玩一辈子的墨，那该多没有意思。"

忽然，一群鸟儿从他们头顶上掠过，撒下一些鸟粪，落在他们头上、额上。

袁世凯笑了："这是孔圣人显灵，嫌我说读书没用，不好听。圣人不一样啊，他做过宰相，怎能是舞弄了一辈子笔墨呢？"

人群中有人接过话茬说："我们跟着袁大人，是圣恩浩荡，圣人派神鸟来接我们呢！"

大家嘻嘻笑着，走到一处土丘旁，丘上生满郁郁葱葱的松柏，透出阵阵阴翳。有人问："这该是尼山。是圣人降生的地方吗？"

袁世凯说："尼山在南边昌平山下，这里是伯禽台。我从志书上知道的。这是当年周公旦分封到曲阜，他要辅佐成王，就派儿子伯禽来这里当国君。伯禽很有本事，很快就将这里建得很繁华，他想念父亲，就筑了这样一个台子，希望能望见父亲。每登上台，他都感到心旷神怡，许多治国治民的办法，都涌上来了。伯禽后来刻下《金人铭》，牢记忧国忧民的职责。孔圣人见过这《金人铭》，才学会了很多道理，成为千世楷模。"

正谈论间，忽然传来"呜——"一声号角，伯禽台上冲下来一群孩子。他们模仿着吹吹打打的样子，跪在地上喊几声"万岁万岁万万岁"，再站起身，继续吹吹打打，嘴里呜呜啦啦地叫喊着。

袁世凯一行人来到跟前，孩子们仍然嘻嘻哈哈闹着。

袁世凯问他们："你们在做什么呀？"

领头的一个孩子说："我们在演戏玩呢！"

袁世凯："玩的什么戏啊？"

领头的孩子："迎接圣驾！"

袁世凯："圣驾在哪儿呀？"

领头的孩子莞尔一笑，说："您几个就是得了。我们接了很久了，咱们一起玩吧！"

孩子们嚷嚷着，一点没惧怕的样子。

袁世凯对身旁的人说："看，真是圣人故里，连孩子都有圣人气派。给他们一人发一点银子！"

孩子们接了银子，都欣喜若狂，嘻嘻哈哈地跪在地上，连声喊着："万岁，万岁，万万岁！万万岁！"

袁世凯高兴得直咧嘴，笑个不停，随从的人都大笑起来，笑得这群孩子喊得更响。他想起了小时候，在家柿树林子里，自己与小伙伴玩这样的游戏；他好像又回到了那个世界，不觉自己仿佛猛一下返老还童了，脸上热乎乎的。

大家过了伯禽台，直往孔林、孔府方向走去。既来曲阜，就该拜圣人。袁世凯继续给随从们讲着，讲孔子杏坛设教，讲孔子矍相圃射御，讲林放问礼，讲四子侍坐和观敧论道，讲孔府里楷杖、如意和蓍草的故事，人都静静地听着。

待他讲累了，有人感叹道："袁大人，您该是我们的圣人啊。您想，您在朝鲜十几年，风风雨雨，回到国来，又到处奔走，呼吁练新兵强国富国的道理。您该是武圣人！"

袁世凯说："我哪里是什么圣人？不过，我们现在真需要大圣人救世啊。"

前面探报过来，说孔府主持衍圣公孔令贻先生，闻知巡抚到来，正在前面恭候。袁世凯笑着说："孔府与国咸休，同天并老，真名不虚传！"他对左右的人悄声讲，"天下若没有孔孟，不知会乱成什么样子！如人言，天不生仲尼，万古如长夜。看如今的世道，大家都在享用孔孟的智慧，可孔圣人在世的时候，连一天福也没有享过啊。当年，他困于陈蔡，就是我的家乡。陈蔡一带，愚昧无知，让孔圣人受了太多的苦难。当然，正是这些苦难，让孔圣人更加刚强。他图的是什么？是教化人民，富强邦国，造福万世。若哪一天我袁慰亭有出头之日，一定要隆重祭祀孔圣人，让万民景仰他；在他思想光辉的沐浴中，人民安居乐业。孔圣人的后代，也该享几世清福——前人栽树，后人乘凉。你们跟着我，这样辛苦，你们的子孙，也该少受辛劳，多享一些福，才显得世道公平。"

左右的人都称赞袁世凯治世有方，不仅是文圣人，而且是武圣人。又说，若孔圣人有知，定会让袁世凯事业发达，心想事成，让全省永保安宁。

一群鸽子从他们头顶掠过，落入绿树阴中。

大家齐声欢呼，纷纷称此为"孔圣人显灵"。

26. 山东省界

几天来，济南城静悄悄的，街面上冷清得让人害怕。天一亮，大家就无休止地骂。

有人骂着："卖菜的小贩们，是瘟死了，还是怎么着？多少天都吃不到这青菜了呀！"

有人跟着骂："是啊，卖肉的屠户，卖盐的山西人，他们都死绝了还是怎么的？你看，铺子都关紧了。"

"卖布的死净了吗？"

"咸菜店的老板，回家埋你爹去了？"

"杂货铺的老板呀，你媳妇被人偷走了吗？是乌龟，也会伸一下头啊。"

人们骂着，越骂声越高。

终于，一个茶馆的掌柜喊了声："老少爷们儿——别骂了！听我讲，大家骂累了，来这儿润一润喉咙吧！"

人们围了过来。

有人问："孙老板，这几天怎么也不见你的面了。是不是听说洋鬼子要来，你也吓跑了？"

孙老板"哈哈"笑了一阵，吩咐伙计们沏上茶，对人说："哪里是跑去？谁敢吓住我？我是看闺女去了。闺女家在省边儿那地方住。咱路上多走了一些日子呢。"

人们瞪大了眼，争着问："怎么？你在路上没有遇见洋鬼子？听说那洋鬼子可凶呢，逮住人都活生生地剥吃了，怪吓人的呀！你没瞧见，济南城的许多商贩，都跑河南，下西安，快逃光了。"

孙老板摆了摆手，轻松地讲道："若说这洋鬼子呀，还真怕咱们山东人呢。我亲眼见的，洋人的队伍开过来了，一见村头有'山东省界'的石碑，马上把头都扭到一边儿去，再不往前走。"

人问："那是为的啥？"

孙老板不紧不慢地把柜台内整理好，走过来，凑近人群，压低声音道："洋人也是他娘生的肉身子，怕死咧！"

大家围得更紧了，嚷着要他讲下去。

孙老板说："俺闺女那个村子呀，就有这样一回事。讲的是洋人来到了咱们山东省的地边儿，听说山东人个个武艺高强，就试着探一下。一天，有个洋人拉了个小日本鬼子，说日本人和中国人长相一样，叫日本鬼子进村打听打听，看一看。日本人装着货郎打扮，来到了村头，看见一个八九岁的孩子正往天上抛石磙，抛起好高，又轻轻地接住。他问小孩说：'你们的村主在吗？我有一件事想找他。'小孩说着把石磙往胸前一抱，放在地上，连口气都没有喘，说：'你问俺爹呀，他领着人到湖南买猪了。今天早上走的，晚上就回来了。'货郎探子一听，腿直打战，说：'那我明天来吧。'他在想，小孩玩的石磙是真的吗？村主有那么快的好功夫吗？他不死心，第二天又来了。刚巧在路边遇见一个老汉，老汉告诉他：'我就是村主。走吧，回家先吃了饭，咱们再说正事儿。'日本鬼子跟着村主进村了。村主顺手在牛圈里捉了一头大犍牛，像拎一只鸡一样，说：'杀头牛吃吧。'接着，只把牛头一拽，几撕几扯的，一堆牛肉就放在案子上。这下可把日本鬼子吓坏了。他回去对那些洋鬼子说：'他们山东人厉害，咱们别进山东省地了。'洋鬼子打的是北京，不敢进咱们这地方。听人说，连慈禧太后都带着皇上跑西安去了。"

大家都笑起来。

人说："孙老板，你在编故事，逗大家开心呀！"

孙老板笑得更响了，说："我讲的可真是实话，洋鬼子确实没有进咱们山东省的地面。那故事，我也是听人说的。不过有比那武艺还高的人，真的让山东免

104

去了兵灾。"

有人问："是谁？"

孙老板说："你们都猜一猜。"

"义和拳！"有人紧接着喊了一句。

孙老板摇了摇头，慢条斯理地说："这个人，你们猜不到。"

大家都迷惑不解。

孙老板说："是咱们的巡抚大人。"

"袁世凯？"

大家都吃惊地问着，纷纷摇头，表示根本不相信。

孙老板说："要讲这袁世凯，我也不相信。可他确实这样做的。在洋人要来的路口，他吩咐人给洋上送上饭菜，送上财宝，表示出恭敬友好。据说，他暗地里又与洋鬼子有什么交易，作为不犯山东的交换条件。"

有人大骂袁世凯，说："这个老鼋蛋，他把山东人杀了多少，却与这洋人结拜，像狗一样听话。洋鬼子不来山东，也不是咱山东的什么光荣！"

孙老板不说话，微笑着回柜台内。

大家开始争论起来。

27. 闰八月

秋初的暴雨格外频繁，济南的泉水开始发出浑色。巡抚府内，电报声、人声不绝于耳。袁世凯接到夏辛酉、张勋已经遇见西逃的慈禧一行的消息，对前来议事的徐世昌、尹铭绶他们说："西太后不会骂我了。"片刻，他又接到消息，庆亲王奕劻、肃亲王善耆被慈禧命令回北京，要会同荣禄与八国联军议和。

袁世凯打量着左右，问："中堂大人呢？"

有人掩嘴而笑。笑声会传染，立刻，满堂大笑，有人捂着肚子笑得眼泪翻飞。

徐世昌笑着说："中堂大人还在上海吧。"

尹铭绶解释道："中堂大人备受冷落，前一段，听说慈禧召见他，他没有受命。裕禄自杀之后，慈禧授中堂大人为直隶总督兼北洋大臣，中间安插了一个老将李秉衡，这人勤王有功，特任直隶总督。特任，便是别有用心。于是，中堂大人就留在上海修养。"

有人说："这一下子，慈禧该完蛋了！"

又有人说："今年是闰八月，落过好几颗流星呢。"

尹铭绶说："若慈禧完蛋，这流星就应验了？你们想得太简单了！慈禧的星，现在还没动。”

徐世昌说："说得对。应该想法再给她送点东西去。现在来说，洋鬼子打进来北京城，恐怕也得找一个傀儡扶着；他们估计着还会用她来撑门面。那二十万两银子她肯定已收到了。"

袁世凯说："诸位记住，青山就是堆柴，就是希望；只要我武卫右军无事，我们就指日可待。好好打探，沿途有谁觐驾，这些人，我们要弄清，以后用得着。"

有人说，张镇芳从项城老家赶赴西安，去勤王。袁世凯没有说什么，悄悄安排人去保护张镇芳。

电报声嘀嗒响着，收发报的随从们都忙得满头大汗。电报声分外刺耳。

袁世凯打量着电报机，问徐世昌："这家伙咋能传那么远呢？将来改一下，直接对着嘴讲多好。"

有人插话说："袁大人，那叫电话，国外已经有用的。"

正说着，有人轻轻咳嗽了一下。

袁世凯扭头一看，笑着说："唐绍仪兄，我怎么没有看见你进来？你看，慰亭我真是失礼了。来，咱们在一起坐。我们是老朋友了。"

唐绍仪西装革履，走过来，绰绰大方，一派绅士之风。

袁世凯亲手拉开满墙的地图，对唐绍仪说："绍仪兄，我们是在朝鲜认识的。那时候，你在西洋，刚回来。现在，你给大家讲一讲西洋的情况。"

唐绍仪挥挥手，说："改日吧。今天，我们看的是慈禧演戏。"

袁世凯接着说："各位都说说看，慈禧跑到西安之后，洋鬼子们会如何收场？慈禧又将如何应付他们？"

大家你看看我，我看看你。尹铭绶说："依我看，慈禧不杀几个王公大臣以示谢罪，恐怕对天下不好交代！"于是，关于应该杀谁的事情，大家又争论起来。

有人笑着说："都该杀，首当其冲的是端亲王载漪。他的权势太重，他的儿子又是个大阿哥，就是他带着义和团杀洋人杀得凶；不杀他，慈禧不敢见洋人。"

大家议论纷纷，正说着，有人送来一封信。袁世凯拆开一看，脸色马上沉下来，随手把信递给徐世昌。

徐世昌气愤地说："到了现在，还有人告我武卫右军发展太快。我两万健儿是山东省的铁壁，谁人不晓？"

尹铭绶则不以为然地笑着说："不用气。中堂大人他会帮我们的忙的。"

袁世凯的眼睛霎时亮了。他问道："来济南避难的那些洋人走完没有？"

唐绍仪说："有两个没有走。"

袁世凯问："是干什么的？"

唐绍仪说："正在搜集你的资料。"

袁世凯和徐世昌他们都不禁"啊"了一声，表现出局促不安的神情。旋而，他们又哈哈大笑。袁世凯说："我的价钱越来越高了啊。"

唐绍仪说："这两个洋教士，他们是从直隶逃过来的。他们说，各地都要杀洋教，抑制文明，而只有山东，没有一个洋人遭到杀害。外国人是感谢山东的。所以，他们要整理巡抚的材料，便于向外界广为宣传。"

尹铭绶说："那应该请这两位洋先生来，让我们给他们详细讲一讲，特别是春天咱们巡抚的'十项新政'，让那洋人都知道巡抚的非凡主张。"

唐绍仪说："这是他们感兴趣的内容之一。我曾对他们讲过这些，慎号令、教官吏、崇实学、增实科、开民智、重游历、定使例、辨名实、裕度支、修武备。我介绍我们的银元局、商务总会和大学堂等新政设施。他们预言，说巡抚将成为东方的恺撒大帝。"

接着众人沸腾议论。

徐世昌见此情景，对袁世凯说："慰亭兄啊，今天是八月二十，您的生日。大家早准备好了，要为您庆寿。后院里，酒席都准备齐当了。四十有一，有喜啊！"

人们都更加兴奋起来。

袁世凯激动地望着众人，叹了一口气说："国难当头，大家为何要为我庆寿呢？我看，还是不做什么庆寿了吧。要感谢的，该是弟兄们和我同甘共苦。"

尹铭绶说："山东全境，竟无洋人丝毫侵犯。全省百姓，都说是您的福分大，外面早有乡绅来等着恭贺。您还是顺乎民意吧！"

府衙外的雨水早住了，雨后的太阳让人感到刺目。洗过的草叶非常精神，争放着绿光。

袁世凯随着人们走向客厅，只见客厅周围挂满了彩纸、彩绸，摆满了石榴、柿子等一些甘果。家人都等齐了；响器班子奏响了，鞭炮齐鸣，熙熙攘攘的人流和嘈杂声挤得他胸口直发闷。他感到气喘，紧张得喘不过气来。

忽然，他眼前一黑，一切都消失了。

一切都在依然进行。

唐绍仪和尹铭绶将他搀扶进大厅，同时，悄悄喊来几个人把他围得紧紧的，遮挡住不让外人看见这种景况。

袁世凯很快醒来了，激动的泪水流着。他用灼热的目光向唐绍仪和尹铭绶他们表示感激之情。而唐绍仪他们仍是那样气宇轩昂。他心里说：唐绍仪，好小子，是一个堪为大用的人才。你学贯中西，又如此刚毅果敢，来日我会重用你的。

乡绅们阿谀奉承的脸重叠在一起，他好像看到了一堆堆的老南瓜，他们的衣服，就是那枯萎的瓜叶，全无半点儿生机。在这群南瓜中，唐绍仪显得更加俊逸，更加矫健，犹如一只金光闪闪的雄鸡，不，是一只流金溢彩的凤凰！

他由衷地笑着，脚下的步子恢复了力量，又有了弹性。

28. 不共戴天

冬天的雪飘来飘去，扫得袁世凯他们的眼都睁不开。他要去看病重的中堂大人。

风"呜呜"地叫着，吼着，在袁世凯听来是愤怒的狮群在示威，那是义和团人几十万人的灵魂在作祟！随从们喊叫着冷，奔跑不停。他感到恐惧，怕那些雪白的狮子会猛地冲出来向他扑去。段祺瑞和唐绍仪也都颤抖着。

这白色，铺天盖地的白，是举天行孝吧！

去年到今年，从朝野到自己的身边，一连逝去了那么多人。慈禧西逃，朝廷付出了巨大的代价。先是裕禄在直隶失守时自杀，继而，受八国联军统帅部"惩魁"的要求，她将端亲王载漪他们送上了断头台！载漪、载澜被判斩监候，载勋被赐自尽，都察院左部御史英午、刑部尚书赵舒翘、山西巡抚毓贤等人被赐死；被洋人捉去的礼部尚书启秀、刑部侍郎徐承煜一等人，都被赐死！

袁世凯暗暗高兴。荣禄统摄武卫军，除了右军在山东，其余的前军、后军、左军、中军，他们全都崩溃了。现在武卫右军的日子该换一顶天、换一片地了！他吩咐全军人马尽兴饮酒，尽兴酬军。

想不到，酒还没有冷，生母刘氏病死。他跪在灵柩前哭得死去活来，徐世昌他们连夜陪着守灵。袁世凯给慈禧和光绪发去电报，再三请求回河南项城老家安葬。刘氏在咽气前多次对于氏、沈雪梅说过，自己来日不测，一定要回项城老家。她说，她总是梦见袁保中，袁保中亲手拉着她回老家。醒来后，她满身是汗，满脸是泪。当时，她要求袁世凯派人把她送回老家，而京津失陷，局势异常，袁世凯只有跪着请她谅解，并和沈雪梅一起去庙里祈祷，请东岳神为刘氏增寿。刘氏在家曾受到冷遇，如今，见儿子、儿媳如此孝敬，又加上儿子做的事正红火，就作罢了。

电旨来到，袁世凯望着"俟大局定后，再行赏假"，气得直骂。

过了不久，议和了。洋人要清廷谢罪，还要赔各国损失四亿五千万两白银！白银分三十九年还清。三十九年，连本带息，要还九亿八千二百多万两——全国老百姓十二年不吃不喝，钱也不够还的！慈禧说，"量中华之物力，结与国之欢心"，只要打不到西安，还让她回京城，即使再多要一些也没有什么！朝野的人都在骂，骂这个寡妇是只要屁股不要脸的祸国汤水。

袁世凯在心里说，狗东西们，你们爱国，爱你们如此亲爱的慈禧。你们爱吧！就是这样一个祸国殃民、罪恶滔天的女人，被你们赞扬，你们佩服她的智谋，佩服她的权术，你们没有是非，猪狗不如！据说，中堂大人签了《辛丑条约》就病倒了。老天爷是专让中堂大人干这种事的。马关签条约时，挨了一炸弹，北京这一次，挨的是万人唾骂。老中堂的肺病不断加重，大口吐痰，常噎咽，痰中夹杂着大块的血丝。

袁世凯想着，纵马飞驰。

雪飘舞着，途中遇到一座破烂的小酒店，有人提议歇息片刻，用酒温一下身子。他打量着，酒店是用苦草做的屋顶，里边也颇为宽绰，一群人围着火炉边烤手，见人来就起身问道："客官，有兔肉，狗肉，烧酒。该是怎么样吃法？"

袁世凯吩咐人只简单吃一些，正要坐下，却见伙计的眼神有一丝诡秘，马上提起了神。

随从中有人饿得难忍，大声嚷着："快一些！快一些！当朝的袁宫保大人来到了，你们还不快来孝敬！去，喊你们老板来迎接！"

袁世凯眉头紧皱。

伙计们嘀咕了一阵，很快转身进了内室。老板出来了，爽朗地叫着："宫保大人驾到，实在是有失远迎！罪过，罪过！"

几大盆肉被端过来，热气腾腾，弥漫着香味。酒也被抬上来了，几只巨大的酒瓮，放着黑魆魆的贼光。袁世凯用眼扫视着屋内的人等，发现这胖乎乎的矮个子老板嘴角流露出得意，他高声说道："来来来，我们给你们添了麻烦，大家一起吃！老板，伙计们，和弟兄们一同吃喝，痛快一场！"老板露出了些许的惊慌，他很快又镇定下来，让一个伙计进屋取什么东西，一边喊另外两个伙计过来吃喝。两个伙计面露难色，见老板脸色异常，于是，牙一咬，直瞪着眼过来，与随从们一起吃喝起来。袁世凯对此装作没看见。

袁世凯和唐绍仪、段祺瑞耳语一阵，对老板说："你们先吃，先喝，我们出去方便了，马上就转过来！"

话音刚落，老板"嗖"地拔出了匕首，猛地朝袁世凯刺过来，被段祺瑞一脚踢飞，又一脚踢中老板的腹部。老板惨叫一声，瘫倒在地。随从们大乱，正要拔枪，一个个头晕脑涨站立不稳，倒在了地上，伙计们也倒了。袁世凯狞笑一声，说："都抓起来！"

段祺瑞猛推袁世凯一巴掌，袁世凯急忙跳起闪开，哗啦"轰"的一声，一只火枪打过来，从袁世凯背后扫过一片红光，段祺瑞和唐绍仪满脸都是血。蓝灰色的火药烟充满了屋子。一个伙计站在内室门口，正要再往火枪里装药，袁世凯拔出手枪，打破了他的脑袋。

室内的伙计被捉住了。袁世凯问他们为什么要这样做。

伙计冷笑着说："你死我活。不共戴天！什么都不因为，就因为我们是义和拳！"

几个随从和几个伙计都死了，歪歪扭扭，横七竖八，堆放在地上；老板也死了，室内一片狼藉，一片寂静。站岗的士兵都冲进来，看到眼前，个个惊慌失措。

袁世凯对段祺瑞说："做干净！"

他们休整了一下，转身走去。段祺瑞带着几个士兵，把几个躲藏的伙计全搜出来，拉出屋子，在雪地把头砍了，鲜血如柱喷起，洒在地上，如大片鲜艳的梅花怒放。

他们走了，身后的酒店在烈火和浓烟中摇摆着；那血，依然鲜艳。

29. 苟延残喘

袁世凯一行人赶到保定直隶府，雪仍然在下着。直隶府从天津迁往保定了。保定，保定，什么都不图，图的就是一个安定。直隶总督府门前，两尊石狮的背上，积起的雪如肿了一样，那石狮的憨态，都被冰寒所遮掩起来。大门紧紧地闭着，硕大的铜钉和粗重的门环上涂满了湿漉漉的霜。

段祺瑞到门房里喊醒了守防的卫兵，张佩纶和曾纪泽等人闻声而出，迎候袁世凯他们。

李经方最后慌张着出来了，请袁世凯他们到客厅稍事休息，并俯在袁世凯的耳旁说："恭喜宫保大人，家父几经周折，终于促成了您在直隶总督府的继任一事。不过满族少年权贵都很嫉恨，还请慰亭兄小心谨慎才是；听说奕劻的儿子要完亲了，这是天赐的良机。"

李鸿章将醒未醒，袁世凯轻声呼唤了几声"中堂大人"，他"哼哼"着，不知是否应着声。李经方请袁世凯他们去用餐，自己留下来陪候，并告诉袁世凯做好接受洋人采访的准备。

张佩纶领着袁世凯，走过幽静的后院，来到一间很不显眼的偏房内。里面几个金发碧眼的洋人都起立，纷纷向袁世凯打招呼。

唐绍仪为他详细地翻译，并介绍着几个洋人的身份：莫纳根、查理士、贝勒等，都是英、法、美、德一些国家的使节。另外还有几个欧洲记者，尤其是几个女记者，挺起她们雪白的胸脯，猩红的嘴唇闪射出淫荡；她们有意扭动着肥嫩的乳房与双臀，格外妖艳。

袁世凯和他们一一握手，很自然地又说又笑。待和一个女记者握手时，他的手猛地颤抖起来，女记者很敏感地觉察到这一点，机警地问："袁，为什么你会这样紧张？"

袁世凯望着那墨绿色的眼圈、血红的大嘴唇，像妖怪一样，硕厚的乳房裸露着，他感到恶心，忍不住想呕吐。但很快，他强迫着自己镇静下来，随口答道："亲爱的女士，你太迷人了！我真想让你和我睡一觉。"他想调侃一下。

唐绍仪吃了一惊，在翻译中做了礼貌性的修饰，又对袁世凯说："宫保大人，这是个姑娘，不能说让她随便和你睡觉。"

袁世凯笑得嘴咧了好大，说："就是啊，我怎么冒出了这一句！"

女记者很高兴地笑了，连声说："谢谢您的夸奖。"她耸了耸肩，让两只奶子用力颤抖不停。接着，几个外使做了礼节性的问候，并希望袁世凯在今后能尽量与他们友好合作。

袁世凯愉快地表示："放心吧，我一定会让你们满意的。我的孩子就在欧洲读书。我是很欣赏西洋文明的。"他们鼓起掌欢迎。

最后，记者们接连提出了一些问题。

有记者问："袁，你是忠于国家，还是忠于国家的朝廷？"

袁世凯毫不迟疑地说："朝廷就是国家，我都忠于。"

唐绍仪翻译后，大家都鼓掌。这掌声提醒了袁世凯，他满脸通红，顿时精神百倍。

有记者问："慈禧从中国的西部又回到了首都，你在她逃往西部时不去理她，而她回来了，你又这样哭着请她谅解；同时，你为她修了这么好的行宫在保定。你是不是把她当成了游戏用的牌？"

袁世凯装出一副忧愤的样子说："谢谢，你们把我当成了很聪明的人，其实，我根本就没有考虑这么多。那个时候，她反对你们欧洲帮助我们，你们看到了，义和团是靠不住的。慈禧吓跑了。我在山东是保护你们的。她逃走时，什么也没有，是我给她送去了两位勇敢的将军保护她，又给她很多物资渡过困难的。所以，有人说，没有我的帮助，慈禧就不会存在。让人去说吧！我可是为了忠于国家才这样牺牲自己的利益的。我要对你们说，如果把慈禧比作你们西洋的女皇，她是英明的。"

唐绍仪作着很流利的翻译，袁世凯为自己的答复而满意。

一个记者说："袁，你的谈话，我们要让慈禧得到阅读。她会很感谢你，很器重你的。你的国家有你这样的人，会和我们很好合作而迅速发展的。"

记者们问到袁世凯的经历、爱好、对未来的政治设想以及他对《辛丑条约》的具体理解和看法、对时局的看法。一连串的问，像连珠炮一样打来。

袁世凯不慌不忙，避开话题，着重讲他对自己的能力很不足而感到惭愧。他讲了鲧禹治水的故事，说："鲧虽然失败了，但他的肚子里生出禹，禹征服了洪水。鲧就是历史，我们就是禹。我是有信心看到我们在你们西方人的帮助下强盛起来的。"

记者们的注视点渐渐转移了。

他接着说："中国是广大的，很多人想占领，那是不可能的。我们每一次被占领，我们付出了代价，而每一次都扩大了疆域。如果八国联军把我们分割了，所有的人都会是中国人。你们记住，天下就只有一个中国！现在，我可以肯定地说，像将要生孩子的女人一样，我们会拥有新的生命的！"

话音刚落，张佩纶和唐绍仪都激动擦泪。唐绍仪翻译，接下来是满屋子响亮的掌声。袁世凯用袖子擦着额头上的汗，提起来精神，让记者为他拍摄照片。他变换着姿势，照了几张，又与莫纳根他们合影。一脸的得意和飘飘然使他感到眩晕。突然，门外响起了焦急的呼喊声："宫保大人，中堂大人他，他快咽……"

袁世凯猛感到头顶被人击了一样，仓促与洋人们告别后，急匆匆走过去。

雪，仍然下着，缓缓地盖在大地上。庭院中几朵梅花怒放着。渐渐地，雪夹了雨，一同下着，将数不清的琉冰挂满了檐下，挂满了枝头。琉冰越来越大，犹如无数的泪，晶莹的，粗壮的泪。

房舍在哭，老树在哭，它们在哭什么呢？是李鸿章这位为大清国耗尽了灯油的老人吗？

风，呜咽着。

它们愤怒地呜咽着。

在这风中，传来无数的呼喊声，哭泣声。是啊，这样一个李鸿章又如何值得天地同泣，万物共哀号？

大地，长空，在哭泣着饱经了苦难的中华民族。该死的，免不了要死，任什么都无法起死回生！该生的，多么冰冷的风雪，也封锁不住生命的昂扬！

袁世凯听见一个声音在高喊着：

李鸿章，你，你们，早该死了！你们早就该死去，是什么让你，让你们，这样苟延残喘了这些年？

风如是说。袁世凯瞪大眼，向漫天乌云中寻索着，他听到了风的声音，用力使自己平静下来，对自己说，是啊，李鸿章他走了，他的戏，不得不收场了。接着，就是一个新的阵营，而这个阵营中无论如何都不能再像中堂那样明哲保身！

他握紧拳头，攥了又攥。

雪越来越大，覆压着整个世界。

30. 袁世凯葬母

光绪二十八年的秋天，项城袁寨里里外外都挤满了人。三眼铳一阵接一阵响着。人声如沸。袁宅里里外外重新修整一新。庭院里置放着一具金碧辉煌的龙架，靠南方向，摆着巨大的供桌，整猪整羊和整条的鸡，香、裱、蜡烛和各色绸缎令人目不暇接。唢呐、锣鼓漫天尖叫，吵得人什么也听不见。

家人哭着；两旁有请来的僧人和道士，他们正做法事，超度亡灵。

龙架上的匾在花丛中露出端倪，人细瞅去，可见上面书写的"赐项城袁府刘氏夫人一品封典"字样。项城县令为大丧主持助理，像亲临战场的指挥员，分配各色人等各行其是，人人都是小跑。

从袁宅通向袁寨的东门，一路两旁都是吊唁的各地官员，他们眼巴巴地朝袁宅大门方向望去，等着大丧快一些结束。秋天的尘土特别多，到处爬满了红头绿身子的大蝇子，开水已经多时不见了，有跑前跑后的小伙计嚷着："四村八乡的水井都被打干了，去沙河拉水的车还没有回来。"

又一通火铳响，连着几阵锣和乒乒乓乓的鞭炮；有人奔跑着，到袁宅大门高声喊："河南省巡抚张人骏张大人到——"

袁世凯正领着几位兄弟，披麻戴孝，跪在袁世敦面前，一再央求："兄长，让娘进了老坟吧！这么多的人来，为咱袁家增光，您连这个面子都不肯给吗？"族中有人帮着相求。

袁世敦曾为袁世凯跑前跑后，辛苦奔忙，前一些日子他被革职，而袁世凯不帮他复职，对此，他极其恼火；他一身皂服，仰起头，大声喊着："不中，嗨嗨就是不中。一千个不中，一万个不中！我嘛，是革职的小官，你是朝廷的大臣；可是，在家就得守家中的规矩。婶子她不能入正穴，不能与爹并葬！这是多少辈的规矩，谁也不能坏！"

有人远远地在外面看见这情景，指点着，说："看呀，总督也顶不得哥。谁让他娘是个妾咧！嫡庶反目，看他们怎么出殡！"

袁府的长辈有劝袁世敦让步的，有劝袁世凯止步的；但任人如何说，袁世凯坚持自己的娘要入祖坟，要从正门出；而袁世敦则坚决不同意。袁世凯舅家的人苦口劝说也没有人理会。

袁世凯泪流满面，呜咽着说："二哥，大哥死得早，您就是大哥。您说吧，到底让不让俺娘进祖坟？若是让，来日我回家养老度日，百年之后陪娘陪爹安息，也算我奔波几十年的一点心愿。若是您不让，放心，我袁世凯再踏项城县土地一步，算我不是人！"

袁世敦皮笑肉不笑地说："凯儿，你是俺兄弟。你是在逼我？我可不讲你做多大的官，你就是当了朝廷，我也照样不让！想回来，你回。不回来，也没有谁硬拉你。不论是家中的规矩，还是凭风水先生说过什么，俺婶子就是不能入正穴。这是谁也不能改的事。"

袁世凯大吼一声："袁世敦，你还要不要良心！若你不让，别怪我无礼！"

袁世敦"呸"了一声，转进屋内侧，穿着一身的红袍，昂着头，说："凯儿，你不是官大吗？我就是不让！除非你把我杀了。来吧，朝头，朝胸，都可以打。你开枪呀，我若眨一下眼，那算我不是人。你开枪呀，袁世凯，小凯儿！"

袁世凯一把拉起几位兄弟，咬着牙，哭喊着说："俺娘不进祖坟，俺就进师寨洪土窑！有谁敢装孬，我拿他当狗杀了驱邪气！"

袁宅里猛地静了下来。

项城县令对袁世凯说："宫保大人，河南巡抚张人骏张大人致祭，该如何安排？"

袁世凯说："走，去袁张营大帅府！"

几个轿夫抬起大方桌，袁世凯跪坐在方桌上，闷闷不乐地出了袁寨。一群人敲敲打打向袁张营大帅府走去。

项城县令小心翼翼地跟在后面，一边向四周探望。

一路上人山人海，岗哨林立，尘土飞扬。

袁世凯赤着双脚，披麻戴孝，向吊唁的人行大礼。他这时想起了二姐，却没有机会问。是啊，二姐呢，您也不来看一眼。二姐，您现在生活得怎样？您该不会……人马进了袁张营大帅府。项城县令领着张人骏他们到灵堂致祭；袁世凯满头大汗，磕不尽的孝子头。

袁世凯对项城县令说："各位宾客辛苦之至，早一些开宴吧。"

项城县令立即传话，吩咐帅府开宴。他趁势朝周围望去，估摸大帅府占地足有二十亩，四进庭院，四门相照着，房舍有几百间，到处布满了守卫的官兵。他们也都戴着孝，一方面把守着各处进出的门。天井院有许多士兵看护着黄白相间的各种冥器，数不尽的纸人、纸马、丝绒童子、各色伞罗、摇钱树、聚宝盆，令人如行五里云雾之中，一片金碧辉煌。

再向头进院的灵棚望去，项城县令揉了揉眼，才看清那些各色祭品，尤其是

114

那高悬起的圣旨，敬奉在堂内，挽联如森林一般，风吹过卷起层层波浪。他想说，自己从未见过这场面，真不一样。

忽然，一个人影从灵棚的一角闪过，项城县令正要喊人捉拿，早有袁世凯的两名卫兵飞身扑去，把那人抓了起来。

被抓的人乞丐打扮，按倒在地后，搜出他的腰中有匕首数把，炸弹两枚，另有传单几十张，上面写着："袁贼昔日卖皇帝，今日袁贼化泥灰。"落款为"少年王府"。

项城县令让人先把乞丐押起来审问，再等机会告知袁世凯。

不一会儿，一个精瘦的年轻人走了过来，对项城县令说："县令大人，在下叫杨士琦，跟随着宫保大人吃饭的。走，让我们一起去审这'少年王府'的客人。"

项城县令说："怎么，还没有报告，你就知道了我们捉住了刺客？"

杨士琦说："我会算。"接着，诡秘地笑了笑。

审问了半天，乞丐就是不做声。

杨士琦眨巴着眼，"嘿嘿"笑了两声，喊一声："来人，把他的蛋子儿给挤出来！"

乞丐抬起头，露出秀丽的脸庞，明媚的双眸，轻蔑地吐了一口唾沫。两个上前的士兵摸了下乞丐的下身，惊叫道："是个女的！"

项城县令在一旁咧嘴直笑。

杨士琦强压住笑意，厉声说："好你个贼娘们儿！说，你为什么要来刺杀袁大人？若你不说，我让成队的士兵轮奸了你！"

乞丐怒骂道："臭流氓！你可有姐妹？也让人这样糟蹋呀！我是你娘。你还是杀了我吧！你告诉袁世凯，天底下的红灯照、义和拳饶不了他！他出卖了谭嗣同先生，杀害了多少打洋人的义和团，他走到哪儿，都有人杀他！"说罢，将舌头咬碎，猛朝杨士琦脸上吐来。

杨士琦躲闪不及，擦了一把脸上的血肉，对士兵说："臭娘们儿，来几个弟兄，把她给我凌刀割碎。"

项城县令急忙拦住说："别忙，杨先生。袁大人的白事是一场喜，不能随便杀人的。"

杨士琦斜视着他，说："那就留给你做二房了！"

项城县令本能地说："是！"继而又连声说，"先押起来，等事办完，再处理她不迟。要是卖给穷光棍做老婆，还能卖上好价钱呢。"

杨士琦"哼"了一声，径直走了出去。

又一阵枪和锣响，项城县令念叨着"又来贵客了"，慌慌张张地出去迎接。

31. 架子

将母亲安葬在洪土窑，袁世凯领着几位兄弟在坟茔边搭起草庵，为母亲守了几天灵。成群的官僚陪着他在这里住下，昔日寂寞的洪土窑，如今住下万千的人，像乍兴起的庙会一样。待坟后的祠堂和看守坟茔的房子选好地址，诸事安排妥当，他才阴沉着脸回到袁寨，满目苍凉。袁家在以前早分了家，各位兄弟都不再在一个院里住。袁世凯搬进自己的房舍住下，河南巡抚、项城县令等大小官僚，都来告辞。袁世凯说了许多感谢的话，着人将他们送走。

袁世廉他们来了，对袁世凯说："凯儿，咱娘的事一办，家里也就没有其他事了。咱们把账算一算吧！多少达官贵人来，都是奔着你来的；这份子钱就先由你留足，我们几个再分吧！送的礼还真不少，好几辈都不曾收过这么多的礼钱呢。"

袁世凯说："哥，兄弟，你们不要这样说了。娘在家时候长，跟着您几个的日子多；我在外像个要饭的，没有您几个孝心重。该是我太惭愧。这份子钱，我就不要了。"

袁世廉说："凯儿，你得要。我能不知道吗？你在外边混事，也是很不容易的呀，事多花销多，开支大，用钱也多。我们在家用不了这么多钱。你还是带上吧。"

袁世彤也说："四哥，你就留着吧。家里有俺几个，俺几个会正经做事的。二哥的脾气太倔，你别跟他一样，别把事往心里放。"

袁世凯默不作声，牙咬得咯咯响。

袁世廉白了袁世彤一眼，怪他提起袁世敦的事，惹袁世凯不愉快。袁世敦几天没有露面了，他穿红袍闹丧的事，袁世凯是难以平静的。

袁世凯眼含着热泪，对袁世廉他们说："我是不生他的气的，我是嫌咱袁家太丢人！我们的四邻该如何说我们？我们这么多兄弟，窝里斗起来很凶，让人看不起啊！"说罢又唏嘘不已。

外面有人喊着："四老爷！四老爷！"

袁世凯问是谁。

袁世彤说："是袁中。那时有个看咱家院子、扫院子的老头，你忘了吗？这是他的大侄儿。你上午说叫找他家的人，他才来的。"

袁世凯连忙整衣，起身去迎接。

袁中见了袁世凯，扑通跪在地上，说："老爷，我失礼了，给您请安。该来看您，人多，挤不过来，这才来。"

袁世凯把他搀扶起来："唉，哪是该叫我老爷？咱们的辈分上，是'志、九、耀、三、保、世、克、家、启、文、绍、武、卫、纬、国、华'，咱们中间平着辈儿呢。我该到你爹坟上去烧纸的。那一年，我贪玩，掉到河里去，是他救我，我才有了今天。若不是他，我早成了河里的鱼虾！"

袁中说："老爷，我听俺爹说过，您从小就是非凡的人物。您打土龙的事，还有人给您编成了戏文唱呢。"

袁世凯又问了他家的一些情况，最后说："你家中有没有难处？"

袁中说："就是孩子多，地也少。我还真发愁呢。现在老大、老二都该娶媳妇了，就是没有钱，还没有找着合适的人家。"

袁世凯当即吩咐人喊来杨士琦，说："这是我的救命恩人的孩子，着人送给他五百两银子。"

袁中阻挡着不让给，红着脸说："您看，我可不是这意思。给了我这么多钱，我睡觉心里就不踏实。您这是为难我哩！"

袁世凯说："袁中，你可不能这样。这是我的一点意思。用这些钱，先置办一些地，把房子盖一盖，再把你爹的墓好好修一修，也算是我对你家的感谢吧。你的孩子有没有想跟着我当兵的？若是有，就让他明儿个随我走吧。我是不会让你的孩子吃亏的。"

袁中激动得直流泪，揉着眼，呜咽着说："四老爷，俺家老少，一辈子也不会忘了您的大恩大德。逢年过节，我一定要给俺爹烧纸的时候，让他老人家在阴间给您多保佑。我要跟俺儿说，叫他一辈子都听您的。"

袁世凯送走了袁中，又对世彤说："六弟啊，你和三哥你们对家中的事多操劳。咱们虽说分家了，咱们的心不能分。我们后辈儿的孩子，要上学，花钱多少，都给我说一声。袁家出过几代人杰，今后要更加兴旺才是。对四邻的乡亲，咱们要多体贴人家。叔袁翰林（袁保恒）曾给客房写过一副对联：十三学书十五学剑，百万买宅千万买邻。这要成为咱们的家训。"说罢又对袁世廉说，"三哥，大憨、铁头、狗蛋他几家，你替我多照看。人家跟着我走南闯北的，咱们可不能亏了人家。"兄弟正讲着，家人催他们吃晚饭；袁世凯对袁世廉他们说："明天我就要走了。咱们去祠堂里拜过祖先，再去吃饭吧。"

袁世彤说："四哥是做大事的人，想的有这样多。您当了这么大的官儿，进了项城县就不坐轿，不骑马；老乡亲都称赞您咧！"

袁世凯说："哪里是我有出息？是碰巧该我走了好运，才混到这样。我回到老家，就该随俗，在外是官，在家我就是袁家的后代，怎么能在老家的人面前摆架子呢？"

第四章　临山临水

袁世凯说："彰德是一片宝地啊！太行山古称五行山，此地的确不俗。得中原者得天下焉；拥太行者，得拥日月矣。"等了片刻，他问道，"你们知道，当年曹孟德他为何选择这里安息吗？"

32. "麦秀渐渐兮"

秋风送向四面八方叮当的车马铃声，雁群摆成人字形，向南天叫着飞去了。

袁世凯一行人离开了项城，路过了陈州，他们没有停顿下来，而是向北继续走去。许多人不知道他的岳父家是陈州的，也就没有人问这些情况。有知道于氏情况的，更不敢问。

日夜兼程，很快过了黄河。

站在黄河北岸的土岭上，袁世凯对杨士琦说："你看，那邙山是一块风水宝地，可惜已无卧牛之空了。人都抢占了去。日后，若是何处有清静的地方，我也想找一处好颐养天年。京畿之地，表面看安宁平稳，实为易遭兵祸，让人担忧。还是乡野好啊。"

杨士琦说："宫保大人，恕我直言。项城虽是宝地，气象非凡，但境内少山缺水，依托不起宫保大人的气派；还是选一临山临水的处所为妥。有山有水，才与您的气象相符。"

袁世凯叹息着："风水之说，不可不信，也不可全信。人该有慧眼，才识得宝地啊。古时多少龙脉虎穴的传说，会是没有一点儿道理吗？"

杨士琦说："宫保大人，得宝地只是其中一条，还要有形有韵。所谓有形，就是人得有堂堂仪表；所谓有韵，就是命理所在。天地人这三者缺一不可啊。我

118

观宫保大人景象，还会有恶狗扑身，该多谨慎多果断才是。"

几天后的黄昏，他们来到彰德府。

彰德府将他们迎进府内，安置士兵们早早用罢餐，让他们在城内外守护。彰德知府的酒宴被袁世凯拒去，只吃了一些素食。

晚间，知府请袁世凯食用菱角，说是洹水中的特产，每年产得都很少。

袁世凯吃着，细细品味，对杨士琦说："此物味美，其水一定不凡。"知府说："宫保大人歇息片刻，若有兴致，卑职愿请您看一风景，叫玉带绕月，是洹水的一景。"

夜风正凉，一行数人在守卫士兵的簇拥下，来到洹水边赏这玉带绕月的景致。

月亮金黄，正处于东南，洹水如带，环抱一个水潭。

夜风送来阵阵轻微的虫子啼鸣，格外的清爽、悦耳。

杨士琦细致地察看着周围的地势，望着远方的山峦，对袁世凯说："看，宫保大人，那一片苍云，多像埋首静卧的巨龙，北斗星正在龙角下，犹如龙目。与这玉带绕月相连，是多好的修身养性的佳地啊！"

知府说："都说洹水的鱼被姜子牙垂钓过呢。那寸长的鱼装在大鱼肚子里，清水炖时加一些莲籽，味儿美不可言哉。"

袁世凯点了点头，如自言自语地说："要是有这一方宝地，避得车水马龙，那该多让人惬意！"

知府忙笑着说："若宫保大人不嫌弃这里地薄，卑职愿献给宫保大人这一方水土。"

袁世凯问："这里距苏门山百泉可远？"

知府说："并不远。若讲起彰德周围，演过多少古往的大戏呢。宫保大人若有意于此地，我即着人垦建。"

袁世凯说："那就免劳了，以后再说。我只想在此清心寡欲，安居乐业，不愿惊动太多的人。给你们添麻烦，会使我不安啊。"

月亮越来越明亮，月亮的倒影正映在水潭中，薄薄的雾在潭的周边飘着，与如带的洹水相衬托，别有一番情致。

一名亲兵将一件披风为袁世凯披上。

袁世凯说："彰德是一片宝地啊！太行山古称五行山，此地的确不俗。得中原者得天下焉；拥太行者，得拥日月矣。"等了片刻，他问道，"你们知道，当年曹孟德他为何选择这里安息吗？"

众人不解。

袁世凯说："人说什么七十二疑冢，我看，曹操他一定会在这里歇息。这里有古邺城，当年，聚集了多少英雄豪杰，形成灿如群星的建安七子。没有邺城，没有邺下，就没有曹孟德之后的魏武挥鞭大业！什么挟天子以令诸侯？你可以不满董卓，不满袁绍，你独独不可以不满曹孟德。三国英雄中，只有曹孟德是一条巨龙。你看人家青州练兵，克服官渡，茫茫中国，长江以北都是魏武疆土；这还不叫英雄吗？什么赤壁之战，什么煮酒论英雄，都是屁话！曹孟德，大丈夫也。这里还有铜雀台，留下多少风流故事！"说罢，他摸着下颌，口中慢慢吟出"何以解忧，唯有杜康"、"对酒当歌，人生几何"的诗句。众人与他一同唱起"青青子衿，悠悠我心"，唱着，唱着。

寒意更浓了，他们慢慢向城内走去。风吹来，袁世凯乍感到一丝清爽。仰望星空，满天星斗闪烁着。他侧耳听着，渐渐停下脚步，站立在一堆土丘上。

众人都不解，簇拥在他身边，静静地望着他沉思的模样。

"你们听见这歌声了吗？"

他问道。

众人依旧不解，都摇了摇头。

"我听见了，"他略微提高了声音说道，"此时，我听见了《麦秀》。"接着，他轻轻击着掌，低声吟唱起来：

麦秀渐渐兮，

禾黍油油……

众人随着他唱，歌声在夜风中徘徊着，被月光涂抹成一片片清凉。

袁世凯说："这里是一处不寻常的地方。当年，曾经有一位了不起的帝王，他受人辱骂，普天下的污水都浇灌在他的身上。其实，这位帝王对中华大一统功莫大焉！这位帝王，就是帝辛，人称纣王。他在位六十三年，南征北战，东征西讨，国家繁荣。但是，他没有管好那些权贵，人心最后失散。那时，有一位叫箕子的读书人，传说他走过商京时，看到往日繁华无比的商京被周人毁坏，就唱出了这首歌。当年，盘庚迁殷，帝辛乃有亿兆夷人，可是，权贵们却自私无比，终于有了后来的殷墟上麦苗油油结的景象。后来，武庚他们南征北战，他们讨伐周公，要复兴殷商的大业，但一切都徒劳了。"

人群中一片寂静。

袁世凯接着说："帝辛是了不起的一代帝王。什么沉湎于酒色，什么酒池肉林，都是周朝的人在做鬼——而偏偏这世间又确实是众口铄金。我在朝鲜时，几次见过箕子庙，那里许多人称自己是箕子之后，奉箕子为祖先。我来到这个地方，自然想起箕子和他的歌声，想起了帝辛这位了不起的君王。诸位，我宁愿相信这首歌是真实的，而我更相信帝辛是有伟大作为的。我常常想，为何这片土地充满神圣？当年武丁，使妇好讨伐四方，天下归一；商王朝是一个伟大的时代啊！"杨士琦轻轻咳嗽了一声，提醒袁世凯要注意他人的动静。袁世凯明白了他的意思，说："唉，都是往事了。往事如烟啊。"

众人都高一声低一声地附和着，强装着笑。

在彰德住下，袁世凯听人讲了一个叫小屯的地方出许多龙骨的事，就派人去取了一些，望着甲上的奇文怪字，他问随行的人："你们有谁能懂得这些东西？"

没有一个人懂。

他笑着拿起一块甲骨，放在鼻子上嗅了嗅，说："想这该是河图洛书那玩意儿吧。从前，这里是京都，殷王的子孙做了几百年的天子。这文这字，说不定就是殷王传下来的呢。"

彰德府中有人介绍，说："这些甲骨有很多，当地百姓用它做止血的药，可灵啦！"袁世凯沉下脸，庄重地说："这都该是宝物。你们要看管好，不能随便处置。京师有学问的人那里，他们不知能否懂得这些。往日，我们彰德、安阳，是个宝地啊。"

杨士琦说："河图洛书出现的时候，黄帝轩辕在中原立国，举行庆典。今天，慰帅也是应了天意，才得见这些宝物的。这是祥瑞啊！"

袁世凯笑了。

他再三打量着杨士琦，说："大清的天下，举世繁荣昌盛，一片太平，才有这龙骨现世。"

"那当然。那当然。"

杨士琦一个劲地点着头说。

33. "儿子"

回到了保定，安歇下来，一路上的困乏，令袁世凯他们很快睡入梦乡。醒来时，房顶和树梢上都是雪白的霜，当院里摆着许多金菊花，黄的如黄金，白的如霜雪，黑的如浓墨，争放出泼辣、潇洒，满院都是逼人的芳香。袁世凯穿着宽松的绒睡衣，做了几个扩胸舒展动作，在院里来回踱着步。

东厢房里隐隐传来一阵木鱼声，他凑近时看见窗户半掩，沈雪梅梳妆整齐，正坐在那儿诵经。

前些天，还在路上，沈雪梅就对袁世凯说过，娘走了，克文也大了，没有一个人陪她消愁解闷，她要吃斋念佛，为娘超度。

袁世凯叹了一声："难得她一片心如玉似水呀。"转身继续踱步朝前。走到于氏的房前，门紧闭着，屋内传来紧一声慢一声的鼾，从窗户里可闻见浊臭气。袁世凯扭转头要走时，猛听见于氏放了一个粗重的响屁，令他恶心得想呕吐。

他"呸"了一声！

疾步来到李氏、金氏的厢房，两人正在梳妆。背后望过去，两人的身段还像少女一样。

袁世凯想到在朝鲜的日子，那年将金氏和李氏同时娶了过来，后又把吴氏也裹了进来，默默在心里讲：金氏到底是王妃的妹妹，仍是大家闺秀的举止，李氏还是如此殷勤，恰似我的娥皇女英。吴氏死得早，若同在今日，该有多少趣。

他习惯了让金氏和李氏在他身边共寝，每当夜晚，云雨风情万种，让他销魂不尽。

随手掐了两朵金黄的菊花，袁世凯悄悄进屋，把菊花分别插在金氏和李氏的鬓边，一左一右，紧抱着她们，在大玻璃镜前照了又照。金氏和李氏卖弄着风情，嚷着让袁世凯讲赛金花的故事，一边用手在他的胸前和背上轻轻抚摸着，令他心里痒痒的。

袁世凯被她们拥着，坐在躺椅上，漫不经心地说："这赛金花呀，满身都是粉嘟嘟的，人一挨她的肉，全身从头到脚都会麻木，酥软得人成了一摊泥，一汪水。那德彪西，身为八国联军的统帅，看见这娇美人儿，仗都不愿意打了，准备挟了她跑回德国闲居……"

"报告！武卫右军学堂考官段芝贵请见！"

袁世凯朝门外望去，见庭院里站着刚从日本回来的段芝贵。

他呵呵笑着，指着段芝贵对金氏和李氏说："看，东洋的留学生，他就是不一样。这段家小子，原来是癞皮，还生了个罗圈腿儿，就几个月，竟然就有出息了。啊，有出息了啊！"说罢，他起身出去，把段芝贵引进密室。

段芝贵直挺挺地立着，不歇气地报告他和五十多名士兵到日本陆军学堂的情况。

袁世凯说："别这样紧张，坐下，慢慢地唠。你是我的儿子，儿子见了老子，还这样一本正经？坐，坐。"

段芝贵曾路遇一绝色美女，用重金买过，认作"妹妹"，经过将近一年的调理，训练成乖巧的丽人，送给袁世凯。他说自己的妹妹久仰袁世凯的大名，愿侍奉他一辈子，请认为"义女"。袁世凯很高兴，当即收下，让她随身侍候，如胶似漆。于是，段芝贵也随着成了袁世凯的"义子"。

袁世凯问了他在日本几个月的情况，亲手送给他一把剑，说："芝贵呀，家父不才，全靠你们几个多出力。有了这把剑，让它不断显昭日月，来日我会让你挑更重的担子的。你的本家段祺瑞，他就是个很能干的人。还有冯国璋和王士珍，都是咱们的铁把手啊。你要多向他们学着点。若他们对你有什么不恭敬的，那就是对我的不恭敬，你一定要及时对我讲他们在干什么。你记牢了，你与我，是一个人。"

段芝贵心里怦怦跳着，猛地从座位上站立起来，大声喊着："是！爹只管放心！"

袁世凯笑着催他坐下，说："你看你这个孩子，太正经了。正经个什么呀？唉，你也老大不小的了，该成个家了。等我有时间给你瞅一家，你们有了家小，我抱上孙子，享人间天伦之乐，放手让你们去做事。那该多清闲，多好啊！"

段芝贵的脸红红的，慢慢低下了头，一脸羞涩。

袁世凯又问他："曹锟这个人，你知道他的出身吗？"

段芝贵说："知道一点，听说他是个卖布的小贩出身。手脚不稳，心，自然也不会稳。"

袁世凯说："其他的呢？"

段芝贵说："听到一些传说，不知该不该在爹面前讲。"

袁世凯说："只管讲。"

段芝贵说："听人说这曹三很信命，有算命先生讲他应该弃文就武，若不然，多说考中个秀才，当个县太爷就天上去了。而就武，就会不可限量。所以他投了淮军，在中堂大人手下做事时，被送进武备学堂。对了，适才听人讲的，说他知道您和一个叫曹克忠的人不错，就认他做了族孙。听说是曹克忠的家眷请您帮忙，他才爬上来的。我这样说，显得太没有气度了。其实，跟着您干的，都是贫寒子弟，大家一生一世，都把您当做父母敬戴的！"

袁世凯说："我早就知道他和曹克忠是非亲非故。人嘛，要有个材料子，要懂得利用条件混。我喜欢脑瓜灵活的人，不论是什么样的出身，只要有材料子，我都要重用。我从前也是逼出家门的呀。贫寒子弟怎么了？他娘的那个东西，谁看不起贫寒子弟，谁就是没出息的家伙。自古雄才，有几个不是东奔西跑才找到机会的。"

段芝贵低下头，又猛地抬起，说："是，孩儿明白。哈依！"

袁世凯说："你讲的日语，是遵命的意思，这个词儿我很喜欢。"

段芝贵告辞了。望着他的背影，袁世凯想起了阮忠枢。是阮忠枢牵线，让段芝贵送来了这小女子。

阮忠枢。

他念叨着这个名字。

他心里想：阮忠枢，你小子什么时候也学会这样子走门子了。好你个混蛋，哪一天得让你规矩些。你办文案，又拉什么皮条呢？

门外又响起了报告声。

袁世凯一看，身着警察服的赵秉钧正站在门外；他呵呵笑着说："哎呀，是秉钧呀。过来，我们一起用早餐。"

赵秉钧说自己已经吃过，他报告了天津自警察进驻之后，秩序井然，随后又汇报警务学堂的事，言毕，正要离去。袁世凯喊住他，说："秉钧呀，尝尝我家的饭。我想给你说一个事，不知你意下如何？"

赵秉钧说："宫保大人只管吩咐，在下一定遵命。"

袁世凯不慌不忙地说："你婶娘给我说了多少次了，她念叨你是个才貌双全的好孩子，想给你提一个媒。这女方嘛，就是我们收养的女儿，像我们亲生的一样。不知你是否觉得合适，若合适，哪一天我就给你们操办了。"

赵秉钧扑倒在地上，连声谢恩。

袁世凯觉得自己面前是一条作揖的黑狗；黑色的狗毛，油光发亮，令人感到非常熨帖。他说："好好干。以后有什么事情，可以直接找我，不论是谁，所有的动静，都要严密注意。凡是要紧的事情，要立即告诉我。"

赵秉钧说："各国使臣的动静呢？"

袁世凯说："一样！"

洋人算什么！几个月前的事又浮现的他的眼前。还是七月份，八国联军提出了交还天津的条件，其中尤其强调的天津城四十里之内，中国军队不得进入。袁世凯想起了李经方曾对他谈过的欧洲警察，立即让人做了几千套警察服装，在武卫军中抽出一些兵丁，让他们穿上这些服装，大摇大摆地开进了天津城，接收了城区内的防务。那些洋人先是惊，接着叹，夸袁世凯办法多，称"袁的警察军人"本领高强，胜过任何一个国家的警察。

34. 张之洞

袁世凯接受了督办商务大臣的任职命令，自江宁赴上海，在下关去拜会张之洞。此前，张之洞多次在信中提到在那里办理洋务，成就甚为突出。两人还多次在信中讨论废科举行学堂的诸多事宜，袁世凯想借此机会再详细谈一谈。

他心里如此不平静，是他对张之洞既感激又惧怕。一路上，心里总是忐忑不安。

124

去年的秋天，八国联军退出北京，德国大使等洋人照会张之洞，希望张之洞帮助他们实现一种愿望，让袁世凯承担直隶总督和北洋大臣的要职。李鸿章病故时有人提起这些，袁世凯只知道是中堂大人保荐自己，后来，他才知道是张之洞和荣禄替他说了许多好话……洋人的许多愿望靠张之洞实现了。

　　他又想起前年的六月，慈禧下诏与各国宣战时，他曾会同李鸿章、刘坤一、张之洞他们一起，通电出使到英、美、日各国的大臣，商请各国停战。此后，义和团在北京杀教民，张之洞给袁世凯发电报，请荣禄想办法要保护各国的公使。

　　在这之前，袁世凯为光绪皇帝召见，被命开缺以侍郎候补；当年练兵时，袁世凯拟邀请张之洞入京，而北京知府钱恂接受张之洞的电报，请袁世凯千万不要召他入京。今天看来，还是他做得得体，而自己又显得太嫩，才有了为人所骂"出卖志士"的恶名。

　　他一路想着这些，又想起人传说的张之洞自恃才高傲视一切的事。这个翰林出身的人，说不给谁面子，马上就能作出来。自己没有科举及第的出身，会不会为他所看不起呢？听说那年送呈给他的兵书，他连看都未看；只是为了李鸿章的面子，他才替自己吹喇叭的。这些到底是真是假呢？

　　他的脚步一会儿快，一会儿慢。总督府很快就到了。张之洞没有出门来迎接，袁世凯的心猛地一沉。

　　湖广总督张之洞不是应约在此相见的吗？

　　他拜会张之洞，恰逢两江总督刘坤一在这时去世；张之洞是来悼念、吊唁的，前来接班的。

　　南京城啊，曾经有过袁世凯多少刻骨铭心的记忆。今天，袁世凯又来了，却如此匆忙，只停留一天，就要赴上海。他的心再不能平静下来。

　　"慰亭，我早就等着你了。"

　　一个爽朗的声音响起。

　　随着话音，一位老人迎了过来，满头的英气，令人肃然起敬。张之洞显得老态龙钟，路都走不稳了。袁世凯急忙上前一步，行礼，恭敬地问安好，搀扶着他，相随着他走进了内室。其余的人被安排在外间的大厅。

　　内室颇为精致、严密，显然，这是特意收整过的。

　　袁世凯语气异常温和、谦让："久仰香帅大人务实之举，后生屡受提携，今特地当面致谢。"

　　张之洞捋了一把胡子，眯起眼睛，漫不经心地打量着袁世凯，说："哪里，哪里，慰亭素有才堪大用的美名，是我大清国的栋梁，吾辈可喜可贺矣。老臣只不过尽了应有的责任。"

袁世凯想好了许多话题，他要对他说，戊戌年的事情，全怪谭嗣同他们太急。你想，慈禧要废光绪，何必到天津阅兵时让荣禄来干？只她名正言顺地废光绪就可以了。都是他们怂恿光绪快动手脚，又是深夜劝说去包围颐和园捉慈禧什么的，才惹烦了这个老太婆。他还要对他说，现在不行，就等以后，由直隶总督和湖广总督联合起来，停止科举，而广办做实业的学堂，把洋务的事业做得更大，等等。

可是，他没有说，一句也没有说。

他机敏地发觉，张之洞的眼光里，有着掩饰不住的轻蔑，一言一行都在应付。他想起了翁同龢也曾这样待他。

张之洞俨然以长辈自居，"哦哦"地用河北南皮县口音支吾着，不知说些什么。

袁世凯真想立即告辞！

张之洞好像看到了袁世凯的内心里的不高兴，抬高了声音，首先提到往日的话题"废除科举，兴办学堂"。两人感慨万千，激昂的声音很快把二人拉近了。他们提到王文韶阻挡此事，张之洞没有往下再讲，微笑着说："请慰亭到大厅去用餐。略备酒席，此来照顾不周，太令人惭愧了。"

袁世凯道谢着，随他去了大厅。

大厅里摆满了洋酒和各种时兴的菜。袁世凯明显地感觉到，搞洋务很有成绩的张之洞，在招待、应酬上也表现出洋人的风格。

席间来了几个洋人，原来是雇佣的外国工人。袁世凯很谦逊地为他们让座，而张之洞连头也不抬，作陪的人对袁世凯说："不用对他们客气，这都是一般的做工的。他们过来，只是汇报一些施工中遇到的问题，莫理他们。"

袁世凯欲借花献佛，准备为张之洞敬酒，却看到张之洞伏在桌上睡着了！

此刻，他想起了那年张之洞来小站观兵的难堪。酒席上，他自恃为翰林，与同是翰林出身的杨士骧谈得很热，而对袁世凯根本不予理睬，冷落一旁。直到临走，他也没有给多少理睬。

我袁世凯不就是没有功名吗！

他握紧拳头时，张之洞站起身来，好像漫不经心地说："慰亭，诸位，见谅。我昨夜一宿未睡，实在太困，若各位不在下关多住一天，就恕我不多陪了。我们的工业园区还算有成绩，慰帅，我老身不能陪同前往。让他们与你一起去看看吧。"说完，又是一阵咳嗽。

袁世凯强装出笑容去应。

张之洞走了，没有回头，好像袁世凯根本就不曾来到过这里。

126

袁世凯随人到工业园区走马观花地看了一眼，也走了。

下关的风很凉，满目都是灰色的水、天、树。

船启动了，浪花在船尾后翻飞着。

袁世凯自己安慰自己，在心里说：用不着生气，人家摆谱，是功名高学问高。可那副面孔也说明，他张之洞一辈子只能做一个总督。

他想起了徐世昌对他讲过的一句俗语：能大是条龙，能小也是一条龙，能大能小兼而备之者，是龙王。

长江是一条龙，自己正在龙背上骑着。

35. 盛宣怀

到上海时，盛宣怀家中的孝装像雪花翻飞一样，铺天盖地。

盛宣怀的父亲死了。

盛宣怀在灵堂里哭得泪人儿一样，磕不尽的孝子头，把脖子都扭疼了，糊上一帖镇江膏药，接着磕！凡是来吊唁的人来到灵棚，都要磕；上海滩有脸有面的人物太多了。

他要一天到晚磕个不停，昏昏沉沉。

"袁大人驾到——"

随着一声传报，盛宣怀艰难地站起来，出去远迎。

他心里一惊，莫非是袁世凯借吊唁之机，要来查自己是否有受贿行为，准备彻底地整垮自己？

他太了解袁世凯的城府了。

"宣怀兄！"袁世凯身着浓孝，带着隆重的孝礼，赶紧上前扶起正要跪下的盛宣怀，说了许多安慰的话。

盛宣怀不胜感激，知道袁世凯是因公差才来上海的，一颗心放下了。他将袁世凯引向客厅，而袁世凯一定要守灵，更让盛宣怀说不尽感谢的话。

袁世凯随盛宣怀磕了孝子头。他对盛宣怀说："宣怀兄，念起我们是结拜兄弟的份上，让我多守一会儿灵。你去歇息一会儿吧。你看你的脸色蜡黄，身子骨万不能累坏了啊！"

盛宣怀执意不去，一再请袁世凯到客房去坐一坐。

许多宾客指着袁世凯议论着："看啊，朝廷的大臣都来给盛老先生守灵，盛大人的面子真够宽的！"

盛宣怀听了，心里很高兴，暗自忖思道：有人说这袁世凯心胸宽，是不假。前几年，他曾向自己谈办兵的事，要借自己的钱，未答应他。如今，人家升任这么高的官职，来到上海还念着旧交，为家父守灵。不论怎样说，人家是心胸宽广，是干大事的料。自己该多向人家学着才是。

袁世凯满脸的悲哀，瞅机会对盛宣怀说："令尊大人德高望重，我本来要看他老人家，特为他准备了三十两上等的高丽参。谁想，老人家竟撒下我们兄弟而去。是我命薄啊！受不起老人家的恩泽。"

盛宣怀反过来安慰袁世凯说："慰亭兄，自古道，人生无常。家父年迈九旬，也算是仙逝。我感到痛心的是，多少年奔波，为国为民尽了忠，而未能尽孝。对不住老人家呀！"

又一阵禀报，盛宣怀在袁世凯的搀扶下，颤巍巍地去行礼。

一群洋人来了，其中有英国公使朱尔典他们与袁世凯相识。袁世凯想和他们打招呼，朱尔典却眯了两下眼皮；袁世凯明白了他的意思后，装着不相识的样子，保持着缄默。

他们离去时，盛宣怀的脸红着，对袁世凯解释说："这些洋人，就是懂礼节的，我和他们素不相识，但他们却因为我与铁路有关，就来吊唁。他们是蛮夷，却比上海的一些官僚要文明得多。"

袁世凯知道盛宣怀在指斥两江总督他们，附和着说："也是。人情太薄，真是炎凉多变啊！不过，两江总督府上实在是忙得很，我在南京知道令尊仙逝，邀总督府上一同来，人家竟装作未听见。唉，我们兄弟，该携手努力，共同作出实事，让人瞧着不凡才是啊！"

盛宣怀听出了弦外之音，用袖卷擦着泪，低声说："慰亭兄，以往是我对不住您的多，请您海涵。今后，若有用得着兄弟的地方，请尽管吩咐。"

袁世凯说："听人讲，张南皮一直在打着您的主意。现在他正放风，鼓捣着清朝廷将您管的水陆电报划归朝廷。这是在干什么？是拆人的台啊。贤兄可要多提防。若他有不轨之处，我相信，有识之士都会拭目以待的！"

盛宣怀咬着牙，用力点点头，说："放心吧，慰亭兄。南皮子觊觎我的实业，已经不是两三天了。我十年前办汉阳铁路局，有些钱本来就是说不清的账，有人参劾我贪污，是因为中堂大人外调两广总督，要南北洋大臣会同查办我。张南皮趁机榨我的油！多亏王文韶大人明大义，才有皇上准我办铁路，办电报，办招商。人都容不得别人比自己强啊。还望慰亭兄日后多指点迷津，多助小弟不才一臂之力。我定会报答的。"

袁世凯说："宣怀兄，您可知朝中有人在告您外借洋钱，中饱私囊？他们说，汉阳铁路局办成了汉冶萍公司，亏空更多。还说您借日本人的钱把这煤这铁，一股脑儿都卖给日本人，是毁我大清的江山？其用心何其毒焉！"

128

盛宣怀"啊"了一声，眩晕过去。袁世凯急忙上前扶住他，连声呼唤着。

好半天，盛宣怀醒了过来，他可怜巴巴地望着袁世凯说："慰亭兄，这世间，到底还有无公理呢？我盛宣怀是清白的！他张南皮子害我，也合不来这样下毒手啊。"

袁世凯说："宣怀兄，心多放宽一些。朝廷那里，我会想办法多替您斡旋的。天上的云彩掉下来，有伞，有蓑衣。我们兄弟，要像中堂大人在世时教诲我们的那样，要齐心协力，共同对付那些邪恶的力量。令尊大人刚仙逝，我们该多克制自己，多保重啊。这个时候，只有自己的兄弟相救。有我在，您只管放心。"

盛宣怀又擦了几把泪，抹了抹鼻涕。这一次是真心的。

36. 皇帝儿

离开上海时，袁世凯的随从人员增添了许多。盛宣怀为他置办了许多财物，亲自安排，嘱他们一定要随袁世凯将几十箱财物送至直隶总督府中再回来。

袁世凯远远地回头望着上海，叹息着说："什么大上海！这个破烂摊子，只不过是几个穷要饭的搭了几座棚子聚在一起，如何在洋人手里像魔术一样，一眨眼就繁华成这样了呢？"

手下的人争论不休，七言八语讲着。

袁世凯陷入了沉思。他在想，回去后，一定要想办法把盛宣怀手中的钱夺回来！把铁路和电报搞到手，把那些洋人也争取过来。那时候，他肯定要骂的。由他去骂吧！老子的手中有了足够的钱，才有足够的军火，常备军营制饷章等系列练兵事才有保证！

车马沿着京杭大运河畔的古道，缓缓向北行驶着，叮叮当当的马铃声格外悦耳。

他们出了江苏，进入山东，转眼来到了微山湖畔。

冬天的微山湖，风吹过去，成片的枯瘦的芦苇发出瑟瑟的声响，湖面已被薄薄的冰封住了。湖岸边的草庵，星罗棋布，渔民开不动船只，就相邀许多河南安徽的汉子来这里割芦苇。割下的芦苇跺成小山丘般的跺，芦花被人单独取下，留着卖给西乡的商贩，用来做成铺垫取暖，或者拧草靴、草鞋。芦花飞得满地都是，有猎户寻着芦花多的地方打野鸭子、野兔儿，在草庵子上挂了许多血迹斑斑的兽皮。

袁世凯他们正在行走着，猛然望见前面火光冲天，浓烟滚滚，听见有嘈杂声在风中传送过来，似乎还夹着喊杀声。

此时已是黄昏时分，天空灰蒙蒙的。

袁世凯命令人马暂时歇息下来，派人前去侦察。众人都默不作声，将桩柱埋好，扯起栅栏，支起帐篷，后勤兵埋锅造饭。

　　附近离枣庄和滕县都有一段距离，来不及派人告诉县府的知县来关照。原来，他们曾让县与县之间交接护送，但袁世凯怕带的东西太多，恐怕县衙中有人往朝中通风报信，告自己一路收受贿赂，就取古道北上。而且，亲兵配备的武器都是洋枪，对付一般的顽匪是绰绰有余的，所以，袁世凯心里就踏实了许多。

　　入夜时分，袁世凯躺在帐内读朱尔典送给他的汉译手写本《拿破仑传》，为这个矮个子法国人的智谋和勇气而感动。读到拿破仑因为肚皮上有一块癣，堂堂的欧洲第一人却在女人面前自卑一节时，他忍不住笑出声。

　　侦察的亲兵回来了，带来两个蓬首垢面的姑娘。两个姑娘一进帐子，跪下痛哭起来。

　　原来，前面有个叫五里屯的村庄遭受土匪的洗劫。个儿稍高的姑娘说："五里屯有几家运盐的商贩，兼作丝绸生意，手中有几个钱。商贩们筑起寨子，买了几杆枪，保护着寨子的安全。有一支土匪队伍，人称猛虎队，个个都是二三十岁的青壮年，专杀富商豪绅。猛虎队打五里屯，久攻不下，倒是五里屯的男女老少齐上阵，砍下了土匪成箩筐的手！匪徒们气急败坏，拉上死命，挖地道钻进了寨子，里应外合，破寨后，见人就杀，只留下我们两个姑娘被他们带走做陪夜妇。他们血洗了五里屯，听说袁大人的定武军过来了，才卷起东西往东边山中跑去。两个姑娘死里逃生，恰好遇见前去侦察的几个人。"

　　袁世凯望着两个姑娘，一副怜悯的样子，说："好姑娘，不要难过。我定武军会给你们报仇的！"停顿了一会儿，又说："你们以后的生计，是如何考虑的？"

　　两个姑娘，你望望我，我望望你，都一下跪在袁世凯面前，号哭着说："袁大人，您救救我们吧！我们无家可归，请您收留下我们，让我们捡一条活命吧！"

　　袁世凯说："可怜的孩子啊，起来吧。若你们愿意，请留在我的营内，等回到了直隶，我再安排你们吧。亲兵！先去安排吃、住，给她俩单支个帐篷。"

　　两人千恩万谢，走出去了。

　　夜风在呼呼响着，袁世凯感觉到疲劳，就拉过绒被睡下了。

　　睡得正香，他忽然觉得身旁热乎乎的东西在蠕动，起身看时，只见一只像猫的模样而前两腿特别短后两腿又特别长的小动物，慈祥的面孔上带着微笑，身上的毛斑如虎一样。

　　袁世凯喊过帐外警卫的亲兵，亲兵一望见这小动物，喜不可支，笑着说："袁大人，这种东西，我在沂蒙山老家听说过，叫皇帝儿。传说只有大富大贵的人，才能得到哩！微山湖畔野东西多，杂配的东西也多，才引来这种东西。记得人说，一千只猫中间也不出这样一种四不像哩！"

袁世凯笑着，见这四不像一点儿也不惊慌，让亲兵逮住。

亲兵摆手说："不，袁大人，这种东西是不能捉的。人说四不像都是精怪，要由它自己跑。若是捉回去，是不吉利咧。"

袁世凯翻了他一眼，说："捉上！日你娘的。啥不吉利？皇帝儿能捉住，还有啥子不吉利？逮回去我们送给紫禁城的太监，能换不少人情的。"接着，自个儿大笑起来。

亲兵也笑了，动手捉住它，说："就是，啥东西见了袁大人，都驯服得多。袁大人，按人说的，您该有皇帝命、天子福呢。"

袁世凯骂他说："你个小鸡巴孩儿，也来糊弄我呀？日你娘！好好看管着，千万别让旁人知道。带回去后，我给你个机会，让你到学堂里读书去！"

亲兵连忙跪下："谢大人！"

亲兵走后，袁世凯陷入沉思。

他很懊悔刚才说漏了一句嘴，"送给紫禁城的太监"，这亲兵会不会往外闲说？

让人盯住他，若这小子不老实，敢胡言乱语，就派人把他杀掉！此时，他想的还是太监。

紫禁城的太监，多少大臣都吃过他们许多亏。一般人常看不起他们，这是不明智的。听说不少太监娶了妻子"做摆设"，有的还养留着孩子。这不是说明他们也想过正常人的日子吗？他们娶的媳妇是摆设，可他们自身不是摆设！听人讲，紫禁城里的太监有将近两千人。这些太监，日夜守在宫室，是朝廷中的手足，也是朝廷的耳目。他们最卑贱，他们也最为尊贵，李莲英他们曾用恶言恶语害死了多少人！

权监李莲英，违背多少年的规矩，竟敢走出紫禁城，代表慈禧到小站阅兵。这个假男人，戴着赐给的红顶子，穿着黄马褂，是个二品的官。这般风光，朝中几人能有？太监们也穷啊，他们都是穷苦人家的孩子，没有出路了，才走这样一条路。谁惹恼了他们这些人，活该谁会倒大霉呀！他们的心比什么都细，都狭窄。他们是一群狗，要经常扔给他们一些骨头，他们是会办大事的。宫中的太监是这样，恭王府、庆王府、醇王府这些王府里的太监，也是这样。醇王府的那个太监刘新桥，每月只有二元银子，那次给了他一百两银子后，他竟敢夜深时跑出来给自己送信，告诉自己醇王府里多少秘密。

小人，他们常常坏大事啊。

就是这个李莲英，自己那一次就花给他二十万两银子。他在慈禧身上用的工夫，是谁也比不上的呀。回去后要把这四不像送给他，让他多替自己看风、吹风，办的事不必找他，只要舍得喂他，他就会成为卧在慈禧脚下的狗，能经常替喂他的人着想。我不信喂他这么多年，要他办一件事，他敢拒绝！据说洋人发明了一种炸弹与钟表连在一起的东西，我就要让这些大大小小能用得着的太监们，都成为这种能按时爆炸的东西。

太监们也是人，阉了那种东西，谁敢说他们就变成了女人？男人割了头也是男人。据人说，有一个慈禧原来用的一个太监，二总管，叫刘多生，曾经拜了白云观的方丈耕云为师，成为素云道人。刘多生创出了一个什么道教的龙门霍山派。这个太监倒想着年老时有个归宿，为自己募捐白银两万多两；刘多生募捐白银，袁世凯捐出三千六百多两白银。刘多生在昌平购置十多顷肥地，修建二十多座寺庙。当朝的翰林们有几人有这些太监的钱多？

太监们什么钱都敢花，什么事都敢做。听说光绪的珍妃，就在前年西太后跑出北京时，让太监们推进了井里的。那个害了珍妃的太监崔玉贵，到后来被提升了！这一群畜生！

想到太监，他立时想到了光绪。太监说，维新的事情败绩后，光绪很恨他，在纸上写了许多"×"。一个废帝，整日写着"袁世凯"、"袁大头"之类的文字，最后再撕掉、烧掉。载湉小儿，你用不着这样。我没有卖你，我也算不上告密，我只是没有按你说的话去做，而做那冤屈的刀下小鬼儿！你呀，你有什么本事来做大清帝国的皇帝？你生下来就是皇帝？你还不如他们太监呢！有太监听你新婚之夜的房话，说你根本就没有能力同皇后做爱。你的那玩意儿是骡子毬，是闲摆设！大清国，你没有传宗接代的种儿了。你们不积德，不行善，活该！

袁世凯想着，不觉"扑哧"笑出声来。帐外，远远的村鸡叫了。高一声，低一声，无精打采地争鸣着。他侧耳听着，感到很亲切。故乡的鸡，也是这样叫的，可自己却发誓不回项城老家，这都是因为那个混账二哥。

鸡叫声越来越响，如猛然醒了过来，你方鸣罢、它又登场叫起来，一声比一声高，一声比一声嘹亮。

袁世凯走到帐外时，东方已红霞满天。

"哞——"

远远地传来牛叫声。

袁世凯明白，这是庄户人家的耕牛。冬腊月，地犁开后，让地冻得粉酥，好在春天种上庄稼。春庄稼比较饱满，像那些菜之类的，初夏就能卖上好价钱，味道也鲜美得多。

这声音，让他的思绪又飞向故乡。在故乡，耕牛的叫声和一种很小的鸟叫声极为相似，这鸟俗称为"地牤牛"。相传，朱元璋幼时和小伙伴儿们一起玩，偷杀了东家的牛，吃罢牛肉，就把牛尾巴插在石缝中，人一拉，就听到地下传来的牛叫声。这鸟儿，就是地牤牛。

朱元璋，你是好样的！

他走出帐篷，抬望眼，东方地平线上，正冉冉升起一轮红日。红彤彤的阳光照亮了东天，照亮了大地，照得周围的一切都如燃烧着。东天上的云朵，像无数只翅膀，正载着一颗远离京城的心，自由地飞翔！他漫着步，望着周围，像是又回到了家乡。这一切，都那样亲切、熟悉。多少年了，没有过这种景致，没有过这样的感觉。前些天，张之洞的怠慢所带来的烦恼，此刻全消尽。面前所有的，是金色的、锃亮的前程。

啊，我的太阳！

他一声声呼唤着，用心呼唤着。

37. 万克油

袁世凯一回到天津直隶总督府，王士珍他们就来具体商谈常备军营制饷章事宜。

王士珍说："朝廷下令精简队伍，振兴戎政，我们增练新军，得钱百万两。有人叫好，说我们的新军如老树生新枝。也有人叫骂，说我们是养虎为患。那些满族亲贵叫骂得最盛。弟兄们辛辛苦苦，却他娘的落个'养了虎'。来日我们就吃，真的吃他一个一光二净，还真把他们给吓坏呢！"

袁世凯皱紧了眉头。

徐世昌和唐绍仪来了，讲尹铭绶回江南的事。自山东一别，尹铭绶的日子越来越惨。

袁世凯说："他的本事太出众了，人容不得他，才欺侮他这样做。"接着，他着人给尹铭绶送去五百两银子，又说："要是能把他调到新军里该有多好啊。可惜他是学政，又为人所逐，麻烦太多。尹兄的脾气也太酸了些。"

徐世昌说："关于新兵的事，有洋人他们要来采访你。一会儿就过来了。"

袁世凯说："来就来吧，让洋人知道我们是怎样挑兵挑将的。以后有机会，我们也同他们比一比，看谁中！"

只有唐绍仪在一旁坐着，笑而不言。

袁世凯问他为何一言不发时，唐绍仪说："今天来的还是女的，慰亭兄可不要再提与人家睡觉的事。"

大家哈哈大笑，笑得前仰后合。

袁世凯说："听人讲，西洋女人的屁股上都擦了许多粉，就是为了光着让人看的。"

唐绍仪说："那是全身都擦的，叫爽身粉；她们不是为了脱光让人看，而是夜里舒服，祛除人身上的汗臭味儿。"

袁世凯正要往下说时，外间已经叽叽喳喳地拥进了一群女记者，嚷着快一些进行采访。

虽是冬天，她们依然裸露出胸脯，性感的乳房裸出一部分。袁世凯望着一个个雪白的胸脯，努力地咽了一口唾沫。唐绍仪干咳了两声，意在提醒他不要走神，再出洋相。待袁世凯点头以示同意后，他用英语宣布采访活动开始。

一个女记者猩红的大嘴唇蠕动着，黛色的眼影很粗厚，她的脖子上有许多皱纹，仔细看时，要有五十多岁了。

她问："袁将军的军队是以什么为宗旨来训练的？据说，你的国家还很穷弱，而你为什么要求政府必须拨给许多款？你征到的兵都是很健壮的吗？你将如何训练他们呢？"

唐绍仪翻译了她的话后，对袁世凯说："这是《泰晤士报》的一位资深记者，很狡猾。您要谨慎一些。"

袁世凯挺直了胸膛，正色说道："我练新军，是为了忠于太后和皇上，让天下太平。虽然我们国家现在刚经过战乱，财力很有限，但是，一支保证国家平安的军队，是绝对少不了的。现在，我招收的士兵是很优秀的，他们的年龄必须在二十岁左右，身高五尺以上，能将百余斤重的东西轻易地举过头顶，每小时能奔跑上十里。仅这样还不说，他们应征入伍时，还要有乡里社会的举荐和担保，讲明家族三代以内的各个成员情况。为了让他们安心地作战，他们的军饷每月都要发给他们的家，他们要免差徭几十亩。他们都高兴跟着我干！今年的六月，我即着手制定创练常备军的营制饷章。我让服现役的常备军在我这里正规训练三年，很出色的要进入军事学堂深造。现役三年的期间内，全饷发给；到三年期满，他们可以回到自己的家乡，操持原来的职业，同时每个月还有一两饷银——他们要准备打仗，每年有一个月时间集中训练，这是我的续备军。第三种是续备军士兵要再坚持四年的同样训练，也有一定的军饷。当战争发生时，这三种军事力量一齐被集中起来。我们所有优秀的青年，都会在这样的军队中受到训练，增强了人的素质，又为国家节省了很多的财力。这样，表面上看，我的军事力量增强了，数量增多，而实际上常备军人数比原来少得多。我现在在训练的是常备军，它会成为军队的模范的。谢谢这位女士的关心和提问。"

唐绍仪见袁世凯这样得体地进入了角色，很高兴，他的翻译不时被女记者们的掌声所打断。

女记者们用异常敬佩的神采和目光献给正坐的袁世凯。

一个年轻的女记者问："袁，你的力量增强后，你会将现存的政府取代吗？据说，慈禧女皇和你关系暧昧，她是你的情人吗？我们西方很多人都想知道，你为什么有那么多漂亮的妻子？她们和你在一起很愉快吗？"

袁世凯脸色陡地沉了下来，随即又舒展开来，表现出一副坦诚的样子，说："尊敬的女士，东方国家是讲究忠诚和仁义的。无论我的军事力量多强，我都是忠实于我的朝廷，而不敢背叛的。慈禧是我所尊敬的人，她对大清国是竭心尽力的。我和她之间很严肃，很认真；她是我的指挥者。你们西方人不会懂得，最高权力者和部下不能随便在一起游戏的，暧昧只存在于西方。我的妻子都是我的崇拜者，她们都无私地支持我。如果你们愿意加入她们的行列，我会感谢你们的！"

经过唐绍仪绘声绘色的翻译，这群女记者都惊呼起来，赞美袁世凯是有着特殊魅力的英雄领袖。又有几个女记者相继提出了一些问题，袁世凯很轻松地做了回答。

最后，他颇有感慨地说："诸位女士，你们欧洲女子也被称为'屋门'（women），和我们中国女子称为'屋里人'一样，可你们能漂洋过海，走遍天下。我很羡慕西洋人的这种开化，以后我会像你们一样办女子学堂的。女子一出来，世上就多了一个春天。女子受教育多好啊！我的家乡，出过一位女诗人，叫高梅阁，著有诗集《形短集》。她和你们一样有学问，她的诗有许多我会背呢。"

唐绍仪翻译着，女记者们瞪大眼睛，屏住气息，静得出奇。

袁世凯继续讲道："她的诗意境很好，是位不俗的女诗人咧。她的《咏盛开梅花》，非常清新，我最喜欢：

> 铁枝含冻雪，
> 玉蕊缀疏林。
> 灵秀钟全树，
> 冰霜抱一心。
> 蓄来春气厚，
> 历尽朔光深。
> 涧底多松柏，
> 无芳愧古今。

"她还有《咏菊》。我真正能够理解这首诗，是我从朝鲜回来之后；那时，我才三十五岁。第二年，我的命运就发生变化了。走到现在，我常常用这诗鞭策我自己：

> 风霜凄凉最无情，
> 何事芳心与尽倾。
> 既作秋花当应节，
> 炎凉不肯易精诚。

"天下的女子最伟大。中国俗语说，有其父，必有其子；有其母，必有其女。她们为人妻，为人母，可以教化社会文明。若她们识字，广受教育，人人都通情达理，则全社会兴盛矣！若她们愚昧不堪，人种、人性都退化殆尽，社会将衰败不堪。你们西洋富强，所以女子能识字做事；你们远渡重洋，来考察我们中国，向世界介绍我们的国家，你们了不起啊！"

女记者们唏嘘不已，其中一个激动地说："袁，你是个非凡的人。我们采访了你们中国许多的将领，他们都懦弱而粗俗，没有一个能比得上你的才华。你是应该做元首的！"

袁世凯乐呵呵地表示感谢，随口说出："万克油，委瑞马奇"。

唐绍仪纳闷，问他"万克油"是什么意思。

袁世凯哈哈大笑，说："你不是说，什么三克油是一般的感谢，万克油不就是更多的感谢吗？"

唐绍仪也忍不住哈哈大笑。

"尊敬的袁，"一个妖艳的女记者向袁世凯走来，明亮的眸子闪射出钦佩和惊异，她说："袁将军，您富有胆魄和才学，是出众的中国人。请原谅，我要问，像您这样优秀的人才，为什么没有得到你们国家很讲究的学位'进士'呢？据说，要有进士这样的学位，在中国才可以做官。"

唐绍仪翻译过来之后，袁世凯沉思了良久。

他缓缓地抬起头，望着她，用坚定的语气说："是。我决心向你们欧洲人学习，把枷锁一般的八股文彻底废除。而且，我曾办了武备学堂，完全采用你们的教育方法。在中国，进士不是学位；而称号，包括官职，让你有，你就能有；而事业，并不是每一个人都能够作出来的。很多进士只会读书，没有任何本事，是废品。"

又一个更为年轻的女记者紧接着他的回答，兴致勃勃地问道："亲爱的袁，您的夫人，一定是一位才貌出众的人吧？我想，您作为英雄，她和您之间，一定有美丽的风流故事的。能讲给我们听吗?"

"谢谢!但是,我告诉你们,在我们中国,爱情和婚姻是两回事。相爱,不一定能够成为夫妻;夫妻,不一定就有爱情。许多时候,中国女人的肚皮,是用来装男人的儿子的;一个女人,如果没有儿子,她自己也会感到对不起丈夫。她们把自己称作某某家的人,嫁给男人之后,她只是一个母亲,在儿女面前,她可以很尊贵,但是,她没有自己的名字。"

他也学得文雅多了;接着,讲起了他在南京的故事,动情地讲起了他和沈雪梅相爱的岁月。

他讲着,讲着,沉浸在年轻的岁月,眼睛渐渐湿润。

讲完了,大家许久没有动静。

这群女记者都在用手帕擦拭眼角。她们争相伸过雪白的手臂,向袁世凯连声说"谢谢"。

"袁,我回国后,一定要把这些都发表出来。"一个女记者激动地说:"我要为您写上一本书,写出您的英雄风流史,让全世界都认识您,认识中国。"

"不。"他坚决拒绝这样,用不容商量的口气说:"你们这样做,会毁灭我,葬送我的前程。因为我的头上站立着一个人,那就是朝廷。朝廷是不允许它的臣民比它更出色的。"

他还想说更多,唐绍仪用眼色制止住了他。

38. 阮忠枢

夜颇深了,直隶总督府的后院里,有人在啜泣不已。

这是一个女子的哭声,像干枯的芦苇在寒风中瑟瑟的响声;没有言语,只有这凄惨的呜咽声!猛听去,就像一把二胡自鸣着,在这没有星光的夜里,悠悠地诉说着哀怨。

一会儿,一个高大的人影闪过来,他那粗哑的喉咙裹着苦涩,裹着惊恐,炙热地喊着:"翠翠!翠翠!"

那呜咽声停止了,两个人影很快扑到一起,化成了一个人影,扭曲着,往下边的柴堆上倒过去,发出窸窸窣窣的声响。

女的说:"柱子哥,我多想天天这样让你抱着我,让你亲我,我把一切都给了你!你把我吃了吧,把我嚼碎嚼烂,咽进你的肚子里,成你的血,成你的肉哇!"

男的说:"翠翠,你别难过,我今儿个夜里就是来救你的。那个阮忠枢,他是个浑身流脓淌水儿的狗东西;他想要你,是万万办不到的。我和弟兄们讲好了，他们在下半夜爬过墙来，从这后院把咱们接走。咱们等一等，待袁家的人都睡熟睡透了，弟兄们来把咱们接走。我们再也不、不分离了！"

他们在黑暗中紧紧地抱着，都兴奋地叫喊着，相互之间的给予，发出世间最美丽的呻吟声！他们平静下来了，女的用纤细而柔嫩的手抚摸着男的，男的用粗糙而厚重的手把女的紧紧搂抱在胸前。在这漫天漆黑、没有一丝灯火的夜里，他们两人的心都是那样明亮，相映着。这光像一轮太阳和一轮明月共同闪烁出辉煌来！

两人的言语成了这辉煌明亮中的绿草地上翻飞的一对蝴蝶儿，共舞着。他们诉说着：

"柱子哥，你把我搂紧点，我的心要从嘴里吐出来啦。"

"那你就吐吧。我把你的心吞下去，和我的心在一起，我们一辈子都在一起！"

"柱子哥，咱们走得远远的，走到那没有人能走到的地方，开出一片地来。咱们种上麦子，种上菜，再种上桑树和棉花，你天天耕地，我天天纺花织布。我再给你生下一群白胖白胖的娃娃，咱们……"

"翠翠，咱们走出去，你在俺二姨家先等着我；我要在新军里干一番名堂，当一个很大的官，就再也不受人家的气了！"

"柱子哥，我要你走，咱们走得远了，就平安无事了。过上太平日子，比什么都强。"

"翠翠，我一定要当上很大的官，比阮忠枢要大的官。我要亲手杀了他！我们日日夜夜在一起，谁也不敢欺侮我们！"

"柱子哥，你要这样当官，是走不通的。你知道，是谁把我许给阮忠枢的吗？不就是袁大头吗？这阮忠枢，让他袁世凯说起来是个大才子，写得好，袁大头的文件都是他写的。可他是个老烟鬼呀！他爱去烟花院里嫖，身上的梅毒都臭得熏人。他是个鬼！"

"翠翠，你不用怕。我要到日本去，去东洋学军事。袁大头对人是公平的，跟着他干，只要用心用力地去干，他都会提拔你的。这一次比洋操，我得了第一名；他就亲手送给我一把剑，让我去东洋。我回来，一定会重用的！"

"我的柱子哥，你咋不多想我呢？咱们从小就在一起，算得上青梅竹马，我离不开你，我还想让你像从小那样，给我上树摘红枣儿，给我掏小鸟儿，我看你摸鱼儿。你去东洋了，日本人坏得很，不是庚子年乱，爹娘能会那样早就死吗？我会来袁家当丫环吗？柱子哥，我的柱子哥呀，你答应我，你不去东洋，咱们就在家里种地纺花，过安稳日子好吗？"

"翠翠，你不要哭。我，我答应你！等一会儿弟兄们来了，咱们就走，走得远远的！"

"吱呀，吱呀"，巡夜的亲兵，在寒风中来回走着，走到了后院。

两人屏住气息，紧抱着不出声。

忽然，前院里起了骚动，有人大声喊着"小翠儿跑了"。很快，满院嘈杂声越来越响。

柱子对着翠翠的耳朵说："别动，我把两个巡夜的亲兵干掉，咱们爬墙跑。"

巡夜的亲兵骂咧着："他娘的，跑了一个，又跑了一个。直隶总督府成妓女院了。"

柱子猛蹿上去，用短剑结果了一个，正要结果另一个时，亲兵像弹起来一样跳了好高，大喊着："后院有贼，杀人啦！"叫着跑向前院。

柱子抱起翠翠就往墙边跑去，可是，墙太高，怎么也跳不上去。为了防止人外逃，院子里挨墙很远都没有树。柱子才想起来，自己来到后院时，是从前院进的。

人举着灯笼火把围过来了！

翠翠闭上眼，喊了声"柱子哥"，猛跑向墙，撞在墙上，墙上开了一朵硕大的红花！柱子大叫一声，冲向人群！他猛地疯了，用短剑刺向围拢过来的人，与人厮打拼杀不休。他用剑乱刺，用脚乱踢，高声叫骂不休。

袁世凯和阮忠枢他们过来了，身后簇拥着一群人。他们提着汽灯，整个后院亮得如同白昼。

柱子被人扭住了，押送至袁世凯面前。

袁世凯很温和地笑着，说："柱子，怎么会是你呢？你怎么不早对我说，闹了这样的误会。阮先生喜欢上小翠翠，是不知道你们是订过婚的。你这孩子，真是太任性。好了，快去救人。"

柱子痛声骂道："阮忠枢，你如何不知道我和小翠翠是订过婚的？你是个畜生！明明知道，却要明日就成亲，还来这样骗我！你们都不是好人！"

阮忠枢低下头。

人把翠翠抬过来，她眼巴巴地望着柱子，吐出一口气，说："柱子，是袁大头，把我，许给了姓阮的。"说完，头一歪，没了气息。

柱子大吼一声，像一头猛兽扑过去，紧紧抱住翠翠。

袁世凯厉声喝道："柱子！你真没出息。为了一个娘们儿，男子汉大丈夫，看你那个样子，值得吗？"

柱子抱着翠翠，抽泣着说："你们站着说话不腰疼。你能懂得我们穷人的心吗？你们花天酒地，美女如云，根本不懂什么叫爱，根本不懂什么叫情……"

说着，他猛感到一阵天旋地转，眼前一片漆黑。

袁世凯鄙夷地望着他们，吩咐人说，用上好的棺木把翠翠葬了，给柱子置上两身上好的衣服，要送他去武备学堂读书。

阮忠枢不好意思地望了望袁世凯。

袁世凯起身扬长而去。

柱子好半天醒了过来，听人对他讲，这都是袁世凯的安排。他捂住头哭了一场，跪在翠翠的身旁，狠狠磕了几个头。他扭转过身来，向阮忠枢狠狠地望去。

阮忠枢低下眼帘，想笑一笑，却像哭一样，如何也强装不起笑容，好大工夫才说道："年轻人，你是有前途的，可别忌恨我。你的时间还长着呢！"

"哼！"

柱子把牙咬了又咬。

39.《黄河歌》

破烂不堪的北京城，八国联军抢掠后的凄厉景象令人愤然。到处成了废墟。不时有鸟儿在树丫上哀鸣，一声声揪人肺腑疼痛难忍。

此时，一个眉清目秀的青年，着一身土灰色长袍，又黑又粗的辫子盘在细细的脖子上。他在乱石碎瓦中站立着，环顾处处荒草丛生的楼台庙宇，满面的愁容中，透着一股英气。他走走看看，望着大片大片的废墟，不时地摇摇头，自言自语道："北京城啊，有谁能让你重新焕发青春呢?"

来到陶然亭，他瞅着绿树掩映中的敞轩粉墙，抬头看了一眼写有"陶然"二字的匾，举步跨入门内。

风习习吹来，撩起他的衣襟。

前面是一道陂塘，西去夹道而生婆娑多姿的绿柳；水塘里生着嫩绿的莲藕，三两只白鹅和鸳鸯在水中弋游，激起微笑的涟漪。

敞轩处有人在三五围成一圈，正议论着什么。其中有一位个儿高高的，大声喊着："晳子兄，杨先生！"

青年听到喊声，快步赶了过去。

那高个儿青年迎过来，相互点头问了安好。两人哈哈大笑。高个儿声若洪钟，说："晳子兄，昨天一夜都没有睡好吧? 来，我介绍介绍，这几位朋友，都是来应考经济特科的。这位是梁士诒，字翼夫，号燕孙，广东三水人。这位是杨度，字晳子，湖南湘潭人。这位是夏寿田，字午诒；这位是杨毓麟，字笃生。他们三人都是湖南同乡！我，齐白石，大木匠，就不用再介绍了。湖广都是同乡喽!"

大家都笑着聚拢来。

杨度、梁士诒、夏寿田、杨毓麟、齐白石他们互相行了礼,稍坐下,夏寿田招呼一旁远处侍立的仆人,给他一些银两,嘱他去外面置办一些酒菜来。

齐白石说:"怎么?午诒兄是否还要叫上两个姑娘,来为弟兄们助兴啊?"

夏寿田笑了:"哪里是这样!我是想,弟兄们今天如此幸会,对这美景,若是无酒,该少了多少趣儿?我们随便玩一玩。"

杨毓麟说:"让午诒兄破费一些是很应该的。他是三鼎甲中的榜眼,令尊又是堂堂的江西巡抚;比我们这帮子穷兄弟,要阔绰到不知哪儿去了。今日里,我们是吃大户啰!"

梁士诒拱手相揖,一双世故的圆眼珠儿在胖胖的脸上滴溜转着,慢吞吞地说:"兄弟向来是敬仰湖南人的。俗语说,世上有湖南人,天柱地维不绝。三湘之地,英才遍布灿烂如繁星。真是这样!我观诸兄气宇轩昂,都是一派升腾气象,实为前程比锦绣还要绚丽。晳子兄,您是香帅张之洞大人所荐,又有慰帅袁世凯大人相保,此次经济特科该独占鳌头。兄弟先预以恭喜为是!"

经济特科是一次独特的考试,与以往科举大不同,做的是策论。

夏寿田说:"其实,这次考经济特科,我们兄弟中只有燕孙和晳子有前程。现在,大家相聚京华,都是来给你们捧场的。我既然是榜眼,就该做东,祝贺二位状元郎。"

齐白石说:"看你们说话都带有山西的老陈醋味儿。酸呀!还是笃生直来直去好。刚才午诒讲到了哪里?袁世凯小站练新军,被西欧的报纸吹捧成什么拿破仑?这拿破仑该是那位废了专制欧洲政治的第一人?请接着讲!"

杨毓麟口吃,也催着说:"对,接着讲。晳子,午诒的肚子,大,大着呢,装有,有大西洋、太平,洋,洋,宇宙万物都,都在他的肚皮里包着呢!"

夏寿田说:"哪有这样戴高帽的?我比晳子,要差很远呢。去年我到日本,咱们的留学生都在唱他的《黄河歌》。纵论天下英才,该推晳子兄才是。"

杨度一副憨态笑着说:"都是大家抬举,晳子实为庸才。不过,我倒真希望天下出一个拿破仑,使天地山河大变,神州赤县才有振兴的希望!"

杨毓麟说:"晳子的《黄河歌》,好,而我,我,更喜欢他的《湖南歌》。今日,日,有酒;我们多唱一番如,如何?"

齐白石带头击掌相鸣,众人随和。

杨毓麟满脸通红,改了京腔,一字一句地说:"古人云,楚虽三户,灭秦必楚,唯楚有才。我们高声唱了《湖南歌》,就会记取自己的责任。"

齐白石说："看笃生，用了家乡湖南话讲，结结巴巴的，常憋得满脸通红，现在用京腔，倒很流利。走出来，天地才会宽广起来。"

说话间，酒与菜都由人用饭盒柜抬了上来，夏寿田招呼大家随便坐，说："我们不要讲太多的客套，就这样用酒用菜吧。在日本，野外用餐是时髦的风尚呢。来，大家干杯！"

杨毓麟首先将杯中酒饮完，亮了杯中的底子给人看。

齐白石说："看，笃生心地实在，说干就干了。从前有人讲道，死在牡丹下，做鬼也风流；死在酒坛上，做鬼也英豪。诸位，我们能喝不能喝，都要一齐喝干它，做一次英雄！"

众人一齐干了，却突然寂静下来。

杨毓麟放开歌喉，大声唱起了杨度的《湖南歌》：

我本湖南人，
唱个湖南歌。
中国于今是希腊，
湖南当作斯巴达；
中国当是德意志，
湖南当作普鲁士。
如果中国国果亡，
除非湖南人尽死！
诸君诸君慎于此，
莫言事急空流涕！
如果中国国果亡，
除非湖南人尽死。
尽掷头颅不足惜，
丝毫权利人尽取。
莫问家邦运短长，
但观意气能终始。

众人一齐热烈鼓掌。

杨毓麟腼腆地笑了；齐白石提议大家再饮一杯酒，一齐唱杨度的《黄河歌》。歌声直冲云天，人人豪情万丈。他们眺望远方，沿黄河，沿长城，唱了一遍又一遍，唱得一个个泪流满面。

红红的太阳，一跳一蹦地在西山上空的云层中，将金色狠狠地抛洒在大地上。陶然亭的枯树、绿树、丛草和楼栏、怪石，都涂上了厚厚的、淋漓的金色！

　　在这金色的风中，他们忘情的歌声开始很轻，渐渐重起来，盘旋在陶然亭内外，直冲云霄，在天地间召唤起所有的生命一起歌唱：

　　　　黄河，
　　　　黄河，
　　　　出自昆仑山。
　　　　远从蒙古地，
　　　　流入长城关。
　　　　古来圣贤，
　　　　生此河干。
　　　　独立堤上，
　　　　心思旷然。
　　　　长城外，
　　　　河套边，
　　　　黄沙白草无人烟。
　　　　思得十万兵，
　　　　长驱西北边。
　　　　饮马乌梁海，
　　　　策马乌拉山。
　　　　誓不战胜终不还！
　　　　君作铙吹，
　　　　听歌凯旋！

　　太阳落山了，天上仍然没有星辰。大家唱了一遍，又唱了一遍。一阵风吹来，仿佛是黄河涛声在他们耳畔作响。他们屏住呼吸，认真听着，听着。

　　杨毓麟顿然大哭起来！

　　他边哭边骂："念我中华，五千年，有谁能比得上我的辉煌？有那秦始皇，汉武帝，唐太宗，宋太祖，让蛮夷万万里都刮目相看，看我大好江山，人人朝来岁贡，俯首称臣。而今，甲午战败，丢尽了几万兆人的脸！狗杂种朝廷王八蛋，他们懦弱无能，我们何不造反？杀了这些吸人血、食人肉的狗男女，再造神州，该，多，好！"

梁士诒愕然望着众人。

齐白石说："是啊，看这大清的江山该早就尽了他们的天数。他们没有厚德，何以载物焉？当年，我们的恩师壬秋先生，曾经劝曾国藩涤丈大人他拥兵自江南自立，重建大汉朝；而涤丈大人他忧郁不安，错失良机，使我今日有甲午之耻、辛丑之辱。曾大帅他错过了拯救我中华的大好时机啊。"

夏寿田说："凡事都不是那样简单。诸位，清朝是一朝廷，并非满人都有罪过。当今朝廷腐朽之至，已经不可救药。现在是改朝换代的时候了！但是，我们都是书生，手无缚鸡之力，我们能鼓吹百姓振作起来图强，就很不错了。若像壬秋先生那样随意劝立，天下很少有人能做到呢。据说，当年谭嗣同先生，就曾劝袁世凯兴兵捉慈禧，杀荣禄，可是戊戌义举未成，英雄徒流血。袁世凯他也差一点儿没有被砍头，不是他投靠荣禄，恐怕他早就自身难保了。看天下有几人敢再造河山？想来只是我们兄弟，借酒抒一抒胸中豪情罢了。中国有今日，不知明日如何啊。"

杨度挥了挥手说："这不一样。曾帅那时是雄兵百万，独踞江南。他振臂一呼，何愁天下不应？而今袁世凯，他只是新军七千的首领，靠他的人马，与那大清朝的铁壁铜墙相碰撞，无疑是以卵击石。或许他来日拥有重兵，能将大清的天下换一个样儿。我神州人民有几兆万，何愁不出几个拿破仑？"

梁士诒连连点头说："诸位言之有理，我汉室复兴是迟与早的事。屈指说来，五胡乱中华，蒙古人驰马中原，都被我同化。他们耀武扬威有几天？沧海一粟尔！我们现在该凭才学推进天下进步为是，自有圣人出于乱世，起而拯救社稷黎民的。"

杨毓麟愤然说道："天下的圣人，该从每一位自我做起！我看，圣人该有许许多多个，大家都觉悟了，将如今的孤儿寡母拉下马，还有多难的事情吗？只是大家觉悟得不够，仅仅看到自己的荣华富贵，而全无铁肩担道义的精神。我希望诸位来日到了什么位上，都不要忘了今天我们唱的歌。谭嗣同先生说过，'改革从我开始流血'。今天，我也要讲，推翻清家腐朽王朝，革命从我做起！我要想法杀尽清朝的王公，为神州再造，铺起一条路来！"

月亮升起来了，点点星光在天穹的四面八方争亮着。

人们许久不言语，望着头顶的星和月。

一阵微风吹来，隐约传来悦耳的童谣声：

风来了！

雨来了！

144

老和尚背着鼓来了！

……

杨度提醒大家静听这童谣，叹了一口气，捏紧拳头，望着星空，喃喃说道："是啊，风要来，雨也要来。该出圣人了！自古道，始作俑者，其无后也。和尚该是那造反的圣人的隐语所指吧！我们生逢乱世，该有钱出钱，有力出力，为造就河山新颜，不让他人才是啊！笃生，梁兄，我们都有一腔的热血。笃生说得对，从我做起，大家该各自尽力，走出一条坚实的路来。来，为今晚的聚会，我们击掌，十年后再来此相聚！"

众人响应，一齐击掌。

大家正要下山，散开时，夏寿田悄声对杨度说："皙子，我认识一个广东人，叫孙文，字中山。此人博学多才，颇有胆识，是我印象中的天下反清革命第一英雄。您可认识？他可佩服您的名声呢！"

杨度未有言语。

夏寿田正要接着说时，梁士诒在一旁大声喊道："午诒兄，怎么啦？是在传授给皙子兄考场的秘诀？也讲给我听一听吧！"

齐白石笑着说："梁兄，他哪里是在讲什么秘诀，他是邀他今夜到秦楚楼馆度良宵的，我们一齐随去折腾！"

大家哈哈大笑，往山下走去。

月亮的周围又现出了光圈，像一轮古铜镜的周边生出了锈，刚被人用擦布抹过，斑斑点点的云朵，闪着紫色的光芒。燕山像一群沉睡的牛，任黑暗如万钧巨石压在它的脊背上，它依然沉睡着，那风，就是它麻木的鼾声吧。满天的星斗也昏昏欲睡般。

夏寿田和杨度在人群后边，悄悄嘀咕着。齐白石牵着杨毓麟的手，对梁士诒说："看，笃生是快人，酒喝得太多，醉得也快。他与您相比，他是李逵，您是吴用智多星呢。"

梁士诒说："哎呀，不敢。若这燕山是梁山，夏兄该是宋江！该掌嘴，看我讲到哪里去了？真是一派胡言乱语。"

齐白石说："燕孙兄把我们当外人了，何必提防着我们会告密！"

40. 湖广会馆

夏寿田和杨度他们回到了虎坊桥的住处，见湖广会馆的门旁挂着一只灯笼，上写了一个"袁"字。

大家正要入内，一个陌生人在夏寿田的书童引导下，径直朝杨度走来，问道："请问，您就是湖南的皙子先生吗？"

　　杨度点点头。

　　那人从怀中掏出一封信，呈给杨度后，退下一步，说："我家袁大人慕先生之名，请您明日在府内等候，他派人来接您，到袁宅有事相谈。"说罢，告辞走去。

　　杨度望着远去的背影，低声对夏寿田说道："慰帅此举太让人受不得了，该我去先拜望他呢。他这是干什么呢？礼贤下士啊！"

　　杨毓麟在一旁听到了，粗着嗓门说："老袁，袁，玩的是，是啥子把戏？分明要拉拢你。你，要防着，他，他的用，用心，咧！"

　　夏寿田轻轻拽了一下他的衣角，说："笃生，这不比自己家，要小心有密探听去。这对我们，对袁大人，都会带来灾祸的。莫要惹来是非。"

　　齐白石笑着说："我道笃生是飞胡子老张翼德呢！他也有如此的心计，可该是跟你们学来的！近了墨，还是近了赤？"

　　大家说着，进了后院的客房，忽然闻见浓重的脂粉香味儿刺鼻。

　　杨毓麟大喊道："恶——心！"

　　夏寿田笑着说："笃生少见多怪。特科考试又如何？我们弟兄多日劳累，今宵请来几位歌女，她们唱上几曲，好好松弛一下。这有什么恶心的？"

　　众人都笑了。

　　齐白石说："笃生太爽快，太直了，什么事情不问青红皂白，就先训人一通子。这些歌女，能歌善舞，并不曾害人，做什么见不得人的事情。她们曾经是大家的知心朋友咧。"

　　梁士诒拍了拍杨毓麟的肩头，面带笑容，夸他："笃生兄可谓快人快语，是当代少有的英雄。我最佩服这样的君子！"

　　杨毓麟不好意思地笑了，说："我，我是讲，你们要，考，考那状元及第的，不应在，在这里玩物丧志的。玩，物丧志，混迹于歌女，会，会误事的。"

　　杨度说："笃生兄说得有道理。考试，考试，逢进阶级必考，考他娘的头啊。都是过场；这是规矩。可是，又有谁见过一夜的状元？工夫都该是平时的。笃生兄是自相矛盾啊，既反对我们科考，又鼓励我们用功。您到底是怎么想的？"

　　杨毓麟说："我是怕，怕，怕你们，惹花弄草，草；会忘了国，国家，家的，大，大，大事啊。"

　　夏寿田光笑不语。

　　梁士诒要告辞，回自己的住处。齐白石对夏寿田他们说："我去送梁兄，你们且在屋内去歇息吧。"

待梁士诒走后，杨度牵着杨毓麟的手，与夏寿田一同走入一间内室。杨毓麟拍掌大笑："哈！原来你们在，在演戏给外人，人看啊！"

杨度对他说："笃生，来到京城，就是出得三湘，您呀，就还像前一些日子那样，同我们用京腔讲吧。那样可以治您的结巴。您讲京腔，很有京剧的味儿，张口就是道白，好听得很。"

杨毓麟一本正经地点了点头，走了出去。

夏寿田将门窗掩好，任外间歌妓们在哆声唱着。

他望着杨度，颇为神秘地说："皙子，如今考试，工夫在诗外。张之洞、袁世凯那里，关节都已畅通。只有一个人，我们不能轻心。这人叫瞿鸿机，素与张之洞有隙。若他从中做一些手脚，惹起那个太后老婆子的不高兴，不仅仅坏了个人的事，与更多的人、更大的事都会不利呀！"

"瞿鸿机，瞿鸿机，"杨度念着这个名字，豁然开朗，笑道，"我听说过这个人，是外表清瘦，而肠肥脑满，却又心狠手毒的一类人。据说这人很正直，甚至有些尖刻，办事情很稳当，有官场上的'铁面屠户'之称。我想，这样的人，如果是真正的正直，是不会因为有张之洞他们保荐我，而故意为难我的。何况他们都是为了振兴国家！午诒兄，令尊为江西巡抚，当然与张之洞交往深厚，对瞿鸿机也不应该过于仇视而结下仇怨啊。"

夏寿田摇了摇头，说："皙子，事情不能过于盲目的乐观而自信。官场上的情况，你懂得很少。你在日本国，接触的都是一些天真而浪漫的书生。张之洞身为湖广总督，他要保荐你，你就是他张之洞的学生，就是他瞿鸿机的政敌，所以他当然不会放过你。你不懂得这俗而又俗的世理啊！"他沉思了片刻，放低声音，诚恳地说："还是走一走瞿鸿机的门子，以防不测为是。"

杨度将头昂起，撇了撇嘴角，不屑地说："午诒兄，岂止您这样说？来前，先生就曾对我讲：戊午、丙辰两次特科，入选的人都受到重用。他劝我少一些棱角，多学一些圆通。可我学不会。纵使瞿鸿机或者其他大臣与张之洞结怨太深而作难于我，我是不会把腰弯下来，见人就作揖的！天要下雨，谁也不能用伞把地都遮住。数当今世界，英国、日本，都以君主立宪而救国强国，这是一剂良药。我相信瞿鸿机他们都是有识之士，都会出于为国家考虑。早晚会有举国兴邦，救民于水火的！"

夏寿田又对他讲了一些该注意的话，杨毓麟怒冲冲地进来了，他把一张银票往桌子上一拍，说："实在可恶！梁启超先生他们从日本汇来这些钱，竟有人私取了一些，去买了房子蓄妓，说什么是活动掩体。呸！一群蛀虫！"

杨度为他沏了一杯茶，他接过来，一口气喝了个精光。

　　夏寿田劝两人休息时，杨毓麟急拦住两人，说："午诒，皙子，等一会儿。马上我有两位英雄兄弟来，想听两位讲国家前途和国外的变化，要洗一洗脑子。王五和胡七，你们听说过没有？"

　　夏寿田急摆了又摆手，说："笃生，我们还是少结交这样的朋友好。王五我听说过，知道他是位豪侠仗义的江湖英雄。我们是读书人，还是洁身自好为是，少惹不必要的麻烦。再说，燕北人转脸不认亲情的草莽之徒多；为他们而生非，就不好看了。"

　　杨毓麟生气了，红着脸说："午诒，你处处提防人，对谁都多几分心思；你应该到日本去一趟。我和皙子在那儿时，大家都以广交朋友为荣呢。我……"

　　杨度拍着两人的肩膀，笑他们一个城府太深，一个对谁都这样坦白，说："若你们两位合在一起，该有多好呀。"

　　正当他们谈话时，门外急切地响起了打砸家具的声音，歌妓们乱作一团。杨毓麟一把把门拉开，只见三四个壮汉怒目而视，大喊着："开门检查！京城出了杀人的黑贼，把炸弹扔进了紫禁城。开门！谁也不行！"外间屋子的桌椅，都七歪八扭地倒着。

　　夏寿田迎过去，取出一副腰牌让他们看，训斥道："你们是什么人？有什么证明你们不是歹人，来抢掠我湖广会馆？"

　　壮汉马上软了下来；有一个年纪大的，赔着笑脸道歉："我们是巡夜的差捕，两位兄弟喝醉了，言语粗重，请别见怪。老爷请息怒，告辞了。"说罢，拉着其他人匆匆离去。

41. 胡七送信

　　隔了几天，雨越下越大，湖广会馆院内的水积了许多，出出进进的人都埋怨这院子里的地势太低。

　　杨度和杨毓麟正在吃饭，谈论着时事。

　　杨毓麟笑得直喷饭，说："荣禄老贼死得好啊！梁先生他们若知道了，不知该有多么高兴呢！你说袁世凯怎么？他会像你所说的那样去……"

　　"嘭嘭嘭"一阵敲门声，打断了他的话语。杨度往幔子后掩去身体，示意杨毓麟去开门。来人浑身淋湿透了，一把抱住杨毓麟，低声说："笃生兄，救我！"说罢，晕倒下来。

　　杨毓麟大声叫着："胡七兄！醒一醒啊！"转身喊道："快喂他一些热汤喝！"杨度从幔子后闪过身来，帮着杨毓麟唤醒胡七，一边帮着取来热汤。胡七醒了，

148

一口气把热汤喝完，从怀中掏出一封便笺，对杨度说："杨先生，这是袁世凯袁大人让我送给你的信。你快逃吧！他让我通知了梁士诒，又通知你。你们两人都快逃吧。信上写有你们该知道的情况，看罢要立即烧掉，快！"

杨度很快看完了信，当着胡七的面，把信烧掉后，说："请转告袁大人，来日有我为袁大人效劳的，一定不舍余力！"

胡七又从怀里掏出一张银票，说："这是袁大人给你的盘缠，趁现在，在京城，人还不知道时，事不宜迟，你快逃走吧！"说罢，转身告辞，却一头栽倒在地。众人一阵慌张，扶他躺下歇息。

杨毓麟问："怎么了？皙子？"

杨度脸色阴沉着，说："果然如午诒所言。瞿鸿机是个歹人！这次特科，梁士诒中了第一，我第二。瞿鸿机这个糊涂虫，他竟对慈禧说，什么梁士诒是梁头康脚，就是与梁启超同姓，与康有为的名'祖诒'同一字。说我的风范属于写了《治安策》的贾长沙，与康梁思想有相同相近之处。慈禧要查办我们，看我们是不是康梁同党。多亏了袁世凯大人及时通报，他建议我逃上海，再去日本。这世道！"

杨毓麟笑了，拍着手说："怎么样？让我说对了吧！皙子，你太天真，是来京城做了一场梦啊。还是和我一起干吧！杀尽这些狗官，炸平紫禁城，再造中华，才是我们真正的出路啊！别抱什么幻想了。杀了西太后这些个鸟贼，你帮我们出谋划策，我们弟兄要做就做实事。别逃哪儿去了，留在京城，闹他个天翻地覆；我们一起干！"

夏寿田来了，神色慌张地把杨度推到幔子后，说："跑吧！快换上衣服，我把马车已经备好。刚才我在总理衙门，已经知道了慈禧要捉拿你。什么特科，全是骗局！"

杨毓麟还要说什么，夏寿田已经把一件长袍和一些衣服塞给杨度，催他快走。

杨度换好衣服，对杨毓麟说："笃生，或许你是对的。我先躲两天。走了！我相信大家都在奔着一条路，那就是救国。你干你的，我干我的，我们早晚要成功的。"

门外熙熙攘攘，夏寿田一看，慌忙对杨度说："有巡差过来了，如何是好呢？给他们一些银子吧，或许能买通。皙子，你就说是我的表弟，从江西来找我的！"

杨毓麟一把拉住夏寿田，说："别慌，你先把车赶到永定门，我把皙子送出去，一定在那儿等我！"

夏寿田正迟疑，杨毓麟把幔子后边的地砖一蹬，露出了一个洞口。

杨度定了定神，说："笃生是外粗而内秀呀！留了这一手。"

杨毓麟说："午诒，你快走吧。我会安全把皙子送过去，你放心。这条道，我是早就准备好了的。要杀人，就得防人。"

夏寿田走了，二人钻进洞口，最后杨毓麟又把洞口封好。

湖广会馆外，人声嘈杂，几队官兵赶过来围住了院子。有人认得夏寿田的，问他见没见过杨度。夏寿田说："杨度昨天就回湖南了，他的伯父把他接走的。他的伯父是朝阳镇总兵，你们不认识吗？他说杨度的母亲病危，昨天一早就赶路去了。"人检查了他的车辆，什么也没有见到，就放他走去。

这时，齐白石从外面回来了，见有这么多人围住了湖广会馆，先是吃惊，接着镇定了下来，大踏步地走向屋门。

两个巡差捉住了他，大声问："你见杨度没有？"

齐白石说："谁是杨度？我是来这儿混饭吃的木匠。管他是谁，只要给钱，我就给谁修家具。"

湖广会馆的客人都集中在院子里，挨个儿受审。许多人听见了夏寿田的话，都说昨天就走了。

42. 北京的脸面

冰天雪地的腊月说来就来，一夜间将北京城的河沟都封锁住了。街上偶尔有一两辆马车或轿子走过去，冷冷的，只有乌云要压下来，覆盖住这城市的房顶；满京城的老树萎缩在风中，用尽全身的力气摇晃着干瘪的枝丫，发出瑟瑟的声响。

一辆轿车从庆王奕劻的府门里驶出来，马铃声冲荡着寒冷，在几队士兵的簇拥下，驶向宽广的青灰色的马路。路面上的灰尘打着旋儿滚动。

轿车的车厢内，袁世凯被貂皮裹着，嘴角掩不住笑意。他得意于自己的几步棋：去年的冬天，数万名八旗兵丁受新军训练，被改为京旗常备军，铁良出来任练兵翼长。这是第一步棋。新兵中间少不了自己安插的眼睛。他在心里说：铁良，你是我棋盘上的马，斜着身子，只管往前往后动作吧。怎么走，你也只能是一个"日"字！

他洋洋得意于自己的武卫右军！春天来到，该走奕劻老家伙这步棋了。岑春煊和瞿鸿机他们曾放过风，说我因兵而得利。说，自由你们去说吧！想前年冬天，在保定城就任直隶总督兼北洋大臣，自己以"共保东南疆土，尽心筹画"，"功勋卓著"而加"太子少保"衔。那是慈禧要重建京畿防务，她不得不依靠我！像亲家周馥所言，八国联军灭了聂士诚的武卫前军，荣禄的武卫中军散了，董福祥的后军护送慈禧到西安后，也散了。宋庆的左军都是残兵败将，死伤过半。只有我武卫右军大旗飘扬，人数翻了又翻，天下谁能敌？如今，荣禄死了，自己在被实授直隶总督兼北洋大臣。你们该红眼，就只管红眼吧！老子想让他们搞一个练兵处，让奕劻总理，我来做会办大臣，再拉铁良出来干襄办大臣。让他们看到，这是他们满人练的兵，办的事儿；我袁世凯只是一个配搭。你们只会搞内讧，干一些鸡毛蒜皮的事儿，不会让棋子儿！在这两副招牌下，徐世昌为我做总提调，段祺瑞、刘永庆、王士珍他们做我的司正使。把持住军令、军政、军学，这都是我小站人马。这步棋，岑春煊你能想得到吗？瞿鸿机，你能想得到吗？

你们想不到的多着呢。

岑春煊，你以为你护驾有功，保慈禧逃西安，就可以想搞掉谁就搞掉谁吗？你们父子两人，才是以人血代茶的魔鬼。我知道你的父亲，那个叫岑毓英的总督，屠杀云南五百万回民，换得云贵总督的红顶子；你们父子是一脉相承！你个混蛋，你告我结党营私，你是想挤掉我！哼，没有那么容易，岑春煊，咱走着瞧吧。

岑春煊的脸，不停地在袁世凯的脑海中浮现着。他从一个小小的甘肃藩司，升为陕西巡抚后不断升迁。西太后很感激他，也很信任他。而且他声誉相当好，不吸烟，不染妓，不饮酒，不贪财，是有名的"官场岑屠户"。这个该多多提防啊！想到这里，袁世凯心头一颤。

袁世凯想起了几件事：

戊戌年，光绪整顿吏治，岑春煊为二品布政使，赴广东为官，主理财赋、民政。广州人做生意，以金钱开路，要买通各个关节，争相行贿。有一个米商找到了岑春煊，递上了一张几十万两的银票，请以后多加关照。岑春煊对他说，念你是初犯，以后再行贿，就是看低了我岑春煊的人品，我要惩办你！米商吓坏了，要找一根麻绳，拴在屋前的树上，准备吊死。他觉得以后的生意没有法做了。家人把他拉扯下来，告诉他说，岑大人有话，生意该做只管做，任何人不得用钱买得私情，来加重人民负担。米商说，我这是做梦吗？后来，岑春煊要走了，去赴甘肃上任。广州人送了万民伞，像云锦一样把岑春煊的住处围满了。岑春煊在云锦霞彩中笑着，他笑得那样甜蜜！他要离开广州，各路商人搬来粮袋，垒成了围墙，哭喊着不让他离去。岑春煊哭了，他说，岭南父老，你们这样抬举我，我惭愧难忍呀！

庚子之年，慈禧西逃，夜宿破庙。风雨交加，慈禧梦见八国联军追来，惊恐不知该向哪里逃去，号哭不已，高喊："谁来救我！"岑春煊在风雨中说："太后，岑春煊在此，请放心安歇，百无忧患！"天亮时，慈禧见岑春煊还在庙外站着，浑身上下结满了冰霜，心里非常感激。她一路上对岑春煊说："待回到京城，我一定不忘记您的功劳。像您这样的忠臣，实在太少了。"

果然，袁世凯督办电政，屡奏收回英国人霸占的开平煤矿，受洋人阻挠时，岑春煊他很顺利地总督两广。广州人得此消息，欣喜非常，他们一直迎接到京城。袁世凯心里暗暗骂道：岑春煊，你受人赞扬，我挨人诟骂，你还要挤对我！你个王八蛋，你与庆王有隙，就牵扯上我？你不聪明呀！他又想起了瞿鸿机，这个干姜一样的老头子，像枣树枝一样令人生怯。军机大臣中，只有他一个人软硬不吃，而且要向我发难。

袁世凯望了望窗帘外的世界，灰蒙蒙的天和地，像哭丧着脸一样的病人，慈禧啊，你还能威风多久？光绪小儿，你面色蜡黄，气血不佳，料你不会有几年的运程了！大清国，你摇摇晃晃，在这寒冷的天穹下，伤的元气太深太重，如歌如画的春天，会来到你的身上吗？他想起了天津卫，自己在那里的经营，电话、电灯、电报、高楼大厦、宽广的马路，就像点心铺的招牌一样，花花绿绿的，都是为了给人看？天津卫，你是北京的脸面，又如何不是我袁世凯的脸面？天津卫就是我袁世凯！

除了朝鲜，袁世凯没有远足外洋，只是在袁克定带回的画片上，见过英伦城堡，见过巴黎的宫殿和广场，见过洋人的大街。

袁世凯在心里说，我的天津卫，你也要像外洋那样，变一变脸。看人家外国人能耐多大啊！看那汽车，比马拉的轿车好看又快，看那电灯，还有那自来水、洋学堂、电话，让人眼花缭乱！

庚子年之前，天津卫一下雨就泡起了汤，海河里漂起的死狗烂猫，随着雨水、河水，一起冲向人家的房前屋后，冲进了人家的床前锅后。整个城墙，像一只大锅，在里面煮着高楼和矮房，煮着腥臭和污秽、腐朽。庚子年里，城墙被拆除了，修成了马路，城内的房舍都露了出来，像脱光的少女，在春风中，一脸的羞涩，一脸的激动。

如何不激动呢？

天津卫的孩子们，刚看见洋人的汽车时，都追撵着跑，现在，房舍不远处就有了电车！人老几辈，你们见过这轰轰隆隆的汽车吗？广州人夸岑春煊，只是他个人廉洁，老百姓见过多少世面？我天津卫有了电车，还有电厂，发出的电，像老天爷吹的一样，满街的电灯都亮时，如星光撒遍全城。我天津卫的家家户户不用打水、运水了，一拧自来水管龙头就放出清凉的水流。北京城，你有这洋福吗？更不用说广州羊城！

古时候，有人传说什么千里眼、顺风耳，现如今，我天津卫我直隶府装起了电话，我设立了电话局，一打电话，千百里地，如在眼前。

外国有大学堂，我天津也办了。北洋西学堂建好了，我要造就一代新匠人，造出新轮船、新火车、新汽车、新枪新炮，也造出新楼房，让世界焕然一新。

我天津卫哪一点比不上广州城？

他笑着，车颠簸着，像摇篮，把他送进了梦乡。在梦中，他又娶了几个漂亮的姑娘，如凤凰般富丽的美女们像云朵飘在他周围。

的确，他娶了个漂亮姑娘，姓杨，是天津卫人。她长得小巧玲珑，瓷娃娃一般，能说会道，莺啼般娇娜。袁世凯很喜欢她，不仅仅因为她这些能耐，还因为她不知在哪儿学的伺候本领，每天夜里，都能让袁世凯心满意足。有了杨氏，袁世凯再也不想其他人了。

杨氏对沈雪梅格外尊敬，既温驯，又利索。沈雪梅对袁世凯说："我调教两个朝鲜丫头，已经够累的了。几个孩子还要跟着我学些书画；眨几眨眼，我真不敢想象从前的日子。唉，有了这姓杨的姑娘，我可以歇歇了。把钥匙，给她吧？"

袁世凯说："不慌，你多调教调教吧。这么多人，我是只看得起您一个人的。您替我多操持些家事。哪能随便就交钥匙呢？"

沈雪梅涕泪交加，哭着埋怨自己没能为袁世凯生下一儿或一女，越哭越痛。袁世凯安慰了许久，她才住了哭声。唉，这个女人呀！

袁世凯正想着，轿车停了下来。家人正在门口等候他呢。他揉了揉睡眼，扫视了一眼家人，算是对人的关心。家人都恭敬地站在那里。袁克定在人群的背后站立着，脸红红的，一副又激动又不满的样子。

袁世凯看见了他，对他说："马上到我的书房来。"

他听说这孩子看不起岳父家，想闹什么是非呢。他要告诉他，这门亲事不同寻常。

袁克定恭顺地应了一声："是。"

袁世凯回到书房刚坐下，见案上放了一封信函，署款"留日学生抗俄总会同仁致袁大人书"。他顿时睁大了眼，对袁克定说："你明天再过来吧。"

第五章 　来日

张镇芳明白他的话，连连点着头，说："是啊，是啊，天旋地转，自古
就是在动生静，静生动。依我看，天地大旋转的时候就要来临了。看那江南
江北，大河上下，日日传来匪患。这，是新景象啊。"说着，他压低了声音，
"慰亭，我有一个湖北朋友萧无良，说他们那里有人正在搞什么兄弟会，准
备来日……"

43. 龙凤呈祥

春节将到，天津卫被雪裹得严严实实，海河上传来孩子们一阵阵打陀螺的呼
喊声。有一群大一点的孩子抬来锅盖大的陀螺，用绳子绑好了一齐抽动，惹得人
惊讶不停地叫喊。天津卫的人说，世道在转，就像这陀螺一样转个不停。他们举
数着电车、自来水、电灯，说世道转得人都花眼了。

听了这样的话，袁世凯异常高兴，手拉着张镇芳站在一丛梅花旁，满嘴酒
气，说："世道确实在转啊，芝圃！"

张镇芳明白他的话，连连点着头，说："是啊，是啊，天旋地转，自古就是
在动生静，静生动。依我看，天地大旋转的时候就要来临了。看那江南江北，大
河上下，日日传来匪患。这，是新景象啊。"说着，他压低了声音，"慰亭，我有
一个湖北朋友萧无良，说他们那里有人正在搞什么兄弟会，准备来日……"

袁世凯立即用手势制止住了他，说："芝圃，莫相信那个湖北人萧无良。俗
话说，天上九头鸟，地上湖北佬。这个萧无良善变，自私，阴险，狠毒，狡诈，
见利忘义辈多，绝不可相信他。要多交杨度那些湖南朋友，他们虽然牛脾气大，
但他们敢想敢干。谨记住，千万要多长个心眼，不要同萧无良交朋友，因为他没

有朋友。"

张镇芳点了点头，说："听说日俄要交战。有几个洋学生给朝廷写了信来，鼓动人出来反对呢。俄国毛子占我港口，小日本鬼子要扼住他。打一打也好。俄国人该替我们出一口气！"

袁世凯说："芝圃，难讲啊。倭寇虽是弹丸之地，几年来自强不息。他们有人天天在喊脱亚入欧，要称雄亚细亚，赶上欧罗巴，不可小看它个狗日的。我甲午战败固然是我孱弱，俄国毛子也难说能打败它。洋学生的来信我也见到了。他们提及有一群忧国忧民的人在日本正干得热火。他们中有一个叫孙文，那个叫孙中山的人，正联合康梁，伺机推翻清廷，再造中国。您该怎样看？"

张镇芳说："荣禄一死，奕劻当权。奕劻当年对您感激得很。前日他还在和我讲，天下只有慰亭一人懂得他！他家的开支，多亏了您对他的资助呢。有这样的人，我看，再造中国靠的该是您，不会是那什么孙文。"

袁世凯笑了一阵子，说："表弟啊，那年我在南京城，曾写了一副对联，是'大泽方屠龙，中原鹿正肥'。我的老师被吓坏了，他对人讲，我的脑袋后边有反骨。娘的，反骨人人都有。奕劻家的人，只要能做我们的策应，载沣儿辈是长久不了的。"

张镇芳说："孙文辈呢？"

袁世凯说："充其量是一张调动主王的纸牌，他不会成什么事的。放心吧，谁有兵权，握紧了刀把子，谁才能成事。刀把就是政权。现在，孙文他们是一张闲牌，该虚晃一下，关键是打好奕劻这一张牌。瞿鸿机和岑春煊那边怎么样？想法再摸摸他们的底细。西太后的脸，这一段绷得不那么紧了。我看，逃走的那个杨度，恐怕会领着康有为、梁启超、孙中山他们跑回来的！不过，跑回来可以帮我们的忙。湖广留洋的人多，将来，我们南北起事，不怕载沣小儿他不下台。纵使有多少能耐的满人，也救不了他们的命。他们还是回长白山吧！中原大地，他们占了二百年啦。"

张镇芳压低声音说："慰亭，今日该不是你喝多了一些酒啊？"说着，用眼也斜着看他。

袁世凯用鼻子"哼"了几下，说："芝圃呀，芝圃，你这个人！你把我当成了醉汉子在说醉语？唉，你哪里如徐世昌那样可以尽情相诉！你总记得'追及圣驾'而'恩赏加四品衔'那段辉煌！那年，我让你留山东，可你非到农曹去不可。你委了个小小银元局的会办，又有什么意思？没有我，你会成直隶差总办，成这永平七属盐务会办吗？你胸无大志，枉让我费了这些心血啊。你想，天下赐人多少机遇，前曾国藩坐失，孙文之辈虎视眈眈，我们何必死抱住那块臭石头不放？"

张镇芳面露愧色，说："慰亭，我能设想你如此的心境。自小我就知道，你是非凡的人物，跟着你干，一定会有出息的。可您这两年，太没有刚从朝鲜回来的那份耐心了。官场就是战场。要等待。那时，你能够忍辱负重，静若处子。你苦口婆心讲与人练兵的道理，连清流派老少辈的，什么李鸿藻、翁同龢他们都被你说服，他们一致推举你练兵。可你知道吗？没有煮熟的鸡蛋，能剥开皮吃吗？现在，你要多注意您的政敌有多少，特别不能丢掉警惕。荣禄是死了，奕劻就那样糊涂吗？载沣犬辈，恨不得立刻斩杀了你呢。急不得，急不得。还是先从学堂办起，有了门生，何愁没有人效劳！"

袁世凯直直地盯着张镇芳，吓得张镇芳挪动了脚步，言称"天太寒冷，还是回屋去暖和暖和"，要走开。

袁世凯"噗"地笑了，说："芝圃，你可信命运？"

张镇芳放下了心，说："要说信，天下有几人能知道玄机之理？要说不信，这世间的事还真的都在命理。"

袁世凯说："我是奇怪，像今天这样，咱们站在雪地里讲了许多，这情景，我以前在梦中是遇见过的。其他事情，会不会也映现呢？"

张镇芳说："是啊，梦这东西，奇怪得很呢。我在未中进士的时候，梦见过自己中进士后得了官运。我信呀。梦是人生的预兆，不能忽略。"

袁世凯说："前天夜里，我梦见我娘的坟上盘了一条大蟒，整个洪土窪一片汪洋。这该如何讲？"

张镇芳说："慰亭，说来，你还真该感谢世敦兄长。不是他瞎胡闹，你怎么占得住这片风水呢？吉人自有天相啊！"

袁世凯半日未语，抿紧了嘴唇，往远天看着，眼里挂起了晶莹的泪花。张镇芳恐他想起袁世敦闹丧的事，后悔自己多说了这句话。他环顾四周，一切都是静悄悄的。抬头望西南远天，只见漫空一长带的乌云，乌云的身下，像两只鸡翅形状的散云，他轻轻地喊了声："看，西南方，该是龙凤呈祥的景象！"

袁世凯随着他的话，望着长条的乌云，点了点头。他的眼睛明亮起来。

雪又下了。乌云渐渐散去，他们仍然在极目追寻那龙和凤的行踪。

44. 杨度

上海新闻路余庆里的一间屋子里，热气腾腾的，透过烟雾，可以看见一群人正在这里聚会。大家席地而坐，围拢在一只古案周围，案上放了一些水果和点心，还有几张刚印出的报纸。

杨度只认识座中的黄兴，他们既同岁，又是同乡，还同在日本留过学。今天，黄兴介绍杨度认识一些朋友，每介绍一人，人都要往前探一下身子，朝杨度点点头。

"章士钊，《苏报》主笔，今日《国民日报》总办。"

杨度向他回了点头礼。他知道这位才子，听说过他刊载《革命军》等檄文而获罪，顿生敬意。

"陈天华！"

"陈去病！"

"蔡锷！"

"苏曼殊！"

"柳亚子！"

"黄炎培！"

"胡瑛！"

"张继！"

……

介绍完毕，黄兴说："这位杨度先生，是我们应该引为同志的人。章太炎先生曾误解了他的追求，骂他'神狐善埋骨，高鸟喜回翔'。大家该知道，皙子先生的《湖南歌》和《黄河歌》，是步屈原之韵呢。我们请他讲京城之行之祸，也请他听我们讲华兴会的主张，希望大家于今日携起手业，共同斗争，革命。"

大家欢迎，鼓起了热烈而诚恳的掌声。

杨度一再致意，开始讲道："诸位先生，导师，同志，我曾写曾国藩'不助同胞助胡满'，还写过'粤误耶稣湘误孔'，而我现在更主张君主立宪。因为，这是大势所趋，整个世界所向。甲申以来，我不断割地赔款，列强要利用我混乱之际，而趁机瓜分我，灭亡我。我们应该从安定入手，改变现行政治，像当今袁世凯先生治理直隶那样，办实业，兴学校，实现自强！我不赞成暴乱、暴动，这样会造成列强可乘之机的。"

他的话刚说完，陈天华就接上来说："君主立宪是不可能的。谁会同意从他们手里白白夺去权利？那拉氏会吗？戊戌才有几天？不流革命者的血，不杀当权者的头，世界是不会发生革除腐朽的变化的！谭嗣同先生的血，难道是无意义的吗？"

柳亚子说："对清朝是不应该有什么天真的幻想的。"

黄炎培说："革命，就要改天换地，难免流血。我赞成实业救国，但我反对用立宪来代替一切。"

大家七嘴八舌，争论不休。

张继问杨度："皙子先生，那袁世凯究竟是一个什么样的人？"

杨度见大家一齐将眼光转向自己，就将自己受袁世凯的恩助讲与大家听。

陈天华说："那么，出卖维新者，这又该如何解释呢？如果他没有出卖人，那为什么又有人骂他是'枭雄'呢？我真正不明白，皙子兄为什么会推崇这样的人物？"

杨度思忖片刻，接着讲道："袁世凯是个有作为的人。大家误会他了，把他当成了极端自私的昏庸之徒，是大家不明真相。首先他是个脚踏实地的务实者，小站练兵，开了强兵的先河；'新政十条'，开一代政治新风；创办大学堂，开设课吏馆和仕学院，设立农务局、工艺局，大胆引用洋人技艺、洋人军法，使人耳目一新。再者，诸君不知，没有他向荣禄讲清康梁之变故，慈禧也会诛杀维新党人，而且她要结束光绪训政是在袁世凯告密之前。众口铄金啊！我们不相信他的《自书戊戌纪略后》，而只相信逃到日本可以信口雌黄的梁启超先生。就像当年的朝鲜，日本人无论如何是要占领它的，怎能怪袁世凯惹恼了日本人？他做的事，是有利于我们国家的。我看他不是什么'枭雄'。他是个雄才，当朝大臣，无有出其右者。他和奕劻之流是绝非可以类比的！我和他谈过几次话，亲眼看见他是诚恳的。他是一个有大抱负的人！"

苏曼殊说："皙子先生，您看中国需要多久，才能出现君主立宪？要等您也到朝廷里去学习行走？"

大家又开始了争论，丝毫不让，不退。

正当大家激烈争论时，门外放风的人跑进来说："有大队巡捕朝这里开来，大家快一些疏散。"

黄兴让大家从另一个门道里散去，临走拉着杨度的手说："皙子，您是才子，容易为人所利用，而您今天又坚持这种主张。走吧，到日本去躲几天吧，那里更安全一些。"

杨度激动地望着他，不知说什么好。

45. "咚咚锵"

正月十五的天津卫和大年初一一样，披红挂彩，满街上都挂着鲜艳的各色灯笼，拉洋片的，卖杂货的，耍龙灯和舞狮子的队伍，闹腾得热火朝天。东马路、西马路、南门外大街、北马路、三条石大街，高跷队掀起一处又一处的人潮，激起一片片赞叹声。

158

咚咚锵，咚咚锵！

天津卫的锣鼓呀咚咚咚咚锵！

大姐的金牙黄又黄，

大小子的脸蛋儿圆呀圆又胖……

整个天津卫都被锣鼓声包裹着。

海边沿岸的风，刮得人脸皮生疼。有几丛草已放出绿色，亮得刺人眼。太阳升起来了！天津卫的环城马路上，来来往往的行人，相互骂着俏皮话儿，嘻嘻哈哈。

袁克定带着袁克文，骑马悄悄出了府门，跑得两人满头是汗。一路上，他们像放飞的鸟儿，吻着蓝天，再不愿回到巢穴。野外多迷人！

袁克文忽闪着亮晶晶的眼睛，说："哥，你今年高寿几何？"随着袁克定也跳下马。

袁克定笑他说："哎呀，我的好弟弟，你为何要用高寿这两个字？那是问老年人的奉承语。我们孩子辈的，问多大了就行了。我是光绪四年的人，算二十五岁了。那年，爹在陈州不得志时生下我。正值刚分了家，我两岁，爹没办法，就去投军离家远走。我忘了，弟弟多大？"

袁克文说："爹说我是光绪十六年的人，该比你小一巡。我有十三岁了吧？"

兄弟两人谈笑着，不时捡起地上的石块，一会儿竟捡了许多。

袁克文拾起一块石头，打量着，审视半天，问袁克定："哥，你看，这石头像是在水里浸泡久了的。"

袁克定接过来，端详着，说："我在德国念书的时候，听地质学的先生在课堂讲过，我们脚下的土地曾经是沧海；这是海底的石块。它之所以在这旷野上出现，是因为天津卫这地方，原曾是海底。海河，是一条冲向海洋的淡水沟。这些石块，就在海河水泛滥时冲上来了。弟弟，你长大了，也应该出国的。漂洋过海，会看见很多想不到的人和事，在那里，你就有了许多见识。像爹那样，若不到朝鲜去，这一辈子恐怕难说有出息呢。"

"对，哥说的是这样。"袁克文仰着脸，嘴唇上毛茸茸的，涂上了一层黄毛，他望着袁克定，问道："哥，我喜欢唱戏，外国有唱戏的吗？唱戏的多舒服。你看咱们家请的戏班子，人一个比一个漂亮，走路说话的架子，多斯文，有礼节，那是文明吗？"

袁克定说："是啊，那就是文明。在欧洲国家，到处都是文明。而我们这里，唱戏是被看作下贱的事的。唱戏的人，本来是传播文明的，他们死去时却要抛尸荒野，不准进祖坟。奶奶在家就因为是偏房，死后不让进祖坟，爹又重置了坟地。我们中国人是愚昧不可训啊。弟弟长大了，要好好读书；我做了皇帝，你就是贤王。咱们要做辉煌灿烂的事，让爹欢喜的事。"

"就像那唱戏的一样吗？"袁克文不解地问道，接着说："宋朝、明朝的戏，兄弟中有一人做了皇帝，另一人就是王，一同治理国家呢。"

袁克定苦笑了半天，说："弟弟，你怎么三句话不离唱戏呢？唱戏虽然好，可是会玩物丧志的。宋朝有个皇帝，叫徽宗，字画都是很好的，喜欢跳舞，喜欢会填词、唱歌的女人；还有个唐朝的玄宗，也是喜爱唱戏。他们都不能治理好自己的国家。他们的王朝都衰败了，丢了江山。做皇帝的，就要克制自己，才能成就大事业。"

袁克文背着手，仰着脸，望着远方，好像没有听见袁克定的话，转过身来，说："哥，做皇帝有什么好的呀？看那唐太宗，往前看那曹丕，他们为了做皇帝，都要把亲兄弟杀死。他们是孤家寡人，没有朋友，也没有普通人的良心。唱戏，传播文明，有什么不好呢？人听了戏，常被那忠臣良将感动得流下许多泪，能唤醒人的良知，感化人学好。这不比什么强！"

说罢，他绷紧了脸，不理了袁克定。

袁克定用手扶着他的肩膀，说："好弟弟，等你长大了，你就明白了这些为官为人的道理。唱戏，会两句也好，万不能把唱戏当作职业。那种职业，为人所轻视是一，风里来，雨里去，太苦了啊。爹说过，笔墨都是用来涂抹门面，让人看的，若以笔墨为生，和唱戏的一样，供别人享乐，就委屈人了。人生来就是不自由的啊！"

袁克文说："哥，是不是人不当皇帝，就无法显示自己的能力吗？天下皇帝只有一个，大家都要当，所以才相互杀戮？这和唱戏的，是一模一样呢。到了最后，戏散了，大家都下了台，戏台上又由别人来登。反反复复，我们唱的戏大都是这个样子。当官不好，不如高兴了就唱一唱，写一写，画一画。像爹那样，操那么多的心，整天劳累，我看……"

"弟弟，你看，你看那天上飞的是什么？"

袁克定望着一只鹰在天上盘旋着，颇为恼怒地喊道。他对弟弟的话尤为不满，他要启发弟弟像鹰那样奋飞。

袁克文缓缓抬起头望了望，说："除了云彩，什么都没有。"说着，他神色异常平淡。

袁克定说："高天滚滚白云，有那雄鹰在盘旋，在展翅高飞。你就没有看见吗？"他的声音中充满更多的愠恼。

袁克文不以为然地说："我看到了。那鹰是才有的，平时是没有的。平时不但没有鹰，连云彩也没有的！"

袁克定长长地叹了一口气，什么也不再说。他今天带弟弟出来，是他太喜爱这个比自己小十二岁的弟弟。自从德国留学回来，父亲让他到农曹里学着做事。平时，自己也挺寂寞的。早晨，他起来时，却看见弟弟在后花园里一人站在那里比比划划，走近一看，原来他在咿呀咿呀地学着唱戏。刚好今天是元宵节，他就带着弟弟走出来，一为散心，二为借机教育、开导弟弟不要因嬉戏而荒废学业，失去追求。他本来要亲口对弟弟说，好男儿志当存高远。想不到，今天，弟弟竟这样没出息，淡泊事业，全然无进取的雄心，令他心里隐隐作痛。

怎么会是这样呢？

他想起了婶娘沈氏，爹以前是很宠爱她的。爹不喜欢自己的生母于氏，嫌她粗俗，平时像路人一样冷淡。沈氏在杨氏未嫁过来时，俨然如总管，各房的起居、生活、娱乐、零星的碎活计，都归她安排。克文在沈氏的调教下，学会了琴棋书画，学会了吹拉弹唱，也学会了她那副清高、冷漠。自己的弟弟妹妹们，爹要求大家都得喊沈氏"亲妈"，尽管她没有生养一个儿女。她那副面孔，冰冷得令人生畏。金氏、李氏，都看见她就害怕。弟弟跟着她，能学好到哪里呢？弟弟呀，爹说我和你是他的两只虎，要为他安邦定国。你是一个什么样的虎呢？

袁克文见袁克定一直沉思不语，知道自己的话语惹他生了气，灵机一动，喊了一声"哥"，亲热地说："走吧，哥。我是瞎胡扯呢，你听，顺风传来的是什么？"

袁克定的心几天来一直不舒畅。他常常发起无名火。岳父吴大澂死后，袁克定越来越嫌自己的老婆窝囊。他三番几次想把她休了，袁世凯气得破口大骂："你个混账儿子，也不看看你自己！"是啊，自己以前骑马，摔残了左脚，吴氏是个聋子，两人在一起是说不出来的难堪。岳父活着时，常对自己夸甲午年他如何自请率三万人马赴辽抗日。吴大澂是个正直，又有学问的人，著有《字说》，为学问家所推崇。当年，岳父曾上疏朝廷，要求停修圆明园。牛庄之役打得那样苦，他与日本人斗得昏天黑地，最后战败，被革职留任。父亲念及旧情，在这时与他结为儿女亲家，使自己曾有的一段姻缘成了泡影。袁克定越想心里越烦，听见袁克文喊，醒过了神。

袁克文让他听，原来是风吹过来的庙会上唱戏的锣鼓声。他哭笑不得，对弟弟说："离了戏，你就什么都听不见吗？"转而想到弟弟年幼，不能太直言训他，就说了一声："走，我们听戏去。火神庙的庙会，热闹得很！"

袁克文兴奋异常，说："哥原来也是喜欢戏的。演戏又如何不好？想当皇帝当皇帝，想做书生做书生。要知道皇帝做不了书生，书生也做不了皇帝的。这不是两全其美吗?"

袁克定点头应道："弟弟，喜爱戏可以，千万不能与那些唱戏的掺连呀!"

袁克文说："我的哥哥，你嘴上这样讲，心里是如何? 有人曾告过爹，说你在外面包养有唱戏的歌女；据说还是什么洋女人。哥哥，原来你是外面文章，内里盗贼。"

袁克定说："谁告的? 我怎么没听爹对我讲过? 没有的事儿。都是你编来，哄我、吓我的! 小小年纪，竟这样爱做无中生有的事!"

袁克文笑着，对袁克定做了一个鬼脸，说了声"上马吧"，接着讲道："不过你别怕。爹只不过是不许你娶那红发蓝眼的洋女人，怕人家耻笑咱。他才不管你在外包了多少呢。我听亲妈讲，爹在年轻的时候，风流得很啊! 古来英雄皆风流。爹是亲妈的情人，当年他们在江南闹腾得风风火火，这些能编成让人非常感动的戏文呢。"

袁克定上了马，他想起许多往事，自个红了脸，望着远方，说："哥的事，等你长大，你才能懂得啊。"说罢暗自流泪。

袁克文见他伤心，窘迫地把头低下。

二人骑马缓行，朝庙会走去。

袁克定说："弟弟呀，听我一句话，人过于陷入儿女情长，是成不了大事的。男女间的事，若一点儿也没有，像土地上若都是庄稼，没有了花草，就太单调。"

袁克文想：这是哥哥在自己安慰自己吧。

"哎——"远处有人高喊着："大少爷! 二少爷!"

两人勒住马，朝喊人处望去，见是家人，心里猛一惊。

家人来到眼前，喘着粗气说："袁大人让你们快回去。袁安老爷子快不行了，闭不住眼睛；他一定要见你们兄弟两个呢!"

袁克定说了声"这老头子"，勒紧马缰，向城内奔去。

46. 三个人，一个是老子，一个是孔子，一个是孙子

袁安老汉躺在顶子床上，新被褥盖在他身上。袁世凯在一旁安慰着他，他一直在说着胡话。

袁克定、袁克文跨进门时，袁安睁大了眼望着他们，发疯了似的喊道："老祖宗! 老祖宗!"接着，声音越来越低，断续喊道，"……袁张营有三，百六……袁寨有二百……黄营有一千……张吴楼有二百……高庄有二百……田寨有六百……新桥有两千……洪土窑有二百，五，五千……钢叉楼……阁顶……千顷牌

坊，破屋……凯儿！"随后，猛地断了气。

大家都望着袁世凯，满脸疑惑。

袁世凯悄悄吩咐人将袁安的事情安排停当，又着人请先生算了吉日良辰，把这位老人送回项城老家。

人都各自忙去。

袁世凯把袁克定和袁克文叫到书房，面色格外沉重，眼角挂着几滴泪水。他静静地望着他们，半天没有一句话。

袁克定和袁克文一直跪倒在地，嚷着："请父亲大人息怒，孩儿再不敢擅自外出。"

袁世凯摇了摇头，说："你们明白刚才袁老爷爷的话吗？"

兄弟二人说："不明白。"

袁世凯说："你们除了知道玩耍，都知道什么呀？"

兄弟二人将头低得更低了。

静了一会儿，袁世凯说："袁安讲的都是咱们家的事啊。"

他想亲口对他们说，自己在年轻时曾经得到这位老人的救助。他努力了几次，还是没有能够开口。他忍不住擦了擦眼角。

兄弟二人将头抬起，表示不明白。

袁世凯语重心长地说："孩子，咱们袁家在项城县，是有名的大户。自从你们的二老太爷做了漕运总督，到之后，咱们家在袁张营有三百六十亩地，在袁寨有二百亩地，在黄营有二千亩。在汾河南的张吴楼，有二百亩地，高庄有二百亩地。新桥最多，有两千亩土地。田寨，咱们有六百亩地，洪土窑有二百亩地。加在一起，有五千多亩啊！家乡俗话说，汾河以南，土地姓袁。"

他停顿了片刻，接着说："项城老家有个阎顶，是明朝中宪大夫阎廷梓的父亲，传说他很能干，靠勤奋积攒田产一千多顷，挂过千顷牌，立有千顷牌坊。项城县的地，十亩中有一亩是阎家的。袁安提这些，都是为了让人记住，袁家有今天，是很不容易的啊！要像阎家那样积业，建业！可是，项城到底还是小啊！"

袁克定知道，讲完袁安，袁世凯就要训斥他了，随口说道："父亲大人，孩儿明白了。您多日未曾歇息，多休息一会儿吧。如果没有其他事，我就告辞了。"

"哼！"

袁世凯瞪了他一眼。

兄弟两人听见这声音，觉得像一声雷鸣。

袁世凯骂了一句："没有出息的东西们，我像你们这么大时，是为国家做了许多事的。你们，我让你们看的书，都给我读完了吗？"

袁克定说:"父亲大人,《资治通鉴》我通读了一遍。曾文正公的书,我还没有读。"

袁世凯鼻子里出了一道粗重的气,缓了语气,说:"这样好。读书不要死记硬背,要学会悟出其中的事理,把这些事理琢磨透。"

袁克文跟着说:"爹,我不喜爱《论语》的条文。什么经典?人说是孔子讲了,他的学生记了下来。难道没有他人的话语?都是一些干巴巴的条条框框,没有一点儿意思。我现在在读《元和正音谱》呢。"

袁世凯啐了他一口,骂了句"狗东西",说:"要读能开窍的书。那些谈诗作文的书,知道就行了。将来,你也要出去留洋。"

袁克文立即答了句:"是,爹。"

袁世凯正要对他们讲时,电话响了。他走过去,拿起耳机,说了句"对,我是慰亭",默默听对方讲着,最后高声说:"好!你们就快来这里吧!"

袁克定和袁克文站起身,要走时,袁世凯喊住了他们,说:"不要走了。等一会儿,有几个德国人来访问我。克定,你来做翻译怎么样?试一试你的本事。克文也别走了,见习一下,长长世面。你们的菊人伯领着他们过来,我要让这群德国人看看我和我的家庭。他们还要照相,把相片印在欧罗巴的报纸上。多好啊。"

两个孩子毕恭毕敬地站立在他的面前,他微笑着,用温和的目光注视着他们,左右手伸出来,轻轻地拍着两人的肩膀。

他对袁克定说:"孩子啊,你是长子。你和你弟两人都是属虎的,要为我们袁家扬威。你们要学会震慑他人,让人有所惧,又要让人感到可敬、可亲、可信。我们袁家的钱,是永远用不完的。你们要学会用钱。你们的保恒爷曾给我写过一副对联:十三学书十五学剑,百万买宅千万买邻。我把这副对联换两个字,就是下联,叫做:百万买路,千万买人!最要紧的是什么?是人。如何买人?要学会使用钱。世上的人千千万万,都是为利为钱而来来往往。也有那不爱钱财的人,俗话才说'世间人多君子稀'。我手下的那些人,越山过水来投我,是为了什么?是为了孝敬我?呸!是看中了跟着我能做上官、能发财的前程。他们都是奔着我丢下的骨头而来的一群狗!"

袁克定和袁克文都张大了嘴巴,不解地望着袁世凯。

袁世凯转过身去,取出一套《孙子兵法》,对两人说:"儿啊,世界上能干出大事的人,不能不读书。你们读书呀,有三个人要记住,一个是老子,他讲的是道,很大,空得很;一个是孙子,他讲的是法,小得很,实在得很;一个是孔子,他讲的是仁,要稳。这三个人呀,一个很大,所以叫老子,一个很小,所以叫孙子；中间不能断层断线留个大窟窿呀，所以第三个人叫孔子。孔就是洞，洞孔，是补世间的缺漏的。他们的学问都有用；最有用的是什么？是法。所以，我们总是说，解决问题要想办法。法理是维系世界的基本。仓颉造字，教人聪明，千百年来，人苦苦读书，寻求世间的道理。但是，更要学会用人，假人以得天下！治理国家，统治天下人，绝不是靠一本破《论语》，也不是靠什么啰里啰唆的《资治通鉴》。靠的是什么？是法，是这套《孙子兵法》！读通了这本书，你们才会真正明白该如何在世间做事。孔圣人、关老爷、那神啦鬼的都是用来骗人吓人的。谁造的？大明朝朱洪武造得最多。当年，朱洪武说，立国治世，他要使民有所畏。都是骗人的。只有这孙子，洞察秋毫，运筹帷幄而决胜于千里之外，他才是真正的圣人。读什么《老子》、《论语》、《孟子》那样的经典，人便只能去做学问，成为书呆子；只有读通《孙子兵法》，看透世间万物，才能成为纵横捭阖于天地之间、扭转乾坤的大丈夫。当然，来日梦想成真时，少不得拿道德、圣人来做招牌。你们，你们听明白了吗？"

兄弟两人呆若木鸡，似懂非懂地点点头。

他摇摇头，长叹一声气，也点了点头，接着说："听说克文喜爱唱戏，这好啊。"

袁克文迷惑地望着父亲，又望了望哥哥。

袁世凯咳嗽了两声，说："人要学会在人前真正地演戏，又要让人看不出是在演戏才是大智慧。那些戏词，爹也是很喜爱的啊。我们家会唱戏，但我们家是出不了戏子的。"

袁克定说："爹，在外国，唱戏是艺术，也能光宗耀祖的。英国有个莎士比亚，法国有个莫里哀，他们都被尊为圣人。可是，他们活着的时候，都常常吃不饱，穿不暖，受着不尽的折磨，遭人轻视。"

袁世凯说："孔子也是一样。他周游列国，惶惶如丧家之犬。他在陈州、上蔡一带，就是咱们的家乡，连粮都绝了的。他后来醒悟了过来，做了宰相。他的名声是后人捧出来的。这世上唱戏的，看着很风光，其实，他们和那个奉旨而作诗的柳三变一样，一生都穷困潦倒。为文为诗，都不能当饭吃。真会唱戏的人不是在戏台上。豹岑还小，要多向你哥哥学着些。"

袁克文红了脸，不好意思地说："爹，我学唱戏，是觉得很好玩，我，我是不会做什么戏子的。"

袁克定说："爹说的都是箴言，弟弟，我们该记牢的。我爱骑马，你爱唱戏，将来我做皇帝，你做贤王，也做宰相哩！"

袁克文"嘿嘿"笑了，有板有眼地唱了一句"我正在城头观看那山景"，一边比划着。

三人都笑了！

"叮叮叮"，电话又响了。

袁世凯让袁克定去接。

袁克定接过后，用德语讲了半天，把听筒放下，兴高采烈地说："爹，是德国皇太子派来的人，要来你的书房单独谈呢。我和弟弟还走开不走开？他们马上就到了。"

袁世凯说："你在德国时，和这些人是否认识？"

袁克定说："认识。在德国皇太子的家中见过面的。我们还挺熟的。"

袁世凯说："那就好。你是翻译，也是陪客。咱们谈得轻松一些，让他们有别开生面的感觉。"

袁克文说："爹，我去喊俺姐姐去吧？叫他们几个都来，玩得更舒服一些。"

袁克定说："别胡闹！"

袁世凯笑了，说："今天是正事。过两天，咱们让他们到家里来，大家一起玩。你们可以教他们打猎、唱戏，结一家洋干亲多好。"

袁克文说："德国人来了，我教他们唱咱们家乡的歌谣。我听刘永庆家的孩子唱的，可有意思啦。真没想到，在我们项城老家，现在还流传着没有收进书的《诗经》。"

"什么《诗经》？"

袁世凯霎时愣了，望了望眼前这个少年，心想，他怎么懂得那么多！

袁克文不慌不忙地说："爹，是这样的。我背给您听：

　　咕咕，
　　对对，
　　长疮，
　　受罪。
　　有钱，
　　买板，
　　没钱，
　　箔卷。"

袁世凯站身，拉着两个孩子向庭院走去。

庭院中清净的土地上，放了许多盆家养的花，组成了一个个"福"字，给这庭院增添了雅趣。

袁世凯望着西南远天，轻声说道："咱们老家是出好诗的地方啊。这两字诗，竟还存在，被人传唱。陈楚故地，自古多风流文雅之士。像这样的诗，才算得上好诗，真诗。孩子，以后若你有兴趣，可到乡间多走一走，编上一本《新诗经》，强似那白头到老学人家的文句。为文要有新诗句，不学他人捻断须。这样才有出息。"

袁克文似懂非懂地点了点头。

47. 云水顿怒

冬天的风，飘着雪花，纷纷撒向东海。

海面上的风浪像喘着粗气的年老的病人，使尽力气，要昂起头。但它是那样艰难，费了那么多力气，还是没能支撑起。

雪花越飘越大，如漫天的纸钱在飞舞着。

在浪谷中穿行的一艘船上，杨度和宋教仁并立船头，扶着栏杆，正望着茫茫的海面。

杨度说："这雪，是怒气所生啊！"

宋教仁附和一句，接着讲："古有精卫填沧海，今神州多病，吾辈却无可奈何；令人感到惭愧呀！"

两人半日未语，望着海面。

"惭愧！岂止是惭愧！"不知什么时候，黄兴来到了他们身后。黄兴的身上也飘满了雪花，脸红红的，眼睛里布满了血丝。他大声喊叫着："该是奇耻大辱！"

宋教仁上前扶住他，轻轻唤道："厪午，你怎么了？"杨度也过来扶住他。

黄兴摇摇头，抬眼望望天空，愤恨地说："刚才，我遇到一个商人，把陈天华的几册鼓子词撕了，扔进了火盆。他说，什么子革命？应该推翻胡满？这帮子读书人，是吃饱了胀的！好太平的日子，都为他们读书人搅乱，该杀！"

宋教仁说："这倒正常。革命，未必是人人都能自觉。中国，整日死气沉沉，这风该如何才能吹进来，催开这赤县神州的百花呢？中国不喜欢革命的，不止是这商人，还有许多读书人。皙子兄不也是不喜欢革命吗？"

杨度说："不，我不赞成革命，并不是像那些人反对革命。弟兄们的革命，和我所追求的是一个目的。我们都是为了民族富强，而不是为了个人的幸福。"

雪渐渐停了，天仍旧是灰蒙蒙的。

黄兴长叹一声，沉思片刻，轻声吟道：

城上旌旗城下盟，
怒潮已作落潮声。
阴疑阳战玄黄血，
电夹雷攻水火并。
袁角岂真天上降，
琛珠合向海王倾。
全凭宝气镇兵气，
此夕蛟宫万丈明。

宋教仁知道这是魏源的诗歌，他点头称是，说："厪午，你说，我们这位同乡，与皙子有多相仿！"

黄兴顿悟，说："是啊，魏默深先生写《海国图志》，让人睁开眼睛看世界。他主张经世致用和改革内政，抑制外侮；皙子也这样想。可是，六十年，鸦片之役之耻，今几又重演。日俄之争，在我国土上演戏，我国人竟如此冷漠！皙子，渔父，你们说，不改天换地，行吗？立宪是什么？让西太后这帮子混账去革除弊政？这是一个疮，用膏药已经无济于事，必须把它挖掉，才能长出新的肉来。"

"喏，你们三位，是在赏海呀？"一位美丽的少夫人，从船舱走过来，向他们三人打着招呼。

"小妹，"杨度抱怨她从里面出来，劝她小心着凉，一边介绍给黄兴和宋教仁，说道："来，小妹，认识一下。这位是黄兴，这位是宋教仁，都是湖南同乡。这是我的小妹，跟着我一起东渡。"

杨小妹闪亮着明眸，笑着说："早就景仰两位仁兄了。听哥哥讲过你们，都是革命行者哩！笃生哥曾劝我向你们学着些，不像我哥这样宣传立宪呢。这次，你们杀广西巡抚王之春，多少人知道了，都拍手叫好！"

宋教仁盯着杨小妹，看得她脸直红，就不好意思地也红了脸，说："我也早就知道小妹是烈女、才女。是国学大师王闿运先生家的媳妇。怎么？王先生的公子呢？还在船里睡觉？"

杨小妹颇为恼怒地说："他正和两个日本人来棋呢。"

黄兴望着杨小妹，问道："怎么小妹不怕远涉之苦？到了日本，该好好陪皙子学得救国的道理。要选什么科学？"

"想选医学。"杨小妹眼噙着泪花，说，"爹若是治好了病，我也不会嫁王闿运家的呆公子。"眼圈儿红红的。

杨度望了望天上卷起的怒云，说："再有三天，就要到长崎了。看这天，马上又要有大风暴了。我们到包间里去谈吧。"

杨小妹撒着娇说："我不。哥哥为什么要避开我，我偏要向黄先生和宋先生请教，我要知道什么叫革命呢。我不怕风暴。船舱里太暖和，让人感到疲倦，哪如这儿让人清目醒神？"

大家都笑了。

黄兴说："皙子，我实在不明白，你为什么那样推崇袁世凯呢？"

杨度说："据我所知，如今在朝为官者，像他这样有雄心，有魄力的人，是很少见的。特别是他富有远见，我想，来日之中国，要依赖他改换面目。"

"何以见得？"宋教仁和杨小妹不约而同地问道。

"谨如教育而言，可见他是有大志的。"杨度说："他在山东时，就倡办新学，壬寅学制、癸卯学制，都和他不无联系呢。他治军亦不同于别人，军中办学，以学强军；同时，他在直隶所办新学堂诸事，这又如何不是新风？那些腐朽之辈，是不会做得出来的。"

黄兴略微沉思，说："这袁世凯和其他人确实不一样。不过，我看他很难说是中兴之巨人。前日俄交战，他是什么态度？宣布局外中立，划出交战区、中立区，这哪里有应该的气魄！光绪二十八年，他督办铁路，办警备局，办警备学堂，杀戮景廷英。我觉得，此人奸诈有余，他能承天下之大任吗？难说呀，难说。皙子，他这个人，外表可能是一副，内心里，那就不同喽！更不用提戊戌年的事啦。"

宋教仁插言道："厪午兄言之有理。章士钊早一日起程，该已经到长崎了。听人说，他对袁世凯了解较深。我们去后，多请教他或许对皙子兄有益。"

杨小妹也说："哥哥是常把人想得太好，总是用梦代替事实。"

杨度笑而不言。

杨毓麟从船舱里出来了，喊他们回舱内。

海面上起风了，云水顿怒。

窗外的风雪，被黑暗吞没了。

船舱内，四周是一片鼾声。邻铺的黄兴把牙咬得"咯嘣"直响，拳头攥得紧紧的。杨度睡不着，披衣起来，想出去走一走，船舱的门在黑夜间封严。于是，他披着衣服，坐在睡铺上，望着昏黄的灯光，发呆似地想那些往事。

是啊，袁世凯到底可信不可信呢？

他想起了那天晚上，袁世凯把他接到锡拉胡同的袁宅。由袁克定相陪，杨度和袁世凯慷慨而谈，谈中外历史上的中兴，谈得最多的还是立宪。袁世凯一副耐烦的样子，满脸都是和蔼，一再说：敬佩杨度，敬佩王闿运，愿结交天下英豪，悉听指教。一旁的袁克定，不时地谈起欧洲国家的宪政，讲起文艺复兴，讲起启蒙云云，讲起大英帝国日不落政策，头头是道。杨度暗暗佩服，觉得自己只到欧洲，在这后生面前，自己有些小巫见大巫。于是，对袁家父子更加敬佩。黄兴又如何说袁世凯不可信呢？他们没同袁世凯打过交道啊。

黄兴是自己的好朋友，自己常把他称为是"半个知己"，因为真正的知己，自己还没有遇到。他的话，应该听一半，再想一半。

杨度想起了黄兴组织华兴会的事。

那是去年，留日的青年学生起来拒俄，反对沙皇军队霸占东北，成立了义勇队和军国民教育会。留学生们回国宣传，黄兴就在这时和刘揆一、杨毓麟、陈天华等留学生，成立了华兴会。听杨毓麟说，黄兴在华兴会的成立会上讲：十七世纪、十八世纪的英法国家，都是在大都市兴起了革命，推翻了封建专制，而中国不一样。中国太大了，人口分散，要采取雄踞一省与各省纷起之法，湖南人革命思想强，发动革命时，就不难取湖南省为根据地。他们真的能成功吗？

华兴会准备在今年十月初十，于慈禧七十大寿时，趁省城文武官员们聚会时炸一个大动荡。然后，由武备学堂的学生冲锋，省城外由哥老会一齐接应，大家分几路进军长沙。黄兴是主帅，他诗兴大发，唱什么"结义任杯酒，驱胡等割鸡"。可是，有个叫王先谦的家伙告了密。黄兴靠教会里的朋友帮助，才逃往上海，又接连出事，才和自己一同逃往日本。

革命，在中国能行吗？

他又想起陈天华。他的《猛回头》、《警世钟》，风靡全国。他说，全中国的人，必须死死苦战，才能救得中国。他又多像当年的魏源，学洋人，报得国仇，救得中国！

还有那个写《革命军》的邹容，大声喊革命，他又说革命有野蛮和文明之分，号召文明的革命，喊"中华共和国万岁"。

中国啊，多像这夜里行驶的船，周围都是风浪，船内的人大都在睡着，都在做梦啊！

"康、梁，荒唐！"

黄兴在梦中一声猛喊，吓得他猛一颤抖。

康有为、梁启超，他们是如何荒唐？

去年，康有为写了一篇文章，叫《与南北美洲诸华商书》，说中国只可立宪，不可革命。因为现在的中国，公理未明，旧俗俱在；要革命，就会混乱不堪。

康先生他说的，又如何没有道理？

170

康先生的文章发表后，有一位叫章太炎的人，和梁启超是朋友，却写了《驳康有为书》，说革命必然会有民主。真的会这样吗？

越想越乱，到底谁是谁非呢？

他想着，想着，迷迷糊糊地梦见了自己的老师王闿运。他梦见先生正对他讲《周易》、《中庸》，讲阴与阳的相生相克的亘古未变的道理。

他梦见自己来到了日本，又来到了如云似锦的樱花树下，小妹正拉着两个美丽的姑娘向自己走来，一定要让自己现在就与他们跪在这樱花树下拜天地！她们的背上分别写着"V"和"P"。

他梦见自己在海上游着，一艘巨大的火轮甩着长长的烟雾，向自己压过来！

他惊醒了，往四周看去，依然是夜。

这时，他很想听到那雄鸡的高唱。

北京开往天津的火车上，自己曾经遇到过一个商人模样的老人。那人对自己说："我一看就知道，你是个喝过洋墨水的人。"

当时，自己笑了，听那人继续说："而且我知道，你是一个遭了灾祸的人。我有一种特殊的药，若你买下，就可消灾祛难，转危为安的。不知你愿不愿意买下？"那人的脸上满带着凶煞之气的世故和掩藏不住的神秘。接着，并不等自己发话，他就从怀里掏出一本书，是简印的《基督箴言》，双手递了过来，说："这服药不但能治好你一个人的病，而且能治得好土地和树木的病。最关键的是要走进这本书。其实，最重要的是，这是不要钱的药，世上所有的人都应该吃下。"

最后，那人离开座位，不知到哪儿去了，自己再也没有遇见过。

是啊，中药西药，道德，宗教，都很好，若改造过来，让大中国上上下下都懂得强国富民的道理，那该多好！

立宪，是一服比这一切都更实惠的药啊！

前些年，在日本时，朋友们就不断到自己的住处，谈论康、梁和救世之药。有人就这样说过，康、梁简直是卖药的商人，而不是医生。药是可以卖的，但不懂医学，药又如何能治得病呢？

立宪是对的。这服药在汉唐时就有过，只不过不同朝代，说法不一而已。自己的老师王闿运，研讨帝王学，就劝自己用老汤熬制一剂新药，去医治国体。可是，特科之试，差一点儿没有把命丢了，惹得自己处于现在这样的境地。看来，老汤是不能丢的，问题在于如何熬新药，让病人如何喝下治这国贫民弱的冲天病毒！

现在，在这样惊涛骇浪中，自己并不是在亡命，而是去寻新药，采药到异域去，采那神圣的救国救民之药！

杨度的心潮，起伏不定，他呵呵地望着那盏昏黄的灯，想着如何到了日本继续研讨这药。

忽然，他闻到一股焦煳的气味儿，开始是淡淡的，越来越浓，逼人的焦臭。

他大喊一声："都起来！船舱内着火了！谁的东西着了？"

可是，没有人应，大家仍然在昏沉沉地睡着。有人嘟囔了一句"说梦话呀"，又翻转身睡去。不知是谁，放了一个沉闷的屁。到处是死气沉沉，死气沉沉！焦臭的味儿浓极了，是从里舱传过来的，弥漫向整个船舱。船舱中的气味更加难闻。

杨度一把推醒了黄兴，黄兴"霍"地跳将起来，放声喊道："着火了！"

浓烟充满了船舱，有人被熏得直咳嗽，可还有人打着呼噜。

更多的人醒了！大家都在喊："什么地方着了火！快一些扑灭它！"

黄兴指挥着人们扑灭火源，原来，一个人不小心吸烟时，将火丢在衣物上，引发了周围的衣物。火很快扑灭了。船舱内的烟熏得人直流泪，杨度喊外面的人来把舱门打开，但半天无人应。

有人喊骂着，门外依然无人来开门！

黄兴走过去，使劲力气，猛朝舱门撞了过去！只听"嘭"一声响，舱门被撞开了。大家走出去，去呼吸外面的空气。

杨度望着黄兴，二人对视着，都笑了。

"什么事儿呀，深更半夜，把人闹腾得这样，真是无聊之至！"

一个旅客埋怨着，胡乱抓起被毯，蒙在头上，又呼呼睡去。

黄兴望着那人的样子，愤恨地说："我真想把他扔到大海里去！皙子，你看，这就是我们的国民。靠这样的人，立宪能办成事吗？"

杨度叹了一口气，说："天，终究会亮的吧。"

船舱中又恢复了平静，旅客们又接二连三地沉睡去。

黄兴想吸上几口香烟，到处找，找不到。杨度从兜里掏出一盒，全给了他。他一把攥在手中，笑着说："皙子，知我者，皙子！这烟，能让人解闷，让人养神，比那鸦片烟真不知强到了哪里。"

杨度说："知你者，你自己。忘了？这烟，是你自己的。在甲板上说话时，你不小心掏掉了这盒烟，我把它拾起，为你准备着呢。"

他们都笑起来。

48. 周学熙是周馥的儿子

"咕——咕——咕——"

一只金黄色的大公鸡，鼓起脖颈，成一把弓形的怒号，仰天发出清新、刚健、嘹亮的歌唱！

乍展出新叶的各色花木，纷纷吐露出缤纷的橙、黄、红、白来，毛茸茸的蜜蜂，正啜吸着那绿叶和花蕊上的露珠。

一片桃花，灼人的红和白，怒放的，含苞待放的，坐在墨绿的枝干上。

美人蕉肥大的叶片，使劲舒展开，将鲜红的花束，如冲天的火炬般举起！

竹子更青翠，新枝新叶上，爬着晶莹的露珠，像浴罢的秀女们，在新婚的丈夫面前，羞答答地婷立着。

袁世凯异常地高兴，后花园新拓展了花圃面积，按风水先生的话，假山扒掉了，凿成了一池水，养起了各色的金鱼。他站立在南门口，放眼望着整个花园，情不自禁地点了点头。

太阳升起来了，红彤彤地挂在东墙上的桂树间，漫天的霞彩，像泼开的彩墨，涂染成满世界的绚丽！

扑喇喇，一只长尾巴喜鹊从他头顶掠过，紧接着，一群鸟儿从竹林背后蜂拥飞起。

他笑着，随鸟儿飞向东南远天望去。

周学熙要来谈一些事，这孩子是很懂事的，到底是周馥的儿子嘛！

自己是得过周馥的恩德的啊。

甲午年，直隶臬司周馥，被李鸿章奏荐，总理前敌营务处，自己办理朝鲜辑抚事宜。九月，自己和周馥同去山海关，后来一同去了辽东，周馥办理转运局，自己做他的副手，专门办粮饷军械。两人一见如故，谈论天下，如江河奔流，相见恨晚。他们合作得融洽，就在那里，定为儿女亲家。这周馥和李鸿章的关系是很不一般的。他们共事三十多年，李鸿章病故时，周馥置理直隶总督兼北洋大臣。当年李鸿章办北洋，办军校，开煤矿，修铁路，他都是得力的谋士。人称周馥是李鸿章的影子！

后来，因为翁同龢想进军机处，自己劝李鸿章让一步，而得罪了李鸿章，多亏了周馥从中周旋，才有以后的许多事顺当些。李经方这小子想买好，说什么李鸿章死前保荐自己接直隶的职。呸！周馥去山东做巡抚，为自己提供了方便，才有这好机会。李鸿章临死时，他已经没有什么能力了。自己演出了那场吊唁戏，是为了给人看的。他想，对周馥，以后可要多报答人家。

庚子年，八国联军洗劫京津，北洋机器局，造币厂化为灰烬，直隶银根吃紧，物价一动再动，人心不稳。自己委托周学熙创办银元局，改革币制，又办银号。天津城的商业很快又活了！

173

周学熙是周馥的儿子。应该是有其父必有其子！

前年秋天，自己又委周学熙创设了工艺总局，创办工艺学堂、考工厂、教育品投靠所、种植园、官纸厂、劝业会场、实习工程，天津城的商业，像迷宫一样吸引着中外人等。大家都赞袁世凯是名副其实的人，天下谁能比？

他在心里一遍遍念叨着：周学熙，你要好好干，看在你爹的面子上，我会很好栽培你，重用你的！

今天，他与周学熙相约，要很好谈谈开平煤矿等事情。

所以，这一大早，袁世凯就起来了，练了几套拳脚后，他要静一静。几天来，他在听人讲俄国毛子和日本人开战，最后俄国人受日本人偷袭了旅顺港，那支俄罗斯强大的舰队受到重创，等于俄国毛子在中国的土地上经受了一次甲午战争！战前，许多人都扬言，俄国人一定会打败小日本鬼子的。若他们真打败了日本，就给中国人报了一次仇，我们该谢谢俄国毛子才是。哼！你们都太天真了！是俄国毛子要搞不冻港，日本人要霸占整个亚洲，都是混蛋！欺侮我中国国贫民弱。一直这样下去吗？

拒俄的留学生们，曾送来许多介绍国际地理和历史的书，还有人送来了日本人所写的日治维新历程的书。那天，一群留学生跪在自己面前，呈上了血书，他们请求直隶总督呼吁赶起俄毛子，还我东北疆土。那血书写得异常动人，特别是提到呼唤立宪，改革君主专制政治时，自己的眼都湿润了。自己年轻时，和他们一样爱热血沸腾、意气用事。他对他们说：密切关注日本人的一举一动。

他在心里说：日本人，你们是如何富强起来的呢？你们像我们这样，处处都让人小心谨慎，为了个人的利益而毫不关心什么国之大事吗？你们也是"君叫臣死，臣不得不死"吗？

一年多的战争，到三月，俄国人死伤将近十万人。小小的日本倭贼，为什么一个个都那样精力充沛呢？俄罗斯的陆海军也是第一流啊！驻俄的使节来电，讲俄国人都愤怒之至，人民走上了街头，要推翻专制，要求富国强兵，要求立宪救国——沙皇也准备接受立宪，准备变法。俄国人明白了，俄国专制封锁了自己。

那么，中国呢？

袁世凯想起了翁同龢离走京城，含泪回乡时，自己亲往天津送他的情景。翁同龢感动得老泪如泉涌流，痛悔没有早一些时候认识袁世凯、起用袁世凯。他对自己说：清流派都是清谈，清谈要误国的！还是要办实事，学人家日本人，学人家英国人。有一句话，翁同龢没有说明白，那就是他一辈子的感受、体会的总结：世道不变，国运绝不会兴！变则通，不变则衰！

他看到各地的书报，写满变革的话语。他仿佛听到海外的华人都在高喊：中国，变吧！如果再不变，希望就会成为灭种亡国了！祖宗的办法，是属于祖宗的，我们，应该有我们的办法。

旅顺城，旅顺城！你该是一根火药捻子，连着中国人的心。那年，日寇在旅顺城大杀大戮，旅顺城被杀得只剩下三十二个人！可那里，你没有点响中国的火药库。如今，你可能点得响中国的火药库？

"伯父，早上好啊！"

袁世凯正在沉思中，身后响起了人声。他扭头一看，原来是袁克定领着周学熙，正恭敬地站在那里。

周学熙来了。

周学熙满面红光，年轻的脸庞，却闪露出只有成年人才有的狡黠。

"你父亲他可好啊？"袁世凯走过去，拉着他的手，走向西北角的朱红亭，边走边说："你父亲是我最敬佩的一位高人啊。去年，我们一齐奏请开通山东商埠，山东人的生意马上就红火起来。你父亲是很有远见的。今年，我们要联袂做一件惊天动地的大事呢！"

周学熙在亭下台阶处愣住，望着他发呆。

他说："来，不谈这个了。我们谈一谈那张翼的事，去年，前年，我可是因为要查办他而得罪载沣的呀。不过，那没有什么！我是一颗心向着天地，两只手对着人民。我不是像人那样为了自己而将国产卖掉，这个事，咱们一定要查到底！"

袁克定待他们坐定，对他们讲了告辞的礼貌话，就转身回去。

周学熙说："伯父大人，现关于开平和临城的矿权，均已查清。开平煤矿为李鸿章大人督直时，委唐廷枢所开办。唐廷枢死后，张翼接任督办。庚子年洋人犯华，这张翼是一个小人，他暗中同德国人德璀琳、英国人墨林他们合谋，悄悄签订了契约，矿名改为有限公司。这样可以免受战火灾难为名，在英国注册，矿权实归了英国人！前年三月、十二月，您两次争权归我，张翼皆敷衍塞责，矿权被他盗去而未果！我准备公布于世。"

他停了停，又说："临城煤矿的矿权，经您争取，现由唐绍仪等人经手，已收回。张翼与钮秉臣、龚照玙之流，他们机关算尽，真是为利忘义的民族败类！"

袁世凯说："开平煤矿的事，我们一定要争取下。别说他张翼有载沣庇护，纵使他有西太后说情，我们也决不能让步。我们什么都可以让，就这样窝囊、让人恶心的事情，半步也不能让！京张铁路的事，算是定下来了。我来督修。咱们自己筹金，自己设计，自己修建的路，你要想方设法，筹足资金，不准任何人半点儿疏忽。那位修铁路的詹天佑先生，他来到了吗？"

"来到了。"周学熙说："詹先生来时，一不择足，二不择食，真新君子之风！"

袁世凯点头称是，说："像詹先生这样的人，我们该多照顾好他的家小，让他放心。他若有时间，我要宴请他，让他尽管把事情全权去办，有谁敢扰乱詹先生的工作，我决不依。"

周学熙欠了一下身，说："保定的桑苗和小站的稻田，承您的恩德，现在都见效了。农业学堂的日本老师马上就要回国了。"

袁世凯说："是那位叫楠原正三的教授吗？请他多待一些日子吧。选一个好日子，我要在家里请他和詹先生吃顿饭。学熙啊，未来的世界是谁的？是你和云台你们的。你们要看准世界，不办好实业，说什么都是白搭。要多找一些做实事的人交朋友，这样声名才好啊！"

周学熙连连点头称是。

太阳更亮了，两人越谈越有劲头。

49. 天津皇会

天津城的环城路上，熙熙攘攘，城外的村民们三五成群，骑着驴的，赶着马车的，推着小车的，担着各色挑子的，一同涌进城去。

春三月的庙会尤其多，戏台早早搭好了，上面彩饰令人眼都花了。戏楼都粉刷一新，祭戏台的班主们，像新郎一样着红披彩。皇会一开，一街两行，男女老少串着小摊，卖布的，卖玩具的，特别是洋货行，围得水泄不通。

偶尔街上有人骑着自行车，人就指点着，争相喊着："洋车子！洋车子！"又有人接着说："这能叫洋车？洋人坐的轿子车，像小鳖盖儿一样，有两个灯，瞪得贼亮，车子底下有四个轮儿，那才叫洋车呢。"

人声嘈杂着，裹在漫空的油香味儿中，隐约传来一阵阵鞭炮声、唱神歌的乐声，和着戏台上的锣鼓声、吹打声。

袁克文领着一身中国男孩打扮的德国孩子小卡尔·皮丹，像两只轻快的小鸟儿，在人群中穿行着。不时有人瞅见小卡尔的金发，嬉戏着骂道："哪来的小杂种，八成是洋人和妓女生的，多漂亮！"袁克文听见，咧嘴一笑，牵着小卡尔又跑着玩去。

小卡尔是德国人莫纳根的儿子，莫纳根与袁克定在德国既是同学，又是好友。前几天，莫纳根来华考察丝绸之路的起点，他是个汉学家，带着儿子，住在袁世凯的宅内。今天上午，莫纳根由袁克定陪同，去山东曲阜考察孔庙，袁克文就带着小卡尔来逛庙会。

虽然仅有几天，袁克文和小卡尔已经混熟了，两人用不太通顺的德文和中文比划着，进行交流，很快成了好朋友。

一路上，他们玩得兴致勃勃。袁克文领着小卡尔，看捏泥人、面人的，看吹糖人的，看玩皮影的，看卖大力丸的，看耍猴的，看耍魔术的、演杂技的。一会儿，就满头大汗。

袁克文和小卡尔正蹦着跳着，说说笑笑往前走，忽然一个声音喊道："克文，豹岑！"

袁克文扭头望去，惊喜地喊道："小玻璃球儿！海生！"

说着，两人哇哇叫着，扭结成一团，用他们特有的方式亲热着，拥抱着。

袁克文向小卡尔介绍说："这是我的好朋友骆海生，也是我的同班同学。"同时，又向骆海生说："这是小卡尔·皮丹，我的德国朋友。你领我们玩去吧？现在我迷了路，不知道该到哪儿去，也不知道如何回家了！"

骆海生嘴一撇，说："你家不是在东海龙宫吗？龙太子！"嘻嘻笑起来。

"混蛋！"袁克文骂了一句，佯装着要揍他。

"这离我们家很近。走吧，我领你们去赶马祖娘娘宫庙会！那里最热闹，玩耍的多，卖东西的也最多。"骆海生领着他们边走边指点着周围的景点，说："这比我们的洋学堂，要强得太多了。看，那估衣街北马路的日本、法国、奥地利的租界，洋房多漂亮。那些字儿，你认得吗？有人说，这租界里的洋人，都爱吃小孩儿的肝脏，炒熟了，用来喝酒呢。李瞎子讲，天天能听见租界里有小孩儿哭喊，听见洋人拿着烤熟的腿呀胳膊呀，夸小孩儿的肉美。狗娘养的洋人，待我长大，一定要把他们杀光，把他们都赶走！"骆海生越说越气愤，用手比划着如何杀洋人。

小卡尔·皮丹似懂非懂地听着，说道："在我们国家，都说中国人是温和的，海生如何是吃小孩儿，又要杀人的呢？"

袁克文说："不是骆海生要吃人，是那些日本人、法国人、奥地利人要吃人，吃我们的小朋友！骆海生要杀他们，报国仇民恨。"

骆海生半天还是听不明白，转了话题说："克文，我们天津人都说你爹有办法，这天津盐碱地多，风刮起来，像刀子割在人脸上，可你爹来做了直隶总督，让种下稻子，天津人吃的白米就多了起来。你爹是个好人吧？我和咱们班的小同学，能到你家去玩吗？他们都常到我家玩呢。"

袁克文说："哎呀，我很怕我爹呢。我爹看着很和善，不准生人到家来。前一段，我们家的一个老管家死了，别人想来，他都不让。他硬是从项城老家，请了我一个堂哥来当管家。我爹说，生人有病毒，来到我们家，就会传染病毒。"

迟疑了一会儿，他又接着说："不过，我可以给爹说一下，看他叫不叫你们到我家来！"

骆海生说："你家该有好大吧？你家有唱戏的吗？"

袁克文说："有，我就是唱戏的。天天在俺家的后花园里唱戏。要是连唱戏的也没有，那该怎么是好啊！"

骆海生说："看，那些穿一身红衣服的人，都是会唱戏的妓女，她们到娘娘宫来上香呢。平时，她们在乐子园里，真是太苦了。有了庙会，她们才出来玩一玩。我有一个叫翠喜的好朋友，哪一天介绍你和她认识吧？她唱得真是太美啦！她还会绘画、绣花、下棋、弹古筝，扎得一手好风筝。是一个绝妙才子呢。"

袁克文眼睛一亮，喊叫着："好啊！那翠喜有多大？"

骆海生说："和咱们大小差不多，生的是丽质天生，举世无双，又聪明，又懂事理。走，看她今天来没有来！若她来了，咱们就和她一起玩耍。"

袁克文兴奋得直跳，从怀里掏出几张银票，塞给骆海生说："今天见了她，你替我拉上线，赶明儿你领我单独到我家去玩。我就说你是小卡尔的表哥，我爹怕洋人。"

娘娘宫前，满是从头到脚都是红色的上香妓女。红衣，红裤，头上插着红花，脚上穿着红鞋，脸上红红的胭脂。她们像铺地而生的一簇簇鲜红的花朵在开放着，装点着皇会。

骆海生像鱼儿一样，钻进了人群，片刻工夫，就拉着一个满身红亮得让人眨眼的姑娘，对站在一边的袁克文说："来，豹岑！你看，这就是翠喜。"

袁克文拉着她的手，傻笑着说："你就是翠喜呀，该是我在梦中和你见过几面呢！"

翠喜莺鸣般笑着说："我也是，好像在梦中常见你呢。走吧，我们去乐子园中玩。海生说，你是天津卫第一个才子。我只和你一人好吧！海生，以后我就不和你好了。你把我让给这袁公子吧！"

骆海生一拍胸脯，叫喊着："宝马赠英雄啊！放心，豹岑，我不会吃醋的。你们好好玩一玩吧，我真想现在就让你们拜了天地呢。你们两人一看就让人觉得是天作地合的一对儿！"

袁克文正要说什么，扭了扭头，忽然一拍脑瓜，说："哎呀，不好！海生，小卡尔呢？"

两人向四周望去，哪里也没有小卡尔的影子。

袁克文急坏了，说："这如何是好？本来是我们一起出来的，他若是丢了怎么办？洋玩意儿值钱。我们家赔不起的。"

翠喜笑着说："什么小卡儿，名字倒是很好听。是你们家的狗吗？丢就丢了，有什么赔不起的。甭管他，咱们走吧。"

骆海生说："什么狗？是一个洋狗！"

袁克文不让他打岔，解释着说："小卡尔是我的德国小朋友。他爸爸领他来天津，住在我们家里。今天，我们一起出来玩的。他怎么丢了呢？一定是我们刚才说话，把他忘了。他比狗要顶钱呢。这怎么办呀！"说着直抹眼泪。

骆海生笑骂着说："袁克文，你还叫什么豹岑，呸！你该叫狗熊！这么胆小。走，我们去找我的小兄弟，他们把墙缝里的蜈蚣都能找得出来，何况这小卡尔是个活人！"

说罢，他弯起腰，将手掐成小圈儿，放进嘴里，使劲力气一吹："吱儿——"这声音穿过熙熙攘攘的人群，飞向天空。

一会儿，一群小叫花子蓬头垢面，争相跑来；他们跪倒在骆海生面前，齐声喊道："启禀龙王老爷，群龙汇集，俯首听命！"

骆海生喊道："小兄弟们，有一个黄毛蓝眼珠的洋人娃子，速把他给我找来！"

"是！"小叫花子们四散而去。

这情景令袁克文和翠喜都吃了一惊。

骆海生笑着说："天津城内内外外，只要我一声令下，就会从平地里钻出这样的神兵神将来。这些小叫花子，都是我训练好的；说实在话，这还是我向袁大人学的呢。"

袁克文问："怎么？"

骆海生说："袁大人接天津，派了几千名警察管理街面，那些洋毛子都干气没话说。因为这事情，当年我父亲他们曾联合天津卫的名流，要给袁大人挂匾！都是怕给袁大人添什么麻烦，才作罢。我们家有的是钱，天津卫所有的盐户，都归我爹管。这些小叫花子，就成了我的耳朵，成了我的眼，是我的秘密卫兵、秘密警察！"

正在讲着，几个小叫花子推推搡搡，把小卡尔·皮丹带了过来。其中一个小叫花子大声喊道："跪下！听骆老爷吩咐！小小洋鸡巴玩意儿。"小卡尔愣愣的，傻乎乎地笑着。

骆海生赶紧制止住他们，说："你们都去吧，这是我的客人。以后得多保护他，还有我这位贤兄，你们要多听他的安排。去吧！"

叫花子们像泼在干土上的水，忽一下都隐没，消失在人群中。

翠喜笑得直捂肚子，问袁克文："袁公子呀，你带来的是猿猴呀，还是黄狗呀？怎么长得这种样子?"

袁克文还没有说时，小卡尔嘻嘻哈哈地对他说："中国，是真正的神奇。你的情人，你的间谍，很有意思。袁，我们还玩，现在到哪里去呢?"

骆海生提议道："我们去静海寺吧，静海寺有两个胖和尚，会讲很多荤故事。嗨，笑得人捂不住肚子。像什么花母狗吃腊肉、两个驴儿亲亲嘴儿、瞎子打锣、傻子偷鸡、哑巴摸鲤鱼、寡妇望月亮，多了。豹岑，你听说过吗?"

翠喜说："海生，你去那儿，我领袁公子到青云阁，那里有一班子姐妹，一个比一个会唱，管袁公子他们喜欢。"

骆海生歪歪头，猛伸出一只手，托起翠喜的下颏，恶狠狠地说："小鸡巴妞儿，怎么？袁大爷还没把你领走，就想把我给晾了吗?"说罢一推，差点儿没有把她推倒。

袁克文见状，说："海生，我们今天出来也只是想看看热闹，你们在一起玩吧，我们回去。说不定，家里人等得急，四处寻找，就不好了。"说着，拉起小卡尔就要走。

骆海生一看袁克文生了气，马上着急了。他跑到袁克文面前堆着笑脸赔不是，一边用手抽打着自己的脸，一副愧疚的样子，说："好兄弟，您别生气，别像我一样见识。我给您道歉了！我，我，我给您跪下，叫您一声亲爹亲爷吧!"

袁克文没有答理他，只顾仔细地瞅着翠喜打量。两人对视着，半天无语。骆海生赶紧站起来，殷勤地为翠喜揩拭身上的尘土，为翠喜轻轻抹去脸上的泪痕，被翠喜一甩袖子，晾在了旁边。

小卡尔说："你们，是为了一个共同的，情人，可以这样争吵吗?"

袁克文苦笑着，说："卡尔，不是这样。翠喜姑娘很善良，我喜欢她高兴，而不喜欢她被人摧残，欺侮!"

骆海生说："克文，你可不要生气。你喜欢她就是了。我们是好朋友，请您原谅我吧。"

袁克文点了点头，拉着翠喜的手说："那我们遵从翠喜的意见，现在去青云阁。"

骆海生连声称好。

一边走着，骆海生边对袁克文讲道："天津卫的妓女真怪啊，像商品摆在茶楼茶园那里卖。要说那妓女有名的，还是数南方和日本人的租界内。天津卫的妓女也分一二三等，和京城的不一样。京城妓女，一等叫堂，二等叫条室，三等四等叫下处。天津卫的妓女，一等叫班，二等叫二等某某班，么二；有名的妓女，自个儿营业，叫什么什么下处？最次一等的叫堂。人不知道这些，有不少得'猪头三'的号呢。还有那妓院跑堂，人都叫他们'大茶壶'，也有叫'大肚子乌龟'的。"

袁克文笑了，说："海生，你懂得还真不少呢。我们现在办洋学堂，什么业都有，只少了一个妓女学堂。你将来办一个妓女学堂怎么样？"

"嗨，那再好不过了。"骆海生说，"咱们合伙干吧？只要你爹给我们名分，让办，我这就可以办起来，而且保管不让一个妓女跑掉。"

翠喜说："若真有妓女学堂，社会上的人该文明了许多，规矩了许多。这未尝不是一件好事。袁公子，你真要让海生办，我找青云阁的人都捧场去。哎，收学费吗？还接不接客人？给不给小钱？"

小卡尔说："袁公子是什么意思？这个姑娘，她为什么这样称呼你？和称呼骆海生为什么不一样？我们德国，是有女子学校的。她们女子受了教育，能提高社会文明。这个姑娘说得对。"

袁克文懒得对他解释什么，随了他们去估衣街青云阁。

不一会儿，来到青云阁，袁克文随他们进去时，猛闻到一股恶臭，立即转身退了回来。小卡尔也说："臭得如此浓，如何是文明？"

骆海生拉着翠喜出来，对袁克文说："克文兄，别见怪。天津的戏园都是这个样子。四个角里，人可以随地溺便；窗户又不开，如何不有这怪味儿。唉，天津人的嘴再会说，也不能把这戏园子、这书楼都说干净。"

袁克文瞟了翠喜一眼，见她一脸窘迫，全没有了刚来时的喜气洋洋。他悄悄把骆海生拉到一边，低声说："这样吧，海生。我把一些钱给你，你把这个翠喜接到一个像样的妓院里，算是我们两人包了。你找人，教她学会讲究卫生，学会刷牙，使用肥皂洗身子。若这样的环境，我是不想再来一次的。"

骆海生说："好吧。她年少，正是调教的时候。等再三个月，豹岑，您再来时，她一定像你所想的那样。"一边扭过头来，对翠喜说道："走吧，袁公子今天觉得身体不适，隔几天再来看你。"

翠喜满脸不知是哭还是笑，向袁克文点了点头，几滴豆粒大的泪珠儿，顺着脸颊滴落下来。

50. 东渡

春天的富士山，绿树成画。在温暖的微风中，一群群人在树下草坪上游玩，着和服的日本男女与着西装、长袍的中国留学生掺杂在一起，歌声和笛声，装扮着异域的风景。

杨度和满脸络腮胡子、一头坚硬短发的日本人对面相坐，杨小妹和黄兴陪坐在左右两边。在他们中间，放着几盘点心和茶。

杨度激动地说："尊敬的宫崎先生，您支持中国人的正义事业，我和我的朋友们，都非常敬佩您。我们拜读过您的《三十三年的落花梦》；孙中山先生他们说您是当代的虬髯公，你和那些仇视中国人的人不同。您能多介绍一些，在日本有多少和您一样在帮助或愿帮助中国人的正义事业的人吗？我们今日东渡，一是避开凶魔的迫害，二是为了寻找更多的同仁，以汇聚成强大的政治潮流，振兴中国政治，兴起我神州人民的崛起之心！愿先生多协助，多指教。"

宫崎边称"惭愧"，非常谦逊地说："真正让人钦佩的，该是诸君。我只不过是做了一些力所能及的事情，我的国家，同样令我感到失望。对于革命，总让我迷惘。"

大家一时陷入了沉寂。

杨小妹轻轻用日语吟诵着：

> 杏野山之花，无声而散去了吗？既是这样，因为随风飘散，你有不自由的感觉吗？所以，看见花开如锦绣般绚丽，就让人感到欣喜；看见花落如潮涌，同样让人感到高兴。十人有十种感觉，百人有百样的感觉，千人有千样的感觉，人有不同的感觉，而情致如何，花开如何让人感到空荡。我是那花儿吗？

> 为花也好，做那枝头上的花儿，像那洁白的云，比那云还要白。四散时，如皎洁的雪争飞也好。但是，这都是我过去的梦想啊！梦去了，悄无痕迹，春来隔世，我像那沾落在泥泞中的花！

黄兴笑着说："这是宫崎先生的《三十三年的落花梦》。这里的花是很美的。做那落花，又有如何不可？春天总是留不住，让夏天和那夏天的风雨来临吧！樱花飞散了，我们的天空是绿的，是蓝的，这比花开时节更让人感到空旷，觉得更有生机，更充满斗志。宫崎先生，惠州城的起义虽然没有成功，但那血是不会白流的。"

宫崎点点头，他对广东惠州起义一直不能忘却，听黄兴如此提及，不由得皱了眉头，向前倾着身子，说："黄先生，请允许我向您致意！您的见解，是与孙中山君很相似的。您和他认识吗？"

黄兴说："我没有见过，但听杨度时常讲起过他。我很钦佩中山先生，很想和他见一面呢！昨天，我还读了他发表的一篇文章。"

宫崎密密的胡须抖动着，说："我对中国充满了敬佩，指南仪、火药、造纸、印刷，这些文明，对人类的进步发展，贡献是巨大的。但你们太善于内部的争斗，盲目自大，乐观，以为你们就是整个世界，只认为自己文明。你们的封闭和你们的衰落，与你们的崛起，都是你们自己的选择。可是，我从中山君与在座诸君的身上，看到了中国的新生的希望。"他停了停，更加郑重地说："我是在中山君最困难的时候，认识和理解他的。也就是五年前，中山君曾图谋和李鸿章合作，在广州策划独立活动，继而和他的同学郑士良一起，发动了惠州的武装反抗清朝。就是这前后，我和他在惠州相识，亲眼看见他为中国而献身的精神。他失败了；我让他在我的家乡住了两年。后来，他要重新开辟革命，奔波跋涉，到了美国。现在，他又来了日本，你们是应该认识认识的。他正在寻求政治上的伙伴呢。"

黄兴激动地说："对，我想，我该把他引为同志。宫崎君，ありがとう！"

宫崎正要接着讲下去，远处传来一个急切的声音："宫崎君，山县家的人，到处在找你，他们都恼火了！快回去吧！"

宫崎只好和大家告辞，用抱歉和留恋的目光注视着杨度、黄兴与杨小妹。黄兴一再表示感谢。

杨度说："宫崎先生，有什么事，你只管去吧。孙中山先生，我是曾经见过的。您在方便的时候，请把他的住址找到，告诉我们吧。若您太忙，我就可以带黄兴君去见他。"

宫崎鞠躬致意，连说："多谢杨度君，拜托了！"

杨小妹也学着他的样子致意，用刚学会的日语说："ありがとう！"

宫崎走了，杨度他们目送很远的路。

黄兴说："晳子，小妹，我来到日本，有回家的感觉。我不懂历史，但我知道明治维新使日本强大起来。我们不能够一味仇视这个国家；我相信日本人民是伟大的。我到日本，为什么有一种回家的感觉呢——三十年，五十年后，我们的家乡，也该是这样的吧？"

杨度摇了摇头，说："不一定。"

黄兴不明白他的意思。

东京的夜风，夹着繁密的灯光和莺语般的歌声，东京湾的海腥味儿，把人们头顶的月亮熏得又白又黄。

牛边区若宫町二十七番地，枞木、白杨和白桦树丛像一条条汉子，挺立在房前后，不时有鸟儿从林中惊飞起。已是半夜的天，微凉。

"晳子！晳子！"

在一座木屋的门前，黄兴压低了声音，急切地喊着，一边轻轻地敲着门板。

"厪午。"杨度在黄兴的身后喊了一声。

黄兴扭转过身，望着杨度在月阴下从远方走来，大步迎了上去，兴奋地说："皙子，适才宋教仁和章士钊来了，他们说，过两天，中山先生由横滨独自到东京。我睡不着觉，想不到，你也没有入梦。"

"如何能让人有梦！"杨度愤愤地答道。

"怎么了？这样大的火气。"黄兴问。

杨度长长地叹了一口气，说："陈天华简直是个孩童，他写了书信，要呈给皇上，呈给王公大臣们；讲什么若不如他言，他就要炸平紫禁城，或在正阳门自杀，以死警天下！"缓了一口气，他接着说："君主，民主，谁是？谁非？我有我的理解。他们硬拉我入社入会，为什么一定要入会入社呢？"

黄兴拍了拍他的肩膀说："皙子，别生什么闷气了。我们国人不醒，所以不兴。不论用什么办法，只要能推翻清朝，中国就会有希望，才会有希望。走，我们到屋内谈吧！我还没有吃上饭呢，先让我弄一些吃的。"

杨度开了门，二人进了屋。黄兴从怀中掏出一包东西，说，"皙子，我今天想听你细细地讲一讲孙中山先生，你不要睡，也不要再生气。讲一讲吧，原来我所知道的他，曾经污浊不堪，似乎是世上人皆所指的卑微小人；只有你，还有宫崎先生说他是英雄。读了他给美国人民的书信，总觉得他是才德兼优的民族英雄。若不见这样的人，我是无论如何睡不安的！"边说，他边把一些狗肉和白酒摊开，找了一些碗和杯子，摆好后对杨度喊道："来，皙子！今天，我们把酒论天下，煮酒论英雄！"

杨度笑吟吟地望着他，说："厪午兄是曹操，还是刘备？"

"我是曹操，你是刘备！"黄兴先自个儿扯了一块狗肉，大嚼起来，说，"我是黄兴，你是杨度，我们谁都不是，我们是我们自己。皙子，何必看我？来，干杯！"

"当啷"一声，二人爽利地干了满杯，又斟上。

杨度脸红红的，说："是该有酒来喝！明月之夜，我有嘉宾，酒是圣人咧！"接着，端起酒杯，与黄兴碰了，猛地喝下。

黄兴斟满了酒，说："再喝！"他将酒杯底儿亮了亮，意思是自己喝得很干净，一边感叹道："唉，就是在这里喝不上好酒。日本清酒味儿太淡，没有老家的酒味儿醇！"

杨度酒力不行，额头上很快沁出一层绵绵密密的汗珠，他说："厪午，毕竟是酒。有酒，即有烈火。咱们，咱们是三碗不过岗！有了这三杯，就不怕大虫了。大虫，就是我们自己！"

"对！皙子，您说得对。"黄兴扯起一块肥嫩的狗肉，递给杨度，说，"世界上最可怕的不是别人，是我们自己。若我们不感觉到有可怕的，哪里还有可怕的人和事呢？皙子当是我们今天的圣人！"

"不。"杨度认真地说："真正的圣人，应该是他广东人孙文，中山先生。"

二人连碰了几杯，索性将外衣脱下，满头大汗；杨度喊另一间屋子的杨小妹起来，让她做一些海鲜汤。

杨小妹起来了，十分不情愿地做上饭菜，学着日本女人的礼节，屈了腰，对两人说："厪午君，皙子君，见谅了！等一会儿就熟了，你们自己来吧。我实在太困了，先睡啦！"说罢，退回房间。

两人相视，哈哈大笑。

杨度说："厪午兄，我们喝！喝！我知道，孙文，他，最早，也是这之前，我们上一次，来日本时。康有为、梁启超他们，诋毁中山先生，令我不满。我向人了解到中山先生后，越来越佩服他。"

黄兴说："那么，皙子，你为什么不像他那样，高举革命旗帜，发动武装斗争，结成同志呢？"

"不。"杨度稍低了头，又扬起眉梢，摇了摇头说，"厪午，我自愧比不上中山先生。我是个书生，投入宪政的研究太深，一时无法接受他的那些思想。但，我相信我们都是为了民族的富强，殊途而同归于四海康宁。"他正了正身，说，"孙先生他也是穷苦子弟，同治年间，他的哥哥在人家做长工，远走檀香山。光绪十四年，他就也去了檀香山；在他哥哥的帮助下，他读了教会学校。后来，他到香港学医，与洪门中人有了交往。那时，他与陈少白、尤烈、杨鹤龄四人，被称为'四大寇'。再后来，他认识了郑观应和王韬之后，通过李鸿章的幕僚上书李鸿章，举富强之路在于'人能尽其才，地能尽其利，物能尽其用，货能畅其流'。他说人只讲什么船坚炮利，是舍本求末。他对李鸿章讲，他想搞农业，出洋考察后，再回来招民开垦，集商举办，希望能得到李鸿章的帮助。"

"李鸿章会帮助他吗？"黄兴问。

杨度醉意已浓，但他不失清醒。他狠狠望着黄兴，说："四大寇啊！李鸿章不知道？那时，甲午之战还未爆发，李鸿章没有理会他。还是甲午之战打了起来，他才又回到檀香山，成立了兴中会。接着，他又在香港成立兴中会，与杨衢云、谢缵泰、刘燕宾他们辅仁文社的人连在了一起。他们提出'驱逐鞑虏，恢复中华，创立合众政府'，准备发动起义，成立新政府。英国人、日本人知道后，想着让全中国都乱起来，他们好瓜分，就通融兴中会，说愿意帮助。事情被察觉了，孙先生侥幸脱逃，才免遭和他人一样杀害。他从广州跑到日本，又经檀香山来到美国，最后逃到英国，在伦敦还是被人捉住，骗进了清使馆，要押送回国。靠朋友帮助，脱了险。孙先生大难不死，来到日本，遇到流亡来的康、梁，想同他们合作，建立一个统一的会社，一直没有谈成。事不在成与否，在于先生追求之不俗。厪午，我看不起康、梁，百般事都依赖皇帝，那是什么目的？我敬重孙先生，是因为他舍命追求，是为了国家富强，丝毫无个人杂念，所以，我说，他才是真正的圣人。”

黄兴点头赞同，说："这等不慕富贵，完全为天下人民、为祖宗国家奔波的人，值得我们都尊敬。天下的志士，应当团结起来，拧成一股绳，逼那清廷完蛋，天下才得以安宁。"

"清廷之后，厪午兄敢保就一定没有新的朝廷祸国殃民吗？"杨度紧盯着黄兴问。

"有又有什么可怕！有一个，打倒他一个！"黄兴握紧拳头说。

杨度笑着说："厪午，谁做朝廷不是什么紧要的，紧要的是用什么来立国立民。"

"还是你的立宪，要皇帝还政于民？"黄兴接过话题说。

杨度两眼炯炯有神，庄重地说："对。还政于民，人民监督政府，国家才有希望！厪午，立宪是世界大势所趋，谁也摆脱不了，谁也阻挡不了。请看那列强国家，英国君主，比法国民族要强，美国民主，优于德国君主。我中国千百年都是专制，该顺势利导，立宪强胜于民主。若我有国会，就不一定要由哪一个皇帝做主，立宪可以避免流血牺牲，我们何乐而不为？"

黄兴说："皙子，你太天真了。与清廷讲立宪，讲什么还政于民，这简直是与虎谋皮。中国不流血，不杀人，是根本做不成任何事情的！强国的事，更不用说，必须砸烂旧的，建设起新的中国。皙子，你本人，为什么也逃到日本国来？他们是不讲道理的啊。他们愚昧，顽固，心和眼都狭而又窄，一个比一个腐化。我看，他们中无一人可承天担地，没有人可保国家中兴、繁荣，摆脱列强侮辱！"

"厪午，你，你看错了。朝廷日渐式微，他们中有人是可以信赖的。"杨度说着，颇为自信地把拳头捏紧。

"还是你说的那个袁世凯？"黄兴问。

"对，就是他。"杨度说，"袁世凯是个言行皆不俗的人。当年日本人为什么就要杀他呢！"

黄兴不再说什么，他转入了沉思。

杨度则充满希望地望着黄兴。

51. 锡拉胡同

风雨一夜，北京在朝阳的金辉中，一下子吐出许多欢快、嬉戏。兴高采烈的人群，东一簇，西一簇。满街的老槐树、皂角树都挺直了腰杆儿。街头闲坐的人，稀稀拉拉，一天到晚议论纷纷，不知道说什么好，也不知道说什么不好。

锡拉胡同的袁宅，袁克文和他弟弟、妹妹们，聚拢在一棵粗壮的桂树下，比比划划，手指弯弯曲曲，做着兰花印；他们弹着琵琶，拉起京胡，几个人有板有眼地唱着。

袁世凯笑吟吟地望着他们，身后立着刚娶来不久的杨氏，为他举着一把黄伞。油光发亮的黄伞在绿树下显得格外耀眼！

他不再骂他们没有出息了。他在心里对自己说，各有各的爱好。孩子们都大了，他们不像自己少年时爱骑烈马，爱拼杀，而是变着法儿玩，做一些文雅游戏，唱歌唱戏。徐世昌前天来了，看见孩子们咿咿呀呀地唱，说起这种现象，竟然讲什么一代人有一代人之风尚，这应该是什么父定国，子安邦。菊人，你的春天，花树都太艳了！三朝老臣王文韶辞去了军机大臣，现在你入直中枢，学习行走，又成为政务处大臣了。哈！人逢喜事精神爽，看见什么都高兴。

袁世凯越想越高兴，一边听着孩子们唱，一边低声吟和着。

袁克文看见父亲，霎时停住，恭恭敬敬地站起身，叫了一声"爸爸"，问了安好，又问杨氏好。

跟着他的兄弟姐妹们，也都问好。

袁世凯频频点头，说："你们玩吧。"随后告辞，回前院去。刚转过月亮门，杨氏娇滴滴地叫了一声，两腮绯红，欲言又止。

袁世凯问她："怎么了？阿娇。"

杨氏忽闪着眼睛，说："老爷，儿女们都大了，再说，我初来府上，有一句话，不知该不该说？"

"我的阿娇啊，你的大姐已经把钥匙都交给你了，你就是家中的总管，还有什么话藏在心里呀？"袁世凯轻轻抚摸着她的脸蛋，笑嘻嘻地说。

杨氏两眼像一潭秋水，亮晶晶的，说："我们还是回屋去说吧。"

袁世凯和她一起进了内室，杨氏才压低声音说："老爷，克定在外面的事，您可听说了？"

"什么事？"袁世凯诧异的神情问。

她说："能有什么事？还不是说他，整日与那什么洋女人在一起，把家室都丢掉了。唉，我想克定是不会作出这样的事的。我是怕人说老爷的闲话。"

"哈哈哈哈！"袁世凯抚掌大笑，说，"阿娇呀，你才不知我是什么意思呢。不风流的男人，会有出息吗？我和你的大姐沈雪梅就是在那年轻的时候，结下的意外姻缘啊！"

杨氏很快变了脸色，附和着说："也是，我的意思中也有这样的。老爷，自古道，风流本是英雄色。我是读过西洋的书的，虽不是大家闺秀，也不是没有一丁点儿见识的。那么多年轻英俊的后生，我连眼都未眨巴一下，偏要嫁给老爷，不瞒您说，我是在心里好有一比。""比什么？"袁世凯兴致勃勃，一下子把她揽在怀里。

杨氏往他嘴唇上亲了一下，将头埋在他的胸前，说了声"拿破仑"，自个儿"咯咯"笑着，又讲道："不过，不是后来战败的那个拿破仑，是永不战败的拿破仑，英雄拿破仑。不是吗？"

"不是。"袁世凯说，"阿娇，天下只有失败的英雄，没有永远胜利的英雄。只有在失败的时候，英雄才表现出真正的非凡来。"

杨氏将两只鲜嫩的手臂缠绕住袁世凯的脖子，亲了又亲他，说："老爷，我若是像大姐那样的才女，该有多好！"

袁世凯把她搂得更紧，说："阿娇，我懂得你的一片心意。是啊，想那李世民、赵匡胤，哪一个没有惊天的风流！你不是进过洋学堂吗？风流都是罪孽，都是辛勤。做诗填词，都是有闲人才做的事。"

"不是做诗填词，"杨氏撒着娇，捏着嗓子说，"我是想，若将您写成书，让人千古传唱，那该多好！"

袁世凯笑得更响，说："阿娇啊，若我再年少时，我就什么也不做，只与你一个好，天天做那戏水的鸳鸯。像现在这样，太让人劳累，疲惫不堪。我，只有和你在一起，才觉得分外轻松、愉快。阿娇，你说，我老了吗？"

杨氏将手指堵在他嘴唇上，说："老爷，不能这样说！你永远是年轻的。"压低了声音说，"天下的男人，数您最迷人。您的劲儿，你的功夫，怕那些年轻人、小伙子，谁也比不过的。"说罢，将头又埋进他的怀里，将手在他胸前抚摸着。

袁世凯笑着说："谁敢与我比呀？"他心里痒痒的，呼吸紧张起来；他亲手把她的衣服逐个儿撕扯去，放在床上，细细观看她娇美的玉肌，脱衣扑了上去。

门外轻轻吹进一缕风来，他朝门外望了一眼，帘子没有卷下来，并没有声响，禁不住又伏下身子。很快，杨氏呻吟起来。

袁世凯抱着杨氏，不经意地往门外望去，"啊"了一声。

袁克文呆呆地站立在门口，举止无措。

"豹岑，愣在这里干什么呀？"

188

袁克定踱着方步，悠闲地向袁克文走来，笑眯眯地问道。

"啊——"袁克文急忙迎向前，推着袁克定往远处走，一边红着脸说："爹正忙着呢。"

袁克定站在那里并不动，悄声问道："是谁来了？"

袁克文继续推他走，说："爹和五姨妈，他们正说话呢。"

"哈哈哈哈！"袁克定爽朗地笑着说，"说话也算忙啊！"一边往另一方向走，一边拉着袁克文的手，显得很亲密的样子，继续说道，"以后当着爹的面，可不要问爹是否忙。爹在陈州生活过，陈州人是不说'忙'的，而要避讳这个字眼的。"

"这里还有什么传说？"

袁克文和他并肩走着，用疑惑的目光打量着袁克定，不解地问道。

袁克定看走得离刚才的地方远了，才把袁克文拉到近前，将嘴对着他的耳朵，轻声说："从前，陈州城有个姑娘，春心萌动，关起门来，与她家的一条狗做爱。谁想，被她嫂子看见了，随口问'妹妹，你忙啥呢？'哎呀，直把个姑娘羞得无地自容。自那之后，陈州人就不再说'忙'了。"

袁克文忍不住，笑得蹲在地上不能站起。他用手指着袁克定，咧着嘴，看不出是哭还是在笑，说道："我的哥哥，你，你竟敢骂爹！"

袁克定猛一绷脸，纳起闷，问："我怎么骂爹了？"

袁克文笑着，还要再说什么，突然咳嗽起来。只有他自己心里明白，待稍为平静，他喃喃说道："大家都在忙啊。"

不知什么时候，袁世凯站立在他们身后。兄弟两人看见，赶紧跪在地上，不敢抬头。许久，他们不见动静；待他们悄悄抬起头望，袁世凯早已离去。

52. 是时候了

雷声"轰隆轰隆"滚过天穹，像一个巨大的魔怪，正狰狞着面孔，怒吼着，在北京城的上空东一扑，西一扑，一定要抓获到猎物，但到底却什么也没有抓到。

它吼得更凶了！一声比一声响，一声比一声凄厉！

天热得如火流洒向人们，家家户户，都哭喊着，埋怨着，祈祷着。雨，终于浇灌下来。

东单的大槐树底下，一个旗人躲在树下避雨，一道蓝光闪过之后，猛一声霹雳，人们只看见一具焦炭似的尸体！有人认得这是正黄旗。

很快，京城内外都传遍了这消息。有人说，这是京张铁路动工，震了地脉，苍天才发怒，派遣雷神爷抓走了这个正黄旗。又有人说，当朝的袁世凯、周馥、张之洞，他们联名奏请立宪，触怒了苍天，这雷雨是在示威。更有人绘声绘色地说：袁世凯被抓走了！雷神爷一手提着铜环金锉刀，一手捏着袁世凯的脖子。谁若敢再胡讲些什么立宪，谁也同样要被抓走。群言如沸。

袁世凯乍从轿子里出来，随从们撑起雨伞，扶着他走进内堂。

有人将这些话告诉他，他大笑着，说："这是谶语，哪里是诅咒我！你们不知，历朝历代，要换天时，都会有一些征兆的。天要抓我，是要我出头来扶社稷安危！"

众人都说："对，对。"

正当众人告辞，走出屋门，请袁世凯安歇时，门外有人喊道："徐大人到！"

袁世凯正衣，立起，出门迎接徐世昌。

徐世昌笑吟吟地走上前，与袁世凯手拉了手，走进客房。仆人们连忙上前伺候。

袁世凯挥手让他们退下，轻掩了房门，对徐世昌说："菊人兄，我请您看电影。克定刚从租界那里挑选的。"

两人进了密室，袁世凯将影片装好，放出无声影片，是《环球游记》。很快，放完了两本拷贝。徐世昌说："慰亭啊，年初，那瞿鸿机三次奏荐康有为，都未获准；您却敢在这时领衔，奏请立宪。你是凭什么判断气候的呢？"

"凭什么？"袁世凯没有再装第三本；他亲手倒了两杯洋酒，与徐世昌碰了杯，说，"我凭的是感觉，在不可言传中。"

两人呵呵笑了起来。

"慈禧已经老多了。"袁世凯说，"她的气色，明显底力不足。"说着，他探过头去，尽可能低地说，"有她的贴身太监说，年初，好几个夜晚，她可能是患了心脏上的病，捂着胸口喊疼。太医对她的病也没有好办法。她恐怕不会有多少年的光阴了。"

徐世昌说："人是很奇怪的，有一股劲儿胀着肚皮，鼓鼓的，就有了劲头；她恐怕不会这么样快就撒手走的。她怕洋人又恨洋人呀！戊戌年，她没有能借机废掉光绪小儿；庚子年闹义和团，她也没有能将光绪废掉；除了刘坤一他们之外，洋人也是一个原因。光绪还年轻，她想的肯定是借立宪来限制光绪，以待来日使光绪不敢轻易乱动。"

"姓瞿的小子，怎么一直就没有动静呢？这可是一只大哑巴蚊子。"袁世凯说着，又要为徐世昌倒些洋酒，被他止住。

"是啊。"徐世昌反问道，"你可知晓，这家伙是一路如何走上来的吗？"

190

"还不是李中堂为了买好!"袁世凯埋怨着说,"我知道这小子有一个瞎眼父亲,逼着他苦读书,使他少年得志,做过翰林,当过学政。庚子年之后,都是那中堂大人一时心血来潮,给了他机会,让他行走军机。有几次,我望见他那眼里闪着凶光,恶狠狠地,似乎一定要伺机杀我个冷不防呢。瞿鸿机,他确实是个得认真提防的人。越不动声色的人,越是可怕。"

徐世昌点点头,又摇摇头,欲言又止。

袁世凯装上一盘拷贝,画面上是日本风景画,樱花开放,成群的男男女女载歌载舞。

"慰亭,有个叫孙中山的人要在日本成立什么同盟会,要驱逐鞑虏,恢复中华。清朝的狗儿们若得了消息,肯定会生风波。"徐世昌不无担忧地说。

"听说了。"袁世凯说,"孙中山是个百折不挠的人。前些日子,赵秉钧捉住了几个从他那儿过来的人。那些人怀揣着洋枪、洋炸弹,要潜入北京,扬言杀尽满族权贵。孙中山啊,孙中山,你好啊。"

徐世昌从怀中掏出一封信递给他,说:"张謇向您推举了几个人,他让我转给您这封信。他不好意思直接见您,您可否写封信邀他来一叙?张謇还是很有见解的一个人。"

袁世凯笑得很不自然,说:"这张季直,他曾给我写过一封信,请我赞助立宪,吹我将成为什么日本国的伊藤、板垣。哼,都二十年了,他又用起了原来的那一套。不理他吧?他是往日的朋友;理他吧?他又太酸。唉,这个南通张季直,来就来好了,还让您转信。呆!"

徐世昌说:"过几天,你们的奏章就要生效了。慈禧可能要让载泽、戴鸿慈、端方和我,让我们分头出去,看洋人是怎么个立宪。"说着,他举起酒杯。

袁世凯沉思着,没有与徐世昌伸过来的酒杯相碰,而是长长叹了一口气,说:"这幕才拉开,人家会这样痛快地让我们演吗?菊人兄,这几天还是让冯国璋他们来一趟。不要写信,也不要打电话。劳您的驾吧。越是这时,越要注意这些旗人乱动,过一段日子,我们的整饬吏治一出台,少不得一些人会动武的。防着一些好。"

徐世昌点点头。

袁世凯接着说:"那个载沣眼神极不正常,最好让人盯着些。若他想大闹,就把他处理干净。这事让赵秉钧想办法。慈禧她并不喜欢这个载沣!还有庆王,我们要多加一些饲料,让他多给一些方便。"说罢,他从怀中掏出一只袖珍手枪,送给徐世昌,说,"菊人兄,带上这个家伙,有备无患。德国造的无声手枪,只能近用。睡觉,走路,有这家伙就好一些。"

徐世昌颤抖着接过来，"啪"一声掉在了地上。他一脸尴尬，苦笑着不知何措。

袁世凯拾起来，将弹夹拉开，为他做使用示范，说："这东西和弹弓差不多。"

徐世昌收下了，小心翼翼地放进口袋，又掏出来，用手绢包住，才装进去。

袁世凯说："等一些日子，我还要和赵尔巽、岑春煊、端方他们商量商量，立停科举事，推广学校！"

徐世昌说："是时候了。"

袁世凯笑了。

徐世昌也笑了。

他们笑得那样甜，在这暴风雨之夜。

"咔嚓嚓嚓……"

猛响起一阵炸雷，只听当院中什么东西砸在房顶上，家人都惊呼着。原来，一棵老槐树被雷电劈中，它腐朽的枝干，折断落下来。一条枣花蛇从树裂开的树洞中掉在地上，正昂着头探望着惊愕的人们。

家人中有年纪大一些的，慌忙拿出香案，要烧纸。

袁世凯站在屋檐下，对家人说："敬这东西干什么？若真是龙，还能被雷劈打吗？把它赶出去！"

第六章 五大臣

　　笑容在他们脸上绽开着。人们若更加仔细地去探视、端详，就会发现数徐世昌的脸最好看。此刻，他并没有与袁世凯表示过分的亲热，而是扫瞄了一下，短暂的圣礼中，已将数不清的密码该破译的破译，该储藏的储藏。他对奕劻和载沣则格外亲密地笑着，好像他与袁世凯不曾认识。

53. 五大臣

　　正阳门车站，摆满了鲜花，花海一般。

　　今天的太阳格外明丽，灿烂。一大早，万顷彩霞横飞，鸟儿在树枝上欢跳着，鸣啾不已。各府来的官员兴致勃勃，他们的马嘶鸣着。车站前搭起了高大的牌坊，顶端的巨龙和彩凤，活灵活现。牌坊外，聚集了如潮观众。

　　成群的外国记者涌来了，他们早早地守候在牌坊下。在他们的周围，一群警察像猎犬，紧紧扫视着。

　　"敬礼——"随着一声喊，警察们刷地站立，行举手礼。

　　"啪！啪！啪啪！啪啪！"一阵皮靴踏地声，有节奏地传来，由远而近，震得人心颤。

　　人们定睛望去，都不禁惊呆了！

　　两队身着洋军服的兵士，各持金光闪闪的乐器，在指挥官的带领下，跑步进入牌坊下。

　　随从们的骡马，猛一下惊的又踢又叫！

　　有机敏的洋记者，赶忙举起照相机，抓拍下这难得的镜头。

　　嘹亮的号声响了！异常悦耳，动听。

英俊的指挥，将指挥棒上下有节奏地舞动着，美妙的旋律，仿佛是从那棒上飞出的。这乐声令人耳目一新，聚拢来的人越来越多，渐渐地，整个正阳门车站都围满了人。维持秩序、防备万一的警察显得力不从心，他们只好派人去求援。

他们演奏的乐曲是《欢乐颂》，一遍又一遍，撩起人们的眉梢。乐声兴奋地飞翔在车站广场的上空，太阳更加灿烂。

奕劻、载沣、袁世凯等人鱼贯而入，站立在牌坊下，更多的京官们来到了，围拢在奕劻他们的周围。人们笑语连天，像迎新的队伍正等候着新娘的花轿来到。

人们只知道高兴，完全忘记了有几个人正使劲往人群深处挤着。这几人异常严肃、神秘、庄重的神色，谁都能觉察得到他们是在想图谋干一件大事。可是，人们被那乐声吸引着，被权臣们的容颜吸引着，没有一个人觉察到这几个人正在往里挤，并交换着诡秘的行动信号。

两辆豪华轿子车过来了，一直到了牌坊下。里面相继钻出一行身份非凡的人。乐曲更加欢快地飞舞着，撩动了每一缕阳光。人们感觉到太阳在颤抖着，巨大的牌坊在颤抖着，空气中充满了激动。

鞭炮响了，那蓝色的硝烟令人振奋。好香的烟啊，这样让人感到亲切，感到喜不可耐！

大清国要派员出洋考察！

大清国要学列强的办法中兴起来，中兴多好啊。尽管大家并不明白，该如何中兴，又如何向列强学习。大家都感到列强的办法肯定是好的。欢呼的人群中，有许多人在议论。他们列举出许多学习列强的理由；他们争论着：我们的古训有见贤而思齐云云。

这五个人走向牌坊的中间，与奕劻他们相互致意。

他们那五副面孔，一个比一个红润。

那是镇国公载泽的脸；

那是户部侍郎戴鸿慈的脸；

那是兵部侍郎徐世昌的脸；

那是湖南巡抚端方的脸；

那最后一张脸是商部右丞绍英的。

这五张脸像五朵美丽的鲜花，正在阳光下竞相盛开。

笑容在他们脸上绽开着。人们若更加仔细地去探视、端详，就会发现数徐世昌的脸最好看。此刻，他并没有与袁世凯表示过分的亲热，而是扫瞄了一下，短暂的圣礼中，已将数不清的密码该破译的破译，该储藏的储藏。他对奕劻和载沣则格外亲密地笑着，好像他与袁世凯不曾认识。

他们在说什么，远处的人猜也猜不到。

激动、兴奋、喜悦，几乎使人变成了幼稚天真的孩童！

他们就要乘火车到天津，乘船到大洋大海中去寻找仙药了，有了这仙药，大清国就会富强、中兴。

他们是当年的徐福吗？

他们是当年的郑和吗？

他们是当年的玄奘吗？

他们是大清国的五大臣，要去寻找救国的良药、仙药！鲜花，美酒，歌声，一齐向他们致意。

火车早就等候在那里，此刻，汽轮搅动，"呜——"的一声，像在发布举世闻名的宣言，像是在发出进军世界的号角！他们要出发了。

人声和心潮沸腾到了极点！

忽然，几颗黑乎乎的东西，猛地从人群中飞出，掷向五大臣！正当人们还没有明白过来是怎么回事时，那黑乎乎的东西闪电般地变幻成一团迸发的火焰，发出了令人惊诧的巨响。

当火焰闪过，浓烟弥漫时，走到前面的载泽被炸伤了。绍英本该走在最后，他却与载泽套近乎，嘀咕着什么，也被炸伤。

血，从载泽和绍英的脸上、身上流出来。

人群乱了，像炸了窝的兔子般四散逃窜。又一阵枪声响起，却射向了天空！警察们像跃起的警犬，飞扑向那几个可疑的人。那几个人竟然拉响了炸弹，又一阵火光和浓烟！他们宁死，也不留下当口舌。

奕劻、袁世凯他们都扑倒在地，新军的卧倒姿势在这里利用上了。

赵秉钧指挥着警察的搜捕，在一具死尸的怀里搜出一张名片，那上面的两个字又黑又亮，闪着光泽："吴樾！"

同时，列车上也相继发现炸弹！紫禁城外，东城西城，南城北城，到处响起炸弹声、哭号声。

奕劻和载沣当下决定：出师不利，暂缓出洋事宜。炸伤的载泽和绍英昏迷不醒，被以最快的速度送往医院——紫禁城御医处疗治。

阳光依然灿烂，正阳门车站一片狼藉，若点火后还在冒着烟的废墟。

54. 唱三弦的瞎子

正阳门的炸弹，像正月十五的灯笼，亮着红彤彤的烛光。它一挂在门楼上，春天就像成群的孩子一般扑了过来！它照亮了四季的风，点燃了大地上的圣火。

京郊农村的孩子们，常在野地里玩扔火把的游戏。他们要把四野的风用万千火把装点起来。秋收后的田野，各种庄稼茬儿五零四散，狼狈不堪地躺在地上，任风雨剥蚀，任阳光暴晒。远远地望去，北面上飘着白色的游弋着的光带。那一座座的乱坟上，堆着蓬乱的荆棘。成群的孩子们在傍晚时来到野外，将这些破败的庄稼收整起来，捆成束，漫天价扔着，胡乱扔来扔去，叫喊着、奔跑着、打闹着。

他们的歌声时而整齐，时而散乱，飘荡在秋天的夜空：

东来的兵，

西来的将，

南北来的大和尚。

大和尚，

看月亮，

尿了一裤裆！

南来的狗，

北来的狼，

东西来的王母娘。

王母娘，

光脊梁，

屁股底下哗哗响！

年长的人说，这叫驱邪，是穷人家"赶霉气鬼"的。连着几个夜晚，月亮一出来，孩子们都跑到野外做这种游戏。

天桥一个算卦的瞎子，听人讲起这游戏的时候，嘻嘻笑着对面前的人说："哎呀！真的要改朝换代了。你听这歌，哪里是孩子们唱的？分明是天意！和尚是谁，是光绪！王母娘是谁？是慈禧呀！他们都快完蛋了！"

猛然，他脖子里套了一根绳子。他以为是谁和他开玩笑，正在说话时，两个捕快朝他背上踢了一脚，呵斥道："起来！瞎眼子驴，辱骂皇上，该是死罪！走，到局子里去一趟。"

瞎子号啕大哭起来，连声求饶。

两个捕快怒声又骂又喊，束起他的脖子，要拉他快走！

这时，有人悄悄将这情景遍告天桥的瞎子们，说：大清朝的捕快要杀瞎子，快来救人！于是，几个瞎子狠劲敲击响板，"叮叮当当"响遍天桥。瞎子们喊着，一齐向两个捕快围拢来。

他们高喊着："打呀！打他们狗日的、没有爹娘的狗东西；他们只知道耍威风，欺压穷人。"

瞎子们将两个捕快又撕又打，还有人抱住捕快的腿和手乱咬，有的瞎子用响板狠打捕快的头。捕快想逃也逃不脱，跪在地上，磕头求饶！他们痛哭流涕，一再央求"别打了，不敢了"。但是，磕头也没用，央求也没用。瞎子们越打越起劲，使劲喊着："打！打死这龟孙帮凶的狗杂种。历朝历代，哪有向瞎子要钱的。他们要！打，打死他们！"

捕快不出声了，瞅了个空，贼似地窜了。

瞎子又唱又叫，欢呼他们的胜利！

有一个唱三弦的瞎子，清了清嗓子，拧了拧弦把，说："弟兄们！我编了一段词儿，咱们舒心唱一唱吧！"围观来的人齐声叫好，大喊道："唱！"

唱三弦的瞎子昂起头，跺了跺脚，清了清嗓子，放声唱起来：

老少爷儿们，
听我说呀听我言——
不知道今年是何年唉嗨嗨
不知道今天是哪天。
老子生来不见那日和月，
黑夜里年年月月天天都是呀
泪呀那么个泪涟涟不干！
哭一声我的那个父母呀祖祖辈辈人，
咋生我在这么个黑咕隆咚
无灯无火让人难受让人受罪
让人可怜让人欲说不忍的百年间！
我问天，那个天不应呀！
我问地，那个地不言！
我问那神州赤县万万千千的老乡亲，
天底下地上面没有一人听我唱呀
这苦水浸血水泡的三根弦。
没有了眼，我不为那个瞎呀，

我看见了满朝都是猪牛驴马羊和狗，
没有廉耻没有良心
不做人事的一群畜生当了道啊！
才有这年年月月
月月年年还不完的割地又赔款！
今年的春天咋光下黑雨，
日本鬼儿、俄毛子东北来打仗，
我大清国却来替人背了黑锅来把背垫！
白花花的银子化成了红彤彤的血，
大河上下流不完的仇和怨。
劝一声呀，天下的同胞们！
日本国住着一个大圣人，
他的名字叫孙中山！
辛苦为天下百姓奔波闹革命，
一心要把清朝鞑子来推翻！
孙中山，大英雄，
一腔热血组织了同盟会，
要为中华报仇冤！
他号召天下的热血人，
齐心协力来造反！
杀净那贪官污吏，
学学那当年八月十五大串连，
消灭了腐朽透顶的权贵们，
让天下百姓吃饱饭！
春雷一声天地动，
中国出了个孙中山！
我们大家跟他往前走，
又有地种又有衣穿。
起来吧，起来吧！
家家户户都动了手，
杀退贼人才有这平安年！

瞎子艺人越唱越激动，人群中不断爆发出叫好声。

198

忽然，天桥周围响起了急促的军号声！人们望去，只见数千官兵如临大敌，正端着洋枪，向人群逼来。人群中出现了骚动，有人喊着："快跑呀，官军来了！"

一个满脸通红的中年汉子大声说："大家都别动！往哪儿跑？用不着怕，我是当朝的北洋大臣袁世凯的同乡好友，有我在，他们谁也不敢杀我们！"说着，他又悄声安排人，把瞎子们围在人群中间，免得他们受到伤害。

官军逼近了。一个头目大声喊道："都老实一些，谁是带头的？"

中年汉子挺身而出，炸雷一般喊道："我，河南项城人，袁大憨！要抓，就先把我抓起来。是我一人做的，与其他人无牵连。"

清兵头目惊讶地喊了一声："啊？你怎么是大憨？我们袁大人找你多少年了！你怎么会在这里聚众造反呢？怕你是冒充的吧！"

大憨轻蔑地笑了，说："冒充大憨有什么用？想抓，捆起来，送给你们袁大人是了。"

另一个头目说："不管他是谁，把他们所有的人都带走！"

官兵将他们逐个捆绑起来。

瞎子们喊着："把我们杀了吧！省得这样活受罪！"

大憨对官兵说："弟兄们，我也是当过北洋水兵的人。我那时是打日本人的，哪像你们现在这样打自己同胞！我请你们放走这些双目不见星光的盲人。天大的罪，让我一人担着！"

人群中许多人都喊道："对，把盲人放掉。"刚才那个头目知道袁大憨，对另外那个头目说："这怎么行？本来是瞎子先造起的反，放了瞎子，我们如何交代？"

大憨怒声呵斥道："呸！你们这群连狗都不如的东西！竟会说瞎子造反，瞎子也会造反吗？连瞎子都造了反，谁还不造反？"

人群中不断发出骂官兵的声音。

涌上来几个士兵，上来把大憨扭住，让他老实一些。

大憨用力一抖，将几个士兵甩倒在地，痛骂道："无能的狗儿们，只会欺压百姓！什么造反？要造反就好了！你们的父母在家受苦受累，和我们一样做牛做马，你们却助纣为虐，你们对得起哪一个？官兵弟兄们，拍一拍你们的良心盆儿，都回老家，别给王八蛋们卖命了！"

人群中接连发出阵阵吼声。两个头目急忙喊叫着："都带走！"

55. 大憨

夜晚，锡拉胡同的袁宅，客房中的灯火一直到鸡叫三遍了，仍然亮着。袁克定恭敬地让大憨吃菜、饮酒，不断用叉子把菜肴放进大憨面前的盘子内。

大憨摇摇头，说："贤侄啊，叔感谢你搭救了我。可要我留在你家，为你们照料家务，那是万万不能的。"

"为什么？叔嫌弃我？怪我父亲没有从天津来看您？"袁克定笑吟吟地问。

大憨也笑了，说："哪能这样说呀！我的贤侄。我和你爹，当年是患难中结成的兄弟。这些年，叔虽然没有和你们在一起，可时常知道你们的情况。唉，贤侄呀，你在西洋读了好几年的书，能不能给叔讲一讲，什么叫革命？什么叫文明？"

袁克定说："叔，您什么时候学会了使用革命这个字眼？"

大憨说："西洋的人，也是面对面地要拼个你死我活吗？"

"不一定。"袁克定说，"革命是要流血的，就是要牺牲无辜，给平民造成许多痛苦。并非只有革命，才能改变政权。西洋也有皇帝，他们不像我们的朝廷这样专权，而是把文明放在权利的基础上，用宪政代替专制，维持和平。叔怎么口中总是离不了这些内容呢？若非叔是革命党吗？"

大憨很平静地说："叔知道革命，尽管时间很短暂，但对一些基本道理，还是能够理解的。"他停了停，接着说，"叔这一次来找你爹，是想做两件事。"

袁克定不自觉张大了嘴巴，说："做什么样的事？要我爹——"

大憨两眼灼人，认真地说："一、让你爹借给我一些洋枪，我要组织革命地下武装，发起暴动，打击贼寇。二、我要你爹举兵，做新世纪的皇帝，消灭清朝！"

袁克定的手，微微抖了几下；他很快又镇定下来，举起酒杯，格外珍重地说："叔父在上，我们，干杯！咱爷儿俩想到一块儿了！"

两人狠狠地把杯酒饮下，同时哈出一口气。

袁克定说："叔，我极为赞成您的事业！我爹应该举大义而自立的。可他总是对他周围的人讲，袁家世代受皇恩浩荡，对皇上是赤胆忠心。这是十足的小家子气！叔，你今天才来，我等候许久了！叔，我应把您比作同志的。这几天，您先在我家住，我们共同想办法，将您的心愿实现！"

大憨不露声色地说："叔该谢谢你，谢谢你的理解和支持。"接着，他紧盯着袁克定的脸，要看透他，看他是否有太多的狡诈虚伪。

袁克定起身，为大憨取来一幅地图册，对他说："叔，你看，这是世界地图，中国只居其一。古希腊为罗马所代，古巴比伦为西亚所灭，只有我中华，生生不息。如何有这贼人横行，使我文明堕落？我爹，我们，大家都有义务，重振中华帝国雄风，重兴古国文明！"

大憨被他所感动，说："贤侄，天下，迄今只有你爹能一呼而百应，能推翻清朝，改天换地。叔和你爹不是一天相知，你爹，他应该担天之所降大任而不辞。"

袁克定忘情地说："爹的常备军，前些天在河间演秋操，威镇华夏！朝廷要改革了，爹主张最坚决。他说，官可以不做，而改革不能不做。不久前，五大臣出西洋考察，在正阳门车站被炸。爹现在全力主张再派员考察，说谁敢阻挡，谁就是乱党！我看，天下只有爹才能提担大任，诚如叔所言，定会一呼百应。"

大憨望着他那副得意神情，猛然想起了许多往事，一丝不安隐约闪现在他脸上。但是，他还是强打精神，对袁克定点了点头。他本想对他讲自己如何走上探索之路，如何投身革命的，他想把自己多少苦难和追求都讲出来，激励这青年人。可是，他不能，理智和经验告诉他，对袁家这个长子断不能小看、轻看，他说不定比他爹还狡猾呢！

袁克定仍然相当激动地说："我爹是有新思想的人！办现代工业，告别作坊时代；办学校，告别蒙昧时代；办新军，告别屠弱时代。我爹，他是东方拿破仑！当然，是胜利的拿破仑。"

大憨故意疑惑地问："什么？拿破仑是谁？他干什么的？"

袁克定说："拿破仑是一个法国皇帝，他能征善战，雄才大略，风靡全欧洲！他推翻了腐朽而又顽固的波旁王朝，建立法兰西强大帝国。他的军队所向披靡，一往无敌。但是，后来，遭遇滑铁卢，他最后失败了，下场很惨。"

大憨笑了，说："失败算什么？百折不挠的人，才叫英雄！无论你爹他拿新仑，还是拿破仑，只要能赶走清朝，何愁天下的民众不拥戴他做中国的皇帝？"

袁克定也笑了，说："对！叔是有识之士，和我以前听说的大憨叔，简直是两个人。您是如何变得这样有出息的？"

"孩子呀，你原来是一个尿湿了床的孩儿娃子呀。"大憨歪了歪头，打量着袁克定，说，"当年，我和你爹星夜投军；你算算，现在离那时，有多少年了？"

袁克定又为大憨倒下了满杯酒，说："叔和我父亲一样，你们都是想有所作为的人。后来，爹曾讲过您失踪的事，还有人骂爹为了灭口，是爹把您杀了呢！您到了哪里？爹天天想您，有几次他难受得直掉泪呢。"

大憨说："孩子，你真想知道，这几年叔到哪里去了吗？"说罢，轻轻将酒饮下。

袁克定说："想。"

大憨说："知道了害怕不害怕？"

袁克定用餐巾擦了擦嘴巴，说："怎么？叔先做了绿林英雄，才又做了革命党？"

"不。"大憨咬了咬牙，说，"叔是先当和尚，后做生意，出了洋，见了大世界，才选择了革命作为事业的。"

袁克定说："叔有这样生动的传说呀！讲给我听吧？来日我给您写成传记，全世界都会知道您的。您不愧为爹的好朋友、好兄弟！"

大憨说："算了，孩子。我们这一辈人，你是不能理解的。我，还有你更多的叔叔辈分上的人，我们不求功名，不求利，本来是想弄碗饭吃，后来开了眼界，才是想为国为民干一些实实在在的事。自小，我们听的岳飞戏太多了。你爹他和我也不一样。你叔我是穷苦人出身，想的是天下的穷苦人。你生长在袁家，家道算得上殷实，没有吃过苦，如何能体会叔的心思呢？做革命党的人，大抵上有两种，一种是像那位孙中山先生一般的人，胸怀大志，在改造山河；一种则是像我这样的穷苦人，被逼无奈，为了良心上的正义，要推翻那些权贵，让天下变个样。当革命党是要被杀头的。像那位吴樾，他图的是什么？还有那无数的志士，他们都是为了正义。孩子啊，你，你们，是只理解利益，而不能理解正义的。但是，叔希望你和你爹一样，为国为民多做一些实事，多做一些不坏良心的事。"

袁克定闷声不语，待好大一会儿，才说："叔，您觉得，将来会是革命党的天下吗？"

大憨说："是。终究会是的。人从没有钱到有钱，也可以从有钱到没有钱，反反复复。圣人不一定是有钱的人，而更多是他在没有钱的时候被苦难与坎坷成就的。天下没有不变的道理。叔是革命党，只反清，不反你爹；叔相信自己是会成功的。即使叔见不到成功的那一天，叔也是高兴的。"

"叔，"袁克定又为大憨倒满酒，说，"义和团和那太平天国，是革命党吗？"

大憨把酒杯一捏，"啪"的一声碎了，他双眼圆睁，怒目望着房顶，又转过身，走向窗前，说："孩子，你看，天不是亮了吗？我们刚才谈天论地时，天还正黑，可这天要亮，是什么也挡不住的！"说着，又回到座位上，愤恨难平，"这一点上，叔是恨你爹的。"

"为什么？"袁克定问。

"为什么？"大憨说，"因为叔是太平天国、义和团的后来者。叔的事业，和他们是一致的。当然，又不全一样。你爹杀义和团，与曾国藩灭太平天国，他们都是对民族犯下罪恶的！他们是为这些倒行逆施的人帮了大忙！"

袁克定说："叔，你也信神信鬼，像太平天国、义和团一样，打仗时也装神弄鬼吗？"

202

大憨说："不。我们不一样。叔以前曾经信那些乱七八糟的东西，可现在不信。你只看见太平天国信上帝，义和团画符，但你没有看见他们是穷苦人，他们要造反，要争得平等、自由，又如何不可利用一些幌子？哪朝哪代没有自己的神庙？天坛是干什么的？地坛是干什么的？传达圣旨的天安门是干什么的？叔和他们都是要造反的，都是要革命的，都是要争自由，为国也为民。叔受孙中山先生的教导，懂得了世界要发展进步，需要革命！你爹要立宪，和我们走的是同一条路，都不是为了自己。孩子，一心想着自己的人，只会误事啊。人活着，孝敬爹娘，孝敬国家，都不是为了自己。"

袁克定说："叔，你说了这么多，假如我把你送回监牢。你该怎么办？"

大憨说："我毫不后悔。你想，我和你爹当年跑出家乡时，风风雨雨，经受了多少事。还有什么可怕的？"

屋外天大亮了，太阳没有出来。

大门外面有人在高声喊叫："谁在家？快出来接我！我是项城的狗蛋，是直隶总督袁世凯的亲兄弟！出来！开门！"

守门的家人没有理他，大门依然紧闭。

袁克定说："哪儿来的疯子？大清早的在外面喊！我爹在直隶总督和北洋大臣的任上，天天都有来攀亲的。真讨厌。"

大憨细听了半天，说："哎呀，好孩子，快！是你狗蛋叔来了！"说罢，他冲向门口；忽然，他脚底一空，摇晃了一下，摔倒在地上，"呼呼"睡起来。

袁克定喊了半天，他一声也未吭。

他不明白，这个大憨，为什么有这样的硬骨头！

大憨被抓走后，有人到袁府来通风报信。恰巧袁世凯不在家，袁克定做了担保，把大憨从监牢中救了出来，接到家中。他实在想不到，这样一个貌似鲁莽的粗人，竟然有这样的心胸。他怎么是革命党呢？革谁的命？他们有多少人马？这个大憨是一条线，应该紧紧系在手上，万不能丢掉。

袁克定望着大憨那安详的脸，用力把他扶起来。

这时，狗蛋被人引进来了。他一眼望见大憨，孩子般喊了一声"大憨"，扑过去，抱住大憨使劲喊着。喊了好半天，大憨终于醒过来。他望着狗蛋，笑了笑，替狗蛋擦去脸上的泪，说："好狗蛋！我可想你了！"

袁克定请他们到客厅里面坐。

两人相扶着，并肩向前走去。

大憨对袁克定说："孩子，贤侄儿呀，你一定要让你爹回来一趟。我们弟兄三人聚会，好不容易啊！"

56. 大年夜

一阵爆竹响过时，大年夜的聚餐在敬过天地祖宗和亲人后，开始了！客厅里灯火辉煌。袁世凯坐在首席，精神抖擞，映着烛光的一双大眼，扫向客厅里几张桌子前坐下的人们。他向他们频频点头。

客厅是特意装置起来的，分了几大桌。来这里的客人比家人多：徐世昌、段祺瑞、王士珍、冯国璋、段芝贵、阮忠枢、唐绍仪、赵秉钧、赵尔巽、曹锟、杨士琦、周学熙、张镇芳他们，是北洋兵将或幕府，坐在一片。袁克定、袁克文这些子女坐在一片。袁乃宽和大憨、狗蛋以及几位家乡故旧，坐在一片。他的妻妾们坐在另一片。那些干女儿们，和这些妻妾们坐在一起。所有的仆人、家丁，除了守卫门院的，也都坐进客厅。

新来的袁乃宽在宴会开始时，呼前呼后，安排各色人等入座。特别是把袁世凯和徐世昌他们安排在一起，令所有的人都很满意，都称赞他不愧是总督府的好管家。他更高兴。

袁世凯清了清嗓子，声音格外洪亮，说："各位，今天是皇上三十一年的最后一天，辞旧迎新，我给各位拜年了！"

众人齐欢呼："谢袁大人，给袁大人拜年！"

袁世凯举起酒杯，请大家一起干杯。然后，激动地说："今年不同往年啊！立宪第一年，还有十一年。这十二年立宪，究竟会怎样，我心里也没有谱。但我相信大家，只要我们齐心协力，就会万事如意，吉祥顺利！北洋的新军兄弟，跟着我受了不少苦，我先敬你们一杯！"

徐世昌等人起身共贺。

段芝贵忽然高喊了一声："祝父帅新年新气象！万岁！"

袁世凯猛地一怔，接着哈哈大笑，说："是啊，万岁也是新气象！今天，我请各位共度新年，明年我打算奏请辞官为民。做这大清朝的大臣，真累人啊。我想急流勇退，让位与贤人高士，与国与民皆是幸事啊。可是，我又舍不得新军的数万兄弟！当初，我们七千人，真是进退两难啊！要什么都没有，在一片荒地上建起了全新的军队。庚子年那么大的乱，我们的新军丝毫无损，是大家的福分啊！我退去之后，希望大家还要紧密团结，为国效力。我老家的兄弟也来了，我正想和他们一起回河南老家。我真不想再得罪太多的人啊！"

冯国璋、王士珍、段祺瑞等人齐声喊道："紧跟慰帅！齐心协力！保家卫国！"

袁世凯表示了感谢，接着说："今年秋天，我们的操练让中外人等交口称赞。

可是，有人却嫉恨我们新军的强盛，一再中伤诋毁我们。有人说我庚子年以来，直隶总督、北洋大臣之外，宫保又加铁路大臣、参预政务处大臣、商务大臣、电政大臣、会办练兵大臣。他们说我贪婪，是饕餮之徒。我很敬佩孔明先生的鞠躬精神，更敬佩尧舜禅让。有一个人在诗中说，我劝天公重抖擞，不拘一格降人才！退了好。修心养性，免得耽误了他人！我得罪的人，真是太多了。那年，太后西狩，需要许多钱，我向那些人借，人家叫苦叫穷。嗨！我到银号里一查，一下子查出来他一百多万两！怎么办？充公！那笔钱确实帮了太后的忙。可那些人恼恨我呀。现在，这么多的事压在我头上不说，他们还指责我拉帮结派，用北洋新军中的人太多。毛遂还能自荐，我为何不能荐人？新军人才多，是国家的财富，也是国家的福分啊！唉，大家不要想得太多，还要恪守职责，忍辱负重。你们都会有很好的前途的！来，大家再干一杯，接下来吃菜。我特意让做了河南项城老家的大杂烩，大家都尝尝！来，喝！叨！斗！"

袁克定明白，"喝！叨！斗！"是河南项城老家的话，喝自然是痛痛快快地喝酒，叨却是用筷子吃菜，斗是一个笼统的词，什么都可以包括，总之就是获取的意思。

大家说笑着，杯声叮当，宴会厅里香气暖烘烘的熏得人直流汗。家眷们不时用手帕擦着脸。

席间，大家互相拜年，相互碰杯，一片欢声笑语。

酒菜过了几巡，大家吃饱喝足，新军将领他们都告辞离席。袁世凯吩咐，送给他们每人三千两银子做压岁钱。他们涕泪交加，说不尽的忠诚、感激的话语。有几个人跪在地上痛哭流涕。最后，袁克定把电影机子收拾好，为大家放电影，老老少少都喜笑颜开。

电影画面是黑白色，没有声音。袁克定给大家讲解画面上的内容，引得一阵阵笑声。

袁世凯坐了一会儿，叫袁乃宽、大憨、狗蛋三人一起去内间密室。他说："我们好久没有这样说说话了，照老家的话讲，咱喷上一夜吧。现在，我什么官都不是，我是袁寨的凯儿，是你们的老伙计袁四！来，咱们喷喷。"说罢，自个儿先笑了。

袁乃宽说："我一来，就觉得还像是在老家一样。大憨，狗蛋，你俩就别走了，留在这里，咱们几个天天喷该多好！"

大憨说："哪能天天这样喷啊？各人都有各人的营生，一年能聚一次，就不错了。"

狗蛋说："是呀，我还得卖布。虽说赚的钱少，也怪有意思。我没有当官的命，就做生意吧。一开春，庙会多了，我就得到处去招呼生意了。"

大家沉闷了一会儿，袁乃宽开头，谈起了袁寨从东到西、从南到北，家家户户所发生的事情。狗蛋说了一句"寨海子里有一条丈把长的白蛇"，大家的话题就更多了。于是，大憨讲起了大家小时候打土龙、骂灯和柿树木中做游戏的事情。袁世凯兴致勃勃，说："还是当顽孩子好！"

他们越谈越有劲儿，狗蛋说："咱们在这屋里玩叨鸡中不中？"

袁世凯说："中！来，屋里暖和，把衣服都脱了，叨！大憨，咱俩一班，狗蛋和乃宽一班，玩个痛快！"

大家都笑了，笑得蜡烛更加红，更加亮。

袁世凯满脸的汗，那蜡烛映得通红，如同涂了油彩。他把腿抱起一支，用两只手托起，充当鸡头，然后，喊叫道：

"哪里鸡？"

狗蛋咧着大嘴，也抱起一支腿，大声喊道：

"荒凉店的鸡！"

他们一问一答，一个个激动得想哭！

"啥子鸡？"

"芦花鸡！"

"一天吃多少？"

"八斗八簸箕。"

"拉稀不拉稀？"

"不拉稀！"

"是公鸡是母鸡？"

"大红冠子老公鸡！"

他们问完了话，四个人一齐冲上前，用一支腿跳着，互相用"鸡头"碰撞。

袁世凯抱着自己的腿，用力扳起来！这是项城乡间的儿童游戏，孩子们比赛谁的力气大，"叨"败了就认输。当年，冬夜的旷地上，袁世凯和他的这些伙伴儿们常玩这样的游戏。游戏中问答提到的"荒凉店"，是项城县官会集的名字。"拉稀"指的是认输不认输，表现出是否交战的意思。袁世凯想起来，新军在小站集中时，那天夜里，在兵营中有过这游戏；那时，表弟蛤蟆也在其中。一转眼……

他们疯了似的"叨"着。

忽然，狗蛋蹲在地上"哇"地哭出声，他双手捂着脸，哭着，说着："啊呀哈，我，我想起来那一年，我们还有蛤蟆咱们在兵营里叨鸡……凯儿呀！大憨！

小宽儿！咱们，都回袁寨吧！千里万里，还是咱老家好呀！"

大憨的嘴撇了几撇，忍不住也哭了起来。他哭着，拉起狗蛋，还要"叨"。袁世凯早就泪流满面，他没有哭出声。他感到从未有过的轻松，舒畅。这游戏，让他回到了魂牵梦萦的童年，让他忘却了多少年的宦海苦痛。这年夜，他太高兴了。

袁乃宽不解地望着他们。

春节的酒肉都乏味了，锡拉胡同的袁宅内，仍然酒令不断，空气中充满了芬芳的酒香、欢快的笑语。大憨他们天天嬉戏着。

东厢房的墙根处，墨绿的苔藓上，开放出一朵花，说不清是杏花，还是桃花。花的正下方，挂着一条银白色的蛇皮。

袁乃宽喝醉了酒，在后院东厢房的台阶上迈步，却无论如何都迈不上台阶。他努力向前迈去，"哗啦"一声跌倒在地上，摔得躺在地上半天未起。

他醒来时，猛地觉得下颏上冰凉冰凉的，伸手摸去，原来是自己酒醉吐的一摊污秽。一条护院的狗，正将长长的舌头往他的嘴角舔去，他睁眼看时，大吼一声，把狗吓跑了。

大憨他们听见喊声，一齐跑了出来，看见袁乃宽躺在地上的狼狈模样，都不禁拍手大笑起来。

袁乃宽努力站起，头重脚轻。他喊大憨过来扶他，大憨说："袁乃宽呀，你刚才是和狗亲嘴儿啦？别是做梦正娶媳妇儿，刚想亲热，原是一条狗！"

家院中的人越来越多，都笑袁乃宽的不堪模样。老老少少们都笑得肚子疼。

大憨正要把袁乃宽扶起来，袁乃宽忽然喊了一声："快看！"

大家都随着他的手望去，望见了那朵花和蛇皮，顿时惊诧不已。

大憨把他扶了起来，对大家喊道："别看了。都回屋去吧，外面太冷。这有什么稀奇的？老家袁寨到处都有这样的蛇蜕。去吧，去吧！别大惊小怪的！"

狗蛋也过来扶袁乃宽，他们慢慢向西厢房角胡同里走去，那里是后院的大客房，他们几个都在里面住。屋子既宽敞，又干净。进了屋子，大憨将煤炭火拔得更旺，让狗蛋到内室为袁乃宽取来棉袍，给他换上干净衣服。袁乃宽把手伸在火炉上烤，嘴里念叨着："大憨，我咋觉得奇怪哩！你看，那花和那蛇皮，总该是有什么说法吧？是不是咱家的世凯老爷他又该升官啦？"

狗蛋说："总是该升官的。我前年到天津买洋货，听人讲过，醇亲王府里的事，和这差不多哩！"

袁乃宽说："什么事？"

大憨说："啥事？就是醇亲王府出了光绪皇帝家的事。"他帮助袁乃宽把衣服穿好，一边说，"醇亲王府的坟茔在妙高峰，坟茔栽着两棵大白果树。白果树下埋着醇亲王，你想，白字下面是个王字，合在一起，不就是'皇'字了吗？慈禧听说了这事，就命人把那两棵白果树伐掉了。"

"光绪不就完了吗？"袁乃宽问。

"咋不是？"大憨说，"传得神呀！有人讲，那树砍倒后，树根上钻出了许多蛇，蛇都生出了翅膀，往天上飞去了。"

狗蛋把酒桌上的火锅又点上了，喊他们两人趁热吃，说："大憨讲的都是淡得没有滋味儿的话。你想，会有那事吗？快来吃吧！人传的奇得很，说那些蛇钻到云彩眼里，又生下漫天的蛇，投胎来到了人间，要报仇，就变成了义和团。"

"哎呀！"袁乃宽一拍手，叫道，"对了！我在哪儿听说过，这义和团若是蛇精所化。那咱们的袁世凯，可就要得势了！"

大憨说："这话怎么讲？"

袁乃宽说："这是一张玄武图呀！我在重三老爷的书房里见过的。按命理讲，大人他是金龟再生，转世而成，那银蛇配得金龟，是吉祥之兆。刚才那蛇皮和那花儿，是在显灵呀！好了！世凯老爷的好运气越来越多了。"说着上，他得意忘形，竟伸筷子夹起一块红彤彤的炭块，往嘴里送去，烫得他"哇哇"直叫，蹦得好高。

狗蛋笑他说："噫嘻！乃宽，看你那个鳖形！这肉在锅里呀，往底下伸啥伸呢？活该你是个狗托生成的，光往下边找。"

袁乃宽一拧脖子，说："你才是狗哩！你的名字叫啥？哼！你是狗眼看人，见了世凯老爷你就像个闺女一样，世凯老爷他一走，你又一个脸！呸！你真中，你咋不和小站的兄弟们一起干到底呀你？混到现在，说不定已经弄了个道台什么的啦！"

狗蛋抬眼望了望袁乃宽，又望了望大憨，看见大憨满面怒容；他眼泪扑满脸膛，抽泣起来。袁乃宽慌了，连忙站起，对狗蛋赔不是，说："狗蛋哥，你别，别生气。我，我这嘴，光不把门的，你别和我一样！狗蛋，你不是狗，我是，我是，好吗？我给你跪下磕头吧！"说着，真的跪下来，就要磕。

狗蛋拦住他了，转脸对大憨说："大憨，这几天，按说也很不错的。可我心里总觉得少了许多东西；乃宽这一说，你不知道我有多后悔，有多难过！"

大憨说："唉，算啦。过去的事，都没法儿讲了。水是往东流的，东边是海，不往西边流，因为西边是高山。人，真是讲不透呀。想开一些吧。"

狗蛋说："要是铁头也在，该有多好。咱们兄弟几个，一起去投军，本想着发财升官的，想不到日本狗杂种把咱们的船撞破了，也把咱的梦给破了。铁头他现在该在哪里呢？这几天，我总是在梦中见到他。他不会出什么事吧？"

袁乃宽见二人谈起伤心往事，想劝他们，又想到再过两天，他们两人都要分离了，就找个话题，说："哎呀，我也想起了一个事。我该去给那个家里请来的教师周姑娘发聘书了。你们两个先说着，等会儿我再来陪你俩。我先走了。"

大憨从怀中掏出一个小包，对狗蛋努了努嘴，示意他过来。

狗蛋走近前一看，"啊"了一声，将眼瞪得铜铃一般大，说："怎么会，会是这？"

大憨说："袁乃宽他是一个很势利的人，当年，世凯蒙辱将要受耻时，他和他爹都曾谋划过。现在袁安一走，他就从家中赶来，里外讨好。我们要多提防他，以后也要让世凯提防他，别让他知道太多的事情。"随后，他出了门，朝院里望了望，见确实未有人，才转回身对狗蛋说："狗蛋，这两根断指是谭嗣同先生的。当年，谭嗣同做了四品京卿。通臂猿胡七和单刀王五，还有十六位英雄，组成了敢死队。谭英雄和十八个好汉准备冲进颐和园，杀掉慈禧。事未成后，谭英雄走了，他们就流落四散。现在，孙中山先生派我想法找到他们，重新组织他们。谭嗣同的断指，就是他们十八个好汉要找的物件。我请你在天津、北京多设几个店铺，做门面人来掩护我和他们联络。狗蛋，你情愿不情愿？"

狗蛋握紧拳头，说："中。大憨，放心。这些年，我也明白了事理，不赶走清朝，咱们就要受没完没了的欺侮！你的事，只管去干吧！我不赚钱，心里也高兴。这一辈子，我才真正找到一条正经路！以后，你可要多给我讲道理。你说的话，我觉得才是正道，比世凯讲得入理儿。中，干！"

正说着，门外响起了脚步声，大憨马上坐好，假装闷声不语，狗蛋慌忙把衣服整好。门外进来的是袁克文，刚跨过门槛就喊："两位大叔，帮我扎风筝吧？"

袁克文手中掂着一把花花绿绿的纸和线，举起来，让他们看。

大憨急忙站起，双手接住，又放下，扶住他的肩膀，端详着他的脸，说："孩子呀，越来越有出息了。我给你扎上十八罗汉，你该怎么谢谢叔呢？"说罢哈哈笑不停。

袁克文说："我给你画一幅画。"

"什么画？"大憨说着，拉起一张椅子，让他坐下。

袁克文环顾左右，对大憨说："叔，我不是让您扎风筝的，是想让您帮助做一件事。袁乃宽呢？"

"出去了。你还怕他怎的？"大憨眯着眼问道。

袁克文说："真是怕他知道了，他告给我爹，我就只有挨打的份儿了。听说您两位要到天津，能不能到那里后，找一个叫骆海生的人，替我打听打听一个叫杨翠喜的姑娘？"

狗蛋一拍手，说："呀！杨翠喜呀，我知道！孩子，你怎么知道这个人？她可是天津捧红了的角儿，谁要赎她，听说最少也要掏一万两银子的。"

袁克文一听，连忙问："叔，你怎么对她这样了解呢？我是想把她要回来的。"

"不行啊！不行！"狗蛋摆着手，说，"这人不是良家女子。千人睡，万人搂的，无论如何是要不得的。"

大憨责怪他说："看狗蛋说的啥话。在孩子面前，怎能这样讲呢？翠喜真是值得小豹喜欢，让她来唱几天，有什么不可的？你这人是个道学先生呢。"

袁克文咧嘴笑着说："我也是这个意思。只是交个朋友嘛！从前她唱过我填的词，我很喜欢她唱的那个调。狗蛋叔叔却把她想成我要娶的人！我无论如何也不会娶那样的。"

正说着，袁乃宽从门外笑嘻嘻地进来，与袁克文打了招呼，对大憨说："看呀，前院又来了两个冒充项城人的，说是找世凯认亲的。在北京城，人说一提是项城的，吃住都不打钱了。"

大憨笑着说："我们谁打钱了？"

袁克文说："这对我爹并不好呀。"

大憨说："对。越是这样，人越觉得天下只有一个袁大人可亲，会遭人嫉的。我听人讲过，小站练兵时，有人就跑到京城里来散谣言，说每到吃罢饭，人问'是谁供养了我们？'都喊：'是袁大人！'人问：'我们该听谁的？'都喊'听袁大人的'。满汉本来就疑惑百生，现在又这样夸世凯，其实，说不清是铁良、良弼和载沣那一帮子人的诡计，要故意玩世凯。咱们要多提防！"

袁乃宽说："大憨，你不憨呀！话经你一说，都是理了。我看这是民心所向。只要有了兵，还怕他清朝的王八大臣吗？北洋六镇，现在谁能敌得了？"

"谁能敌得了？"大憨说，"太后不死，谁敢乱动？咱们的人还是心不齐呀，如不然，满族的人总共才有几百万，我们普天下的汉人有几万万，却都是一群羊，被他们驱使着，一个个晕头转向。"

袁乃宽说："世凯老爷该是要——"他说了半截没有说完，转了话题讲，"刚才那花儿和那蛇皮，怎么没有了呢？我们都记下这件事，不要传出去。让外边的人知道了，会惹事的。别再像那白果树一样。"

大憨不理会袁乃宽说："狗蛋，我们明天就动身，去采置货物。三、六、九，往外走，也图个吉利吧。这里以后我们还会常来的。"

狗蛋嘴张了几张，想说没说出来。

袁乃宽说："即使走，也得和世凯老爷打个招呼呀。自那次咱们一起玩叨鸡的游戏，我时常见世凯老爷一个人发愣。他越来越怀旧。你们走，也不和他说一声，他会生气的啊。"

狗蛋"嘿嘿"笑着说："不中那就再多住几天吧。"

57. 奕劻

从地安门外的定府大街上走过，奕劻与袁世凯形影相并，他们一起穿过万字楼，走向戏楼。袁世凯悄悄向周围扫了一眼，数百间厅堂、房舍焕然一新，到处都显得格外华丽精致。那一个个飞檐，像庆王咧起的嘴唇，永远填不满，却又永远充满了微笑与和善。那屋脊上的兽狗，一字排列起来，逼视着人间。

奕劻笑嘻嘻地说："宫保大人，整个二月是一整天啊！我的生日，被您当作这么大的事，实在让人不好受呀。你看我这片地如何？这原来是和府，原来是和珅他们家住的。和珅的名声不好；现在有人说我也是个和珅。让他说去吧！"

袁世凯哈哈大笑，随和着说："庆王爷，您也这样想一想，和珅为什么能聚集这么多的钱财？他是为嘉庆着想的！人说和珅跌倒，嘉庆吃饱。嘉庆是不讲道理的，他不明白和珅在盛世居安思危，所花费的一片苦心。人都是这样不知好歹呀！唉，人被杀了，和珅也没谁替他鸣冤，他是倒了霉，全为生性好强。可是，没有本事的人，他就不会逞强；本事太大了，不由得他不逞强。他们多少人不懂得像庆王爷这样急流勇退，这是大智若愚呀！"

二人正谈笑，迎面过来一个青年，向袁世凯行了一个旗礼，袁世凯也以同样的礼节还礼。奕劻对这青年说："过来，过来！孩子，认识这是我常向你们提到的宫保大人。你小时候，他曾给你送了五车书，让你饱读，你今天才有出息。"

孩子又以汉人礼节，叫了一声"宫保大人，您好！"接着告辞。

奕劻对袁世凯说："这就是我的长子载振。光绪二十八年，他去英国，专使庆贺英皇加冕典礼。他还去过法国、美国、比利时，也去过日本。他比我强啊。"

袁世凯说："将门虎子，少年威风，意气非凡呀！我拜读过他的《英轺日记》，是二十九年由上海文明书局印行的。真是不一般！他那首《舟行太平洋途中夜风不寐》，我记忆犹新呢。"说着，稍定了一下神，他轻轻吟道：

吁嗟乎，

人生是处皆风波，

鹏戾鲲横疆食多，

但愿八极靖干戈，

容与太平姿婆婆。

奕劻大喜，说："载振这孩子，像我一样澹泊明志，澹泊如水，却屡为那些御史们中伤。我这里是以'四留'来教育他们的啊！我给孩子写了这样的词，让他们励守：'留有余不尽之禄以还朝廷，留有余不尽之财以还百姓，留有余不尽之巧以还造化，留有余不尽之书以遗子孙。'我有三子，载振，载抟，载抡，他们都恪守此言，修身养性啊。"

袁世凯说："庆王爷教子有方，必成大器也。听说那铁良、良弼，都常抱怨自己各方面不如庆王，连孩子也比庆王差得远。这哪里是生气的事儿呢？"

奕劻又一阵大笑，说："宫保，咱们不要和他们一般见识。他们都是不识好歹的贱人，我耻与他们为伍！他们两个，谁不知道，是得您的好风，才上得青云？他们那是忘恩负义呀。千万不要和他们一般见识，他们都是鼠目寸光！"

袁世凯点点头，接着说："庆王爷，肃亲王家的口风如何？"

奕劻不假思索地说："朝廷里面呀，对于立宪，一个是急得要命，一个是慢得要命。善耆急的啥？他想做第一任内阁总理大臣。载沣是恨呀！他和铁良、良弼几个人，正打算与你为难。你可要严加提防啊！有事咱们一同商量。"

"谢王爷！"袁世凯心里猛一颤。

"王爷，请！"两人正谈论间，一个仆人在他们面前跪下请安。转眼他们已来到戏楼前。

庆王府一派喜气洋洋，袁世凯的心里却罩满乌云。他不觉朝奕劻望去，见奕劻正看着他，连忙强装出笑脸。

奕劻说："你怕什么？有我在，谁也不敢怎么着你！进去吧，今天的角儿可整齐啦！谭鑫培、王愣仙、杨小楼、大李七、陈德霖、龚云甫、十三旦、王瑶卿、王凤卿、朱素云、钱金福、王长林，可都是京城红得发紫的角儿。"

袁世凯说："有庆王爷，我怕什么？我不怕。"

奕劻拉着他的手，一起走进戏楼，悄声说："有一个日本人，叫川岛浪速，是善耆的洋狗腿子，正多方打探你的消息。你遇事别怕，及时给我讲，就有人帮你化险为夷的。那桐一边，你们是姻亲，事就更好说了。"二人边说，走进包厢里，越谈越有劲儿。

锣鼓响了，庆王的脸像绽开的牡丹，放着富贵的光亮和芬芳。

袁世凯陷入沉思，但他满脸都是正色，双眼望着戏台，显得那样聚神。

锣鼓一遍又一遍地响着，他全然未听进去半句台词。偶尔向侧身扫去，奕劻正全神汇聚，望着戏台上的演出，时时发出憨笑。身旁的这位庆亲王，真是个十足的贪婪家伙，不消多少年，恐怕真成了一个和珅。袁世凯望着他，心绪如潮。

庆王府除了这里，还有承泽园、泄水湖、苦水井花园等处宅第，街面上有十余处铺面房，不说有六百多顷旗地。这家伙是个给什么都敢要的家伙，他府内的每幢住室和厅堂上，都挂着匾额，"宜春堂"、"爱日堂"、"承荫堂"、"乐有乐堂"，分别住着庆王和他的几个儿子。他自号"澹如斋主"，却爱玩古董之类的珠宝，他的客厅"契兰斋"中，差不多成了古董店。

奕劻曾在他的书房"约斋"中对自己讲过他的家世，那意思是说：庆王家每代都是天生有洪福的。

真是有天生的福分啊！

袁世凯在想，当年，乾隆第十七个儿子，叫永璘，在乾隆五十四年被封为贝勒，嘉庆时封为庆郡王，后晋封庆亲王。永璘的三子绵慜，袭封郡王，因其无子，奉旨以仪顺郡王绵志的儿子奕綵过继，承袭郡王。道光时，奕綵因为披孝纳妾，被夺去爵位，辅国公绵性的儿子奕劻就继绵慜之后为嗣，成了庆王。

先前，自己曾设法打听奕劻的情况，哪里有他自己亲口所说的详细！看来，他是把自己引为知己了。

庆王家的人好色，奕劻为最。要按清制，王爵的正室为福晋，侧室为侧福晋，亲王最多只能有五位福晋，而奕劻却有六位！"东厢房"的事，自己还是从那彦图他们那里得知的。当年，奕劻还没有纳侧福晋的时候，和一个女仆混上了，得了个私生子。怎么办呢？奕劻只好骗得宗人府，让福晋把肚子用棉花垫起来，装成怀孕的样子，又把那个女仆关在东厢房，才瞒过众人。

奕劻的四格格（女儿），长年伴着慈禧，接下来和裕禄的儿子结了婚。可是慈禧却不让她回家，仍然和她在一起。那年，裕禄的儿子病死了，四格格心如撕裂。慈禧心血来潮，却要扮成南海观世音照相，她要四格格和李莲英分别扮成文殊和善财童子，穿彩衣，装笑脸，差一点儿没有把四格格逼疯！自那时，奕劻就对慈禧恨得咬牙。他说：大清国这个样子，谁敢说能有多少年的寿命？我还真不如多积攒些钱财，将来以避不测！

袁世凯在想，奕劻对我袁家是很感激的，并不是光因为自己对他们大小礼节都赠送钱财，还因为自己对他们不断探听消息，为庆王府送去了许多情报，使他们免了不少祸殃。当然，奕劻家的人也不断为袁家提供一些及时的情报。

一阵阵锣鼓猛响起，惊了袁世凯。

"哈哈，宫保看！他娘的，这小子他多像保书舫啊！"奕劻指着一个演员对袁世凯说笑着，袁世凯惊了神，很快镇定下来，连声附和着"是是"。

奕劻并没有在意袁世凯如何反应，而拍了一巴掌，大笑着："哎呀，真他娘的浪！"

袁世凯猛然想起了保书舫，随手抹了一把汗。保书舫是肃亲王善耆的大格格，北京城都称为"女光棍"、"女浪人"，是一个少见的泼辣女子。她骑马、斗鸡、驯狼狗、摔跤、打拳、舞剑，无所不会。她常和一帮子地痞无赖在一起东游西逛，看见俊俏的男人，一定要抢来玩耍。尤其是爱女扮男装，在北京城如入无人之境，没有她不敢做的事，没有她不敢去的地方。袁世凯从手下人处得知，保书舫的妹妹金璧辉，已经入了日本籍，取名川岛芳子；姐妹二人干尽了丑事、坏事。善耆却以此为荣，对此赞不绝口。

袁世凯又想起了那个宪平，线三，善耆的儿子，同样是个汉奸。闹义和团的时候，他和日本人柴贵打得火热；后来，北京设警察，他授了五品警官，公然出卖情报。

想着，想着，他想起了那个叫川岛浪速的家伙，想起了当年要杀他的大鸟圭之介和伊藤。"日本人！"他不觉骂出口，"狗杂种！"

奕劻为剧情所迷，依然嬉笑着。

58. 六叔

河南项城的水寨街上，袁家刚修好的"福"字院，树都挂绿了。门楼朝东升着，两只龇牙咧嘴的大青石狮子，身上洒了一层湿漉漉的露水，正张望着门外。袁克定身穿青灰布长衫，戴着一顶瓜皮帽，推开大门，望了望南北两厢房，门都紧闭着，他自言自语："老家的人，实在懒得很。"接着，他径自向西正前方的二门走去。他在院内左右环顾着，望见袁世彤正拿着一把扫帚在轻轻扫地，就走向前，彬彬有礼地问了一声："六叔，早上好！"

袁世彤微笑着，说："孩子啊，大清早的，到哪儿去转了一转呀？"

袁克定恭敬地说："出寨门，到沙河边儿去看了一看。"

"回到老家，都有哪些想法儿呀？"袁世彤把扫帚放在一边，笑吟吟地打量着他，问道。

袁克定略加思索，说："六叔，沙河应该浚导一下，开掘得更宽更深一些。这样，既便利了两岸的百姓少受水灾，又可以利用来通航。"

"这不是有船过吗？"袁世彤问。

"不，这不能算通航。"袁克定说："通航指的是过大轮船，烧煤的船，从上游到下游，能运很多的货物。要比这木船用篙撑，用桨划，不知便利到哪儿去！再者，东西航道开通，南北的大道通畅起来，从开封到潢川，远到北京与广州，这水寨该会变成一个繁华天下无双的大都市来！"

袁世彤说："这样好是好，可是钱财从哪出呢？你爹能拿出来这么多的钱吗？挖河，那可不是说笑话的。"

袁克定说："六叔，你们为什么都想着要我爹拿钱呢？你们不知道他的难处呀。这里应该沿河两岸按人丁、田亩计算，有钱出钱，有人出人。大家齐心协力，事情就能做好了。您不会找几个人，认真商量一下吗？"

袁世彤叹了一口气，说："光由你爹和我几个士绅，是做不成的啊。这得有官府出面才行。可是，这河通到安徽省，光河南的官府不行，还得有安徽的官府；谁能将这两省的官府连起来做这事业？谁？你怎么样？你不是在农工商什么部做参议吗？"

袁克定面露难色，说："这次回来，爹是让我赶清明为俺奶奶上坟的。要做这样的事，非得长时间不可。再说，我出面做协调，朝廷里会有人说我存心不良，或图谋不轨的！"

"你说得对！"袁世彤愤愤地说，"河南和安徽地，因为这旱涝打了几辈子的官司。两个省就没有谁做通事，让旱了都浇水，涝了能排水。旱天，上游的人把堰垒起来，下游没有水浇；涝了，下游把口子堵住，上游水越聚越多，淹得像水国。谁会发这样的善心？"

院内传来嘈杂声，是袁克文、袁克良、袁克权几个人，他们过来对袁世彤嚷嚷道："六叔！咱们这福字院是谁设计的呀？袁寨老家有这么好的院子吗？"

袁世彤哈哈笑着，说："孩子们呀，你们在这福字中间转，是看不见福的，要在高处，才能看得见这福字。六叔希望你们不仅要看见这福字，还要把福字装在心里面，走到哪儿带到哪儿呀！"

大家一起说笑着，谈东道西。家人招呼大家用早餐，袁世彤喊道："走吧，咱们喝糊涂去！"

袁克权学着他的话，喊着"糊涂"，引得大家都笑个不停。

袁克定走在人群的最后，对袁世彤说："六叔，今天去袁寨老家拜祠堂，都要准备什么呢？"

袁世彤脸一沉，低声说："准备着挨你伯父的骂！"

袁克定听人讲过当年袁世凯葬母，在家遇到伯父为难的事，强打起笑脸，说："六叔说得对。伯父要打要骂，都由了他去，我们在乡亲面前，绝不摆架子的。"

"这样才对。"袁世彤点头称赞他:"到底是喝过洋墨水的人。"随后,又把他拉到一边,轻轻地说,"我问你,你爹有多少钱?怎么人都说,天津的盐货和全国的铁路,都是他经营的?听说他还开采有大煤矿?"

袁克定说:"六叔,你误会了。盐和铁路都是朝廷的,我爹只不过是把这些财富连同煤都收归朝廷。原来这些东西是私人或地方占据的。天下的东西,都是朝廷的。"

袁世彤不说话了,示意袁克定一起去吃饭。饭厅里,新设的餐桌前,已经坐满了家中的人等。饭菜也摆好了。

袁世彤过来时,见大家都没动筷,就夸大家:"好啊,你们都是养成了这样的习惯的。慰亭真是教子有方啊!大家吃吧!"

袁克权大声喊道:"请六叔下吃饭命令!"

大家哄堂大笑。

袁世彤故意说道:"来!斗!"

大家笑得更响了。

祭拜过祠堂中的祖宗牌位,又到祖坟烧了纸,为祖坟增添了坟头;袁克定一行人,又去洪土湮,为他们的奶奶扫墓。

守墓的老汉见他们来到,先请他们到厨房内休息,袁克定执意径直到奶奶墓前,摆上供品,行祭礼,领着兄弟们为坟墓添土,并对守墓老汉表示感谢。

附近村庄的男女老少听说袁世凯的儿子从北京来扫墓,都吵嚷着看他们。人群越聚越多,袁世彤说:"走吧,让这么多的人围着看,人该说你们什么闲话了。"

袁克定说:"我们回来,就是要让人知道的。"

说罢,他领着兄弟们转向人群行了谢礼。他们听见周围的人群说:"看,袁世凯真中!他的儿子这么懂事。"

袁克定听了很高兴,将带回的烟卷向四周人群散云,并给孩子们一些洋糖块,人们都拿着,不舍得用。

袁克文抬头望了望袁克定,问:"哥,开始吧?"

袁克定点点头,吩咐兄弟们跪在祖母刘氏墓前。

袁克文手捧祭文,大声念诵起来!

鞭炮声响和纸钱的灰烬,令人肃穆。

礼毕,他们才到厨房中歇息。

216

守墓老汉对袁克定说："大少爷，我每天守在这里，常在夜里望见茔地上边的天上，有一群火龙叫着，盘在空中。前几天，我亲眼见的，有一条丈把长的银色蛇皮，盘在坟周围，坟上长出了一枝鸡冠花。可是真的呀！"

袁克定给他一些赏银，再三表示对他的感谢，说："我们以后会常回来的。您的辛苦，我一定回去告诉我父亲。"

他在心里暗暗说道：袁家，一定会成功！

马车沿着土路向西驶去，袁家的这群孩子离开了洪土窑。

他想起了临行时，父亲对他的叮嘱："今年的立宪，要改官制了，若事情顺利，奕劻做皇帝之下的总理，自己可做副的。以后，皇帝就成了空架子，权柄就归总理执掌了。你们回去，请祖先保佑，去告慰你们的祖母！"说着，父亲竟哭了起来。

父亲眼泪滴下的情景，又浮现在袁克定的眼前。北京，新官制该成功了吧！他默默地念叨着，压抑不住激动。

车马远离开了洪土窑，快到水寨集时，他又想起一件事：袁寨的邻村，异姓人修复了一座钢叉楼。传说是人在骂袁与毫同音，是破风水的。真有这样的意思吗？

袁克文的嘴角微微翘起。

此刻他正在想前天刚来时，一位家人对他讲了关于雍正进士王辙的故事。当地人把王辙称作"王猴"。王辙才华出众，诗文超群，却放荡不羁，对于做官尤为厌恶，而爱诗书，喜教育。他的《浮生老人诗集》等名篇，成为乡里争相传诵的佳作。特别是他那些风趣的传说，诸如捉弄老师、骗人食物、即兴作文，令人禁不住捧腹大笑，真是个"猴"！

袁克文在想，做这样的一个自由者有多好！说不定，父亲在小时候也知道这些故事呢。回北京后，想办法整理一下这王先生的佳作，送给朋友们，一定会使很多人开怀大笑，惊喜这"王猴"的智慧。他扫了一眼大哥，不觉又可怜他，又鄙夷他。是啊，父亲对大哥寄的希望是很大的，大哥也很爱走官场的路子。可是，大哥又太无聊，甚至虚伪。人何必要那个样子呢？像这王辙进士多好！大哥虽然出国读了那么多书，却不做实事，钻营投机，是多么悲哀的事啊！作茧自缚！

沿途的村庄，草屋泥舍，在春风中显示着坚强。

随着这风，隐约可以听到悦耳的歌谣在飘着，像野花一样，正绽开着：

> 二月二，
> 拍门头！

金子银子往下流！

　　二月二，
　　拍门砖，
　　蝎子蜈蚣没处钻！

　　二月二，
　　拉葫芦！
　　拉葫芦，
　　葫芦拉！
　　十个老鼠九个瞎，
　　还有一个没瞎的，
　　跑到东边邻居家！
　　一锨拍死它！

　　袁克权很快就学会了，摇头晃脑地唱起来，笑着，唱着。

　　车夫听到孩子们的歌声，"啪"地打了一个响鞭，催赶马匹更快一些。他回头对孩子们说："喜欢这歌吗？"

　　袁克权他们齐声答："喜欢！"

　　"那好，你们别走了。住在我家中，我天天教你们，不重样儿地教。"车夫笑着逗他们。

　　孩子们叽叽喳喳地说着什么。

　　袁克文忽然想起袁世凯说过的新《诗经》的话。是啊，若能在家乡住上一些日子，把这样的歌谣记下来，应该说，这都是最美的诗篇，是真正的"无邪"之作。

　　马蹄声声，扯起他更远更长的思绪。

59. 唐绍仪兄弟

　　北京城的脸又黑又长，漫天的乌云久久不散，愈积愈浓、愈重，仰脸望去，令人感到惊悸、不安。

　　乌云变化万端，像一幅幅的水墨画，正描绘着人间的戏剧。

　　一堆云来回扭着，像一个披头散发的疯婆子，把衣服全抛去，正在撒泼，号叫着，哭喊着，骂咧着！她的身子越来越瘦了，渐渐地拦腰飞走一块云，犹如炮

218

弹炸飞的皮肉，留下一个大孔，令她痛苦不已，挣扎着，不愿这样不体面地消亡！

又一堆重叠着、扭结着，东扯西散，却如何也挣不开的乌云，它们在厮杀吗？那分明是悬在空中的一把刀，正砍向一具具人头，吓得许多具人头都歪斜着，一旁伸出数不清的手臂和手掌在护着、遮挡住躲开！

一堆滚滚掀起怒潮的云，如波涛汹涌的海面上，一艘军舰正起着烈火和浓烟，无情地往下沉没！许许多多的旗帜和战士模样的灵魂，在欲沉的军舰上昂首而立，手中挥舞着炸弹、刀枪！这舰好像是甲午海战中的定远，或者是镇远。总之，它不会是方伯谦指挥的那条舰，它应该是邓世昌、刘步蟾他们所指挥的舰！虽然它将沉没，但是舰的两边仍然有劈开的浪涛，舰犹如生出了翅膀，要尽力飞起，去揽九天上飘扬的太阳！然而，那乌云分明是越来越浓，越来越凶恶、残忍！他们要把这艘舰撕碎、吞没。

更多的是四处飞散、静立的云，显得没有一点儿力量。在这阴晦中，它们懒洋洋的，任凭风暴来摧残、蹂躏！这一堆又一堆的乌云中，一部分终于昂起头来，正化作奔向大海的精卫。他们要铺平整个天空，又好像在呼唤着：我们的领袖、我们的统帅呢？仰躺在脚下的云都在嘲笑它们，好像在说：何必要造反呢？做仆人好！做娼妓好！伸手有饭吃，管它什么尊严呢！即使做一个乞丐也好，沿街乞讨，也能换来些许的食物充饥——真不可理解，为什么要冲出这地狱呢？一定要进入天堂呢？进入天堂的只能是少数人呀！

终于，在东天，一只巨大的鹰奋力抖动起翅膀，冲向九天！可以看得出，它的头、翅、爪，都在流淌着血。那血成块成块地往下掉着，不知道仅仅是那鹰自己的血，或者是掺杂着敌人的血肉，正洒向大地一片悲壮！但是，乌云冲上去了，淹没了鹰，许久，许久，鹰在乌云中，一直没有再飞出来。

那是云在娶亲吗？铺天盖地的喜悦，翻着爆竹和礼花，成群的孩子正去抢那落满地的喜糖。

不！那不是娶亲！那是一群举办葬礼的乌云！看，那是高高的柳棍，上面飞起黑色的纸幡，招呼着成群的吊唁者缓缓地向前走动，那步伐像灌满了铅一样。那身后是唢呐队、盘鼓队、旱船队，狮子队吗？好像在齐声呐喊着：埋葬它！埋葬什么？是哪一个人吗？是一个国家吗？乌云翻滚着，势不可当，漫天都飞起了残碎的刀枪！可以看见，头颅在满地跳跃着。

在南天，成群的乌云激动着，好像要跳将起来，要欢呼，要雀跃，要歌唱！在这欢腾的云中，擎起一只巨大的拳头，拳头渐渐变成火炬，熊熊地燃烧着，那火苗儿飞向大地，飞到哪里，哪里就是一片火海！一切，都在燃烧着！

燃烧吧！大清国！

西装革履的唐绍仪，仰望着满天的乌云，正在袁世凯的四合院里徘徊着。他在心里感叹不已。他要等待袁世凯回来，他有要紧的事情要告诉他。此刻，他的心跳得很快。美国人哈里曼正在到处活动，要在日本人与俄国人之间斡旋，买下南满、北满的铁路，建造横贯欧亚的"世界铁路"！俄国毛子对此不反对，日本鬼子则正在打自己的算盘，坚持反对。

袁世凯在日俄战争之后，是赞成利用美国限制日本的。他曾对自己说："唐绍仪兄弟，美国人比日本人强。美国离我们远，远隔太平洋，而且，他们是共和制，南北战争之后解放了奴隶；他们有许多方面值得我们学习。日本是倭寇的故乡，明代以来，屡屡向我偷拿夺抢。日本人是从来不讲什么情谊，不讲什么信用的。我们中国最危险的敌人，就是日本。东三省内的铁路、矿源、银行什么的，应该给美国人一些。这样，我们才能保全领土不被日本人掠走。现在，我们不得不打美国这张牌。"

哈里曼，他瞅准了袁世凯，要与袁世凯密晤，商谈明年准备具体实施的计划。

唐绍仪要和袁世凯相商的，还有夺取盛宣怀的大权一事。盛宣怀手里的铁路必须夺回来！他这小子，自任全国铁路总公司的督办之外，还兼任沪宁路、芦汉路的督办。他靠借款建铁路，已经肥得走不动了。去年，把他的两路督办夺了过来，是袁宫保举荐的，现在我要全部夺过他的铁路权。

唐绍仪暗想着，与袁世凯好好商量，自己以外务部侍郎的名义奏请朝廷，裁去铁路总公司，改设为总公所，让那个梁士诒做总文案。然后，盛宣怀就手中空空如也。有了铁路，北洋的财源就更广阔了。

他越想越高兴，不觉说出声："哈里曼，盛宣怀，我的铁路！"

"哎呀，绍仪兄弟！让你久等了。抱歉，抱歉。"门外，袁世凯的轿子刚放下，声音就从轿子里飞出来。唐绍仪急步迎上去。

袁世凯拉着他的手，充满自信地说："我想着你呢，你就来了。来，来！你比曹操来得还快。我正要找你哪。"接着，压低声音说："有人要夺去我们的六镇！这好啊，我又少操了一份心，让他们办去吧。我们的瓜熟了，就该让人家也吃嘛！"

两人进了内间密室，唐绍仪详细谈了自己的想法，袁世凯满口答应同意。接着，袁世凯向他讲了朝廷改革官制的问题，请唐绍仪谈一谈自己的看法。唐绍仪问："这样一来，撤掉军机处，设上总理责任内阁制，撤去吏部，满人该跳着骂啦！特别是铁良、良弼，这两条喂不熟的狗，肯定会向你发难的。你还是做好准备，以防万一。"

袁世凯点头称是，说："五大臣出洋考察宪政，一回来我就觉得那几篇文章是熊希龄的事。现在查清，杨度写了《中国宪政宜吸收东西各国之所长》、《实施宪政之程序》，梁启超写了《东西各国宪政之比较》，这都是还魂草啊！"

唐绍仪说："假若预备立宪弄不好怎么办？北洋六镇会不会都夺去？或者，他们会不会谋害你？"

袁世凯说："你说得对。若成更好，若不成，我手中只有一个第三镇就行了。你要同那边的洋人多联络，防止这些家伙起了歹意；请他们先吓唬吓唬慈禧这个老婆子。他们一吓唬，这些家伙们这些黄带子就会老实一些。他们若敢动我，咱这些弟兄们答应吗？"说罢，他取出一包精美的盒子，对唐绍仪讲："这是上等的印度泡儿，人专从那边为你置办的。"

唐绍仪鼻翼动了几动，吸了几口气，猛地站起来，宣誓似的说："好吧。宫保大人放心！洋人是我们的好朋友；我要尽力保障您的安全，谁敢动您一指头，我就请洋人宰掉他。"

袁世凯拍着他的肩膀，情深意长地说道："先委屈你做侍郎，等一段，也弄个封疆大吏干。"旋而又神秘地讲："有个瞿鸿机，他很不好对付。要多注意他身边的动静，让段芝贵盯紧他。必要时，可以借革命党的刀，割了他的喉咙。"

唐绍仪郑重地点头，接过鸦片。待他出来时，天上的云都平静了，但这些云没有散去。它们仍在积聚。他抬起头望着，望着，正头顶的上空，飘着一大片乌云。乌云的头部向东，四周看来，犹如一只巨大的蟾蜍，张开了大口。它要干什么？它在吞进所有的乌云吗？那是它的一双眼睛，凸现出来，该是正盯紧了世界每一个角落的动静吧！

在它的爪下，斜插着、横放着一些破碎的军旗和干戈。那是太阳旗，那是星条旗，那是大龙旗，所有的旗帜上，仿佛爬满了密密麻麻的蚁群，正向四周蠕动。

60. 国家机密

五大臣归国之后，北京城的尘土被太阳烤得热了许多。人们明显感觉到，天似乎更热了一些，路上的脚印、马蹄印也更多了，夹杂着牲口的粪便。秋天，知了们尽情叫着，歇斯底里般高喊着。

东交民巷里的眼珠转得更快了，像魔术师手中的玻璃球儿，铺满京师的马路，化作一街两行的杂货摊，日夜扫视着京城的动静。日本人、美国人、法国人，他们走出东交民巷，格外忙碌；路边的杂货铺、修鞋摊、卖小吃的馄饨担儿，被他们收买了许多间谍。他们要尽力掌握大清国最全面的情报。

学界的先生、学生，都为之感到震惊和兴奋！他们喋喋不休地议论着；他们侃侃而谈什么闭关锁国与落后挨打。他们振振有词地议论着为什么今天竟宣布立宪，就堂而皇之地立宪了？立宪意味着什么？意味着有还政于民的味儿，有结束反动、腐朽的专制的味儿，又意味着民主、自由、解放、富强、文明！

罗振玉先生格外兴奋。他在五大臣出国时，曾上书载泽，请载泽帮助调查一件事，即殷人东渡在美洲的踪迹。他反复强调，中华帝国的先人们，对美洲开发是有卓越贡献的。

高兴的岂止是罗振玉！还有学识渊博的王国维。王国维对中华中兴表现出难得的喜悦和关注。他上书奕劻，请求保护安阳发现的那些甲骨文。他说，在安阳这片殷商王朝都城出土的那些甲片上，那些文字是人类文明的奇迹啊！政府应该保护，再不能让人随便用来当做止血的龙骨，继续在破烂不堪的小药铺里出售了。这是国宝，整个人类的文明，如何能够这样贱卖呢！

又有人提到，应该整理《永乐大典》的残卷，他们哭着，说着，谴责着当年那些列强野兽们的野蛮行为。大家都激动万分。

还有人提到丝绸之路上的敦煌文物，那些珍贵的卷宗，已发现流落异域，而且盗宝者正络绎不绝地赶来！

张謇曾刻印的《日本宪法》现在畅销了。还有《海国图志》、《天演论》这些曾经振奋过人心的书，如今是洛阳纸贵。日语学校中，贵族子弟更多了起来。在冯国璋主持的贵胄学堂中，外语课猛地吸引了学子们空前的热情。甚至那些警察，现在也会用简单的外语告诉人们——包括那些从东交民巷出来的人去遵守文明秩序。

朝廷宣布立宪的当天夜间，不知先从哪一个方向，匆忙响起了清脆的鞭炮声，越来越响亮。有人说，该演八月十五动大刀的戏了。

当然，那些黄带子们不高兴。

铁良对他的儿女们说："现在谁高兴？袁世凯。袁世凯他最高兴。他想当相国呢。"

有人说："袁世凯对你不薄呀，如果没有袁世凯，开始不是他保举你为旗兵翼长、兵部侍郎吗？你现在做了陆军部尚书，不该感谢他袁世凯吗？"

铁良说："呸！我不是庆王，金钱是买不到的。我知道他的用心！"

良弼说："立宪？袁世凯又该捣鬼，该大做手脚了。这家伙不老实得很！"

有人说："袁世凯对你良弼也够意思啊！你从日本士官学校毕业后，不是袁世凯委你为第六镇第二十三标标统吗？这是少有的破格使用啊。你总不能把人家对你的好意都看作别有用心吧!"

良弼说:"呸!别有用心。他就是这样!袁世凯他爱玩他的鬼把戏,遮天偷日,偷天换日。我还不知道吗?他是想利用我们满人来做他的招牌,他好做事!"

载沣最恨袁世凯,说:"这个袁四,现在正在干什么?他是想篡国!前年,待兵处成立一、二、三这三个镇,何宗莲、吴长纯、段祺瑞分任统制。去年成立四、五、六三镇,段芝贵、张怀芝、冯国璋分任统制。这六个统制,不都是他的人马吗?不论他怎样调,怎样变,都是他的铁杆儿。再看看他的儿女亲家,是吴大澂、张百熙、端方、陈启泰、孙宝琦、周馥、张人骏,还有他的那些把兄弟,他的干儿干闺女,满朝到处都是他袁慰亭的人。这家伙他是一个人精。有人说他的直隶府是'第二政府',是'二朝廷'。如果我们不提防他,限制他,你们看,能行吗?"

袁世凯很快就听说了这些话,一点也不惊慌。他要等一等,因为关于新官制的事情还得讨论,还要经过西太后的定夺。这之后才能见分晓,才能该做的做,该让的就让。普天下都是一盘棋。他在想着,前些天朝廷要讨论新官制,五大臣、诸军机大臣和袁世凯等人受谕令,要编制大清的官制,地点很隐蔽,房外站岗的兵严加防守,外人一律不得入内,为的是保密。太后下令,若有人泄密,严惩不贷!可是,不知道为什么,捂得越严,传得越快。很快,满朝文武,到全体大小京官,都紧紧盯着那个秘密会议召开的地方。那里面的呼吸声,人们都能听得到。

人们传说着,初步方案已经出台,要裁吏部、礼部、翰林院、都察院、宗人府几处,要新设资政院、审计院、交通部,工部和商部要并,户部要改为度支部,刑部要改为法部,兵部要分为陆军部和海军部。人讲的有鼻子有眼,似乎会议记录被他们宣读着。接着,人们又传说,官制配额基本定下来了。军机处要撤去,奕劻、袁世凯任内阁总理的负责人。更详细的传说是,最实惠的农工商部的宝座,是庆王的儿子的。

一时间,满世界沸沸扬扬,有人喜,有人忧,有人骂!

袁世凯被人咒骂着!

宫里的太监们听说自己要被遣散,他们义愤填膺,一起热烈地商议着。他们发誓一定要整治这个负责编定官制的袁世凯,让他一败涂地。只有那个李莲英不动声。

所有的消息都经过赵秉钧的整理,包括说话人的语气、他们讲话的地点,都格外详细地记录下来,呈送在袁世凯面前。袁世凯照样喝着那种特制的粥,一勺一勺地舀着,轻轻地喝着;他望着餐桌两侧的妻子儿女,双目仍然那样平静如秋天的池水，风都挡在院墙外。

袁克定从心里佩服父亲，想到：这么大的事情，父亲竟这样淡泊，功夫真深！

袁世凯在想着：这些情况都是国家机密，谁敢泄露呢？对，一定是他——瞿鸿机！对，只有他！小子，等着吧，你闹吧。沸沸扬扬！好啊，瞿鸿机，你这可是弥天大罪！

用罢餐，照例，他接受大家的问候。他叫住了袁克定，问道："杨度他那里的情况如何？"

袁克定说："现在已经回到湖南。他家正遇丧事，处境异常艰难。"

袁世凯说："火速送去五千两银子。记住，不要让外人知道。我们请他耐心等候。待忙完彰德秋操，我要和他详细谈一谈。还有，要去拜望他的老师王闿运，就说我很景仰他的品学，送他一些厚礼。"

袁克定恭恭敬敬地答道："是，爸爸。我明日即启程。"说罢，轻轻退去。

袁世凯抿紧嘴唇，将眼瞪得大大的。

御史们，这些狗娘养的！他在心里狠狠地骂着。几天来，自己屡为御史们所奏劾，平添了这么多的麻烦。

他想起了庆王曾对他讲过的一件事：

前年春天，有一个姓蒋的御史，家中穷困，去一个朋友那里借钱。这个朋友是汇丰银行的洋司事，告诉这姓蒋的一件秘密，两人决计合谋分一笔可观的钱财。这笔钱是庆王的。当时，日俄交战，庆王在汇丰存放了一百多万两金子！他们盘算，其中肯定有贿！庆王刚值军机，这笔钱应该说是来历不明的。于是蒋御史衡量了一下官和钱之间的轻重，他脸上笑得走了线儿。蒋御史想，若是告庆王的财产来历不明罪状，庆王肯定会为了保位子，而通过经手人这个洋司事，想办法销毁自己的存款证明。这样，这笔钱就会轻易提出而落入他们两人的囊中。即使是因为庆王保住官位，自己承担起滥污的罪名，得了这么多的钱财，绝对是值得的。庆王是不会要钱不要官的。

后来，他们两人真的分得这笔钱。蒋御史高高兴兴地丢了官，得了钱，买得了房舍，花天酒地过生活。

袁世凯想着这些，对自己说："这些御史们，鼻子极其灵敏，到处寻找腥味儿。他们真的都是一些没有脊骨的东西吗？"他微微闭上两眼，口中哼着"我正在城楼啊观山景……"忽然，他身后响起了一个娇滴滴的声音："老爷啊，不要为那些事费神，新娘子马上就要到天津了。"

啊，是老五！她扭动腰肢，粉嘟嘟的脸笑得正甜。

袁世凯笑眯眯地望着她，不住地点头。

这个时候，风云多变的时节，袁世凯想起自己又做了一次新郎。他想，做就做吧，做一次新郎，年轻一次。

他曾多次感叹自己膝下的子女很多，多得自己都认不清了。杨氏说了些什么，他一句也没有听进耳朵；杨氏走了，随着一阵喧嚣，眼前涌来一群穿戴十分整齐的孩子，一色的童子军装束。原来是几个年少的儿子要去国外读书，临行前，他们向他们的父亲道别，问他有什么吩咐的。这时，他正翻阅几份文件。听到这群少年的问题，他望着他们，愣了半天，竟不知道他们是谁。他只是觉得这群少年一个比一个漂亮，白白净净的，满身都是逼人的英气。他问道："你们都是谁家的孩子啊？怎么跑到我的书房里来了？"

孩子们也愣了。

他们大声喊道："爸爸！我们是您的孩子！"

他哈哈大笑，连声说："噢——对！对！你们是我的孩子，我的孩子！怪不得看着你们很眼熟，都这样风度非凡，都是我的好孩子。"他站起身，把孩子们都揽在自己的怀里，一个个认真看着；不觉，他的眼角落下滴滴泪水。他在心里说，这群孩子，他们这样小年纪就要远涉重洋了。他们到离家很远很远的地方去读书，去开阔眼界，拓展心胸。这很好，比起自己小时候的那种教育，孩子们太幸运了。

"孩子们，爹对你们关心太少。你们生爹的气吗？"他的嘴角蠕动着，眼中温情依依，望着孩子们。

孩子们嚷嚷着说："爹整日为国操劳，辛苦备至；我们敬爱父亲。我们如何生父亲的气？"

"孩子们，"他用温暖的大手，挨个抚摸孩子们的头顶，说："你们出了门，要用心读书。万不要读那些没有用的闲书。你们要多读一些有用的书，如建桥梁、造楼房、制兵器、开矿、修路一类的书。孩子们，没有过硬的本领，在世上是立不住脚的啊！你们记住了吗？"

"是！我们记住了！"

孩子们挺起胸膛，像士兵回答长官，齐声喊道。

"到了国外，你们要多看少说。要多给我写信。你们都长大了，要学会生活自理，严于律己，宽以待人。等你们回来，我还要送你们去当兵，好好磨炼一番。"

他好像有很多话要说，此刻，却感到语拙。

孩子们眼巴巴地望着他，请他多嘱咐多叮咛一些。他们一下子觉得，父亲是这样好的一个人，完全没有了那种平日里满脸吓人的杀气。

他铺开纸，取来笔墨，给孩子们每人写了一张《示儿诗》：

> 风雨洗大地，
> 浩荡绘长空，
> 举桨数星云，
> 常作九天鸣。

孩子们捧着读着，齐声朗诵。他们排列整齐，大声喊道："爸爸，我们决不辜负您的期望！"

这整齐、润朗的声音，成了他耳中最动听的音符。孩子们读了一遍又一遍，他听着，眼睛越来越湿润。

61. 二哥

十月的天津，空气很清澈，很新鲜，如水洗了一般。鳞次栉比的高楼大厦争相挥舞着一面面彩旗，倒影在海河波光粼粼中。海河里漂着许多小船，船上扎红挂彩，飞出一声声乐声和歌声。

袁克端和袁克权，正在水边玩耍打水片的游戏。

袁克端说："小弟，看我！我能一次甩出两只水片，这叫凤凰双展翅。"说着，将手中的瓦片轻轻一甩，扬手一挥，水面上立时分出两道水纹。

袁克权说："看我的，三哥！我比你甩得还要多，还要好看！"弯下腰，头偏向一旁，"忽啦"一下，猛甩出一把瓦片！水面上掀起一大片波纹。

两兄弟大声喊叫着："天女散花！"

他们玩累了，望着漂向远处的彩船，漫天聊起来。

袁克端说："小弟，你知道什么叫宫女，什么叫婢女吗？"

袁克权说："那有什么不知道的！伺候宫中的人等的女子，就是宫女。伺候府内人等的女子，就是婢女。她们都是女仆呗！"

袁克端说："你知道吗？天津有一个歌妓，叫杨翠喜。她很会唱，把二哥搔得神魂颠倒的。这两天又从京城来了振贝子，跟着徐世昌伯伯，他们本来是要到东北做什么事的。父亲请他们来玩，可那振贝子硬是喜欢上这杨翠喜了！振贝子的爹就是庆王，和咱爹是朋友。二哥着实伤了心。这河里漂的船，说不定有哪一条，就是那贝子和杨翠喜正玩呢。"

袁克权说："三哥，咱们操那份心干啥？二哥风流倜傥，走到哪儿不是这样？

还记得吗？唱戏的坤伶，那姐妹俩，一个叫翠玲，一个叫翠霞的，她们来家唱戏，夜里和二哥一起睡咧。爹知道了，怕名声传出去，就着段芝贵把翠玲和翠霞卖到了妓院。二哥因为这，他好哭了一场！"

袁克端说："这一次可不一样！载振小子是夺走二哥的宠物的，而且，又是段芝贵小子把翠喜赎出来，送给了贝子，他想巴结贝子的！爹也知道这事。二哥生气也没有办法的。"

袁克权说："贝子带走了翠喜，当然会高兴。翠喜要色有色，要唱会唱，怕的是婢女出身，难成宫女呀！"

袁克端说："对！二哥若有胆量，告他个振贝子娶乐人为妻妾，《大清律》就会惩罚贝子的！"

"那不是将庆王得罪了吗？"袁克权仰起脸，天真地问着。

袁克端说："苦就在这里，二哥是有苦说不出的。"

袁克权说："哥哥们岂止是这一件事，咱们家的事多着呢。这样的事，你可记得六姨太来家是怎么回事吗？咱爹呀，他要娶尽天下漂亮的姑娘吧。"

"那不能怪爹，怨哥哥。"袁克端满脸怨色地说，"二哥既然和人家好，又私下订了婚约，为啥不敢在爹面前说出实话？爹见了那照片，二哥就说是为爹寻的。你说，爹能不高兴吗？怪不得六姨太娶来时哭，她想的是咱哥，哪里是咱爹？"

袁克权说："这又怎么了？女人嘛，应该都是这样的。爹太辛苦了，我们兄弟得理解他，让他有一个好心境。"

袁克端叹了一口气，说："爹什么时候走啊？听说他要去河南彰德观操？"

袁克权说："观操是一。我听说，咱们家在彰德买了田产。爹看中了那里的好风水哩！爹真有意思，他不信鬼神，但信一些风水、命运。听洋人讲，外国人也是这样看重命理、星相的。"

袁克端说："弟弟，你懂得的太多，这不好呀。爸爸知道了，是要责怪你的。"

袁克权说："三哥说得对。不过，若你不说，爹怎么会知道？爹的耳目再多，是不会盯着我们的。"

河面上响起了响亮的乐声。兄弟两人侧耳听着，一个娇嫩的声音传出来：

杨柳青呀么哥哥身上有我……

袁克端和袁克权用手卷成筒状，一齐向河面上喊道：

"杨翠喜——"

船舱里伸出一个皱巴巴的头颅，稀疏的须发。不知他骂了一句什么，又缩了回去。

袁克端故意打趣说："这就是杨翠喜吗?"

袁克权也故意开玩笑："不，这是振贝子。"

说罢，两人都抱住肚子笑个不停。

袁克端拉着袁克权，望着画舫远去，说："弟弟，我望见船舱里那个杂毛老头，倒是想起一个人。"

"谁?"

袁克权问道。

袁克端诡秘地向前走了几步，转回身来，对追上前的袁克权说："从前我认识一个盐商，叫樊兴顺；他是一个日本迷。有一年的除夕，他不贴咱们杨柳青的年画，却学着贴日本人的浮世绘。街坊邻居都笑他。他仗着自己有两个臭钱，办了一个什么浮世绘画社，耀武扬威，声称要与杨柳青的画匠们比一比。这个狗东西极力巴结日本人，声称愿做日本人的孙子，也不做中国人的窝囊儿子。连直隶总督府他就看不到眼中。他以为东洋的什么东西都好，都比中国的强。日本人的字画，他若求得，就高挂在客厅，以附庸风雅。有一次，我们二哥的朋友骆海生想捉弄这小子，冒充日本人，与他聚会。骆海生吹嘘自己在中国还没见到一个人比他写'虎'字写得有功夫，愿写给朋友一幅大大的'虎'字，只是要酬金很高。那樊兴顺马上笑脸相迎，拿出两千两银子，请骆海生赐墨宝。你猜骆海生怎样?"

袁克权不晓得他的意思，摇了摇头。

袁克端说："骆海生饱蘸浓墨，写了一个又粗又大的'屌'字。猛一看，嗨，这个字和草书'虎'字还真差不多呢。那樊兴顺再三谢了骆海生，笑得屁颠颠的把这幅字挂在客厅，并邀来许多有脸面的朋友到他家赏字。大家一看，都赞不绝口。樊兴顺更加高兴，把他祖宗的牌位也放在了这幅字下端，供上香。从那之后，朋友圈里就传播开这难得见的趣事儿。直到如今，他还挂着呢。狗东西附庸风雅，崇洋媚外，厚颜无耻。唉，盐商们为富不仁，丑事多啊!"

袁克权笑得捂着肚子，在地上打着翻滚，眼角笑出了泪花。

62. 热流

冬天吹着阵阵冷风，猛地来到了百姓家。北京城一天到晚不停地哆嗦着，仰脸望着漫天飘起的雪花，无可奈何，任墙头、箭楼、楼台舞榭上，盖满了臃肿的雪。天下了溜冰，雪落在大地上，很快变成青灰色的铠甲。路上行人不时被滑倒。

大憨冲冲走进一家羊肉汤馆，喊了一声："嗨，掌柜的，送大碗汤来！多放些辣椒，爷要辣出一身热汗来！"

堂倌笑嘻嘻地跑过来，又跑过去。

整个屋内，热气腾腾的，充满了膻香味儿和嘈杂的人声。人们三三五五地谈论逗笑着，并不注意他人。大憨向左右扫了一眼，见没有便衣巡捕，才安下心来，接过堂倌送来的汤，用力将筷子在碗中搅动，慢慢吹着喝着，嘴里发出一阵阵"吸溜"声。

今天，他要在这里等一个人。这人他又不认识，是从湖南来的。他们的暗号规定为来人一进这家小店，就大声喊着："要酸辣羊肉！要放些黄连、辣椒，我爱吃这又酸又辣又苦的羊肉！"

此刻，他先在这里等候，不时地朝门口望去。

邻桌来了两个老一些的顾客，看样子是常客，堂倌说了声"老规矩"，就跑去送汤来。

两个老人，一胖一瘦，声音不很高，但还洪亮，一听就知道是两个直性子的人。

胖子把长袍宽松了一下，对瘦子说："猴儿兄弟，猪哥哥要给你讲的，可是袁世凯差一点儿没有被那载沣打死这一段。要知后事如何，且听下回分解！"说罢，"嘿嘿"干笑着。

大憨一听，身上猛一颤，屏住气，听他们细说来。这两个人怎么一个叫猴儿，一个叫猪儿呢？该是他们在打岔吧！

瘦子喊住堂倌："来，给老爷送上两个小菜，一壶酒。那汤要带奶色的，晚一点上。"说罢，在堂倌身上捏了一把。

堂倌笑颠颠地说了声："是，猴儿爷讨酒吃，猪爷爷说书，把俺唐僧师傅忙得前后跑。"

胖子和瘦子都笑了。

这边，大憨也禁不住想笑，将羊肉汤差一点儿没有喷出来。

胖子干咳了两声，说道："却说那满汉大臣聚拢在一起，为皇帝爷收权还是放权而争吵。袁世凯说'立宪势在必行！我们官可以不做，立宪不可不做。举目大世界，谁立宪，谁富强，谁不立宪，谁就衰败！谁再敢反对立宪，谁就是吴樾！'他正说得起劲儿，那边载沣，醇王爷发了火了，站起身，厉声喝道：'好你个袁鳖蛋儿！你想反天呀？你先提立宪，要把皇上的权都抓净了。你怎么不提减督抚权力？你是司马懿！你干的是什么？你和孙中山是一个鼻孔出气，看我先除了你！'说着就把手枪掏了出来，直顶住袁世凯的前胸不放。"一边说，他一边比划着。

瘦子说："枪响了没有？"

"响了。"胖子讲道，"那边庆王一看，不得了啦，伸手给醇王一巴掌，破口大骂：'载沣，你想死啊？这朝廷还有王法没有？越轨之行，你可当知之？混账王爷！'他这一骂，载沣软了。对啊，官制究竟如何做，不是袁世凯的事儿，他只是编个方案。真正拍板，还要西太后说话才能做主。袁世凯为的啥？我看呀，他也是为了国家强盛一些。列强欺侮咱们，他也觉得不是个事儿呀。接着，官制奏议送给西太后，袁世凯回天津住了几天，就带着人马到河南的彰德练秋操去了。他一走，北京城中的满汉官员就各走各的门子，恨袁世凯的人就团结得更紧了。"

胖子越说越高兴，壶中酒很快干了。

瘦子扬手又让堂倌送些酒来。

胖子继续说道："彰德秋操，是南北对垒。谁的头儿？北边是老袁的混成镇、混成协，从那一、四、五、六镇中抽出的强将，段祺瑞段歪鼻子做总统官。南边呢？是张之洞张南皮的第八镇，还有那河南第二十九混成协，张彪的总统官。这南强与北强要较量一番。你知道，这次秋操是干什么的吗？"

瘦子看了看左右，对胖子说："猪哥哥，你小一点儿声音。别让那些王八蛋听到了，拉进局子里就吃不消了。"

胖子说："怕啥？你还不知道呀？这立宪的风儿一吹，巡探的小子老实多了。怕人毁了他——据说如今革命党有十三太保，专杀巡探特务。只要你一喊，说不定哪一面就出来了革命党。这不比前几年了，来，喝！接着说！"

两人一股脑儿喝下半壶。胖子满脸通红，一拍桌子，唾沫乱飞，继续讲道："话说阅兵大臣派的是陆军部大臣铁良，和北洋大臣袁世凯，中央审判长是王士珍，南军审判长是冯国璋，北军审判长是良弼。还有那各省派来的审判员；彰德府可吓坏了老百姓！这是要打大仗吗？秋操野战才过没几天，北方那阵势把人都吓呆了。演操一结束，铁良故意当着袁世凯的面，对良弼说道：'这天下恐怕没有比北洋几镇更强的兵了！'这哪里是演兵？这分明是在卖袁世凯啊！谁的主意？瞿鸿禨！他想让满朝文武都知道，袁世凯太强，恐怕没有谁能驾驭住他——他要立宪是假，要以兵拥国恐怕是真！这主意绝啊。可那袁世凯也不傻呀，他回去以后，赶紧把四个镇的兵往外推，交出了军权，只留下两个镇看家。他不但辞了这军权，还把直隶总督兼北洋大臣之外的职，全请求解除。很快，凤山任会办大臣，接过他的四镇兵马。光这还不算，皇上让瞿鸿机和孙家鼐来总核新官制，没有他袁世凯的事做了。一边乘凉啦！"

"后来呢？"瘦子问。

"再后来不就是到咱们喝酒了吗？"胖子说："我看呀，大清国离断气儿也不远了。你想，曾国藩出来后，接上个李鸿章，李鸿章走了，出来个袁世凯。这对清朝来说，不是什么好事呀。当年乾隆下江南，破坏江南的风水，他最害怕汉人纵国！南方的革命党了不得呀。"

正在这时，门口有人猛喊了一声："要酸辣羊肉！要放些黄连、辣椒，我爱吃这又酸又辣又苦的羊肉！"高大的身影像铁塔般。

大憨激动地站起，向那人走去，问："请问带的有广货吗？我吸旱烟，要用上等的烟袋，镀了银子的。"那人点了点头，明白是接上暗号了，就从怀里掏出一杆烟袋，双手送给大憨时，随手塞给大憨一个纸团。

大憨接过烟袋，将纸团紧紧攥在手心里，激动得有些颤抖。

周围有人望着他们，眼中露出惊讶，嘀咕道："什么人呀？疯子犯了病！"

大憨付了饭钱，径自走出店铺。

他大踏步走在风雪中，脚步有力地响着，他要踏平这冰封的大地！他感觉到，他握的不是普通的纸团，而是点燃大地春色的药捻和火种。他真想喊，想跳起来！

风雪越来越大，像无数只坚硬的锥子刺在他的脸上，他打开纸团，看后吃掉了。

北京城，来自南国的火种，就要点燃你换旧符的礼炮了！他心里感到痒痒的。

大憨在接过纸团的那一瞬间，就感觉到了热流，这热流要从同志的身上流入地下，涌向四面八方。

湖南、湖北、广西都暴动了！

革命党命令大憨在北京组织敢死队，在适当的时候，炸伤清朝的权贵，让他们内外交加，配合南方的起义、斗争。

大憨要去虎坊桥的湖广会馆。有一个人随杨度来到北京，要通过他进一步谈论革命暴动的事。想着，他步伐更快。

63. 王闿运

窗外的风和雪搅得一团团乱转，屋檐瓦楞上的冰凌柱儿从雪菲中伸出，参差不齐，像狗牙般吐出了狰狞的寒意，逼视人间。袁府的夜，被寒风"嗷嗷"包围着。风雪中传来悠扬的古筝声，时高，如惊涛拍岸；时低，如鸟鸣嘤嘤。筝声乍停止时，响起一阵叫好声。

西厢房的客厅里，炭火烧得正旺，杨度和袁克定他们围坐在王闿运的身旁，齐声赞美他的古筝奏得不凡。

王闿运摇摇头，摆了摆手，满面红光，朗朗笑道："过奖了！过奖了！久闻宫保大人的箫，那才是京中一绝；今天没有能亲耳领教，实在遗憾。"

袁克定说："王先生，我替家父向您深表歉意，恳请多谅解。深夜之时，朝廷要家父入对，一定是宫中形势多变。这些天来，他总是早出晚归；他实在是身不由己啊。"

杨度说："湘绮老人哪里是责怪令父不作陪呢？而是先生久慕宫保，特意辞却湖广会馆同乡的宴请，专程来府上拜会。宫保是务实的人，十有九人称他见解不凡咧！"

王闿运点了点头，连声说："是啊，是啊，老夫岂敢有不恭敬？进得锡拉胡同，就觉得豪气冲天。真是风光这边分外奇妙也。老夫敢冒昧问上一句：贵府可请地理先生指导建筑？我观府上福禄连体，盛气凌人矣。"

袁克定沉默不语，笑吟吟地望着他。

杨度在一旁微张开口，显出一副惊讶的神气。

王闿运慢条斯理地站起，走向窗前，推开窗扇，一股冷风吹来。他昂起头，望着夜空，说："风雪陡起，看天地间气象万千，就要变换人间春秋了。"

杨度不解其意，正要追问先生；袁克定急步赶过来，倍加热情地邀王闿运到内室用餐，边说，边将窗扇掩上。

三人在内室坐定，家人早把火锅煮得热气腾腾，香气扑鼻。

袁克定殷勤地邀王闿运用汤，说："壬秋公，这是家父特为您备的上等参，请用以驱寒。"

王闿运并不动手，而是端坐着，平视前方，挺直了胸膛，说："莫慌。这参，可不能随便乱煮啰！人参又称棒槌，原是长白山的三宝。冬日天寒，一汤解百冻；可人不知，若用错了人参，阴阳失调，就会适得其反喽。"

袁克定笑说："壬秋公自是当代的圣人，遇事都能讲出哲理来。皙子兄，您学业早成，实在荣幸，是先生的光辉照耀着您哪！"

杨度一旁笑着，望了望王闿运。

王闿运得意地说："这人参有两类，一类是这棒槌参，一类是西洋参，也叫'花旗参'，产在美洲的为上品。我东北棒槌参又分红参和白参，可以大补元气，健脾补肺。对气虚多汗之躯，效果尤为显著。煮得汤来饮下，有病治病，无病防病，但有胃病者，当慎用。它火气大得很喽！这西洋参，可就不同啰。它味儿苦，微甘，微寒，归经于心、肺、肾三经，治阴虚火旺、喘咳痰血、热痰气阴两伤及人烦倦口渴、津液不足、肠热便血等病症。药典上是这样讲的：西参滋补降火，而东参提气助火。一阴一阳，如何能随便乱用？"

袁克定哈哈笑道："壬秋公，这里用的是东参，提气助火的参。天如此寒冷，人气虚欲脱，脾气不足，尽管用来补！"

正在说笑间，袁世凯在屋外咳了几声后，神情格外高兴，自个儿打开帘子进来。

三人连忙站立起，笑脸相问候。

袁世凯请王闿运坐下，望了望蒸腾的火锅，说："云台，先把这火锅撤下，将朱尔典先生送来的洋酒拿来。我要多敬湘绮先生几杯。"

王闿运笑眯眯地并不去阻拦，强笑着说："宫保啊，算起辈分，我是咸丰七年的功名，与府上袁甲三先生是好友。我们真是亲如一家的缘分。今儿个夜里，咱们多唠唠该多好啰！"

袁世凯口中说着"那是"，脸上掠过一丝不快。他不喜欢王闿运这样卖老。

杨度将这些看在眼里，说："宫保大人，世代不凡。壬秋公久仰，常对我辈讲道：天下英雄当数宫保之气概。今宵幸能相逢，我们该煮得三江五湖四海为酒，为我神州赤县寻一条求强的道路才好！"

袁世凯说："对，皙子不愧是湘绮先生的高足，将天下作己任，实在不凡。我父子当洗耳恭听。"

袁克定亲手捧来两瓶洋酒，袁世凯接过；袁世凯斟了满满一杯，双手敬给王闿运，兴奋地说："湘绮先生，慰亭久仰的当是您老。您有扭转乾坤之才，可惜世道如此昏暗。我相信，来日方长，您终会有大展宏图之时的！我敬您一杯，祝您老寿比南山不老松柏，滋润我大清帝国！"

王闿运接过酒杯，一饮而尽。咂了咂舌头，得意洋洋地说："洋酒，欧洋的酒味道不俗。好！我们同饮！"

几杯酒喝下，王闿运的脸更加红润，他高喊着："慰亭，贵公子克文，人争道有奇才，何不请来，让老夫饱耳目之福？"

袁世凯说："哪里？犬子无才，还赖先生多栽培为是。"说罢，吩咐袁克定去喊袁克文过来拜见王闿运。

一会儿，袁克文睡眼惺忪地赶来，向王闿运请了安，一旁恭恭敬敬站立着。王闿运请他坐在自己身旁，他眨了眨眼睛，对王闿运说："先生，我是豹岑；我会背您许多诗呢！"

王闿运更加得意。

袁世凯说："犬子无教，让先生见笑了。真的会背吗？"

袁克定眼睛瞪得大大的，用责怪的目光扫视袁克文，那神情充满轻蔑。袁克文十分不服，拧了一下脖颈，高声说道："壬秋公，我拜读过大作《湘绮楼诗集》，是易顺鼎送给我的。但我不同意您所讲诗必法古。您讲宋诗不如唐，唐诗不如汉魏六朝。记得陈衍先生曾讲您墨守古法，虽明之前后七子无以过之。他固然有门户之见，可不无道理呢。"

王闿运点头称赞，问："那么，豹岑喜欢我的哪些诗？"

袁克文朗朗诵道：

> 北风度回雁，
> 君处定先寒。
> 水偏孤舟冷，
> 愁连绣被宽。
> 空房留烛久，
> 瘦骨压衣难。
> 欲问相思意，
> 窗前五叶兰。

接着说："先生的诗治情，文情，以词掩意，托物起兴。我最喜欢的还有《圆明园词》，印象最深的是'百年成毁何匆促，四海荒残如在目'句。先生的心跳，流动着一条长河，正在汹涌澎湃着呢。"

王闿运紧拉着袁克文的手，称赞不已，说："克定，克文，一武，一文，宫保来年必得天下矣。这是天运，人想得，未必能得。"接着，他唉声叹气道，"清室将亡矣！"

举座皆寂然。

王闿运毫无察觉似地继续说："宫保呀，皙子常向我讲您的雄才大略。我早就看得出来，前世有曾涤丈懦弱少能，使我黎民百姓受此苦痛。宫保，北洋六镇雄兵，不论谁带，都是您的。西太后恐怕将不久于人世，光绪小儿更谈不上有用。届时，您千万不能再学曾涤丈，错过大好时机！北洋犹如北斗七星，划破夜空的是你袁宫保。天下谁可匹敌？"

他越讲越激动。

袁世凯直哆嗦，望了望墙上的钟表，见已是凌晨，且因天冷，户外遮上了皮

234

裹的毛毯，密封得好，外人听不到。他自己劝自己：不必担惊！心想，这个王闿运……

袁克定眼盯着炭火，不自觉地微微点头。他自心里佩服这个王闿运。王闿运好像在道白，一会儿是浓重的湖南话，一会儿是北京官话，旁若无人。

蜡烛晃了几下，猛地熄灭了。一股刺鼻的油烟味，很快弥漫在黑乎乎的屋内。

64. 剑影

送走了王闿运，雪还在不停地下着。满院子的雪越积越厚，高大的树木挂满了冰雪，不时有枝丫被压断，歪歪斜斜，横在屋顶上。

袁世凯的心如何也静不下来。他最担心的是王闿运会把同样的话讲给其他人听！这先生怎会是如此口无遮拦！

杨度在这里住了几天，也走了。

袁世凯在想，他们师徒二人，捧的是一个药葫芦。这葫芦中，装的是帝王学说——这该是天下最令人生畏的药吧！

王闿运，袁世凯早就听人讲过他，听说过他的兰陵诗社，和他劝曾国藩自立东南的事情。如今，他把自己当做了什么样的人？杨皙子竟还在一旁敲边鼓儿。他想起了当年在朝鲜的时候，自己想立自己为朝鲜王，把同僚张謇吓成了那个样子。如今，真的像王闿运所说的那样可以拥北洋而换日月吗？

他想起了往日曾敬奉的那尊龙王，如今自己不敬它了。徐世昌敬过吕洞宾，自己也学着他来敬龙王；那都是年轻的时候，自己心里少了太多的主张，才那样自我劝慰，应该都是自己骗自己。如今，几十万大军握在手中，又如何怕那帮子居心叵测的狗东西们！但是，举兵，绝不是一句话的事情。这哪能是儿戏？稍有不慎，家灭九族，后果不堪设想。更何况这些天风声又如此紧！

王闿运和杨度他们都是湖南人。湖广人，性子烈。他想起了梁启超，这个号称大清国第一才子的人，还有那个脱了粒的谷子——糠圣人康有为，以及谭嗣同、王五、侯七、大憨和孙中山，这一群人，他们能闹腾出来什么事吗？戊戌年的风风雨雨，又都浮现在他眼前。

梁启超他们意在求变，和自己所提的立宪，都是图谋国富民强，可他们太性急了！康有为在《上清帝第五书》中，大言讲道什么外衅日迫，旦夕可至。他讲，能变则存，不变则亡，全变则强，小变仍亡！这个康圣人把光绪皇帝说动了心，极力鼓动光绪皇帝尽弃了旧习，别立堂构，建一座全新的东方大厦。都是书生意气啊！康有为，你在皇上召见你时，竟鼓动什么把老臣们都赶下去，擢用小臣，广其登荐，不吝爵赏。好像这帮子老家伙都不理解你们的变法。似乎他人都是榆木疙瘩。你们这群毛孩子啊，能在风流中站稳脚，任凭那惊涛骇浪起伏吗？康有为啊康有为，你讲什么"泰西变三百年而治"，什么"日本三十年而强，吾中国国土之大，人民众多，三年即可自立"，什么"自此，我大清即可蒸蒸日上，富强可驾万国，以皇上之圣，图自强在一反手间！"学日本，就这样全凭皇上一句话，三五年就能宏规成，条理备，成效举，霸图定吗？

"错了！"他不觉说出了声。四顾周围并无人影，放下心，朝雪野中傲然而立的丛丛梅花望去，那朵朵鲜艳和清雅，放出咄咄逼人的香。可这香被冰雪所封，你又如何能温暖人间？

康有为，你错在有三！一为先声夺人地肆意张扬。你一开始，就把自己的脖子放在人家的刀刃下了！军机处的大臣问你如何变，你讲什么官制为先。李鸿章问你，说六部尽撤，则例尽废乎？你说，弱亡中国的皆为此物，诚宜尽撤，即一时不以尽去，变当改之，新政乃可推行。荣禄问你如何变，你竟直言，叫喊着什么杀二三品以上阻挠新法大臣一二人。你是个十足的疯子！你还要建一个对策所，设什么制度局，代替军机处，换下那总理衙门。人如何不忌恨你和你们？

康有为，你错在第二，是一味倡言大变、快变、全变，完全没有后路。你只知变，而全不知如何变！大清国立国这么久，凭你几天的变，就能换上新装？一百零三天，皇上发谕三百条之多，这些条条多像那野郎中开的药方，毫无章法，顾此失彼。直隶的读书人听说你们要把生童试改为策论试，他们读书十年窗寒凳冷，图的是金榜题得名，而你们连给人的准备都不给，他们如何不喊着用刀杀了你？你们根本不懂得什么叫官场！何况你们树敌太多，危机四伏。

恍惚之间，袁世凯在雪霰中好像看见康有为正跪地而泣，他想走上前去，却迈不动脚步。

他在心里说，康有为呀，我们如何是水火不容？你我本是要过同一条河沟，只不过我要架桥，你要乘船。你太急了！你的第三错处，就在于冒了这天下大不韪。你的《新学伪经考》和《孔子改制考》，把古文经说成刘歆替王莽假造的，什么礼乐尊严，皆属伪说。皮锡瑞可与你趣味相投吧？他也说你是武断太过了呢！你的学问败坏了你的名声，天下的人如何能支持你？

迂腐之至，仍自作聪明绝顶！

他在心里继续说，康有为啊康有为，翁同龢不比你心计深广吗？他劝人要调和两宫，而你一张口就是尊君权之道，非去太后不可！她能容得下你吗？你们有诟骂而无商量，有意气而无条理，丝毫容不得人，焉有不败之理？

袁世凯向康有为的身影望去，仿佛觉得那身影变成了一尊金佛，没有了头颅，空有金身。他笑了。

梁启超曾说过康有为出世太早，真是这样啊。你虽为佛，头颅未生，如何济世？果真如你所言，让皇上诛杀近卫大臣，废了太后，天下就焕然一新？

屈指算来，戊戌至今有整十年了。

袁世凯在想，那年的冬天，康、梁逃至海外，梁启超在日本横滨创办了《清议报》；后来，他们又创办了什么《新民丛报》、《新小说》。梁启超还是斥后保皇，高喊什么"文界革命"。狗屁！"诗界革命"、"觉世之文"，什么革命？几个秀才乱嘈杂一气，又有何用？你们要像孙文那样，让清廷坐卧不安，那才能帮我的忙！如今，自己的身边来了一个杨度。徐世昌笑着说：杨皙子，加上杨士琦、杨士骧，这是天赐三杨。三杨，三阳，三阳开泰，是大吉大利，瑞祥之兆啊。有这三杨，有段祺瑞、冯国璋、王士珍这三玉，何愁大业不兴？他光绪小儿有何种人才可以与我相比？载沣小儿懦弱无能，既性急，又无主见，刚愎自用，多疑，还那样郁郁寡欢。这等人，如何能佐得载湉犬辈儿？靠那铁良、良弼和那帮子八旗纨绔，大清的大厦正岌岌可危！戊戌之变，四处烽火燃起，朗朗乾坤舍我辈该有谁？

袁世凯在想，大憨又来到北京，这家伙与往日大不一样了。克定说大憨是革命党，革命党又有什么不好？这大憨与一般的革命党不一样，拉住他，就像当年走了义和拳这一着棋，可以避开多少祸端。让他们闹，闹得越凶，自己的位子才能越稳。康、梁在那里大喊大叫，孙文在那里大打大闹，让清朝的鞑子们坐卧不安吧！

雪渐渐停了下来，他揉了揉鼻子，才知道自己正坐在厢房的窗前。已是子夜时分，周围十分寂静。窗前的几丛梅花在月光下晶莹剔透，随夜风摇曳着，送来阵阵冷香。现在他才明白，适才屋子里炭火烧得太旺，一时只知顺手打开窗子，却忘记了关上，只顾想心事儿呢。一旁杨氏像小猫儿般蜷缩着。

窗外，月光如水，涂在雪绒上，整个世界都像玉雕般。

他凑近杨氏，看她的睡相，歪歪扭扭，窝窝囊囊，令他简直作呕。他想，平日容光焕发的一个丽人，喜笑颜开，让人看了那样顺眼。不曾想，她怎么会是这样的面孔！

远看她，确实是一只驯服的猫，趴在人怀中，能舔得你说不出有多舒服。而走近前，直面对着她，她的面目竟是这样狰狞！看那眉，此刻倒竖起，如一把倒插的剑；那眼，只露出眼白，乜斜得令人胆寒；那嘴角更突出，平时是月牙儿一样滋润、饱满，如同用樱桃、玛瑙、璎珞做成，令人垂涎，而此刻，却歪歪斜斜，上嘴唇翻裂着，下嘴唇被牙齿紧咬着！她的脸不时抽搐着——到底她在想什么呢？是要报仇雪恨？

他不忍再看下去！

他想起了自己所交往的这些人，不都是这样的吗？他们一个个对自己挤眉弄眼地强装出笑脸，左一声安好，右一声平安，说不尽的亲热话。谁又能说，他们不在心中正骂着，正诅咒着呢？墙壁上的剑影一晃，是风，吹动灯影。

他伸手抓过剑，将剑拔出鞘，让剑锋在灯光下熠熠生辉，刺得眼酸涩难忍。有了这剑，才有一切！

65. 马背上

春天又来了，蒙古大草原上卷来的寒风，仍然不舍得离去，到处旋着舞步。河水还在冰封着，但柳芽儿已鼓起了晶亮的泡泡儿，毛茸茸地泛着光泽。

袁克定和载振一同骑着马，在京郊漫游，二人用马鞭指着远山和大平原，谈笑着。他们的马鞍后面，悬着几只珍禽和野兽，被子弹打破的皮肉上，正往下滴着殷红的血。两只锃亮的猎枪，斜挎在他们的背上。

他们摇摇晃晃，在马背上谈天说地，任马蹄踏在盐碱地上，发出"咯咯"的声响。远远望去，他们一会儿并肩向前，一会儿身影叠成一个。灰黄的土地上，越来越不显他们的身影，只有两条狗在旷野中嬉戏。两条猎狗跟在他们的马后，时时支起耳朵，听它们的两位主子在谈论着什么；它们似懂非懂地将牙齿露几次，不知道是相互传递着献媚的笑，还是在相互示威。

"云台！德国的姑娘，她们身上真是长满了绒毛吗？"载振嘻嘻笑着，问着自己这位刚盟誓结为朋友不久的伙伴。

袁克定哈哈笑着，说："贝子，想不想过瘾呀？赶明儿，我为你唤来两个，让你销魂，解一解闷儿。"

载振连忙挥手："哎，别，别。你好骗人，少用白俄女人来充德国姑娘，让我上当受骗。地道的日耳曼货，你会让给我吗？还是以后我去了德国，正儿八经地自己去找吧！"

"怎么？贝子对杨翠喜腻了？"袁克定转弯问了一句。

载振脸猛地沉了下来，说："云台，你们也不早说，我真不知道是豹岑喜欢她，确实是我无意掠了人美。"

袁克定说："那怎能这样说？我弟弟他是个情种，什么都会动情，过了些日子他又会忘记了的。何况还有段大人做媒，是献给了您享用的！"

载振说："这是一，我自觉有些对不住令弟。更要紧的是，因为这件事，给我们添了麻烦，恐怕会不好办，要让人作难呀。"

238

袁克定问："什么事？我只是听说，赵启霖那小子，奏劾庆王受贿之事端。用不着担心，我父亲已安排好了，天津那边也已处理停当。正要给您说呢，您让杨翠喜速回天津就得了。扔了个杨翠喜，再给你弄个张翠喜，或王翠喜。女人嘛，哪能当真呢？"

载振忧郁地说："那就赶快让她走吧。赵启霖这个王八蛋，是被那个姓瞿的家伙玩得花着呢。我要为这个杨翠喜倒霉了吗？"

袁克定劝慰他说："没有。用不着犯愁，只要那杨翠喜的口硬，管让他们瞿岑联盟一定破产。我自有妙计。"

载振说："那就拜托。事后我们再合议更多的好事。"

袁克定心里明白：杨翠喜是一张牌，段芝贵这小子搅和这件事，献上个杨翠喜，博得庆王父子的欢喜。东三省那里，徐世昌做了总督，唐绍仪做了奉天巡抚，朱家宝做了吉林巡抚，段芝贵打破常规，做了黑龙江巡抚。东三省的首脑，都是北洋的人，一个杨翠喜能值几个钱？他想着，随口说道："贝子，莫急，猛一看，岑春煊进京了，搞掉了我们的朱宝奎。瞿鸿机、岑春煊、赵启霖他们连成了一道气。可是，他们忘了，东北的徐老伯正干什么？北洋的第三镇去南岭一带剿匪，第五镇和第六镇中抽出了一个混成协，驻了奉天。二镇、四镇也抽了个混成协，都驻奉天。满洲将军凤山想祸害北洋，就只是一个梦了。更何况有庆王爷忠诚太后，我看该是稳如泰山。山上几根草被风吹动，这又算得了什么？贝子你讲过，庆王就是宫保，宫保也就是庆王；办法总会想出来的。姓岑的他是个杂种，那货虽狠又刁，但他又很傻，他不像姓瞿的多谋。而姓瞿的就没有把柄吗？放心吧！人得意必忘形。他的家人中，我们已买通了几个内线，只要他一有破绽露出，他就会栽下来。"

二人正在讲着，天上"呱哇"数声，抬头望去，只见一群大雁在飞。他们举起猎枪，扣动扳机："砰！"一声响过，雁落下两只。

这声响异常响亮，震动远处树丛中的野兔。

袁克定喝住了正要扑上前去的猎狗，对载振说："这些野兔太瘦了，不值得我们去捉。"

载振说："对，这是赵启霖，不值钱。值钱的是瞿鸿机和岑春煊！"

两人策马前行，追着去打大雁。大雁们鸣叫着，早已飞向远天。

袁克定说："贝子！回得家来，我请你看电影！片子中演的都是西洋的娘们儿，任你挑选呢。我那里有不少开眼界的好东西，都是德国朋友刚送过来的。"

载振却想着是美女，喊叫道："对！挑个纯种的！"

离京城太远了，风又紧吹起来，两人调转马头，奔往京城。一路上，袁克定细心盘算着这个载振，他在想，当机会来临时，庆王家的贝子到底会怎么样呢？

唉，父子两人，是一对糊涂虫呀！

赵启霖一个奏劾，庆王他就慌了。贝子在家也着了急；他一大早就着人送信，邀自己与他一起狩猎，而且只他们两人，不带一个随从。贝子说话没有注意，做事情忸忸怩怩，十足的庸人。他在想，载振家的风水好，人都少年得势。庆王的这个儿子，十四岁就受封头品顶戴，十九岁加封二等镇国将军，后来又加贝子衔，出过洋，做过专使，应该是见过大世面，胸中能盛下江河的人物。可是，他却在这时没有了主意。糊涂，混蛋，也是子承父业呀。

他在心里感叹道：贝子哪里如朱宝奎！

他扭头看了看载振，载振也在看着他；二人相互笑了，抖动缰绳，纵马狂奔。载振仰起头高声唱着："王爷啊打马来到江南地，烟花三月下了啊扬呀州……"

袁克定连声喊着："好！好！"

他勒着缰绳，一边在想：庆王家的人就是不操心。人家朱宝奎也是出过洋的人，与同乡盛宣怀谋事，先同知，后道员，又上海电报局总办。那双眼珠滚动着，不是凡人。从前，朱宝奎是盛宣怀的人，可他却来到袁家的旗下，成了袁世凯的一只手。

想到这里，袁克定差一点儿没笑出声来。

他笑朱宝奎为娶盛宣怀的一个婢女而不得，就将盛宣怀的账全盘托给了袁世凯。于是，盛宣怀丢了铁路，丢了电报局，丢了招商局。朱宝奎进了邮传部，卖了一个人，晋了一个美缺。

岑春煊不去云贵，不去四川，留在太后身边，坐在邮传部的椅子，现在告下自己的副职朱宝奎。岑春煊告朱宝奎"以示狙佥，工于钻营，得办沪宁铁路，勾结外人，吞没巨款，因纳贿世府而得任今职"；他说，他感到"羞与为伍"，才告下朱宝奎！

其实，岑春煊是为了打烂袁世凯的一只手。

他想对朱宝奎说：朱宝奎啊，你太精明了，你爱占便宜，所以倒了横空落下的大霉，吃了岑春煊的亏。袁克定正想着，只听载振喊了一句什么，未来得及勒住马缰绳，忽然连人带马跌进了深沟！

他感到天旋地转，头顶一热，便什么都不知道了。

66. 杨翠喜

天渐渐暖和起来，海河南北两岸的杨柳都绿得油光发亮了，绿叶如浪。天津依然这样静静的不动声色，任鲜艳的花儿争相开放着，燕儿飞来飞去。

办案大臣恩志和润昌来到了天津。

街道的行人和商贩望着他们的轿子，没有一个人感到意外。只有一个卖菜的汉子瞥了一眼，嘟囔道："狗东西们，就会玩儿。"他耳畔似乎有人在说：直隶府的官员在天津卫出出进进，和街道上的各色人等差不多，何必大惊小怪呢？

恩志和润昌觉得事关重大。因为他们是醇亲王载沣和大学士孙家鼐奏派的，他们来这里，是为了查访杨翠喜——赵启霖奏劾载振违反了大清律，私娶婢女；载振坚言绝无此事。又有人讲道：杨翠喜仍然在天津，在盐商纲总王锡锳的家中，是受人使的婢女。

他们来到天津，要把事情弄个水落石出。

很快，他们找到了要找的人。

"带杨翠喜！"一声堂喝，紧接着，一个衣着朴素、面容端庄又若无其事的女子被带了上来。

她上前谢过，娇滴滴的声音飘了起来："在下杨翠喜，奴婢叩见大人。"

恩志抬头打量时，正与杨翠喜对视；杨翠喜的眼睛直直地勾住他，送给他无尽的秋波。他的心酥软软的，自个儿忖思道：怪不得载振贝子喜欢上她，果然不俗。

润昌发问："杨翠喜，要如实相告，你可曾在载振贝子府中？"

杨翠喜仍然一副天真的模样，说："奴婢从未听说过什么载振贝子，更未见过什么被子褥子的。奴婢如何会在他府中？谁知他府中在哪里呢！"说着，她把最后一句"呢"字拖得细细绵绵，一边向恩志晃动脸庞，连连挤着双眼。

润昌狞笑着说："你可是受人指使，才这样矢口否认？"

杨翠喜严词答道："绝无任何人指使奴婢做什么。"

润昌猛一声喝道："说！你什么时候为盐商纲总王锡锳的婢女？"

杨翠喜继续向恩志送上媚眼，并不拿眼睛瞅润昌，一边不紧不慢地说："自从前年春天即在，从未离开过府中。"

恩志望见润昌满脸怒容，帮着问道："杨翠喜，你曾为歌妓，入人府中为奴婢，主人花了多少钱？"

杨翠喜说："我记得是三千五百元，养父母那里可是有凭据的。"

润昌又问："赎金又有何人经手？"

杨翠喜说："我表哥骆海生。"

恩志厉声问道："骆海生现在可在天津？能为你作证？"

杨翠喜毫无惧色，格外平静地答道："请大人明察。"

恩志和润昌又连问几遍，竟无一处有错。不觉，两人笑着对视一番，无可奈何地说："哎呀，看来只能这样了。"接着，他们取证了盐商纲总王锡锳和骆海生以及杨翠喜的养父母，前前后后，全部口辞都一脉相承。

　　两人叹道："整个天津，人人都会演戏啊。"

　　杨翠喜一出衙门，想起了她就要得到的五百两银子，高兴得手舞足蹈，忍不住心头的喜悦，放开歌喉唱了起来：

　　　　春三月桃红柳绿燕儿翻飞，
　　　　有谁知祝英台频频着急，
　　　　眼望穿要寻见梁家的大哥，
　　　　一同去东岳庙拜下天地……

　　满街的人都被她的歌声惊呆，有老夫子煞有介事地吟着"行者见罗敷，脱帽挂衣箸"。一群游闲的少年将其圈在中间，在她身上乱扣乱摸。她并不生气，反而和他们打闹着，讲述自己如何对答如流。

　　少年中有一人猛地把她扛起，大喊："弟兄们，都不要再争抢！今天夜里，这翠喜就包我销魂，明儿个再让出。"

　　杨翠喜挣扎着，她喊叫着要下来，少年竟飞也似的跑向前。

　　这时，迎面冲过一匹枣红马，有白衣人骑在马上，顺手掠过杨翠喜，紧抱在怀中，打马折身而去。

　　少年们喊叫着，一窝蜂地追起来。

67. 洪江会

　　袁世凯去袁克定的屋子里看罢伤势，皱着眉头走了出来。

　　袁克定的左手和左脚都跌伤了，筋骨外表肿起来，疼得他直放声叫喊"疼死人啦"。庆王府的人因为前些天的杨翠喜案，不敢来问候一声，实在让人心里不舒服。袁世凯郁郁不安地踱着步，想着。

　　"叔父大人，您好！"

　　忽然，载振像天上掉下来一般，出现在自己的眼前。

　　袁世凯惊喜万分，问长问短，拉他进屋。载振口中念叨着"云台都是因为我"，却要去袁克定屋中看望。载振露出满脸喜色，说："叔父大人，云台摔伤真正都是怪我。听说无大要紧，我也放下心来。现在我哪里都可去了。无官一身轻，辞净了！"

"这也好，这也好。"袁世凯说着，愤愤不平地讲，"既然赵启霖诬蔑亲贵重臣，已经革职；你为什么被开去所有差使？谁错谁过？"

载振笑道："叔父大人息怒，晚上家父请您去家中听戏，要您息怒宽心咧。"

袁世凯也高兴起来，说："当然去，我当然要去的。"

载振与袁克定一见面就嘻嘻哈哈，他高喊着"纯种的日耳曼女人在哪里藏着"；袁世凯在心里狠狠骂了句"没有出息"。

袁世凯缓缓走出了屋，到了自己的书房，一个人静坐下来，心里盘算着如何与庆王商量接下来的事情。

忽然，门人报："杨度先生求见！"

袁世凯亲自出门相迎，他走到院中，见杨度西装革履，满脸红光，正站在桂树下笑望着自己。

他用洪亮的声音喊了声："皙子！我正要着人去看你呢。"

杨度问罢袁克定的伤势，知道载振来了，就笑着要告辞，说："我和贝子实在谈不拢的；他对人讲，说我是黄兴的表弟呢！见了我，说不定他要拔出家伙来。我还是先走吧。"

袁世凯紧拉住他，说："哪里呀？没有的一回事，你只是听别人讲，并未亲耳听见。贝子他是一位极讲情义的人，你应该结识。他和云台十分谈得来，是因为他们都去过欧洲。他们，对，是你们出过洋的人，见识与别人不一般的。你们应该是可引以为同志的。呵，同志，这不是革命党所用的词儿吗？"说完，自个儿先笑得哈哈响。

杨度也笑了，摇了摇头，说："什么叫革命？我有两位好朋友，一位叫陈天华，一位叫杨笃生，因为热爱革命，他们却都自杀了。革命，革命到底是要做什么呢？难道两颗炸弹，就能把人炸醒，就能把神州大地重造吗？"

袁世凯拉了杨度的手，边走边说："皙子，这几天，我反复读了几部书，一是魏源的《海国图志》，一是严复的译作《天演论》，很受启发。外国人讲究的是利器，而我们却反复讲遵循祖宗的美名。宋襄公是有名的仁义之师，他那样能富国强兵吗？你做颐和园讲师的事，我和庆王会鼎力相助的。需要什么，你只管说，我即着人送去。岑春煊，瞿鸿机，这些祸国殃民的家伙，他们离完蛋不会远了。"

他见杨度未言语，又见左右没有人，压低声音说："皙子，来，进屋内，我和你有话讲。"

二人一同进了密室，袁世凯亲手为杨度拿出保鲜的南国水果，又找出许多洋酒，斟下两杯。杨度接过酒杯，与袁世凯碰了杯后，一饮而尽，说了许多感谢袁世凯对自己的生活关心的话。

袁世凯说:"皙子,你一定要坚守自我。目前,变是大势,杨度君所鼓吹的立宪,不同于孙中山的革命,也不同于康有为、梁启超的保皇,而是既能强邦又能富国的绝妙良策。皙子,你有罗贯中比不了的相国之才!罗贯中写得三国风云是那样纵横恣肆。我小时候,最喜欢看的一个是《孙子兵法》,一个就是这《三国演义》。当今之世,沽名钓誉之徒,假公济私之徒,贪污腐败之徒,熙熙攘攘,摩肩接踵。世上很少有你这样学富五车,敢作敢为,疾恶如仇的济世之才啊。"

杨度饮了几口酒,兴奋得站立起,他挥舞着手臂,不停地点头,说:"宫保大人过奖,令人惭愧万分。皙子是一介书生,手无缚鸡之力,不识五谷之秀,得宫保大人之提携,实在令皙子感激不尽。我观天下气象,宫保大人的上空,有祥云盘绕。宫保大人,中国的振兴,依皙子看,非您莫属!"

"皙子,万勿乱讲。"袁世凯赶忙制止住他。

杨度依然神采飞扬,接着说:"宫保大人不知,北洋的人马,现在已经完全立得住脚了。徐世昌先生不负众望,在东三省很稳重;段芝贵虽然受惊吓,但你元气未动。看吧,天下之雄狮皆醒,谁也替代不了您直隶总督府这一派盎然生机。凤山算什么? 他离您差远了。"

袁世凯打断他的话,说:"皙子,我对广东的孙文,一向是有好感的。他现在情况怎么样?"说着,亲手为他夹起菜,又为他斟一杯酒,与他碰杯。

杨度从怀中掏出一份杂志,呈给袁世凯说:"宫保大人明察,春天时,在日本国有一群学生办了名叫《中国新报》这份杂志,我在上面为他们写了几句话。据说,孙中山是不满意的。我听说他现在在越南。这位孙先生是我敬佩的人,但我绝不敢苟同他。去年的洪江会闹事,都说是他插手做的。人说他有帝王之心,讲他装神弄鬼。唉,孙文才华超众,为什么要做这样的傻事呢?"

袁世凯说:"洪江会的事我是知道一些的,我们的人马去平过他们。孙中山他们在越南,是不是要起更大的事? 皙子,假如知道他们的行踪,要及时对我讲。他们和我们是有共同的仇敌的,同仇敌忾。孙中山他们不是义和团。"

杨度点了点头,微微有些醉晕。

杨度和载振他们走后,袁世凯努力让自己静下心来,自言自语地说:岑春煊,瞿鸿机,庆王有病,我也有病,难道你们就不会有病吗? 我看,你们,也快病了。他设想着,晚上自己一定要到庆王府,要和庆王谈一谈如何动手的事情。不能再等了!

他想起了洪江会,心飞向了远方。

244

天南边的那片土地，闹腾得真够厉害的。都是那个被比喻为洪水的孙文所掀起的事吗？

闹起来好。

他在想，北洋新军的命运，就在于这天下有所闹。有人闹，北洋新军才会被人记起。凤山是指挥不动我的新军人马的，再来个义和团，太后就会想到我了。

洪江会不是义和团，孙中山也不是义和团。他们到底是什么呢？

袁世凯仰起头，忽忽闪闪的大眼睛，望着南天。

据人所讲，洪江会是同盟会的两个人和哥老会联手成立的。这两个人，其中一个叫刘道一，是华兴会那个刘揆一的弟弟，从日本留学回来，是主谋。

洪江会的人，他们入会都要饮鸡血酒，共同发誓，要"誓遵中华民国宗旨，服从大哥命令，同心同德，灭满兴汉"。他们还要念会歌：

> 六龙得水遇中华，
> 合兴仁义四亿家，
> 金相九阵王业地，
> 乌牛白马扫奸邪。

他们每人还要持一张布票，上面写着"还我河山"、"忠孝仁义堂"和本人的姓名等字样；票底写着四句话：

> 一寸三来二寸三，
> 六龙得水遇奇奸，
> 四五连一承汉业，
> 全凭忠孝定江山。

洪江会的牌子一挂出，醴陵、浏阳、萍乡、宜春、万载、分宜等地，都是造反的入会者。去年重阳节时，有一个洪江会的人被官兵追捕时，跳水淹死；洪江会一千多人，聚会在一起为这个人设醮超度。官兵又来捉人时，发现了洪江会正加紧铸造兵器，就派人搜捕他们。结果，洪江会他们动起手来。

洪江会造反了，他们组成"中华民国政府"，宣称要学洪秀全，建立共和民国，实现平等、自由、平均地权。洪江会三万多人，抢了团防局的二三千条枪，他们打长沙，占安源，江西、湖南的几个县都热火朝天。吴垂熹、岑春煊的兵马扑不灭他们，反而处处在暗处挨打。湖广的张之洞，两江的端方，还有自己派去的人马，联合起来，打了去年一个冬天，才把他们压下去。

洪江会的事情是同盟会的孙毓筠交代出来的。孙毓筠是大学士孙家鼐的侄孙，他参加了洪江会，在南京被捉住后，端方审他，他招了供，端方讲出，自己才知道这事的前前后后。

袁世凯前思后想，坐卧不安，心中如何也丢不下洪江会的事。他在想，孙文，人称你孙文逆匪，原来也有帝王之心；这人果真是"后患何堪设想"吗？

天下就要大乱啦！洪江会事后，浙江巡抚恩铭被人打死，发现了光复军。上海、广州、彰德等地，发现了暗杀权贵的炸弹，许多地方都在讲俄国民意党的事；云南、陕西的百姓也在造反。

大清国，哼！

袁世凯嗤了下鼻子。

68. 庆王府

夜深人静时，袁世凯与杨士琦一起来到了庆王府。

奕劻正在客厅等候，鲜美的鱼肉菜肴摆满了桌子，吊着的灯盏放着温和而又甜蜜的笑意；他红红的鼻尖儿上，正沁出一层密密的细汗珠。在他手中，正攥着一张《泰晤士报》。

袁世凯向奕劻行了礼，说："庆王爷，您我的病，都该好了。"

奕劻深有同感似的说："对。宫保，这张英国报纸上，说太后有罢我之意。我请您帮助查一查，是谁敢泄密！"

袁世凯接过报纸，让杨士琦看了，对奕劻说："我已经得到确切的消息，确实是瞿鸿机亲口对老婆说的，他接连几次入对太后。太后对他讲了，他很得意，才对老婆讲；瞿鸿机老婆的嘴不严，说给瞿府的人听，所以传得沸沸扬扬。庆王别怕。什么太后罢了您？这都是我让人告知外国几家报的记者，故意让他们登出来的。"

奕劻瞪大双眼，惊诧地望着他。

袁世凯努了一下嘴，杨士琦双手捧过来一张银票，送呈给奕劻。奕劻更不解。

袁世凯压低了声音说："现在，请庆王爷把这一百万两银子，还有这张报纸，尽快送交给一个人。"

奕劻眼一亮，也压低了声音，凑过来，对着袁世凯的耳朵，轻声问："是李莲英吗？"

袁世凯点了点头，说："就是他。他现在非常重要；要让他亲手把泄密人的情况，连同这张报纸，转呈给太后。太后她就会明白，只有我们两人，才最忠于她。我们是不该倒霉的。"

"这就够了吗?"奕劻问。

袁世凯说："够了。李莲英他办法多；他会让太后身边的人都来帮我们说话。"

他们三个人都笑了，笑得满脸都是盛开的鲜花；他们推杯换盏，叙不尽的温情。很快，奕劻就醉眼蒙眬，眼前有许多袁世凯。

他摇晃着头，像孩子似的笑着。

袁世凯让杨士琦出去一会儿，又向奕劻深深望了一眼，从怀中掏出几张报纸，递给奕劻。他对庆王详细讲述着，眉飞色舞，得意洋洋。奕劻脱口而出道："令公子外语很好，该是他对洋人一个挨一个讲出来的?"袁世凯说："不是。庆王爷，这是我让犬子造的假报纸，登的是真消息。太后若看到了，对瞿家小子会更有看法的。"

奕劻哈哈大笑起来，旋而又问："那姓岑的小子，该如何办呢?"

袁世凯说："嗨，周馥已经发了几封广东肇事的电报。只消庆王爷来力荐岑家小子才高望重，让他去了广东；广东有岑春煊，我们才能够平安无事!"

奕劻笑得更响亮，更滋润。他仿佛看到了胜利的实现，对袁世凯说："李莲英这小子最喜欢娶小姑娘，我们给他多送几个!"

几天来，杨士琦在京城到处探听，把当朝所有的御史们的情况搞到手，诸如，他们何方人氏，家中境况，有何爱好，文笔和德望如何，等等。他为了寻访到这些情况，既要亲临其舍，又要派人多方打听。天太热了，他走在一家家之间的石板路上，抬头向周围望去，才发现已经是暑天。满城的树木都绿了，绿得让人感到有些腻，湖水蓝蓝的，像一块块天空被扯下来，平摊在地上，微风吹来时，皱得一层层波纹颤抖不停。

他实在不明白，袁世凯让他找这些御史要干什么，而且一个也不准剩，一条也不准漏，一定要全面、详细。

每天，他都在京城中寻找，把这些情况记在脑海中——杨士琦的记忆力是不一般的，过目、过耳的，他都能记住。

每天晚上回到袁府宅院，袁世凯都要亲手为他斟酒、夹菜，和蔼地问一句："让你辛苦透了。"

他到底是要找一个什么样的御史呢?

他手中厚厚的一本子，每一个御史的情况都写得一清二楚。多少天来，他与袁世凯认真谈论着这些御史。

"这一个怎样?"

"不行,文笔不行。文章太一般。"

他自言自语道:"到底什么人行呢?"

"这一个怎样?"

"不行,品德不行,口碑不好。"

他摇了摇头。

"这一个怎样?"

"这人还算德才兼备。再想,还是不行,家道过于殷实。这样的人貌似忠厚,太有心计,太圆滑,不会为人卖命的。"

他把头摇来摇去,长叹一口气。

"这一个怎样?"

"不行,没有名望。太平庸,不会引人注意。"

"这一个怎样?"

"这一个呢……"

"这一个,还有这一个……"

翻阅了多少个,袁世凯都说不行。

翻来覆去,他还是找不到,索性扔开账簿。忽然,他眼前一亮,不觉连连点头。终于,他找到了一个御史。

袁世凯没有说话。

杨士琦纳闷不已,抬头望了望袁世凯,见他露出深信不疑的神色,小心翼翼地问道:"宫保大人,恽毓鼎,人说他德才兼备。你看,这个恽毓鼎怎么样?"

袁世凯说:"对,就是他。"

杨士琦又问:"找他,能做什么?"

袁世凯一字一句地说:"要他弹劾瞿鸿机!"

杨士琦说:"他可是瞿鸿机最为得意的门生啊。"

袁世凯说:"这样才显他刚正无私。"

杨士琦说:"这人生性倔强,从不盲从于他人。"

袁世凯说:"德高望重者,才会有众望所归。这样的人,做这样的事情,最合适不过。"

杨士琦说:"他,他会买账吗?"

袁世凯笑了又笑:"可能会,也不一定会。这就要看你的本领如何了。"

杨士琦大喜过望,连声称赞袁世凯高明。

第二天，杨士琦带着二万两银子的票，出门了。他打听清楚恽宅，静悄悄赶在恽毓鼎上朝时，亲自来到他家中。他自称是恽家的远房亲戚，寒暄了半天，最后说："我是慕先生的名望，来拜望他的。都说恽毓鼎安贫乐道，你们的日子一直过得很拮据；亲戚门口都在说你们家已经两年没有吃过肉了。也真是啊，清官难当。你们跟着大人，真是太受委屈了。"恽太太开始忸忸怩怩，不愿听这样的话，连声说"哪里哪里呀"。她忍不住杨士琦猛夸恽毓鼎如何清廉，又一再说庆王他们如何敛财有方，整天花天酒地，终于忍不住打开了话匣子。她满肚子的苦水，一下子倒了出来。她越说越痛。

杨士琦站起身，环顾大厅摆设，悄悄将银票放在桌子上，说："想不到你们家中穷到了这样。一贫如洗。将来你们怎么过日子呢？唉，这年头，没有钱，光讲什么名节，不顶用。谁去喝西北风？咱们是亲戚，这里没有什么能帮助你们的，这点钱算是一点儿意思吧。仅仅是心里面过意不去。我可没有其他意思。"

待杨士琦走后，恽太太拿起银票一看，吓得浑身哆嗦不已，她捂着脸抽搐着又哭又笑，数叨着：啊呀，我的亲娘呀！怎么是这？这不是梦吧！她数了又数，看了又看，银票上写的确实是这么多，二万两银子。恽太太又高兴，又惊恐。想了许久，她最后想通了，毅然收藏起来。她抿起嘴唇，自个儿说：人家说得对。将来怎么办？人一辈子绝不能太傻！

第三天晚上，杨士琦又来了。他拜见过恽毓鼎后，看见他不言不语，一个劲儿将头耷拉着。恽太太喜笑颜开，宛如一家人。他说了很多客套话，又悄悄给他们留下两万两银票；恽太太什么都没有说，直接收下。

杨士琦对袁世凯说："好了。"

袁世凯将整理好的材料给了他，说："要耐心对他讲清楚，这是为了国家，不是个人的事情。可以做，就让人做，千万不要为难人家。"

杨士琦第三次去时，恽毓鼎到里屋藏了起来。恽太太笑嘻嘻的，眉飞色舞，连让杨士琦打坐，饮茶，一边分外亲热地说："大兄弟呀，你可不要对我客气。有什么事情就只管说，我可以做主。"

杨士琦停了半天，叹了长长的一口气，皱紧眉头，说："如今朝廷中出了坏人，他们的罪证确凿。许多人都推荐恽大人揭发，出面弹劾。恽大人我是早就久仰的了，这件事，请他出于良知，维护正义。他若不敢做，我和朋友们谁也不会怪罪他。只是我觉得，他若无视此等勾结报馆、泄露机密的事情，朝廷就没有希望，举国皆无正人了。"他轻轻松松说完，又连声夸奖恽毓鼎如何受众拥戴的话，便告辞走了，一脸得意和喜悦。

69. 岑春煊

树上的知了们一个劲儿地叫个不停，高喊的不知道是"热啊"，还是"急啊"。

岑春煊离开了京城，要到广州去了。

岑春煊的脸色像没有煮熟的猪肝，那斑驳的色彩涂抹着百种失落。他面对一群来送行的人等，接过一个御史送来的酒碗，一下子喝个精光！长亭古道，众人默默不语。他抱拳向周围的人说："感谢诸位！我岑春煊要到广东，广东是有许多烧不尽的青山的！瞿大人罢相了，有人弹冠相庆呢。弟兄们，你们不要气馁，我岑春煊还会回来的！我就不相信，那黄河、长河的水会往西山上流去。太后是英明的，有些人的诡计她是会洞察的。"

人们原想安慰他，现在却被他振奋得精神抖擞。一个个好似要同赴刑场般壮烈。

此时，一个御史走向前来，从包袱中解出一件裹得紧紧的雨伞，双手呈给岑春煊；他往地下一跪，号啕着："岑大人！您一走，有人就要往死里整我们啦！这不可怕，我们盼望您能早日回来。这把伞上，有我们三十六位御史学生亲笔签名，希望它能为您遮风挡雨！"

随后，呼啦啦跪倒一片。

岑春煊眼里噙着泪，把伞接过，请大家起来。

大家唏嘘不已，渐渐站起来，只有一个蓬首垢面的人长跪不起。人们定睛望去，看清了，那人是御史恽毓鼎，他双眼泣红，涕泪交加，匍匐着，跪着，向岑春煊爬去。

有人望着他周身涂满卑鄙，"呸"地吐了他一身。

岑春煊伸出双手，把他扶起来，他无论如何却跪着不起，哭得更为凄切了。他只是痛哭流涕，说不出半句话来。

岑春煊衷怜地说："毓鼎，我是知道你的。有人要挟你，逼你做了这等事。不过，也是瞿大人不该口如此松。他太大意了。从此，老夫有一句话送给你，不要再在朝廷里掺和是非了。赵启霖和你，你们都是有口皆碑的好御史，可如今却都成了这个样子。回到家乡，置办一些田产，好好读你的书吧。你们太忠厚，太老实，不会混人；你们只会舞文弄墨，是做不好官的。起来吧。"

恽毓鼎伸出手掌，猛击自己的脸，痛打着，边打边骂自己："我恽毓鼎不是人！我助纣为虐，颠倒黑白，不要良心。我恽毓鼎对不住瞿大人啊！岑大人，我请求您和大家，你们一人来朝我脸上击一掌，唾我一口！让我也好受些吧！"

岑春煊充满关切和爱抚，把他扶起，深情地扫视着众御史，轻轻地说："弟兄们，人间有天良，才有御史的好文章。恽毓鼎没有做错事，错的该是瞿大人，还有我。"

恽毓鼎和御史们都不解地望着他。

岑春煊说："我们错在太粗心了。"

正在这时，远处传来一阵马蹄声，一个人从马上跳下来，大喊着："岑大人！请等一等！"

岑春煊听见喊声，待来人走到近前，知是袁府的人，陡地将脸沉了下来，怒目而视。那人拉住岑春煊，气喘吁吁，将一个纸团塞给他，说："岑大人，您不记得我了吗？我给你送过荔枝呢。"

岑春煊想起来了：这人的父亲曾在两广衙门中盐道做事情，后来在盐道因贿赂罪被充军。怎么，他是幸灾乐祸呢？还是另有企图呢？在袁世凯手下的人，可都是有三头六臂的！

那人见岑春煊满脸狐疑，就告辞，转身时又回过头，真诚地说："岑大人，我爹又回到了广州。您去时，他会拜望您的。请多保重！"

待人远去，岑春煊将纸团打开，一行蝇头小字跃然纸上：

岑大人！

一路风寒酷暑，请多加小心为是。凡遇见茶摊，且莫停留。谨防有人行刺、投毒！有人买通了日本浪人，要在秦皇岛用炸弹害您。定要提防！尤在夜晚时刻，万不要行路。若乘船，勿开舱！

周金生叩书

岑春煊百感交集，遥望着远方，伫立在那里，一动也不动，眼睛发涩。

御史们簇拥着岑春煊走下长亭，为他拉过马，把简而又简的行李收拾停当。此刻，大家都感慨万千，谁也没有留意恽毓鼎。正在大家围着岑春煊说话的时候，他神情恍惚，朝长亭下的柱石上，一头撞了过去！

人们听到声响，向长亭望去，恽毓鼎已脑浆迸裂，伏在地上没有半点儿声响。

一个御史沉痛地说："恽毓鼎被人收买后，曾志忑不安了一整天。我们也是在这里送瞿大人回乡的。人嘛，被诬革职，永不叙用，瞿大人他并无半点的想不开，仍和我们一样说笑不停。只有后来赶到的恽毓鼎悔恨交加，来与瞿大人道别时，瞿大人没有理会他。他受不了啦！因为平素瞿大人对他很不薄。他家遇难时，瞿大人还曾接济过他。可是他这个人惧内，在老婆面前不敢抬头。据说，袁府的人买通了他的老婆，他守不住清贫，就走进了人家的圈套。大家都没有想到这样的事。"

岑春煊恨得咬牙切齿，吩咐人拿过酒来，亲手为恽毓鼎祭了灵。

大家推着岑春煊上了马，他又翻身下来，取出长箫，请一个御史吹奏一曲《满江红》，说："来，大家唱一曲岳武穆的词。"一个御史轻轻提醒他："这样的曲子不能唱啊！若让人知道了，会给您找麻烦的。"

他说："不怕！赵御史被罢，恽御史自尽，瞿大人也离开朝纲，我同样也没有什么可害怕的！来，吹一曲英雄曲，唱，我们唱一首就义歌，让天地作证！"

箫声响了，如寒蝉凄切，呜呜咽咽，掀起人多少不平心潮逐浪高。

天已是黄昏，火红的太阳在西天上焦躁不安地挥洒着，任漫天的云霞如一堆堆的血肉，正悬挂在天穹。

人们被夕阳染红了，如浴了血的一群将士，在祭坛前，猛地扯开喉咙，放声高唱起来：

怒发冲冠！
凭栏处、
潇潇雨歇。
抬望眼，
仰天长啸，
壮怀激烈。
三十功名尘与土，
八千里路云和月。
莫等闲，
白了少年头，
空悲切。

靖康耻，
犹未雪，
臣子恨，
何时灭？
驾长车、
踏破贺兰山阙。

壮志饥餐胡虏肉，
笑谈渴饮匈奴血。
待从头、
收拾旧山河，
朝天阙。

歌声停了，长箫仍然在呜咽着。

岑春煊对御史们说："弟兄们，这是我们祖先传承的精忠报国曲。谁也阻挡不住我们讴歌！岳武穆是一个大英雄；他不唯属于大宋朝。我们任何时候都要记住，精忠报国！现在，我们报的是大清国！各位，请回吧！我绝不忘大家的重托。到了岭南，我一定要整饬吏治、严惩腐败！大清国，决不能让袁世凯之辈胡折腾！苍天有眼！"

有人劝岑春煊明早再走，岑春煊说："没有回头的路，没有咽下的话，走吧，走吧。"

太阳猛一下撞向大地，又弹起！

太阳更红了，大块大块的云朵被夕阳染得如血淋淋的肉正抖动着，往大地上落下来。

这血淋淋的阳光！

风早已止住，无声无息的大地上，一切都被浇得满面血腥。

长亭俯首，古道叹息。岑春煊和这群御史静静地伫立着，像在倾听大地所发出的吼声。他们的身上如血，他们的身后，他们的面前，到处如血。血，尽情弥漫。越来越多的云朵涌来，扑向夕阳。漫天云朵，此刻如烧焦了一般，先是发紫，继而发黑，又紫又黑的云朵积聚成黑暗，怒视着大地。

箫声又起，如泣如诉。

岑春煊翻身上马，将拳头高高举起，向匍匐在地的御史们揖别，他哽咽着说："太后会明察的。大家还要尽心尽力，扶社稷，正人伦，为人间正义而宁死不屈！"

御史们纷纷站起，他们想同声高喊出"宁死不屈"的口号，可他们左右相互望去，没有一个人先喊，便都不再做声。

一只大鸟从长亭上飞过，翅膀打破了寂静，一声长长的怪叫，撕裂人心，猛地将墨一般的夜幕扯起，笼罩四野，一片寂静。

70. 岑春煊与盛宣怀

岑春煊便装简行，由秦皇岛乘船，驶向上海，在水中漂了多少天，一路胆战心惊。来到上海时，盛宣怀、郑孝胥等人，他们早早迎候在晨雾中的码头上。故人相见，诉不尽的旧语新言。一行人要离开码头时，上海道蔡乃煌亲自率员迎接，恭请岑春煊到衙内小歇。

岑春煊望见蔡乃煌等人的神色中夹着慌张，想起了周金生的忠告，便婉辞相谢道："感谢蔡道大人，兄弟在路上着了些凉，颇感不舒服，头有些晕，就请允许我明日再说拜望您的事吧！"

盛宣怀等人也都言称是。蔡乃煌不再强求，于是，岑春煊随盛宣怀到私邸去。

蔡乃煌露出不快的笑容，望着他们远去的背影，对随从们说："大家要密切注意，凡是与岑春煊有交往的人，都要注视他们的动静。记着，一举一动，要及时报告端方大人。大上海，每一个角落，都有我们的人在观察来来往往者。"

"呜——"远处传来一阵汽笛声；浓浓的雾色升起来，掩盖住街头巷尾和那些奔波的车轮、脚步。

盛宣怀把岑春煊迎进自己的别墅，领着他在院子里浏览一遍。满院子的奇花异草、楼台亭榭，令岑春煊惊讶不已。他想说：颐和园也不如这里的风景别致。

盛宣怀看透了他的心思，说："岑大人，我自从被袁四小子坑害之后，就什么都不再想了。在这里颐养天年，比什么都要强。若您乐意，在此多住些日子吧。"

岑春煊"嘿嘿"笑着，一边向周围扫视着。

晚间，盛宣怀用电话唤租界的洋人送来几盘电影拷贝。他要为岑春煊举办电影晚会。晚会前是酒会和舞会，来的主要是租界居住的一些年轻记者。男男女女们，花枝招展，蝶飞蜂舞，灯红酒绿，偌大一个会厅如神仙洞府，令岑春煊目不暇接。他拍了拍自己的脑门，看这是否在梦中。

酒会开始了。

盛宣怀将岑春煊介绍给大家，称他是中国的政治英雄，最为优秀、清廉的政治家，尤其介绍了当年他在广州受万民拥戴的盛事。席间的男男女女格外激动，称赞不已，竟响起了欢呼的掌声。

盛宣怀又向大家介绍了刚刚结束的倒袁斗争，他在最后说："现在是文明开辟时期，但是，我们不要忘记，文明是斗不过野蛮的。就像宋朝的东京无比繁华，却挡不住金兵的铁蹄。君子常常受难于小人。岑大人他就是这样，他是最为无私的，与贪赃枉法、腐败透顶的袁世凯之流相比，又是那样软弱——因为岑大人他不会搞阴谋，他太正直。但是，虽然他失败了，被迫离开了朝廷，他在道义上是胜利的。自古以来，英雄们的结局，大都是以失败而告终。"

有人提醒他，悄声说："注意，刚传来了消息，朝廷降旨，调张之洞、袁世凯为军机大臣。"

盛宣怀赶忙改口，高声讲道："岑大人是在政治风浪中保持名节的真君子。当年，太后和皇上在西狩途中，是多亏了他才平安无事的。现在太后让他镇守东南，是对他的重用。两广俱是天下最富庶的地区，岑大人到了那里，会风调雨顺，一片康宁。真是两广有幸！西洋的朋友们，若有到两广与岑大人合作的，今天，确实是大好时机。我建议，各位朋友为了岑大人的健康，为了合作的顺利，干杯！"

杯声叮当作响，人们纷纷与岑春煊碰杯，向他致意。

一个妖里妖气的欧洲女人，扭着肥大的臀部，高耸着两只格外丰满的乳房，猩红的大嘴操着生硬的汉语对岑春煊说："岑将军，我对您是很感兴趣的。能和我合作吗？您！我要把您的事迹，写给全欧洲的人们，让人了解中国有您这样的人。愿意到我那儿去住吗？我一个人在这里，寂寞得很！"说着，举起杯来。

岑春煊稀里糊涂地与人碰着杯，不论对谁，都是用他在酒会前从盛宣怀那里学到的客套话，笑嘻嘻地讲着："谢谢，谢谢合作，我能为您效劳吗？小姐？"他不知道这客套话的用意，很高兴地讲出来，频频与人碰杯。

盛宣怀向他介绍这个猩红大嘴的女人，说："岑大人，这位是玛丽·芬女士，英国特派记者，著名的社会活动家。"岑春煊毫无提防，笑呵呵地应付着所有的人，完全没在意这位玛丽·芬已经深深地对他有了印象和用意。

酒会结束，舞会开始，请来的爵士乐队高奏圆舞曲，一对对男女舞姿翩翩。

岑春煊和盛宣怀坐在雅座上，观看舞场的人群。

盛宣怀对岑春煊说："岑大人，广州那边革命党猖獗，暗杀事件时有发生，令人防不胜防。听说有一个叫孙文的人，正在那里组织起义。我劝您还是在上海多住一些日子，您可以给周馥出一些难题。周馥是袁世凯的亲家。若有时机，再请人出面奏请袁世凯去坐两广。这如何不好呢？"

岑春煊点头称是，说："兄之言极为有理。我明日即向朝廷请假，我的痔疮折磨得我太苦了，烦请盛兄请一位名医，治除了根吧。对，我应该静心休养一段，把两广的难题想法儿推给他们。我要看太后对我到底有多少看法。"

盛宣怀对他讲了住处已安排好等事，并提醒他多注意有侦探。岑春煊想起了蔡乃煌在码头上的那副神色，迟疑了片刻。盛宣怀说："不用怕。岑大人，我们已请洋人的特别行动队保护您，一般人是靠不了前的。绝对安全，只是尽量少单独外出，防止袁党中伤、造谣。"

岑春煊这才放下心，自己劝自己似的说："其实是没有什么可怕的。我在上海只是养病，怕那些不三不四的人干什么？待病好后，我再去广州，要作出一个好的模样呢！"

盛宣怀正要与他接着说，玛丽·芬扭着又过来了。她持了一架照相机，要给岑春煊和盛宣怀他们照一张相。

二人欣然同意。

玛丽·芬为他们照了一张相，又为岑春煊单独照了。随后，她邀岑春煊跳舞，说："岑将军，如果你不会跳，可以让我教。"

岑春煊学着其他人的样子，把她紧紧抱在怀里。玛丽·芬笑了，教他如何跳。他不知所指，说了一句"我只会搂老婆"。

玛丽·芬调笑他说："那么，岑将军权且把我当成老婆好了。我会让你如醉如狂的。你不信吗？"

岑春煊顿时目瞪口呆，站在那里，不知该如何是好。

盛宣怀忙走过来，拉过玛丽·芬走进人群，随着舞曲，转动从容而轻巧的舞步。盛宣怀为岑春煊解除了尴尬，远远地向岑春煊点头。他不时用英语对玛丽·芬讲着调情的话，逗得她大笑不止。

岑春煊想，到底是洋场上的人，见多识广。他朝盛宣怀和玛丽·芬望去，随着乐声，两人正忘情地旋转着。

嘈杂中，有人向岑春煊介绍道："这个玛丽·芬两年前就成了寡妇，耐不住寂寞，就利用职业之便，到处与人鬼混。上海道衙门中，许多人因为与她鬼混，惹下了一身梅毒，苦不堪言。你一定要认真提防着，不要给自己造成什么麻烦。"

岑春煊望着她的背影，想呕吐。

盛宣怀兴致正浓，很自在地踏着美妙的舞步，与玛丽·芬做着各种潇洒的舞姿。两人如痴如醉，那样自然，每一个动作都洋溢着神韵。不时博得众人称赞的掌声。

一曲终了，舞伴儿各自回到座位上。

岑春煊不见了。

望着空荡荡的座位，盛宣怀纳起闷。他在寻思，岑春煊会到哪里去呢？忽然，他看见一个熟悉的面孔正向自己走来。这是一个洋人，正向自己微笑着。他慌忙站起身，与这个人握了手，听了介绍，才想起来是几年前在北京曾经见过面的莫里循。

莫里循温和地笑着，向盛宣怀问了许多问题，特别问到岑春煊。

盛宣怀脑门上沁出一层密密麻麻的汗珠儿。他故意答非所问地讲了许多上海洋场的趣闻轶事，想让莫里循笑起来，莫里循满脸现出狐疑，不解地望着他，只好摊开手，耸了耸肩膀，失望地离去。

盛宣怀擦了擦脑门上的汗水，点起雪茄，狠狠地吸了一口，半天才吐出来。透过烟雾，他回想起莫里循与自己初见面时的情景。这个莫里循是个生在澳洲的英国人，当年曾乘一具独木舟在墨累河探险，又曾经到新几内亚岛探险，后来回英国学医，当了一名医生。几年前，他来到中国，四处游逛，写了一本书《一个澳大利亚人在中国》，很受英国人欢迎。据说，他是为英国《泰晤士报》效力的，而且，瞿鸿机和岑春煊的事情，就是他从袁世凯那里得到消息之后，在《泰晤士报》发表出来的。若真的这样，以后的麻烦，恐怕就会少不了啊！

怎么办呢？

盛宣怀忖思着如何避开这个莫里循。他突然想起了另一个人——英国人朱尔典。

噢，有了。

他对自己说，用夷制夷，让朱尔典去牵制莫里循。转而他又对自己说，小题大做，不就是一个像苍蝇一样的记者吗？看自己把自己吓成什么！

第七章　才堪大用

慈禧说："袁世凯呀袁世凯，以前，李鸿章说你才堪大用。我待你怎么样？你就忘了吗？赵炳麟他参你'权高势重'，将你比为年羹尧，陈田他劾你揽权营私。湖北的按察使梁鼎芬、御史成昌他们，都是怎么说你的呀？唉，袁世凯，都依了你，大清国的名号该怎么换呀？你和革命党不一样，你别那么傻，你要多学庆王，享些福不好？岑春煊、瞿鸿礼，我把他们都赶出去了。你，非要都如你的愿才罢休吗？"

71. 才堪大用

秋风吹得袁世凯的眉梢一根一根都扬起来。他站在东厢房门前喜滋滋望着院内。

锡拉胡同被重新装饰了一番，全家人从天津都搬了过来。满院飘着果香。袁乃宽跑前跑后，指使着男女仆人各司其职。他俨然是这里的主人。

硕大的石榴满树缀得几乎要把枝子伸到地下，白石榴、黄石榴、铁皮石榴、铜皮石榴，各色石榴如玛瑙般晶莹，略带苦味的香扑鼻而来，令人神爽。

袁克定的手和脚都痊愈了，但留下了残疾，却让袁世凯心里可怜。袁克定走路一歪一歪的，让袁世凯感到说不出多难受，从心里涌出来一腔失落。他痛苦，又欢喜。

喜讯像来拜年的孩子，来了一个，又来了一个，全让人心里抹了蜜一般。

瞿鸿礼免去了职，岑春煊外调两广，他们都离开了京城。同时，张之洞张南皮和自己都入值军机。过几天，自己还要被任命为外务部尚书兼会办大臣。离开直隶总督府，自己奏请保荐杨士骧任直隶总督，亦被核准。

今年的四十九岁生日大家都嚷着要办。

袁世凯笑眯眯地望着院子，那些往事，不觉又涌上心头。

是啊，屈指算来，将近五十年了。

他想起了那年登泰山，想起了月夜捉"响马"的荒唐游戏，想起了火烧扬州、闹南京、闯北京，想起了投军登州，在朝鲜的历历往事，又想起了坐山东，驱逐义和团，特别是小战练兵、杀表弟以正军纪，还有沈雪梅、孔先生、大憨、狗蛋、铁头等人。往事如烟，如梦！

他本不想做寿，庆王他们却坚持要做。袁世凯与载振是换了帖的；庆王说："慰亭，做吧，大家欢喜一场，庆贺我们的胜利。"

袁克定与换了帖的把兄弟杨度一帮子人，也嚷着说："应该做寿！辛苦为国家朝廷奔忙，让大家看一看这如山的功勋，以后也让人少找一些麻烦，能齐心合力，共同振兴大清帝国！"

是啊，瞿鸿机、岑春煊他们倒去，自己就又重提起预备立宪的事。自己上书朝廷，奏请应该快昭告立宪改革于太庙，提出举人才，振国势，满汉团结，赏罚分明，辨明党派，内阁合议，办地方自治，普及教育。同时，奏请朝廷简派大臣，赴日本、德国，考察他们的宪法，借他山之石以攻玉。

袁世凯听到许多人都在说他年轻了。真是，不是他人提醒，他还真的忘记自己已经是快五十的人了呢！办，明年办，明年是五十大寿。他在得意洋洋地想，到底太后是给自己面子的。预备立宪的十件事没有采纳，却准了考察西洋宪政派员的事。

袁世凯又想起了岑春煊：这个家伙还没有除掉，还会威胁自己的。蔡乃煌亲自送来了一张照片，照片上是岑春煊和梁启超正侃侃而谈，照片上的背面，注明是英国女记者玛丽·芬的拍摄，地点在盛宣怀的家里举办的舞会上。

当时，他问蔡乃煌："岑春煊真会和梁启超在一起吗？"

蔡乃煌喜笑颜开，说："宫保英明。这是我花了万两黄金，请玛丽·芬帮忙，先拍到岑春煊与人交谈的照片，再选梁启超的照片头部换了上去，就成了岑梁会谈的实录。"

他重重奖赏了蔡乃煌，嘱他继续监视；同时，他在军机处新接到岑春煊的电奏。好机会！岑春煊请假日满，"力疾赴任"，岑春煊他要敬禀王爷。前些日，他要借患病留在上海，"奏请开缺"，现在假期满了，还没有奏报启程！两广是要紧的地方，缺员又如何长久？体恤你岑春煊吧，让你岑春煊病休，让你继续养下去。

端方送来的这封信也要想法呈给太后，内有上海道蔡乃煌着人侦探的岑春煊活动记录。这个岑春煊，他竟敢对朝廷公然表示不满，频频与康、梁相勾结，密谋造反！广州有革命党起事，他岑春煊明知却不去，实与革命党在拉扯。

岑春煊，照片和密函都送给对你一向印象颇好的太后，她还会保你吗？袁世凯想到这里，对跑上前来的袁乃宽说："这寿禧应该好好庆贺庆贺！"

袁乃宽兴高采烈，大喊一声："是！"

入夜，袁世凯洗罢澡，用丝巾被单裹着身子，躺在竹椅上小憩。五姨太太穿了蝉翼般透薄的睡衣，跪在他身边，为他做着按摩。

院子里的树影，在清风中摇摆着。

沈雪梅正与几个姨太太，还有几个孩子，在后院的凉亭吹着洞箫。那声调异常清婉，如燕呢喃喃，又如山泉抚洗着翠竹。江南女子特有的灵性，被她吹奏得如此清秀甜美。

袁世凯起身，被杨氏搀扶着，走进洒满花露水香味的卧室，躺在床上。

杨氏轻轻抚摸着他，痒痒的，他一把把她搂进怀里……

夜风从窗外挤进来，扑在他们身上。

杨氏响着均匀的鼾声，在袁世凯的身边蜷缩着，如玉雕的虾摆放在那里。他打量着她的胴体，将丝巾被轻轻为她盖上，暗自忖思道：她才二十一岁，春心正浓，自己已经快五十了。合该让沈雪梅好好看管她，别让她生出野心。

望着，望着，他感觉到困倦，渐渐睡下，入了梦乡。

他觉得自己又来到一片旷野，四周长满了青翠的竹笋，尖尖的芽儿泛着紫色和乳色。前面不远处，有一处水泉，隐隐约约可看见一个女子在沐浴。

走近了，原来是慈禧。

他正在躲开，慈禧看见了他，示意他过去为她搓背，慈禧的身子像羊脂一样，哪里是老得快入土的人呢？

他轻轻抚摸着，揉搓着，慈禧很欣赏他的动作，细声细语地说："袁世凯，袁慰亭，你要记住，我是看中了你的。以后，你就留在我身边，天天为我搓背吧。"

他说："不。太后在上，男子汉大丈夫，如何困于为一女子搓洗？我还要仗剑从云呢。"

她说："好啊，袁世凯，我就喜欢你这样的性格。你是个有主见的人呀，我离不开你。前些天，你上折参奏铁良，说他任用私人，毫无展布，将北洋四镇兵马弄得乌七八糟。我明白你的意思，你是想从凤山手中把兵权夺过来。袁慰亭啊袁世凯，你太爱带兵了。别带那么多兵了，以后天天陪我吧，我也是个女人呀。

你看，我这身材如此娇嫩鲜美，却无人享受，实在可怜呀。"

他说："我可以这样做，但要答应我几件事，办成了我才能天天陪着您。"

"哪几件？说吧。"她很爽快地说。

他说："张之洞、载沣、善耆、铁良和鹿传霖等人，尽数革职，永不叙用！"

她说："那行，都换上你的人，换成徐世昌、杨士骧、陈夔龙这些人物，换成梁如浩、蔡绍基、刘燕翼这些关道，尤其是你的段祺瑞、冯国璋、王士珍，还有那个段芝贵，让他们都过来。可以了吗？"

他心愫了，继续为她搓洗着。

慈禧说："袁世凯呀袁世凯，以前，李鸿章说你才堪大用。我待你怎么样？你就忘了吗？赵炳麟他参你'权高势重'，将你比为年羹尧，陈田他劾你揽权营私。湖北的按察使梁鼎芬、御史成昌他们，都是怎么说你的呀？唉，袁世凯，都依了你，大清国的名号该怎么换呀？你和革命党不一样，你别那么傻，你要多学庆王，享些福不好？岑春煊、瞿鸿机，我把他们都赶出去了。你，非要都如你的愿才罢休吗？"

他说："太后息怒。我也是为大清国的强盛、牢固。"

她说："还有铁路的事，苏杭甬借款什么的你就不要管了。你呀，好好陪我吃陪我睡，我真的比不上你的一群姨太太吗？"

袁世凯再看时，慈禧没有了，四周一片荒漠，寸草不生。细看脚下，尽是蠕动的蝎子和屎壳郎、放屁虫，一条条长虫从地下钻出来，将信子指向他！

他"啊"的一声，惊醒了，坐起来。

杨氏也醒了，娇滴滴地劝他："我的郎君啊，你做了噩梦啦？吐三口唾沫，就能逢凶化吉了。睡吧，来，抱一抱我。"

袁世凯骂了一句，抱起杨氏躺下了。

夜风在窗外拍打着，撕扯着，越来越紧。他怀中的杨氏又起了鼾声，慈禧的身影和面孔，如何也赶不去。

对，吐上三口唾沫，就能逢凶化吉。

袁世凯乍想起杨氏刚才说过的话，试着往地上吐去。他记得在彰德时，有一天夜里，也曾遇到过噩梦，彰德知府告诉了一个解除噩梦晦气的歌诀，即清晨早起，写上这样几行字，贴在东墙上：

　　此梦不祥，
　　贴在东墙，
　　太阳一出，

照个精光。

梦是什么？

他翻身又坐起来，披了貂皮大氅，又看起《三国演义》。曹操这个人敢作敢为，足智多谋，应是三国第一英雄！

他时时掩卷思索着。

罗贯中为何要把这个懦弱少能的刘备写得这样流光溢彩呢？多少年来，人都讲究正统。正统，就是循规蹈矩，就是俯首帖耳。是啊，曹孟德为世人所诟，就在于他敢凭自己的意志前行。

曹操，才是真正的大英雄。

窗外，不知不觉已亮起了曙光。

72. 家乡的先生

风一阵阵嘶鸣着，天越加寒冷，锡拉胡同的袁宅内，袁乃宽着人搬出了许多金橘，放在院内的台阶上，过道处。

放眼望去，袁府内一片碧绿中闪烁着耀眼的橘黄，与菊花相映。红菊花、白菊花为字，蓝菊花、黑菊花、黄菊花衬边，凑成满院一个巨大的"福"字。人们出出进进，却在"福"字中穿行。

袁家的儿女们邀请了摄影师，他们在这花海中留影。大家都称赞袁乃宽的用心良苦。

张镇芳来了。他在天津听说袁世凯受直隶提督马玉昆弹劾，特意请了假，来看望这位表兄。

同时，他还领来了几位乡绅和家乡著名的单家响器（民乐）班。

家乡响应袁世凯普及教育的号召，在县北柏庄铺建起了师范学堂。直隶盐运使张镇芳，捐出三万两银子，又以三万两银存在盐场以息养学。

学堂的讲师由直隶永七盐务处文书升任提调的黄承恩带着，辛丑举人任镜海、甲午举人张赓熙、壬寅举人刘振玉等人，托张镇芳说情，聘请袁世凯任项城县柏庄铺师范学堂的名誉堂长。

袁世凯很高兴，答应他们的邀请，为他们题写了"尊师敬道"，又书写了癸卯《学务纲要》中的几句："以忠孝为敷教之本，以礼法为训俗之方，以练习艺能为致用治生之具。"同时，他又捐出两万两白银给师范学堂，再三答谢他们为自己家乡辛勤培育人才。

黄承恩等人感激得涕泪交零。

袁世凯设家宴款待客人，吩咐家人在宴后领他们逛逛北京的街景。黄承恩谢了再谢，一定要请袁府的老少听一听家乡来的单家响器，说这是家乡的一片心意。

袁世凯把孩子们召来，对他们说："这几位先生是家乡的圣贤，不但是我的老师，也是你们的老师。你们要尊敬他们，给他们行鞠躬礼！"

说罢，他领着孩子们，一起向黄承恩一行鞠躬。

袁世凯与张镇芳也随着鞠躬。

黄承恩等人备受感动，连称："不敢当。"

袁世凯说："尊师当从我做起。我们的家乡要有大批的人才。今天办了师范学堂，来日还要办大学堂，全国上下，都有我们的学生，该会为家乡增多少光彩！"

张镇芳说："办学堂好，是启迪民智的伟业呀。将来家乡的学堂办出规模，到世界各地留学，管理国家。我们选拔优秀人才，身边就不愁没有自己的人了。"

黄承恩介绍了办学规模和近期设想，随后，请袁世凯全家欣赏单家响器。

听着这来自家乡的乐声，袁世凯当众流出了泪水，他对黄承恩说："黄先生，我做梦都想念家乡啊。我们家乡的曲子是很有韵味儿的，不像西北人那样干号、粗野，也不像江南人那样哀怨凄切，而是雅俗相间。离开家乡多少年了，我也是快五十的人了，来日老了，我要回家乡耕读。不知家乡是否接受我呀？"

黄承恩他们齐声答道："欢迎！家乡到处盛传宫保大人是国家柱石，您是家乡人心目中的楷模！"

听了几只曲子，袁世凯对张镇芳说："芝圃啊，我能听出来，这是单猴传下来的低音唢呐。低音唢呐很少见。这是有名的《欠场》、《娃娃》、《昆曲》这几个曲牌。"

黄承恩在一旁插话："宫保大人的记性真好。我们来时，觉得带什么都不能让您高兴，有人说，从前您在家时，最喜欢咱们的单家响器，这就把他们带来了。单家的班子听说要来，练得可起劲儿啦！"

袁世凯说："对。我小时候最喜欢听单家的响器。我还知道单猴支官的事呢。旧科举误国误民，害单家不浅呀！大比之年，单家有个单董魁才高八斗，中了举，却因为有人嫉妒他，举报他出身下贱，竟被官府无情除名。嗨！以后就好了，改了学制，人人平等，你们单家不但可以做官，还可以出洋去外国看看呢。"

单家响器班子的一个领头，听袁世凯这样说，把唢呐放下，跪谢他，说："有袁大人这句话，我们单家就可以扬眉吐气了。"

袁克文在一旁跃跃欲试，问："唢呐真好，如诗如画。我听爹讲过，家乡有出名剧，叫《打姚渣》。你们会吹吗？"

黄承恩说："袁公子，那是唱的，单家是只用唢呐吹的。"

袁克文认真说："西洋的歌剧就是又吹又唱的，你们何不改良一下，发展我们东方的歌剧？我听说这《打姚渣》非常有趣呢。"

袁世凯说："这孩子，是要用戏剧兴国呀！"

五太太杨氏满脸堆笑，连忙凑到近前，说："河南人才真多，这中原音韵多有滋味儿。大人，这《打姚渣》是怎么一回事呀？有天津卫的戏好听吗？"

袁世凯笑着说："小五，你呀，你真好奇。"他转身对黄承恩说，"请黄先生为他们几个讲一讲吧。"

黄承恩看了看众人，缓缓地说："袁公子提得对，这剧是人写的，应该可以吹着唱啊。这出戏呀，讲的是光绪二十三年的事。那一年，项城县正月十五地震，夏天又发了大水。百姓们苦不堪言。本来，河南省府要县府减去旧额，现银征收时价算。知县姚礼咸，他抗命不减征银，又加派赋银。百姓们雪上加霜啊！项城人都叫这姓姚的县官'渣子'。项城县人不服他，有秀才乔岳、夏伍云、阎济源挺身而出，要进京告倒姚渣，为民除害。遇义和拳闹北京，在廊坊被挡，他们回来了。项城县男女老少义愤填膺，几万人围住县衙，把县衙大门口用砖垒住。贼姚渣骗了乔岳他们，把他们逮起来了，为的是让人群龙无首。四乡八里的老百姓都气得忍无可忍，纷纷拿着各种家伙、刀枪、涌进县城，要砸烂姚渣的狗头。不得已，乔岳被放了出来。姚渣他丢了面子，怀恨在心，便捏造罪状，将乔岳告到省里。后来，项城人高翰林高钊中，请御史刘嘉模奏陈朝廷，将姚渣调走，减征了项城县的银子，这才没有事儿。如今，老家的秀才们编成了戏，还在到处传唱。这出戏大长了咱们家乡人的志气呀！"

张镇芳笑得前仰后合，说："这事我知道！姚渣的事还是经我办的呢。夏伍云是我的老师，那一年他骑着毛驴到开封喊冤，对我讲了实情。没想到编成了戏文，连宫保都知道了。"

众人又一阵喧哗。

单家响器吹累了，歇息片刻，得了赏钱。黄承恩起身告辞，对袁世凯和张镇芳再三感谢。袁世凯留他们在京多住一些日子，他们不肯。单家领班的说："能来北京给袁大人吹响器，一辈子也有光彩。不能再耽误袁大人你们办公事了。"

袁世凯再三挽留，黄承恩等人坚持要走。他一直将他们送到大门外。

待回转身，张镇芳与袁世凯手拉着手走向内室。

"终于打发走了！"两人一齐笑着说。

张镇芳说："是啊，家乡的人得罪不起。远亲不如近邻。叶落总要归根呀。"

袁世凯附和着，压低声音说："芝圃，还是家乡人厚道呀，他们到处为我扬名。南蛮儿太精太能，心里坏呀。龟孙南蛮儿，他们完全不顾我对国家的一片忠诚，一定要把我往死胡同中逼！慈禧老东西也是个混蛋，本来借款修路的事是朝廷的谕旨，江浙人提出拒借外款而要商办，反让我背黑锅！马玉昆这小子，一个劲儿地跟在后面瞎咋呼。这群狗东西，真是望影生吠！"

张镇芳安慰他道："慰亭，用不着自寻烦恼。苏杭甬铁路的事，能不管也就不用管它。我听说，岑春煊和瞿鸿机他们在上海搅和着，他们雇了几个烂笔杆儿，等一段要在《神州日报》上骂你呢！还听说，太后已经知道了岑春煊和梁启超那张照片是造假。"

袁世凯长叹一口气，说："大清国的运数，几乎将尽啦！前天朱尔典来，对我说，希望能在东南多开条铁路。我一直是赞成这样的。你想，洋人在这里开了铁路，还能带走吗？江浙地的南蛮儿要说也很精明，可在这事上犯了傻！凭着我们自己的钱财，要把铁路建多么好，那是有不少难处的啊！"

张镇芳颇有同感似的说："您的良苦用心，天下有几人能明白？俗语讲，宁赠友帮，不与家奴。我们不敢正儿八经地与洋人打交道，这很有些叶公好龙的味儿！洋人是文明的，文明才有力量。真是的，我与你介绍的那个莫里循打了几次交道，深感欧洲文明远胜过我们的朝廷。慰亭，我总觉得天下该换了个主子啦！爱新觉罗家的骨血气脉太弱了。他们该完了。"

袁世凯半天未语，握紧了拳头，对张镇芳说："芝圃，想来你与皙子的意见是相同的。而今在朝廷做事，必须紧抓住军权，有了枪杆子才有话说。铁良这小子，必须待时机整治掉他。你该多方运筹钱财，我们先用银子堆埋住了庆王。慢慢来，到来日，新军一齐起了事，逼他爱新觉罗滚下台来！有新军在手，铁良、载沣辈他们就翻不了大浪花。我们北洋的人，他们是换不下来的。等着吧，老太后的身体每况愈下，老太后一死，马上天下就会大乱。到那时候，我们就可以洗一洗天地！"

张镇芳瞪大了眼睛，紧盯着他点头。

有人通报，莫里循来了。

袁世凯知道，英国人每年都要大办圣诞节。他特意邀请了莫里循到家中，并专门请人为他做了圣诞树。他设想着，要给这个英国人一份惊喜。

家人围聚在圣诞树前，孩子们跳个不停，望着圣诞树上的红红绿绿，叫喊着，嬉笑着。

"谢谢，亲爱的袁！"莫里循用汉语向袁世凯道谢，一边同袁世凯的家人说笑，打着招呼。他来袁世凯家中已经不是一次两次了，和袁克定、袁克文他们颇熟。他没有看见袁克定在，问他去处；袁克文说，哥哥因为治腿伤，还没有回来。年少的孩子们则争着问莫里循"洋人过圣诞节是否发压岁钱"，莫里循不停地做着鬼脸，比比划划，逗着孩子们说："要给的，要给很多；我们要买一幢房子送给孩子住，买很多礼物送给朋友，还要送一群漂亮的媳妇呢!"

大家都笑个不停，说："老莫这家伙真有趣。"

袁世凯眯着双眼，不停地点头。

夜晚很快降临了，莫里循是第一次在袁世凯家用晚餐，也是他第一次在这里留宿。家中的留声机响起了《圣诞快乐》的曲子，袁家的孩子放声唱着"叮叮当，叮叮当，铃儿响叮当"。莫理循眼噙着泪花，连连鞠躬，不停地说着"谢谢"。

子夜，钟声响过，莫里循做了祷告，接着，对袁世凯说："袁先生，我也祝您快乐。我在想，你邀我来到家中做贵客，一定会有重要的事情同我讲的。"

"是啊。"袁世凯说，"你一个外国人，要走几万里才能来到中国，要吃多少苦啊！我知道，你对我们中国是很友好的。"

"不仅仅是友好。"莫里循用河南方言说，"袁先生，我们是一家人，日他嘞！是亲的，胜过一般朋友。"

袁世凯笑了，拉过他的手，在他的手背上拍了又拍，说："老莫呀，用我们中国风俗讲，按年龄，你该属犬，属狗的。我属羊，比你虚度了几岁。若是年轻时，我会与你拜成兄弟的。"

莫里循不解地望着袁世凯，说："怎么？我们现在不是兄弟吗？"

袁世凯说："老莫，我想问一个不该问的话。你在澳洲、在英国，有自己的家小，就是妻子和儿女吗？"

莫里循摇了摇头。他懂得袁世凯的意思，说："袁先生，我东奔西走，现在还没有精力建设自己的家庭。前些年，那是很久以前的事情了，我爱上过一个很美丽的姑娘。她也很爱我。可是，那一年，我们的军队占领你们的京城，义和团包围了我们的公使馆，我的腿被打伤，流了很多血。有人在报纸上说，北京发生了大规模的屠杀，说我被杀害了。我们的《泰晤士报》发表了消息，悼念我们几个人。我的朋友窦纳乐是公使，他是真正死了，而我是活着的。但是，报纸发讣告，悼念我们，我的心上人真以为我是那样，就嫁给了别人。"

说着，他脸色沉下来。

袁世凯说："老莫，你不要太认真。在我们中国，优秀的男人常常娶许多老婆。你现在真该有个家小了。"

"是的。"莫里循说，"可是，作为伟大的感情，我要培养。我相信，我会真正有所爱的——上帝会保佑我。"

"老莫！"袁世凯叫了一声，提高声音说道，"既然我们是兄弟，你的事情，我就要操心。我替你寻找了一个姑娘，家在杭州，那是美女如云的地方。你不用愁，连同房子，我都替你看好了，就在王府井。照中国人的规矩，春节前，我帮你置办好，你就把那个杭州姑娘娶过来吧！"

"谢谢！"莫里循说，"可是，我不能这样。我感谢你的好意，可是，可是，我既不能接受你的房子，也不能娶你说的杭州姑娘。这些应该由我自己来安排的。"

袁世凯笑着说："是啊，是啊。我们中国讲究包办婚姻，这是落后的。我怎么也这样考虑呢？"

"袁，"莫里循说，"亲爱的袁，我是个英国人。我很爱中国，可我要为我的国家服务。这是我的原则。我走过中国很多地方，我曾经不理解你们的国家，可是，我现在很爱你们的国家。为什么？这是因为了解你们。和我了解你一样，我是爱你的。你的国家，如果有一天让你做了国王，一定会像我们大英帝国一样强大起来的。当然，你的国家强大，对我们有很多好处；你不要以为我仅仅希望你们的国家变得强大。袁，你明白的。"

袁世凯点了点头，用目光示意他说下去。

"莫里循是一个热爱中国的英国人。"莫里循同样点了点头，说，"袁，我很尊敬你。我以为，你会领导着这个国家发展的。因为自我来到你的国家后，经历了很重要的事件，才知道只有你敢于强大。你还记得吗？慈禧从西安回到首都，很多官员只想着自己，不管国家，而你却极力收回被我们西方人占领的天津。"

"就这一件事情，便成了你的证据？"袁世凯问道。

莫里循说："是啊。你的经历是很了不起的，袁，而我认为，现在，你有三个敌人，只有一个朋友。这是至关重要的。"

袁世凯说："我的敌人是谁，我并不很清楚，而我明白，我的朋友就是你和你的国家。"

"All right！"

莫里循惊叫了一声，说："亲爱的袁，英国是世界上最伟大的国家，和我们成为朋友，你们才能真正强大。现在，你有三个敌人，我要郑重地告诉你，他们一个是你们的朝廷，一个是日本，一个是俄国。你其实是知道的——朝廷看到了你的能力和胆魄，但是他们害怕你的力量强大，要制止你的作为。日本和俄国，他们会帮助你夺取权力，但他们是为了掠夺你们国家的财富。只有——"

"Only you are my friend！"袁世凯用带着家乡方言的英语说。

两人同时笑个不停。

"不是这么简单的，袁先生，"莫里循接着说，"英国的伟大，首先在于文明，而不在于强迫他人的野蛮——尽管我们用鸦片伤害过你们。那是必要的，不然你们永远不懂得什么叫世界。"说完，他有意作出狰狞的笑容。

袁世凯用鼻子狠狠地出了一口气，半天说道："老莫，你所有的著述，我们的蔡廷干先生都替我整理好了——你看。"

他一边说，一边指着身后的书架。

莫里循站起身来，静静地走过去，凑近了看，一字一句读着："英国人莫里循论述中国问题言论集。"他不觉抽了一口气，对袁世凯说："袁，什么时候，你做了这样的工作？这里有很多材料，我自己都没有！我和伊藤博文的谈话，你们如何知道这么详细？你们竟连我得到的中国玉也做了记载——蔡廷干这个人是在监视我的一举一动吗？"

他喘着粗气，踱着步，用不满的目光盯着袁世凯，最后停下来，用力坐在椅子上不做声。

袁世凯缓缓站起身，走到他跟前，拍打着他的肩膀说："老莫呀，你只了解中国的现状，不了解中国的现实所形成的相当复杂的历史啊。我给你讲一个有趣的现象，在中国古代，有一个老子，为什么叫老子，因为他太看重古老的东西，云天雾地，无所不包含，大得很。又出了一个孙子，他格外看重细小的，讲究对别人一丝一毫的情况都要弄清楚，小得很。大的有，小的也有，要说，该全备了吧？不，还有一些漏洞，像孔洞一样，所以又出现了一个孔子。孔子讲究的就是不大不小，讲中庸，要补充太大太小的不足之处。你说，中国人是你们想象中的那样懒惰、胆怯、愚蠢、自私吗？"

他说着，走近书桌一旁那架硕大的地球仪，拍了又拍，用手猛一转，重走到莫里循身边，接着说："老莫，你什么时候都是我的好朋友。我如果不了解你，还能把你当做我的朋友吗？我坚信，将来我会和你一起建设我们的新国家。我们一定会像大英帝国一样，走向强盛！"

莫里循站起来，再三端详着袁世凯，紧紧握着袁世凯的双手，连连点头说："我们永远的朋友。袁，那一年伊藤博文说，他必须除掉你，他们才能占领中国。的确是！袁，我们是朋友，与日本是敌人。我任何时候都会支持你。"

73. 帝王之气

袁克定的手和脚，虽然治好了，却留下了残疾；每当他走路时，微微有些跛。袁克文在背后笑他，说他像戏台上的戏子甩水袖。袁世凯每看见袁克定，心如何也忍不住发酸。然而，更让他不安的是日本人。接连几天，日本人来了几掇，他们悄悄地与他谈论起军火生意。日本人说，对中国的北洋新军，他们很感兴趣，愿意帮助北洋建立海军陆战力量；言下之意，鼓励袁世凯做好割据称雄的准备。

冬末的阳光，斜照在锡拉胡同，袁乃宽监工，袁府兴建了一些土木。工匠们来来往往，很快建起了披红挂绿的幢幢楼房。袁乃宽来到袁府之后，比老袁安要勤快许多，袁世凯为此而感到高兴，他鼓励他说："好好干，你将来会有一地的。"

袁乃宽很精明，马上跪下谢了又谢，表示一定要尽力效忠。

望着夕阳，红红的大绣球般，正悬在西天上，袁世凯发现一个奇迹：此时的夕阳，刚好飘荡在西阁楼的屋脊龙口偏上！

龙御日！

袁世凯曾经听说过的。按照风水理论上讲，金龙戏日，国家就要发生大事情，因为日是代表朝廷的。他暗暗欣喜，想：爱新觉罗家的命运果真要衰微了吧！前些天，接连发生了几个令人不快的事，一是有人以东京来稿的名义，在《神州日报》上写文章，挑唆朝廷要重办袁世凯！还是借款筑路的事，把自己以赵高、董卓、曹操、秦桧、贾似道、严嵩之流相比，历数各大罪状有十条之多！尤其指出自己与奕劻相勾结，将京官自丞参、外官自三司以下，都换成了北洋朋党故旧。这个家伙多像张謇！文笔如此锋利，说自己是一意在"为结外缓地步"，"使海内臣民，痛心疾首于朝廷之不可恃，揭竿揭木，相继而起，袁世凯乃得总揽兵柄，侥幸成功，因以蓄震主之威，而煽薰天之焰"。甚至建议朝廷，对自己"早为之所"，"明正典刑"。看到此文，自己请慈禧明察，并请求开去外务部尚书缺。慈禧劝慰自己，说："大清国对袁世凯不薄，袁世凯也是为大清国辛苦出力的。不要听革命党一派胡言，他们是要朝廷杀掉干臣能将，制造出混乱，便于乘机而起，推翻朝廷的。这一点，我是很明白的。但你袁世凯也太横了些吧。"

第二是日本人的二辰丸，私运军火，被广东水师扣留。这一笔生意该怎么做？自己请求朝廷，备价收购了军火，让广东水师鸣炮谢罪，放回二辰丸，军火才没有被广东水师截走。他们骂，就让他们来骂吧！骂，绝对比不上枪炮！还是那句话，离开了枪炮，什么事儿都别谈。现在的太后，已比不上往日了。看那脸，听那声音，都明显衰弱不堪了。对，在这时候，自己更要站稳，抓牢枪杆儿！晚上，再与冯国璋、段祺瑞、王士珍他们几个聊聊，铁良这小子想干掉自己，是办不到的！

有人说自己在用外国人打外国人，玩的是和李鸿章用过的一样的洋牌扑克。岂止是这？太后死去时，庆王他们肯定要失势，而载沣已经在军机处学习行走，他肯定要得势。若不用洋人来制止载沣他们，说不定自己还会有杀身之祸呢。他不由自主地念叨着莫里循他们的名字，他想，老莫的手能够伸向世界吗？

想到这里，他望了望天空，刚才那轮红日，此时已落下了龙口。那条龙漫对着天空，像在遗憾着什么。

忽然，门人报：孙宝琦和唐绍仪来了！

袁世凯热呵呵地迎上前去，学着莫里循他们的样子用英语大声说："威尔考姆（Welcome）！威尔考姆！"

唐绍仪笑着对孙宝琦说："看，宫保的外语可以出洋呢。"

大家哈哈笑起来。

三人相拥着，一起浏览了袁府新修的楼房、花木景致。

袁世凯指点着，低声介绍说："我的整个院落是四个字连在一起叠成的。这四个字是福、禄、寿、禧。你们看，四字中间，这座假山上，安了一个亭子。亭子的座基石材，是我特意让人从五岳采取石料，镶嵌成一体，这意味着五岳归我所领。这是袁乃宽的主意，取吉祥如意之意！"

孙宝琦说："慰亭，你这府上，我观气象有帝王之气！若是平常人，他们是看不出来的。你建得好！"说着露出神秘之情。

唐绍仪说："这布局是很合理。西洋人他们也信风水，讲究人和星座的吻合。我虽不懂风水，但是能够感觉到这院子的适宜；人一进来，有一种神圣又温暖的感觉。宫保大人用心真巧妙啊。"

袁世凯微笑着，不断点头。

夜幕拉下，三人倍感精神爽快。再过几天，就是春节了。城市上空飘荡着零星的爆竹声，隐隐约约传来歌唱。

孙宝琦拉住袁世凯和唐绍仪，让他们静听："这是什么儿歌？自古人讲，儿歌为天籁，有天意昭示的意思。可不能一点儿都不信咧。"

他们侧耳听时，远处传来一阵歌声：

　　　　白大王，
　　　　晒太阳，
　　　　屁股底下明晃晃，
　　　　都是刀和枪！
　　　　……

孙宝琦摇晃着头，叹一口长气，说："唉，天下该乱了。"

270

唐绍仪说:"天下大乱又有什么不好?恰如一潭死水,挖了前后两条沟,一条沟注入更多的水,而另一条沟则泄出去,这样,死水就变成活水。这就是《周易》中说的穷则变!"

孙宝琦止住了他们,轻声说:"该做正经事了。宫保大人,朱尔典那里送来一些文件。他不便亲自来,我们也不好托他人送,就这样弄来了。一定要严加防卫,千万不能让人知晓!"

袁世凯拉了两人的手,说:"走!我们去一个最静的地方,我的地下室。"

唐绍仪和孙宝琦都笑起来。

转眼间,苏杭甬铁路权的事,被压下去了。袁世凯天天发不尽的脾气,不是骂人,就是摔东西。他整日脸阴沉得怕人。杨氏的眼睛滴溜乱转,轻易不敢去劝慰他,问袁克定:"该怎么办呢?你父亲整日操劳,心神不宁。他太劳累了,我们该想些办法,让他欢心才是啊。"

袁克定说:"姨妈,这个事呀,是不好办的。我在德国读书的时候,读过医学书,知道这是更年期的表现。"

杨氏不解,问:"更年期是什么?"

袁克文在一旁"嘿嘿"笑着,接上话说:"女人到了一定年龄,就停了那流红的事;男人到了一定年龄,精力会不济。"

杨氏白了他一眼,看看周围没有其他的人,说:"哎呀,你们哥儿俩,真是见多识广。我倒是觉得,你们的父亲没有以前对女人那么热情了。新来的郭姑娘,能说会唱的。听说是你们大姨妈的表妹咧。可宫保大人烦透了她!更年期就那么厉害吗?有药没有?云台,你的洋朋友多,你为宫保大人他弄些药吧。"

袁克定说:"你不知道吗?爹是不喜欢洋药,只喜欢用中药的。"

袁克文往门外探了头,回转身来说:"爹刚才往这儿走,怎么这一会儿又往八姨太那儿去了。"

三人说说笑笑。袁克定说:"别让爹看见我们和五姨妈在一起,爸爸他可爱吃醋呢。"

杨氏笑着,用手指点着袁克定,嘴撇了几撇,说:"大公子,你真不如二公子心静如水!六姨太人家都孝敬了你爹。"

袁克文却猛一脸红,眼里涌出泪水,抽泣起来。他一直怕人提扬州叶氏的事。

杨氏想起自己不小心触动了他的心事,一边表示愧疚,一边劝慰他:"二公子,豹岑,您可别和我一般见识。咱们一家人,都和和睦睦,这多好。我有一个远房的表妹，长得水灵灵的，哪一天得了闲，我把她说给您如何？"说着，压低了声音，"谁找了您这样的人，在您怀里睡上一会儿，哪怕是两分钟，也是值得的！"

袁克定故意粗着喉咙说："怎么？姨妈，我就没有魅力了吗？"

杨氏先笑了，袁克文也笑起来。

袁乃宽从门外闯了进来，望见他们在一起说笑，脸上现出狐疑。

袁克定说："袁乃宽，听说你常爱嚼舌头。你过来。我说，你记着，我们袁家可是风平浪静，若因为你而生事端，"说话间把手枪掏了出来，对他瞄了瞄，接着讲道，"我要先宰了你！"

袁乃宽赔笑着边后退，边说："大公子，云台，云台，我不敢，我不敢。我是来看您这里还要不要炭。有人刚送来上等的炭。"

三人没再理他，他没趣地走了。

袁克定说："二弟，姨妈，要讲父亲发脾气呀，我看是内忧外患。你们想，苏杭甬铁路权的事，爹伤透了脑筋。春上，爹又向铁良提出，全国三十六镇新军，统制、协统、标统、兵备、参谋、教练总办，都必须由武备学堂或北洋新军才能任，他受到人打击。八月二十，爹的五十大寿，老太后赏赐了多少东西？金佛、御书、寿额、玉如意、蟒衣、纱绸不说，还有御酒，双龙贡蜡，满朝文武，谁有这等光彩！都是载振送的寿品上写了'盟弟'字样，被江春霖个王八蛋奏参，惹得爹整日不高兴。姓江的小子，告爹做寿为名，是广收礼物，揽权纳贿，结党徇私，什么满汉联谱违背文章。太后狠狠训了爹，爹的腿就是因此受惊吓，才跌伤成这样子！"

袁克文说："是啊，爹才高惹人嫉。这帮子御史，非要把爹逼疯不算！哪一天，我们宰了江春霖这小子。"

杨氏接过话题说："我说为什么你爹总是阴沉着脸，有这么多烦恼啊。那慈禧老太后，据说已经病得不轻，恐怕要不了多久，就要去西边了吧？这就好了。"

袁克定正要说什么，袁世凯不知什么时候，正站在门外，大喝一声："一群混蛋！找死吗？"

三人赶忙立起，低头认错。

袁世凯慢慢走进屋内，望着墙壁上悬挂着字画，对袁克文说："换上你画的竹兰，把这龙虎都扯下去。什么样子？一点儿也不文雅。"

袁克文称"是"，就要往外走，想告辞。杨氏也要退出。他们都蹑手蹑脚的。

袁世凯用眼狠望了他们片刻，轻轻说道："慈禧和皇上都走了。"

三人都惊愕地望着他。

袁世凯低沉的声音说："外面传闻很多，有人要把刀枪对准我们了。你们还要议论什么朝纲，就不想想什么后果吗？换了不是袁乃宽，说出事就一会儿啊。"

屋子里静得没有半点儿声响。

袁世凯接着说："这几天，我们也要作出肃穆的气氛，尤要小心莫声张什么。你们的话，我都听到了。发脾气不好，我得改了才是。你们为我好，可是要提防外人。咱们家新来的家丁，人家会听到，事就大了。要注意，再说话，谨注意那几个家丁。前些天，慈禧听谁说我要废皇上，立载振为帝，她就把庆王打发到东陵去了。皇上病危，太后降下懿旨，授载沣为摄政王。太后命载沣的三岁小儿溥仪抱到宫内，立嗣皇帝做准备啊。皇上先走了，载沣摄政监国，隆裕听政。庆王靠后站了，我们随时都会被人灭门。你们一定要做好准备。我马上要到宫里去为皇上守灵。你们在家中，一定要特别小心。段祺瑞的第六镇开到涞水了，凤山带的第一镇也来了北京。你们要保存好电报，和段祺瑞、冯国璋、王士珍，还有唐绍仪他们几个，随时用密码联系。万一情况危急，找到莫理循，让英国人开炮！"

袁克定说："爹，所有的电台一直开着。唐绍仪已经到了华盛顿。他来电讲，日本人从那桐处知道了德国、美国与我们联盟的事，他们死皮赖脸地缠住他，满朝权贵轮番吃请，耽误了他与司戴德的会谈。日本驻美大使高平，先跑到美国，和国务卿罗脱立好了协定，承认'机会均等'。美国人变了主意。"

袁世凯骂了句"日本狗杂种"，眉头拧在一起不说话了。

袁克定说："父亲放心。我马上与段祺瑞他们联系，这里一有动静，就让他们直开进北京，用洋炮轰炸紫禁城！"

袁世凯抿紧了嘴唇，望了望门外的天空，努力点了点头。

袁克定望着他的脸，走近了说："父亲，德国朋友送给我的炸弹，您可带上两颗，以防不测。"

袁世凯骂句"混蛋"，说："那是最笨的办法！记着，这些家伙最怕洋人。要多争取洋人，朱尔典和莫里循他们那里，一定要多多联系，电报一刻也不能断。电话会有人窃听去，只有电报他们不懂密码，一定要加强防卫。东西都放进地下室。待一会儿，我就要去轮班守灵了。走后，家中所有的电台都打开！"

袁克定和袁克文齐声答应："是！"

杨氏一再嘱咐袁世凯，要注意心想开放宽，切莫郁积成疾。

袁世凯又叮咛道："新来的家丁，要多给他们些钱财，迷住他们。若他们不识相，想法干掉他们。"

正说着，袁乃宽领着大憨来了。

大憨一见袁世凯，急抓住袁世凯的手说："四哥，情况我们都知道了。平日有我的弟兄们日夜都守候在你的房上，家里放心。你到宫里怎么办？听说载沣要杀你，已经埋伏好了人！"

袁世凯轻蔑地"哼"了一声，说："他们这些狗东西一个个都怕死！"接着，他再三安排了些该注意的事，谢了大憨，转身去了。他朝前走着，眼睛感到难言的酸涩，鼻子也痒痒的。面前一片模糊。

风湿漉漉的，扑在脸上，隐约有又咸又苦的滋味儿。几天前还是挂满金黄秋叶的树干，此时都褪去了，光秃秃的，枝丫伸向夜空，像顿足号哭的泼妇，说不清是伤心，还是故意卖弄不幸。

袁世凯深一脚浅一脚地往前走，轿子正停在家门口。昏黄的灯笼下，几个粗壮的轿夫正恭敬地站立在那儿，远望去，令人发憷——他们面孔黝黑，是在准备劫杀人吗？满世界都是阴森森的布满妖气。

袁世凯猛地打了一个喷嚏！

袁乃宽和袁克定、袁克文、杨氏，还有其他家眷，都缓缓地跟随着他，立在寒风中。大憨远远地从人群后面走过来。

袁世凯扭转身，轻轻地对他们说："你们都站在那儿干什么呀？这样多不吉利，好像我要发生什么事一样。"

袁克定说："爸爸，我们请您多多保重。您常说，太后对我们很厚，皇上对我们历代都有恩情；大家怕您太伤心。"

袁世凯瞥见几个家丁站在那儿，心里明白了袁克定的话，说："是啊，国有此难，巨星陨落，人臣当哭。如何不让人伤心？你们的意思我明白了，都放心。"

这时，一只鸟儿在夜风中"哇"的一声掠过人头顶，大家抬头望去。杨氏走向前来，把披风披在袁世凯的身上，用眼神示意他要多加小心。在他身后，沈雪梅领着金氏、李氏、叶氏、郭氏她们，齐声道："老爷多保重。"

袁世凯点了点头，说："都回转屋子去吧。家中多备些祭品，你们要祈祷上苍保佑太后和皇上灵魂安危。供上高香。"

众人都应了声。

夜风刮起来了，树枝"呜呜"鸣叫着。门楼上的一盏灯被吹灭了，新来的一个家丁露出幸灾乐祸的声色要扯去它。大憨厉喝一声："住手！我来！"

家丁退到一边去了，不禁现出胆怯。

大憨重新点燃，说："会亮的！"

他用轻蔑的目光斜视着家丁们，对他们点了点头，轻轻拍了拍自己腰中。

家丁们朝黑暗中退了退。

袁世凯把这些都看在眼里，用感激的目光望着大憨。

"走!"他轻声说了一句,被人扶着,进了轿车。门楼上的灯又被风刮灭,都熄了。

夜幕更深,黑暗吞没了一切。

大家站在黑暗中,听着轿车远远地去了,许久,许久,都没有挪动脚步。

74. 旧臣

两宫的大丧行罢不久,天津直隶总督府衙人声嘈杂,一片唉声叹气。端方满面愁容,骂骂咧咧,指斥那些御史一个个沐猴而冠,是衣冠禽兽。他望着一片狼藉,将纸张、墨砚随手乱扔个不停,一边高声骂道:"龟孙们,王八蛋儿子们!你们折腾吧!"

一旁有人低声对他说:"大人,请息怒。恐怕外人知道了不好。"

他更起劲儿地骂着:"呸!我怕哪个王八蛋!"

他骂咧着,却只字未提他在光绪皇后隆裕的宫中照相的事。居丧期间,他犯了这样的禁条,自认倒霉是不够的。他要发泄,让胸中郁积的愤懑都吐个净。

这时,杨士琦像从地下钻出来似的,陡地出现在他的面前,用目光逼视着他。端方的心陡地惊动了一下,他压低了声音,问:"来了?这就要走?"

杨士琦点了点头,随手交给他一封密封的信,转身离去,连看也不看一眼。

端方疾步随着走出衙门。

两抬轿子正等在大门外,一个高高大大的武士面容十分严肃,指着一顶轿子对端方说:"老爷,您坐这一抬。您请!"

杨士琦的轿子飘飘忽忽地在前面,端方说不出有多少烦躁,他拆开信,默默端详着,品味着。

袁世凯给他用米汤写了一封长信,一再告诫他,要沉住气,不能太慌张,更不要大吵大闹。在结尾,他强调端方要学会请罪,求得人的宽恕,伺机再出头,而且一再安排,信读后吃掉。端方是个急性子人,奈不得要骂,要喊,诉说倾吐不平。现在,他读了袁世凯这封信,从心底佩服袁世凯、信赖他这位亲家,胸中升起热乎乎的潮流,他低下头,长长地出了一口气。

不知走了多长时间,转弯抹角,轿子像在黑夜的海洋中漂泊。他隐隐感觉到一种从未有过的惊悸。

袁世凯在信中提到,他已经来到了天津,住在四儿子袁克端的宅内,为的是静一静太疲惫的心,也避一避耳目。

是啊。宫保大人自两宫升遐后,实在太累了。载沣上得台来,隆裕他们极力贬袁世凯,斥他,让满朝文武看是朝廷有意冷落了他。朝廷遇事皆请张之洞、世续等臣裁决商定。这不是很明显的事情吗？你袁世凯权势太重，不冷你、凉你，你就会威胁大清国！庆王和自己也受了冷落，都是有袁党之嫌，谁让自己和他袁世凯太亲密了呢！两人曾相约要做亲家，亲家是什么？就是亲如一家！端方想着，想着，不觉睡入梦乡，打起呼噜。

等他醒来时，轿子正停在一所很平常的院落。虽然天很冷，而这院子里却异常温暖，鲜艳的冬桃在枝上倔强地挂着，闪烁着特有的光泽。细看时，满院一片巍峨的气象，人才发觉机关重重，架势很不凡。袁世凯满脸笑吟吟地，正在檐下恭候，还有几个陌生人，他们的神色略带有惊恐。尽管他们极力掩饰着。

相互打了招呼，袁世凯拉着端方的手向几个陌生人做了介绍，说："咱们都该退去了。咱们是光绪帝的旧臣啊！自古一臣不事二主。如今皇上和太后都远远地走了。大家都该让贤了，好好歇息吧。"

端方明白了袁世凯的意思，对几个陌生人说："欢迎诸位来直隶做生意！我虽然革去职务，但我的下署们仍然尊重我；他们会很好地照顾你们，为你们提供方便的。"其神情极为不自然。

其中一个陌生人上前一步，向端方行了礼，说："总督大人放心，我们几个是奉宫保大人之命，是前来保护您的。听说善耆老贼正派人追杀您，请你万勿大意。我们随时听您调遣！"

端方的脸上，红一阵，白一阵。他吞吞吐吐地道了谢，耷拉下脑袋，半天没有言语。

袁世凯爽朗地笑起来，请端方和他人一起入席——屋内的佳肴，正散发出漫空的诱人香味儿。房东何颐臣在门旁恭敬地站立，正笑脸相迎。

杨士琦交给袁世凯一张银票。袁世凯又把这张银票送给端方，说："老兄，您和我不一样。您以后需要的花费还很大。这点小意思，请您笑纳。"

端方接了过来，坚定地对他说："宫保放心，直隶的账，他们是查不出来的。我在离任前，该做的事，一定要做好。"

袁世凯唤袁克端拜见过端方，即吩咐袁克端请朱尔典来这里。

端方随大家一同进了厅内，环顾左右时，为周围的摆设而惊讶。他在心里想：真不知袁世凯在天津还为儿子搞了这么富丽的场所，这么多的玛瑙、珊瑚、珠宝、名花贵草，恐怕两宫也难比！管直隶财政的人，每每都要袁世凯直接过问、安插，其原因就在这中间。好啊，袁世凯，真有你的！

袁世凯好像明白了他的心事，说："这是安徽人的家业！我辈如何有这等好福气坐享？直隶的钱，是弟兄们一点一滴，多方积攒的，与朝廷的俸禄，不是一回事，也不相连的。"

端方笑了笑，摊开双手，学着洋人的腔调，怪声怪气地说："从此，你我就要都赋闲了！"

"赋闲就赋闲，比那鸡肚鸭肠，郁闷而亡要强得多。"袁世凯撇了撇嘴，接着讲，"等来日，我们去了乡下，种藕、养鱼，耕读消闲。学那神仙过日子，不是很好吗？"

说罢，大家都笑了，尽管不自然。

都是假笑，心里都明白。

朱尔典来到这里的时候，恰好奕劻派来的人送给袁世凯一封密信。袁世凯拆开后，看了一遍，递给朱尔典，让他看了，随手用火点燃。他对朱尔典他们说："朋友们劝我东渡，去日本。去日本干什么？我又不是孙中山。现在的朝廷中，有人吵吵闹闹，极力主张杀了我。杀了我很容易，朱尔典先生你们会答应吗？天津的老老少少会答应吗？普天下的黎民百姓，有谁会答应吗？"

朱尔典挺直了胸脯，用半熟的汉语讲道："哼！他们都是饭桶！亲爱的袁，我大英帝国的大炮，已经对准北京的紫禁城——若他们胆敢动袁的毫毛，第三次鸦片战争就会教训这帮子混蛋！袁，你放下心，我们手足相连，是兄弟！"

端方看到这种情势，对袁世凯说："载泽之流，都是鼠目寸光，懦弱不堪。我要亲口告诉他们，全世界的正义之士，都强烈反对制服忠于太后和皇上的忠臣们。他们这样对待宫保，实在无理！"

杨士琦请大家到后厅内稍事休息。于是，大家缓缓离开了餐厅，低声言语着，鱼贯穿过长廊，走向后院的"怡心园"。这里最为隐蔽，也易于紧急疏散。他们在这里要商量一些对策，如何对付清廷。端方知道自己不便参加这样的事，就先告辞了。何颐臣与袁克端外出警戒。

袁世凯把几个陌生人叫出，让他们一路保护好他，一直亲自把他送到大门外。

夜幕深沉，怡心园内聚满了袁世凯昔日的战友。除了朱尔典和几个记者身份的洋朋友之外，冯国璋、段祺瑞、王士珍、杨士琦、张勋、曹锟、王占元、赵倜、段芝贵、阮忠枢、吴长纯、田中玉、张怀芝、孟恩远、倪嗣冲、姜桂题、陆建章、马龙标、雷震春、吴凤岭、赵国贤、何宗莲他们，一个个挺起胸膛；小站练兵时的干将们，都火速赶了来。徐世昌没有法儿来，派了贴身人送来一封信，告诉袁世凯：一旦局势有变，俄国人待时准备联合其他外国力量，杀进北京，直接拥立袁世凯，代替宣统，杀掉载沣、载泽、善耆、铁良、良弼他们。而且，舆论已通过使官们告知载沣。

袁世凯深情地注视着面前的人，眼角涌满热泪，他连连点头，颤抖着双手示意大家安静，嘶哑着喉咙说："诸位！大清国，不，我大中华，正被几个跳梁小丑掴来掴去，他们胡作非为，他们毫无责任。眼看千百万黎民又要受战火之痛，我们不能等闲视之了！北洋的弟兄们要跟着我受委屈，实在令人心痛啊。不过大家要以大局为重，不到万不得已，不要乱动。他们真敢乱来，苍天会惩罚他们的！"

冯国璋他们霍地立起，齐声喊道："誓死保卫袁宫保！"

这声音如此洪亮，令袁世凯振奋、激动，也令朱尔典他们震惊。

袁世凯恳切地请大家坐下，劝慰着众人。然后，他让杨士琦给人们讲述北京周围的兵力分布形势，阐述一种意图。杨士琦说，假如形势恶变，北洋的人马都会遭殃；杨士琦讲，一旦遭遇不测，兵分几路，杀了清朝的达官贵人，让天下大乱起来。

杨士琦非常详细地讲述着各人要做的准备、进攻的路线，特别讲述了重点对付的几路军队。

大家神情格外庄重。

接着，朱尔典介绍了英国方面和其他外国人可以给予的援助，包括军事上的配合。

段祺瑞站立起来，激动地说："宫保大人，请您黄袍加身吧！大清国的气数已经尽了！这样一个腐朽王朝，罪恶累累，摇摇欲坠；我们保他们还有何用？"

袁世凯摇了摇头，摆了摆手，说："不能，不能。我不能在两宫升遐之时，让弟兄们和我一起背上黑锅，受世人的诟骂。大家还是要忍，实在忍不下去，那就再说。况且，若此时一乱，战火不知要燃到何时才算为止。请大家三思而行。"

冯国璋说："宫保说得对。我们不是为造反而造反的！清朝的王公们迟早会完蛋的。但是，轻举妄动，只会误事。来日是我们的！有了枪杆在手，别人夺不去这枪杆，别人就不敢随便欺侮我们！"

袁世凯点了点头，让大家继续商量准备对策，应付突发事件。

人们你一言我一语地又谈论起来。一个个眼睛亮闪闪的，像满天的繁星。他们在设计着中国的早晨，和他们相依的命运。

75. 回籍养疴

宣统元年，北京，黑魆魆的紫禁城在又干又冷的风中发布着消息：

军机大臣、外务部尚书袁世凯，夙承先朝屡加擢用，朕御极后复予懋

278

赏，正以其才可用，俾效驰驱。不意袁世凯现患足疾，步履维艰，难胜职任。袁世凯着急开缺回籍养病，以示体恤之至意。

这声音被太监那嘶哑着、颤抖着的不男不女的声音诵读着，在风中飘忽着，一缕一缕地被扯碎，挂在破烂的云霭间、枯黄的树枝上；这声音颤颤巍巍，像幽灵一样，飞向燕赵大平原的上空，飞向南方、北方、东方、西方，飞向每一个人的心灵，叩打着一个又一个家门，和那些亮着灯光与不会亮起灯光的窗户。

这声音狰狞地呼啸着，抽打着袁世凯的脸，令他的心脏感到极为沉痛。霎时，他的面色失去了那种激昂的光泽和韵味，显现出从未有过的憔悴和不安的冷灰色。

此刻，公元一九〇九年的一月六日，袁世凯望了望墙壁上的西洋钟，时针才指向四点。他就要离开这锡拉胡同的袁府，离开北京城，奉上谕回到他的河南老家，养病！

在寒风中，在黑夜中，他一步步迈向大门。那里正停着几顶普通的轿子，挟着他的细软，携着他的家眷。他们要先到北京车站，乘火车回那黄河滚来滚去的中原。

他一步一步向前走着，头连扭都未扭一下。在这寒冷的夜色中，他孤独地迈向大门。四周空空荡荡，寂静无声。

这双脚一高一低，向前迈动着。

这双脚迈过大门，就等于迈向又一个世界了。在这一深一浅的脚里，装着多少辛酸、多少奔波、多少豪迈、多少戚怆、多少激动和失落！风陡地呼喊起，嘶鸣着。

从卧室向大门只有一百四十一步，他先走了五十八步，又走了八十三步，就迈过了门槛。在他的面前除了风，还是风。

一滴冰冷的泪，倔强地挂在他一阵阵抽搐的脸颊上。

他怀疑现在是在梦境中，而寒冷的风正吹得他鼻子生疼，眼发涩。他用力揉了揉眼，举目向北方的天空望去，北斗星正发出花白无力的光芒——这把勺子高高悬挂在天穹，忽然一阵流星雨扫过北斗，像溅溢出的水，泼洒向大地！

北斗星啊，北斗星！

袁世凯一遍遍在心中喊着。

在儿时，伙伴们在袁寨的旷地上做战争的游戏，自己曾想，把你当做一把长钩有多好，可以征服大地上所有的生灵。

在济南城头、扬州城内、秦淮河边、陈州湖畔、登州路上，在朝鲜的汉城，在小站，有多少次自己深深地望过你，如今，你却那样冰冷。传说有一位星君在你那里居身，你的光芒，就是那位星君的双眼吗？

北斗星啊北斗星，你还能照亮我的前程吗？

半个多月前，为示新朝恩泽，朝廷优赏一大批王臣，奕劻被优赏为"亲王世袭罔替"，世续、鹿传霖被赏加太子少保衔、用紫缰，自己和张之洞一同被赏加太子太保衔、用紫缰。大家高呼万岁，感激皇恩浩荡。那时的北斗星，格外明亮。

可是，又是那个江春霖，这个家伙上折摄政王，讲此优赏不当；又有一群御史群起参奏自己贪污、专权，还有人在有鼻子有眼地说：袁世凯秘密召开会议，欲篡国篡权，联络外人谋划新朝！自己的头，差一点儿没有被载沣砍掉，多亏了张之洞他们说话，力陈国内国外可能引发的祸乱，制止住这群狗东西。

难道前次去天津见端方、会小站故旧的事，有人告密吗？

不会！那次会议的警戒布置很严密，参加会的人也都是反复筛选，觉得完全有把握的才召来。他们都知道其中的利害，绝不会轻易泄露的。自戊戌年之后，自己的名声太大了。练新军这本身就遭许多人忌妒，又搞立宪新政，得罪的人就更多了。皇上和太后的死，有不少人将此与自己连在一起，竟有人传言自己毒死了光绪。众口铄金呀。隆裕垂帘的事，也有人将之与自己相联络，谣言四起。里里外外，都在喊着除袁，你们除了我之后，天下就安宁了吗？呸！

那个康有为，上书摄政王，叫嚷着要杀我为先帝复大仇，为国民除大蠹！一纸《光绪帝上宾请讨贼袁启》，写得我如此不堪！呸！无耻文人！清朝有太多的罪，你只字未提，却要杀我！康有为，你的良心呢？

朱尔典，莫里循，你们那里准备好了吗？载沣他们怕你们吓唬，你们就只管吓唬呀！朝廷最怕的就是你们洋人！黄兴，革命党那边，大憨不是和你们讲了闹他个天翻地覆吗？怎么还不见你们的动静呢？

这次与往日任何一次都不一样了。上谕下后，自己就从天津回来谢恩。学部的侍郎严修上折，请朝廷收回自己开缺的成命，载沣竟大斥。严修，慰亭多谢您了。

杨士琦呀杨士琦，徐世昌在卫辉的老宅，你收拾好了吗？前番置办的田产，我要去享用，如今都处理得怎样？徐世昌呀徐世昌，冯国璋他们几个，你好生安排。我们的北洋，载沣小儿是夺不去的。北洋的人马，该永远属于我们！

河南巡抚齐耀琳，你可是我一手提起来的。我要在彰德住下的事，你操办得怎样了？

克定儿，云台他在农工商部作参丞，要常与庆王多通气呀。没有庆王，我们就失去一条线儿通往宫中。这条线是不能断的。大把的银子撒出去，才能让鬼来推磨。

夜风"嗖嗖"地呜叫着，四野里隐隐约约传来了鸡鸣。

袁世凯昏昏沉沉地在车内遐想着可能要发生的事情，猛打了几个喷嚏！他感觉到头有几丝疼，鼻子有些堵塞，胸前湿漉漉的汗水凉得直发痒。他仿佛走进了梦乡，恍惚觉得自己正在一片浓黑的海洋中漂浮，无边无际的浪把自己一会儿推举向峰巅，一会儿又摔向深渊。鼻子里呛满了又苦又咸的水，自己想动又动不了，举目都是又苦又咸、沉重不堪的黑暗！

第八章　洹上

　　袁世廉望去，见照片上是袁世凯头戴斗笠，披着蓑衣，手执渔竿，正静望着水面，连声称好。接过照片后，他顿了顿下颏，说："我们就合拍一张这样的。这鱼钩是渭河的水洗过的吗？它是直的吗？"

　　两人哈哈大笑起来。

76. 洹上

　　彰德府的夏日静静地蜷缩在风中。

　　文峰塔旁，片片风铃声涌来涌去，如潮。铃声叮当，向遥远的太行山仵望着，向广袤的大平原探望着，任漫天的云朵浪笑。

　　六月的安阳河两岸红绿交加，红的是鲜艳的荷花、芍药、牡丹、大丽等数不清的名花；绿的是嫩嫩的芦苇、杨柳、翠竹、荆条、蒲草。洹水如一条洁白的丝绢，蜿蜒飘舞在绿野间，与早晨的雾霭相连接起，东一片，西一片，如飘荡来人间的白云，弥漫出一派清逸的仙风。

　　蝶们、蜂们、蜻蜓们，都早早地起了身，在花叶间翻飞着。偶尔有蛙们蹦跳，发出声响。

　　东天的霞，一抹抹地飞散起，愈来愈浓，愈亮，愈艳丽，如漫天扬起的长袖，抖落许多的姹紫嫣红。她们欢呼，跳跃，等待着红日走上天穹。

　　太阳微笑着出来了，那样从容不迫。

　　袁世凯望着周围的土地，眯起了眼。他略略闪了闪，向远处隐约可以观察到的人影扫去。他明白，那些晃动的人影是善耆他们派来的，此刻他们正用望远镜向洹上村搜索着自己，自己的举动时刻都在他们的监视中。

这些狗杂种！一定要想法儿干掉他们！

他在心里骂着，一边作出若无其事，悠闲自在的样子；他只手撑着拐杖，在养寿园里缓缓踱着步子。

二百亩养寿园原是彰德府一位姓何的人家的庄园，多年闲置，一片杂草。袁家买过来，经过袁乃宽领着群民工修整，现在建起了座座楼堂亭榭，堆起了巍峨的假山，栽满花花绿绿的树。只有他自己知道，整个园林的架构是按照"龙"字铺展开的。清澈的安阳河水引入进园子内，汇成眼前这片像宝珠一样明亮的大池塘。小船儿漂在水面上，小桥左左右右，来来回回，挤眉弄眼，任和煦的薰风吹拂着。

他望着这景色，想起半年前的那个夜晚和两个月前在卫辉、辉县、汤阴、浚县、内黄一带游览、居住的日子，此刻一切都如在梦境，不觉叹了一口长长的气："人生如梦啊！"

"如梦又如何不好？"一个娇滴滴的声音轻轻传送来。

袁世凯回转过身，望见婀娜多姿的杨氏。她着了一身粉装，如仙女飘过来，她胸前高高耸起，浑身都现出青春的激情。

杨氏走近来，依偎在他胸前，仰起头，一双大眼水灵灵的，格外传神。她望着他的脸说："大人，您瘦多了。操心太多，会伤身的。"继而又压低声音说，"袁得亮把那姑娘接过去了。"

袁世凯点了点头。

袁得亮跟着自己来卫辉，来辉县，又来到这安阳河畔的洹上村，像条狗一样，甩也甩不掉，打又打不得。前些天，袁乃宽说："悄声对齐耀琳大人讲一讲，把这个家伙给干掉算了。"其他的人也都提出要想法避开袁得亮，因为他是步军统领衙门派来的，袁家的一举一动都在他的监视之中。能干掉他吗？能，太容易了。又何必惊动河南巡抚齐耀琳呢？夜里扔进河里，就说溺水而亡不就行啦！狗分数等，各有所用。喂好，养好，才能用好。现如今不能干掉他。留着他，把他买过来，会有很大的用处呢。

想到这里，他对杨氏说："查清今天是他的生日了？为他摆几桌宴，送给他几百两银子，把那瓶瓶罐罐送给他。这个东西他终于归我们使唤了。狗会咬人，更会摆尾。要让他多往北京送些平安信才是。凡事一定要物有所值才是啊。"

杨氏搀扶着袁世凯，点头称是，笑着说："宫保大人英明。一盘棋，星月满天，一个老将，一双仕象，车、马、炮、卒，楚河汉界，该怎么走，您比我们看棋要多看那几十步呢。人人家里存放的银两和肉食都是一样的，我们曾扔去喂了数不清的狗，有看家的，有咬人的，天下太平，吉祥如意。阿弥陀佛。"

袁世凯把她揽进了怀里，轻轻抚摸着她的发丝，温情百般，说："小五啊，只有你最理解我，你才是真正懂得我的心啊。人生苦短，难得你日日让我老身销魂。"

杨氏将脸庞贴紧了他的胸膛，蹭来蹭去，扭来扭去，故意发出一声声呻吟。两人紧紧依偎在霞光中，忽然背后不远处传来两声轻轻的咳嗽。袁世凯不慌不忙地整理好装束，站在原地，望着远天。

袁乃宽像幽灵一样来到近前，恭敬地俯下身子，低着头说："大人，世廉老爷已经来到。"

袁世凯"哦"了一声，说道："好啊，兄长来到，我该早早相迎。咱们这就回去。"

袁世廉一路风尘，赶到洹上的时候，瞅见满园的奇花异树，惊叹不已。袁府的人请他进养寿堂内等候，他才感觉到劳累袭上身来，不觉坐在椅子上睡着，打起了呼噜。袁乃宽使劲地喊着，才唤醒他。

袁世凯连声高喊着"三哥"，轻轻把他从椅子上扶起，二人相拥，笑着，哭着，互擦着涕泪，说不尽的家常话。

用罢早餐，袁世凯说："三哥这次来，我们就不分离了。走，看看咱们的园子，到了晌午，还会有几位文墨的朋友来这里玩。您的诗做得好，与他们多交流几番。他们中有人写得不错呢。"说罢，将自己的一幅照片送给了袁世廉，说，"三哥，这是先前我自个儿拍的照片，今天咱们兄弟合拍一幅。"

袁世廉望去，见照片上是袁世凯头戴斗笠，披着蓑衣，手执渔竿，正静望着水面，连声称好。接过照片后，他顿了顿下颏，说："我们就合拍一张这样的。这鱼钩是渭河的水洗过的吗？它是直的吗?"

两人哈哈大笑起来。

袁世凯说："那是渭水，这是洹水。对，钩儿是直的，只是太公钓的是文王，我们钓的是什么呢?"

袁世廉说："我们钓的是大清国。"

袁世凯摇摇头，说："我们所钓的什么也不是。我们什么也不钓。大道无形嘛!"

二人相携着手，走出养寿堂，袁家的妻子儿女都过来请罢安。

袁世凯领着袁世廉，指点着四周的景致，说："这些树，您看，那是樱桃，那是海棠；那是打勒疏，是博爱村兴隆寺的僧人送来孝敬我的。种下时是原根原梢，如今才几天，都成活了。还有我栽下的这些桑树苗，也都成活了，风景好得很。桑林里的蚕如龙驹呢!"

袁世廉接下说:"是啊,这里的土肥水美,草木兴旺,风水是不错的,很宜人哩。世勋前曾对我讲过,您刚督直隶时,就曾看到今天。真是啊,朝中的公正老臣大都谢世,朝政尽入贵胄之手。慰亭是太后宠爱,咱们才有此等的好机会,好命运。自古才高受嫉,位高受恨;太后一走,您的话就真个明验了。这样好,急流勇退,胜似勇进伤身。这样好啊,这样很好!记得二爷曾在《端敏公家书》中讲,人生得闲,乃得天之福矣。"

袁世凯指着那些匾额和楼榭,说:"您看,我这养寿堂,取意于太后颐养之意。那是洗心亭,那是红叶馆,那里是五柳草堂,那是乐静楼,都是静心宁意的意思。那是枕泉亭、谦益堂、临洹亭、碧峰洞、澄淡亭,淡泊明志,其心自宽。这里是耕读的好地方。"

袁世廉连声说:"好!好!神仙世界呀。以后我们多养心静气,祛尽人间烦恼,好自为之吧。"

兄弟两人转悠着,等来了三五人群。

袁世凯向他们介绍袁世廉,即邀大家入席。大家热烈欢迎,说不尽的客气话。

今天的春光格外明媚。彰德城里音乐社的歌女抱着丝弦也赶了来。众人饮罢几番酒,有人提议唱起袁世凯的诗。

和着柔和的乐曲,几个唱红了脸的读书人摇头晃脑地唱起来:

    背郭园成别有天,
    食飨樽酒共群贤。
    移山绕岸遮苔径,
    汲水盈池放钓船。
    满院莳花媚风日,
    十年树木拂云烟。
    劝君莫负春光好,
    带醉楼头抱月眠。

这歌声充满妩媚,充满柔情。一曲乍了,一曲又起:

    烹茶窗下坐,
    竹影压精庐。

不去窗前草，
　　　非关乐读书。

　　歌声乐声在洹上的绿水间飘散，一阵接着一阵，夹杂着欢声笑语、调戏的浪笑声，和着远处飘来的风铃声。

　　洹上村外，此时正有几个贼眉鼠眼的商人打扮者徜徉，不时从怀中掏出笔和纸，绘制成图。他们嘀咕着，该在哪里埋设地雷，架设炮火。猛然，几个庄稼汉模样的人飞似的从背后扑过来，将匕首狠狠地扎进这群人的背部，没有任何反抗。

　　村野依旧是风吹绿树，不时送来一阵阵乐声和风铃"叮叮当当"不知疲倦的歌唱。

77. 洋人

　　还未到起床漱洗的时候，袁乃宽就慌慌张张地赶来叩响门，低着声说："大人，大人，有几个洋人求见。"

　　"嗯。知道了。"袁世凯嘟囔着应了声，很快穿戴整齐。

　　"那是否让他们改日再来？"袁乃宽问。

　　"你这孩子，又要自作主张。"袁世凯走出卧室。他双手推开屋门，用力吸了吸弥漫着芬芳的晨风，说："你记着，我平日不穿洋服，不吃洋药，不吸洋烟，但有洋人来，我必见。他们能来到中国就是我的客人，为什么要拒客呢？"

　　"是。"袁乃宽头点得像虾米一样弯弯曲曲，一边解释说，"这几个人不是什么大员，据说只是一群基督教的和尚。"

　　袁世凯"扑哧"笑出声来，指着他说："袁乃宽呀袁乃宽，你个蠢材！和尚只在佛家中才有，西方基督教称传教士。唉，平日有时间，你还是要多读一些书啊。记住，书不可不读，但也不要读得太多。不读书和读书太多一样，都会变成蠢材，变成无用的糊涂虫。凡事要琢磨。长脑袋干什么？像个葱种，光知道摇晃？要学会思索事理。"

　　"那是。那是。"袁乃宽把腰弯得更低。

　　花圃作为会客的地方流光溢彩，几个举止端庄的洋人正恭恭敬敬站立在那里。他们看见袁世凯走过来，十分有礼貌地打过招呼。

　　这是一群加拿大人。领头的两个人，颇为年长的名叫怀履光，是开封圣光会的主教，年轻者是明义士，是本地的牧师。他们带着一个叫罗维廉的医生，被当地人称为"老罗仙"，来与袁世凯一起商量如何办好"《圣经》学校"的事情。

"《圣经》学校"的校长伊迪带了很多名贵的花，称是敬献给袁世凯的。众人一见面即其乐也融融。

袁世凯知道，基督教来彰德已有二十年的时光。早年有一个叫古约翰的牧师带着夫人来到这里；他们设立诊所，借行医而传教。一时间，彰德连同周围的卫辉、怀庆、修武、新镇、道口等地，纷纷兴起他们的学校。他们把总部设在彰德城内的耶稣堂，号称"七贤"，主持教义传播。民间也因此盛传开许多洋人太行山盗宝的传说。

"亲爱的袁，"明义士走上前来，做了一个虔诚的拜礼，说，"虽然你不在朝廷，但我们知道，你不但仍然有影响力，而且你富有远见。所以，我们来请你指教，我们能否在这里办成专门的学校？如此，我们既学《圣经》，又学《论语》，更重要的是学习医学、物理学、化学和生物学，还有英语、德语、法语。将来，这些人才像树木一样长大，形成郁郁葱葱的森林，有许多的参天大树，成为社会的栋梁，我们共同使用。我们奢望于邀请您，请您不吝担任《圣经》学校的校长。你看好吗？将来，您的国家可以到我们的国家办《论语》学校，办《老子》学校；天下大同！"

"很好。很好。"袁世凯将目光转向远天，说，"不过现在，我是一个闲人，有很多不方便的地方。办学嘛，本来是积德行善的事业，我会帮你们做一些事情的。"

明义士说："那样便很好。我的朋友莫里循，他多次向我介绍您的伟大。他对我说过，中国有很多人在仇视外国人，排斥外国人。只有您对他说，中国是不仅仅属于中国人自己的，而是属于全世界、属于全人类的；正像我们的基督教，连同我们的《圣经》，不仅仅属于哪一个国家。这都是一样的道理。袁，您高瞻远瞩；您什么时候开始有这样非凡的思想？"

袁世凯哈哈笑着，说："哪里呀？没有。当我知道天下不仅仅有一个叫中国的国家时，我就懂得这个道理了。老明，我也告诉你们，当我们的东西被你们使用时，中国才会有立足世界的意义。我更为明白，文化如水，百川奔流，大海生焉。但是这些年，有你们不少洋人，硬来夺取我们的东西，这种行为是极其野蛮的；任谁也不会答应。中国有句俗话，朋友之妻不可欺；珍贵的东西也是如此。我们的东西，你们来借，拿去用一用可以，看一看可以；若不经我们同意，拿走了，成了你们的东西，这就没有道理了。"

"袁，我完全赞同你的高见。"明义士满脸堆着笑说，他一边指着罗维廉又说，"这个老罗仙，您可能听说过。他的医术是为中国人服务的，是上帝派他来以此拯救中国人的。从前，你们这里的老百姓原来是非常仇恨我们的，可是经过老罗仙的努力，现在他们欢迎我们了。现在我们大家都成了朋友，因为我们都明白我们同是上帝的儿女。这多么伟大啊。"

袁世凯点了点头。他在心里说，洋人就是狡猾，偷我们，骗我们，抢我们，一切都振振有词，装得人模狗样的。

明义士接着说："我曾经去过你们中国很多地方，唯独对黄河上下有特别好的感觉。这是一条奔腾的文化大河。我的朋友们，他们正在黄河的上游一带寻找文化宝物，那里有大量的手抄本文字、汉代简牍，肯定会震撼世界的。袁，我现在，也在做一件很大的事业，将来肯定会让世界更加吃惊的——我在这里，即黄河的中游地区，发现了你们国家最古老的文字。这些宝物，你们的老百姓不知道它的珍贵，正把它当做药材吃掉。在这里，我很高兴，可我又很痛心；你们号称五千年文明，可你们中国太不爱惜自己的文化财富了。袁，我是通过莫里循知道你的。我和他一样，要送给你一句话，中国，应该成为洋人的朋友，而不是敌人——没有中国，确实不会有完整的世界，而没有世界，哪里还有什么中国呢？袁！莫里循他等几日就要来了。他要让全世界时时刻刻都关注着你。你要相信我们。"

袁世凯陷入了沉思。他在想，一时间盛传的洋人太行山盗宝，原来就是明义士说的甲骨文这等东西啊！

自从离开京师，他最常看的就是一幅巨大的世界地图。这幅地图是莫里循专门从英国带来送给他的，上面标着各国的面积、人口、资源、财富，可以看到中国是世界上最富的地方。但是一个最值得重视的问题没有显示，那就是兵力及其装备，包括学校。而这些，在欧洲，在美国，都分外显眼。尽管莫里循特别强调过，说中国的学校是全世界最多的，每一个村庄都有私塾这样的教育。教书才能育人，哪里教育呢？国家有人才，才能兴旺发达。

是啊，发达！什么叫发达？他在想，隆隆的火车，灼目的电灯，还有电话、电报、自来水，那些东西，才可以称作发达吧！

明义士他们说了许多客气话；他强作笑颜，应付着他们。他们看到袁世凯有许多心事，连声告辞。

袁世凯送走了明义士他们，反复想着这些。他乍想起，莫里循要来，来让自己的声音传向世界。洋人会帮助自己的。但是，这样会不会激怒载沣他们呢？

中国，世界；世界，中国。

明义士关于世界和中国的一席话，把他的心拉向朝鲜的日子，连着大海，连着他所知道的欧罗巴，美利坚，俄罗斯。

78. 接风洗尘

洹上的风，一天比一天温煦。

袁世凯习惯了每天早早起来站在圭塘附近，伫望日出，听风铃声阵阵。太阳从东方升起时，红红的，喷薄出无限的温暖。他最喜欢的不是那温暖的感觉，而是那气势。太阳每天都要升起，无论有多少乌云，无论乌云有多么凶猛，它都要冲出来。那铃声，犹如千军万马在嘶鸣。

他邀来袁世廉，一同看洹上日出，一边指点远方的太行山，颇有体味似的说："您看，这太阳每天都要升起，每天都不是一个样。这多像一个人的一生，他要冲向云天，什么都阻拦不住。洹上的太阳和项城的太阳、高丽的太阳、直隶的太阳不一样。现在，我无官一身轻了。我常想，人一辈子该有知足的时候。洹上的稻米、鱼鸭、鸡豚、莲藕，北有太行山的屏障，南有彰德府做门户，多令人惬意的一片土地啊。我已吩咐过云台他们，若我百年之后，就让我安睡在这里。我哪儿也不去了。我要听着这风铃声，抱眠太行。太行山，王屋山，都是神仙墟。古时候，传说这里有搬山挖山的愚公，有追日的夸父。这些，依我看，他们都是在寻道啊。这道就是天下变化的道理。你知道吗？太行山也叫五行山。金木水火土，就是天下的道。"

袁世廉望着草丛中飞起成片的白鹤，忽然有一股无名的伤感从心头升起。袁世凯的话，他没有听懂，也不想听下去。他想起了当年项城洪土窑的事。

渐渐，两人都静下来，半天没有一句言语。

袁世凯知道兄长有别的心思，转而又讲道："在卫辉的时候，我遇见有一个算命先生，叫许长义。他曾对我说过，我现在是虎落平阳、龙陷泥潭，百事都不顺。我的时运还没有转动。他说，人生就是一条河，河东河西，也就是只隔了一条河。风是艄公，渡人穿行于善恶之间。不知道这样的事情您是否相信。我看是有道理的。想往日，身在朝廷，心为浮躁所困；京畿之地繁华无比，其实只是一片喧嚣。京师那里有什么好呢？还是乡野好。这位许先生，他双目无光，却能望见我的运程。这世间的事情，真是让人说不准啊。我寻思着，古人云得过且过，安身立命，真是比什么都要好啊。"

袁世廉忖思了片刻，微微皱了皱眉，说："慰亭，话有几说几讲。做官有做官的苦恼，可做官又有什么不好呢？做官，的确要操很多的心，忧谗畏讥，废寝忘食，甚至会横遭灾祸。古来良相多功成身退，做了隐士，就是为了避免灾祸。可做官又很令人向往，多少人昧了良心，害了性命，谋人钱财，都是为了保官、升官。做官好处多得数不清啊，光宗耀祖，庇佑乡邻，受人拥戴，八面威风。古人讲什么许由让贤，讲介之推不要封赏，其实都是眼馋别人官位。唉！凡事皆听天由命才好。数那洪秀全，想立身做天下的开明皇帝，蛊惑人心。太平天国，这名字多吸引人呀！可他没那命，最后落了那样的一个下场。曾国藩用湘军平了洪匪，自己却差点儿惹来杀身之祸。一切都在命。可命理又怎样？谁能解开这千古之谜？听天由命吧，听天由命好。我来时，袁寨又修了几番。家中的事情和朝廷中的一样，怎能全依了自己的意志？不管它几方风雨，慰亭，稳是什么？稳就是顺其自然。稳胜过一切，只有稳，才有定，只有定，才有了行。行在定中。你这里，看是别有洞天，风平浪静。其实不然呀，慰亭。这几天，我看那个袁得亮和袁乃宽，他们俩是在较什么劲儿吧！他们是怎么回事？"

袁世凯对他说了袁得亮的来历，正要再说什么，只听远处闷闷地响了一声。几个家丁用布袋装了什么东西，抬了过来。一行人来到近前，把布袋掀开，里面露出一个血淋淋的人头来。

领头的一个家丁喘着粗气，大声说："报告袁大人！今天又捉到一个奸细！"

袁世凯正要往前跨过去，那血淋淋的人头猛抬起，怒声骂道："蠢猪一群！我哪里是什么奸细？我是有重要事情，要禀报袁大人的，却被你们糊里糊涂地装进了口袋。你们为何打伤我？"

家丁们你望望我，我望望你，不知该怎么办才好。

袁世凯让他们把人从布袋中拉出来。那人"刷"地立正，行了一个严正的军礼。大声喊道："报告袁宫保大人，留学日本士官生蒋士立，前来求见。请左右回避！"尽管他满脸血肉模糊，却一动不动。

袁世廉望着这人的神情，肃然起敬，点了点头，表示赞许，一边又望了望袁世凯。袁世凯也露出欣喜的笑容。

家丁们都退下去了。

蒋士立从怀中掏出一封密信，恭敬地交给袁世凯。

袁世凯看了之后，轻轻拍了一下蒋士立的肩膀，十分高兴地说："知道了。谢谢你呀，段将军那里尽管安排。小兄弟，好好干！来日你会有大出息的。"顿了顿话语，他又笑着问，"我这里密布了那么多岗哨，为何到你快进了近处，他们才发现你？"

蒋士立"啪"地又行了一个军礼，回答说："报告宫保大人，我奉命前来考察您的安全。这里岗哨虽多，破绽也多，许多地方形成空当，貌似严密，实则漏洞百出。在日本军校，我是学侦察的，所以能轻易进入你的防地。若非我望见将军，自动走出，他们是不会发现我的。"

"他们却先打了你一枪。哈哈！"袁世凯笑着拉起他的手，说，"走，我们去村中先用了餐。我为你接风洗尘。你多辛苦了。"

79. 牛郎

夏天的夜晚，凉爽的风悠悠吹拂着洹上村的一草一木；昂扬的蛙声此起彼伏。萤火虫飞来飞去，逗引着孩子们嬉戏。

清爽的瓜棚下，袁世廉正给孩子们讲先前袁家祖先的故事，讲述家乡的传说，讲得津津有味儿。渐渐地，几个家人也凑过来，与他们在一起听。克齐、克轸嚷着，不让家人过来坐。他们喊着："庶人无礼，不得与主人同席！"袁世廉笑着劝他们，说："大家是一家人，不分庶贵。来来来，我们接着讲那牛郎织女的故事。"说着，用手指着天上的星星，讲道，"这满天的星辰，都是人间的故事啊。那是牛梭子星，那是扁担星，那是牛郎的一双儿女，河那边是织女呀。河里的星星都是世间的精灵。看，那是商星参星，兄弟之间争斗了上千年，还是不能相容相见，一个在太原府，一个在应天府。两人都在哭呀！那边是北斗七星，那边是太白金星。满朝文武，都是从那天上走下来的啊。"

忽然克权嚷了一句："伯父，我的兄弟们在哪一片天上？这么多的星星，有我们家的吗？"

袁世廉笑得更响了，环顾着左右，压低了声音，说："有，有。我们袁家的星星，镶嵌在满目天穹，一个比一个亮，一个比一个大。你们没听人说过吗？天是圆的啊！圆，不是方圆的圆，而是咱们姓的袁；天，是咱们家的。"

众人一齐欢呼，连声称好。

克轸说："伯父，那你说，袁乃宽他讲什么咱们老家有个五龙口，说龙脉都在袁寨的琉璃井中集结着。我们兄弟十数人，可该都是龙子龙孙吗？"

袁世廉避开话题，对他说："克轸，你们几个有谁敢在洹水中潜上几个时辰不出来吗？"

袁克权说："这很容易。我把芦苇的中间凿穿，通了气，噙在嘴里。在水中停上两天也可以的。"

袁克轸说："我也可以。我嘴里插上两根芦苇……"

大家都笑了，继续嚷着。他们打打闹闹，让袁世廉继续讲牛郎织女的故事。

袁克桓说："伯父，您不公平呢。"

"我如何不公平？"袁世廉望着这个素来沉默的孩子，很感兴趣。

袁克桓说："牛郎既然长大，可以种田耕地。哥嫂给了他牛，让他分开去住，独自生活，怎么能算得上欺侮他？若不是让他独自生活，他以后又怎能有得了织女衣服的机会，能娶上天上漂亮的仙女；世上哪里有这样的好事儿呢？"

袁世廉哈哈笑起来，用打火的纸眉子燃了水烟，用力吸了一口，慢腾腾地说："唉，这就是咱们的想法不对呀。人大了，他就该自立。自立才能自强。可人都习惯了这样相守着，不闹腾就不分家。这样实在不好。"他想说家中分家产的事，给大家讲团结，讲齐心协力的好处，再想，怕引起许多不愉快，最后还是忍住不讲了。

大家东一句西一句唠叨着，袁克齐拉了袁克权，悄悄溜了出去。

不一会儿，两个丫环尖声叫着，在水塘高喊着："来人呀！有人抢了我们，快来人呀！"

袁世廉惊愕了片刻，随即又笑起来。他吩咐两个家人，去为丫环拿几件裙子来。

一个家人问："老爷，您为何知道她们丫环的衣服被人偷走？"

袁世廉说："你们没见吗？克齐、克权悄悄出去。准是他们两个知道丫环在塘里洗澡，作出恶作剧，让她们难堪的。以后你们谁也不要在这塘里洗澡了，这塘里有蚂蟥、蚂鳖，还有长虫，咬住了可不是玩的。"

家人应声走开。

一道流星从天上划过，克轸高声喊着："朝廷又有人死了！看那流星！"

"朝廷不会死！"

突然，瓜棚背影处传来一声响亮的呼喊。一个少年从黑暗中慢慢走出来。

"你是谁家的孩子？我怎么不认识你？"袁世廉问道。

"他是袁乃宽的儿子！去！去！你不能和我们在一起玩！"袁家的孩子指着他，赶他走。

"我叫袁英，和你们本是一家人的。我们都姓袁。你们为什么要赶我走？我偏不走！"袁英倔强地走向前，站在亮处。他提高了声音喊道："我爹爹是这里最辛苦的管家，你们的吃和住，都靠他来安排。我和你们在一起玩，又不欺侮你们，大家在一起做有趣的游戏，讲故事，唱歌，那该有多好！你们为何要赶我走呢？"

"那，那，你就过来吧。"其中一个孩子允许他来和大家一起玩。

袁世廉笑着，对孩子们说："这就对了。袁英也是咱们袁家的人，你们应该一起玩的。"转过头来，他又问袁英，"刚才，你为何说朝廷不会死呢？"

袁英满不在乎地说："据说现在朝廷的年龄不比我们大，还是个尿床的娃儿呢！人只有老死，他怎么这样快就死？"

"杀了他，我们做了！"

一个孩子斗胆说出。

袁世廉"啊"了一声，晕倒在地。

孩子们都惊惶失措，叫喊成一团。

袁乃宽听到叫喊声，赶了过来。这时，袁世廉已经醒了过来。他用手指着孩子们，颤抖着，想骂他们，喉咙里的痰堵得他喘不过气，又晕倒了。

袁英对袁乃宽讲了事情的缘由。

袁乃宽抓住他便打，一边打，一边骂他生事。

袁英哭喊道："如何要打我？怎能把我说成挑事的头儿！你打我，我打谁？若你再打，明儿个我就回项城老家去！"

袁乃宽骂了声"你想造反"，打得更凶。

袁家的大大小小都赶来，搀扶着袁世廉回屋里歇息。

袁世凯责怪袁乃宽这样打孩子，袁乃宽低下了头，抱歉地说："真对不住您，我惊动了大家。"

袁英在一旁"哼"了一声，说了一句"没出息的东西"，便走开。

袁世凯和袁乃宽都愕然望去。

80. 钓鱼

过了几天，袁克文他们回来了。他们从车上搬运的东西很多，带了大大小小十几只皮箱，像是浩浩荡荡的商队在寻找生意；同来的还有几个文质彬彬学生模样的人。袁世凯和袁世廉正在饮酒，讲起家中琐事，忍不住感慨万千，渐渐有了几分醉意。袁克文他们来到近前，简单问了几声安好，径直往养寿堂后新建起的瓦房院奔去。

袁世廉问："豹岑是在做什么生意？他发了这么大的财，带回家怎些钱！"

袁世凯说："他做的生意大得很！"边说边用手中的木杖敲打着桥栏杆。停了一会儿，他作出神秘的表情说，"云台和豹岑他们比我们懂得用心计。云台在农工商部做着参丞，豹岑刚从他那里回来。他们带来的这些东西叫电报机，就是人说的千里耳。这东西很神奇，它穿越过山山水水，双方都能听见对方的话，而别人不知道。因为它有秘密语言。这些机器都是全新的德国造，最好的电报机。有了这么多电报，我们这里就连着五洲四海，克定他们就像在眼前一样。"

说着，他露出满脸的得意。

"慰亭啊，"袁世廉满面忧郁，不断地叹息，说，"我心里总是担心着咱们这里会有什么事儿。你想，既然您辞了官，来到这儿隐居，可我总瞅见夜里有那么多人影子晃动，该不是想怎么着我们吧？"

袁世凯说："愁什么？嗨！我退是退了。可这许多的人，并没有忘记我呀！

那些人不是坏人，他们是保护咱们的。我的好朋友做了河南巡抚，他派了兵丁，装扮成家丁，日夜潜伏在洹上村，为我守护着门庭呢。虽然我退了，他们有许多人都离不开我。还是那个瞎子先生许长义说得好，如今退下，是为了来日改天换日！"

袁世廉惊讶地望着他。

袁世凯把手杖一拧，从里面抽出一只长枪来，向水塘里飞来的一只野鸭"砰"地打了一枪。野鸭的头被打碎了，几朵鸭毛散落在水面上，鲜红的鸭子血肉在水上漂散，犹如盛开的花儿。

袁世廉掏出手绢，连擦了几把汗。

袁世凯轻蔑地笑了。

他凝望着远天，若无其事地说："漳洹犹觉浅，何处问江村？前几天，我写了这两句诗。洹上村，我最多住上三年，天下就会大变样。"

袁世廉把头低下来，找了个石墩，默默坐下来，慢腾腾地掏出水烟袋。停了半天，他说："慰亭，我只觉得咱们项城老家地薄，无山无水，恐怕积蕴不了大气。再说，咱们祖上几辈人，都是知书达理的人，这些年没有谁活过六十岁。这是不是天意呢？有禄无寿，恐怕是祖辈积德不够。到了咱们这一辈，您做的官已经超过了祖辈，我看到今天为止，也就算了吧。也算光宗耀祖了，没有愧对祖上。常言道，知足者常乐啊。别光想那些改天换地的事。太累呀！好好享享清福吧！我看，您这里整天人来人往，一个个都向您献不够的媚，难说他们都怀的是什么好意。他们把您推上去，跟着凑热闹，都在演戏呀。照我说，别管朝廷那些事了，静下心来，颐养天年为好啊！"

袁世凯点了点头，说："哎，我也是走惯了大路，猛一下走小路，还真走不上来。他们逼着我往前走，我也是心不由己，身更不由己。我身居宦海几十年，若不这样，也就没了出路啊。您一向开明，多陪陪我钓鱼，玩玩。官场来往的事，您就当做没有看见吧。"

一席话，说得袁世廉不再言语。

袁世凯感觉到了尴尬，自打圆场，对袁世廉说："走，我们接着钓鱼去！"袁世廉笑了，仰起头，问道："钓什么鱼呀？前些天，那个渔夫潜入水，在您的鱼钩底下做了手脚，让您一次钓两条鲤鱼，而只用一个钩！今天，还想钓那样的鱼吗？"

袁世凯也笑着说："对，他让我高兴高兴，我也让他高兴。他有这样的好意让我解闷消愁，我又为何不多奖他些钱？当年陈胜吴广朱元璋他们都知道弄虚作假，将鱼肚子里装上'陈胜王'的字条，把牛尾巴埋到土中。如今的人，什么点子都想得出来，要比古人强。"

傍晚时分，西天一片片晚霞怒放出万丈绚丽的金黄、绛紫和海红，艳得刺人眼；洹水上的树木、楼台亭榭、桥梁和蔬菜，都如金镀了一般，处处闪着金光。

杨士琦、段祺瑞、冯国璋、唐绍仪他们赶来了。

袁世凯兴高采烈，收起了鱼钩和鱼篓子，让袁世廉带上，自己和他们一同到菜园中心的大柳树下，在一口辘轳井旁坐下。他请他们品尝这里的瓜果。

袁世廉怏怏不乐地回去了，袁得亮想搀扶着他，他一甩袖子，撅着嘴，径直往住处走去。几天来，他总有许多无名火要发。

袁乃宽看见这情景，悄声对袁得亮说："爷们儿，去请梆子艺人来吧，唱上一曲《春香赶考》，老人家就开心了！"

袁得亮嘻嘻笑着，哼着小曲儿，扭着水蛇腰去了。

袁世廉望着他的背影，"呸"了一口痰，骂道："贱货！畜生！"

袁乃宽扶着袁世廉坐下，为他换上闲装，一边捶着他的手背、肩膀，一边劝他道："老人家，别生气。这个人现在已经是咱们的耳目了。俗语讲，鸡狗一口。咱就把他当做咱喂的一条狗吧。别看着他觉得多不顺眼，若不是他天天写报章，对载沣小子讲这里平安无事，人就要对咱们找不够的麻烦呢。"

袁世廉愤愤地说："看见他，我就恶心。这样的东西，丢天下咱们姓袁的人。"

袁乃宽懂得袁世廉最喜欢讲袁家光荣的往事，就接下说："是啊，天下姓袁的人，怎么出了这样一个东西！念起这样的事，不仅您老人家生气，就连我这没有丁点儿出息的人，也感到丢人。您看他那个样子，走起路来，连个人形都不见，活脱脱是个畜生托生成的，来祸害咱们的。"说着，他拧了一把鼻子，装着十分难受的样子讲，"四大人自回来后，茶饭不香，还在想着国家呀。满朝的一群饭桶，要德无德，要才无才，怎能保证得了天下平安无事？听说，南边的蛮儿们，正准备灭了大清国，另造天下！"

袁世廉把眼睁得大大的，显出一副惊异的样子，嘶哑着声音说："那怎么能得了啊？乃宽，您可要盯紧，千万别让那些南蛮儿过来，千万别让四大人和他们有染。我们袁家可世代都是忠良啊。那个大憨，他是怎么回事？我闹不明白，他到底是做什么生意的？他为何隔三差五地领着人来，那神情就如同他做了总督一样？他爹可是穷得连磨棍都没有的呀！他怎么这样神气？"

袁乃宽神秘地笑了，欲言又止，左右探望了无人，才说："三大人，您知道，大憨他可不一般呀。他带的人，有南蛮儿，有革命党，也有日本人咧！"

"带这些人干啥？"袁世廉急切地问道。

袁乃宽故意不说，慢慢呷了一口茶，眯眯笑着。

袁世廉瞪大了双眼，问："难道慰亭与革命党有来往？不行。那可是要诛九族的，要杀头的呀！"说着，他站立了起来，急得直跺脚。袁乃宽摇摇头。他想对他说"一切都没有事儿"，再想对他说也没用，就停住了。

外面响起了嘈杂的人声，袁得亮领着一帮子梆子艺人赶了过来，他老远就喊着："三老大人，我们都来给您请安了。"

袁世廉和袁乃宽都转过身来，笑脸相迎。

袁世廉连称"多谢，多谢"。

忽然，一个门人奔跑过来找袁乃宽，面带喜色，喘着粗气，说："管家老爷，又有人来看宫保大人了。他们一定要见宫保大人，看样子又是一群来混饭吃的读书人。"

袁乃宽很有气势地一挥手，声音嘶哑着，大喊道："有请到前客厅！"一边转过身，对袁世廉说，"三大人，宫保的威望深广得很，四方的豪杰都闻风而来。挡也挡不住！这该是祖宗的恩德。三老，您先歇着，我去照应一番，再回来陪您。"说罢，一阵风似的去了。

袁世廉的眉头皱了又皱，呆立着。

他的心里如何也不能静下来，这个兄弟，这个离家几十年，奔波了大半生的四弟，和以往所见所闻的那个袁世凯，无论如何不可画等号。他变了，变得这样口是心非，连自己的亲哥哥都糊弄着。自己本来是要去陈留就任县教谕呢，再三应他之邀，从项城老家赶到这里。在这洹水边上，名义上是陪他玩，钓鱼，赏荷，吹箫，这哪里是陪他解忧除闷儿？而是被他当做纸牌来玩耍！整日里看起来安分守己，而事实上，这个四弟正在忙着偃武修兵，是在积蓄着力量，准备着图谋不轨——不轨，就意味着有不测呀！凯儿！太后在的时候，你左右逢源，以太后为招牌，满朝的文武都是你下的棋子。传说那年两宫同时崩塌，就有人四处扬言，讲光绪之死是你袁世凯毒死的，也有人传说是太后知道自己不久于人世，与你袁世凯商议，一起合谋毒死了他的。总之，是你太爱揽权才造成的这样为人所嫉恨！光绪死了，醇亲王载沣的幼儿溥仪为嗣皇帝，兼祧同治皇帝，载沣摄政，发谕你因患足疾，着即回籍养疴。更有人有鼻子有眼地说，载沣要为光绪皇帝，为他的哥哥载湉报仇，要杀掉你袁世凯。据说他们与张之洞商谈此事，因为这个张南皮和袁家老四你的矛盾也是很深的。张南皮却跪下来连声请求，说此时国逢大故，不宜诛谬旧臣。那是人家张之洞张南皮救了你呀。你也对我说过这些，说真的杀了袁世凯，天下立刻就会反！他满人的命也难保全。不讲怎样，都是你不安分造成的呀。如今，张南皮也死了，凯儿，你呀，凯儿！他在心里大声喊着：我的四兄弟，你，你，你不吸取旧训，却召来一个又一个的旧僚故友，密室里的电报连夜不断。你是想做曹操、做王莽，要反了大清国呀！事若不成，你能担当得起吗？

袁世廉想着，愣在那里，梆子戏班的班主来请他点个戏目，他都忘了理会。直到戏班主叫了几声"老爷"，他才醒悟。

他决计要回项城老家，离开这个是非之地。他仍在想，来的时候，六弟世彤就说过，说四弟他不是一个安心退野的人。慰亭呀，今天终于见到了你的面目，你忙你的吧！老夫我要早一天回项城老家，颐养我的天年。

袁世廉陷入了沉思，一颗心已远远地飞向了南方的项城，他那袁寨的家。

风飘来阵阵歌谣，他侧耳听着，一边在心里随着唱起：

> 筛箩箩，
> 打镗镗，
> 谁来了？
> 大姑娘！
> 拿的啥？
> 羊尾巴……

洹上近处的火车站修好了，通洹上村来往的路面整日被南来北往的人踏着，微风吹拂来腾起的阵阵尘土。

唐绍仪他们来了又走，走了又来，将北京和四面八方的消息，一兜儿给了钓鱼的袁世凯。袁世凯不动声色，一个人蹲坐水边，仍然头戴斗笠，身披蓑衣。

一日日过去了，洹上村依然平平静静。

袁世凯紧盯着鱼浮子，目不转睛，任那些小鱼儿轻轻点动。他心里明白，这些鱼都是无足轻重的小鱼儿在瞎逗。只一会儿的工夫，鱼浮儿不动了，平平稳稳的，这是小鱼儿们把鱼饵蚕食尽了，游走开去。他把钩起了上来，重新穿上药熏的蚯蚓，又放进了水中。小鱼儿们又围上来，有的竟去吻那鱼浮儿，一副天真无邪的样子。

连着数日，风格外静。

这一天，袁世凯望着鱼浮儿被拉来拉去，荡起一个个悠闲的涟漪。忽然鱼钩猛一沉，重重地顿了一下；他轻悄悄提了提渔竿。他知道，这是个大家伙！

"快拉呀！爸爸！"

在他的背后不远处，猛响起一个稚嫩的声音。不知什么时候，八公子克轸来到这里看他钓鱼。

袁世凯向他招了招手，示意他过来。

袁克轸小跑着奔向他，差点儿没有摔倒在地上；他急忙扶住，把他拉进怀里。他笑眯眯地说："儿呀，你来拉！"

袁克轸抓起了渔竿，费了九牛二虎之力，鱼浮子完全沉下去了！他却紧抓住渔竿不放，眼看要被拽倒。袁世凯笑着，帮他把渔竿抓住，渐渐往左边、右边拉，接着，猛一甩，随着水面"哗"的一声响，父子两人一起拉出一条明亮的金鲤！

他们齐声欢呼着，捉住了活蹦乱跳的金鲤。

袁世凯用手量着鱼身，笑着说："儿呀，咱们捉的这条鱼，差不多有两尺长！看这鱼肚子，鼓鼓的，说不定有百万雄兵藏在里面呢。不知它长了多少年，才长这么大，今天被我们捉住了。你说，该怎么样处置它好？"

袁克轸眨巴了眨巴眼，变得异常温柔的样子，说："爸爸，把这金鲤放了吧。"

"为啥？"袁世凯逗他笑着。

袁克轸一本正经地说："爸爸讲过，再大的鱼都有被捉住的时候，因为它舍不得鱼饵。再说，它肚子这么大，要生出许多小弟弟、小妹妹的，我们如何忍了这样的心害它性命？让它生出许多鱼来，再钓它也不迟。"说着，他歪了脑袋，问，"爸，您天天钓鱼，为什么您从来不吃鱼呢？"袁世凯的笑容消失了，他轻抚着袁克轸的头发，抬望蓝天，等了许久才说："儿呀，鱼也是世上一条命啊。人说安阳河在很早的时候，曾因为打仗，河中淌满了鲜血。这金鲤，人传说就是那些战死的将士的灵魂。它们能感天动地啊！这里还曾是殷朝的都城；有人讲过，当年武王伐纣，商周大战，殷商的兵死伤无数，都化作这金鲤，日日望着东方。殷人是从东海边儿上来的，这金鲤都想着它们的故乡，它们的周身都打着鲜红的印记，那是太阳的光辉。"

袁克轸说了声"以后我也不吃鱼了"，双手将金鲤推向水中。

金鲤进了水，游来游去，恋恋不舍地望着岸上的父子，那目光像是在诉说着什么。等了很久，它才游向深水。

袁克轸望着袁世凯绷紧的面庞，说："爸爸，我知道您在等着钓什么。"

袁世凯扭过脸来，伸手摸了摸他的脸蛋，说："孩子，可不要乱讲。爹在这里钓鱼，纯粹是为了玩儿，什么也没有想。哪像人瞎说的什么学姜子牙！"

"不。"袁克轸小大人似的，一副执拗的神情，说，"爸爸要钓的是载沣三兄弟！"

袁世凯收起了钓竿，把鱼线、鱼钩随便塞进鱼篓，拉着他走了。

父子两人的背影被风吹着。风们一缕缕地飞着，嚷着，唱着，跳着。它们要告诉远方的人们，袁世凯被罢了官，他没有回项城老家，而是在太行山下，在这古老的安阳河边，要钓太阳，钓月亮，钓满天的星辰，钓千千万万的将士，钓专横而又无能的载沣、载洵、载涛他们。他要钓一轮崭新的红彤彤的太阳！风们要告诉普天下的人，袁世凯的鱼饵特别香甜，谁也抵挡不住；他的鱼线特别长，这条线是他从十几岁时就开始经营，一直到现在，通向四面八方，要多长就有多长！

每日钓鱼，不论是风和日丽，还是风雨交加，袁世凯每天都是头顶着一轮又圆又大的草帽，披着草编的蓑衣，静静地坐在船头，从未间断过垂钓。彰德知府三番五次地来，郑重邀请他到彰德府中去坐一坐，尽管这是彰德知府冒了风险这样邀请，他还是直言拒绝。他不能随便离开洹上村。更重要的是，他不能随便与这些人来往，这些人可能没有什么歹意，要紧的是朝廷中那些眼睛从未放松过观望这里的动静；稍有不慎，就会引来大祸。

飞熊入帐，梦中迎来千古一相姜子牙！

他在想，怎能把我比作姜子牙呢？姜子牙怀才不遇，是借钓鱼等候求贤若渴的文王。而我是怀才不遇吗？我是在委曲求全，是在忍辱负重，等着天地变换，等着斗转星移！姜子牙充其量是一个鞠躬尽瘁的人臣，又有谁能懂得我袁世凯的心！举数这样的朝廷，面对着风云激荡的寰宇，整个中国风雨飘摇，靠这样几个毛孩子几个老头子强撑着来维持，统领大中国亿兆人民，能行吗？他们有何德可言，有何才可言？

此时，他又想起明义士那天所说的一席话，中国，世界；世界，中国。

是啊！举目神州，处处腐败不堪。官吏们升迁，相互来往，一切靠的都是钱，钱，钱！除了钱，便什么都不认。靠这样一群蛀虫、蝗虫，这样一群废物，我们国家会有救吗？百姓们苦不堪言，许多地方盗匪如蚁。人人不思进取，淫食鸦片，蓄妓养娼，强取豪夺，全不讲大敌压境，国家危在旦夕。看吧，看吧，物极必反。这世道如何运转，迟早会换了天改了地变了样的！

他牵着袁克轸的手，感觉到了又一代人的力量。这双小手虽然很绵软，但那骨节很硬朗。这双手该是拿笔，还是拿枪呢？

他眼前浮现出袁克定、袁克文两人的面孔。一个早已以为是太子，处处要树立自己的领袖形象，谁想骑马落了一个残疾，尽管他身手残而心不残。另一个是才貌双全，却心静如水，全不讲斗智斗狠的权谋。这群孩子都把他两人当做楷模呢。

唉，拿笔也好，拿枪也好，只要不空两只手就行了。

他边走，边想。

风依旧吹着。

81. 洹上枪响

转眼天又凉了，洹上的树木纷纷凋谢，将残叶枯草吹成一片灰暗的风，渐渐送来了哀号，送来了惨淡的愁云。干咳的乌鸦们叫了一个冬天，终于唤来了满天飞雪，将洹上村用皑皑的白雪裹得严严实实。

大憨刚刚离开洹上村，冒着雪，直奔向洹上车站。他要到武汉。在那里，有一件大事，等着他去做。

他正走着，忽然觉得脚下一软，他猛一缩身，腾空跃起，滚向路旁的空地，正砸在一个人的身上。他一把勒住那人脖子，迅速从腰中拔出手枪。

雪地上立起四条汉子，他们刚从地下雪窝中钻出来。

"砰！"一声枪响，子弹从大憨的耳旁擦过。

大憨甩出枪，一阵连射，打中的都是三个人的双手。枪响后，三个人手中的枪都掉在地上，疼得他们号叫着，跪在地上打滚。同时，他使劲勒紧腋下那人的脖子。

被勒的人杀猪似的猛叫了一声，瞬时闭气而亡，瘫倒在地上。

洹上村的家丁听到枪响，有几个人飞也似的奔跑过来，将这几个人捆绑起来，立地进行审问。他们用生硬的汉语招出供，承认自己是从朝鲜赶来的，受日本人驱使要追杀大憨。

大憨冷笑着，晃了晃手中的枪，厉声喝问："我一介平民，你们为何要来追杀我？说！你们的主子是谁？"

他伸出枪来，朝一个家伙的头顶上方开了一枪，吓得那人跪在地上鸡啄米般叩头求饶。

原来，这几个家伙是从摄政王府中出来的。他们受载沣之命，配合善耆王府的特务，要杀掉奔走于革命党与袁世凯之间的大憨，割断这条密线。

一个家丁逼问他们，要他们交代大憨与革命党的联系，另几个家丁将枪对准了大憨。

大憨环顾左右，狠狠地吐了一口气，轻蔑地说："怎么？你们这群窝囊蛋，想把我抓起来，送给摄政王邀功请赏吗？那就来吧！我看你们不是保护宫保大人的，而是和善耆一伙，来监视宫保大人的！来吧，让我们同归于尽吧！"说着，闪电般跳起，从腰里掏出一颗炸弹，就要将环拉起。

几个家丁赶快后退，领头的一个连忙摆手，哆嗦着说："误会，误会。我们是从河南巡抚齐大人那里派来保护宫保大人的。平日与您不熟悉，误会。请别生气，请别生气！"

大憨几枪把那几个刺客的头打开花，骂了一句"血口喷人"，对几个家丁说："去！把几个东西抬走埋了，千万别让外人知道。现在我要为宫保办一件大事，你们要继续严密监视周围的动静。"

说罢，将炸弹收回腰间，头也不回，径直往车站走去。

大憨上了火车，发现车厢中挤满了可疑的人。到了漯河站，他没有继续前行，而是趁人不注意，跳下车后，直奔向东南，在寨子外面租了一匹快马，星夜奔向家乡项城。

刚踏进邓襄，猛抬头，望见前面火光冲天，他心里陡地一惊：土匪破寨了。

怎么办？是绕过去，还是直冲过去？

从漯河到项城，中间要经过邓襄、万金、华陂、朱里店、东岸、崇礼、高岳几个村镇。这是大憨走熟的路，若往南或往北，都是生路，不知道要走多少路才能到家。他摸了摸腰中的手枪和子弹袋，狠抽了几鞭，夹紧双腿，勒起缰绳，直冲了过去。走近一看，寨刚破罢不久，房舍都在着火，成堆的尸体倒在灰烬中。

大憨停了片刻，听到一阵婴儿的啼哭声，寻着声音找去，见乱尸中一个幼儿在母亲的怀抱中啼哭着。母亲全身都冰凉了！周围死一般静，寨内全空了。

大憨抱起了孩子，又翻身上马，向万金奔去。马好像懂得大憨的心，步子迈得飞快。是啊，天下不太平，穷苦人就会遭受不尽的苦难。他在心里想着，一边是南方的孙中山，一边是北方的袁世凯，这两方面若能联合起来，推翻这腐朽的清王朝，天下就会平安了。他本来要直往武汉去的，可他刚才在火车上遇到了两个湖北口音的人——和洹上村遇到的一样，是载沣他们派来的特务，差一点儿被他们暗害了。于是，他跳下火车，决定从家乡项城直奔正南，走潢川一线去武汉。这样更安全一些。同时，他还想连夜里回到老家，看一看多少年没有见过面的老母亲。那年戊戌变法，袁世凯差自己回家照顾袁家老小，自那一次再没有回过家乡了。满头白发的老母亲太令人揪心了。

一路上，他想起了很多，想起了自己和袁世凯投军的路上，二憨如何死去的惨景，想起狗蛋如今做起了生意，铁头不知下落，想起这些年风云变幻中的袁世凯，一幕幕往事汇聚心头。与袁世凯比较，他更佩服孙中山。他觉得，两人都是有大志向、大才干的人，而论作为人，作为人间的圣贤，孙中山更令人崇敬。但是孙中山他没有枪炮，没有兵马，如何与人去厮杀？这个袁世凯，他练过新军，载沣他们想杀他也怕他的军队闹起来。他可以作为革命斗争的掩护场所，可以利用来推翻清廷。孙、袁二人，若能合为一体，有孙中山的胆魄、品格，有袁世凯的力量、智谋，天下的人民该会有多大的幸福啊！想着，想着，他热血沸腾。

大憨想起了自己投入革命以来，所经受的教育，所遇到的风波，坚信自己走的路是对的。他对自己说，自己追随孙中山，是高尚的事业，尽管贫困、穷苦，这比追随袁世凯要令人感到光荣。他时刻告诫自己，孙中山是同志，袁世凯是朋友，只有牢记着同志的教导，才会作出问心无愧的事，才不枉自己苦苦寻觅的岁月。他现在心里明白，袁世凯是官宦之后，想的和做的，都是为了自己。而孙中山学的是农，是医，救世救人的事业，他闹革命，将一切都抛在了身后。这样的人，是为天下、为民族而奋斗的人，应该是孔夫子之后真正的圣人！袁世凯想与孙中山交朋友，尤其是在他现在倒霉的时候，他需要革命党在南方燃起烽火，让清廷的心乱阵，让他们感到可危；事实上，是要革命党帮他的忙。革命党也需要袁世凯这样的人相配合，大家一齐努力，把天地都换过来。

想着想着，大憨愈发感到自己此番南下任务的艰巨和神圣，于是他抱紧了孩子，狠抽了几鞭。他让马尽情奔跑，他想着，在天亮之前，要快一些赶到袁寨。他想，看了老母亲，自己再趁着夜色南下。他要亲手把袁世凯的这封密信快一点儿交给孙中山他们，让革命的战斗伙伴们更清晰地看到全国的形势。

南方的同志们力量太薄弱了！

前年和去年的惠州起义、钦廉起义、镇南关起义、河口战役等，都接连失败。关键在于什么？在于太仓促，仅依靠从国外走私过来的军火和一群乌合之众；没有自己强大的军队，又如何能胜利？

他要亲见孙中山，对他讲自己在北京这些年的见闻，讲袁世凯新军中的情况，尤其要讲应该借鸡下蛋的战略。这些对革命党是大有裨益的。

大憨回到袁寨时，自己家的房舍已经破烂不堪。院子里的树木枝丫间挂满了杂草，时时有野鸟在上面扑腾着。

他推了推门，一把大将军锁已经锈得不成样子，"哗啦"一声掉落在地上。进了屋内，只有几只老鼠在"吱吱"叫，扑鼻而来的是腐烂的霉味儿。实在忍不住，他转身走出屋外的当院。他低头看看，怀中的孩子还没醒。

门外有人咳嗽了两声，该是谁早上起来叉粪的；他觉得这声音有些熟。

大憨问了一声："是哪一位呀？起这么早拾粪？"

拾粪的人猛惊了一下，听出是大憨的声音，就涩哑着说："哎呀，是大憨侄儿吗？我是田老东，给袁家种过地的你田大叔呀！你是啥时候回到家的？"说着，缓缓走了过来，放下粪叉、粪筐，搓着手，打量着大憨怀抱的孩子，显出疑惑。

大憨向田老东行了礼，问自己家里的情况，向田老东送上一盒洋烟卷。田老东用袖子蒙住了双眼，抽泣着，蹲在地上直擦鼻涕，半天才缓过气，说："你娘，我大嫂她，她三年前就走了。唉，她走的时候是乡亲们凑钱殡的。临断气的时候，有人对她说，说你在外做了大官。她喊着你的名字，撒手就走了。她殡在袁寨沟东边你家那刀把地里了。俺的乖侄儿呀，你怎么赶这时候回来？走吧，先去我家歇歇，天明了再去东沟看看。"

大憨鼻子早酸了，眼中热泪直往外涌。他跪在地上，给田老东磕了几个头，说："田大叔，多谢您的关照。我对不住我娘，对不住我苦命的老娘啊！"

田老东把他扶了起来，安慰他说："大憨呀，别难受了。你娘在时，不断接到你的银钱，平日也没有屈过嘴。活到这样的年份上，也算是福寿，是仙逝。"大憨掏给田老东一些钱，请他有时间替他为他娘的墓修一修，就告辞。他说："大叔，我在娘的跟前没尽上孝心，请您老人家受劳，多帮我谢一谢乡邻们。来日我再为老人家修修坟茔。我到俺娘坟上看看，也就不再回来了。我，我还有事，急着要走。真是没想到……"说着又抽泣起来。

田老东劝了又劝，不知道再说什么才是，嗫嚅了半天，他说："若孩子不好带，请留下吧。"

大憨谢了他，直奔向袁寨沟东。

来到坟前，他将马拴在一棵小树上，一直跪着行到他娘的坟边，使劲磕了几个头，大声哭着。东方的曙色亮出了绚丽的光，他掏出怀表，看了看，自言自语道："该走了。"

望着母亲的坟墓，他又跪下，双手添了几抔土，站起身，掏出手枪，向天上打了一梭子。他放声高喊着："啊——"伸出双手。

清晨，这枪声很响亮，在霞光中传得很远，很远。

大憨对着坟鞠了几躬，激动地说："娘，您不孝的儿子大憨，要做为天下百姓造福谋利的事，没能在您身边尽孝，请您多多谅解。儿要去江南地，去那里点燃革命的烈火，要烧毁这黑暗腐朽的清王朝，造就一个和平博爱的新中国。娘！您老在天之灵，多保佑我们的事业。南方有个孙中山，我是他的战士，现在我们正共同奋斗，要推翻清王朝。儿要走了，您老安息吧！待胜利之日，儿再来看您。"

一旁的马"哝哝"叫了起来。

他转过身，又往袁寨方向望了又望，抱拳行罢礼，翻身上了马，向南奔去。

太阳升起来了。

大憨披着红霞，奔向了远方。很远，很远，如一缕烟逝去。

82. 湖广新军

大憨来到了武汉，按照约定的信号找到了群治学社。此时已是离开项城几日后的中午。接待大憨的是一位中年人，自我介绍说："我叫王宪章，几天前就得到您来的消息。久等不见，大家还以为您出什么事了。"大憨提出要见孙中山，听说孙中山在武汉。王宪章笑着说："孙中山先生到美国去了，在这里的是另一位孙先生，叫孙武。他们晚上来见您。您现在多休息休息吧，孙武他们去散发《商务报》，刚刚走不久。"接着，他又简要地介绍了两湖的革命形势，并向他介绍了长江流域整个革命形势的发展状况。

大憨非常兴奋，也向他介绍了北方的革命斗争形势，两人越谈越投机。天将黄昏时，王宪章一拍脑袋，嘿嘿笑着，说："您看我是在忙什么，把您饿成这样子，我还在愣着。"说着，忙吩咐人做饭。

吃罢晚餐，孙武他们都回来了。大家一见如故，围坐在一起谈论革命。大家请大憨讲北方朝廷中近来的情况，一边孙武感慨万千，先说："革命党本是天下一家。如今，南北相聚，是值得我们欢呼的。"他告诉大憨，当年张之洞所练的新兵，现在眼看成了气候；朝廷只想着袁世凯的北洋新兵，时刻防备着北洋，却不知道张之洞的湖广新兵正蠢蠢欲动。

"好！好得很！好得很！"大憨将拳猛一下砸在桌子上，桌子上的茶壶、茶杯，顿时都翻了个个儿。

大家都笑起来。

孙武说："大憨同志，您的拳头就像这革命的力量，把清朝的反动统治一下子震翻了！"

王宪章说："不仅震翻，还要把他们砸个粉碎！"

大憨说："对！我们要砸烂清王朝，靠轻描淡写是不行的。靠的是什么？是握紧的拳头，才会将全身的力量，从这五个指头处集结在一起，形成巨大的力量。"

大家正说着，门外放哨的人慌忙跑了进来，告诉大家有军警朝这儿奔来。

王宪章伸出双手，向大家摆了摆，示意大家不要慌张。说着，他让大家手牵着手，钻进了桌子下面地板翻盖的洞内。洞内的空气异常潮湿。有人举着火把，引领大家穿过好长一段路，来到一个出口处，说："到地方了。"

洞口的隐蔽掩体打开，大家鱼贯走出，一片开朗。原来前面是东湖。夜光下的东湖，一条游览用的船正静静泊在那里，周围可以听见许多虫子的奏鸣。空气中可闻到淡淡的鱼腥味儿。

一声口哨后，船上伸过来船板，大家都登上了客船。

大憨坐下后，抹了一把头上的汗水，笑着说："怕什么呀？不就来几个兵蛋子吗？我们倒不如把他们干掉！"

孙武说："不能这样。孙中山先生，还有宋教仁、谭人凤、居正等同志，一再教导我们不要轻易暴露目标。"

船划动了，渐渐移向湖中心。周围都是水浪轻微的响声，舱内的人们不约而同地侧耳倾听了半天。

王宪章打破沉寂，请大憨继续介绍皇宫的情况。

大憨说："清王朝已经是秋后的蚂蚱了！他们危在旦夕，亡在旦夕。我们革命的力量，只要团结起来，胜利就在眼前！袁世凯被逐出了朝廷，张之洞死了，庆王是个不理朝政、只知贪财的家伙。载沣、载涛、载洵三兄弟形成了一个军事权力核心，貌似强大，实际上是色厉内荏。他们都是一群饭桶！"停了停，他呷了一口清水，接着说，"革命现在正是好时机啊！载沣虽然代理全国的陆海军大元帅，他根本不懂军事，而且生性懦弱，缺少主张，凡事要问他人。载涛同样是个胆小鬼，传说他在暑日暴雨天，一个响雷就可以把他吓个半死。每当雷响时，他常尿裤裆呢。这样的人，如何能担当大任？可他偏偏担起了大任。载涛被委派筹备建立新海军，管理军谘处。载洵是个什么样的东西？完全可以和庆王比，不逊色于乾隆时代的和珅。那年到沈阳查案，到了地方他无论如何不下火车。地方的官僚们从他的手下人那里得知，他要三千套貂皮才肯下车。于是，人们只好分头去四面八方寻购。每到一个地方，他都要想着法子要钱，要物。可这样的家伙，却是海军部首任大臣。靠这些货色练兵、带兵，军队只会乱！我们革命党乱中取胜，不是大好时机吗？"

大家群情激昂，蒋翊武、刘公、蔡济民他们争着说："我们应该迅速组织起湖广新军，尽快发起武装起义！"

孙武说："我们还是和黄兴、宋教仁他们联系好，一致共谋推翻清王朝的大业！因为仅仅靠我们自己，是很难打胜的。最好我们先与湖广的革命党联系上，在南中国燃起革命的冲天火焰！即使暂时不能推翻清朝，我们也可以立半壁江山，与他们对峙！"

大家表示赞成。

大憨又问："湖广新军中的革命力量，到底有多大把握？北方是缺乏南方革命起义的勇气的。我们几乎每天都可以听到南方的喜讯，而北方一直是沉默着。

要使北方配合南方，还需要加强工作。南方属火，自古激烈，热烈，培养革命；北方的革命力量太薄弱了，而且袁世凯的新军又太复杂。"

蒋翊武说："对。大憨同志所说的道理是对的。北方是清朝的老巢，反动统治太严密，而江南地区，包括边地，我们应该竖起大旗。袁世凯这个人和我们有共同的地方，都仇恨清朝。现在他备受打击，他曾多次与我们联系过合作的事情，只是孙中山先生和黄兴先生不信任他。大家也都清楚，他和我们完全不是一条心，但我们不应该放弃他，而要利用他，先帮助他。只要能推翻朝廷，建起新的中国，一切都可以由我们自己商量。"

刘公说："对，对。在这一点上，我们应该形成共识。"

蔡济民说："革命南北都是一家，袁世凯仇视清朝，他即使不革命，我们也应该帮助他。北洋军中，我们的会员正在积极工作，大憨就做过许多有益的联络，我们应该向您学习呢！孙先生临去美国之前，曾要河南的张钟端代他向您问好，并向您致意。"

大憨不好意思地低下了头，显得很腼腆。他嘟哝着说："过奖了。"

月亮很晚才升起来，皎洁的月光洒向湖面，映出人们脸上的轮廓。此刻，大家为南北形势的发展而喜悦。

蒋翊武握住大憨的手说："大憨，您是好样的。当年听到您的名字时，我还以为您是一介武夫、粗莽之人，想不到您如此聪慧，有心眼儿。您默默为革命奋斗了这么多年，神不知，鬼不觉，是齐天大圣咧！"他认真介绍了湖北练新军的情况，说，十五年前，湖广总督张之洞聘请了德国人在他的护军前营教练习洋操。第二年，他按德国军制改编成新式陆军。可是，新军却不适应。于是，过了几年，张之洞咬咬牙，请来日本教官，换了装备，换个方法训练湖北新军。前年，湖北新军被整编，称作一个镇、一个混成协；新军中早就有人对清朝表示不满，可以想办法多接触他们，准备举义。

大憨说："还是南方的同志辛苦！"

人们涌向船头，在月光下聚会在一起，望着星斗满天，任风吹来吹去引来月色无限柔美。远望是珞珈山，在月光下静静地伫立着，大家的心不能平静。

刘公说："大憨，今天您来得真是太好了。我们知道了清廷中的许多事，心里面就更有信心，更有把握了。等着吧，用不了多久，革命的烽火，就会燃遍神州大地的！"

孙武走向大憨说："大憨同志，明天我们派人与您一起到上海，去见宋教仁他们。他们是咱们长江起义的总指挥，您再与他详细谈一谈。大家都把宋教仁称为国内的孙中山呢。"

306

大憨激动地点了点头。

83. 乱了天下

"打仗喽——"

"开炮喽——"

袁克轸和几个孩子，一大早他们就起来玩着游戏。在河滩里摸、爬、滚、打，他们闹得不可开交，模仿着秋操，两军对垒，"哇哇"叫着。

"别打了！爸爸来了！隐蔽。"

袁克轸远远望见袁世凯正朝河边走，急忙高声喝住大家。

"怎么办？爸知道了，要骂我们贪玩。"

"撤！"

他们怕袁世凯发现他们，挨训斥，就猫了腰，从另一个方向逃走。

洹上的风吹得袁世凯的心痒痒的，他按捺不住激动和喜悦，常常吟诵着自己的诗句。每吟到"开轩平北斗，翻觉太行低"时，他就觉得浑身的血直往上涌。离开朝廷之后，栾州和天津等出的生意由周学熙掌管，经营得还算不错；上上下下，左左右右，都要有银子打点，财源还算旺盛。

清晨，他提着剑，在圭塘边上比天划日，舞得剑锋上闪烁出不尽的昂扬和激越，耳畔一声声冲天鸣镝在响。

自从上一次和袁克轸一起钓鱼，袁克轸说他钓的是载沣兄弟之后，他就再也没有垂钓。不是他不想钓，而是南来北往的人太多了，他们踏破了他的门槛，送来无数的消息。他感觉到自己的心跳加快了许多。

又是一个霜天，他狂舞了一会儿自创的龙王卷日剑，伫望着东天许久。四野的树木都挂满了白条条似的冰绒线，一层层冰霜涂在地上的枯草上，掩盖不住的是那自草根处透出的绿色。一些草尖尖明显地露出了青色的春芽儿。柳枝儿开始泛青了，桃枝、杏枝都鼓起了花的蓓蕾，正等待着春天来临时，一齐向大地开放！

太阳从霜天上升起，向大地喷射出无数的绚丽，暖得袁世凯的心乐融融的。

唐绍仪、冯国璋、段祺瑞他们又来到这里。这次与往日不同，冯国璋一见面就把手卷成喇叭状，贴近袁世凯的耳朵，小声喊道："宫保，倪映典在广州动了！"来人都那样兴高采烈，像是一个个都怀揣着喜报。

"动了！"这是他们挂在嘴边的话。袁世凯一边听着他们介绍广州发生兵变，湖北也要发生兵变，他不觉连连点头；但是，他一再嘱咐他们不要声张，一边领他们拐过几道弯，进了新修的密室。这里最安全，最安宁。

段祺瑞刚坐下就说："好了！宫保，天下一乱，我们小站的兄弟又该有了用场了。南方像放起了鞭炮，都是从路上起的头儿！可热闹了！"

袁世凯心里明白，早几年，自己就因为路权问题挨了不少骂。现在这铁路的事情又起祸了。江浙的百姓们，为了夺回修苏杭甬铁路权，斗了多少年。湖广的百姓学着，夺回了修路权，集股自办，他们大骂南皮张之洞向洋人借款修路，要"拒债"、"集股"、"保路"。这股风又吹到了四川。四川人为了保路，也大干起来了。

他多少次在心里说："乱吧，乱了天下才好！"

唐绍仪接着讲了载涛到柏林观操的事，说："当年中、德、美三国同盟的事没有做成，威廉二世要借机向中国派太子冬春报聘。载沣就把自己的王府都腾出来，准备接待，并指定了留德学生蒋百里专职负责迎接事宜。可事情泄了密，东三省去年的鼠疫被日本人做了文章。日本人探听到威廉派人报聘的事情，他们买通许多记者，在全世界到处散布说中国的鼠疫正大肆蔓延，渲染得骇人听闻。于是，到处都传说着，中国的老鼠成了灾，咬死了将近一半的中国人，谁在中国喝一口水，都可能染上鼠疫。莫里循不怕死，他亲自跑到东北去调查，写出报道，告诉世人真相。但是，这一切都没有用。威廉吓坏了，再不敢派太子来中国。载沣却还在单相思，盼望着人家来。"同时，他又讲了徐世昌回到北京，锡良去东三省做了总督，与美国银行团司戴德投资谈判的事情。他说，"载沣让锡良和奉天巡抚程德全与司戴德谈判。司戴德这个人是哈里曼的代理人。"

袁世凯点了点头，说："哈里曼这个人，您以前讲过的。朱尔典与他一向不是很和睦的呀！可是他们狗咬狗的事？"

唐绍仪说："对。都争着啃我们中国的大腿。他们还是在耍世界大铁路的把戏。哈里曼在法国到处窜，鼓捣什么对华投资银行集团。先是他与俄国人谈北满铁路买下的事，接着想向日本买南满铁路。他们还盘算着由锦州到瑷珲修一条路。哈里曼却在这个时候得了急病，去了西天。这个司戴德就是这样继了他的业。秋天，锡良和他签订了锦州到瑷珲这段铁路的草约。他们是想借外债来修铁路，想让东北成为一个大赌场，引来所有的洋人，借以限制日本人和俄国人。其实，搞不好，他们引来的是一大群疯狗，它们咬疯了，肯定会祸害我们的。"

袁世凯眉头皱了起来，摇了摇头，又点了点头，说："这条路和苏杭甬路不一样。日本人早把东三省作为他们的地盘，英国人想要这样的花招，接通西伯利亚，实现他们的大铁路战略，日本人绝不会同意。载沣这个东西没有胆量，他不经日本人同意，是不敢随便签这条约的。"

唐绍仪说："对。他不敢签换正约，可美国人的驻华代办受命，敬告载沣一

308

定要换成正约。美国人提出，由列强共同投资，组成东三省铁路总公司。他们说，中国还是地主，先由列强出面买下日俄已修好的路，再修其他的路。事情谈不妥。冬天的时候，美国人又玩了几个招儿，狠丢了面子，才打起粤汉铁路的主意。"

袁世凯冷笑了一声，说："载沣他还有钱吗？他这个家伙呀，没有一点儿脑子。借外债，把铁路让给人家，这是靠不住的啊。"

唐绍仪说："这不要紧，他有一个会借钱敛财的高手。"

"谁？"袁世凯问。

"盛宣怀。"唐绍仪轻淡地说。

袁世凯陷入了沉思。

他离开朝廷之后，盛宣怀抱着载沣的粗腿，代替唐绍仪做了邮传部大臣，又管起了铁路。这家伙是卖惯了家产的。川粤汉铁路借款的事，听说他正筹划。好啊，借款，借款，我看你将来靠什么来偿还！

冯国璋望了望袁世凯，又望了望唐绍仪和段祺瑞，惺惺地说："宫保大人，何必如此忧虑？您这样身在乡野，心在朝廷，应该放宽一些心，多保重才是啊！"

段祺瑞也说："是啊，宫保大人应该多保重，北洋的弟兄们，没有一个不想念着您的。载沣成立了禁卫军，弟兄们的日子更加不好过了。现在是良弼在日本的士官同学吃香，他们又办了贵胄学堂，黄带子们练的是御林军，用的是日本士官生，哪像宫保那时，我们北洋兄弟、武备学堂的兄弟一个个龙腾虎跃！有黄带子们压在头上，我们什么时候才能抬起来头？"

袁世凯又问了问其他北洋将领的一些情况，沉重地说："弟兄们，让你们都陪着我受苦了。大家不要着急，天总会亮起来的。等着吧，载沣的铁路国有一颁发，非乱套不行！那时候……"

大家都会意地笑了。

段祺瑞猛立起，"啪"行了一个军礼说："是！宫保大人，弟兄们随时效命！"

袁世凯打量着他，赞赏地点点头，心里在想，这个歪鼻子是很有心计的。听说这人学着自己当年小站练兵时让士兵供奉生辰牌位，把他手下的得力干将全都认作他的干儿子。其中有一个，年龄比他段祺瑞还要大，不多乐意。段祺瑞就劝他说，反正是干儿，何必当真！这人了不得呀，考虑的有那么远。想到这里，袁世凯多看了他两眼。

段祺瑞的眼珠儿亮闪闪的，他在琢磨着袁世凯为什么用这样的眼神打量他，于是将胸脯挺得更直，但他的双腿却一直在打哆嗦，越打越紧张。

84. 大枣山

辛亥年的新春，随着一场大雪，在那"噼里啪啦"的鞭炮声中，披着千家万户的红绿对联，喝醉了一般，来到了项城。新春的风还透着几丝寒意，袁克文特地换上一身素净的棉装。他记着父亲的话，要随俗，就脱下了西装革履，换上了这长袍马褂，戴着一顶瓜皮小帽儿，足蹬着一双圆口儿布鞋。昨天晚上，过了沙河，他在水寨袁家的"福"字院里住了一宿。之后，几位远房的亲戚，推车的推车，引马的引马，扛行李的扛行李，拥着他又回到了袁寨的老宅。袁宅自去年冬天重修过，焕然一新，里里外外都弥漫着新年的气息。他祭过了祠堂里的祖先牌位，拜见了袁世廉、袁世彤几位长辈，被安排在后堂楼里歇息。

袁世廉自从彰德回来之后，一直咳嗽得睡不好觉，总是做噩梦，身上整日都是湿漉漉的虚汗。他把袁克文当做了袁克定，狠狠地骂了一通又一通，气得昏厥了好几次。袁克文并不作解释，用力辨着家乡的土话，品味着骂语中的新鲜词句儿，任他骂个不休；他倾听着什么"小赖熊儿"、"小鳖羔儿"、"小赖种孩儿"，一句句骂得押韵合辙，娓娓动听，不觉自个儿笑起来。

袁世彤听明白了是怎么一回事，笑着对袁世廉说："兄长啊，您是迷了，睡糊涂了。这是豹岑，老二，是克文，不是那个克定。"

袁世廉又喘又吐了一阵子，醒悟了过来，半是恼怒，半是笑，说："都一样！慰亭的孩子，能和慰亭不一样吗？对伯父讲一讲，你爹到了彰德，娶那个天津卫姓刘的姑娘，是你还是老大牵的线儿？"袁世彤也笑了，望着袁克文说："这又如何不好？袁家的风流，该是天下数一数二的，娶上三宫六院七十二妃，也不为过呀！"转身走向书房，又背剪着手，对袁世廉说："您歇息一下吧！我想和克文切磋一下书艺，听说这孩子的天资是格外好呢。"

袁世廉自言自语道："唉！天下多少聪明人，做了多少不该做的蠢事！但愿袁家的子孙，从今后都不要再涉足朝廷。像慰亭那样，整日里被一帮子势利之徒围着，猴儿一般跳跶，想尽点子去占那风流，逞那能、逞那强，一天到晚担不尽的惊，受不够的怕，有什么好？"

袁克文后退了一步，十分谦逊地说："伯父、叔父，两位大人请放心，愚侄儿一定遵从祖训，做与世无争的清白人。此番回到家乡，就是为了不像哥哥那样去掠那功名利禄，而要得一分清闲。"

袁世彤拉了袁克文的手，说："好侄儿，这才是有志男人的所作所为！做人，就应该清白，学那荷花，出于污泥，一尘不染，一片清香漫世界。"

二人走进书房，泼墨作书作画，相互端详着。

袁世彤指着袁克文的书画，说："看这墨，太忠厚，拘谨了许多。应该显示出风骨来，才见得精神。从前咱们项城有个麻坦，字画上是很有功夫的。他酒醉之后，抓起自己头上戴的破毡帽子，一阵狂舞，写出的字儿神情令人激动不已。和李白一样，他不醉不写。书墨和树木一个理儿，过于平常的就是流俗。人也是一样啊！"他转过身去，又转过身来，把手搭在袁克文的肩膀上，说，"你爹这个人，是钻进了权和利的窟窿间，钻不出来的！"

袁克文说："六叔，您少讲一些我父亲吧。天下的人中间，他至少不是一个窝囊废，他是一个看透了世理的英雄。我从心里讲，是很钦佩他的。但是，我不愿意走他的道路。他的路，太艰险，太艰难了。爹是有大抱负的人，他不是那种为了蝇头小利就发怒的人，不是那种鼠目寸光之辈。您对他不满，我早就知道了。他在年轻的时候，经历了多少苦难啊！他从老家走出去，身上不带一分钱，可以跋涉千万里，从普通得再没有那么普通的小兵，逐步领兵百万，成为叱咤风云的北洋统帅。就连朱尔典和莫里循那样的欧洲人也都极为佩服他，对他赞不绝口呢！只是我在他面前，感到景行行止，高山仰止，我做不了他那样的英雄辈，而愿意以书墨琴棋做人生。如何活，都是一种方式，人应该好自为之。"

"说你爹怎么了？"袁世彤面带愠怒，冷笑着说，"他这样的人，我比你要了解得深，懂得透！他小的时候就有反骨长在头上，是个活在今天的魏延！记得他小时候，竟敢写什么'中原鹿正肥，大泽方屠龙'的对联！这是好事吗？呸！什么英雄气？死了都是两眼一闭，还能知道什么？"说着，自觉言重有些失口，才放缓语气，接着讲，"孩子呀，人要有立身之本，万不能见利忘义。老庄的无为才是人生的真谛。做人不应逞强。你爹大起大落，之所以有现在，是他功名利禄的心太强太重所使之然啊。"袁克文还要说什么，袁世廉拄着拐杖进来了，对他们说："你们的话，我都听见了。豹岑，我们袁家人多，谁干什么都是天注定的，一切都是情理之中。我想了又想，你爹走的路也对，我和你六叔走的路也对，大家都对。都对！你们兄弟几个，应该各走各的路。走吧，今儿个是大年三十，没听见鞭炮响吗？该过年了，走吧！到客房去，家中的人都聚齐了。咱们吃一顿团圆饭，求个吉利。"

袁克文随着袁世廉他们向客房走去，忽然门外来报，喊道："一群叫花子来讨喜了！"

袁世廉脸色猛一怔，马上赔着笑脸，吩咐人将零碎的银子撒去。

客房中的人刚坐定，大红的蜡烛点了起来，一排"大枣山"馍花，整齐地放在后墙条几上。鞭炮响了，开始点纸，火光熊熊！袁家的枣山一共有九个，取"久"之意。枣山是圆圆的面饼，代表着天。上面装点着龙、凤、花草、鱼、雁等图案，镶嵌许多大红的枣，其意合起来为"幸福长在，天长地久"。袁克文刚回来时，家中就有人对他讲了这枣山的来历，传说这里的乡亲是明代从山西洪洞县的枣林庄迁移来。后人为纪念枣林庄故乡，做成这样的花馍，辈辈相传，沿袭成这样的风俗。他这时才真正明白，为何父亲总是那样怀念家乡。这风俗中，饱含着人生的许多哲理，它化为一种情感，充注进人的血液，激励着人去追求，去奋斗，去拼杀。

袁世廉领着袁家的子孙，来到祠堂，按照顺序排列开，郑重地跪了下来。

袁世彤念着祷词，抑扬顿挫。

大家一磕，二磕，三磕，每一个磕头的动作都不紧不慢，每一个人都好像训练有素。屋里只有烛光神圣而温暖的光亮。

此刻，袁克文被这氛围所感染，他激动得眼睛发热，他感到从未有过的温暖和亲切。他想，怎么自己一踏上这片土地，就生出了这样的感觉呢？

家乡。

他在琢磨，什么叫家乡？应该是一种归宿吧！远在他乡，哪里是自己的家呢？

85. 道酉

洹上村的养寿堂被大红大绿的对联装点成琼楼玉宇般巍峨壮丽，到处是写满祝福话语的"道酉"，闪放出不尽的盎然生机。鞭炮响了一遍又一遍，特别是几个"大坠子"，如春雷隆隆滚过天穹；一对对大红的蜡烛喷吐出雄壮的火苗，将屋内映得一片红彤彤的。袁世凯正接受孩子们的祝福。如花似玉的妻妾们分别在他的身后左右，个个笑吟吟的。于氏和他并肩坐着，一脸木讷。

除了次子袁克文到项城老家之外，孩子们全都在眼前。

袁世凯特意换上了戎装，而且，他让孩子们也都穿上童子军服，满堂显得格外肃穆、庄重。他用眼扫视着孩子们的脸膛，那眼光分别是在说：孩子们，我的希望就在你们的身上啊！

袁克定站在离他最近的地方，双眼迎视着袁世凯的目光。他那神情像是在说：放心吧，父亲大人！您的意思我全明白。

春节之前，袁世凯让袁得亮到京城去禀报洹上动静的同时，让袁乃宽紧紧跟着他。袁乃宽的身后，又跟着几个人，一方面是为了监视袁得亮，若他敢胡言乱语，就立即结果了他！另一方面，则送去许多金银，都是由袁乃宽交给袁克定，再由袁克定亲自送给庆王奕劻的。还有一小部分是送给那桐家的，另一部分是端方家的。徐世昌他们那里，还有严修那里，孩子们有他照管，在南开学校读书，早在这之前，就由杨士琦把银子送过去了。北洋的将领王士珍、段祺瑞、冯国璋他们，也都早早地得到了袁世凯的厚礼。段祺瑞对袁克定说："请宫保大人放心，我们北洋的兄弟们，时时刻刻都在想念着他。他什么时候一声令下，我们就会起来跟他干的！没有宫保，就没有我们！"

袁世凯接到奕劻的回信，一颗心又飞向当年小站练兵前的日日夜夜。那时候，刚经过甲午战争，满朝的王公大臣对自己都有好感。连最瞧不起自己的翁同龢最后也被深深感动，那天夜里，他和自己一起举着蜡烛，望着《列强分割》那幅图，激动得直流泪。几年前，这位光绪皇帝的师傅，在他的常熟老家病死了。听说，翁同龢死前还曾念叨自己，对身边的人夸自己是大清国的一柱天。多亏了他呀！还有李鸿藻、张南皮、荣禄他们，随着眼前多少云烟飞过，如今他们都作了古。当朝的又一代权臣，像一茬新木，又发起了嫩芽儿，眼看着自己也年老了。大清国的天啊，愁云一天比一天浓，风雨就要来到了吧！他念叨着，孩子们都长大了。是啊，大的大，小的小，十七个儿子，十七个如龙如虎的好儿郎，将来都要担当大任啊！最喜欢的是谁？谁能在将来像自己一样称雄？

他在孩子们的脸上搜寻着，望望这一个，又望望那一个，好像都那样令自己不满意。他们究竟少了一些什么？想着，望着，望着，想着，他终于明白了。孩子们都是庭院里生长的花草，一个个都细皮嫩肉，太多了一些脂粉，太少了阳刚之气，活脱脱像一群戏子。

想到这里，他感到从未有过的一种沮丧。他想起了自己的身世，又想起了小站上的那些兵将。再比一比自己的孩子们，一边是经无数风雨才成长起的参天大树，一边是冬天怕冻夏天怕晒风天怕刮雨天怕淋的嫩花细草。这是两重天地。这些孩子将来能担当统帅天下之大任吗？

要发压岁钱了，孩子们长幼皆一样，每人一百两银子，一律用红纸包封。袁乃宽逐个按照名字叫，每叫一声，人都要向前恭敬行礼。

发到最后，袁克定带领所有的孩子，一齐跪下来，向袁世凯磕头。忽然，袁克权高喊了一声："父亲大人万岁！万岁！万万岁！"几个年幼的都跟着高喊。

袁克定猛一惊，扭过脸，狠狠地望着他们，正要责怪。袁世凯笑了，双手示意请孩子们起来，说："孩儿们起身！"接着自个儿哈哈大笑。

孩子们也都笑起来。

屋子里充满了笑声，后墙上金纸做成的巨大的"福"字亮闪闪的，烛光更加明亮。

袁乃宽用响亮的声音喊着："今年是猪年，是老爷五十三岁的好年景。俗话说，逢了三，把身翻。老爷寿辰那天，我们好好操办一场！"说罢，招呼袁得亮和一群仆人、家丁，一齐向袁世凯拜年。自春节前陪袁得亮进京归来，他身上明显多了一些亮光，说话和做事也更多了一些自己的主张。

袁世凯每人赏给十两银子，嘱咐他们办好事务，并再三安排袁乃宽要关照好每一个人。此时，其中的一个仆人突然哭泣起来，跪在地上不起。

袁世凯关切地问："你有什么事呀？"

那人说："启禀宫保大人，我家住在沙陀国，前些年在北京因犯人命官司，蒙您的鸿恩，得以解救。今受陆军部之命，化装成您的家奴，要在除夕之夜刺杀您。狗奴不敢，今冒死以白，请大人多加小心，还有人隐藏。"说完，把头深埋不起。

紧接着，又有两个仆人跪倒，匍匐在地，请袁世凯宽恕，自认也是潜藏在这里的刺客。

袁得亮的脸一阵白，一阵红。

袁世凯笑了，问："你们为何不动手呢？"

这几个仆人同声答道："为宫保大人的大恩大德所感动！为良心所驱使！"

袁世凯又问："为什么平时不动手，却要在春节动手呢？"

其中一个答道："因为铁良、良弼有交代，若平时下手，恐查出故意所为。若春节下手，则可推与饮食。他们说，春节制造谋杀，便于向世人遮掩，也便于向外声张。说您为革命党所杀，也说得过去。"

袁世凯让袁乃宽每人加赏五十两银子，说："好啊！你们都是良心发现，天性未泯。你们愿听袁乃宽随时使唤吗？"

他们齐声答："是！"

袁乃宽手一挥，喊道："跟我来！"

他们跟随着他向户外走去，来到圭塘畔的一边空旷草地。

远处黑黝黝的村落，鞭炮声不绝于耳。不时有称为"炮王"的大炮，剧烈炸响之时，亮闪闪的火光，犹如雷霆怒然而鸣。

袁乃宽让他们排成一长队，逐个儿问了姓名、籍贯，压低了声音说道："弟兄们，袁大人待你们薄不薄？"

"不薄！"

他们齐声回答。

"那么，如果你们回到北京，陆军部会放过你们吗？"

他们都低头不语。

袁乃宽说："不必怕。他们饶不过你们；你们也饶不过他们！"

314

他们不约而同地抬头，疑惑地望着袁乃宽。

袁乃宽背剪起双手，在他们面前来回踱着步，故意装出镇静的样子。等了好半天，他才说："既然你们不愿为铁良那一类货色驱使，做坏良心的事，那么，在这大年夜，我们面对苍天，面对神鬼，一起来发誓，你们做一件救国救民的大事！"

"绝不辜负袁大人！"

他们立正回答。

"好！"袁乃宽说，"从现在起，神知、鬼知、天知、地知，要你们奔赴北京。我这里记下了你们的籍贯，你们每人家中的后顾之忧全都解除了。你们的老人、孩子、老婆，大家都不用再多虑。听着，马上，我要发给每人两把德国造的手枪，带足子弹、炸弹。有一列火车进京，你们搭乘上。到了京城，那里有人与你们接应，带你们炸铁良、良弼。炸成有奖赏，炸不成，有人掩护你们出逃。你们愿意吗？"

"愿意。"

这一声回答，明显地低于刚才的回答。

袁乃宽又一挥手，从黑暗中跳出一个人来，原来是蒋士立。

蒋士立领他们走了。

鞭炮声依然在四野响着，高一声低一声地响着，不时有雷霆般的雷子响起，发出沉闷的爆炸声。

袁乃宽暗自得意，向养寿堂走去。

袁家老少都去了餐厅吃年夜饭。袁克定在门口拉住他，一起在袁世凯座位旁坐下。他不失时机地向袁世凯做了汇报。袁世凯夸他有本事，亲手给他夹了一块肥肉，笑着对他说："宽儿，我还要让你去做更大的事呢！"

"什么事？"

他迫不及待地问道。

袁世凯催他快吃下，仍然笑着，却不回答。

86. 明义士

袁克定陪袁世凯度罢年节，很快就要回北京了。收拾好行李（包装的金银），他来到养寿堂，向袁世凯告别。

袁世凯说："你讲的吴禄贞、汪精卫这两个人，他们是很好的人才。一定要想方设法把他们争取过来为我所用。这样的人是不能让载沣得到的。当然，他们不可能得到。"

袁克定规规矩矩地应了声。

吴禄贞的名字，袁世凯在袁克定介绍之前，曾听冯国璋介绍，略知一些。知道这人是湖北人，留学日本的第一期士官生，曾追随过唐才常在安徽闹事，又在张之洞的新军中做过事。后来，因为与良弼是同学关系，被良弼推荐任练兵处的监督。再后来，听说他还到徐世昌部下谋过事，与革命党来往很繁密。这个人最显眼的事情，是在延吉时，将了日本人的军，破了日本人吞占我延吉的阴谋，朝野之间都称他是才子。他去年被载沣调回京城，补授为蒙古镶红旗副都统。有人说他志大气豪，才高胆壮，与另外两个日本士官学校毕业的张绍曾、蓝天蔚，同被誉为"士官三杰"。良弼因此极为得意。

袁克定起身走了，袁世凯没有送他。

袁乃宽像狗一样钻了进来，报告袁世凯："袁得亮的家眷已经护送到北京。"

袁世凯点了点头，挥手让他出去，继续想着心事。

吴禄贞这个人若能争取过来，真能抵得上一只虎！他比以前所养的那龙、虎、狗三人，要精干得多。可他是革命党嫌疑，据说与孙中山的交往还不一般，他能归顺自己吗？

猛然，袁世凯想起大憨提到的一件事情，据说当年，有一个士官生很有本领，在第六镇中任统制，用力整治第六镇，却得罪了荫昌这位陆军大臣。其中，一个叫周符麟的人，是被荫昌一手提起来的，做十二协的统领。周符麟犯事，被这个士官生告下后撤了职，使荫昌好没面子。这个士官生，就是他吴禄贞吧！

想到这里，他不觉叹了一口气，为北洋六镇的军风感到难受。他想起当年在小站初练新军时，那歌声、令声、士气，如今完全不见了！都是铁良、良弼这帮子家伙折腾的啊。鞑子们最怕的就是兵强马壮，他们害怕新军的崛起。当年的湘军、淮军，都是这样被折腾得一败涂地的。他又想起了那个汪精卫——汪兆铭。这个人和吴禄贞不一样，据说是个革命党，从日本回来，刺杀摄政王载沣，被善耆保了下来。现在革命党中间有这样的豪杰，是幸，还是不幸呢？南方因为路权的事，越闹越大了，若能乘机将这样一批豪杰招致自己的麾下，还愁来日不敢与载沣他们决一生死吗？

想到这里，他眼前亮了，犹如面前闪出了一条路，此刻正通向如花似锦的未来天地。还有那个杨度，那个梁士诒，加上龙、虎、狗三将军，唐绍仪大才子他们，又有朱尔典和莫里循这帮子洋刀、洋喇叭，还愁天穹不亮出吉光祥云吗？

西山又闹事了！

郏县、宝丰一带，强人又出来杀人放火、打家劫舍了，听说闹得一团糟。

这样好。他心里盘算着，乱了好。天下都乱起来，载沣小儿压不住阵脚，必定会让自己出山的。

他想起历史上多少有名堂的人，像大明的朱元璋，想起那年自己到紫金山拜孝陵，恍如就在昨天一样。这些扭转乾坤的人物，不都是这样乱出名堂的吗？黄带子们的士官牌，顶个屁用！南方的烽烟，若孙中山、黄兴他们能煽动起，大清国的江山就不会姓爱新觉罗了。

袁得亮这个家伙已经被买过来，成了洹上养的一条狗。年节那天，袁乃宽演了一场戏，让几个家伙自称是刺客，就是给袁得亮看的。几个真正的刺客，则去了北京，去刺杀铁良、良弼。对袁得亮这个家伙，是不能全放下心来使用的，一方面可以让他传情报，另一方面，要让他早一些回北京，他毕竟是铁良他们用过的鹰犬。

正在沉思之中，彰德知府来到了村外，门人跑过来相告。彰德知府此时来得正是时候。他起身整衣，不慌不忙迈步到门外的大牌坊下恭敬相迎。

彰德知府一见袁世凯来到面前，立即跪下磕头，口称："袁公亲见小官，在下有罪，有罪。在下这里给您拜过。"

袁世凯连忙把他扶起来，说道："知府大人请起，慰亭来到贵地，不曾去府上拜谒，因为给您添的麻烦够多了。请知府大人到村内歇息片刻。"

彰德知府再三感谢，走进洹上，放眼望去，说："袁公居处，真是令人心旷神怡啊。这一派田园风光，五谷丰登，六畜兴旺，若陶潜在世，也会倾心于此的。"

年节前夕，袁世凯着人给彰德知府送去了三千两银子，他感激不尽，就来洹上村拜见了。在这之前，彰德知府是害怕与袁世凯来往的，怕因此而开罪于朝廷。再者，宝棻在河南都督的任上，不断吩咐他多监视，他的心里很矛盾。现在风声传来袁世凯将要动的消息，他是来探听一下虚实的。此外，也表白一下，自己在袁世凯来彰德后，是有过多次关照的。因为这之前，他确实邀请过袁世凯。这样，即使袁世凯来日得势，也不会怪他薄义。

袁世凯牵着彰德知府的手，说："您看，这麦苗儿、菜畦儿，都是借您一块宝地，才这样旺盛。"说着，指向圭塘，让他看那桥，说，"这里是我闲读的地方，一片碧波，照得心若明镜。我感激不尽知府大人的厚意呀！"

彰德知府赶忙赔情，说："宫保大人海涵，您来到洹上，我照顾欠缺，罪莫大焉。春节来临，您却赠此厚意。卑职一时疏忽，没有及时探望，令人羞愧难容。真不知如何向您谢罪才是啊。这里再说拜晚年，就很不成体统了。"

袁世凯说："误会，误会。我刚才已讲过，是我扰了您不安，如何是您的过？

走，请到草庐稍作歇息，尝一尝洹上自酿的新酒，如何？"

彰德知府大喜，相随而入。

两人谈了许多话，却没有一句涉足朝廷的，乘着酒兴，越谈越深入。

袁世凯一再谈到水利修设的事，愿意捐资，彰德知府竟跪下谢恩，说："袁公泽及四方，敝地因之生辉！"

"过奖，过奖。知府大人言重了。"袁世凯双手接起他，扶他站起，用极为恳切的语气说，"知府大人，我可是要在这洹上长期住下的啊。春上土一松动，我想再载上几十亩桑树，喂养更多的蚕虫。那时候，洹上男耕女织，温饱日子，安居乐业，岂不快哉！"说罢，得意地笑了笑。

彰德知府也跟着笑个不停。

接着，明义士和罗维廉他们来了。明义士亲手送上莫里循的一封信和一本书。信中，莫里循解释自己前一段为何没有来；他说，过一段他一定会来的。书是莫里循专门买来送给袁世凯本人的，书名是《东方的袁世凯》。袁世凯急忙掩住，与彰德知府再三寒暄，不经意中打了几个呵欠。彰德知府知趣地告辞去。他故意继续坐着，仰脸笑着说："知府大人，请原谅，老夫不送了。"

彰德知府悻悻而去。袁世凯让人扶着，回到卧室，打开书本，看见书的作者是一个日本人，名叫佐藤铁治郎。从书中知道，这人是天津日租界闸口西大街《时闻报》报馆的记者。书的印刷者是李大中。全书共有四篇，三百多页，篇篇都在讲袁世凯是中国的希望。

佐藤铁治郎，还有这个李大中，他们的报馆在这个时候如此推举自己，究竟想干什么？他们和莫里循有什么联系吗？

莫里循的笑容又浮现在他面前，那天的话语，又在他耳畔响起。他喃喃自语道：是啊，中国，世界，列强。

87. 朱丹陛

春风叮叮当当响着，大憨又回到家乡项城县。这一次他从信阳下了火车，骑马经潢川，领略一路风光，直接到了项城县境。这条路虽然偏，但比起漯河下车，要安全得多。而且，他还有一件很重要的事情：孙中山给他写了一封信，令他交给项城的同盟会员朱丹陛。在信阳，有朋友一早就等候着，备了马送他。一路上，他在想朱丹陛这个人，有人介绍他是河南都督张镇芳的学生，现在与上蔡、新蔡、平舆的阎子固、任知铭他们联系，准备炸掉开封火药库，发起中原大暴动！朱丹陛该是一个什么模样的人呢？

大憨一到贾岭，就把信阳的朋友打发回去，自己换上了一身乞丐服装。他抓起碎土乱草使劲地在头上揉了又揉。天将黑时，他来到了城南蒋庄。四周依然平平淡淡，灰黄色的城郭，树枝儿还没有冒出绿，与江南的遍地红绿形成截然分明的对比。透过夕阳的余晖，隐约可以看到芦苇泛青了，又白又嫩的芽尖儿从沟墙下倔强地钻出来。邻近村庄响起了"呱嗒呱嗒"的抽拉风箱声，不时有狗叫，和驴子一高一低地号叫。迟归的村童在通往城内的小路上打闹着，喊叫着追逐不停。

　　大憨想起了自己的童年，潸然落下泪水。岁月给自己的额头已经刻下深深的皱纹，快五十的人了，还没有一个像样的家小。前些天在汉口，蒋翊武开玩笑，说："大憨，革命胜利时，您是否也家庭胜利呀？"是啊，革命者同样离不开五谷杂粮，如何不要家小？这之前自己也曾有过几次婚姻，都因为自己献身革命，忘我奔波而妻离子散。前不久，宋教仁为他介绍了一位叫阿莲的姑娘，是从日本留学回来的。当时两人一见钟情，相见恨晚，谈吐甚为融洽。他们相约，待推翻了清朝再结为连理。

　　想到这里，大憨浑身都涌动着热血，默默在心中念叨着：阿莲，你等着吧，革命一定会胜利的！此刻，他又想起了去年在路上拾到的那个孩子，如今是什么模样了？都怪自己心粗，是女孩是男孩都不知道呢。也不知田大叔现在情况如何，他会很好地照应这个孩子吗？

　　走遍了大江南北的人，看惯了繁华的都市，再看看家乡这小县城，仿佛走进了一个普通的村庄。大憨进了县城，来到西街老槐树下茶摊坐了，左右环顾着，听人讲起项城出了个高翰林高老勉学问大，如今回到家乡办水利；又听见他们讲到项城出了个张五大人张镇芳，他的学生朱丹陛如何有才学，几经打听，终于打听到了朱丹陛在东街住的地方。

　　一见朱丹陛，他打量着，斯斯文文，满脸苍白。他说："您就是朱先生啊？"朱丹陛紧紧抱住大憨，激动地哽咽起来，等了半天才说："大憨同志，您可把我想坏了！在开封时，张钟端先生他们多次对我讲过，说家乡出个叫袁大憨的革命朋友，神通广大，屡受孙中山先生的称赞。今天，我们终于见面了！"大憨把信从贴身处掏了出来，双手呈给朱丹陛，说："这是孙先生托了宋教仁给您的。"朱丹陛很快看完了信，格外高兴，对大憨说："您先稍等，我出去买一些吃的，一会儿就回来。"

　　大憨朝门外望了一眼，说："让别人去买吧。我们多谈一会儿。"

　　朱丹陛十分严肃地说："不能。大憨同志，这是革命的纪律。现在的世道，人心隔肚皮，对任何人都要留一个心眼儿，打一个问号。我们事事必须绝对保持秘密，保证安全。"

果然，他刚走出门，就听见有人问："朱先生到哪去呀？该吃饭了还外出！"朱丹陛喊着说："想起个事，要对人讲一讲。你们先吃吧。你们县衙的人可真忙啊。"

入夜的梆子敲响了，一声紧一声慢，如一位风烛残年的老人在干咳。等朱丹陛回来时，大憨竟伏在案前睡着了。一听见脚步声，他马上弹起来似的醒来，端坐在案旁。

朱丹陛笑了，说："您这么敏感呀。"

大憨说："惯了。"

两人吃着，说着，不觉快到天明。远处传来高一声低一声的鸡叫声。大憨说："听，丹陛同志，雄鸡已经高唱，中国的天就要亮了。"朱丹陛点点头，说："对，革命虽然还在星夜摸索，但胜利一定很快到来。北方的同盟会，革命力量太分散，太薄弱，我们一定不辜负孙中山先生的希望，要大力发展组织，使革命的火种有顽强的、充足的底劲。可是咱们河南人的脾性实在太令人苦恼了，麻木不仁，目光短浅，都那样自私透顶，完全没有舍生取义的慷慨之气。还是人家湖广人性格烈、爆，好起事！"

大憨说："是这样。走出去时，倍觉我们河南人太贪图安逸，恋家，恋亲。但河南人一旦行动起来，就会像发疯的劲牛，无所畏惧！自古英雄出中原呢。"

朱丹陛深有疑虑地说："大憨，您经常出入袁世凯那里，袁世凯对您是否有察觉？这样会不会影响革命力量的发展？"

大憨无比自信地说："哪里最安全？在敌人的身边，在魔鬼的洞穴中，伪装成妖魔，这样最安全。袁世凯早就知道我的身份，故意装着不知道，而我却主动让他知道一些革命形势。我给他讲了湖北新军要闹事，他只是笑。"

朱丹陛惊讶地问："那——"

大憨不慌不忙，说："我们应该与袁世凯联合。让他知道，革命的力量终究可以推翻清朝，鼓励他也起来配合我们。而事实上，我们新军发动了几次起义，有几次成功的？不是都失败了吗？一是群龙无首，一是革命就像黄兴所说的那样，还处在幼芽状态，要借助于其他力量才行，甚至列强的力量！孙中山先生不就经常在为革命奔波，争取着国外的支持吗？"

朱丹陛略加思索，说："您这样讲是很有道理的。可是，一旦推翻了清王朝，袁世凯他是否会再来平息革命党呢？他可是有出卖义士的恶名。"

大憨说："到了那个时候，就不由得他了。革命尚处幼年，很快就成长为壮汉的！他什么时候反动，我们什么时候干！"

朱丹陛说："对！中华属于民众，人民当家做主，是孙先生的理想。我们什么时候都要高举这面旗帜。"

大憨向朱丹陛介绍了他所见闻的南方革命形势，又讲了北方革命发展的状况，握紧拳头，挥了又挥，说："革命一定会成功的！现在，清王朝已经是朽木不可雕镂；而革命正如火如荼。我们在中原来个黑虎掏心，沉重地打击敌人。不要怕袁世凯变幻，他现在与清朝是针锋相对，有着深仇大恨。载沣他们好不容易才把他赶出了朝廷，他的日子能好过吗？当然，我们时刻要防备着他，什么时候也不能放松警惕！"窗外渐渐亮了，雄鸡争鸣，伴着阵阵雷霆，一声声如撼动天地的鼓角，令人热血沸腾，催人奋发。

朱丹陛推开了窗户，满怀深情地说："好久没有听到春雷了！"

大憨说："春雷正在亿万人的心中滚动，看吧，很快就会换一个新天地、新时代！"

朱丹陛又把窗户紧关上，沉下心来，满脸狐疑，对大憨说："新的日子终究是会来到的。可我到底还是不能放心，南方的同志和您一样，把袁世凯看得很重吗？袁世凯他是靠不住的。他只有那六镇的兵，盘踞北方大营，靠他们推翻清王朝，我看希望不大。不如趁着现在反清的舆论力量强盛，多在北方发动民众，待来日革命大火在神州大地遍燃，全中国的民众都是我们的革命党，还愁新的中国不会诞生吗？我觉得，靠袁世凯，靠西方列强支持，我们到后来必定会被动的。大憨，请您在合适的时候与南方的同志谈一谈，这是我个人的意见。方便的时候，我想给孙中山先生写一封信，我要讲给他听。革命必须靠民众的大力鼓动，若靠袁世凯和洋人，会后患无穷，贻误革命，悔之不及。"

大憨皱起眉头，考虑了半天，对朱丹陛说道："对。您提醒了我一个很重要的事，我们在湖广搞动员，鼓动新军，组织暗杀，都无济于大事。跑了这些日子，我脑袋也发热，涨得太大了。这样重要的事，还是与孙中山先生谈一谈好，许多同志都很乐观，盲目乐观，若像您所讲，简直要坏大事呢。不过，袁世凯这步棋不是闲棋，我们不能把他丢掉，只要他愿与我们合作，走他几步也好。"

朱丹陛想起一件事，转过话题，问大憨："大憨兄，恕我直言。我听说您直到今日，仍是孤身一人，有没有意思再找一个？"

"怎么？老兄想做月老？"

大憨不好意思地说着，脸红起来。

"是。若老兄你不嫌弃，我老家有一位远房表妹，只是年龄大了一些。"朱丹陛坦然相告。走近前，双眼紧盯着他。

"多大？"

大憨故意逗他，又装出憨样。

"二十八岁。"

朱丹陛介绍道：姑娘知书达理，曾在年少时定了娃娃亲。可是男方一走多少年无消息，姑娘就成了没有结婚的活寡妇。

大憨听了，面色严肃起来。他对朱丹陛讲了自己和阿莲的事情，感慨道："这旧的礼教，真是吃人啊。这么好的姑娘，竟遭受这样的活罪。哪里是文明？这分明是野蛮！孙中山先生对我讲，将来咱们要建立一个新的国家。我看，什么是革命？革命就是打到专制、腐朽，就是建设人人平等、文明、富裕的新社会。新的国家首先要把妇女当做人看待！西洋社会，尊重妇女，那才称作进步。我们的妇女受的罪孽太深重，这都是旧礼教毒害的啊！"

朱丹陛沉默了很久，握紧了大憨的双手，用灼人的眼光望着大憨，说："革命应该是无私的。大憨，我们当想一想，袁世凯他是咱们的同乡，他能有孙先生这样的境界吗？我是他的表兄弟张镇芳的门生，我最了解他。他娶来那么多的女人，完全是出于私欲，学那古代帝王过腐朽生活。南方的同志为什么这样信赖他？怕是他将来建立一个国家，也是一个换汤不换药呢。若那样，人民照样受苦受难，和这清王朝有什么区别？"

大憨沉思着，仔细品味朱丹陛的话。

窗大亮起来，高亢的雄鸡一声声争鸣着，让人振奋。随着一声惊雷，陡然间降下倾盆大雨，泼向整个世界。

88. 莫里循

莫里循终于来了。袁世凯亲自到洹上的村头去迎接他。两人一见面就热烈地拥抱在一起，说不完的贴己话。他们滔滔不绝地说着，讲着，手牵着手，走进养寿园。袁世凯请来了一群艺人，说是招待莫里循，莫里循十分清楚他的意思。

两人在戏场前坐了片刻，便走进袁世凯的密室。莫里循从公文箱中拿出来许多文件，一份一份展开，指着对袁世凯说："袁，这些都是我要送给你的。从这里，你可以看到世界更为真实的时局变化情况。"这里有一些是莫里循在《泰晤士报》发表过的文章，谈论中国的改革、教育、贸易、邮政、电信，包括政体、鸦片、军事、风俗等内容，有许多袁世凯并不陌生。他对《中国的觉醒》这篇演说尤为感兴趣，有许多感慨。他读了一遍又一遍，对莫里循说："老莫啊，你对世界的判断，对中国政局的判断，都是很了不起的。我能建议你在合适的时候，向你的报社提出辞职吗？"

莫里循微笑着点了点头，说："这样需要签约。而且，不是清帝国与我签。"
袁世凯说："共和是亿万中国人的梦想，这个梦想靠我们自己是不能实现的。而且，我能感觉到，未必是一朝一夕能够完成。"说着，两人把手紧紧握在一起，顿了又顿。

"但是，"莫里循说，"只有建立一个共和国，才能使中国富强。在中国这片土地上，建立君主立宪制是没有前途的。美国总统西奥多·罗斯福对我说，现在，除日本人居心不良外，全世界都希望你的中国走向共和。世界的发展离不开中国。"

"你的中国"，这是一个十分敏感的字眼；他感觉到莫里循灼热的目光。

袁世凯没有说什么，他习惯性地摸了摸胡须，轻轻叹了一口气。

"亲爱的袁，"莫里循说，"中国是不能在君主立宪的沼泽地中迈开脚步的。因为整个世界都在变化，蒸汽机、汽车、各种电器，都逼着每一个人去相互依靠，君主立宪是不能适应这些的。快些行动起来，准备好，带领你的国家，前进。"说着，他用异常温和的目光紧盯着袁世凯。

袁世凯再一次握住莫里循的手说："老莫呀，还有很多事情，现在，来日，都需要你去精心运筹，特别是哪一天，我的国家需要钱，你们洋人会借给我吗？"

"没有问题。"莫里循异常自信地说，"我要在雷雨之夜，让全世界都看到，中国需要袁世凯带领，走进新的天地。我要全世界知道你的卓越，知道帮助中国会给他们带来好处。"

杨柳如茵，洹上村来了一阵暴雨。
风雨过后，杨柳叶儿更加青翠，在雨后的斜阳里，闪着光亮。
一道彩虹在东天升起，色彩异常绚丽，引得孩子们站在那儿，高喊着歌谣：

> 虹娘娘，
> 下凡来，
> 送给俺个金碗来！
> 盛的啥？
> 金豆，
> 银豆，
> 绿豆，
> 豌豆，
> 扁豆，

倒了都喂牛!

喂牛做啥?

牵着牛尾巴!

去哪?

去天上,

上到您的家!

您家啥都有,

随便吃!

随便拿!

……

孩子们嘻嘻哈哈,笑着,闹着。

更小的孩子蹲在地上,用泥捏成碗状的薄片儿,抱起来朝地上倒扣着摔,发出"哐"的响亮声响。马上大家齐喊着:"打仗啦!放大炮啦!轰——哐!"这叫"摔瓦屋",传说是朱元璋联络天下,推翻元朝,传递造反信号留下来的游戏。稍大一点儿的孩子在甩泥弹,将杨柳枝的上端安上指头粗的小泥丸儿,朝远处甩;这叫"甩泥巴蛋儿",传说也是朱元璋造反留下的游戏。孩子们欢呼着,高喊着:"打仗啦!要打仗啦!"

孩子们忘情地高喊着"打仗啦",游戏与造反都是"摔"与"甩",都要抛弃;这引起袁世凯许多思绪。近来,他很着迷于谶语,对卜卦越来越相信了。杨士琦曾经从天津为他找来一本传说为刘伯温作的《推背图》,讲了许多可以验证的故事。他笑着说:"可以信,也可以不信,只当是玩一玩。"

这天一大早,随着"当当当当"的铁板击打声,瞎子许长义又来了。他对袁世凯说:"大人,我替您又占了几卦,说出来您万不要生气。"袁世凯说:"只管讲。说中了,我一定要赏赐的。"许长义装模作样地掐了掐手指,神秘兮兮地说:"我是一定要讨赏的。只是,这赏赐嘛,现在我不要,必须等我的话现了,才找您讨。"袁世凯笑着说:"你讲吧,我愿意听。这里除了你和我,上有天,下有地,什么时候我都不会赖账的。"

许长义往前一跪,压低了声音,说:"宫保大人,我有两句话。一是眼前的事情,现在您的背运,开始转换过了。八月中秋节一过,您的星位就会上升,万事请您切莫急躁。二是远的,我看,您是那明家朱皇帝洪武再世,这天下非您来收拾不可。洪武皇帝姓朱;猪年,您就会大显身手了。你不相信吗?"袁世凯平平淡淡地说:"你这个许先生啊,这两句话我都信。你不要害怕,只是要讲在你和我中间，对他人就千万不能讲了。天底下的事情，谁也说不清；我愿意信以为真，就这样宁信其真。"说罢，掏给他一把无齿的钥匙。许长义接在手里，说："日后我就拿着这把钥匙，去向您讨赏。"

送走了许长义，袁世凯正在圭塘水边看几只白鹅嬉戏，望着鹅掌划起的清波，心潮若涟漪一层层展开。这时，袁乃宽走来，轻轻告诉他："南通一位叫张季直的先生声称与您是故旧之交，前来拜见。"是张謇？听说现在是搞实业的呀。他不是在湖北吗？现在他来干啥？是挖苦讽刺我，还是想探测我的心绪？

袁世凯大步向客房走去，边走，边思索着如何应付他。

老远望见张謇，他就一跛一跛地，大声喊着："季直先生！您是天上掉下来的吧！"道不尽的热情话。

张謇在火车上才知道袁世凯就在这个洹上车站的附近。经同行的人再三劝说，他才下来看看袁世凯。见他这样热情，也就放开胸怀，谈起时局，也谈了自己进京的事。

袁世凯拿不准张謇的脉，开口便说："退来此地，总想为人民办一些事情。您看，这黄河，实在该好好地治理了。我正想多方求援，请人勘察。其他一概不理。"

张謇哈哈大笑，说："慰亭，您对我提防到这样的分上，不怕我笑您完全忘记了咱们以往的情谊吗？您忍辱负重，准备着出来吧！自您离去，朝中、国中，焚乱频起。天下大事，慰亭，您责无旁贷呀！"

袁世凯嘘了一口气，很谦逊地说："季直先生高瞻远瞩，是当世的楷模。若圣上不嫌慰亭才疏，使我蒙天恩，我是万不敢推辞的。您见到圣上，务必把我的这片心意传过去。"继而吩咐人安排酒菜。

张謇说："不能久停，只好向您告辞了。见您这样身康体健，我是很高兴的。"说罢，执意要走。

一直送去很远，袁世凯才回到村内。

入夜，他翻来覆去睡不着。陪寝的刘氏问："大人是哪里不舒服吗？还是蚊子叮咬，要不要用艾水洒一下屋子？"他粗声粗气地让她先睡，披起衣服，走向案前，猛想起人要他写碑文的事。百泉的祠庙，修得差不多了，如何写呢？

沉思良久，他提起笔来，一口气写下来，自己又默诵一遍。

龙腾虎跃之士怀奇负异，每息偃乎寥廓之藩，以韬养其光气。而贤哲之有经世之略者，亦往往因以自放焉，如康节诸人是已。今余幸以余闲，无人事之扰，而翰人虽居朝列，志亦不忘丘壑，乃得相与致意于此。缅怀孙、阮

之高踪，盖夐乎不可攀已。时方多事，风云傲扰，不知所穷，要非沈雄俊伟
之才，不足以贞多难。意者风教所树，英材骏足接踵而兴，世变赖以康
济……

　　夜风传来竹林响，千竿万竿，窸窸私语，此刻，袁世凯仿佛听到夜伏的千军
万马正待令奔腾向前。在奔腾的大军中，他忽然看见一个小太监，身穿了铠甲，
头戴着英雄翎，手持一只皮口袋，正呼风唤雨！

　　噢，这是小德张，他一人能顶得上数万兵马。

　　李莲英死了，现在轮到这个静海县来的穷孩子可以动风动雨了！张兰德，小
德张，那脸，那眼，浑身都会说话呢。袁世凯多方打听了解到，这个小德张的家
很穷，很小时就死去了爹，和他的母亲和一个哥哥生活。十五岁那年，这孩子因
为拾粪，追着赶车的跑，赶车的人一鞭子打在他脸上，疼得他死去活来。这一鞭
子打得他一股气憋着，净了身子进了宫。太后很喜欢他，先让他管纸、墨、笔、
砚等八宝，后又让他兼管服饰。太后喜欢写福字，喜欢玩牌，他都伺候得她心满
意足。

　　李莲英、张兰德，他们一个莲，一个兰，都是要用金子银子浇灌的花儿……

　　袁世凯睡意全消，披起薄毯，坐起身来，望着夜空，暗暗埋怨自己：怎么差
一点儿把这样一个重要的人物忘了？

　　小德张和李莲英一样，他要吃金子吃银子。记得有人讲了光绪在瀛台的时
候，慈禧让人送去的都是中下等的菜，而小德张总想方设法把饭菜换成上等的。
光绪对他很感激。有一次军机处签放一名江海关监督，送到光绪处请盖印，光绪
不乐意，不盖。后来，人求到了这个小德张，送给他二十万两银子，他很顺利地
办成事。现在，隆裕太后又很宠信他。真该多向他那里运转运转，让他成为第二
个李莲英，能在最紧要时帮自己的忙。

　　袁世凯猛又想起端方罢官的事。他想，不就因为端方在小德张面前要过无
礼，看不起这个太监，最后被他揪住了错，差一点儿被按律杀头吗？小人容易坏
大事。

　　得罪不起！得罪不起这个小德张！

　　袁世凯在想，不论推珍妃下井的人是不是他，这个太监都不能得罪。自己已
经很久没有给他送银子了，明天就打发人送去。要多送一些，让他高兴、欢喜才
是。这个太监，此刻胜过千军万马！

　　他在想，越是别人看不到的地方，你看到时，才称得上英明。自古就有一夫
当关、百将难敌的道理。他想，顺乎民意是一般的能力，而扭转乾坤，是高超的

能力，若能化险为夷，那才是上上之才。险关何在？目前，朝廷之中，这个小德张就是能化险的关键之才。用银子收买了他，能办得成人难以料想的事。百万买宅，千万买邻，太有道理了。邻，就是离得近的人，就是需要的人。

是啊，什么时候也不能疏远了这样的人。他离朝廷近，若他在朝廷的身边而又离我近，近得呼吸都能听得清，那不是最好的邻居吗？

他又眯起了眼，听风们在咿咿呀呀地歌唱。

卷下　滚滚长江东逝水

第九章　滚滚长江东逝水

武昌城的天，飞满了欢笑，飞满了喜悦，飞满了歌声。一串串鞭炮炸响，散发出的硝烟被人争相嗅着称"好香"。蛇山笑着，望着龟山。轰轰烈烈的长江奔腾着，把武昌的消息送往南京，送往上海，送往全中国。

89. 滚滚长江

长江的水流，在暴风雨中越涨越高，越来越急。武汉三镇有几处都灌进了水，成片的房屋接连倒塌，人、畜的尸体在水中漂浮。新军开往四川了。端方因照相的事，闲了多少天，现在终于有了机会，他要带湖北新军的一个协，亲往四川去平定那些"保路同志会"乱党们。去年初，川粤铁路得到商办许可，今年财政吃紧，要收归国有，端方被任命为督办粤汉、川汉路的铁路大臣，接收了湖南、湖北、广东、四川四省的商办公司。他得意洋洋，志得意满，与四国银行签了大笔借款筑路的合同。这些地方的人就闹起来了！四川闹得最凶，闹事的人数有几十万人，罢市的商人、罢课的学生，都起来闹。什么抗粮抗捐，总督赵尔丰越压，闹的事越大，革命党借机组织起自己的政府。端方认为立功的机会到了，他要平息这帮子人，让载沣个毛孩儿看一看自己。他给彰德的亲家袁世凯透了一个信，就带着湖北的新军出发，奔向大西南。他暗暗得意，在心里一再对自己说：湖北的新军，原来都是香帅张之洞的家底。

一阵江风在浪笑着，抚摸着浪涛滚滚的江水和高高低低的桅杆，大喊着：起来造反吧！

又一阵江风嚷着：世间到处都是游戏，都是儿戏，而造反绝不是游戏。

黄花岗在春天闹腾了一次，他们不是失败了吗？有人讲，孙中山听说后完全泄了劲。端方迎着扑面而来的风，这位两江总督，一心要大显身手，在新军第九镇中撤了逮了几个想闹事的小军官。此刻，他眯起双眼，正得意洋洋，挥师离开武汉。

此刻，长江起义指挥部派出的谭人凤、居正来到了武汉。他们见了文学社、共进会的同志，以为现在是绝好的良机，商定大大闹一番事，打他个人仰马翻，振一振革命威风！

江水奔流，他们热血沸腾，起义军推蒋翊武为总司令，推孙武为参谋长，推蔡济民为总参议。大家商定，像当年民间百姓杀鞑子，在八月十五中秋节之夜，号令全城的新军和革命党一齐出动。

最后，又有人讲："为了雪广州黄花岗起义失败之耻，告慰七十二烈士，振奋民心，请黄兴和宋教仁他们赶来，让他们来武汉领导这次起义！"

蒋翊武首先赞成，大家直想欢呼。

新军中的革命党人，心里按捺不住激动和喜悦，每天都抬头望月亮什么时候才圆。月中的桂树成为多少人仰望的冲天火炬！月亮快圆了，蒋翊武越来越焦急：怎么办？筹备工作还未尽妥，黄兴来电却表明他反对武汉先起义，而是主张数省并举。他说这样才能狠狠打击敌人，夺取革命的大胜利。起义的日子就要到了。龟山、蛇山上的游人越来越少，长江的水好像缓慢了许多。

数省起义，数省究竟何时起义？谁来领导起义？

孙武和蔡济民在分析了情况之后，对蒋翊武说："总司令，再推迟几天吧。这样更稳当。"

于是，蒋翊武秘密发布命令：延至农历八月二十夜举义！

孙武、刘公他们在武昌小朝街八十五号文学社内，摆起了武汉三镇的大地图，袁楚藩、杨宏盛、刘尧澂、丁笏堂、邓玉麟、王宪章等人聚拢来。蒋翊武对众人说："大家都谈一谈，看我们还有什么工作需要做？若没有，现在就分头行动！"

"是！"人们神情格外庄重，齐喊出的声音如闷雷般，从小朝街普普通通的屋子里滚向整个武昌城。

汉口俄租界宝善里十四号是刘公的家。前些日子，从别处集中了许多偷运来的炸弹，现在要将这些炸弹分头送出去。成筐的炸弹上面，用腐臭的鱼覆盖，遮掩起，由几个青年士兵用小推车送走，很快就运出去许多。大家心里既高兴，又紧张，谁也不言语，相互间用眼神鼓励、传递着澎湃的心潮。孙武用手抚摸着炸弹，望着刘公，压低了声音，说："刘公同志，这些炸弹使我想起了一触即发的革命。革命就是这炸弹啊！"刘公点头相应，喘了一口气，说："总算盼到时候了，我们要用这些弹药，炸毁武汉，让江水冲起巨浪，毁灭整个清王朝。"说罢，伸出手来。

两人的手紧紧握在一起。

刘公说："您先照应着，我把文件整理一下。过明天，到了后天，这些炸弹就要派上大的用场了。"他刚转身到内屋，忽听孙武叫了一声"哎呀"，紧接着"轰"一声巨响硝烟的雾霭弥漫了全屋，房子的一角被炸了个大窟窿。孙武躺在地上，一动不动。

刘公连忙从床上扯起一条被单，盖在孙武头上，把他搀扶到屋外，急喊住一辆人力车要往医院送。人力车夫笑着问："是月子里的娘们儿吗？拉了月子里的娘儿们，会倒霉的。可能破财的！"刘公说："你开什么玩笑呀，这一双大脚，能会是婆娘？快，让人坐上。我的兄弟他发高烧，冷得要命，快些送去医院，找洋大夫打一针。"他们坐上车刚走，迎面跑来一队印籍巡捕，他们嘴里不停地叽里咕噜，叫喊着冲向这里。

刘公望着他们冲进自己的屋子，猛想起还有许多东西没有带出来，手枪、文件、名册，若被他们搜出，不是要坏大事吗？他心中焦急万分，心想，必须尽快将这消息报告蒋翊武他们。于是，他高声喊着，催人力车夫快一些："快！快！人烧得烫人，再快一些。"

人力车夫边跑边喊："这还不快吗？飞也只有这么快。到了医院，您要多加一些钱咧！"

刘公强装出笑容，说："当然，那当然。"

蒋翊武接到刘公送来的急信，咬紧了腮帮，对邓玉麟说："传令！晚十二点，中和门外的炮声一响，全体出动！"

邓玉麟高喊着："是！"

蒋翊武又命令彭楚藩、杨宏盛、王宪章："你们三人，速将炸弹送到工兵营！"

三人挺起胸脯，大声喊着："是！"

蔡济民望着蒋翊武，请他坐下来歇息一下，说："你已经三天没有合眼了，吃些点心，充一下饥吧。"

蒋翊武说："蔡先生，我怎么老觉得心里不踏实呢？起义的日子，开始定在中秋节，现在又推迟到八月二十，却接连出这些事！举义定在今晚上，我们实在是迫不得已啊。要是孙中山先生他们都在，宋教仁，还有黄兴，他们都见多识广，这起义该有多壮观啊！"

蔡济民说："这就是革命。革命要天翻地覆，怎么能像人所想的一样平平常常呢？革命本身，就是预料不到的事情。在这里，我们要做好各种准备，防备各种不测。"

蒋翊武激动地说："对。蔡先生，您提得对。不论如何，我们一定要掀起这一场大风暴，不冲他们个人仰马翻，也要让他们吓得屁滚尿流。"

蔡济民猛然想起了什么，说："你让邓玉麟传达命令，能不误事吗？我去看一下，新军第八镇刚换罢人，恐怕他不一定能找到自己人！"

蒋翊武紧握住他的手，说："好，蔡先生，我怎么这样粗鲁！这么重要的事，我想得太简单了。您通过各种途径，务必将起义时间及时送达。万一邓玉麟他因事走不开，传不到位，只有靠您这里……"

蔡济民拍了拍他的手背，安慰他说："总司令，这个时候，您就是大家的定心丸。要沉住气啊！眼观四路，耳听八方，既要冷静，又要敏捷。再会！预祝革命，胜利！成功！"

"预祝革命胜利，成功！"两人同声喊。

蒋翊武送走了蔡济民，心里更不踏实了。他背着手，踱着步，一会儿看看怀表，一会儿在地图上查找地名。渐渐的，他的手哆嗦起来，豆粒大的汗珠滚动在他的额头。

他感到心头恐慌，小腹处急剧疼痛起来。终于，他忍不住了，放开声，大口大口地喘着粗气。

他想喊人，可他只感觉到面前一片漆黑，随后两耳什么都听不见，猛地失去了知觉。

90. 十月十日

十月十日的清晨，中和门城楼上用绳子吊起三颗血淋淋的人头，城墙上贴着一张告示，大字标题为"刀斩彭楚藩、杨宏盛、刘尧澂，缉拿乱匪会党首领蒋翊武"。三三两两的人在围着看，议论着。蔡济民看了，霎时眼泪如泉奔涌，涂满面颊。他心里如钝刀在乱砍乱搅！一个声音告诉他：蔡济民，你不能，你绝不能暴露目标。他狠狠地擦了下自己的双眼，紧咬着牙关，闭目安静了片刻，转身离开。

武昌城关闭了，旧军警戒，不准新军随便外出走动。

蔡济民望着周围的动静，决定去文昌门方向，到那里去寻找另一位同志，想方设法和刘公他们联系上，迅速将情况报告给上海的居正他们。他心里格外慌张、难受。一路上，警哨如蝉声乱响，刺得人心里烦，许多人家紧闭门户。街上行人冷冷清清。灰蒙蒙的树枝上，挂着一缕缕飘飞的破布，若一条条纸幡。旧军的马队窜来窜去，荡起的泥泞溅在道路两侧。他们肆意举刀砍伤行人，大声叫骂不停。蔡济民被困在一家渔行里了，腥臭的气味儿，熏得他直想吐。也正是这气味儿保护了他，一些搜寻的官兵，他们来到这里，忍不住腥臭，很快就捂着鼻子跑走。

他要等到夜晚，趁黑才能赶往文昌门。

渔行的主人是一位六十多岁的北方人，模样儿很忠厚，对蔡济民说："唉，兵荒马乱的。先生先到后院歇一歇吧，这里熏得人难受。那里有几个生意人，说不定你们还能谈得来，可以做成生意呢。"

蔡济民跟着他往后院走去，听到有人在里面说着话，声音很熟悉，进去一看，原来是刘公他们。他大喜过望，跑过去，一把抓住刘公，呜咽着说："这不是在做梦吧！"

孙武在一侧的软床上躺着，头上包满了绷带，露出双眼、鼻子和嘴。他见蔡济民进来，艰难地打了招呼。

蔡济民走过去，察看了他的伤势。

孙武将另外几个人介绍给蔡济民，大家又高兴起来。渔行原来是革命隐蔽所。

刘公说："蔡先生，我们在这里又聚会了！革命指挥部搬迁到这里，这说明革命随处皆可生根的！蒋翊武差点儿被捉住，我们已派人去找他。来，我们谈谈下一步该怎么干吧！"

蒋翊武没有死？蔡济民差点儿惊叫出声。

原来，因为杨宏盛送炸弹暴露了目标，他被捉住了。另几个人跑去向蒋翊武报告时，军警追踪过去，围住了小朝街，把彭楚藩等人抓去了。蒋翊武逃走，全城戒严，邓玉麟不能脱身，蔡济民这里没能将起义时间及时传送出去，所以，昨天夜里的起义炮声就没有打响。众人一再责怪自己。

"起义失败了。我们是否换一种方式呢？"蔡济民叹声道，用目光征求着他人意见。

"不！"孙武挣扎着要坐起来，被人扶住。他用洪亮的声音说，"彭楚藩、杨宏盛、刘尧澂三烈士的血，是不会白白流掉的。我们的弟兄深受革命教育，是不会沉默的！要相信我们自己……"

刘公说："彭楚藩他们很英勇，受审的夜里，他骂得很远处都可以听到。敌人逼问他，让他交代出同党。彭楚藩同志说，全国人民都是革命党！这种气概，足够激励我们战斗到底的。看吧，起义已经赶来，说不定今天就会发生。"

蔡济民深受鼓舞，说："对！揭竿而起捣敌巢，横看贼鼠宵遁。长江是不会倒流的。我们继续指挥起义吧。"

大家一齐鼓起掌。

刘公说："为了起义的继续进行，刚才大家简单议了一下，决定与敢死队联系上，把全城的电话线都割断！让瑞澂、张彪这些王八蛋失去耳朵。我们乘机攻打总督府，活捉瑞澂狗官！"

又商议了一会儿，天刚擦黑时，大家分头行动。

楚望台畔，夜幕刚刚拉下，西南天边的一颗星显得格外亮。

微风不动，晒了一天的军营，如蒸笼一般，屋内又湿又热又臭，新军的士兵们憋得难受，气得直骂。

"狗娘养的，怕革命党怕成了这个样子。真有革命党，不把贼娘养的吓死才怪呢！"

"不许我们出营，能管得住天下的百姓都待在屋内不出吗？"

"听说四个角的都动起来了！到处都是革命党，连我们当兵的都不信任！还要信任谁呢？"

大家七嘴八舌，正在争说不平，有人提议："弟兄们，唱上一支歌儿吧！我们大家解一解闷儿，快把人给憋死了！"第八镇的工程营受过教育的青年人多，其中有不少革命骨干分子。这时，一群青年士兵商量了片刻，从大别山来的小猴子站起来，用手捂成喇叭，向着窗外，朝相近营房喊道："二排的麻子大哥，我们对对山歌吧！"

对面营房也在喊："猴儿！给爷爷先唱一唱！"

小猴子对屋内的伙伴们说："来，大家唱，把子弹装好，带足。"说罢，他起了一个头。

全棚的士兵一齐高唱道：

> 八月桂花遍地呀开，
> 打柴的弟兄呀走出山呀寨。
> 姐呀妹呀都在前山坡儿上望呀，
> 等着呀阿哥走过呀来！

对面的营房紧接着唱起来，歌声黑夜里显得分外有力量，"嗡嗡"地响：

哥呀妹呀一块儿走过来，

走过来呀一起去捆呀柴。

满山遍野的柴呀烧得旺，

烧得黑夜呀天地白呀白！

……

歌声此起彼伏，一浪高过一浪。

查夜的排长陶启胜走过来，他大声骂起来："你们不懂得军营的规矩吗？谁他妈的狗崽子在乱号叫！你们想造反吗？狗杂种！"说着，他一脚踏进棚内房屋，猛抓住小猴子，来回打了几个耳光，说，"小猴子，看我毙了你！你在这儿煽动军心！"

一旁的金兆龙"啪"一声把子弹推上了膛，对准了陶启胜，怒声说："狗儿陶排长，你平日作恶多端，欺负我们，爷爷早就忍不下去了。爷爷今天就是要造反！"

陶启胜猛一转身，躲闪开，程定国从背后举起枪来，狠狠轮一枪托，砸在他的头上。他们怕他不死，几个人轮起枪托又一阵狠砸。陶启胜一声未吭，倒在地上。

金兆龙喊道："弟兄们，咱们冲出去吧！"

听到吵闹声，营带阮荣发带着他的亲兵王德明一起奔过来，他掂着一把枪，大喊道："你们谁想造反吗？"棚内的吕中秋和徐少斌同时将枪举起，向阮荣发扣动扳机："砰！"阮荣发扭了几下，仰面躺下。王德明跪在地上，连声求饶，哭喊着："这不关我的事。你们别杀我，别杀我！"小猴子一把抓起他的衣领子，"呸"了他一脸，说："你个狗日的坏东西，索要钱财，到处告密，害了多少弟兄！"一旁金兆龙、吕中秋、徐少斌他们大喊着："不能放过这个狗日的！"一阵刀砍，王德明血肉模糊，像一堆烂狗肉躺在地上。

他们高喊着："造反了！我们起来造反了！"

这枪声在历史的夜空划过，飞向神州大地的四面八方！

营前的空地上，有人扔去一颗炸弹，随着一声巨响，一个声音高喊道："新军弟兄们，我们革命啦！"随着这喊声，千万声"革命啦"汇聚在一起，如千顷浪潮，冲天而起，向整个武昌城，向武汉三镇涌去。熊秉坤在小猴子、金兆龙、吕中秋、程定国等人的簇拥下，走到营关空地上，他大喊着："新军弟兄们，我们革命啦！我们革命啦！现在，我们整队，全体集合，统一行动！"同时，他们朝天上连放几枪。人群静下来，他们紧握着手中的枪，自觉排成队列。左队的吴兆麟大声喊道："革命的兄弟们！大家起来了！走！我们首先去占领楚望台军火库，再夺总督衙门！"新军士兵"嗷"一声喊，由吴兆麟、熊秉坤率领，齐声喊叫着，向楚望台奔去。

他们奔向楚望台；守库的士兵远远地喊着："革命啦！革命啦！清朝完蛋啦——清朝彻底完蛋啦！清朝已经完蛋啦！"原来，他们听到附近驻地的枪声后，也起来了；他们燃起了火把，正欢迎人群。

吴兆麟担任了起义的总指挥，他站在高高的指挥台上，大声命令："吹起军号！告诉全城的兄弟们，我们新军起来了，革命了！罪恶累累的清王朝于此刻就要结束了！"

军号吹响，震破夜的长幕，撩动了沉睡的千百万颗心。

炮兵营的队伍也隆隆地开来了，他们听到工程营的号声，迅速拖着炮车，抢占了武昌城内的高地。炮声飞向总督府，飞向望山门、文昌门，飞向总督衙门。四面八方的军号声召唤着武昌城所有革命的灵魂，新军的步兵营、炮兵营、工兵营、辎重营，都涌向楚望台。

楚望台沸腾了！

吴兆麟集合好队伍，率领各路人马，一齐向湖北总督衙门冲去。一路如风如火，很快围住了总督衙门，将大炮对准大门。

大门开了，有人挑着白旗，灰丧着脸走来，跪在吴兆麟面前，说："不要再打了。总督挖开后墙洞口早逃跑溜到文昌门外的楚豫兵舰上了。所有的官员，他们听到炮声时，都乘船跑得没有踪影了。"

大家欢呼着，涌向总督衙门。

又有前方的兵士来报告，说："张彪在望山门一带损失惨重，抵挡不住我军炮火，逃往江对面刘家庙。"

如潮的士兵们齐声喊道："攻打刘家庙！"

此时，这个兵士对吴兆麟说："黎元洪老贼罪该万死，他亲手杀我兵士周荣棠！若活捉住他，我一定要亲手砍了他！"吴兆麟气得"哼"了一声。周荣棠是他的传令兵，他派去劝说黎元洪第二十一混成协投降革命，竟被黎元洪杀害。他"刷"地抽出战刀，大声喊道："全城搜索黎元洪！"

人群又一阵大喊："捉拿黎元洪！"

天，终于亮了！

红彤彤的太阳一鼓作气，冲上中天，如潮的武昌军民载歌载舞，在蛇山，在黄鹤楼，他们高高举起了象征十八行省的十八星旗，欢呼雀跃。爆竹、锣鼓，遍地是喜悦。

武昌城的天，飞满了欢笑，飞满了喜悦，飞满了歌声。一串串鞭炮炸响，散发出的硝烟被人争相嗅着称"好香"。蛇山笑着，望着龟山。轰轰烈烈的长江奔腾着，把武昌的消息送往南京，送往上海，送往全中国。在这前浪后浪相叠的呼啸中，漫天嘹亮的歌声又飞起来：

　　八月桂花遍地开，
　　穷苦的兄弟闹呀起来！
　　张灯又结彩呀哈……

这一天，武昌城尽属于革命，所有的守敌都逃走了。街道上，到处都奔腾着革命的喜悦和欢笑。

这一天，属于革命，属于新的时代，唯独不再属于清朝；武昌城头，飘扬起十八星旗，漫天飞扬！一个声音高喊着：今天，天下不再是他们满族人的！天下回到了汉族人自己的手中，天下属于万代敬仰的轩辕黄帝。

因为当前国号尚未定，革命军把这一天定为黄帝纪元四千六百零九年！

武昌城许多人家又贴起了红红绿绿的"春联"，他们说：这是过新年，这是新的天地。所有的鞭炮都在争鸣，所有的礼花都在竞相开放；所有的锣鼓，都在争唱；所有的呼吸，都在颤抖，都在激动！

所有的热泪，都在汩汩流淌，终于汇聚成浩瀚的江水，向着太阳升起的东方，尽情奔流！

因为这天地不再属于丧权辱国、腐败透顶、作恶多端的清朝。

秋天的江水又要涨上堤岸了。长江两岸，重新响起了抢险的锣声。但是，两岸的百姓抱着自己的胳膊不动；他们知道，抢险是官府的事，是那些大大小小的官吏把江水看得太凶猛。其实，江水和平日一个样，那随着江水奔流的，是天地间革命的呼声。

江水依然奔腾。

一个声音正在南中国大地上徘徊，用它特有的声调昭示着人们：

　　让旧世界，
　　在我们面前发抖吧！
　　新的时代现在开始了，
　　新的国家，现在开始，开始了……

91. 养寿堂的《万寿图》

洹上的秋天，天高云淡。村里村外都被打扫得清净一新，养寿堂前挂满了各色彩绢、纸花，两侧的案几上，摆满了面蒸的红红的大寿桃，西瓜、石榴、核桃、山楂、苹果、梨、菠萝、葡萄等新鲜水果堆满了地。袁乃宽新换上一身名贵丝绸袍，张罗着佣人们里外忙活。

养寿堂里，清净的条几上，摆放着一尊镏金的香炉。上等的香烛，几缕香烟袅袅升起，团团聚集在后墙巨幅《万寿图》前面，如云如雾。《万寿图》是彰德城内一位名士绘成的，由一万多只形态各异的蝙蝠联结成一个巨大的"寿"字，取意为福寿相连。为此，袁世凯赏给他一千两白银。

一大早，袁世凯就精神百倍，准备接受儿孙们的祝贺，让人为他梳妆打扮。

五姨太杨氏拉着六姨太叶氏、九姨太刘氏，来到沈雪梅面前，请允许她们向二姨太李氏和三姨太金氏学朝鲜舞。沈雪梅笑得合不拢口，嗔怪杨氏说："你看你这闺女，真让人受不了。这样的小事，你也要带她们来要我准了，这不是办我的难堪吗？"一边说着，一边挥着手让她们去，并嘱咐她们："好好学，今天是老爷的寿辰，大喜的日子，可要学得耐心些；好跳给老爷，让老爷开心！"

于氏在屋内看见，装作未看见，把嘴抿得紧紧的。前来贺寿的人向袁世凯祝贺致辞，她正色而视，全然不理，如一尊木头人般呆呆地坐着。

袁世凯真想扫她两个耳光。他心里明白，于氏一直对沈雪梅嫉恨。家中人口多了，她也不好经常找沈雪梅难堪，只有生闷气。

候庄村的李员外来了，带来了许多的金银，又呈上两条精致的面鱼和两只相配的面鸡。他说："薄礼一点，请宫保大人收下。这是当地百姓的心意，是'吉祥有余'的意思。我代表一方百姓，祝您万事如意，心想事成；福如东海，寿比南山。"袁世凯道罢谢，留他在家吃午饭，他一定要走，说什么也留不住。

彰德知府率领着汤阴、浚县、辉县、卫辉等县的知事，也一大早赶来了，庆贺袁世凯的寿辰。他们的身后，礼品排有两里长。

袁世凯说："谢谢！谢谢！慰亭如此不才，却屡受诸位厚爱，令人惭愧。"

彰德知府上前一步，请袁世凯受头，遂带领几位县知事，一齐跪下来，口念着贺词：

　　　　袁公福寿，黎民受福，太行横亘千里，茂林生洹水，为公洗尘……

袁世凯不等他们念完，就扶起彰德知府，俯在他耳边说："知府大人，今天京城里来的有许多耳朵。"彰德知府浑身惊得一颤，忙让人将礼品抬至养寿园，一边向袁世凯告辞，一边对其他县知事使着眼色，让他们也离去。

果然，有几个陌生人，正贼头鼠脑地在宾朋席上向这里探望。

彰德知府告辞后，宴席开始了。

杨氏领着叶氏、刘氏她们，去李氏和金氏住处学朝鲜舞，金氏却痛哭不止。杨氏详细问，金氏才无限悲痛地说："您可知道，日本人与李完用合谋，将我的国家吞灭了。他们一纸《日韩合并条约》，时时在抽打着我，我如何能跳、能唱？"李氏也在一边哭泣不已。

袁乃宽来请她们去宴席上，大家才离开，重新搽粉、化妆，如一团云锦，飘进养寿园。

袁世凯望着迎面而来的一群爱妾，问杨氏："老五啊，今天你们还跳、还唱吗？这么多的客人，让他们饱饱眼福吧。"杨氏笑着说："是呀，今天大家本来打算要尽情欢唱的，只是怕演得不好，让人难堪。还是来日再演吧。"

另一边，袁克定、杨度、袁得亮一群人说说笑笑，与开封来的戏班子演员打闹不停，学着他们的模样扭扭捏捏的。

袁世凯看见，颇为气恼，长长叹了一口气，狠狠骂了一声"疲熊"，一边叫袁乃宽宣布寿宴开始。锣鼓一敲，戏开演了。

几十桌宴齐摆开来，大家都站起身，举杯祝福袁世凯福寿长在。

袁世凯笑吟吟地，频频向众人举杯致意。他在想着许长义的话，暗暗高兴。这时，电报房中值班的一个青年，来到袁世凯身旁，将电报纸呈给袁世凯。

袁克定在一旁看了，大声说道："早料到的！"满脸如鲜花怒放。

袁世凯不动声色，吩咐大家继续玩，自个儿走了。杨度他们紧随着他后面。袁世凯又急折回身，让人撤去酒席，立即停止演戏。人群中议论纷纷，争说"武昌起事是好事"、"宫保大人该出山了"、"南方闹腾不起来"之类的话。

忽然，大门外面乱嚷起来，声音越来越高。养寿园的宾朋都伸直脖子望去。袁乃宽走过去一看，原来是一大群叫花子，有一百多人，他们每人一串竹板，由一个年老的领着，边打竹板边唱：

> 打竹板，
>
> 哗啦啦啦！
>
> 金银财宝到您家，
>
> 到您家，
>
> 你得要，

给您唱戏又放炮！

唱大戏，

您欢喜，

赏俺银子赏俺米……

站岗的被挤在一边，用手势比划着，告诉袁乃宽，快拿些银钱打发他们走。

叫花子们走了，洹上村又安静下来。

大家继续谈论着武昌的事情。有的说黄兴和孙中山都不在武汉，他们成不了。有的说革命军势不可当，要打进汉阳，天下就不得安宁。有人说，这一乱，才会让朝廷想起袁宫保。人们越说越提劲儿。袁世凯连忙制止住，说："注意，大家不要谈国事，只谈其他的。"他说着，用力望着东天。

东天的太阳正热烈地喷薄着，一往无前地升起，冲向南天！

他瞪大双眼，与太阳较劲，他终于把太阳的光辉比下去了。他看到太阳变成了一个碗口大的黑点，像一只破毡帽儿正无力地挂在天穹。他兴奋得想喊，眼亮得灼人。

他盼望的日子终于来到了！

遥望南天，他的心飞向三年前，想起年少气盛的载沣，强悍好胜的铁良和良弼，贪财爱鄙的奕劻，心高气弱的隆裕太后，还有善耆、那桐、江春霖、徐世昌等。这些人，每人都是一台唱不完的戏。

他想说，这次该我出场了！屈指算来，风云聚会之际，朝廷有谁可以赴南平息烽火？舍我其谁？但是，无论如何，要提防，一定要严加提防。十八行省的旗帜能够飘扬多久呢？

他转过身来，唤袁克定到身边，让他速与朱尔典联系，并探一探日本人、俄国人的口气，还有美国人的态度。

袁克定懂得他的用意，用那只残疾的手，撩了一下衣襟，装出一副得意神色。

袁世凯的心猛地揪了一下。

袁克定一路笑，一路唱，在他眼中如同一只怪物。

那颗不安分的头颅晃来晃去，飘起一阵歌唱声：

我正在城头观呀山景……

袁世凯的心缩紧了。他想，武昌能坚持多久？那些革命党和新军，他们有后援吗？这些毛毛躁躁的南蛮儿，只是蛮干！若载沣他们逼自己出山呢？自己是做曹孟德，还是做曾国藩呢？大明皇帝朱元璋……

不，我谁都不做，我袁世凯要做我所想做的人和事。他一遍又一遍对自己说。

不知什么时候，孩子们还在打闹着，他们满院子奔跑，到处高喊着："打仗啦！打仗啦！"而袁世凯却渐渐听成了"万岁，万岁，万万岁"，他的耳畔久久挥之不去的都是这声音。

武昌城，你的动静是如何发生的呢？

一丝笑，涂抹在袁世凯的嘴角。他仿佛看到武汉三镇到处都是血渍浸透的鸟毛，江水正冲突堤岸，漫透两岸，漫向大地，直逼向这簇拥着紫禁城的北京。前门、正阳门、安定门都坍塌了！他分明正看到紫禁城一片狼藉，这群曾经耀武扬威，不可一世的新贵们，正满目惊恐。于是，他闭上眼，轻轻拍打着手指，在心里唱着，也有板有眼地唱起来：

> 我正在城头观呀山景，
> 忽闻得哦……

92. 武昌城头

秋天的香山，红叶如锦，风吹来，一片片鲜红的涟漪飘荡在山麓。枫叶红了！

往年的王公大臣总要来此赏风景，如今，这里却显得异常的冷清。冰凉的风吹来吹去，好像一只嘶哑的箫，正哭诉着不尽的凄惨、哀婉。风们飞向紫禁城，要询问那些北京如云的树叶，为什么不把当年的热闹传来、送来、卷来。

西山上来的风们贼头贼脑的，盘旋在紫禁城外，打着滚儿，徘徊着，被来来往往的各国使者的轿车惊愕了。只有那一缕缕单薄的、瘦弱的风，偷偷地挤进去，溜到金銮殿上，去窥视娃娃皇帝宣统，和他身边的摄政王载沣，还有那神情沮丧、束手无策的太后隆裕他们，这一群泥塑的神胎。

载沣的嘴气得歪到一边去了。

武昌的炮声，震得他头皮疼痛、麻木，快成一具木瓜了。他红肿的双眼喷着火。此刻，他真想放一把火，把所有的宫殿都烧掉，自己甘愿与这火同尽。他在痛哭，几个革命党闹事，瑞澂、张彪竟弃城逃窜，你们这一群饭桶，大清国给你们厚禄，你们竟……

他越想越恼，咳嗽起来。

人上来要扶他，被他推开。他指着那桐，上气不接下气地说："协理大臣，你说你愿以身家性命担保袁世凯。你可知道这个人的心是什么染成的吗？武昌起反，与他到底有没有联系？你们，你们，全然不想大清国，忘了先朝的圣训！老糊涂了吧？你们……"他仰起脸来，望着屋顶，痛苦地闭上双眼，喃喃地说，"瑞澂、张彪，听见炮声就跑。来了一群洋鬼子，美国的嘉乐恒他颐指气使，一定要我立即起用袁世凯；还有驻京各国公使团，他们都敲着边鼓，非要我起用袁世凯不可。这帮子洋鬼子哪里是觐见？简直是在发号施令！呸！协理大臣，你怎么和洋人一样的心思呢？"

那桐低下头，一语不发。

宫外又有报信："武昌全城陷落，汉阳吃紧！"

"德国公使请见！"

"朱尔典先生请见！"

"嘉乐恒先生请见！"

"公使团诸使先生请见！"

"……请见！"

"……请见！"

"……请见！"

一声声，如密密麻麻的锣鼓声，如潮水般涌来，涌来。

隆裕把手抬起，又放下，举起，再往下，她蜡黄的脸上挂着两行晶莹的泪，闪着寒光。铁良和良弼都一声不响，他们愤怒地望着那桐。

奕劻用眼扫视着殿内，松弛的眼皮儿遮掩起了载沣射来的眼光。他只是"哼"了一声。

徐世昌他们则神情肃然，什么也不看，静静地等待着。

那桐满脸泪痕，不停地左顾右盼，他咬了咬牙，急上前一步，跪下奏言道："摄政王爷斥得极为有理，臣心服口服。念臣体弱多病，深感才思不济，每每迟钝愚拙，恐在朝贻误圣上英明决策。臣请告老，愿辞去协理大臣职，以便英才崛起，扶我大清社稷昌盛！"一旁的内阁总理大臣奕劻紧随着话音，也上前一步，跪下奏言："启禀圣上，启禀摄政王爷，臣亦深感体力、心力皆不济，恐误国殃民，恳请恩准老臣休养。"

一群洋人进了殿前，他们的身影在载沣眼里变成一群着了装的狼。载沣猛觉得一阵眩晕，天地一片漆黑。

待他醒来时，殿内更加凄凉了，不觉泪流满面。望着满嘴叽里咕噜、哇哇不停的洋人，他什么也没听进耳朵。他知道，从东交民巷来的这帮子洋鬼子干不出什么好事，他们无非还是一句老话：天下大乱，非重用袁世凯不可，只有袁世凯才能收拾这局面。他想骂这些洋畜生，可喉咙里一股黏痰梗阻着，吐不出，也骂不出。

徐世昌和一群老臣都跪下了，他们启奏的是什么？溥伟，恭亲王爷，你指着徐世昌在说什么？在骂他们吗？铁良和良弼呢？你们的刀呢、枪呢？一团漆黑袭来，载沣什么也看不见，什么也听不见了。他似乎听见整个殿内都弥漫着一个声音，要求起用袁世凯……

袁宫保，大臣们唤着这几个字。

袁世凯，洋人们唤着这几个字。

载沣感觉到自己正陷入黑暗的泥潭，这黑暗的泥沼中，挤满了袁世凯那圆圆的恶狠狠的大眼睛。俄而，这眼睛变成无数血盆大口！

他咬紧牙关，任凭自己陷下去，被它们吞噬。此时，他听见越来越响亮的声音向他涌来，如无边无际的浪涛挟裹着他，把他掀起，举得很高很高，又狠狠摔向浪谷：

"摄政王爷，你要救我啊！"

"摄政王，摄政王，你算什么摄政？屁大一个事你就吓蒙了，这算什么本事？"

"摄政王，你可拿出看家本领啊！"

"摄政王，我要刀劈了你！"

"摄政王，哪里跑！"

"摄政王，滚下台去吧！"

无数的喊声越来越急切，越嘈杂。

"摄政王爷，你，你一定要救救我呀！"这是隆裕的声音，她凄厉的尖叫声，扯得很远很远。

他们都在哪里？载沣感觉到自己正在空中飘着，却找不见自己的身影。满眼都是翻飞的纸帐包裹着；此刻，他不知道自己在哪里。自己该是什么呢？难道是孤独的鬼魂吗？

四野一片茫茫，望不见山，望不见水，也望不见土地。云天翻腾的是什么？那些黑压压的东西正迎面向他冲来，他仿佛看清了，那是谭嗣同他们，头上勒着耀眼的红巾，身后跟着成群的兵丁，一个个义愤填膺，怒目而视。喊杀声越来越近，明晃晃的刀和枪直逼向他！他被挟裹进了人群。人群中的刀和枪如林，如洪水。在这人群中，一辆破烂的囚车涂满了血污，里面装着慈禧的头颅、光绪的头颅，还有数不清的王公大臣的头颅。头颅的一旁架上了干柴，一个义和团战士手持火把，将火把点燃了这雪亮的柴堆。很快，大火冲天而起，呼啸着，直逼他而来！

摄政王载沣尖声哭喊着，却哭不出声。在这呼啸声中，他的双眼如铁锁封紧了一般，怎样也睁不开。他的耳边传来阵阵喊杀声的同时，响起了嘹亮的，越来越嘹亮的孩子们唱起的歌声。

风来了！
雨来了！
老和尚背着鼓来了！

风住了！
雨住了！
老和尚两眼闭住了！

风来了！
雨来了！
老和尚的袈裟淋坏了！

老和尚？老和尚？老和尚是什么？载沣极力要悟出其中的道理。他想起这之前，宫中曾有一个资深的太监为他分析这几句童谣。太监说，和尚的头是光光的，此寓意在于此，光绪来了又走了。汉人说"走了"，常常意味着"死去"，他们把生当成"来到"。光绪走了，载沣的儿子溥仪登场，来了；怎么又有一个"袈裟淋坏了"呢？啊！袈裟，就是大清的江山吧！大清的江山，就这样烂破如泥吗？他越想心中越慌。许久，他终于感到一丝轻松。他对自己说：心乱如麻。

"王爷！摄政王爷！"一群声音轻轻呼唤着他，就在近前。

他终于睁开眼睛，有气无力地望着面前的这些人。但他们的面孔在眼中又是那样模糊。近在咫尺，又如此遥远，像一群幽灵，正包围着他。

"摄政王爷醒一醒，隆裕太后病危，正吐血……"

一个不男不女的声音告诉他。他又闭上了眼睛。他什么都不愿再看到，他什么都不愿再想……

在他的耳畔，只有那挽歌般的童谣，一遍遍唱着，唱着。俄而，是武昌城头轰隆隆的炮声；他猛感到一阵心悸！

　　武昌城头，十八星条旗不停息地飘扬着。几天来，无数的士兵走上街头，他们走进那些豪门大户，让他们拿出来好吃好喝的东西，拿出来金银财宝，送上来烟土和女人。他们仰天大笑，为所欲为。今天，大家商议说，革命开始了，要管理好城市，必须找一个会筹划全局的人来指挥大家。新军的弟兄们嘻嘻哈哈，都说自己连字都不识一个，哪能管理武汉三镇呀！望着他们松松垮垮的身影，吴兆麟陷入了沉思之中：两天来，大家都嚷着推自己任鄂军都督。孙中山、黄兴他们是革命的领袖，但他们却不能联系上，蒋翊武和刘公现在仍然找不到。革命需要领头的龙首，群龙无首，是飞不起来的啊！怎么办呢？

　　小猴子他们知道吴兆麟在想让黎元洪做都督的事，就一次再一次请求："总指挥，黎元洪他是仇视革命的人，您把鄂军都督让给他，能行吗？他会不会断送了革命果实，挥起屠刀再杀革命人？这鄂军都督还是您来做吧！"大家齐声喊："恳请吴总指挥做鄂军都督！"

　　吴兆麟双手挥起，请大家安静，说："弟兄们，革命是什么？是打家劫舍吗？是为了个人追求升官发财吗？不是！革命是无私的。我们现在推一个不是革命党的人，让他来做都督。这不仅可以表明我们革命党的胸怀，而且可以鼓励更多的人来参加革命，壮大革命！"

　　有人带头鼓起掌来，掌声稀稀拉拉。

　　他继续讲道："都督不是随便可以做的。我只是一个队长，做了鄂军都督，人家是不会服气的。让他黎元洪来做吧。他做了都督，他也要受革命的约束。我们是不容许他做危害革命的事情的！"

　　小猴子左顾右盼，望着众人愁眉不展的模样，说："对！吴大哥讲得对！若这个黎元洪敢胡来，我们当下就杀了他！我们要让人知道，他只是革命的菩萨泥坯胎，我们是借他的名义，不是让他管实事的。"大家都说有道理，不再争议什么，列队向楚望台开去。

　　静静的楚望台已经搭好了会场。新军士兵队列整齐，铮铮发亮的刀枪在阳光照射下熠熠夺目。

　　黎元洪过来了。他被马荣、程正瀛两人挽住马缰，押过来的。他愁眉苦脸，在马上摇晃着，缓缓向楚望台走来。

　　吴兆麟命令："吹号，敬礼！"

　　士兵们立正，有人笑出声来。

　　黎元洪头上落下豆粒般的汗珠。他看见吴兆麟向自己走来，以为是要杀他，就闭上眼，屏住气，心想自己杀了革命党新兵，斩了来使。现在落到他们手中了。唉，这下完了。吴兆麟走到他跟前，行甩刀礼之后，大声说："请黎协统做鄂军都督！"

黎元洪揉了揉眼，知道不是杀他，而是请他维持时局。他就顺水推舟，说："吴兆麟，大胆革命，你可知道这是要杀头的吗？"

马荣猛地抽出大刀，挥起，走向前，对他大喊道："呸！黎元洪，你是个什么驴子？敢恫吓革命，看我杀了你！"

吴兆麟急拦住，然后对大家说："武昌各界人士都在等待开会，我们推选黎协统做都督是为了时局稳定，希望大家理解。黎协统，别怕，我们不杀你！"

人群中"哄"地笑起来。黎元洪的嘴张了又张。他向四周张望着，到处是飘荡的星条旗，如沸的人群不知道在高喊着什么；到处一片嘈杂，嘈杂声嗡嗡响着，响着。

湖北军政府宣告成立了！

黎元洪像在梦中，他随着吴兆麟离开楚望台，向谘议局会议场走去时，悄声对吴兆麟说："吴队左，我平时待你不薄，你为什么一定要害我？"吴兆麟厉声说："黎协统，若你再抵抗革命，你的性命，我就不管这么多了。要知道，你亲手杀了我的传令兵，这笔账还未算！"黎元洪连声称"是，是，是我罪过"，就低下头，不再说什么了。逃出之后，他躲到了管带谢国超家中，在打发伙夫回去到家拿行李时，被革命军搜出来。这时刻，自己要做谁的都督呢？他在盘算：一定要想法逃走。

会场上人声嘈杂，旧识汤化龙望见黎元洪，急忙走过来，低声说："协统，你不要装迷了。弯腰捡了个总督，若你不做革命党，革命党就会杀掉你。"还有谁说些什么，他都记不得了。只觉得有一个青年军官模样的人，持着手枪，向自己对准，比划了几下，被人推走了。

老天爷，这到底是怎么回事呀！

黎元洪在会议结束后，稀里糊涂地被人带着，来到一个大屋子里。不知道是白天还是黑夜，他不想吃，也不想喝，决心一死了之，保一个忠臣贞节的名声，强似跟这些毛头小伙子乱折腾着干什么革命。于是，干脆闭起双眼。熬了两天，在黎明时刻，他听见外屋有人说："把这家伙砍了吧！看他这个孬种样子，扶也扶不起。别等以后让他祸害我们。来，砍了他，吓一吓那些老家伙，让他们知道，不革命就不活命。"他心里冰凉冰凉的，只觉得四肢无力，软绵绵的。

外屋又有人说话了，听清楚时，知道是吴兆麟的声音——他在劝说别人。

"哐！"门开了，一个士兵托着菜盘，怒视着他，说："吃不吃？若再不吃，

348

我把你砍碎，喂狗吃！"

他从床上爬起，连声说："我吃。我吃。"

外面屋子涌过来一群人，有吴兆麟领着，向他介绍说："黎都督，看清了，这是我们的谋略团。这是蔡济民，这是邓玉麟，这是王宪章，这是高尚志，这是吴醒汉，这是陈宏诰，这是张廷辅，这是徐达明，这是王文锦，这是梁鹏。以后，由他们主持军事，对外发布号令时用你的名义，你只能老老实实，规规矩矩，不许乱说乱动。记住了，你不得违抗半点！"

黎元洪连声说："好，好。我遵命。"

蔡济民他们站立一旁。两个青年士兵过来了，一人拿着明晃晃的剪刀，一人拿着一套新衣服。

黎元洪连连摆手，吓得张着嘴，说："你们干什么？你们要干什么？我饭也吃了，都督也做了。你们为什么还要杀我？"

吴兆麟说："菩萨，别怕。你脑子后面那条尾巴，是清朝给的，现在要割去，和我们一样。准备一下吧，换上新装，外面有集会，大家要见你的模样呢。"

整理了片刻，他们把黎元洪打扮整齐，蔡济民一行人拥着他出去了。猛一走，脚像假的，活动了筋骨，他才可以迈脚步。

屋外的阳光刺得人眼直疼，费了半天的劲才睁得开，只见广场上人群密密麻麻，正齐声欢呼。各色彩旗飘扬着。他听清了，汉阳、汉口两镇也已经都是革命军占领的地盘。湖北各府州县，都由革命党带领，赶走官吏，湖北宣告独立了！他朝人群细细望了望，都剪掉长辫子，除了士兵、学生，还有农民和做工的手艺人，他们都穿着短打。改天换地了吗？天啊，世道真个要变了。那些人怎么花花绿绿的，呀，原来是一群娘儿们，大姑娘、小媳妇，老太婆们也走出来了。那里一群兵也是女的吧？不仅远处有，自己身边也站了几个，她们的胸前佩戴着光彩照人的徽章，一个个胸脯挺得高高的。我的娘，这世道，这世道，这世道……

人群继续欢呼着，这呼声让阳光更加温暖、更加绚丽！

人们高呼着庆祝的口号、战斗的口号，向天，向地，发出几千年来未曾有的宣言！

他不明白，这世道竟变成了这样。

台下正在喊口号：

"建立革命政府！"

"打倒清王朝！"

"舍得一身剐，要把皇帝拉下马！"

"革命万岁！"

每一声口号，都震撼着他的心。

每一声高呼，他的全身都要颤抖。

他悄悄转向吴兆麟和蔡济民他们望去，在他们的脸上，正洋溢着坦然、喜悦，起义的成功，使得他们都那样容光焕发。

汤化龙用眼神止住了他，那意思在说，莫慌，我有妙计授你。

军政府和都督府都成立了。

革命军的指挥总部和黎元洪的大都督办公室都设在一座大楼上。整日来来往往的人很多，大家见了面都换了规矩，相互间握手，鞠躬，往日的礼仪都不用了，再也没有了"老爷"、"大人"之类的话。

黎元洪亲耳听见吴兆麟对来访的市民说："大家不要客气，谁也不准称我为老爷。我们要杀的就是那些老爷，就是那些作威作福的老爷们。我们全国四万万同胞，人人都是皇帝，人人都是世界的主人，个个都是一品百姓。大家的地位是平等的，瞎子瘸子聋子哑巴，都有自己的职业，都有自己的饭吃，谁也不能欺负谁。今天，官员不能算官，官员是人民的仆人，是社会的公仆！"

汤化龙像狗一样夹着尾巴溜来，对黎元洪说："呸！什么公仆？我看，他们是兔子的尾巴，长不了。这些人看见谁，都要把人家的头发搞成和尚，简直是他娘的禽兽！看那娘们儿，和男人一个样，这算什么呀！"

黎元洪苦笑着，一句话不说。

汤化龙讲了自己下一步的打算。黎元洪摇摇头，说："胡宗琬还闹不闹？"胡宗琬是都督府的外交部长。他参加过黄兴的华兴会，来到武汉又因为参加过日知会而被捕入狱。在狱中，他演说民主革命的道理，感动了许多人。其中有一个狱吏，把自己的女儿许配给他，帮他与狱外的人开展革命联络。一时间，胡宗琬的威望如日中天。军政府的组织条例是汤化龙起草的，他和黎元洪放风说是孙中山派居正送来让大家执行的。条例以都督为军政民政最高长官，军政部设参谋、军令、军务三个部，而民政部设内务、外交、交通、财政四个司。胡宗琬自立为外交部长，不愿居于汤化龙之下，任他谘议局摆布，就拒绝改外交部为外交司。汤化龙虽为民政部长，也不好强压胡宗琬，只好迁就他。想到这里，汤化龙对黎元洪说："都督大人，这事您不用担心。这个狱吏的女婿是个直性子人，来日，等有了革命军外交代表，他就会自己滚蛋的！"

黎元洪称赞汤化龙智谋超人，说："这下好了。我这个黎菩萨，要做真菩萨。军政部和民政部都是我们的人，谋略团就要归我们指挥，兵权属于我们，我真要看他们要折腾多久才算。"

军政部由黎元洪兼任战时总司令，吴兆麟做了参谋部副部长，孙武、张振武他们做了军务部正副部长。大权旁落，但吴兆麟和孙武他们以大局为重，对此没有异议。他们一再声称，革命者首先要有宽广的胸怀。

汤化龙说："是啊，让他们折腾吧！这群泥腿子，穷光蛋。他们成不了什么气候！都督，今天上午在广场举行革命军誓师典礼，谭人凤为您授剑、授旗，您骑上那马，检阅部队，好威风呀！"

"威风还在后面呢！"黎元洪拉了汤化龙的手，请他到文件柜前，让他看一些新的方案。两人得意地笑着。

"报告都督！"

传令兵是一个青年士兵，站在门口一声高喊，吓得两人赶紧蹲在地上。

待他们清醒过来，黎元洪用责备的目光盯着他，说："大惊小怪。"

传令兵丝毫没有畏怯的神色，继续用大声报告："刘家庙时奉阵地已集结完毕，准备炮击江面军舰。敌舰有三艘炮舰，两艘鱼雷舰。请指示！"

黎元洪望着汤化龙说："您说呢？"

汤化龙望了望威严的士兵，仍然止不住哆嗦，说："您就说了吧！"

黎元洪强打起精神，说："敌若犯我，我必犯人。打吧。随你们的便，打吧！愿怎样打就怎样打，想怎样打就怎样打！"

威严的士兵立正，高声喊道："是！"

黎元洪和汤化龙相视都无可奈何地笑了起来，不约而同地"唉"了一声。

93. 笑不作声

洹上的水，被秋风吹起层层涟漪，袁乃宽找来几个村民，让他们用网撒来圭塘里的鱼。随着渔网飘落处的浪花，一网又一网的鱼提了上来。一色的金鲤，红红的尾和背耀眼明亮。袁家的人都跑出来，站在塘边观看，孩子们不时地惊叫："真大！真肥！"成筐的金鲤被提了，放在养寿园的菜地琉璃井旁水池中；河水中泥污太脏，锦鲤在清净的井水冲洗后精神百倍。

袁乃宽在院子里奔忙，他自嘲般地对人说："嗨，得跑着走路。不知道怎么回事儿，我竟学不会走路了，一迈步就像弹簧跳起的，不蹦几下真难受。"他吩咐家人捉了几条大的鲤鱼，其余的都让村民们带走。村民们很感激，连声称谢。

往日熙熙攘攘的人影今天忽然都消失了。咿咿呀呀的戏子和铿锵的锣鼓声也都消停了。园子里静下来，家人们不知道发生了什么事情，都躲进了各自的屋子。袁乃宽叫来几个最贴身的家丁，俯在他们的耳边嘀咕着。家丁们都神色惊变，立正应命，迅速离去。他那一双眼到处扫瞄着，像一条忠实的家犬，用力吸着鼻子，时刻要防着什么。

杨度他们要走了。

从昨天子夜时，一直到现在，袁世凯与他们谈个不停，一直到鸡叫明。正要送杨度他们出洹上，荫昌来到。于是，袁世凯让袁乃宽把杨度他们安排在养寿园一个清静的地方，同时，他让刚从项城老家回来的袁克文陪着他们。袁世凯把自己打扮成一个病恹恹的病人，躺在被窝里，极力让自己满脸都显现出憔悴，显出有气无力。

杨度对袁克文说："荫昌一来，怕是宫保的身价很快就要被人提上去。清王朝的权贵们都成了残叶烂藕。一片江山，南边炸了雷，北边要下雪，不愁他们不为当年赶逼宫保大人而悔过。"袁克文则握紧拳头，掩不住喜色，霍地站起身，说："晳子，等着吧，一场好戏就要开演了！荫昌来，只不过是来拉家父串场的——舞台上已经没有人能压住戏轴了！票价不知涨到什么程度呢。"前些天来洹上祝寿的人中，曾为袁世凯是否出山而争议不休。当时，杨度就预料到武昌一动，北京就要乱场，必定要请袁世凯收拾这样一个残局。这样，袁世凯应该不予理睬，直到大局动荡，再推波助澜，让天下乱得不可收拾，人皆呼唤袁世凯出来，才算上策。人都称他有眼力。

荫昌此来，会是一个什么样的角色？

袁乃宽"嘿嘿"笑着，请大家喝莲籽汤，一边说"喝了清火"。大家才想起久未用过这汤，真让人嘴馋了。

袁克文说："荫昌这个人，和我大哥是有过交情的。此番来，无非是想让家父为他帮忙。他曾在德国学陆军，但他一直没有领过兵，打过仗。让他来领着北洋的人马去平乱，恐怕没有家父的面子，他是领不动的。"

杨度呷了一口汤，脸上放出了光泽，一派潇洒，比划着说："这样的时刻，让宫保为湖广总督，督办剿抚，节制调遣各路军队。我看，他们的气数已尽，实在是难有什么中兴的希望。即使平定了武昌的革命党，天下也不会安宁——狗东西们耍惯了花招，前有曾国藩平洪杨之后的下场为证，袁宫保他平了武昌，下场绝不会有二。"

袁乃宽说："那么，您的意思是让袁宫保和革命党为一伍？他可是多次讲过，他不能做革命党，他的子孙也是不能做革命党的！"

这时，有人来告诉：荫昌已走，请大家到养寿堂内，有事相商。

来到养寿堂，袁世凯哈哈大笑，说："就凭这个毛头将军来拿我上场？"众人都附和着说："不理他！"

袁世凯一挥手，说："不，要重视才对。晳子，请帮我拟文。"

杨度得意洋洋，一挥而就，拿起来，朗朗读着：

> 闻命之下，惭赧实深，伏念臣世受国恩，愧无报称。我皇上嗣膺宝录，复蒙渥沛殊恩，宠荣兼备。徒以养疴乡里，未能自效驰驱，捧读诏书，弥增感激。值此时艰孔亟，理应恪遵谕旨，迅赴事机。惟臣旧患足疾，迄今尚未大愈。去冬又牵及在臂，时作剧痛。此系数年宿疾，急切难望痊愈。然气体虽见衰颓，精神尚未昏瞀。近自交秋聚寒，又发痰喘作烧旧症，盖以头眩心悸，思虑恍惚。虽非旦夕所能就痊，而究系表证，施治较旧恙为易。现既军事紧迫，何必遽请赏假。但困顿情形，实难支撑。已延医速加调治，一面筹备布置。一俟稍可支持，即当力疾就道，籍答高厚鸿慈于万一。

众人齐声鼓掌。

袁世凯说："就这样。我以足疾出，也以足疾进。载沣小儿打发荫昌，以为凭此交情，我就会附衍。哼！他们会知道，武昌之乱，南京、上海、广东都人连成一体的。天下大乱，黎民不平啊。我这里想了几条：第一，我需要调动后备军、续备军；第二，军饷；第三，我若出山，陆军部他们不能牵制；第四，我需征调将领；第五，我能够受降，接纳；第六，我需可以赈灾，安抚难民；第七，我需自成文字；第八，所有行动，自成一军！若不然，我们便各行其是，互不打扰。"

停了停，他又让发报，告诉小站的旧部：不要轻易动！

连着两天，车站上再没有人来。北京没有什么动静，杨度、王锡彤、张锡銮、赵秉钧几个人都回去了。

八月二十五日，张镇芳来信了。他在信中说，他从天津到了北京，谒见了庆王；庆王表达了自己对摄政王打击袁世凯的不满，说袁世凯是砥柱中流，摄政王是在误国，云云。他希望袁世凯不要坐失良机。

天上的云彩东一抹西一抹，如一道道扬起的尘埃，映着袁世凯烦乱的心。他在想，芝圃在信中说得对。武昌起事是南北相争。湖北人了不起！过去，他一向看不起油头滑脑的湖北人，但这一次大动荡，却就是在湖北发生的。他在心里骂着，天上九头鸟，地上湖北佬，这次起事的人到底是湖北佬，是新军，不必完全是他乡人。没有这些湖北佬，是成不了事的。他们太精明，精明是没有错的，现在他们在折腾，折腾的越是惊天动地越好！可是，现在，起义这样的大事情，他们竟掂出来一个窝囊蛋黎元洪，找一个大清的老官油子为他们做什么都督、统帅，真是精明到家了。这也可能是他们在打什么算盘，他们到底是想干什么呢？如此太精明，人其实可能最愚蠢。

袁世凯"哼"了一声，自己对自己说，这也好，要打好武汉这张牌。等些日子，载沣他们还要借我袁世凯的刀去杀湖北佬，平定天下——而这天下，哼！这场戏，锣鼓已响。他伫望着洹上车站，等待着，等待着早就应该来而一直没有敢来没有能来的昔日的兄弟们。他懂得小站兄弟的分量有多重。他在心里数着冯国璋、段祺瑞、王士珍这三个得力的干将，以及他们身后那些大大小小的将领们，他们有哪一个不是自己一手提起来的？这个冯国璋，人说他不断向皇帝靠近，对良弼献不够的媚眼，是小站的叛徒。嗨，都不知道这是我袁宫保的妙计呀。北洋六镇，现在拆得七零八落的，将士们诉不尽的冤苦，发不尽的牢骚，军风败坏，完全不像当初那样生龙活虎、一派欣欣向荣的景象。待日后有了时机，一定要重新整治。南蛮太精明靠不住啊。

袁乃宽一路小跑，摇头晃脑的样子，又来到了跟前。他学着那些军人的姿势，将手向头上一举，两条腿往中间一并，大声喊道："哈伊，给袁宫保大老爷敬礼！"

袁世凯被他逗笑了，说："娘的，你这个小赖种孩儿，给我出这样的洋相啊。"

袁乃宽嘿嘿笑着，扮着鬼脸，说："只要老爷开心，我天天敬礼。"转而又往四周瞅了瞅，压低了嗓门，怪声怪气地喊，"老爷呀，素云班的丫头们都来了。一色的十五六岁，个个都是含苞待放的小花骨朵儿，请您解解馋吧。"说着，不自觉地将屁股扭了扭，缩了缩头。

袁世凯光笑不作声。

袁乃宽说："老爷呀，四老爷，俺看您整天为国为民，满脸写着忧愁，今天特意约了素云班的妞儿们，把她们从汴梁城里拉过来，陪您玩一玩。请您轻轻松松一下吧。"一边说，他一边蹭过来，挽了袁世凯的胳膊，往前推去。袁世凯随他往前走着，脸上热乎乎地感到发烫，小着声问："乃宽儿，你姨她几个知道不？"袁乃宽说："哼！她们都被我打发去看电影了。我说，老爷有军机大事，任何人不得打扰。恰好刚才大憨来了，我让他和她们一道儿去看。老爷，您老就放下心来玩吧！野味比家味要美许多呢。"

"什么？大憨来了？"袁世凯静下神，惊奇地问道，"他这个时候来，一定有事，为什么不早一些告诉我？快，让他见我！"

袁乃宽说："老爷，你别急。大憨对我讲过，他只是到北京去有点儿事，来这里顺便看一看您，并没有什么急事。"

袁世凯略有所思，"嗯"了一声，继续朝前走。

　　袁乃宽说："老爷，四老爷，我有一句话不知道该不该讲？"

　　"说吧，啥时候我把你当外人了？"袁世凯说着，又骂了他一句。袁乃宽喜欢得弯下了腰，将手掌拊了自己几巴掌，说："老爷，俺的好四老爷呀，前儿个几个佣人在那儿说，说您喝醉那天夜里，您变成了一盘金龙，将头悬在大梁上，浑身金光闪闪。我的娘唉，把我都吓死了。他几个咋这样说呢？"

　　袁世凯连骂了几声，十分生气似的，说："可不要瞎讲了！前几年就有人胡乱讲什么'颐和园是与乎袁'，与乎个什么呀？他们乱说什么天下给了我们姓袁的。差点儿没有出大事呢。傻孩子呀，咱们家的事，你比云台、豹岑他们知道得都要多。里外全靠你支应啊！好好干，以后老爷得了势，是会让你变个样子的。"

　　袁乃宽激动得声音都走了形，嘶哑着，扭捏着，说："老爷，其实，乃宽是个孤儿，家父其实不是俺亲爹。这，您是知道的。俺托您的福，才有今天。"说着，竟哭起来，接着又笑着说："四老爷，您看我，真是不主贵，一高兴就变成了这个样子。"

　　说话的工夫，二人来到了新修的翠竹楼前，丝弦之声正轻吟传唱。

　　刚刚走进房内，迎面扑来刺鼻的脂粉味儿，一群脱得赤裸裸的姑娘，围拢了过来，嚷着，叫着，撒着娇。她们用力挤过来，袁世凯望着她们鲜润的脸蛋、婀娜香嫩的身段，左右把两个靠近的抱在胸前亲了又亲。袁乃宽早退了出去。房内红红绿绿的彩灯燃亮，一阵乐声响起，袁世凯觉得自己犹如身处仙境。他脱下沉重的防弹夹克，好像又回到了在朝鲜的岁月，不觉抓紧了一个姑娘的手臂，抓得她生疼，疼得尖声叫着。这尖叫声使他猛想起于氏……他乍感到恶心，猛地把她们推开，重新穿好防弹夹克，步出翠竹楼，一边在心里骂着袁乃宽。这时刻，他整理着自己的思绪，设想着该如何走好武昌革命军这步棋。他没心思品味这些女人。他想，一定走好武昌这步棋，就可以打载沣的闷宫。那些南蛮不可靠，只可作一粒棋子走；真正能派上用场的，到底还是小站的一群兄弟。他一再对自己说。

　　大憨。

　　他不觉嘴中念叨出这个名字。

94. 孩子共和

　　大憨来到北京，寻找了半天，才找到狗蛋开的"京货铺"。

　　狗蛋拍着他的肩膀，开他的玩笑说："大憨比谁都精明呀，生了孩子，娶了老婆，这么大的喜事儿，竟能瞒天过海。"

大憨说："你咋知道的？会掐？"

狗蛋说："掐什么呀？老掐把子！掐你的头，掐你的脸！你装什么糊涂？老婆和孩子都在我这儿，他们都等你好几个月了。"

大憨一惊，瞪大了双眼。

门帘掀开，阿莲手扯着一个小姑娘，笑望着他，甜甜地叫了一声："阿憨！侬不认识了吗？"大憨跨步向前，一下子把阿莲抱起，高举过头顶，转了几圈儿才放下，又把孩子抱住亲了又亲。

陈莲说："阿憨，我们的房舍都置办好了，离这儿很近的，就在西八间房那里。这些天多亏了狗蛋哥照料呢。"

狗蛋说："你们说吧，我还要照看前台的生意。"说罢，挤了挤眼，拉起小姑娘，哄着向外走去。

陈莲猛扑进大憨的怀里，将手臂圈在他的脖子上，一个劲儿地亲吻着他那生满胡须的方脸膛。大憨把她搂紧，说："阿莲，阿莲，我现在像是在做梦呀！你怎么找到了这里，还找到了孩子，你去了我项城老家吗？"

阿莲闪动着水汪汪的眼睛，点着头，说："阿憨，我们是一家人了。侬知道，奴家早就是侬的人了。武昌那里一动，宋教仁先生就派我来北京找您，要我和您一起，迅速加强北方革命的起义宣传，配合南方革命的高潮。有一个叫吴禄贞的人，是我们联系的对象，今晚就要取得联系，时间已经拖得太久了。"

大憨说："好！阿莲呀，你是革命赐给我的好妻子，好老婆。走吧，咱们现在先去家看一看，我给狗蛋讲一声。"刚迈出脚步，他又退转回身，对阿莲说，"阿莲，这个孩子，不是我生的。"

阿莲推他出去，说："知道了，我什么都知道了。"

大憨着急起来，结巴着说："我，我没有，生，生她，她，她，她……"他越说越急，憋得满脸通红。

阿莲笑得弯下腰，拉住他说："阿憨，侬不要怕我误会。我到项城找侬时，田大叔把侬的事情都对我讲了。侬永远都值得奴家我敬爱！去吧，侬与狗蛋说一声，咱们回咱们的家去拜堂，成亲！"说着，将头垂得低低的，满脸犹如一张大红布。

大憨的双眼湿润了，把阿莲看了一遍又一遍，伸开双臂，紧紧地抱着她，抱得她喘不过气来。

大憨和阿莲带着孩子，来到了新家，进了屋子，一家人都激动不已。阿莲把孩子安置好，对大憨说："来吧，憨，我们，拜谢天，拜谢地，拜谢故去的所有亲人们，让天地作证，我们同甘共苦，白头偕老，永不分离！"

大憨将纸点上，拉着阿莲一起跪下，叩拜了天地宗亲，又互拜，抱住头，两人痛哭起来。

孩子愣在一旁，望着这情景也哭了起来。哭声惊醒了他们。

大憨环顾了家中的摆设，对阿莲说："你看，这孩子的名字还没有起呢。"阿莲抱起孩子，亲了又亲，说："这孩子和我们一样，都失去了亲人。我们两个的结合，是为了共和，就叫孩子共和，怎么样？若别人问时，咱们就叫恭贺。"

大憨说："好！这个名字好！"

阿莲指着家中的设施，对大憨说："你看，同志们想得多周到，什么都替我们想到了。"大憨颤抖着双手，扶着阿莲的肩头，直望着她，说："阿莲，我都快入土的人了。岁数比你大这么多，你就不嫌弃我吗？真的一点儿也不在意吗？再说，我一贫如洗，什么都没有；我敬佩孙中山先生和他的主张，南来北往，说不定哪一天就会被反动派杀害。这些，你还是要考虑考虑呀。将来后悔，就会来不及了。你年龄太小，多想一想吧。"

阿莲的双眼涌满了晶莹的泪，她将孩子放在里屋的床上，让她睡好。她轻轻走到外屋来，把头深深埋在大憨的怀中，又拉他坐下，说："我们三人，是一根藤上的苦瓜啊。对于你的身世，宋教仁先生他已经对我都讲了。你是天下数得着的英雄，是我理想中的好男儿。大憨，什么我都不讲，只讲你是一个连孙中山先生都赞扬的人。我们两人都是献给了共和事业的，是心心相印相连着呢。从今，我们就是真正的夫妻，在这里为共和事业、为北方起义作出大事！"大憨望着她明亮的大眼睛，用手抚摸着她的发丝，说："是啊，南方的革命，从黄花岗烈士，到今天的武昌暴动，必须有全国的大配合。北方是反动派的集中地，若能在它的老巢点起冲天的火，就会给革命更大的帮助。你说的吴禄贞，这个人我知道一些情况，好像是其他的同志也提到过。要策动北方的起义，仅靠我们两个是做不成事的。我们琢磨一下，该怎么与他们进行联系。我们北方人，讲究做人忠厚，推崇本分、老实，听人的话，做顺民。整个北方都死气沉沉，太沉闷了。"

夜深时刻，两颗火热的心犹如两盏明亮的灯盏，照亮吴禄贞的家门。按照约定，吴禄贞接到信号，带着张绍曾和几个革命党同志星夜赶到大憨住处。刚刚坐定，阿莲把宋教仁的信给了吴禄贞，讲了南方的基本情况，说："武昌革命大旗一举，南京很快就属于革命了。北方的大火，我们要趁机点起，让反动派在烈火中烧得焦头烂额。这是我们推翻清王朝黑暗政权的大好时机啊！"

吴禄贞激动得站了起来，说："北方的革命，主要力量在军队中。早在日本时，我们就崇敬孙中山先生，现在，我们有武学研究会、山东同乡会，到处都是革命的阵营。您来得太好了！"

张绍曾说："南方鼓舞了我们，但越是这时，我们越要慎重。朝廷对我们是很不信任的，他们相信的是黄带了，是禁卫军。今年十月，本来是定在直隶永平府大秋操。武昌一动，我们就被通知立即停止秋操，要求回原防待命。但是我们不会立即回返。我要在滦州停下。吴统制一动，我就要大动！"

吴禄贞兴高采烈地说："对！要动，咱们一起来动。孤掌难鸣！武昌刚动的时候，我部被派往南方，由李纯率领去汉口。我和武昌方面联系不上了。原准备借我是湖北人的名义去劝导民军，谁知荫昌他准备加害于我，所以失去了这样一个大好的机会！今天，第二十镇往南，第六镇往北，我们伺机汇聚北京，兵焚紫禁城，打起中华民国的大旗。或者，我们用清室逼天下，先解决了握着军刀的各路军阀；我们想法解决了小站出身的袁世凯部，再分化前线旧军，革命大旗就会高扬在北京上空，映遍神州的！"

张绍曾拦住他的话，说："不！吴统制，事情可能不像我们想象得这么简单。您了解袁世凯这个人吗？第六镇是他的老底，与他有着割不断的联系。我们还是先从朝廷说起，别忙着对付袁世凯；况且袁世凯和我们有着共同的地方。"

吴禄贞连连摆手，说："此言差矣！袁世凯这个人，永远不会和革命走在一条路上的。良弼要除掉他，我们也要除掉他。若不乘机除掉他，恐来日后患无穷，悔之晚矣！对于革命来说，这人更危险。因为，他爱枪炮，爱军队。"

大憨说："吴统制讲的是有道理的，但目前来说，袁世凯他不是首当其冲的大敌。我们应该先占领了北京，革命的力量壮大后，袁世凯会没落下去的。我知道，他是个没有前途的人。"

阿莲说："同志们，问题不在乎谁是我们的大敌，而在于如何举起革命大旗。我们不能给反动派机会，我们要让他们喘不过气来，顾了头，顾不了尾。只有大乱，才有大的暴动，才能给革命以机会。大家再考虑一下，下一步该如何进行呢？"

在大憨眼中，阿莲不但秀丽，而且是那样的英武，一身的侠义。他望着吴禄贞和张绍曾他们，觉得自己有无限的幸福。与在袁世凯家中相比，这是另一群人，是一群充满了斗志、充满了生机的人；和这样的人在一起，才会真正理解什么叫做革命。孙中山先生有这样的同志支持，革命还能不胜利吗？

吴禄贞和大家交换了意见，从腰中掏出一把手枪，送给大憨。说："这算是我们的见面礼，请收下。"然后握紧了大憨的手，用坚定的语气说，"同志们，我们经常和大憨他们联系，先从军火上打击敌人，然后与山西新军联合起来，共同在北方举事。详细方案再说，好吗？"

张绍曾同意他的意见，首先举手赞成。

大憨和阿莲说："我们不懂新军的情况，一切照你们的计划做。预祝你们早日成功！"

大家将手紧紧握在一起。

95. 袁乃宽补用知府

清晨，洹上的地面铺满了霜花，许多鲜嫩的花草都蔫了；太阳升起来的时候，袁乃宽背剪着手，站在河边，遥望南天。他用力将胸脯挺了又挺。

他被授直隶补用知府了！

几辈子的梦想，在他身上终于得以实现——这都是袁世凯给的。

几天前，北京刮来的风，一阵紧似一阵，洋鬼子们也在大喊大叫，说天下若无袁世凯出面，就平不了乱！尤其是那个朱尔典，嚷得最响亮。载沣一再催促袁世凯"力疾就道"；袁世凯提出自己的"八条"，在直隶、山东、河南招一万"得力防军"，"以备驻防收复地面及弹压各属"，还要四百万两银子以备支用，等等。想不到，载沣立即同意了。袁世凯为袁乃宽戴了这样一顶花帽儿，天上掉下来一顶补用知府的帽子，正巧落在袁乃宽的头上。袁乃宽说不出有多少感激。

昨天，袁世凯致电内阁：

> 一、请饬令卸署江北提督、开缺副都统王士珍襄办军务，以便付托得人，能早日南下；
> 二、请饬令军谘府正使、副都统冯国璋速至彰德筹商，其所统军队备援，不必急于调发；
> 三、请饬令副都统开缺奉天度支使张锡銮、已革黑龙江民政使倪嗣冲、直隶候补道段芝贵、山东军事参议官陆锦、直隶补用副将张士钰、直隶补用知府袁乃宽，均随驰往前敌委用差遣；
> 四、请饬第四镇统制吴凤岭迅赴前敌；
> 五、请饬署江北提督段祺瑞，酌带将弁，立赴湖北。

令人欣喜的是，所有这些都被照准。洹上的秋风都掩不住笑口，唱着，舞着，撩拨着袁乃宽的心。他要从这里走出，一步步迈向彰德城外的世界！他盘算着，来日要摆出一派威风。此时，他哼着小曲儿，忽然瞅见洹上车站方向来了一行人；定睛一看，他自言自语地说道："徐世昌，他怎么来了？"

徐世昌要来的消息，在袁世凯意料中是早就有的。前几天，他曾对袁乃宽说："看吧，等不了几天，庆王就要派徐世昌来，而且，他一来，冯国璋他们等不了多久，也会来的。"

好像一切都在他预料之中。

洹上村才有几天的热闹，如今就要搬迁了。

袁乃宽要再认真看一看洹上的村景，这里的一草一木，都和他的殷勤分不开。刚来的时候，那是什么景观呀，一片荒芜，何家的破房废墟里，长出的草不知有多深，一缕缕蛇皮像纸幡一般，在风中缠绕着枯树枝，发出呜呜的哀鸣。袁家的老老少少，在这片废墟上建起的村庄里，曾因为世事而有过忧郁，有过苦恼。特别是刚搬来的日子，妻妾们有的哭丧着脸，有的暗地里抽泣，诉说着委屈，但袁世凯从未丧失过信心。

袁乃宽现在还能背诵出袁世凯的几首诗，那是袁克文亲手抄了几份送给他，让他保存好的。袁家兄弟中，只有袁克文把他当人看。仰望着天，一群群的大雁又往南飞去了，它们争鸣着，排成"人"字，没有一只雁破坏这挂在天空上的整齐。一个个都那样激昂地鸣叫着，这声音中，充满了杀机。雁叫声声，令他的心揪起又放下个不停。

袁乃宽踱着方步，漫步在圭塘边上，只手抚摸着桥栏杆，轻声吟诵着：

乍赋归来句，
林栖旧雨存。
一年醒尘梦，
半亩辟荒园。
雕倦青云路，
鱼浮绿水源；
漳洹犹觉浅，
何处问江村。

水面上的鸭群、鹅群被惊乱，"呱哇呱哇"叫着，向河的彼岸飞去。袁乃宽的思绪并没有因此而四散，他继续背诵着：

楼小能容膝，
檐高老树齐。
开轩平北斗，
翻觉太行低。

> 棹艇捞明月，
>
> 逃蟾沉水底。
>
> 搔头欲问天，
>
> 月隐烟云里。

越背越起劲，他不禁大声唱起来。

"宽儿！"

一个声音是那样和蔼、亲切，在他背后响起。袁世凯拄着一根藤杖，正笑眯眯地站在那里。

袁乃宽转回身来，泪流满面，在袁世凯面前跪了下来，哽咽着，说："老爷，四老爷，孩儿能有今天，全依赖你的大恩大德！"

袁世凯缓缓地说："起来吧，你得像个知府的样子。徐世昌走了，他讲了别人说的几条：什么明年要开国会，要组织责任内阁，要解除党禁，宽容武昌肇事者，最重要的是给我全权指挥和充足的军费。载沣小儿该把头都恼坏了！你要想法把这些条件、这些情况让外人都知道。武昌的革命党帮了我们的大忙啊。若来日有机会，我们该感谢人家才是。这六条，其实与我的八条是一致的。要让普天下的人都知道！"

袁乃宽低下头，连声说："是！"

袁世凯说："宽儿，要学会说话和走路，要站有站相，坐有坐相。以后，你离开老爷，就全凭着自己与人周旋。与别人共事时，记着别处不比在这里有担待，可要多小心。"

正说着，袁克权和袁克桓骑着两匹小马，飞身来到跟前，勒住马缰，跳下来，说："报告父亲大人，冯国璋到！"袁乃宽指着他们，啧啧称赞他们有将军的风度，一边弯腰屈膝，挤出满脸的谄媚。袁克权和袁克桓见袁世凯没有什么交代，告辞离去。刚跨上马，他们又急转过身来，挥起皮鞭，朝袁乃宽一阵猛打，然后喊着："我们痛快！"一溜烟地跑去。

袁世凯笑着骂着这些孩子"不像样"。

袁乃宽抚摸着伤痕，连声笑道："打得好！这一疼，我觉得筋骨都松动了。真舒服。嗨，您看，我生就的是贱骨头，不挨打还真急得慌呢。"说着，他将脸挤得笑容更难看，而在他心里，正升腾着一股仇恨，他发誓……

96. 小德张

隆裕太后的双眼哭肿了，抽泣着，对前来召对的庆王奕劻、协亲王溥伟等权臣说："你们说，除了袁世凯，天底下就没有第二人能支撑时局吗？都乱成了这样子，该怎么办呢？"多少天来，隆裕的神情恍惚不已，常丢三忘四，甚至把奕劻当成那桐，把溥伟当成良弼，把载沣当成铁良。溥仪连着几天发烧，咳嗽，哭着要见山东的那个小伙伴儿，隆裕更加发愁。山东巡抚孙宝琦荐了一个神童，说他能记下四书五经，吟诗作文，全都异常自如。朝中权臣都称此为国之祥瑞，谁也想不到，武昌的枪炮一响，神童竟闹着不来陪宣统皇帝了。

溥伟安慰隆裕说："太后息怒，叔监国三年，君臣臧否，当自有洞鉴。"

那桐和奕劻退向一旁，也一再劝隆裕多保重身体，表示自己的愧疚。溥伟埋怨他们说："你们都是我该崇敬的长辈，可在用袁世凯的问题上，一个告老，一个不上朝，我是很不理解的。"

那桐摇了摇头，奕劻往外望了望，两人什么都没有说，退了出去。

溥伟望着他们的背影，伤心地落下了泪，与隆裕相对而泣。他愤而起身，对隆裕说："太后，我真想把袁四杀掉，免得让大清国败落在这个贼子手里！"

隆裕长长地出了一口气，擦拭去脸上的泪水，说："摄政王病了。恭亲王，你能否让铁良、良弼他们几个振作精神，保我圣上平安，度过这兵荒？"

溥伟抹了一把泪，哀叹道："太后，您也看到了这一切，看看，看看他们都是在干什么的？庆王说袁四有气魄，北洋军是他一手练成。不光是这，他还怕东交民巷的洋人。那桐明知用袁世凯会毁我大清，他竟厚着老脸说，不用袁四，江山更快易主。这么多的忠臣良将，没有硬骨头。摄政王病了？怎么偏赶上这时病？他对您修建水晶宫极为不满呢。这个人呀，无用得很！记得吗？当年光绪帝走后，肃亲王（善耆）和镇国公（载泽）都劝他早些杀掉袁世凯，可他却前怕狼后怕虎，才让袁四有今天明目张胆地欺侮我大清。那时多方便呀，袁四每天上朝，只带一个差官，进了乾清门，就剩他一个人！即使庆王和那桐庇护他，也来不及保，哪有今天我们饱受的窝囊气！"

隆裕的脸都发白了。她心里明白，载沣究竟还不是皇帝，宗族王公在宫内是不能乱来的。若错走一步，便是不赦之罪！岂止载沣要杀袁世凯？善耆、载泽、良弼他们都想杀他。可这个庆王，还有那桐和徐世昌，他们都串成了一气！春天，他们因为组成新内阁受到各省谘议局的指责，他们说，皇族内阁不合君主立宪公例，总协理大臣都奏请辞职。临此困难，那桐和徐世昌为什么一再推出袁世凯呢？这不是明摆着的吗？

溥伟退出去了，隆裕如坠五里云雾之中，一个人坐在那儿发呆。

这时，一个声音飘了过来，犹如一只细嫩的小猫儿用舌尖舐着她的心，让她那样舒服。她知道，这是小德张，张兰德。

"太后，"他乖觉地喊着，"善耆这个人呀，和革命党是一个鼻孔出气呢。"

"讲来。"隆裕有气无力地说。

张兰德一边为她捶背，一边说："庆王有什么？那桐又有什么？徐世昌更不用说有什么！善耆既主持军国大一，又身任民政部尚书，是手中最有权的一个。您屡受载沣的气，载沣还受他人的气呢。您不知道，善耆他早想将摄政王取而代之。前一段，孙洪伊他们奏请提前立宪，摄政王肺都气炸了，而善耆却迎见姓孙的。那天他把帽子摔在地上，发疯似的唱了一句'先帝爷白帝城龙归天境'。立宪对他有好处，他可争取做来日的总理大臣。他手下有三个手，还替他与革命党牵线搭桥，一个是崇铠，一个是阵家柽，一个是谷田慎。其中，后两个都是同盟会的人。他与革命党的来往此有铁证。您不记得当年有个叫汪精卫的人刺杀摄政王的事吗？就是他出面保了那个汪精卫。还有《国风日报》，是同盟会办的报纸，没有善耆的民政部管着京师巡警厅，会那样平平安安吗？他与革命党来往，是为了限制摄政王的呀。"

隆裕哆嗦着，问："小德张，那么你觉得袁世凯这个人如何？"

张兰德继续捶着，说："太后呀，若让我讲实话，我就说。袁世凯这个人是很忠心的。您也看到，这火都烧到了眉毛上，朝廷里有一个能镇得住的吗？只有他了。摄政王靠的是几个留学生，留学生都是什么人？一个个喝了洋墨水。人都说喝了洋墨水，睡觉都在想着造反。留学生与孙中山千丝万缕联系着呢。他们留学生是靠不住的呀！"

隆裕"哇"地一下吐了，她说："小德张，快救我……"说着，昏了过去。

待了半天，张兰德才把隆裕唤醒。隆裕的泪水流得更浓了。在张兰德眼中，这些泪水就像失禁的人，将便溺涌出。那张苍白的脸，忽然令人感到无限的可怜。就这样的一张脸，能将祥瑞的光辉照遍大清帝国吗？张兰德的心里，半是恼恨，半是得意！他将牙咬得"咯咯"直响。他恼恨的是自己净了身，却没有能够净得了心。他恼恨这紫禁城中的一切，它们这样华丽、富贵，却没有一件是他自己的。他恼恨这些宫娥，一个个妙若天仙，脸上的润泽，透出浑身的苗条、丰满，可她们却都属于皇上，尽管皇上们都如此的弱不禁风。他想起了童年，如何也忘不了的童年和伙伴们在旷野里唱得漫天飞舞的歌谣：

小小子儿，
坐门墩儿，
哭着闹着娶媳妇儿！

娶媳妇做啥？

吹灯，

睡觉，

拉着手过日子儿！

　　进了紫禁城，就再不能随便外出，更谈不上玩耍了。一颗丢不了清清河水、嫩绿的花草和那牛群、羊群、小狗、小鸟的心，却被禁在宫内，憋得难受！

　　花开了，如花的宫女们和花一样，和蝶、和蜂一起舞着，跳着。张兰德想起了小时候听洞房。听洞房干什么？因为女儿身太神秘，牵引着人怀春的心。如今，有这么多的漂亮大姑娘，却一个也搂不得，摸不得。自己还能娶这样漂亮的老婆吗？他更恨的是那些披金甲戴金盔的少年将军们，一个个逼人的威风。自己却如何也伸不起腰，挺不起胸！因为自己少了一件能证明是男性的东西，永远也挺不起！

　　多少次梦中，他遇见自己和小伙伴儿们在村头的小河里打水仗，拿水狼。在嫩绿的草地上，赤条条的小伙伴儿们成排站着，各自夸自己的小鸡巴刚强，搓揉得直挺挺的，比谁尿得高！他曾经梦见自己在开满鲜花的野地里，和疙瘩村董寡妇家的小妞儿小萍儿准备做爱。两人脱得光光净净，他用力掐着小萍子的乳房、屁股和两腿，他龇着牙，高喊着：小萍儿，狗日的小萍儿，我要弄死你，弄死你！小萍儿翻着白眼，狞笑着，问：哼，小德张啊，弄啊，可你的那玩意儿呢？弄呀，弄呀，你拿出来呀，让俺看看。他找了半天找不着。一眨眼，野地里什么都没有了，远远望去，一条干涸的水沟里，两条狗正连接成一体，无比幸福地一起一伏，好像故意在他张兰德面前炫耀。他看见一条狗的眼睛翻着眼白，那眼神正是小萍儿的嘲笑！自己连条狗都不如吗！他发誓，自己一定要把这个小萍儿亲手撕烂，撕她个稀巴烂，喂了狗吃，让这个董寡妇家的小妞儿小萍儿变成狗屎。

　　而现在，令他最得意的是，源源不断地滚来了金银财宝。连袁世凯这样的人物，曾经为世人盛赞，把多少权臣都逼退下的大官僚，都屈膝逢迎自己！谁敢得罪小德张？

　　张兰德一想起袁世凯，心里就感到温暖。袁世凯是平易近人的人，据说，他在马福祥这个普通太监面前就曾下跪过。如今，他被载沣赶出了京城，可人家仍然败不馁。在村野闲居时，他还经常送银子，问候我小德张。与袁世凯相比，载沣他们算个什么东西？他们一个个贼眉鼠眼，对太监不是殴打，就是怒骂，他们哪曾把太监也看作人！

　　大清国，你灭亡了吧！

364

他在心里喊着，盘算着。大清国一灭亡，他就可以带着这数不尽的财宝，走出紫禁城，去自由自在地过生活，有这些钱，就可以娶老婆，盖漂亮的房子……

他想着，为隆裕捶打肩背、捏拿筋骨的手，慢慢松了。

隆裕说："小德张，你在想什么呀？"

她的话打断了张兰德的思绪，他一时不知该说什么。想了半天，他往前凑了凑，甜蜜地说："太后呀，要让我小奴才讲出真话，不知道您听不听？"

"只管说，小德张。"隆裕望着这个乖巧的太监，心想，他能卖什么药呢？

张兰德咬了咬牙，说："依奴才之见，您化妆成农家妇女，奴才装成村童。咱们两个跑到深山老林中，颐养天年。奴才天天给您讲那好故事，让您百听不厌。管他们乱成什么样子！"

"小德张，张兰德，你！"隆裕指着他，气得哆嗦，说，"你个坏奴才，你就这样来救我，救这大清的江山吗？"

张兰德不紧不慢地说："主子，您别生气。奴才给您讲一个故事，您听了，再做决定。"

隆裕无可奈何地叹了一口气，说："小德张啊，都什么时候了，你还有闲心来逗我？讲吧。"

张兰德眯缝着眼，有板有眼地说："这从前，有一个齐景公，手下有三个大臣，他们一个比一个出色。有一天，齐景公他睡在半夜里，想找人喝酒聊天。于是他就走出了宫，先到第一个大臣家里。大臣说：不喝，我的职责是镇守边防，不能陪酒！齐景公又到了第二个大臣家。大臣说：我也不喝，我的职责是帮你出谋划策，不能陪酒。这齐景公就到第三个大臣家去。他想，若这个大臣也不陪我喝，我就把他们三个都杀掉。他刚到了这个大臣家，大臣就不等他说出来意，忙吩咐人快拿酒来，他要和皇上好好喝一喝。齐景公笑了，他说：你怎么知道我要你陪我喝酒呢？大臣说：我的职责就是这啊！从此，齐景公再也不找那两个大臣陪他喝酒了。"

"小德张，这故事是谁讲给你的？"

隆裕问道，她脸上浮现出笑意。

张兰德心里高兴透了，答道："是奴才的爷爷。奴才的爷爷不是奴才，是一个秀才。"

隆裕叹口气，笑着说："小德张啊，我明白你的意思。你的爷爷死得太早了，不然，我要他再给我讲一讲。"

张兰德的眼睛转得飞快，他连忙上前讲道："太后仔细想一想，朝廷中，谁能为您守边？谁能为您谋划？又有谁能为您陪酒？"

隆裕的脸色又变得苍白起来，说道："只有您一人，能陪我喝酒啊。"

张兰德想说"袁世凯能够帮助为您平定大乱"，但他又跪下，不再言语。他知道，隆裕肯定会想到袁世凯的。这些天来，朝廷之中，袁世凯的名字被人提得最多。

"唉。袁世凯。"

隆裕有气无力地叹了一口气，说道。

97. 菊花开了

洹上村的菊花开了，满园都是扑鼻的花香。

连着几天，阳光灿烂，养寿园内外，人影如梭。河南巡抚齐耀琳为洹上增派了精兵，加强护卫袁世凯的安全。

荫昌被召还了，那个曾借机报复袁世凯的盛宣怀，革职永不叙用。前些天袁世凯所提的八条都被批准了。冯国璋和段祺瑞被任命为前线第一、第二两军的总统，袁世凯被授予钦差大臣，节制调遣各路军队，包括长江水师、赴援的陆海军。同时，还着袁世凯"激励将士，相机因应。有不得力将弁，准（其）随时撤换；统制以下，如有煽惑观望及不遵命令退缩不前者，即按军法从事，不得优容迁就"。袁世凯置之一笑，继续听彰德府送来的梆子艺人唱小曲儿，不时用手合着拍。

武昌城的炮火是鞭炮的头儿，一点燃，整个大清国就被这鞭炮声笼罩了，到处让人心悸、烦躁不安。袁世凯看见整个清王朝都坐在火药桶上喘着粗气。长沙起义的枪炮声紧接着响了，很快，陕西的也响了；九江兵变，广州兵变，云南兵变，山西兵变，到处都是兵变。巡抚和将军们跑的跑，杀的杀，凤山、文端、陆钟琦一个个接连丧命。

前线的战火仍然旺盛，荫昌命不动各路军马，冯国璋他们消极待命，拥兵观望。他们要让荫昌知道，普天下都成了革命党的天下了！

袁世凯格外得意，耳边的小曲儿也格外动听，他跟着乐器的弹奏，眯着眼，小声跟着唱起来。

> 正月里，正月正，
> 正月小根儿上了工，
> 上工先挑两挑水，
> 吃罢早饭扫马棚。

二月里，龙抬头，

　　小二姐上楼梳油头，

　　扒住门楼往外看，

　　看见小根儿好风流。

　　三月里，三月三，

　　小二姐上楼蹭金莲，

　　小根儿伸手抓一把，

　　骂声小根儿好轻贱……

　　正唱着，袁乃宽慌慌张张地赶来，凑近袁世凯的耳朵说了几句。顿时，袁世凯收敛了笑容，对梆子艺人们挥了挥手，示意他们出去。他不慌不忙地问道："宽儿，你说的是山西的事情大，还是滦州的事情大？"

　　山西的新军也暴动了，他们杀死了巡抚陆钟琦，同盟会的阎锡山被推为都督，清朝腹地重重地挨了一刀。山西独立了！与此同时，滦州屯兵张绍曾扣留了运往湖北的一列车军火，并且联合了蓝天蔚等人电奏朝廷，要求迅速召开国会，改定宪法；他们说，要组织没有皇亲皇族的内阁，讨论赦免革命党等条件。

　　袁乃宽正襟坐定，也不紧不慢地说，"我看这些都不重要。"

　　"什么重要？"袁世凯故意笑眯眯地问。他在想，这小子刚得到补用知府的衔，脑筋就转起来了。

　　"老爷，"袁乃宽显得很稳重，说，"最要紧的是，您不能再等了。隆裕和载沣他们若真的带着小溥仪逃跑，路上再有个三长两短，这可不是庚子年啊！今年是猪年，猪比老鼠要大得多。他们一跑，我们还拿什么打牌？老爷，所有的锣鼓敲了半天，您，您该登台了。"

　　袁世凯仍然作出非常平静的样子，故意试探他，又问："嗯。若我此时打出大旗，逼天下人跟我另立新朝如何？"

　　袁乃宽说："我知道，老爷是在考问我呀。您不会。因为时机还没成熟，生瓜卖不上好价钱。"

　　"好啊！"袁世凯一拍腿，大笑着，说，"咱们明天就动身。宫廷的东西们是不能逃到热河去的！待我传命令，让冯国璋给我打下汉口！让载沣小儿看看，只有老子能够收拾天下。革命军，湖北的新军，我们也不能让他们占这样的便宜！准备。"

　　洹上的菊花争相开放，掩不住欢喜，向袁世凯尽情地献着妩媚。袁世凯在这秋天的芬芳中，把那根破旧的拐杖猛地扔去，他要换上一把锃亮的战刀！载沣一天之内发了四道上谕，声称要实行宪政，起草宪法，革除亲贵秉政，大赦国事犯。乖乖，那张脸猛地变得这样温柔、祥和、驯良。袁世凯好像听到了隆裕的抽泣声，而他也听到了更响亮的来自武汉的枪炮声！洹上眨眼已经三年，这三年，是在太行山下，洹水河边，蓄志养气的三年。

他真想在此刻向远天大吼一声！

袁世凯登上了南下的火车，他被人簇拥着，听人喋喋不休地讲东西南北所发生的一切。他微微笑着，向每一个致意者表示问候。大家在谈论着：云南的腾越，革命党起义了，占领了好几个州县，昆明的新军推举蔡锷为军政府都督。湖南的焦达峰被梅馨杀了，谭延闿做了湖南都督。江西的革命军三夺帅印，是吴介璋、鼓程万、马毓宝他们都没立住脚，同盟会的李烈钧做了江西总督。山西、陕西是载沣的后院，都失了火；湖北军政府，从大都督到司书生，每月都是二十元的生活费，人人都可见都督，还有什么吴兆麟和黎元洪在一个楼上办公，等等。袁世凯后来什么也没有听进去。他在想，自己面前是一盘残棋，只有两枚棋子被小卒们围着，一枚是宫廷，一枚是革命党。自己应该抓牢宫廷这枚棋子，把军政大权夺过来，讨论君主、民主，逼他们退位！革命的火已经四个角里都点燃了，单纯靠兵力，是不可能平息下来的。载沣他们败定了，但是也不能让革命党赢了这盘棋。不能把革命党灭掉，也不能救载沣他们。要走好这盘棋，要打，要拉。有革命党，可以逼迫宫廷；有宫廷，则可以借招牌打击他们，让他们服从。诸如黎元洪、汤化龙、谭延闿、蒲殿俊、张謇、程德金、汤寿潜这些人，是可以拉过来的，拉过来他们，就可以拉过来革命党。小卒们过了河，要发挥大作用了。他猛想起，前两天派刘承恩给黎元洪写了一封信。利用他们是湖北同乡的关系，谈一下革命党与冯国璋部和谈的事。为什么如今还没有音讯呢？和谈，和谈，他一直在想着，火车"哐当哐当"向前奔去，一声又一声汽笛嘹亮地奏响，是这样急切！

前方来电：冯国璋重炮猛轰汉口，刘家庙、大智门都夺过来了，建威江元等军舰开回丹水池江面。此刻，革命军腹背受伤，汉口就要夺下了。汉口正在燃烧着。

他命令：嘉奖冯国璋！

车慢了下来，缓缓停在信阳车站。有人报告：荫昌来交接。袁世凯阴沉着脸，没有说什么，见了荫昌，匆匆办完手续就分开了。很快，袁世凯来到孝感县萧家巷，迅速着人建起前沿指挥所，把电报、电话装置好。

当天晚上，冯国璋他们都赶来。大家一见面，有几个人竟号啕大哭起来。他们对袁世凯说："宫保，小站的弟兄们可把您盼出来了。您知道，在这三年里，我们受了黄带子们多少冤枉气！"人们越说越气愤，他们摩拳擦掌，纷纷劝袁世凯，"宫保大人，您下令吧，先打下武汉，回头我们再打下北京！这天下就是我们北洋兄弟的了！"

袁世凯吩咐人把酒席摆上，亲手斟满酒杯，连夜犒赏将士。同时，他布置好新的方案，郑重而自信地告诉大家："武汉不在话下，既要往南看，也要往北看。我们要把目光放在全中国！"

连天下起了蒙蒙的细雨，到处是泥泞和嘈杂，南来北往的伤兵们骂着，号叫着，呻吟着。

袁世凯的指挥部，电报"嘀嘀嗒嗒"地响个不停，电话机前的话务员喊得声嘶力竭。传令兵出出进进，不断地送来前线的消息。一群参谋围在袁世凯的周围，指点着一张巨幅地图，向袁世凯介绍敌我双方的形势。袁世凯的脸显得麻木不仁，任身边的人怎样焦急，他都一动不动，只忽闪着两只大眼睛，想着心事。

汉口已经打下来，革命军退到汉阳，前方继续响着炮声。他命令：狠狠打！

他知道，现在指挥革命军作战的是黄兴。

此刻，黄兴的名望是屡败屡战，百折不挠。孙中山去了国外，黄兴他就在香港代理孙中山的职务。武昌暴动的枪炮声，催他赶到上海，又在上海乘外国人的轮船，来到汉口指挥与北洋军作战。

从高倍望远镜中，冯国璋他们看到对面武昌城内，一匹高大的马背上有一个兵士，手握着"黄兴到"字样的大旗，正在街道上飞奔。汉口最热闹的玉带门、武胜路、硚口路一带，眼前变成一片片断壁残垣，革命军死伤无数。黄兴在满春茶园布置的最后一道防线也终于崩溃了。他们的援军未到，就这样一群新军，如何抵得住我强大的炮火！

袁世凯狞笑着。此刻，他好像看到了黄兴、黎元洪他们狼狈不堪的模样。

探子来报，武昌城的都督府正在讨论战与守问题，黎元洪请黄兴就任革命军的总司令，在阅马厂搭起将台，举行拜将仪式。黄兴受任总司令之后，来到汉阳昭忠祠继续指挥作战。

探子又报，革命军在断琴口接到北方革命军的联络员，是吴禄贞派来的参谋王孝缜。王孝缜他们扬言，说袁世凯已经成了瓮中的鼋鱼，北方和南方夹击北洋军，袁世凯肯定要战败！于是，革命军群情振奋，决心与北洋军血战到底！

袁世凯冷笑着，眼睛里射出狰狞的绿光。他在心里骂着，一群毛手毛脚的小子，哪里懂得什么叫打仗！他轻蔑地笑着。北方的风告说，载沣发了罪己诏，明令释放戊戌年以来的所有国事犯；资政院制定了宪法十九信条，准备太庙宣誓，将滦州兵谏的张绍曾他们嘉奖为"忠勇为国"，赏张绍曾为侍郎衔，授宣抚大臣。同时，载沣还派吴禄贞去滦州去抚慰第二十镇。吴禄贞到了滦州，与张绍曾秘密会谈，准备第二十镇从京奉路、第六镇从京汉路，两军会师北京！革命党其志不在小。他在心里说：对，此刻一定要稳住北方局势。这个吴禄贞是个很有能耐的人。他若真正打下北京，与张绍曾会师成功，那样北京就会成为他们的天下。载沣他们……

袁世凯想，吴禄贞这样的人，不能让他成功。看来，武汉的事情完全可以控制，北京一丢，什么都完了。

于是，他命令，一定要截断吴禄贞的手和脚！

"哼！"一丝轻蔑歪歪扭扭挂在脸上，他笑着，望见了南方天空上飘着自己的旌旗，而北方也同样。他在心里说，革命党，只许帮忙，不许添乱——这个吴禄贞，应该杀了——要消除后患。

98. 隐蔽

大憨的眼圈因为熬夜过多，带上了一层乌黑，眼珠上布满了血丝。他一脚踏进大门，"扑通"一声，跌倒在当院里。阿莲闻声走出来，扑过去，扶起了大憨，高声呼喊着他的名字，急得她直想哭出声来。等了好大一会儿，大憨才醒过来。他傻笑着，说："阿莲，看你，怎么这样像一脸汗似的？我刚才觉得，自己想睡一会儿觉呢，却被你喊醒了！"他挣扎着坐起来，扶着阿莲的肩膀，站稳了身体，把她紧紧抱在怀，热烈地吻了又吻。

阿莲说："黑龙会的人刚才来了。他们说，请咱们帮忙，要我们组成一个敢死队。由他们提供经费，配给枪炮，帮助同盟会推翻清王朝的反动腐朽统治。这里面会不会有什么别的意图呢？我听说黑龙会是日本人办的啊。"

大憨沉思下来，与阿莲相互搀扶着，走进屋子，看见孩子睡着，又嘱阿莲把大门掩上。他说："这是日本人的阴谋。许多人不分是非，一提起日本，要么全好，要么一无是处。如今日本人中有不少人宣扬脱亚入欧，他们要搅乱中国。黑龙会是干什么的？他的头目是山满，到处寻找同盟会，正是想利用我们对清朝的仇恨，来制造普天下的混乱不堪。借此机会，他们想吞去我们的东三省，这才是真的。"停了停，他抱起桌子上的茶罐，一鼓气喝了个精光，说，"在天津，黑龙会的人到处扶植帮会，让那些武术界的中国人相互残杀，已经有许多人死于无辜。现在，他们又来打我们的主意，他们真是又狡诈，又狠毒！一定要多提防他们。"

"我们明天搬地方吧!"阿莲起身要给大憨做饭。

"嘭!嘭!嘭!"门外响起了焦急的敲门声。

大憨正要吹熄灯,催阿莲带着孩子躲起来,忽听门外有人哭着喊:"大憨哥,是我呀!我是狗蛋。"大憨轻轻走过去,从门缝里对狗蛋小声说:"这么晚了,你来做什么?"狗蛋从门缝里塞进一张字条,说了一声"我走了"就远去,渐渐不见了脚步声。

大憨和阿莲在灯下展开纸,同时大惊失色,"啊"了一声,两双泪眼相对而流。阿莲喊了声:"吴统制!"她趴在大憨的怀抱中,哭得肩头像筛糠似的颤抖不已。

孩子被哭声惊醒了,也跟着哭。

大憨扶起阿莲说:"阿莲,别哭了,吴统制太大意了。他被人杀害,都是因为他光明磊落,缺乏机密。你想,他东奔西跑,从娘子关与山西的革命军会谈,到进驻石家庄,他的一言一行,哪一点不是在敌人的眼里?他想得也太简单了,他想让山西的革命军和第六镇、第二十镇两个镇,三路兵马直捣北京。敌人能放过他吗?"

阿莲抱起孩子,眼里闪动着泪花,一边哄着孩子,一手撩额前的刘海,说:"你觉得,杀害吴统制的真正凶手会是谁?"

大憨眼睛一亮,抬起头,说:"难道会是他?"

阿莲点点头,怒声说:"对!你想,滦州兵谏和吴统制的三方联盟,看起来是威胁着清廷,其实也威胁着他袁世凯的。南方的革命力量已经赶来,北方的革命眼看也要起来,袁世凯为什么迟迟不出山?他是想利用革命党压制、逼迫朝廷,他又怕朝廷跑了他没有牌打,所以,他容不得吴统制的三方革命。"

大憨咬紧牙,说:"是啊。我曾经多次劝吴统制要小心,他却全不当回事。这事肯定和周符麟的告密有关。周符麟和马蕙田都是袁世凯安插的内线。以前吴统制整过他,他和凶手马蕙田又是同乡。袁世凯以前曾说:吴禄贞是人才,要么归我,要么归天。他发现吴统制这次行动计划,肯定要动手杀吴统制的。这个狗东西!"

等了片刻,两人安静下来,准备收整东西,门外又响起了声响。大憨"呼"地吹灭了灯,从腰中拔出两把手枪,蹲在门旁,将枪对准大门。一个黑影从墙上跳下来,滚落在当庭的地上,一边发出受伤的呻吟声。借着微弱的星光,大憨认出了是自己的助手小马,就急步向前走去,连声喊着"小马",赶忙把他抱起,送进屋里。

阿莲重新点上了灯盏,只见小马满脸都是鲜血,肩膀上被血浸透了。小马一望见大憨，止不住痛哭起来，一边讲述着吴禄贞的被害经过。他说，吴禄贞被杀之后，官兵们散了。已经来到了石家庄的晋军，此时也撤走，回到娘子关。段祺瑞率领第三镇，进驻正定；段祺瑞从内线那里得知，第三镇也有革命党，就进行大清洗，撤的撤，杀的杀。张绍曾跑到天津去了。革命的力量彻底溃散了。小马死里逃生，连夜赶来，与大憨商量对策。

阿莲为小马做好包扎，在当庭设了一个供桌，写上吴禄贞牌位的字样。三人一同祭过吴禄贞，向他表示哀悼之情。阿莲说："这里太不安全，恐怕有人走漏了风声，敌人就会到这里抓人。我们还是想办法，抓紧时间尽快寻找一个更为隐蔽的地方。"大憨一边劝小马好好养伤，一边望着阿莲说："明天我就去天桥一带寻一寻，那里最乱，三教九流，七行八作，都在那里聚集。我们能在那里住下，该是最安全，也最方便。"

99. 黄兴转身离去

吴禄贞被杀的消息像一根尖针，戳破了武汉革命军的气球，许多人都泄了气。有人大骂清王朝的卑鄙，有人则主张组成敢死队，潜入京城，暗杀朝廷权贵，为吴禄贞报仇；也有人发牢骚，说革命是一场彻头彻尾的骗局，是少数人骗了多数人，为的是少数人发财，不如现在就地散伙。黄兴的心里烦透了，他望着弥漫着硝烟的阵地，遍地是东倒西歪的战士们的尸体，有的血肉模糊，有的正燃着火，焦臭的气味儿熏得人直咳嗽。

前些日子，大家为北方革命的兴起而激动，都想着坚持下来，南北联合，就会取得革命的胜利。现在，武汉的民军感觉到异常孤独；援军一直未到，而北洋军一直在增添兵马，形势越来越紧张。汉口虽然失守，但上海、苏州一带，东南地区的革命烽火很快燃起。上海的同盟会接二连三地发来电报，要黄兴赶回上海，尽快组织起革命中央。是啊，全国的革命，多需要一个中央来协调指挥啊！

黄兴抬起头，望着布满阴霾的长空，喃喃自语道："中山先生，您在哪里？您能尽快回国来吗？"

北洋军的炮火时断时续，有气无力地打来炮弹。武昌的枪声刚响起时，那种震耳的朝气，如今全无踪影。革命军的官兵们，许多人都垂头丧气。黄兴真想再砍掉几个退下来的兵士的脑袋！这时，背后突然人声如沸。黄兴的心猛地一颤，感觉到不好；他以为是北洋军冲过来，自己无论如何不能做俘虏！顿时，气恼、愤怒、懊悔，一股脑儿袭上心头。他噙着泪，双手举起战刀，他在心里念叨着：这下完了，完了！仅有的阵地，前后都受敌夹击，革命军损失尽了。作为指挥领袖，我有何脸面活着呢？他缓缓转身向着武昌方向，立定，敬了一个庄重的军礼，将战刀往自己的脖子上放去。他在心里默念着：亲爱的同志们，原谅黄兴无能；你们，继续战斗吧！

"黄总司令——我们来了！"

"我们是革命的弟兄——我们来了！我们来支援你们来了！"如沸的人群声围过来。是援兵赶来了！黄兴扭转过头来望去，满目的革命大旗，各省的援军正从自己背后涌过来，冲在最前面的，是湖南新军的王隆中、甘兴典。

黄兴放下刀，向他们奔过去！阵地上的战士们都尽情欢呼起来。滚滚的铁流涌上来了，革命军的号角声、呐喊声，在猎猎的旌旗飞舞中，重新焕发出朝气。

王隆中紧紧握住黄兴的手，说："黄总司令，我们听说汉口失守，您不知我们有多难受，多着急啊！大家连着奔跑，饭也顾不上吃，这才赶来。您下命令吧，我们一定要夺回汉口！"

甘兴典等人也齐声附和，高喊着："坚决夺回汉口！"

黄兴抹了一把泪水，声音洪亮地说："同志们，我们一定要夺回汉口，打败北洋军！我们要努力，夺取全国胜利！"接着，他和援军将领们在一起商量，决定全军兵分三路，一齐攻打汉口。

他下命令说："第一路为佯攻，打断北洋军首尾，由湖北革命军从武昌渡江，向谌家矶、刘家庙发起进攻。第二路由湖北革命军，第三路由援军，同时从汉阳强行渡过汉水，由龙王庙、玉带门、硚口路一带发起进攻。拂晓以号角为号，我们全力以赴，一定要夺回汉口，让三镇都成为革命的坚强营垒！"

所有的革命军，都大声喊道："是！"

黄兴的心又振奋起来，他注目面前的革命雄狮，有说不出的高兴。几天前的事又浮出在眼前：那天，武昌的革命军忽然发现远处驶来一条船，近了才看清，是一艘挂着英国国旗的小火轮。靠了码头，船上走来两个人，喊着说："我们有机密大事，必须见黎都督，请带我们过去！"都督府中，刚刚病愈的孙武和忙得不可开交的吴兆麟、张振武、胡宗琬等人，在一起商议是否见这两个人。孙武说："北方来的人，又有英国人的信，可以见。"吴兆麟说："不见！北方来的必然是刺探我军的奸细，若见他们，就会动摇革命军心，应该杀掉他们！"

最后，黎元洪与黄兴商量，决定留下他们带来的信，同时也让他们带回去革命都督府的信。

此前，黄兴曾给袁世凯写过一封信。信中写道：

袁公钧鉴：

……满洲朝廷，衣冠禽兽，事事与人道背驰。二百六十年来，有加毋已，是以满奴主权所及之地即生灵涂炭之地。如但念及汉口之生灵而即思休战，毋乃范围过狭，无以对四亿生灵……开放党禁乃枝叶问题，而非根本问题……其关键在于推倒清室，复我汉人之主权。人才原有高下之分，起义断无先后之别。明公之才能，高出兴等万万，以拿破仑、华盛顿的资格，出而建拿破仑、华盛顿之举动，直捣黄龙，灭此房而朝食，非但湘鄂人民戴明公为拿破仑、华盛顿，即南北各省当亦无有不拱手听命者。苍生霖雨，群仰明公，千载一时，祈毋坐失……

今天，袁世凯竟称什么如能承认君主立宪，两军即息战，否则仍以武力解决！呸！当时，黄兴抓住来函，一把撕个粉碎。黎元洪也大声数叨着袁世凯的狼子野心，称其应该"反其旆北向"，赞成共和。黄兴亦怒不可遏地宣布，立即通谕全国同胞，号召天下人民同反动派斗争到底，要决一雌雄。此刻，援军的到来，真正是雪中送炭。

这一宵，黄兴失眠了，他好像已经看到汉口收复后的胜利景象。

拂晓时，号角齐鸣！

革命军犹如弓上射出的箭，向汉口方向发起进攻。天下着蒙蒙的细雨，水面上迷雾成团成团地滚动。第三路在黄兴的率领下，强行渡河，但是，第一、第二两路，却未按时出发。黄兴知道，九头鸟他们在耍滑头。北洋军的炮火越来越猛了，如万顷弹雨，倾向革命军。天渐渐暗了，隆隆的炮声催促着革命军将士们奋发进击。王隆中望着死伤过半的兵士，更英勇地冲向前。将士们越战越勇。这时，甘兴典却骑了一匹耀眼的白马，倒头往回奔跑过来！一群逃兵蜂拥其后。

黄兴命令督战队喊道：动摇军心者，斩！

甘兴典带着逃兵们向督战队开枪了，他们冲出一条路，远远地跑去，奔向湖南方向。黄兴呆在那里，咬得牙"咯咯"响，他把手中的大刀，使劲地摔在地上，愤怒地骂道："狗杂种！"

北洋军越聚越多，冯国璋命令他的士兵：强渡汉口，夺取汉阳，人人连升三级！

漫空都是飞来飞去的弹火……

战斗持续了几天几夜，新军损失异常惨重。黄兴口中念着"第一路第二路为何不来"，乍感到天地正在倒转。他口吐大口大口的鲜血，紧捂着腹部，再也不能站立；传令兵奔跑着报告：

三眼桥丢了；

美娘山、仙女山、扁担山也丢了；

十里铺丢了；

龟山，最后都丢了。新军不得不全部退出汉阳，退守进武昌城头。黄兴的心如刀斧横砍，他嘴角滴着鲜血，对这些并肩作战的革命军将领们连声表示深深的愧疚。王隆中的右臂被炸断了，他用左手抓住黄兴的肩膀，紧紧盯住黄兴的眼睛说："总司令，这里有我；我们建议你离开这里，回上海，组织革命力量，支持武汉！"黄兴点着头，含着热泪说："好吧。弟兄们，我先回上海了。如果我能够活着，我一定要组织革命力量，援助武昌……"革命军将领们一齐围上来，紧紧握住他的手。他们每一个人都挂了彩。硝烟、烈火，在他们的身后冲天而起。他们相互用目光勉励。一位青年将领掏出自己的怀表，双手送给黄兴。他的嘴唇干裂得流出了血，蠕动了几下，没有发出声来。有人递来了水壶，他润了喉咙，大声说："总司令！去吧，您就只管去吧！这是我唯一的家产，送给你，您看到它，就会想到我们还在这里战斗，就不会忘记我们，不会忘记革命！"黄兴激动得说不出话来。他把自己的钢笔掏出来，在每一个人的手上都写上一行字：誓与革命共存亡。然后，他把钢笔折成两截，以示决心。几滴泪挂在他黝黑的面颊上，绽放着坚韧不拔的光鲜。

战旗仍在飘扬，尽管它已千疮百孔。

黄兴缓缓走向军旗，脱下帽，深深地鞠了三个躬。最后，他扶住旗杆，猛地跪在旗杆下，失声哭起来。他怀念这片战斗过的地方，在这战旗飘扬下的土地上，洒着多少战友的鲜血，有多少战士为这片土地献出了生命。而如今，他要离开这里，虽不是逃跑，心里却无比沉重。

武昌城头，战旗猎猎。

黄兴整整军装，向着战旗敬礼，转身离去。

100. 回到紫禁城

燕山披上皑皑的白雪，在朔风中，起伏的山峦如冻僵的尸骨上铺盖着一层层破旧的棉絮。

紫禁城有气无力地打开了大门，迎进了一群戎装的军人——他们耀武扬威，用轻蔑的眼光扫视着周围。在他们中间，一个被银狐大衣裹起的人显得格外激动，眼角闪烁着泪花。他默默地对紫禁城的镶满硕大铜钉的大门，和那龇牙咧嘴的歪头作憨的巨大石狮，以及那依旧撩起飞檐的屋角说：你们都还好吗？我袁世凯，今天又回来了！

在他挥师南下之时，奕劻、徐世昌、那桐他们辞去了职务。资政院选举袁世凯为内阁总理大臣，他力辞不任。载沣再三不允他辞谢。于是，他随即布置好南线战事，带着他的卫队，挺起胸脯，跨过冰天雪地，重新走进这寒风刺骨的紫禁城。

在跨向紫禁城的前夜，他调走了摩拳擦掌、准备一鼓气拿下武昌的冯国璋，换上了段祺瑞。

他命令：不准再进攻武昌。

朱尔典对他的做法很赞赏，把大拇指跷得挺挺的，连称："高！实在高！"他说，"亲爱的袁，放心去北京吧。我帮助你与武昌的民军取得联系，尽力让他们与你和谈。"

袁克定受父命与汪兆铭结拜成兄弟。此时，有一个叫朱芾煌的人，在洹上被养了多少日，现在出场了。汪兆铭写了一封信，说袁世凯将率北军反正，请南方举袁世凯为临时大总统，避免战火。这封信由朱芾煌带着，潜入武昌，亲手交给革命军的都督府。

汪兆铭，原名汪精卫，因当年的一首诗，让天下的革命党对他无限佩服。他这首诗被许多人传诵，被人谱成曲，响彻南北：

> 慷慨悲歌过燕市，
> 笑语从容入图圄。
> 延颈受戮无穷乐，
> 唯此不负少年头。

汪兆铭出面写这封劝和信是再合适不过了。此时，袁世凯微笑着走在紫禁城内，胸中装满万马千军，装满了喜悦和兴奋，装满了他见到隆裕和载沣时应该信誓旦旦表示效忠的话语。他盘算着，自己应该这样说：世凯拜此大命，膺此大任，日夜苦思，不知如何能上安圣虑，下除民苦！或者再这样表示：世凯当杀身成仁，以古之对贤之心为心，誓为清廷保全社稷。

他想，隆裕和载沣一定会很高兴，也一定很感动。当然，应该在这时，想法把他们赶下去！让这些无德无能的家伙们都滚开，滚得远远的，越远越好。

他在想，该由这些人来组成内阁各部，充当大臣！早在洹上，他就想好了这一切！

陆军，大臣王士珍，副大臣田文烈；

海军，大臣萨镇冰，副大臣谭学衡；

民政，大臣赵秉钧，副大臣乌珍；

外务，大臣梁敦彦，副大臣胡惟德；

度支，大臣严修，副大臣陈锦涛；

学务，大臣唐景崇，副大臣杨度；

司法，大臣沈家本，副大臣梁启超；

农工商，大臣张謇，副大臣熙彦；

邮传，大臣杨士琦，副大臣梁士诒；

理藩，大臣达寿，副大臣荣勋……

内阁不再设协理大臣，前内阁阁丞华世奎留下，他是徐世昌的好友，升他个正二品，仍然是徐世昌协理着实事儿。

还是在洹上时，朱芾煌曾经说：应该趁武昌暴动的好机会，先夺了军政大权，再拉过来革命党，天下就必然会姓袁！他想，溥伟、善耆这些家伙，很好对付，若他们不服气，把他们赶出去打仗让他们送死。铁良、良弼这两个家伙不太好对付，伺机派人暗地里干掉他们！不仅是他们两个，别的谁都一样，不听话的、不服管的、想找事儿的，一律派人干掉。前面已经有一个吴禄贞做了例子，第二、第三、第几个，全都是一个样子来处理。

此刻，他不觉迈大了步子，握了握拳头，浑身充满了昂扬的力量。他又想起了大憨……

雪越飘越大，犹如漫天飞的纸幡！抬眼望，紫禁城容貌未改。想当年，自己被赶出朝廷，离开这里，来到洹上村，整整有三年了。那是光绪三十四年的冬天，外国人过元旦的第二天，自己离开京城，被"开缺回籍"。谁曾想，自己又被请回了紫禁城；这时刻已是宣统三年了。久违的紫禁城啊紫禁城，您的每一块砖，每一片瓦，都不曾改半点儿颜色。我袁世凯在这飞雪的冬天，又来到您的心脏。大清国，您的龙旗已经衰老了！到处风雨飘摇；您的龙尊宝座已经破旧不堪！这大雪，这漫天洁白的大风雪，该是苍天为大清王朝抛撒下的纸钱！你的生命已经走到了穷途末路。我袁慰亭袁世凯，还有更多的人，我们要为你送葬，为你挖掘墓穴，为你扶灵柩送你离开这巍峨的紫禁城，离开这个要改换日月的世界。

此刻的袁世凯像一只金色的雄鸡，正昂首挺胸，迈着矫健的步伐，狠狠地用脚击打着紫禁城的土地。他的两眼越瞪越大越亮，他要望穿紫禁城，他要用自己锋利的双爪和喙，去惩罚、消灭这些成了精的蜈蚣们。他要踏碎这片土地，走向他心中那轮新美的太阳！他望见他的太阳在这飞雪中升起来了！阳光下的御林军成了弱不禁风的蚁群；高大的宫殿渐渐变成猪窝羊圈！他的身影越来越高大，脚步越来越有力！他昂起头，他要亲手托起、举起这轮太阳，让它照亮一个新的中国！

紫禁城在他脚下颤抖着，随着他的脚步声正慢慢向地下陷去，皑皑的雪为它遮掩着悲伤和惨淡。雪花飞舞着，为他欢呼。袁世凯得意到了极点，他望见了自己锦绣的前程。他加快了脚步，再没有往日的矜持。忽然，他一下子跌倒，摔疼了屁股。他的心头陡然一阵紧缩。

　　"啊呀，宫保大人，请走好。"

　　有人还这样称呼他，把他扶了起来。

　　他揉了揉被雪刺疼的双眼，向四周望去，紫禁城的宫殿，还是那样巍峨，御林军还是那样的威风。一切，依旧充满威严。他的脚步又慢下来，在风雪中，一步一步，向着太和殿走去，小心翼翼地走去。

　　他的手心中，冰凉冰凉的，是刚才惊出的汗水。他感到身前身后都那样重袭来冰凉。此时，他在想，蔡廷干他们前天就该到武昌了吧？此刻他们和革命军关于议和的事情，会谈得怎样呢？革命军是一颗拉弦的炸弹。南北停战，要停得恰如其分，停得是时候。若不然，三年前被赶出京城的悲剧就要重演。天下，仍然被载沣他们摄政执事。急不得，急不得，急不得啊！

　　此时他听到哭泣声，是那样的伤心。这是谁的声音？

　　雪，一片片，缓缓地落在紫禁城，把紫禁城紧紧地包裹在寒冷中。

　　风，正高一声低一声的呜咽。

第十章　少年中国

铁如对大家说："湖北的革命党派来了一位同志，叫胡鄂公，已经来到了天津。再过几天，他要秘密来京，和各革命团体取得共识，要运动整个北方的革命，推翻清王朝，打击袁世凯！"

101. 老铁匠

大憨和阿莲带着孩子，和小马他们一起搬离了原来的住所。他们来到天桥附近，住进一位老同盟会员的家里。这位老同盟会员是个单身铁匠，住着一个不小的破院子。他一见大憨，一再表示不尽的感激；多年以前，大憨曾和大刀王五一同赶走了想霸占他家产的恶霸。老人笑呵呵地将他们迎进来。大憨提出租借一段时间，老铁匠红着脸，很生气的样子，说："你这是什么话！全当我们是一家人，再说，革命第一，你随时都可以指挥我。"

住了不久，小马的伤养好了，他抓起老铁匠的大锤，耍得一阵风"呼呼"响个不停。他拍了拍胸膛，说："看，还是全新的家伙！"逗得大家直笑。

阿莲笑了一阵，劝他慢慢来，不要猛一下太用力，正说着她忽然大口呕吐。大憨和小马都吓得惊慌不已，问她得了什么病。

阿莲红着脸，让他们走开。

老铁匠抱拳对大憨说："恭喜你呀，大憨老弟，你的武艺有真传的人啦！"

小马弯腰看了阿莲的腹部，调皮地做着鬼脸，说："阿莲姐，你还是这样苗条呀，哪里会有喜？"说罢赶紧躲开，他恐怕阿莲会打他。阿莲没有打他，而是苦愁着脸，对大憨说："你看，孩子偏赶这个时候来。革命这么紧张，该给人增添多少困难。"

老铁匠说："孩子呀，怎能这样说呢？你们应该高兴才是。这叫革命有喜！有人不是写过一篇文章叫'少年中国'吗？我看，革命就要胜利了！少年从哪里生长？他是母亲的婴儿，他就要来了！"

大家又都欢喜起来。

入夜，雪仍然在飞舞。

老铁匠生好炭火，炖了一锅羊肉，大家边吃边烤火，谈论着联合起各个革命团体，在北京进行武装斗争，掀起革命热潮。小马瞪大眼睛，狠嚼着肥嫩的肉块，说："我看，革命要扫清道路，必须先把袁世凯杀掉。从前，他利用我们革命党来牵制清廷，现在他却大肆屠杀革命。吴统制的死，是我们多么大的损失啊！若不杀掉袁世凯，真不知道以后还会有多少革命的同志被他杀掉！"大憨拧紧了眉头，迟疑地说："对。这个家伙的脸全露出来了，他要杀尽革命才罢休。不过，他是很狡猾的。稍有不慎，就会落入他的圈套。"

老铁匠说："是啊，袁世凯从来就没有对共和有什么好感。现在，他做了内阁总理大臣，把载沣赶下了台，就不必再用共和做文章。以前，我们对他是抱有幻想的，现在，他是靠不住的啊！可喜的是，革命发展迅速，南京也打下来了。浙江的朱瑞、苏州的刘之洁、上海的黎天才、洪承点，他们组成了江浙联军，赶跑了铁良、张人骏和张勋。汉口、汉阳虽然陷入敌手，南京却为革命光复；现在，我们控制了津浦铁路的南段，不必怕他袁世凯逞凶狂！"

小马说："南国烽火冲天，已经有半个中国不是清朝的了。我们北方革命力量太分散，同盟会、铁血会、振武社、克复堂、急进会、共和会，妇女们组织起北伐队，都是革命的火种，应该联结起来，燃起熊熊烈火。现在冷公剑已经去武昌，同革命军商谈南北呼应共举大义的事。北方的大火很快就会熊熊燃烧。南北的大火一同燃烧，清朝的大楼大厦，很快就会成一片灰烬！"

阿莲不停地往锅中添一些食物，把炭火拨得更旺，说："可我们不能不注意我们的困难。现在的问题在于革命力量很复杂，北方革命的阵营中不团结。听说南方的同志也不是很团结。这是很容易坏事情的啊！还有人讲，前一段被清朝释放的那个汪兆铭，传说他是一个英雄，现在很活跃，到处插手。据了解，袁世凯的儿子袁克定和他拜成了把兄弟。事实上，他是个无耻的革命叛徒。可惜很多人对他还没有觉察到，小马要想尽办法，让更多的同志注意到他，免得损失。"

小马兴奋地说："阿莲姐讲得太对太对了。姓汪的就是沽名钓誉的家伙。他上蹿下跳，想做革命领袖，恐怕是袁世凯放出的鹰犬。我们不妨把他也干掉！"

大憨用手势制止住他，说："暗杀终究不是什么光明正大的事情，这样还容

380

易引起一些误会。我们还是尽快联合各种革命力量，汇成宏大的铁流，冲垮清朝。我们同山西、绥远、张家口方面联系的人，现在还没有回来；我们要想方设法，把北京、天津和保定的革命力量统一起来，发动武装革命！若革命的力量兴盛起来，袁世凯纵使有多大的本领，他也奈何不了革命。"

他们正说着，门被雪团砸了一下。

老铁匠让大家准备好，他悄悄地开了门，只听院子门外有人发出模仿狗叫的声响。他使劲咳嗽了几下，把下在雪地里的铁夹收起，轻声说："好了。"门外闪过一个人影，身子巧妙地贴在墙壁上，一边对老铁匠说："把东西还放上，防止有野狗进来。"一边向外张望着。老铁匠把他领进了屋内，对大憨他们介绍说："这是我的好朋友，刚从天津回来。"转又对来人讲："都是革命同志。"来人自我介绍说："我叫铁如，刚从天津来，正愁找不到你们呢。"大憨望着他的脸，猛然问道："可是老三？"说罢，把自己的皮帽子取下。

"啊！"铁如惊叫道，喊着，"你是大憨！"

两人紧紧抱成一团，让老铁匠他们都看呆了。

大憨拉着铁如的手，将阿莲、小马都做了介绍，对大家说："我们是老朋友、老兄弟。当年谭嗣同在北京的时候，我们一群兄弟，还有大刀王五、侯七他们，组成了'少年王府'，要让世道换个新天地。想不到十多年了，我们在铁匠大叔这里重逢！真是革命有缘。"

阿莲说："铁如大哥想必饿极了，快先吃些东西，充充饥。"

老铁匠拍着他们两人的肩膀，说："你们坐下。大叔我存有一坛子好酒，为恭贺你们兄弟十几年后重逢之喜，你们多喝些，放开喝！"

小马说："若不是怕惊醒了他人，真该放一挂长长的鞭炮！"

铁如说："今天我们就当做是过年吧，重聚重逢，是革命之喜，兄弟之喜。我们为满鞑子送终，迎来革命新春！"

大家围坐在一起，说笑着。大憨和铁如同时端起了大碗的酒，把阿莲惊得直张嘴，她说："哎呀，这么大的碗！"铁如说："对，就是这么大的碗。当年，少年王府的兄弟，我们要喝上三大碗，才算是见面呢。"

两人碰了碰碗，一气喝下。又倒上，又一气喝下。

到第三碗，大憨与铁如并肩站着，端起酒碗，遥望南方，两人的脸上都挂满了汩汩的热泪。

铁如说："大憨啊，我们少年王府的兄弟，只剩下你和我两个人了吧。来，我们高唱我们当年的歌，用这酒祭我们那些早走了的兄弟们！"

大憨点点头，捧起碗喝下。两人轻轻唱起来：

昆仑高，
黄河长，
中原是故乡！
千年大树在，
万古有庙堂，
英雄世代有本色，
要使家园兴旺富强！

北斗高，
长城长，
中原是故乡！
贼寇欺我母，
多凶狂！
奋起千钧扫敌寇，
要使明月重照家邦！
……

　　两人唱着，唱了一遍又一遍。老铁匠、阿莲、小马，也跟着唱了起来。大家都唱得热泪满面。

　　许久，大家还沉醉在歌声中。

　　铁如对大家说："湖北的革命党派来了一位同志，叫胡鄂公，已经来到了天津。再过几天，他要秘密来京，和各革命团体取得共识，要运动整个北方的革命，推翻清王朝，打击袁世凯！"

　　老铁匠说："好！京畿之地，自古是燕赵有豪侠遍地。我们若组织起来，让北京、天津、保定、通州、滦州的革命力量拧成一股绳，明的打，暗的杀，一定要让鞑虏们首尾不能相顾。"

　　说罢，他从内屋搬出一块布，抖开，原来是巨幅京津地图，上面标出许多弯弯曲曲的线、箭头、小旗。

　　小马说："嗨，想不到铁匠大叔还是一位军事家呢。"

　　老铁匠自豪地说："你们可不能小看了我！当年直隶广宗县出了个英雄，叫景廷宾，领头义和拳和乡亲们抗庚子摊派的钱，打起'扫清灭洋'的旗。二十多个县的老百姓都赶来响应，杀了法国神甫罗泽浦，大旗插在件只村。谁是景廷宾的参谋？我！这张图，就是那时挂在件只村的老屋让人布置战场的。后来，景英

382

雄被袁世凯捉住杀了，赵洛凤我们接着斗。但到底还是没有斗过姓袁的老王八！队伍散了，我逃到北京城里打铁度日。今天，若要我老铁匠为你们出谋划策，有许多事情，我还能做！"

102. 一家人

胡鄂公来到北京后，住进老铁匠家的院子里。大家俨如一家人，说说笑笑，常常讨论问题彻夜亮着灯盏。

狗蛋住在隔壁，他开了一个杂货铺，主要是为了放哨。一有动静，他就拉起柜台下的那根绳子；绳子的另一端，系在老铁匠的当庭，是一只响亮的铜铃。同时，他为大憨他们接收信件，应付门面。

狗蛋的眼睛格外明亮，闪烁着兴奋和自豪，因为他被批准加入了同盟会，大憨是介绍人。他紧握着大憨的手，十分激动地说："大憨，让我再握握你的手吧。你这手是孙中山先生握过的，让我分享你的光荣好吗？"

大憨同他谈了一夜，从孙中山先生提出的同盟会纲领讲起，谈到同盟会的革命任务。特别是讲到孙中山奔波跋涉、漂泊流浪，为革命受尽万苦而不断追求的事迹时，狗蛋竟哭个不停。他说："大憨，孙中山先生才是大圣人。他这样不都是为了让天下的百姓得到平安和幸福吗？想一想咱们和世凯一起出来时，一路干的那些事情，真该令人惭愧。袁世凯怎能替换朝廷呢？他是一头扎进升官发财梦中的人。应该让孙中山先生做主持天下的人！"

每想起这些，狗蛋就仿佛又年轻了起来。他望着周围的环境，双眼紧紧搜罗着一切可疑的动静。他非常明白自己的使命的重要，多次对大憨说："你们只管干，我决不会放过一个可疑的人。"

雪飘着，将大地用洁白的雪霭捂得紧紧的。一些人家破旧的房舍已被太厚的雪压塌了顶，不时传来哀号。有人被压死、冻死、饿死了。大憨说："苦了天下百姓！"

胡鄂公望着这样大的雪，冻得直打冷战，用他人不太好懂的武昌话讲着，大憨为他做翻译。他说："有老同盟会员，是从日本回来的，敢刺杀载沣，叫汪精卫，也叫汪兆铭，现在打入了袁世凯的内幕。他是我们的同志，送给我一封信，大家来商量商量，看该如何行动！"

说着，他将信从怀中掏出。

大憨说："胡鄂公，汪兆铭不一定是靠得住的。他了解袁世凯吗？我和袁世凯，我们自小就在一起，已经几十年了。袁世凯是不会真正帮革命党的忙的。他只会利用革命来为他自己打算。我们万不要只轻信了这一封信。"

老铁匠和阿莲也说是这样。小马则很激动地说："这怕什么！袁世凯说准备进攻清室大内，以革命党鸣炮为号，他派人配合进攻。不论是否他派袁克定率兵攻东华门、西华门，我们姑且要干。大家想，若消灭了清室大内，功劳就是革命党的，袁世凯敢冒天下之大不韪吗？我们打进大内，成功之时，就是革命在全国胜利的标志。干吧！"

　　胡鄂公更兴奋，说："应该及早干！即使袁世凯不干，我们也应该干。清廷已经是焦头烂额，顾了头顾不了尾，现在正是进攻的好时机。何况袁世凯不插手，清廷就一触即碎了。汪精卫还说，袁世凯若不是怕天下骂他曹操王莽，他早就起兵反清了。革命党出面，是代表民意。湖北新军起义，就是弟兄们及时动了手。来，我们也学着干吧！再不干，错过机会，就晚了。"

　　老铁匠摆了摆手，说："胡鄂公，我们干，如何能不干？问题是上了当怎么办？敢死队打进去事小，暴露了我们的力量事才大呢。我说呀，咱们还是慎重一些好。"

　　胡鄂公一副急躁模样，红了脸说："磨磨蹭蹭。你们北方的革命之所以不会发生武昌那样的起义，我看，主要就是你们的畏惧心理，患得患失。总这样怕上当，不敢冒险，革命什么时候能够会胜利？"他一怒之下，拂袖而去，站在门口时，转回头对小马说："小马，把我送到冷公剑那里去。我对你们这里是不满意的！"

　　小马搀着他走出院子，融入了茫茫的大雪中。

　　望着他们的背影，阿莲说："胡鄂公哪里是领导我们？他简直是冒失。唉，不知他这样一来，又要有多少革命的同志会无价值地失去生命呢。若孙中山先生在，那该有多好啊！"

　　大憨说："大家沉住气，先别慌。我到袁世凯那里去看看，或许能想办法透出来点儿消息。"

　　阿莲说："这样是不是太危险了？万一他把你抓住，逼你做什么事，我实在放心不下。"她迟疑了一下，眼睛闪闪亮出光，说，"宋教仁先生那里，我们好久没有联络了。北方的形势是这样，我们请教请教宋教仁先生，要更好一些。"

　　老铁匠说："我去吧。你们在家好好支应着，想法避免胡鄂公造成损失。我们北方的革命力量太薄弱，经不起太多的挫折。我到大上海，目标不大，更隐蔽。"

　　大憨拦住他，说："还是让我去吧。上海我更熟悉一些，只是阿莲的身体不太好，请大叔多照应！"

　　"当！当！当！"当庭的铜铃响了。

老铁匠急忙把他们两个推搡进里屋，说："内间的夹墙可以用了，你们先躲一会儿。我出去看一看。"随着一阵风雪，老铁匠把门打开，看看天将黑，又把几只铁夹子放好。

门外响起了巡警的叫喊声："喂！老铁匠，开开门。我们到你屋里看一看，有好酒拿出来让我们喝！快，老子冻坏了。"

老铁匠问："都是谁呀？还是德平儿自己吗？"

"还有我！我是小兔儿哥！"又一个声音喊着。

老铁匠打开了大门，对满身是雪的两人说："快！快进屋来喝点儿汤。"德平和兔儿哥跟着屋里走去，忽然，老铁匠一闪身，跳到一边。德平和兔儿哥还没明白是怎么回事，随着"啪"的一声响，铁夹子把他们打住了。

两人疼得咧嘴叫着，他们怎么掰也掰不开沉重的铁夹子。铁夹子已打破了他们的血肉。

德平忍着疼，伸手从腰间拔出手枪，叫喊道："老铁匠，我宰了你个老杂毛！快给我把夹子取下来！"

兔儿哥也喊着，骂着。

老铁匠闪身在窗户下边藏起来，说："好啊。你们两个孬种，还不快把枪扔过来！我告诉你们，这铁夹子上可是涂的有毒药，打烂了你们的血肉，你们就别想活了。"

德平和兔儿哥连声求饶，把枪扔向门口，哭喊着："老铁匠爷爷，老祖爷爷，请您老人家饶命！"

老铁匠出来了，捡起手枪，装在怀里面，又为他们解下铁夹子，说："小子，以后不要再学孬种，多行一些善吧。"

两个家伙瘸着走向屋里，坐在椅子上呻吟着，求老铁匠为他们解毒。老铁匠用热水为他们擦洗后，从里屋取出一瓶药水和一包药，对他们说："记着，每隔五天到我这儿来取一次药，最少得三年才能除根儿。在这三年里，我向你们要钱，你们得给钱，叫你们办事，你们要为我办事。若有半点儿怠慢，我就会给你们停了药。我这药，你们是如何也找不到的。没有我这药，你们只有死路一条。"

"小的记住了！"

两人跪在地上，齐声喊着。

老铁匠为他们涂了药，让他们服下药面，说："这枪就不要拿走了。爷爷留下，爷爷想玩一玩。"两人争坏了，说："别别别，还是给了吧，若不然，头儿知道了，就会把我们关起来，要挨打受罚的。饭碗丢了事小，命也保不住。"

"笨蛋！"老铁匠说，"你们就说被革命党抢走不就行了吗？"

说着，他从院子的鸡笼里抓来一只鸡，用铁夹子打住。不一会儿，鸡扑腾着，挣扎几下就死去。他说："怎么样？知道这铁夹子的厉害吗？这毒药，别说进了你们的肉，像这鸡被毒死后，连肉都不能吃的。你们是想活命，还是要枪？"

　　"请老爷爷吩咐！听老爷爷吩咐！"

　　两人跪在地上，一个劲儿地喊叫着。

　　老铁匠说："好，现在你们听着。以后每天来换药时，都要把你们要干什么事，都是谁管哪一片这些情况，给我讲清。要保证任何人不得来我这一片儿瞎折腾。听见没有？"

　　"是！是！"两人强忍着痛，向老铁匠道罢谢，瘸着腿走了。

　　等老铁匠掩上门，回到屋里，大憨和阿莲笑得直不起腰，他们问老铁匠怎么用这样的法子治住了两个家伙。老铁匠说："年三十打个兔子碰上的。我每换药时，等快治好，再上一些烂皮的药，让他们受不尽的折磨，还让他们送来情报。这是一举两得。"

　　半夜时分，小马回来了。他告诉老铁匠和大憨说："过了今天夜里，到明天夜里十点，革命党派出敢死队，与袁世凯的人里应外合，杀进清室大内。一切已准备好！"

　　大憨愣了，说："能不能不让他们冒这样的险呢？万一出事就来不及了。"

　　小马说："怎么是冒险呢？汪精卫是我们信得过的人，他的话还会有假吗？敢死队已经组织好。胡鄂公要亲自带他们去！他说，北方人模样爽快，其实懦弱。"

　　阿莲十分着急，对小马说："好弟弟呀，你一定要拦住胡鄂公。他是不能随便牺牲的。请你找到他，我们还有话要对他说。这不是谁懦弱的事啊。"

　　老铁匠安排大家吃晚饭，大憨说："大叔，我们的同志都是您的孩子，以后您不要再动您的钱了。我们的钱，就是您的钱，咱们谁也不要见外，好吗？"

　　孩子在里屋哭了，阿莲把她抱出来，逗孩子笑，说："快，喊爷爷！"

　　孩子甜甜地喊了一声："爷爷！"

　　老铁匠把孩子抱过来，亲了又亲。

　　大憨说："大叔，小马，你们多照应阿莲和孩子。"

　　老铁匠说："去吧，上海的同志见多识广，多听一听他们的意见好。这个胡鄂公太性急，说不定要出事。"

　　小马一拍脑袋，说："哎呀，差点忘了大事！南方来的同志说，孙中山先生已经从欧洲回来了，很快就要到上海！"

　　大憨一把抓住小马的手，说："太好了！太好了！革命有了孙先生的领导，我们的航船就会冲破重重迷雾，迎来满目的晴天。阿莲，帮我收拾一下，我要尽快赶到上海，去迎接孙先生。"

老铁匠拍着大憨的手，语重心长地对他讲道："大憨呀，老一辈子的人都说，五百年必有王者兴。自明家，到清家，五百年也差不多过去了。孙中山就该是这必兴的王者吧！时势造英雄啊。当年景廷宾我们闹义和拳时，力量称得上壮阔，可是各自为战，不仍然是一盘散沙吗？慈禧用得着我们时，各路义和拳汇聚京城。眼看着要打胜，谁想到，背后又有人开枪。像如今有孙先生这样的人一呼百应，用不了多久，革命就会成功，就会建立一个全新的社会！这是个好时机啊，放心去吧，家中有我们在，什么事情都不要紧。见了孙先生，代我这老义和拳问他个好。"

大憨点点头，把手枪找出来，认真擦拭了，向外面瞄了几瞄。

老铁匠把小马拉到一边，悄声说："走，小马。我们去外面买些菜，为大憨壮行。"

小马望着阿莲说："阿莲姐，我们出去一会儿，抓紧时间和大憨哥亲热亲热。"

阿莲红了脸，扬起手，佯装着要打小马，却一转身进了里屋。

老铁匠拉了小马，向门外走去，笑着对他说："你们这一辈的青年，真幸福，自由得让人羡慕啊。"

103. 误会

大憨打点好行装，从天津取路，日夜不停，赶到了上海。刚刚见到宋教仁，就得知胡鄂公他们完全是在蛮干。胡鄂公跑了，留下那敢死队在进攻清廷大内时刻，袁世凯他们根本就没有出面。一群年轻的敢死队单独发起进攻，结果被军警伏击，无一生还。他愤怒地骂了一声："汪精卫，你这叛徒，王八贼种！"继而，他又骂起胡鄂公。

宋教仁拍着他的肩膀，说："大憨同志，你来得正是时候，同志们要向你取经呢。北方的革命您是作了大贡献的。怎么？阿莲好吗？住几天吧，一来我们很好地谈一谈。二来，陈其美他们提出召集各省的代表，要选举大元帅。三是你会很高兴的，孙中山先生就要到上海。《民主报》的同志准备请您写一篇介绍革命经验的文章，教育我们的同志。"

大憨说："我是来向上海的同志学习的，如何敢谈经验？我最向往的是能见到孙先生，我与他已经很久未见面了，真是太想念他了！"

宋教仁严肃地说："还有一件事，你要提防汪精卫。据有同志讲，前几天，他想与胡鄂公争夺天津民军总司令。胡鄂公同志已经认识了他，没有让他当。这个家伙很狡猾，善于欺骗人，听说他在天津成立了同盟会支部，他自己任支部长。有一些同志仍然迷信他，这很危险。"接着，他又说，"更危险的是，在全国同盟会的支部中，已经有不少人与汪精卫保持联系，随时都会发生想不到的事。"

大憨说："应该干掉他！我们要保持革命队伍的纯洁。"

宋教仁摇了摇头，说："现在他还没有完全暴露，再说，革命党中还很复杂，武昌的革命军都督府和上海正闹着误会呢。暗杀，轻易不要用，这样有损于革命的声誉，弄不好，会引来大的困难。我们尽量采用军队起义，从正面消灭敌人！"

三三两两的同志进来了，宋教仁向大家介绍了大憨。有人很恳切地问大憨："袁世凯真的会赞成共和吗？"还有人请大憨详细介绍袁世凯的活动。大憨正要详答，一个身强体壮的人闯了进来，指着宋教仁的鼻子，高声喊叫："渔父先生，你背信弃义！前一段到湖北时，你是怎样说的？你们在此召开代表联合会，这不是背叛革命吗？"外面又涌来一些人，有人拉住那人，说："什么湖北和上海有别？天下革命是一家的！代表联合会在哪里开不一样？"

宋教仁对大憨说："这正在说话的人是上海都督陈其美，刚才那人是湖北来的。"

陈其美仍然大声说："你们以首义自居，一定要在武昌组织中央政府，可是，你们看到了吗？武汉即将陷入敌手，冯国璋火烧汉口的烟雾还没有散去，哪里有上海安全？"

宋教仁让大家安静下来，说："武昌的同志是我们的表率，但他们对袁世凯看得太简单了。我前一段在那里，有不少人就嚷着和谈，喊着停止战争，制止革命。更有人到处讲，要让袁世凯做临时大总统。革命难道是简单地让一个汉族皇帝登上台吗？我们流血牺牲是为了真正的民主共和。袁世凯以前是搞君主立宪的，他会赞成共和吗？袁世凯有强大的军队，这并不可怕！可怕的是什么？是我们，是我们自己！袁世凯他是战胜不了我们的，只有我们自己才会搞垮我们自己。同志们，不要争得太多。"

在上海等了几天，大憨与宋教仁进行了几次深谈。宋教仁反复对他讲，推翻清朝，改天换地，就要实行民主共和，而君主立宪是绝对靠不住的，和谈恐怕难替代革命。大憨望着这位青年革命家，从心里佩服他的才华、胆识，更为他的坦荡、忠诚的品格所感动。他想，革命因为有这样杰出的人才有希望。而袁世凯那里都是什么人？一个个首鼠两端，一切都按自己的算盘打，哪里会有出息！

武昌的代表联合会召开后，谭人凤老先生被选为议长。他们接受了和谈！

上海这里召集了各省代表，推选出黄兴和黎元洪为大元帅、副元帅，因为武昌形势危急，即决定以南京为中华民国临时政府驻地。大憨对此并不感到欣喜。他觉得，这样重大的事靠所谓的各省代表来决定，用袁世凯反正来作总统，是极其不严肃的。

汪精卫窜到上海来了，他见人就讲：袁世凯绝不是清朝的忠臣，大家不要把他当做朝廷的走狗、革命的敌人。若能选举袁世凯为中华民国总统，推翻清朝就易如反掌。

更可恶的是，汪精卫和杨度，一个代表南方同盟会，一个代表北方，搞了一个"国事共济会"。汪精卫来上海，这里竟还有一些人把他当做英雄！伍廷芳让他住在自己的家中，多少文件都经他的手，还有袁世凯不知道的事吗？这个杨度也在跳，与汪精卫一起，合力为袁世凯吹喇叭、抬轿子，好像袁世凯做了总统，天下就永远太平了。这群小丑，打着花脸，唱得多好！

大憨感到从未有过的沮丧，他问宋教仁："这就是我们的革命吗？"宋教仁也很为上海的混乱而痛心，他对大憨说："孙中山先生不回来，革命是群龙无首啊！我们的革命不应该是黄兴和黎元洪所能够决定的。同盟会受人辱骂，这正说明革命不是简单的事。"

大憨深深感觉到，此刻的上海，还不如他上一次来时让人受鼓舞。那时，同盟会的同志相互鼓励，满腔热情，都是无私的温暖。今天是怎么了？当年曾是同盟会员的章太炎，如何也学着那清朝的状元张謇，喊"革命军兴，革命党消"，要取消同盟会呢？这群人到处骂革命党，说革命党都是亡命之徒，是土匪。这到底是为什么？

上海的天空，乌云太多太多，没有一丝阳光。上海，你的太阳呢？

大憨有多少次望着星空，望着冰凉的寒星，感到茫然。他想喊向天穹：孙中山先生，你什么时候能回来呢？

他很想回到北京去，这里让人感到闷得喘不过气！他想念阿莲，她那娇小的身躯能承担起革命的重担吗？还有老铁匠、小马和铁如他们，此刻都安然无恙吗？

任丘起义的消息传来了，耿世昌兵分三路占了县城。北京、天津、保定、滦州、通州、石家庄的起义都没动静，耿世昌成了孤军。他能取胜吗？

大憨对胡鄂公越想越感到不满，这人办事太爱冲动，轻信、盲目，如何能担当起北方革命的领导呢？

南北议和，战火平息，革命会走向哪里呢？天下就这样稀里糊涂的阴变成晴，又由晴变成阴吗？

他想到街上去散一散心，却又不想走出门。大上海，十里洋场，高楼大厦林立，灯红酒绿，是阔人的天堂，是穷苦人的地狱。他看不惯嘴上抹口红如刚吃罢人肉的野狗一样的官太太，看不惯那假洋鬼子的骄横跋扈。而更让他不愿看到的，是形形色色的穷苦人，特别是那牵儿扯女的妇女，让他心酸。这个人吃人的大上海，为何那么多的人见了洋人就像狗见了主人，望见穷苦人则像人要打狗一样呢？外滩上的花花世界令他作呕。那"华人与狗不得入内"的招牌，是谁挂上去的！他想洋人固然可恶，更可恶的是那耀武扬威的汉奸、走狗！这些人披着中外和善的外衣，帮助洋人来欺压同胞，他们哪里是人！

大憨的胃时时隐隐作痛，他强忍着，却止不住额头上冒出一层层汗珠。宋教仁望见这情形，非常难受，劝他去医院去看一看。他不愿去，不是怕花钱，而是他对那些根本就瞧不起穷苦人的医生从心里痛恨。宋教仁找来一位中医朋友，为他诊脉，他同样拒绝。他要让人看到，病痛完全可以被人战胜！革命者的意志，可以战胜一切。宋教仁听他道出这样的心思，感动得眼泪止不住地流淌，他为自己有大憨这样的朋友感到高兴，自豪！

104. 包饺子

又是雪化春来时，院子里的腊梅枝儿放出了红的、黄的花儿，残雪像撕碎的棉絮，东一朵，西一朵，散落在墙根下。

老铁匠一大早就去菜市，很快掂回来大块的猪肉、葱、姜萝卜，进了院子，朝厢房里喊着："阿莲！快赶来，我们包饺子！"

阿莲挺起大肚子，笑着说："大叔啊，怎么这么高兴呀？"

进了屋内，他神秘地说："中午大憨和小马回来，咱们好好地喝一喝，吃一顿贺喜的饺子。阿莲，你知道今天是什么日子吗？"阿莲将肉洗了，切成块儿，放在菜墩子上剁起来，高兴地说："是好日子呗。您一高兴，准有好事儿！""对！"老铁匠帮着她洗菜，说："好事还真成双成对儿呢。滦州独立了！这是第一件喜事。第二件更喜人，十七省的人选孙中山为大总统，在南京就职宣誓，中华民国诞生了！从今天算起，清朝结束，他们玩完了，该退场了。"

阿莲的眉毛上泛起喜庆的亮光，眼睛眯成一条线，笑得合不拢嘴，说："大叔，我们全中国的老百姓就有了盼头了！"

老铁匠将萝卜、白菜、葱、姜等菜洗了一遍又一遍，讲着："燕赵之地自古就是英雄多啊，今天不更多吗？要说当年任丘起义被北洋的大炮轰败了，可那二十镇的好汉们没有败。施从云、王金铭，还有海阳的冯玉祥，他们给袁世凯发电报，要实行共和。王金铭做了大都督，施从云做了总司令，冯玉祥做了参谋长，他们成立了北方革命军政府。这火，在清朝的后院终于点着了。大火烧起来时，就会连紫禁城一起烧毁的！"

阿莲伸了伸腰，用手撑起后背，一片红云从脸上浮起。她感到孩子在动弹。

老铁匠没有抬头，继续说："中华民国一建立，天下的人民可就不再做马做牛了。等胜利了那一天，我就回老家霸州，耕田种树，度过晚年。这打铁的营生太累人，几年了，一个徒弟也没有留下，都嫌这活儿苦。"

阿莲说："大叔，别那样说，我和大憨都没有了亲人，您就做我们两个的父亲吧。"

"孩子！"老铁匠站起身来，望着阿莲，一滴老泪从松弛的眼角淌下，咧着嘴直笑，说，"好孩子，大叔早就有这样的想法，不知是否合适。你的大憨，他可是世上少有的好女婿啊。孩子，你真有福呀！我看见你，我就想起我那年轻时的小云，她和你长得真一样，个头也像你这样，简直是老天爷从人堆里挑出来送给我的。"他越说越激动起来，"那一年，我在霸州城玩社火时，与小云一见就好上了。从那时，春天里我带她放风筝，夏天里带她去摸鱼；我们两人就做了好事了，商量着找人向她家提亲。可是她爹嫌我穷，硬逼着她嫁给了殷家的傻儿子。她出嫁时，哭得泪人儿似的。因为这，霸州当地有人编了戏文，在《十二月花》里唱我们两人的事儿呢。据说，现在还在唱。"

"大叔，您年轻时，一定是百里挑一的好人才。"阿莲"咯咯"笑着，说，"除了一个小云，别的姑娘也会爱您的。"

"可不是嘛！"老铁匠笑得更响，猛一拍掌，说，"哎呀，看我都扯到哪儿去了！我还要通知人开会，计划着配合南方革命，讨论在整个北方大起义的事。阿莲，我老了，摊上这样一个好差使，这是改天换地的光荣事业呀！"

两人正说笑着，大憨和小马回来了。老铁匠想对他们说那些喜讯，却望见大憨的脸色一直铁青着，轻声问他："怎么了？大憨。你哪里不舒服吗？"小马说："滦州起义又失败了！胡鄂公南下。通州的革命同志被袁世凯杀害。汪精卫这个叛徒，他坏了多少革命大事！可有的人，自称什么同盟会领袖人物，却还如此重用他。"

大憨"嗵"的一拳砸在自己的膝盖上，愤恨地说："杀掉袁世凯是当务之急！若不然，革命将无限损失！"

老铁匠闷着头，好半天不说话。阿莲说："大憨，小马，大叔，你们都不要不高兴。滦州起义哪能像武昌起义那样？它没有根底啊。革命从来没有一帆风顺的。中华民国的大旗已经举起来，革命的胜利，不就在眼前吗？都多想开一些。来，大家帮我包饺子！"大憨的眉头舒展开来，他"噢"了一声，说："就是呀，快过年了。我们都高兴才是!"说着,招呼老铁匠和小马一起来动手。

这时,当庭的铜铃又响了。

老铁匠一听,笑着说:"不怕。这是德平和兔儿哥送礼来了!"

果然,开了大门一看,德平和兔儿哥都站在门外,正要喊门,一个掂着大块的肉,一个扛着一袋子面。他们进了屋来,向大家都问了好,迟迟不走。

大憨说:"两位小兄弟,又有什么事情为难了吗?"

兔儿哥说:"是这样的。大哥,大叔,我们以前做了太多的坏事,现在觉得实在是坏良心,是作孽。现在老爷子们都在谈论着革命,我们两个也想为革命出一点儿力气。我们就是找不到门路!"德平也说:"就是,就是。我们请大哥和大叔你们给指一条道儿。"

老铁匠气呼呼地说:"有门路,也有道儿,给你们指出来,你们干不干?"

"干!干!"两人精神霎时振作起来。

大憨与小马、老铁匠交换了眼色,对两人说:"这件事干成了,全国的革命党都会向你们致敬!"接着,他压低了声音说:"杀掉袁世凯!"

"啊!"一阵惊悸的喊叫。两人几乎同时跳起来,狠劲摇着头。

"怎么?你们没有这个胆量,还想来做什么革命吗?"大憨轻蔑地看着他们。

兔儿哥说:"不是!不是!袁世凯,他,他,他明日早朝,各个要道路口都有我们的人把守。他还有,还有卫队保持着,坐的又是双轮马车,跑得快。我们两个是,是不好下手的。"

德平说:"杀他也不是容易的事。若杀他就是革命,那,那,如果杀不了,我们被他杀了,会不会为我们大办丧事,说我们两个是英雄呢?"

"若杀了袁世凯,纵使你们两个以前做了多少恶事,也一笔勾销了。不但是这样,天下的人民都要传唱你们的英勇。不过,"大憨笑了笑说,"单凭你们两个,赤手空拳与袁世凯是斗不过的。袁世凯的武艺可不是一般人能对付得了的。他年轻时能力举千斤,会飞檐走壁,特别是他的枪法准得狠,百步之外谁都难逃。让你们去杀他,还真是拿羊肉往狼嘴里扔。"

德平和兔儿哥听得瞠目结舌,说:"那我们不是白白去送死吗?"

"不!"大憨说,"只需你们两个将袁世凯进出的路线现在就写上,用图画好。这就是你们的功劳。"

兔儿哥说:"这好办。我们这就写,来!德平,你认识字儿,我画路线、地形,你来写。咱们把守在路口的兵力也都写上。"

两个人一会儿又写又画,很快拿出一张清晰的图样。

德平说:"若给我一个协的兵力,说不定我能捉一个活的呢。袁世凯心虚,看着他的卫队怪大，路上安的岗也多，他的空当也多得很。有几颗炸弹就够了。"

兔儿哥伸出手，对老铁匠说："老铁匠爷，您，您再给点药吧。"

老铁匠笑着，拍着他们两人的肩膀，说："你们呀，药，在于你们自己。什么时候你们的心变好了，这病就会自己去掉。那些毒，都是你们自己造的啊！"

兔儿哥大声喊了一句"啊呀"，说："老铁匠爷，我们两个上了您的当啦！"

德平也笑了，说："咦——我的老铁匠爷，这恁长时间，我吃不好，睡不好，就是怕您把药不给我们。原来是您老人家想的点子。我服了您！我给您鞠躬。"

小马笑得搂着肚子，说："你们两个该很好感谢老爷子，若不是他老人家，你们两个能像个人模样儿活着吗？"

德平和兔儿哥笑颠颠地跑着走了，不时地回头喊着："等大年夜，我们来给您拜年，给您磕头，磕响头！"

望着他们的背影，大家都笑起来。

阿莲说："大叔，愿您老人家多造一些药，让天下的人都吃下，世间不就太平了吗？"

老铁匠说："这药呀，有人已经造下了，就是孙中山先生他们的纲领。民国不就是世间的良药吗？可惜有人愿吃，有人不愿吃。他们执迷不悟，把孙先生的一片好心当做了祸端。要让他们吃下这济世济民的良药，可真难呀！"

大憨说："对。我们革命者，人人都是大夫，救死扶伤，积善行德，要一齐动手，割掉清廷和袁世凯这些毒疮，让中国焕发出青春。"

老铁匠把那幅地图又拿出来，说："来，这是北京的大小街道，咱们再对照一下，单独绘一个清楚的图。"

看了一会儿，大憨对小马说："把铁如找来吧，还有冷公剑他们。"小马应声出去了。老铁匠指着图说："大憨，我们不能只想一个方法，最好多设计出几个方案。你看，这里往紫禁城去，三义茶叶店楼是一处，祥宜坊酒楼是一处，东安市场是一处。我们最少要安排三组人等候，有一处得手就可以。我们要想尽办法，炸死这个奸贼，为我们那些死去的兄弟们报仇！"

阿莲说："大叔，仅仅这样还不够，我们还要想到，万一袁世凯发觉了我们的行动，怎么办？最好在他的家周围也安插上人，腰里多装上炸弹。凡是他会出没的地方，我们都设上炸弹，布下天罗地网，为革命除去这个大害。"大憨点点头，看了看整个路线，说："对，我们不能仅仅在一个地方等。不能光等。就在这里，在东华门到王府井之间，我们能否找人驾着车，来回巡视着如何？遇见袁世凯时，追上他，把他炸掉！"

转眼已到中午，他们还在商量着、讨论着行动方案。铁如他们来了，大家一致赞成：坚决除掉袁世凯。然后，他们商议如何分头组成战斗小组，要在黄昏时准备好，连夜潜伏下。

阿莲把饺子煮好了，招呼大家吃。他们都望着透着逼人香味的饺子笑着聚拢来，一个个伸长了筷子，吃得津津有味。大家叫着，嚷着，把饺子一个个取了名字，袁世凯、载沣他们，都成了大家口中的饺子。

老铁匠说："这样，我们就吃光，吃净！一个也不留！"

这时，城内响起一阵枪声。小马放下筷子，说："大家先吃，我去打探一下。"大家不再做声，边吃边往腰中摸，准备着外边一有动静，就掏出枪。这成了他们的习惯。

不一会儿，小马跑回来。他兴冲冲地告诉大家："城里有一个警察局的头目，今天娶了一房老婆。为了表示庆贺，警察们往天上放枪，才有刚才那一阵子枪声。"

老铁匠猛然想起一件事，拍了拍自己的脑门，说："哎呀！看我这记性！同志们都来了，我把酒放着，一直没有拿出来。小马，来，咱们抱出来两坛子，大家好好地喝！"

105. 大清就要完蛋了

要过年了，家家户户都在忙着置办年货，大街小巷里不时传来清脆的爆竹声、孩子们的嬉闹声。

袁世凯穿戴整齐，在镜子面前检点着服饰，兴致勃勃地端详着自己的容貌。

朝廷的各种人物，此刻像走马灯一样在镜子里转换着。他颇得意地望着他们。前些天，自己从侧面提到了南北和谈的事，溥伟和善耆他们怒目而视，溥伟厉声喝问道："袁世凯，龟山大捷，汉口收复，若乘胜渡江，则武昌指日可下。你为何打了胜仗，却又提什么停战言和？"当时，自己原本想不理会他们；问急了，自己回答他们说："汉口收复了，这不错，可是南京又告陷落，南京要冲，倍于武汉。党人之势大，国人受其蛊惑，人心浮动，军心更加不稳。言和是一时权宜之计，我岂能忘恩于清室？期以三年，必败党人。若以天下为孤注，殷鉴不远，噬脐何及！"载泽的眼翻着白，把牙咬得直响，他曾奏劾袁世凯借口军饷不足，不能开战，后又颁布短期公债，勒捐亲贵大臣，黄金万两，钱款千万，却仍不开战，是何居心。现在也哑口无声了。

你们明白和谈的症结在于什么吗？

他在心里说：很简单，就是让朝廷退位！

十天前，梁士诒受袁世凯的指派，让驻俄公使陆征祥发电报，请清廷退位。

前几天，直隶提督姜桂题领衔，北洋的将领们通电，请求皇帝命令王公大臣捐献私财，"毁家纾难，共济时艰"。几天前，又有奕劻提出了朝廷退位的话题。还有那个小德张，银子是会让他帮助说退位的话的。全北京都在说：革命党三头六臂，已经钻进北京的各个角落！

今天，袁世凯要上朝请旨定夺，要隆裕亲口同意退位的事。他对着巨大的穿衣镜，亲手小心翼翼地修理着自己毛茸茸的胡须。

他想，清室已腐朽不堪至极。他们退了位，自己就是当然的民国总统。孙中山不是一再解释他要让出总统的席位吗？哼！这个孙大炮哪里是我的对手！忽然，镜子里多出了一个粉嘟嘟的脸庞。"老爷，"杨氏莺啼般在身旁站着，贴上前来，扭个不停。她挽扶起他的胳膊，芬香扑鼻！

"宝贝儿！"袁世凯转过身，抱起杨氏细嫩的脸蛋，亲了一下。

从洹上回来之后，杨氏的举止与以前相比，有了许多变化，说话的声调不高不低，走路的步子也不紧不慢。袁世凯看着她，从心里感到舒服，人后常嘱她管教着那几个姨太太。家里也因此更和睦了。原来，在沈雪梅管教她们几个时，总是离不了手中的惩罚，不是罚钱，扣下当月的银子，就是打。特别是金氏，她性格倔强，又直率，不断顶撞，所以她挨的打也最多。杨氏当家之后，哄得多，大家脸上的笑也多了几分。家和万事兴！

让清廷退位，自己就要堂而皇之握起国家权柄，要让人有一种印象：我袁世凯是被逼上最高权力宝座的！决不能让人骂我曹操、骂我王莽！不久前，朝廷授权自己作为对南方和谈的全权大臣，唐绍仪、汪精卫、杨度、杨士琦被自己派去和谈。临行前自己对他们讲："君主制度是万万不可变更的，我本人世受国恩，不幸局势如此，更当捐躯图报，只有维持君主立宪到底！将来，国民程度渐渐开通，懂得了共和的真谛，再慢慢改为共和吧！"

应该这样讲，要让唐绍仪他们几个听，也让天下的人都知道袁世凯只能这样说。

在南北议和的第二次会上，南方的伍廷芳说：今日人心倾向共和，若不承认共和，别无议和之法！只有共和，才能谈议和！唐绍仪说：黄兴曾发过电报，说若袁世凯能赞成共和，必可举为总统。廖宇春与黄兴的手下达成了协议，克定共和政体，先覆清室者为大总统。那天，靳云鹏被段祺瑞派来，对自己说："第一军全体将士主张共和，并议推宫保为临时大总统。"自己当下发了脾气，骂了他一通。是啊，我不能落下篡国的恶名，小子们愿怎么做只管做好了！面上的事，还是要装一装的。

唐绍仪说，张謇在南方帮了自己的大忙。季直，那年在朝鲜的事，你还记得清吗？季直的眼，是识时务的。

议和成了难题，看来国体共和是大势所趋，但我不能说。是否像唐绍仪所说的召开国民大会，来公决民主和君主，这还要推给隆裕他们，让清廷来说。

唐绍仪和伍廷芳谈国民会议的事，最后还是没有谈成，他提出要辞职。愿辞你就辞吧！

想不到，天下掉下来个孙中山，他在南京宣誓就职，让人觉得孙中山是理所当然的临时大总统。这不是明着骗我吗？

汪精卫说得对，孙中山贪恋总统的名位。姓孙的，难道你会师北伐，就可以保住你的名位吗？我不怕你，洋人的军舰开进长江，你就会害怕的！

想着，想着，有随从来催袁世凯该上朝去了，他才醒悟过来。他咬了咬牙，对自己说，走！老子要与内阁大臣们联衔上折奏请共和，哭出一场好戏来。

一路上，他想着该如何表演哭殿，让隆裕也跟着流泪，让载泽他们也看看，究竟我袁某人袁宫保到底是个什么样的人！

进了养心殿，袁世凯向隆裕太后请了安好，扑通跪在红毡垫上，泪水早打湿了脸，鼻涕拉了好长。

炕上坐着的隆裕见此情景也流下了泪，用手绢擦着，说："宫保，我是知道您对大清国一片忠诚的，讲吧。"

袁世凯讲了议和的事，说："如今的海军都叛乱了，军饷没有着落，强邻对辽东虎视眈眈，库伦也发生了乱子，天下的人心皆如此涣散，令人心痛！"说着，他哽咽起来，捧读着奏折，越读越伤心，捂着胸口，念道，"环球各国，不外君主民主两端，"他扫了一眼隆裕，见她仍在流泪，就渐渐提高了声音，"民主，如尧舜禅让，乃察民心之所归，迥非历代亡国之可比。我朝继承尊重帝系，然师法孔孟，以为百王之则，是民重君轻，圣贤业已垂法守。且民军亦不欲以改民主，减皇帝之尊容。况东西友邻，因此次战祸，贸易之损失，已非浅显，而尚从事调停者，以我只政治之改革而已。若其久事争持，则难免不无干涉。而民军亦必因此对于朝廷，感情益恶。读法兰西革命之史，如能早顺舆情，何至路易之子孙，靡有孑遗也。民军所争者政体，而非君位，所欲者共和，而非宗社。我皇太后皇上何忍九庙之震惊，何忍乘舆之出狩，必能俯鉴大势以顺民心！"

最后一句，他读得如此响亮。这一句河南话，久久徘徊在养心殿，让人震颤，让人心悸，让人热血沸腾，也让人感到无限的沮丧、悲哀。

这声音扰得载泽、善耆、良弼、铁良他们心绪不宁。

袁世凯为自己的声音而喜悦，充满了胜利的快感。什么时候离开了养心殿，他都记不清了。一路上，他来回回味着这些话。头顶上的天晴得让人感到恐怖，犹如一块巨幅的蓝布正飘在人头顶。

阳光灿烂，如无数金色的花朵，在漫空飞舞着。他的卫队如一群开路的虎豹，拥着马车行至东华门外，队伍的服装异常耀眼，卫兵们的步伐整齐又响亮，砸在冰冻的土地上，发出刚劲有力的声音。

行过丁家街三义茶馆的门前，突然"轰"的一声，一颗炸弹从茶楼上飞下，在车后爆炸了！

车夫高扬起鞭子，狠抽马匹，车如飞起的猛兽，窜向前方。卫队乱了，卫兵们互相碰撞着，追赶着马车。

车刚行至祥宜坊的酒楼前，才稍停息下来，酒楼上又扔下一颗炸弹，在人群中爆炸！同时，楼上响起枪声。

浓烟滚滚，马匹炸死在路上，带队的袁金标和几个卫兵被炸得血肉纷飞。成摊的血淌在路面上，路两旁的树上、墙壁上，都涂着血。

卫队惊慌之后，很快聚拢起来，袁世凯在车里喊着："向楼上打！"

训练有素的卫士们立即举枪，向楼上射去，压住了楼上的枪弹。

这时，一辆马车疾驶而来，赶车的是一个姑娘。她朝楼上吹了一声口哨，很快从楼上跳下几个人，落在车上。趁着卫士们还没有愣过来神，车载着楼上跳下的人很快飞驶远去。

军警们听到枪声奔跑过来，包围住三义茶馆和祥宜坊酒楼，捉住十几个人。那些被捉的人昂起头，挺起胸，他们的嘴角里流露出无畏和兴奋。

袁世凯被人保护着，离去了。他闭上双眼，额头上涂着几缕血迹。

街上静静的，行人都躲得远远的，门都闭上了。几只穿着红马夹、戴着花帽的猴子，被惊吓走的艺人丢在街上，它们东张西望，发出"吱吱"声。望见街上的冷落景象，它们跑到胡同中，叩打着百姓的家门。但一家家的门没有一丝动静。

一只狗望见这群猴子，大声"汪汪"着，向它们冲去。猴子们满街逃窜！有胆子大的孩子从门缝中看见这些乱窜的猴子，喜欢得直跳。他们相约了小伙伴儿，到街上捉猴子，追着、闹着。捉住了猴子，他们并不带回家，而是让它们跳，翻跟头。他们逗着猴子，唱着他们即兴编的儿歌：

猴儿，

猴儿，

乖乖！

把门，

开开。

爹爹，

进来，

挑水，

打柴。

不开，

活埋！

……

他们一边唱，一边跳，尽情地玩耍。

猴子们被逗乐了，和孩子们一起跳着，越跳越高。

人们听见这歌声，知道街道上又没有了事，纷纷打开门户，走出家门。有人听着这歌声，皱着眉头说："这可是天意啊！听，不开，活埋。大清国，它就要完蛋了！"

106. 阿莲

大憨回到家里时，阿莲坐在炕上，正在为未出世的孩子缝制小衣服，共和依偎在她身旁。她一针一线，来来回回走着线，一边撩起，反复打量着，一边哼着江南的小调："阳春三月百草香，姐妹几个采花儿忙……"老铁匠和小马还没有回来。大憨蹑手蹑脚地走到她身后，猛一下捂住她的眼睛，说："阿莲，你猜猜我是谁？"阿莲羞红了脸，轻轻捶打着他，扑进他的怀中，撒着娇说："大憨，奴家真的气了自己，为什么偏在革命这样困难的时候，奴家怀了侬的这个孩子。奴家唉，真个怀念自己在女中读书时的生活，唱歌、跳舞、学武，那时节，奴家多快活。现在奴家要走不能走，要动不能动，眼看着同志们忙碌，奴家心里又惭愧又难受。"大憨听着她北方味儿越来越浓的上海话，止不住大笑起来；他把她的脸捧在手中，认真端详着，亲吻着她的额头。共和眨眨眼，知趣地去了老铁匠的屋子。

大憨轻轻抱起她，紧紧拥在怀中，抚摸着她的秀发，说："阿莲，这样才有意义啊。你看，我快五十的人了，有了此等大喜，真想不到有多高兴。有了你，是我的第一大喜，和你在一起生活，我感到说不出来的愉快，觉得自己越来越年轻了。我常觉得自己的筋骨像年轻人一样，走路总想跳起来！阿莲，有了孩子是咱们家的又一大喜，我一个年过半百的人，事业有了继承，革命有了后来者。我

398

夜里睡不着时，常在想，到孩子长大，日子该平安如意了吧！睁眼看着这世间，黑暗、腐朽，满地虎狼当道，千百万穷苦人受不尽的煎熬，列强凌辱我同胞如猪牛马羊。阿莲，上海那些洋人出入的公园里，到处挂着大招牌，上面写着华人与狗不得入内！我们谁见了不难受？孙中山先生对我说过，革命者四海为家，要随时做好牺牲的准备；而且，革命是无私的，以天下为己任。你能嫁给我，就表明天下有和我一样热爱革命的人，我真幸福啊！阿莲，我是一个穷孩子，当年离开家乡时，是袁世凯把我们骗出去的。在路上，我又失去了我的亲兄弟！我漂泊、流浪、奔波，遇到了孙中山先生，才觉得这日子有过头。献身于共和事业，让天下的百姓都过上好日子，这才是正道。人活着，总得有不俗的追求，这才叫生命。阿莲，跟着我，让你吃苦太多，受累太多，该惭愧的是我呀！"大憨，别说了。"阿莲双手搂抱住大憨的脖子，闭起眼睛，连连呻吟着，用上海话说，"奴家的郎君，平日家里人多，吾与侬好久勿得亲热了。吾想要侬，吾要侬，吾要侬……"

大憨的脸上泛起亮亮的红光，望旁处扫了一眼，一把抱起阿莲，冲向里屋！

"当！当！当！"

当庭的铜铃响了。

大憨十分警觉地出了内屋，悄悄走近大门，从门缝里望去，只见两个陌生人正站在那里，背着两个大包袱。这两个人是干什么的呢？大憨正纳闷，忽听其中一个喊道："大憨表叔，我是绿豆娃儿！请您出来接我们！"

绿豆娃儿！大憨猛地想起来了，是侯七的继子。几年前，侯七在河南开封串联，被清廷大内的杀手给害了，小绿豆娃儿流落街头，被少年王府的弟兄们收留起来。可他如今在干什么呢？他怎么知道我在这里住呢？他来找我会有什么事情呢？大憨又悄悄退了回来，他用力咳嗽了两声，一边把子弹推上膛，问："是谁在门外喊呀？"

他猛地把门顺手拉开。绿豆娃儿拉着另外一个人，跪在地上给大憨磕头。站起来后，他指指自己，又指指另外一个人，说："大叔，您不认识我了吗？我叫绿豆娃儿，他叫蚂蚱儿！"

蚂蚱向大憨行了礼，说了一声："大叔好！"退向一边。

绿豆娃儿从怀里掏出了一封信，双手呈给大憨。大憨拆开一看，只见上面写着：

大憨勋鉴：

前日我被人用炸弹恫吓，贼自称为同盟会。其用心何其歹毒矣！我对您素以兄弟相待，请您转告同盟会诸君，世凯从不敢以革命为敌。共和体制，系天下之所趋。我愿解囊捐银五千，以助同盟会之事业，恳请笑纳。

顿首

慰亭

大憨把信收起，问绿豆娃儿："你怎么知道我在这里住？"

绿豆娃儿说："宫保手下的人可有神通啦！您从河南到北京，只要您住的地方，宫保他都知道。这些东西，是他让给您的。"大憨明白了，原来自己已经被袁世凯监视多年！那么，这两个人也该是他手下的特务。他皱着眉头，作出一副极其不耐烦的样子，说："虽然我们是乡亲，但我已经很久不与他来往了。我做我的生意，他做他的官。你们见过他，就说我向他问好。要是没有什么事，你们就回去吧。至于这些东西，我用不着，你们带回去。我跑了一天生意，太累了，就不留你们吃饭了。"说着，大憨就要关门。

"哎——"绿豆娃儿紧抓住一扇门，把东西放下，推进门内，一转身溜了出去，眨眼工夫，两人跑远了。让大憨既可笑，又可气，他掂着两包钱，回到屋里，把信递给阿莲让她看。

阿莲笑着说："这样好啊，若送来的钱我们不收，恐怕会得罪人的。革命正需要经费呢，我们何不顺水推舟，落下一个人情？"

年到了，四周的人家忙忙碌碌，孩子们不时将炮仗扔向空中，嘻嘻哈哈，打闹着，欢笑不停。贴好了花花绿绿的对联，小马帮助老铁匠把院子里打扫干净，劈好干柴，把水缸的水用桶担满。他抬起头时，正与阿莲相视，脸庞立刻红起来。阿莲望着小马，笑嘻嘻地说："小马，姐姐想问你，现在想找不想找一个漂亮的红颜知己啊？"小马更红了脸，搔了搔后脑勺，说："怎么不想找呢？就是，就是，我往哪儿去找呢？我现在……"

"过了年，赶上观灯，到街上去，看见漂亮的就背回来！"老铁匠在一旁笑着大声说。

阿莲也笑了，说："小马呀，当年在女中时，我有一个同学，等几天她要来北京。她也是咱们同盟会的人，很出色呢。我看你们两个很般配，很合适。若你们两个结合成，咱们这个家庭，兄弟姐妹一起，那该有多热闹呀！"

小马说："只怕我配不上别人呢。"

大憨从屋里走出来，拉着小姑娘共和，对他们说："今年与往年不一样了，你们看，我写了这样一幅中堂，代替了往年的天爷神像。新年就要有新的世界。"

400

大家他们随着他走向当庭，墙上贴着大憨刚写好的字幅。小马朗朗念出声：

颠覆清朝专制政府，巩固中华民国，图谋民主幸福，此国民之公意，文实遵之，以忠于国，为众服务。

老铁匠拍着手说："好啊！好啊！真是改朝换代了！这句话说得好，既是孙先生的誓词，也是我们的座右铭。会保佑我们呢。"

大憨说："对。有了孙先生这句话，我们的屋子，还有我们的心，都亮堂起来了。让我们时时刻刻都想着，我们要忠于中华民国，为天下的大众服务，要把那些普天下作恶多端的王公贵族都消灭掉！"

天渐渐黑了，爆竹声在四周响起。共和猛地张开双臂，奶声奶气地高喊着："过新年了！"

老铁匠说："阿莲，这是咱们家的第一个新年。咱们多做几个菜，我和大憨、小马，我们好好地喝一喝。"小马说："对！这是第一个新年，也是中华民国的第一个新年！共和的第一个新年！大憨哥，咱们把蜡烛点上，大叔点纸，咱们放炮吧。"

大憨抱起共和，说："好孩子，爹和叔叔要放炮了，你怕不怕？"

共和非常认真的模样说："我不怕！我要给爷爷、叔叔、爹爹和娘拜年。"说罢，抱起细嫩的小手，晃了又晃。

大家都笑了。此时，狗蛋他们也赶过来了。屋子里被红红的烛光照得通明，年夜饭摆上后，大家围坐整齐。老铁匠说："今儿个夜里是大除夕，大守夜。咱们玩上个痛快！"大憨在条几上摆放好供品刀头、香、表，亲手插上香，他缓缓跪下，喃喃自语道："虽然是中华民国，新的时代来临了。但是我们更不能忘记自己的祖先！不能忘记我们长眠的亲人……"

狗蛋也跟着哭了。

阿莲说说笑笑，在不时地逗共和玩，没有听见大憨说话。

此刻，一滴晶莹的泪珠闪亮在大憨的面颊上，他抽泣着，不觉哭出声来。老铁匠和小马问他到底怎么了；阿莲挺着大肚子，拦住大家，示意别做声。

大憨站起来，对大家说："在这大年夜，我们因为革命成了一家人。我真不知道自己有多高兴，可是，我想起牺牲了的那么多革命同志，心里面非常难受。今天下午，我在外面得到消息，开封发生革命暴动，张钟端他们被杀害了。还有朱丹陛同志，他利用自己是河南总督张镇芳的学生身份掩护，与阎子固他们谋划革命不成，现在他们被袁世凯派人追杀，危在旦夕！"

狗蛋抹了抹眼泪，说："张钟端是个好同志，他以前在日本办过《河南》杂志，介绍科学和革命。开封是河南的中心，至关重要。他和朱丹陛一去，河南的革命就更难开展了。"

大家都起立，静静的，向烈士们表示默哀。屋里只有蜡烛发出雄壮而有力的声响。老铁匠双手举起酒杯，向后墙香炉下面洒去，庄重地说："愿革命的英灵能安息九泉，保佑革命早日在全国胜利！"

大憨请大家喝酒吃饭，接着讨论起春节后如何开展工作，大家谈得热火朝天。

阿莲说："来，过年了，高兴才是。你们喝，我来唱。我唱一首家乡的歌儿，为大家助助兴。到底是过年，该轻松轻松。"

大憨带头鼓起掌来。阿莲放声唱起来，尽管老铁匠他们都听不懂，这歌调儿让他们感到格外清醇、悦耳，都夸吴侬软语动听。

小马说："我也唱一段儿吧！我不会唱歌，就来一段京韵大鼓。"

狗蛋说："对，你唱了，我来唱一曲河南坠子，大憨唱一曲梆子。大叔，您也来一段儿！"

歌声响起，小马不知从哪里找来一把京胡，胡乱拉起来，摇头晃脑地唱着。唱到半夜，共和早困了，阿莲带着她睡去。大家继续玩乐。大憨又提到如何使用袁世凯送来的那笔钱，说是他怕我们炸他，用来买命的钱。

狗蛋说："过了年，我们两个去要更多的钱，有一批军火正急着缺钱。还有革命宣传，都需要钱呢。"

小马和老铁匠说："你们捉鳖呀！"

大憨说："对，捉老鼋，捉大鳖！"

大家哈哈大笑，蜡烛更红更亮。说罢，大家继续咿咿呀呀地唱。

小马说："等将来革命胜利了，我要好好地上学，上大学。我要认真学一学人家洋人的电学问，让全中国都用上电，电灯、电话，家家都有。人一出门，就顺着电线跑，想跑到哪里就跑到哪里，想怎么玩，就怎么玩。"

大憨说："对。那样的日子很快会来到的。只是还有比电更方便的东西！是啊，人家打我们，夺我们的财产，割去我们的土地，都因为我们落后，没有强大的力量。我们的下一代，无论如何要认真学会用洋人的好东西，好思想，这样才能强国。"

老铁匠气愤愤地说："你们两个讲得都不对，依我看，老一辈的东西还真好。你们想，若有了电什么的，洋人不是来得更快吗？咱们天天等着打仗吧！"

大憨和小马都笑了。

小马说："铁匠大叔，那时候，革命胜利了，洋人来了就是客人。全世界的人，大家都平等相待，怎能讲洋人还敢欺侮我们？不论是哪个洋人，再敢烧咱们的家园，放心，我们先斩断他的魔爪。眼前都是因为这清政府太腐败，谁都可以随便欺侮我们！"

老铁匠笑着说："这个道理我是懂得的。清王朝必然灭亡，新的中国在哪里呢？我还能看到吗？"

"能！能看到。"

大憨和小马齐声说道。

107. 走亲戚

大年初三，大憨和狗蛋备了一些礼物，去北京锡拉胡同，他们来袁世凯家里走亲戚。一听门人报信，袁世凯立即领着家人来到门外迎接。他一手拉着大憨，一手拉着狗蛋，眼里涌着泪，呜咽着说："我们兄弟近在咫尺，却如隔千里，都是我不懂事理，忽略了你俩，你俩该生我的气了！可别和我一样！"大憨打量着院内的景致，笑得嘴都合不拢，打着哈哈说："四哥，你当上了内阁的总理，忙得不可开交，我们怎敢随便来打搅你？谁巴结还来不及，哪敢生你的气呢？"狗蛋也说："凯儿，你看你把我和大憨都说成啥人啦！"

寒暄了一阵，袁世凯拉着两人走进客房，他装着十分内疚的样子，问："狗蛋的生意，去年怎么样？大憨有了家小，也不对你哥讲一讲！家里有什么困难没有？"大憨说："有啊，那就看你帮不帮了？伙计，兄弟真是缺钱；年前你送我们的那些钱，都让我赌博，输了个干干净净。你看，这咋弄吧？这这这……"

袁世凯仰起脸，哈哈笑着，说："大憨不会说瞎话啊。你装不像！诓人呀？嗯？你什么时候也学会说这样的话了？"他停了停，哈哈大笑，接着说，"不过，你俩来，我已经准备好，给你们个千把两银子。我想让你们帮我办一件体面的事。"

狗蛋说："老四，俺凯儿哥，你还有啥办不成的吗？"

袁世凯拉他们进后客厅去吃饭，说："走吧，先看看我蒸的大枣山，再尝尝咱老家的大杂烩。咱们吃着，说着，就咱弟兄三个，旁的谁也进不来。咱们好好叙一叙这些年的事。"

一进后客厅，迎面一具近似于八仙桌面的大枣山，立在条几上。枣山上的花儿有牡丹、玫瑰、菊花、石榴、大枣、龙、凤、麒麟、鲤鱼、万福、如意等，连着上福下财、八仙图案。再细看枣山中间，是一幅玄武图。在图的背后，则是中国版图的海棠叶图样。饭菜早已摆好，是大憨和狗蛋想不到的整整一百碗。小碗儿有大茶盅那么大，中间一大盆杂烩，可以看见鸡子、鱼、油炸的豆腐、青菜、粉条等菜肴，堆起如一座小山丘，冒着腾腾的热气。

袁世凯请他们入席，指着菜，说："这是特意为你俩做的！"

大憨和狗蛋赞叹了一番，夸这菜样数多，味道又好。吃着，袁世凯说："两位兄弟的志向，慰亭我是很佩服的。"大憨和狗蛋猛一下怔住了，转而又笑着说："四哥听人说错了。我们都在忙生意，想来借些钱，做买卖当本钱。你怎么如此堵我俩的口呢？"

袁世凯一边请他们吃，一边异常镇静地说："什么买卖？这买卖不一般吧，恐怕借给你们十万八万，也不一定够用。你当我还不知道吗？别瞒我了。这样吧，我也不让你俩开什么价钱，先给你们十万两银子，你们花费完了再来拿。当然，这不是我的钱，可它来路正。"

大憨说："四哥，其实我们应该走一条路的。你犯不着疑惑我们。"

袁世凯神情极其严肃地说："大憨，狗蛋，两位兄弟。我觉得咱们投军去登州，好像是才没有几天的事。我做梦还见咱们在路上走呢。唉，如今的世道，有谁能一下子翻过来呢？我对同盟会是敬佩的，同盟会比强学会不知强多少倍！同盟会是干正事的。将来，咱们一定会走一条路的！只是，现在朝廷中这一帮子东西，他们又臭又硬，死到了临头还正不知道身子在哪儿呢。劝他们多少回了，他们一概不理。我现在也不管他们那么多了，干脆请病假，让隆裕他们自己看着办。段祺瑞他们纷纷电奏，全国人人都赞成共和，反对帝制。谁违背了民意，谁就不会有好下场。我劝段祺瑞不要太过分，他不听啊。他一而再、再而三，提出什么'恳请涣汗大号，明降谕旨，宣示中外，立定共和政体'。你说，我有什么法子呢？"

大憨在忖思：袁世凯到底在卖什么关子？

袁世凯说："听说朝中良弼这货他极端仇视革命，他要派铁良率领军队讨伐南方。革命党多次杀他没有机会。这家伙实在可恶呀！真杀了他，天下的人民真不知道会有多感激革命党呢。现在已经有一些有识之士捐了一笔钱。这笔钱我不敢凑份，人知道了会说我的闲话的。"说着，他从怀里掏出一张银票，递给大憨，说："请你务必收下，这是人家的一片心意。我想除掉良弼，共和大事会更顺利。这钱若你们不收下，我真不知道我有没有面子！"

大憨爽快地说："那，我就收下了。"

袁世凯说："这就对了。除掉良弼，为国为民，都是功莫大焉的事业。革命党的敢死队是素有美名的，清朝廷上下闻之，都不寒而栗。我也相信，有正义之心的人对良弼都会深恶痛绝。"

狗蛋只顾吃饭，津津有味地品着菜，他说："毬！我不管你们说的啥！不知到什么年月，天下的百姓才能都吃到这样的饭菜就好了！"

袁世凯用筷子指点着满桌的菜，说着"海参鱿鱼"、"猴头燕窝"、"熊掌烩鱼头"几样菜名，说："人本来是分几等的，哪能都享福！再说，能力分大小，福分是与能力相应的。像广东的孙中山，我就很佩服他！放心吧，两位兄弟都是革命功臣，若孙中山先生他事业有成，我一定保举二位列于公侯！"

大憨笑着说："四哥，你看我俩是那醉心名利的人吗？"

袁世凯一怔，马上转过话题，继续说道："是啊，人都说，鸟为食亡，人为财死。这是有道理的，可也不全是这样。真到了共和胜利，天下太平，我们都回到项城老家去。耕读何尝不是福呢？官场上尔虞我诈的日子都是罪呀。唉，他娘的那个脚，当官是找罪受啊。"

狗蛋吃饱了，把筷子一放，掏出手绢擦了擦嘴，望着袁世凯和大憨直笑。大憨也放下了筷子，说："比不得年轻时了。那时候，这一桌子菜，可以吃个精光呢。"

袁世凯笑着说："真是年纪不饶人，看我这嘴，都爱唠叨了。不知说这么多，两位嫌不嫌烦，我现在是骑虎难下呀，吃了官场这碗饭，辞了几次都辞不掉，这是推了磨挨磨棍的活儿呀！"

"嗵！"狗蛋放了一个响屁。

三人都止不住笑起来。

大憨和狗蛋刚离开，赵秉钧和梁士诒就匆匆赶到，等候在前客厅。袁世凯正读着一封信。信是宗社党的人写的，他们在信中指斥奕劻庆王居心不良，喊着"欲将我朝天下断送汉人，我辈决不容忍，愿与阁下同归澌灭"的话。

袁世凯把信随手一扔，对家人说："给庆王送些东西，让他压压惊。几个不懂事的东西，到他家里去胡闹。他们惹庆王生气，是不得好报的，他们坏了良心。"

赵秉钧知道，不懂事的东西是指良弼、铁良、载泽他们几个。前些天，奕劻在隆裕召集的宗室王公会上，谈论是否实行共和，他主张自行退位，颁布共和，这几个人就赶到庆王府去围攻他。

袁世凯被人炸了一下后，朝廷中议论纷纷，隆裕太后派人安慰他，对良弼他们说："袁世凯是为了咱们才挨那一炸弹的。你们不要再说他心怀不良，把他当做逆臣、奸细了。"

袁世凯的脸很平静，革命党和良弼他们都想杀他，这是他早就料到的。曹锟带人进了北京了；京城里到处贴满了革命党的帖子，都喊着"正月十五杀鞑子"，良弼他们同样不安宁。朱尔典那边正在帮助做工作，干脆不要清廷，也不要南京临时政府，就在天津设一个临时政府。这件事除了朱尔典在圈外喊之外，让赵秉钧、梁士诒、胡惟德他们在御前会议上，向清廷提出来，就说革命党力量已超过了北方军队，设一个天津第三政府，便于与革命党开议，让王公亲贵们来谈谈这件事。此外，小德张那里已经送去多次上数的银票了，让他对她隆裕个老娘们儿说：各省都独立了，前敌军队撤不下来，外债又没有指望，若不答应退位，革命军杀过来就难说活命。若是让位，袁世凯可担保优待，你们仍然有享不尽的富贵。到那时，隆裕又该抱住溥仪哭了吧！

袁世凯把赵秉钧和梁士诒叫到密室，问讨论的事怎么样。赵秉钧满脸很生气的样子说："在天津设临时政府的事，我提了，他们都叫着喊着死活不同意。没有钱，少军费，外国人要干涉，这些理由都提了，还是没有用。"

"后来呢？"袁世凯问。

"后来，我们两个奏请道：人心皆已去，君主制度恐难保全，恳赞同共和，以维大局。"梁士诒抢着说。

赵秉钧说："我最后讲了，若再会而不议，议而不决，我就辞职。"

"嗯。"袁世凯点点头，又问："孙中山那边呢？"

赵秉钧说："一样。唐绍仪把这事给伍廷芳讲了，说朝廷授权在天津设临时政府，这边朝廷退位，那边南京政府跟着解散。孙大炮不让，他说：不能私授臣民，共和只能在南京！"

"还有没有？"袁世凯立时绷紧了脸，将头扭向一边，很不满意地问。

赵秉钧慌张着说："孙中山是这样说的：清帝退位的消息，由您来告诉国内外；清帝退了位，他即辞职，建议由参议院选您为临时大总统。同时，他还说，您必须宣布政见，绝对赞成共和，选为总统后，要誓守参议院所定之宪法，如果……"

"如果什么？"袁世凯抿着嘴唇问。

"如果您不赞成共和，"赵秉钧胆怯地说，"如果您没有诚意，优待皇室和满蒙的条件，也无从说起。他说，只有让您能够承担战争祸害天下的责任。"

"日他娘！"袁世凯骂了一句，脸上放松了一些神色，说："这些孬种耍的是什么把戏！他们好像是做生意啊。我不成了拿清帝退位来换总统位子的奸商吗？这让天下人如何看我？嗯？"

"那该如何办？如今，这天下，事实上是离不开您的呀，宫保大人！"梁士诒说。袁世凯面带一丝笑意说："让胡惟德发电：袁慰亭绝无意于总统之意。你们

406

也要让人都知道，我要辞职，重返洹上。"

赵秉钧和梁士诒齐声说："明白。"

"再一个，"袁世凯走近他们，显得极为亲密地说，"要好好运筹一番，利用汪精卫，既不能让清室这帮子人得喘气的机会，当然，也不能让革命党成功。天下，该是我们共同的天下。弟兄们这样辛苦，才配主宰天下啊！你们说，除了你们，谁是来日的栋梁呀！"

赵秉钧和梁士诒立正了，用眼光传递着感激之情。

108. 革命同志

大憨和小马日夜穿行在北京的大街小巷中，到处寻找革命同志，布置革命任务。他们在德平和兔儿哥的帮助下，进入警营和军营，很快找到内线联系的同志，商谈如何配合整个革命形势，支持天津起义。胡鄂公又回到了天津，在北方革命协会的会议上，他检讨了自己以往的失误，同时向大家介绍了孙中山的指示。大憨把袁世凯给的那笔钱如数送到天津。大家添置了一批军火，都赞扬大憨的神通广大。最后，大家在分析了形势后，决定在天津迅速发动起义，壮大革命，直捣清室老巢，也配合孙中山的北伐计划。大憨充满了劲头，在深巷里跑起来，常常令小马都追不上。两个人孩子一般你追我赶。

街两旁的杨柳又泛青了，桃树、梨花的芽儿正冲破树皮的封锁，拼命向外冲去！如画的北京城，处处都是醉人的春绿。他们来到西四，走进老铁匠的一家表亲住宅内，老两口眉开眼笑，把他们两人拉到屋里，请他们吃点心。

这老两口也是同盟会的。敢死队在他们家设立了联络站，因为这里离良弼他们的住宅近，便于配合暗杀。老婆婆到门外望风，老汉对大憨说："好得很呀，彭家珍的任务完成得不错，这一炸弹真个炸疼了他们！"接着，他详细讲彭家珍如何争着向敢死队请命，自告奋勇去炸良弼。他撮了一把香，插在后墙神龛下的香炉内，燃上后，向香炉作了两个揖。大憨和小马也随着做。

老汉指着屋内的一把椅子，说："就是这一把椅子，那天一大清早，彭家珍来到我家里，坐在这儿。他不吃饭，吸了一袋烟，和我一起去门外，再三看了红罗厂周围的地形。他找了一辆马车，在周围转着，到处找良弼。一直到晚上，良弼从善耆家才回来。"

忽然，门外响起了老婆婆的喊声："找老爷子呀？没在家！他的一个亲戚来，把他接去做客了。我一直在门口等着他回来呢！怎么，你们两位不过来歇一歇？"

人应着声远去了。

老汉说："到处是便衣巡警，这几天查得可严着呢。贼儿们心虚得很，加紧了防范。话接着说吧！那良弼来到自家门前，下了车，正要进去，彭家珍拿着一张名片，急步走上前，请求谒拜。良弼说：夜深了，你明天来吧。彭家珍说：我是奉天来的，军情紧急啊，现在就把这封信给您！他说着，掏出炸弹，掷向良弼。只听一声响，两人都倒在火光浓烟中。这四川汉子！"讲到这里，老汉擦拭着眼泪，说："彭家珍是我们的好同志，就这样牺牲了。良弼炸断了一条腿，被抬进了医院让外国人给他治。人都以为日本人的医院，医术高。"

小马说："可惜了。让他漏网，唉！"

"跑不了他！"老汉又换了一袋烟，神采飞扬地说，"良弼的腿止住了血，但他疼得难受。医生给他喝了止痛的药酒后，他那仅有的一条腿，也伸直了。都说这药酒是袁世凯派人在里面下了毒的！"小马说："这样好！今天炸了良弼，明天炸铁良，后天炸载泽，将他们一个个炸死完！炸他们一个天翻地覆。"

大憨起身告辞，临走时对老汉再三表示感谢，叮嘱他注意安全，又给了他一些银钱，让他接济生活。老汉推辞再三，说："多亏了同志，我们什么都有。"

他们回到家中时，铁如、冷公剑和胡鄂公他们都等齐了。阿莲正做饭。胡鄂公一见大憨，大声喊着："大憨同志！"伸出胳膊，紧紧抱住他，孩子般嘤嘤哭着。他沉痛地说："大憨同志，都怪我，怪我不听您的忠告。天津起义的事，又失败了。"说着，抬起头，用无比信任的目光望着大憨，说："同志们研究，决定推举您来做起义的总指挥！我们一定要与清王朝，与袁世凯坚决斗争到底！"

铁如说："天津起义准备工作尽管短一些，可是总体讲，也是周详的。日本朋友谷村误放信炮，队伍未聚齐就开始出击，力量分散，所以才失败。不过，起义难免会失败的。失败了，我们再起义，革命终究会胜利的！"众人都议论到，只有大憨才能够担当领导起义的重任。冷公剑说："大家考虑到您对各方面的情况都更熟悉一些。而且，您又曾跟随过孙中山先生，亲聆他的教诲，同志们请您帮助胡鄂公指挥革命。"大憨向大家一再表示感谢，说："谢谢大家对我的信任。要说一个人能够做的，就责无旁贷。只是，我知道自己的能力实在太有限，遇到困难时，咱们还是一起商量做吧！"正说话间，老铁匠回来了，他后面跟着两个陌生的青年，两人像孪生兄弟般相像。大家望着他们，都默不作声。老铁匠说："这是我们的两位同志，从汪精卫那里来的。"指着他们向大家介绍说："这是大龙，这是大虎，兄弟两个从前跟过我学打铁，现在跟着汪精卫做事，也是咱们革命党。刚才遇见我，我就带他们来了。"大龙大虎的目光躲躲闪闪，大憨用刺人的目光逼向他们，逼得他们都不好意思，低下头。老铁匠说："都是自己人，不要闹误会。他们是来送信的。这汪精卫居心不良，我们这里要出大事啦！"

大龙说："隆裕已经准备退位了，袁世凯应该做稳了总统。他密谋汪精卫，掌握北方革命协会在京、津、保的活动情况。由赵秉钧配合，一旦清廷宣布退位，他们就布下天罗地网，把各革命团体的头目都一网打尽！"大虎说："仅仅这不算严重，现在汪精卫正大力网罗爪牙，瓦解我们的同志。他分头找一些革命团体的负责人，为他们封官许愿，用金钱相诱惑，宣扬袁世凯如何英明，如何厚待革命党，而想尽办法拉拢一些负责人，要他们造舆论，解散革命组织。在（北）京、（天）津、保（定）地区的革命团体组织活动情况，他们已经绘制成一份路线图。今天晚上，在这三个地区，他们要派军警，逐家逐户，搜查革命据点。现在，已经有不少人做了叛徒，领着他们来搜。我们要想尽办法避开搜查。"

"哼！他们有几个军警？"冷公剑将拳头往桌子上一擂，愤然站立起，大声喊道，"不如趁今天夜里，我们再举行一次起义，鼓动起军队。大家一鼓作气，杀进紫禁城，推翻了清王朝，我们向天下人昭示：只有革命党才能做总统！"

大憨摇摇头说："不行。一是时间来不及，怎么通知大家？二是革命党也太薄弱。现在要举义，只能自绝自灭。这样吧，胡鄂公先生，还有铁如兄，我们几个人一起去见袁世凯，问他为何这样做。同时，请大龙、大虎两位，你们带上我写的信，立即赶到天津去，找我的一位日本朋友掘江醇。他是一位正直的新闻记者，我们请他一方面揭露袁世凯的罪恶阴谋，一方面与那些对革命有好感的记者们共同质问袁世凯。我们要尽量避免流血。"缓了缓语气，他又说，"我们再也经不起折腾了，必须保存实力，有一个革命党在，天下就不会仅仅姓袁！"

铁如望了望大家的面孔，见大家都绷紧了脸，一个比一个沉重，他说："其实，我们何必这么紧张？袁世凯，他平白无故，绝不会做这样的行动。再说，汪精卫这样的一个人，爱夸大其词，难免有添油加醋的成分。当然，我们也不得不防备万一。我看，最好还是这样：一、做最坏的打算。大憨你们从这里转移，让阿莲他们先住在兔儿哥家里。兔儿哥现在是我们的同志了，而且巡警的家里应该说最保险。二、我们以牙还牙，派出敢死队，袭击袁世凯的家。若能捉到他的家人，咱们不妨学一学土匪的绑票。对恶人就得以恶治之，要挟他。三、我们想办法送给袁世凯假情报，就说山西的阎锡山带着军队正开向北京。再者，是河南的王灭纵起义军可以帮助我们。我们就说他的军队已经打过了邯郸。来他个声东击西，调虎离山，让他们心烦！"

胡鄂公说："那我们现在就分头行动吧！"

阿莲急忙走过来说："别慌，同志们。我们越是这时候，越要慎重。既不能操之过急，又不要打草惊蛇，弄巧成拙。到底这是袁世凯的本意，还是汪精卫想解散革命组织的阴谋，必须搞清楚。依我看，袁世凯不会轻易行动；在这个时候，他还没有立稳脚跟，是不会贸然行事的。"

大龙、大虎大声争辩着说："这可是我们从汪精卫那里亲耳听来的！事情这样紧急，你们还疑神疑鬼！"

大憨眼珠一转，猛然大喝一声："把大龙大虎拿下！"话音刚落，大龙、大虎"刷"地从腰间掏出了手枪，冷笑着，将枪分别顶住靠近的老铁匠和阿莲，堵在屋子门口。

大虎狞笑着说："我作为同盟会天津支部的领导人，现在命令你们立即撤出北京，保存革命力量！"

老铁匠望着两兄弟，皱起了眉头，说："大龙，大虎，为什么非要动枪呢？"

突然，小马望着门外，大声喊叫着："哎呀，不好，外面许多警察来了！"大家都往外看去，大龙、大虎也扭头向外看。小马趁机从腰间拔出匕首，投向将枪顶住阿莲的大龙，正刺在他喉结上。大龙"啊"了一声，挣扎着倒下去。

大虎忙举枪向小马打来，老铁匠猛地向大虎扑去，把他往下按，挡住小马。

"砰！"沉闷的枪声响了，打中了老铁匠，老铁匠按住大虎不放松。大憨抓起一把椅子，劈头向大虎砸过去，一下子把他的头砸破；大虎头一歪，闭了气。

老铁匠渐渐气喘短促，紧捂着胸口，望着大家，说："我，我，对，不，起，大家。引狼，入，室！"阿莲"哇"的一声扑向老铁匠，连声喊着"大叔"，哭个不停。老铁匠愤怒的脸上扭曲着，像一头暴躁的雄狮。他紧紧咬着嘴唇，停止了呼吸。

一切像做梦一样，胡鄂公揉了揉眼睛，充满疑惑地望着众人。铁如和冷公剑把大龙、大虎的尸体拉到屋子里。大憨说："快！把血迹擦干净，别让警察来了看见惹麻烦。"小马气得朝大龙、大虎身上使劲踢了两脚，把枪捡起来。

大憨背起老铁匠，对阿莲说："你们别哭了。快去找来两个纸炮，在当院放了，等警察来时，就说我们放炮玩呢。"收拾停当，胡鄂公和铁如、冷公剑躲在一个屋，小马守着老铁匠在一个屋，大憨和阿莲在当院里站着，装着正在闲玩。

果然，阿莲放了两个纸炮后，一群警察奔来，打着门，喊叫着："哪里枪响？"大憨笑吟吟迎上前去，说："对不起，惊动老总们了。过年剩下两个纸炮，我点着玩儿呢。"

兔儿哥从外面跑过来了，见此情景，喊着："没事了！没事了！可别随便放炮了。我还以为是枪响呢！走！兄弟们！"

阿莲也装着生气的样子，一手捂着肚子，一手指点着大憨的额头说："笑笑笑，笑你个头呀，看你这个样子，就知道傻笑！一大把年纪的人了，还像个小孩儿似的！"

警察中有人嬉笑着说了一句"这家伙的老婆挺嫩呀"，一边东张西望，走出院子。

阿莲等听不到脚步声后，关紧了大门，对大憨说："好险啊！"

铁如在屋里说："大憨，快来！"大家重聚在一起，只见铁如从大龙身上搜出了一封信，信上写着：

宫保大人钧鉴：

兹有大龙、大虎两位豪杰，驱逐革命党人，解散暴动分子团体，功莫大焉。请予以奖励，并恳请留在府上随时听候使用。

汪精卫　鞠躬

小马"呸"了一口，说："狗娘养的汪精卫，差点儿没有毁灭我们！这两个蛋子儿孩子，竟骗了老铁匠大叔，又骗了我们几个。"铁如说："看来，我们一提同志，就只顾热情、信任，而太缺乏警惕性。这样的事情可不能再发生。"胡鄂公对大家说："等着。无论如何我们都要加紧革命的积蓄力量，迎接孙先生的号令，做好与袁世凯斗争的准备。"

109. 清朝退位

良弼被炸之后，许多敌视袁世凯的王公贵族都不敢再明目张胆大声指说什么了。他们有的逃进天津租界，有的乘船逃向日本，有几个蒙古王公回到蒙古。宗社党曾扬言要干掉袁世凯，此时也都不见了他们的踪影。天下着实宁静下来。

这一天，锡拉胡同的袁府门外却又热闹起来。

退归藩邸的醇亲王载沣，来到袁府，向袁世凯宣读隆裕太后的懿旨，封袁世凯为一等侯爵，促立即入宫谢恩。

袁世凯惊呆了，再三辞谢。

载沣走后，袁世凯召来杨度、杨士琦、梁士诒、赵秉钧、胡惟德等一群人，商量该如何辞去这封爵，请朝廷收回成命。赵秉钧说："天下众望所归，宫保就趁此时机，黄袍加身，以孚民望，昭告天下，推翻清朝，岂不美哉！此可谓天赐良机。"接着，他又讲起"天是圆的"云云。杨度附和着，也这样劝说。胡惟德他们几个则说："这样的棋路，正说明隆裕已经彻底没有招。不如顺水推舟，等隆裕比较来比较去，自己情愿退位。我们先受了这爵位，再慢慢催隆裕。"

袁世凯摇摇头，说："南边的事情怕不好说啊。此刻的中国需要稳定才是。"他在想着不久前孙中山他们声势浩大的北伐。黄兴、胡汉民他们差一点儿没有再闹成武昌那样的事。在这个时候，着实不能太大幅度动干戈！看起来，面前这几张君主立宪的牌、国民会议的牌和共和政体的牌，不发也得发，不打也得打了。一切都势在必行。他听不清杨度他们几个又在说什么事情。他思索着，应该如何责备自己，说自己无能之至，给这个隆裕讲清大势，一定要辞掉这封爵。他在想，只有熬，熬干隆裕的泪水，熬干普天下人的希望。不慌。

隆裕只知道抱着个小宣统溥仪哭哭啼啼，就是不提退位的事；她想着就这样装糊涂，能够拖一天就拖一天。孙中山一再催，准备将和谈的内幕向世界公布，让人看到袁世凯的大奸嘴脸；莫里循他们几个洋家伙趁火打劫，三天两头来采访，套问自己对各种敏感问题的看法。杨度他们的共和促进会正在嚷着君主立宪为时已晚，急应实行共和；但各方面都反映平平。袁世凯在心里说，杨度啊，杨皙子，你们的文章还是不到家呀！想来想去，还是得面对谢恩的难题。走吧，不去谢恩，总得辞封。连着数天，袁世凯上奏几次，隆裕都不准。怎么办？没办法，这顶花帽先戴在头上吧。此时，南京的伍廷芳又来电：临时参议院已经在南京成立，林森当选为议长。

袁世凯在心里说，你们急了吧，我不怕，我只有一个字，熬！

隆裕终于提到退位的事了，她授袁世凯全权，与南方谈退位的条件。他笑了，在心里说：这条件是必须谈的，得让隆裕满意。让天下人都看得见，我袁某始终是大清的忠臣，因为不得已，才为了挽救国家来谈这退位、共和的事。

隆裕说："退位的条件不多。有这三条：一、留'大清皇帝尊号相承不替'这几个字；二、不能用'逊位'这个词；三、宫禁、颐和园，随时可以听使居住。"

袁世凯不假思索，欣然同意，称呼也明显变了。他抬高了声音说："我这就请南京临时政府迁就。您放心吧。您的大清朝退了位，我，我们还是敬重您的。"

他在心里说：条件可以答应，可你什么时候退位呢？他脸上笑着，越笑越难受。当天，日食了，他不知道眼前是昼还是夜。天上没有星光，一片黑色笼罩着。他仍在想隆裕这个人，比起慈禧那个东西，玩弄权柄的功夫实在是差得太远了。前些时候，她听到武昌的炮声，朝廷中几个王公大臣都屁滚尿流，她忍不住，只抱住小溥仪哭起来。凭这样的能耐，她如何还称太后！眼前一浮现隆裕的面孔，他就感到好气又好笑。

袁世凯想着这些，不知什么时候回到了家中。现在，他要好好理一理思绪。他躺在床上，告诫自己：千万要稳，一步也急不得。

他笑着对自己说，熬，熬干大清这盏残灯！

外面仍然是日食，孩子们在敲着铜盆，大声喊着："狗吃太阳了，快撵啊。"这声音和铜盆敲打声，让人感到荒唐。袁世凯翻身坐了起来，提起笔来，要把诗兴记下来。他要写这日食情景，可只写了一句"闻犬欲咀日"，再也没有下文。

公元一千九百一十二年的二月十二日，这一天，大清国成为历史遗产。他们的宣统皇帝颁发三道诏旨：

一、清帝退位诏；
二、公布优待条件；
三、劝谕臣民。

110. 中华民国

北京城里的鞭炮从诏旨发出时开始，一直响到第二天的清晨。清朝神庙的油灯终于熬干了。太庙的屋顶在这个夜里坍塌了，它的栋梁早被白蚁蛀空，它的墙基还在。清晨的太阳升起来了，颤抖着，如醉了一般，挂在东天！遗老们痛骂袁世凯窃国大盗，痛骂天下百姓竟敢造反，他们不许人称呼满清，只能称"大清帝国"；只有遗少们抹着泪水痛哭，再没有人在他们目前匍匐跪下。大街小巷那些解放了的老老少少们，纷纷奔走相告；他们相互道喜道福，齐声喊着：现在不是满人的天下了，现在是我们的中华民国了！清朝，终于亡了！清朝终于灭亡了！孩子们满脸通红，放声高唱着：

风来了，
雨来了，
满清的日子完蛋了！
背着鼓，
打着伞，
汲汲遑遑把路赶……

清朝完了蛋，
天下吃好饭！
大人三千一，
小孩儿一千三！

于是，锣鼓、唢呐、高跷、火龙、狮舞、旱船，来自乡野的冲天鼓乐，在红彤彤的太阳照耀下，都奔上了街头，涌满了北京城。所有的欢乐都挤上了街头，满街舞着潇洒，人们久久不舍得回家。他们要跳个够，要唱个够，要笑个够！尽情狂欢着，通宵达旦。只有漫天飞舞的风明白，多少人家有二百六十多年整日绷紧了脸，铺天盖地的文字狱套紧了千家万户的脖子，只许老老实实，不许乱说乱动！二百六十多年，加上闰年闰月，三百多个三百六十五天，没有笑、没有唱、没有跳了。不论明天是否还和昨天一样，在改天换地的今天，如何不让所有的激动、喜悦都在灿烂的阳光下尽情欢笑高歌呢！这些年，到处都是镣铐和枷锁，连空气都发霉。人们受够了，不想再这样活了……

在欢乐中，草又青了；花又开了；树又绿了，又红了；如锦的鸟儿们，又都飞回来了，它们尽情地欢唱着，飞翔着。冰封的河也开了，冰雪早不见了踪影，只有星点的水草从碧波中伸出尖尖；河边的芦苇芽儿像一群穿着兜肚的幼儿，正挤在河畔听着、看着春汛。永定河畔卢沟桥侧的一片荒草地上，小马和大憨夫妇，他们带着共和，正跪在老铁匠的坟前，凭吊这位没能赶上这欢庆日子的老人。他们在告慰这地下的英灵。

墓碑前的石桌上摆着祭供，除了吃的酒、肉、菜、馒头之外，还放着一具纸扎的洋军服，洋军服上放着一把纸糊的手枪和一把纸糊的长剑。小马把纸扎的物件用火点着，对大憨和阿莲说："大叔生前太清苦了，有一点儿钱也都献给了同盟会。我们给他置办这一身服装，让他老人家也威风威风。老人家穿了这将帅服，就是革命军的领袖，在阴间见了那些坏东西，可以用这枪和剑来扫荡他们！"

大憨和阿莲点点头，将杯中的酒轻轻洒在供桌前。

阿莲的肚子更加明显，显得非常笨拙，她撒着大把的纸钱，噙着泪说："大叔啊，我们来给您说，革命胜利了；您起来睁眼看看天下是中华民国，不再是清朝的世界了！大叔，给您送一些钱。您活着省吃俭用，到了那边，您用这些钱，常买一些吃的、穿的、用的。这永定河畔太寂寞了，闲了时光，您山南海北的都去看一看。"

大憨把共和按倒，让她学着磕头；共和学得很认真。她奶着声说："老爷爷在这里，他和谁玩呢？"

大憨说："我们不是来看他了吗？"他又磕了几个响头，庄重地望着坟头，亲手添了几把土，说，"大叔啊，革命在今天改换门庭了。天下再也不是清朝的了。我们劳苦大众可以挺起胸膛做人了！平均地权，天下的每一个老百姓都可以过上幸福的生活了。尽管这样的好日子还没有来到，可它并不很遥远。"

几个人哭了一会儿，坐在地上歇息。

正在他们准备收拾停当往回赶时，远远的晃动着几个人影。共和的眼尖，她拍着手，高喊着："来人了！来人接我们了！"大憨和小马一看，急忙把她的嘴捂起来，拉了阿莲，四个人一同去草丛中，悄悄躲藏着。小马和大憨都拔出枪来。

几个人影近了，他们骑在马上都用黑纱布蒙住脸，只露出眼睛。一行人匆匆忙忙来到老铁匠的墓前，他们看见刚烧的纸，摆的供品还有一丝热气，就大声嚷了起来："是大憨哥他们，肯定是他们。他们应该就在周围，他没有走很远，我们分头来找！"说着，他们将手卷成喇叭，向着四周放声喊去：

"大憨哥——"

"大憨哥，我们是河南开封来的！"

"大憨哥，您出来吧！"

他们喊着，声音既诚恳，又焦急。看看周围没有应声，其中一个瘦长个子，从怀中掏出纸和笔，用嘴湿了笔尖，写了一封信，放在碑前，转过身，喊大家离去。一阵尘烟，他们离开，远远逝去了。

大憨从草丛中钻出来，走近老铁匠的墓碑，把信拿起。信上写道：

> 大憨兄勋鉴：
> 　　我们是河南开封的同志会，前侯七先生曾嘱咐我们寻您，请您回豫主持革命。今革命胜利，特来京寻您，有事相商；恳请赐教。我们晚上去大红罗厂铁先生处，候您回信。另宝丰马街徐冠中先生代问您安好！
> 　　同志会鞠躬

侯七？大憨想起了往事，少年王府的大刀王五、通臂猿侯七，他是大家最敬佩的英雄。他不是早就死了吗？同志会与同盟会是什么关系？这群人到底是干什么的？

徐冠中，他是什么人呢？费了好大劲，大憨才想起来，徐冠中是自己当年船政学堂的同学。在项城老家见过面，他和朱丹陛是朋友；如今，他又如何在宝丰的马街呢？

天渐渐起了风，吹得草"呜呜"响，如无数冤魂在哭泣。

共和拉着阿莲的衣襟，嚷着："娘，我冷，咱们回家去吧。"小马把共和抱在怀里，继续扫视着周围。他们缓缓向城里走回去，一路上连半句话都没有。

回到家时，狗蛋提了两条鲤鱼过来，对大憨说："给，让阿莲补一补身体。开封同志会的人本来晚上要来的。因为有事，他们明天一早就要回河南，就不再等您了。他们说，端午前再来一次。"阿莲行走有些困难了，把鱼接过去，小马抢过来，说："姐姐，让我来做吧，你多保重才是呢。"

大憨朝小马背上拍了一巴掌，说："小兄弟，这鲤鱼本是该你来买的，你只顾高兴，娶了媳妇也不好好酬谢媒人！"阿莲说："看你，哪有向人要鲤鱼的？小马早就买过了。你前些天不在家，没吃得上，就是他没有买呀？真没有道理的。来，小马亮一招！"狗蛋嬉笑着说："那好，今天我不走了，就在这儿喝鱼汤。我要尝一尝小马的手艺。"他边说，边拉了一把椅子，坐在上面，跷起二郎腿，得意地说："你们猜，我从开封同志会那里得到了一个什么样的好消息？"说着，用笑眯眯的眼角满屋寻着。不等大家猜，他自己先说出来了，"铁头在嵩山少林寺！"

"啊！我的乖乖儿呀，我的乖乖！说说，快说快说！"大憨惊喜地叫起来，一个劲儿地搓着手，问，"狗蛋，快讲，是怎么回事？"

狗蛋沉着脸，正经下来，说："铁头他真的出家了。不过，他没有灰心。在少林寺，他收了几百个少年，亲手教他们学习武艺，让他们投身革命。其中，有武艺高强的，南北闯荡，一定有了些名堂呢。"

大憨说："铁头，他到底还是我们的好兄弟呀！狗蛋，狗蛋，哪一天我们一起去看他好吗？少林寺，少林拳脚棍棒天下有名啊。"

"看他是可以。"狗蛋从椅子上霍地跳起，站在大憨面前，说，"不过，我们找不到，必须由开封同志会的老徐和老马他们带路才能见到他。他和他们单线联系。人讲过，老马灰蓝眼珠儿，是犹太人的后裔呢！他对我讲，铁头受张钟端的委托，为革命培养武装人才。这些学生分散在各地，成为革命的栋梁。大憨，铁头他真了不起咧！"

小马把鱼汤做好了，满屋弥漫着醉人的香，嘻嘻笑着，端了上来，请大家批评、品尝。诱人的鱼香使共和急得直叫，她高声嚷着："我也要喝！我也要吃！"一群人欢天喜地，聚齐在桌前，他们吃着，说着。大憨说了句"铁头最喜欢吃鱼头"，一边抹起了眼泪。狗蛋拿起筷子，把鱼头挑起来，都给了阿莲。他说："嫂子，你吃，你吃。都说吃了鱼头，女人就成了皇帝家娘；从前朱元璋家娘就是这样。"阿莲笑着说："狗蛋大哥，你真有意思！清朝灭亡了，不兴做皇帝了呀。"小马说："姐姐，鱼头好吃，让你吃了，你肚子里俺侄儿筋骨强壮。你就多吃鱼头吧。"众人一阵大笑。狗蛋一边吐着鱼刺，一边说："大憨呀，我怎么越来越觉得，这日子有点儿不对劲儿呢？"阿莲笑着说："你这才是真正的吃饱了胀的，刚说鱼头好吃，怎么个让你感觉到什么不对劲儿了呢？"小马指着狗蛋说："你是想老婆了。怎么不带来一起住呢？急坏了吧！"狗蛋说："别乱。咱这是正经事，别乱插嘴打岔。我是说，总觉得袁老四做得不太对劲儿；孙中山做得也不对劲儿。"

大憨说："清朝结束了，是我们汉人的天下了。这还有什么不对劲儿的？"

狗蛋把筷子往桌子上一拍，满脸都是深沉，说："反正是不对劲儿。革命就这样稀里糊涂的，算是胜利了？算大功告成了？我看呀，全是半途而废！"

顿时，大家都不做声了。

静了一会儿，狗蛋接着说："我们正要做大事，要和清朝拼命呢，嗨，他自个儿说退，就退了。袁老四袁世凯他也是一个混蛋呀，你怎么把朝廷当成什么外国君主对待呢？他是哪里人？还让他住在紫禁城里，这又如何算得上推翻了清朝呢？孙中山先生啊，我真生他的气，北伐是多好的事呀，一放就不提了！从心里讲，我希望孙先生出来主持国事。让袁老四来主持，我看迟早要坏事的！自小我就觉得，他不是个干好事的家伙。反正，我感觉没有错。"阿莲点点头，说："我也觉得是，一个国家和社会那么多的腐朽和恶劣，难道就会随着一个朝廷倒下，而马上一切全变好？这以后，恐怕革命还会更艰巨呀。"小马握紧了拳头，说："就是这样的道理！一个新的中国，不该是这样鱼目混珠。为什么袁世凯逼着朝廷退了位，我们就让他做中华民国的总统？若是怕革命流血，还干革命做什么？清朝的灵魂还在京城中徘徊着，他们贼心不死；洋人根本不怀好意，他们四处插手，还在欺压我们！多少民众仍然痛苦不堪，愚昧不堪。旧官僚依旧，旧习气仍存。这怎么能叫新中国呢？这不是少年的中国，不是，这绝不是我们梦寐以求、为之奋斗的中国！"

大憨擦了一把嘴，目光紧盯着众人，说："是啊，南方的形势看起来很红火，而实际上，他们毛病多得很。他们勾心斗角，多次架空孙中山先生，打击黄兴、宋教仁等人。搞君主立宪的人，很有一股子张狂劲呀！我们的革命，牺牲了那么多好兄弟，一天一夜，不用了大清的招牌，就平安无事了？杀害我们兄弟的反动派，竟做了高官，这能是好兆头吗？革命还没成功！"他望了望墙壁上贴的那幅字，说，"革命，什么是革命？什么是新中国？袁世凯处处讲他受国恩，只怕他现在是借承认共和来骗了孙先生他们。我们的革命组织是不能随便解散的。相反，我们需要扩大，还要多方面进行教育，让人们时时防着袁世凯。过上几天，我想去南京看看，亲眼见见孙先生，与他再详细谈一谈。我们大家都过于乐观，盲目自信，会误了大事。"说着，他深情地望着阿莲，目光中包含着歉意和希望理解的恳求。

小马看在眼里，说："大憨哥，你只管去吧。等几天，小菊回来后，我们两个共同照顾阿莲姐。况且这里还有狗蛋大哥照应。你就放心去吧！"阿莲微笑着，向大家点头致谢。

大憨说："拜托了！"随后，将两手抱成拳，举过了眉，有力地行了礼。

417

111.《九问九劝》

袁世凯精神抖擞，兴奋得按捺不住激动的心；隆裕决定下退位诏的当天，他就把这消息传送出去了。接着，他又给孙中山、黎元洪和南京临时参议院发了一份电报：

> 共和为最良国体，世界之公认，今由弊政一跃而跻及之，实诸公累年之心血，亦民国无穷之幸福。大清皇帝既明诏辞位，业经世凯署名，则宣布之日，为帝政之终局，即民国之始基。从此努力进行，务令达到圆满地位，永不使君主政体再行于中国……

他得意的是，在诏书的第一道内容中，加上了"即由袁世凯以全权组织临时共和政府"的话，无论南京方面怎样做，这把交椅别人如何也抢不去。

孙中山说：袁世凯来南京我才辞职！

这个大炮筒子，竟还细心地加了三条附文：一、临时政府设在南京；二、新总统到南京就职，大总统及国务员即辞职；三、新总统必须遵守参议院所定《中华民国临时约法》。

哼！他笑了，在心里说：还想要我？建都南京，不就是调我出老窝吗？我的北洋都在这周围，你们不傻呀！他冷笑着，走近案前，看了又看孙中山的两封电报：一封是十七省代表选袁世凯为中华民国临时政府大总统，一封是他们准备派专使来北京迎接大总统就任。

袁克定一拐一拐地过来，静静地站在一旁；待袁世凯转过身来，他轻轻叫了一声："爸爸！"

袁世凯望着他，端详着他那少年老成的脸，为自己有这样一个好孩子而感到格外高兴。可目光一触到那摔伤的手脚，他的心又凉了。

袁克定拿了一份报纸，对他说："爸爸，这是上海的小报，不知为什么，他们登了您在彰德写的一首诗。要不要处理他们？"他解释说，文章有谩骂的成分。袁世凯接过来一看，是张謇那几个人组织的文章，是吹捧他忍辱负重，以国家为重不计屈耻。文章引的那首诗是：

> 百年心事总悠悠，
> 壮志当年苦未酬。
> 野老胸中负兵甲，

钓翁眼底小王侯。
思量天下无磐石，
叹息神州持缺瓯。
散发天涯从此去，
烟蓑雨笠一渔舟。

　　袁世凯笑了。他对袁克定挥了挥手，说："去吧，请他们入席，我这就去。"

　　袁克定又一拐一拐地走了。

　　段祺瑞、冯国璋、王士珍、曹锟他们几个一大早就来贺喜，此刻，他们都等候在客房里。

　　今天，除了让他们吃饱喝足，还要让他们做几件事。这些人是懂得如何为主子效劳效忠的。

　　想到这里，他又笑了。他笑孙中山是个大炮，手下没有自己这样一批小站练出来的将领。没有军队，到哪里去让人听你的话！而有了军队，靠什么？靠的是这些将领。这些将领在什么时候都会听自己的话。没有这些将领，天下会姓袁吗？孙中山啊，孙中山，哪有你那样的大元帅！你的北伐军是什么？乌合之众！一纸讨伐檄文，几个上学的青年男女，唱戏的梨园子弟，青楼楚馆的卖唱女子，还有一群要饭的破落户，换上军装，就成了北伐军。什么野狐野鸡，都想借机当一回豪杰，扛起了枪去做什么北伐。就这样能打仗吗？再说，孙中山，打仗需要钱，你有钱吗？你跑到国外，转悠了一圈儿，带回了几个钱？革命精神！你说你只带回了这个东西。去你的吧！看那洋人，高鼻子蓝眼睛黄头发的列强，有一个承认你孙中山的中华民国政府吗？看吧，我把招牌一挂起来，他们很快就会与我合作。他们会很快承认我，不仅承认我，还会给我拿一些钱来、拿一些枪炮来！老孙啊，你们要明白，他们洋人就是洋狗，一样是喜欢骨头。有了夺不走的军队，就有了本钱；有钱可买鬼推磨，也可以买来自己那些想法的兑现成真。本钱是更有用的钱。

　　他想着这许多得意的事，走进宽敞明亮的大客房。

　　段祺瑞他们"刷"地全体起立，高挺起胸膛，大声喊："慰帅好！宫保大人好！"

　　他的将领们都肃然向他致意，他伸开双手，示意大家坐下，说："弟兄们！你们辛苦了！今天，我要很好地谢谢你们，酬劳你们！"

　　段祺瑞说："我们是来恭贺宫保大人要晋升大总统的。以前人总讲，天圆地方，说天是圆的，是您的。看起来还真有道理呢！您做大总统，是天遂人愿，是众望所归!"冯国璋紧接着话题说:"的确是这样。自小站开始,我就觉得宫保大人气度不凡。跟着您干,我们兄弟眼前一片光明;不往前走,我们就觉得难受。您身上有一股神奇的力量,让人信任您,佩服您。"只有王士珍笑眯眯地向袁世凯点头。

他们一个个吹得肉麻,而脸色没有丝毫的不自然。袁世凯请他们到客厅去,大家簇拥着他,笑语连天。

餐桌上的菜异常丰盛,袁世凯指着,向他们做着介绍,笑着说:"这些菜。我们都亲口尝一尝,吃了它。你们看,这是英国的,这是法国的,这是德国的,这是美国的,这是意大利、西班牙、俄罗斯他们的;将来都会成为我们中国的。"他端起酒杯,高高仰起,响亮地喊道,"我的弟兄们,为了小站的生死情谊,干杯!"

"干杯! 干杯! 干杯!"随之,响起整齐而洪亮的声音,他们的眼前泛起灿烂的阳光。他们把胸脯挺起,越来越高。

"来呀,弟兄们,让我们再唱起当年在小站的歌!"冯国璋显得那样义气昂扬,他说,"我的好弟兄们,要论年纪,我们比宫保小不上多少岁呢。可是,我们服他!俺老家有句口头上挂着的话,做事凭良心,人不能卖假药。宫保大人与咱们是真心诚意的亲;咱们什么时候都要听宫保的。来,咱们唱起小站的歌,就会更年轻!"

袁世凯整理了衣衫,用温暖的眼光望着每一个人,当他看到段祺瑞时,却发现这个人最精明,眼神中藏着太多的狡黠。他盯着段祺瑞,像是在逼问他:有没有做过对不住我袁世凯的事情?段祺瑞极力掩饰自己内心的慌张,他不明白袁世凯为什么要用这样的眼光来看自己,难道是他知道了自己学他,让士兵供奉自己生辰牌位的事?

段祺瑞的声音变了调,他竭力喊道:"生为宫保人,死为宫保鬼。我段祺瑞发誓,永远忠于袁宫保,紧跟袁宫保,若有二心,天诛地灭!"

冯国璋他们也跟着喊:"永远忠于袁宫保! 永远紧跟袁宫保!"

袁世凯高举起酒杯,示意众人尽情饮下。此刻,他的心里涌上一股暖流,这暖流迅速传遍周身。很快,他的脸膛更红,像熟透的苹果,放出红润的光芒,也放出醉人的芬芳。他大声唱着:"东方白,大旗开,新军兵士大步迈!"他唱起《对兵歌》、《劝兵歌》、《行军歌》。冯国璋他们紧随着唱。他们一起唱,放声唱,唱着唱着,都流下热泪。

最后,段祺瑞提议大家来一段《九问九劝》。《九问九劝》传说是明末李自成留下的,号召普天下的穷苦人都起来,跟李闯王造反。当年小站新军的文化教习们把它改换成新的歌词，歌唱袁世凯和新军士兵亲如一家，歌唱新军士兵们对袁世凯的无限忠诚。这歌调采用了华北民歌《小放牛》的调式。当年新军晚上集会时，常常唱起这首歌，一问一答，曲调和歌词都很优美，此起彼伏，令人心潮逐浪高。此刻，他们唱着，唱着，一问一答，大家一齐拍着手，合着节拍：

> 我说那个一来呀，
> 谁给我对上一，
> 什么人小站举大旗？
> 什么人小站举大旗？

> 你说那个一来呀，
> 我给你对上一，
> 袁大人小站举大旗，
> 袁大人小站举大旗！

> 我说那个三来呀，
> 谁给我对上三，
> 什么人给我们吃和穿？
> 什么人给我们吃和穿？

> 你说那个三来呀，
> 我给你对上三，
> 袁大人给我们吃和穿，
> 袁大人给我们吃和穿！
> ……

他们忘情地唱着，对着。这首歌中的"九问"并不是仅仅有九个问，而是包含了各个方面的问，有几十个问。当年，这歌声要让小站的士兵都牢记着，天下只有一个恩人，那就是他们的袁世凯，是这个恩人给了新军士兵的一切！

他们唱着，唱着，唱得汗流满面，如痴如醉。酒过了几巡，大家讲起了小站的风雨岁月，无限感慨。把酒谈天论地，一个个激情满怀。之后，袁世凯请大家看电影。等电影开始，他悄悄把段芝贵单独叫了出来。

此刻，月亮正挂在东天笑着，橘黄色的光芒正微笑着，轻轻洒向大地。随夜风吹来一阵阵悦耳的歌声，和着箫、鼓、琴弦的奏鸣声。漫天都弥漫着温馨。段芝贵用鼻子吸了又吸，自言自语道："真香啊，京华的脂粉，装点了数百年的丽人，如何能让人舍得这夜。"

袁世凯微笑着，没有应答他的话。

忽然，段芝贵改换了口气，对他说："父帅，总统与皇帝不同，但名义相同，都是国家的头脸。若您不嫌弃孩子懒惰、愚笨、丑陋，孩子愿带拱卫军，日夜保护您的安全，替你看家守舍。"

袁世凯笑望着这张瘦削的面孔上带着几根胡须的模样，心里在说："真是条好狗哩！"他点了点头，却突然转过话题，问："你看看唐绍仪这人如何？"

段芝贵随口答道："他不是我们的人。"

"如何这样讲？"袁世凯不动声色地问。

"我看着就觉得不顺眼。唐少川留学美国，自视甚高；他和孙中山都是广东人，如今又入了同盟会。当年，他处理西藏事务，确实有本事。但是，他看不起我们小站兄弟。这样的人无论如何都不值得信任。"段芝贵说着，眼珠儿转得飞快。

袁世凯"唔"了一声，不再说什么。

第十一章　南方

黄兴说："中山先生，其实啊，这个袁世凯并不可怕。张勋徐州哗变，袁世凯派张广建防务，李奉选在台儿庄起义。到底徐州为我所占领，张广建请他调兵增援，他也无兵可调。他收买了阎锡山，河南又举起了王天纵的旗。哪里他都想伸手，可他并不从心。我们应该坚持北伐，不应该停战议和。可事到如今，我就只好解甲归田了。"

112. 英雄树

南京孙大总统、黎副总统、各部总长、参议院同鉴：

共和为最良国珠，世界公认。今由帝政一跃而跻及之，实诸公累年之心血，亦民国无务之幸福。大清皇帝即辞位，业经世凯署名，则宣布之日，为帝政之终局，即民国之始基。从此努力进行，务令达到圆满地位，永不使君主政律再行于中国。现在统一组织，至重且繁，世凯极愿南行，畅聆大教，共谋进行之法。

只因北方秩序不易维持，军旅如林，须加部署，而东北人心，未尽一致，稍有动摇，牵涉全国。诸君皆洞鉴时局，必能谅此苦衷。至共和建设重要问题，诸公研究有素，成竹在胸，应如何协商统一组织之法，尚希迅即见教。

袁世凯真。

孙中山亲手拟好回谢电报，交付秘书办理。他起身走到窗前，把窗扇推开，迎面是越秀山上吹来的清风。风拂着他坚硬的短发，如一只温柔而多情的手在抚慰着他焦灼的心，却拂不去满腹的忧愁和苦衷。转过来，他从几案上又拿起另一纸电文，这是同盟会北京支部的同志连夜从北京送过来的。此刻，他已离开南京来到广州。他读着，读着，百思不得其解。

仰起头，望着天花板上的井藻，那些飞天神女正舒袖歌舞。他摇了摇头。又一电文送来，他再仔细读起，心里更加难平：

世凯卧病三年，无心问世，朝旨敦促，迭辞不获。自督师以洎入朝，抱定君宪宗旨。乃大势推移，内外向逼，东南区域既皆瓦解，西北各省时复响应。资政院及各谘议局并商学各界均主不以兵力平乱。又库储奇绌，借款为难，械不能购，兵不能增，以致汉口复而海军继变，汉阳克而南京旋失。江海之权亡，财赋之源竭。虽设法激励将士，取消山东独立，规复山西省垣，力保陕洛，收抚大同一带，勉为支撑，北方赖以粗安，而潮流激烈，到处灌输，民党散布京津，时谋举动，土匪又所在蜂起，分兵布置，防不胜防。重以六国调停，以尊重人道，息战和商为请。不得已始有代表讨论之行，继有公决国体之诏。磋商多日，迄无成议，迁延愈久，险象环生。外人以商务、赔款，时有责言，会匪土匪焚掠淫杀，均以大局未定，难于剿办。近则库伦、伊犁、呼伦各处纷告独立，西藏变动屡见。内多糜烂祸，外动干涉之机，民军时复分道北攻，齐豫则警报频来，徐颍又援师莫继。兵饷多方凑发，异常竭蹶，年内非有百万不克度岁，而军心动摇，政见变迁，若再相持，转瞬春融冰泮，民军北来，欲战不能，欲和不及，非但生灵涂炭，必至京师震惊，何以安宫廷而保陵庙，何以全皇族而活旗民！世凯遭此困难，祈死不得，求去不允，与惟德等私枕窃叹，辄至相向泣下。近者各国驻使、各埠商团、各处议会、各省军队、各省督抚纷纷来电，咸以人心趋向共和，断难逆遏，事机危迫，呼吸存亡，与其为城下盟，后患不堪设想，何若恩出自上，早日宣布共和，俾君上不失尊荣，国民乐为酬报，并责以不应以两宫及北方生命财产为孤注，侥幸一战，不虑万全。慈宫亲贵鉴观大势，默察舆论，迭次召集会议，均主万无可战之理。世凯等复屡荷慈谕，谆谆以保全宗庙陵寝及两宫安全相训勉，并谓万不可以激成种族之惨祸。闻命惴栗，惧不能事国，尽力既竭，计无复之，只得以国家为前提，以安下全上为目的，以多数舆论为从违。当奉慈旨，与民军先商优礼皇室及待遇满、蒙、回、藏等条件。此实朝廷两害相轻、万不得已之苦衷。果能双方同意，和平解决，皇室既可安享尊荣，为前代所未有，而满蒙回藏世爵，各旗俸饷，均可照旧，不致停废，以视决裂之后受祸不测者，其安危苦乐殆不可同日而语。磋商数四，朝廷比较利害，斟酌定议，遂有今日之局。诸公热心求治，伟略匡时，渴望和平，定征同意。惟与此中原委，或尚未知其详，用敢述奉达，伏乞亮察……

这封电报为什么同前一种比，相差这么大呢？他是不得已吗？到底孰真孰假呢？孙中山在想着这些天来自己身边所发生的事情，浑身忽然冒出许多不自在。

"孙先生，您该用餐了。"

保姆朱嫂轻轻送来了饭食，放在餐桌上后，又轻轻退下。

他咽了一口唾沫，感到喉咙肿胀，又涩又痒，毫无食欲，又向窗外望去。窗外的绿树抖擞着满身的精神，吐出火红的花来，这些木棉伟岸的身影，许久未曾注意到了。这是英雄树，生在南国，感染着南国的人们，也激励着南国的人去为不俗的理想而奋斗，献身。

渐渐，他眉头舒展开来了。

窗外，远远地走来了黄兴。他约好今天要来这越秀山上下棋的。如今，他们都离开了南京，来到广州越秀山。这里有一群人等候着他们，有洋人，有漂洋过海的中国人，他们等着与孙中山谈军火的事情。这些天太累了，他们要离开南京，来这里休息上几天，放松放松。孙中山在想，黄兴是个硬汉子，可他并不粗鲁。当年经杨度介绍，他们在东京相识；自那时两人的心就靠拢在一起了。渐渐近了，黄兴也看见了窗前的他，老远就喊着："中山先生——"

孙中山向他挥了挥手。

黄兴进了屋子，一眼瞅见桌上的饭菜和几案上的电报，粗大的嗓门喊着："老袁是个混蛋！别理他这么多，共不成事，咱们还组织北伐，揍他个王八！"说着，猛地从背后扬过来一包子水果，掂出几只菠萝和香蕉，向孙中山要刀。

孙中山说："刀，现在送给袁世凯了，我只有一颗心，一双手。"

黄兴望见墙上挂有一把长剑，走过去取来，抽出长剑即削菠萝，很快剥出一条长长的皮儿。他扬起剑说："这比刀锋利！"

孙中山说："看来，《临时约法》的长锁奈何不了袁世凯这条蛟龙啊！"黄兴将削好的菠萝递给他，说："别吃饭了，吃这个吧。又凉又甜，好清一清心中的火。"孙中山接过来，细细地吃着，从文件夹中取出一封电报，让黄兴看。

黄兴默念着：

南京孙大总统、黎副总统、各部总长、参议院、各都督鉴：清帝辞位，自应速谋统一以定危局，此时间不容发，实为唯一要图，民国存亡，胥关于是。顷接孙大总统电开，提出辞表，推荐鄙人，嘱速来宁，并举人自代，电知临时政府，畀以镇安北方全局各等因。世凯德薄能鲜，何敢肩此重任！南行之愿，业已声明，然羁绊在此，实为北方危机隐伏，全国半数之生命财产，万难恝置，非因清帝委任也。孙大总统来电所论，共和政府不能由清帝委任组织，极为正确。现在北方各省军队及全蒙代表，皆以函推举为临时大总统，清帝委任一层，无足再论。惟总未遽组织者，特虑南北意见因此而生，统一愈难，实非国家之福。若专为个人职任计，舍北而南，则实有无穷窒碍。北方军民意见尚多分歧，隐患实繁；皇族受外人愚弄，根株滋长；北京外交团向以凯离此为虑，屡经言及；奉江两省时有动摇；外蒙各盟迭来警告。内讧外患，递引互牵，若因凯一去，变端立见，殊非爱国救世之素志。若举人自代，实无措置各方面适宜之人。然长此不能统一，外人无可承认，险象环集，大局益危。反复思维，与其孙大总统辞职，不如世凯退居。盖就民设之政府，民举之总统而谋统一，其事较便。今日之事，惟有由南京政府将北方各省及各军队妥筹接收以后，世凯立即退归田里，为共和之国民。当未接收以前，仍当竭智尽愚，暂维秩序。总之，共和既定之后，当以爱国为前提，决不欲以大总统问题酿成南北分歧之局，致滋渔人分裂之祸。已请唐君绍仪代达此意，赴宁协商。特以区区之怀，电达聪听，惟亮察之为幸！

　　袁世凯咸。

黄兴用鼻子吹出一股气，扫在电报纸上，说："北上的几位不懂得政治，都是书呆子。我看，他们难把袁世凯请过来。这个家伙是水里游惯的东西，滑得很，不容易捉拿他呀！"两人边说，走出屋子，并肩向山坡的一棵大树走去。那里，一大早就由人摆设好了，一块青石上画了棋盘，两侧各放了石墩子。

坐定，摆好了棋子，一阵风吹来，落下两人一身树英。黄兴仰头望了，说："好啊，树公公为我们披衣着装！"

走了几步，孙中山笑着说："我要吃去你的车，不然，炮就沉了底，可以牢牢地打你的闷宫。"

"好，好。吃！吃吧！"黄兴喜不自禁地说，"你吃了车，却忘了我要将军！"

两人哈哈大笑起来。

黄兴说："中山先生，其实啊，这个袁世凯并不可怕。张勋徐州哗变，袁世凯派张广建防务，李奉选在台儿庄起义。到底徐州为我所占领，张广建请他调兵增援，他也无兵可调。他收买了阎锡山，河南又举起了王天纵的旗。哪里他都想

426

伸手，可他并不从心。我们应该坚持北伐，不应该停战议和。可事到如今，我就只好解甲归田了。"

孙中山陷入了沉思，望着棋盘发呆。最后，他仰起头，说："天下最有力量的应该是人格，我们仁至义尽，他袁四还会作出什么不像样的事？"黄兴也立时收住笑容，说："无论如何讲，清朝推翻了，能避免千百万的百姓卷入战火，即使我们把什么都交给他，也是值得的。中山先生，不过说心里话，我心里忐忑不安。"

"在战争方面，我们的确不如袁世凯这个人。他是值得我们学习的啊！"孙中山正视着黄兴，坦然地讲，"也可能我们以前为推翻清廷而奔走，极端仇视那些朝廷权贵，对他存有偏见。不论如何说，我以君子待人，以心胸光明去照耀人，人总是能被感化的。他依约推翻朝廷，我们请他来主持政府，结束动荡，他比我们更适合。我也在想，他必须表面不一致，才能立足官场，旧的势力强大得很呐。若有可能，来日我要去亲眼见他，与他详谈，我们从此一起走全国的棋，发展交通、发展教育，真正使我们的国家富强起来！"

黄兴站起身来，喃喃说道："但愿他是一位启新承旧的非凡人物，能和我们一起走向全新的中国。对！个人得失，决不能像有些人那样挂在口上。解甲归田后，我们都来办实业，像张季直那样，活跃农商，让整个社会都富裕起来。我们的心愿也就实现了！"

一阵鸟儿啾鸣，盘旋在他们的头顶上空，又落下一阵花雨。

黄兴使劲吸了吸清新的空气，对孙中山说："你看蔡元培他们能否把袁世凯请出个名堂？魏宸组、钮永建、宋教仁、汪精卫，还有唐绍仪，我看他们都不是他的对手。看吧，他肯定要像玩把戏一般耍他们，而他们还会自作多情。袁世凯，他太精明，太敢干了。"

孙中山说："您总是不能相信他，和谭人凤他们一样。我想清朝灭亡了，无论是谁，在这样的时刻，都会为国家所着想的。袁世凯对于统领全局，熟有政治经验，我觉得比我要高出几倍。他这个人，有时手段是显得太卑鄙，爱搞一些见不得天日的事情。我想，这也是他存在的基础。我们应当设身处地地去理解他，而不要一味去指责他，吹毛求疵。您刚才提到了张謇，我说一件事，不知您能否接受？"

"什么事？"黄兴的脸色很快变冷了。

孙中山也沉下脸色，十分严肃地说："这个人是在实业上作出了成绩的，算得上俊杰。可是，现在他的角色是极不光彩的。我们提出三项条件，有何处是为私利的？却有人害怕南北战争，怕洋人出来把事情搅浑，极力主张建都北京。张季直就是其中这样一个替袁世凯出谋划策的人。他写给袁世凯的信，有人抄录了给我。他在信中说，要袁世凯南来是第一难题，建议袁世凯'一从在京外交团着手，二从北数省人民着手'。这是何等用心！"

黄兴"呸"了一声，说："可耻！天下的文人，真是一个比一个卑鄙。看起来道貌岸然，满肚子都男盗女娼，为了蝇头小利，不惜出卖良心，这就是中国文人穷则独善其身的品格。我中华历史都是一辈辈投机钻营的文人搅乱了人心才变得越来越弱。秦始皇焚烧他们，坑埋他们，是很有道理的。辛亥革命，若只有彭楚藩和吴兆麟，而没有汤化龙，早就有了胜利的新中国。学而优则仕，害了读书人，也害了我们的大中华啊！"

孙中山笑着说："哈哈，厪午呀，你讲得太绝对了。读书人也有好的，屈原不就是千古传颂的高人吗？他的品格照亮了几千年呢？袁世凯不是寻常人，张謇是看我们这里没有了希望，才投靠他的。可我仍尊重张謇，人非圣贤，孰能无过？这一点上，我们应该学习袁世凯，有过人之量，才能聚拢来天下英豪！革命需要无数的人共同努力去奋斗啊。"

黄兴点头称是，说："您看，我这人总是性子太急。以后您多提醒我，让我能避免让过于急而乱了方寸，误了大事。"

孙中山邀他向山顶上走去，一边说："厪午，带兵打仗，我不如您；统筹人事，您不如我。我们应该互相学习才是，合成一体，才利于革命啊！我们需要宋教仁、蔡元培这样的优秀人才，也需要袁世凯那样敢作敢为的人。我这个人，想想和您许多地方一样，太急了些。事情是急不得的啊。尤其是民国革命，没有无数同志一齐动手，就不会有今天的。能有今天，就很不容易了。我们应该以诚待人，静心等待袁世凯。他若真的不来，再说吧。"

黄兴点点头。满山的绿树在阳光下显得格外的清新。火红的木棉花已绽开了，它们紧紧抓住大地，使尽全力要开放出大地的精华，大地的荣光和豪情，如一盏盏漫天点燃的红灯，照耀着人们的春天和人们的心田。

孙中山和黄兴并肩走着，走向越秀山顶，走向灿烂的阳光。

羊城真美啊，绿树红花相映，青山碧水共舞，好一处藏龙卧虎之地。孙中山指着城外起伏的山峦，对黄兴说道：

"这是练兵的好地方啊！"

黄兴的眉头皱得紧紧的，如同拧成一撮，霎时又猛地放开。他欣喜地说："是啊，中山先生。我们之所以处处让着袁世凯，就因为我们没有强大的军队。若来日我们练上成千上万的新兵，国家就不会被洋人所欺侮。清朝之所以腐朽，根本的问题在于他们只想镇压百姓，而全无富强国家之心，何谈御外！我们要练兵，一定要练上一支忠于国家，忠于百姓，大公无私的新兵。只有这样的兵才能以一当十，无往而不胜！"

孙中山的脸上放松了许多。浓眉下那双炯炯有神的大眼荡漾着喜悦和希望。成群的鸟儿在他们头顶盘旋着，缓缓落在他们身后的树丛中。

"枪杆子，什么时候也不能丢掉！"

两人不约而同地说。

113. 五位专使

蔡元培、宋教仁、汪精卫、魏宸组、钮永建五位专使在唐绍仪的陪同下，来到了北平。高大的牌坊，扎着鲜花，插着彩旗，两队手持西洋乐器的仪仗队，身着耀眼的金色礼服，被指挥着吹奏《迎宾曲》。蔡元培他们走过牌坊，走进欢呼的人群甬道中，看到的是热情，听到的是喜悦。是啊，推翻了清朝，天空已经没有乌云，也不再有迷人的雾瘴，烦人的晦雨，有的只是鲜花、阳光、歌声。

他们的步子迈得那样轻捷、矫健。

袁世凯！他就是袁世凯吗？

一位身着将服，胖胖的脸上堆满微笑，眼睛里吐着温暖、和蔼，给人以力量和信任的老人，正站在房前的台阶上。他伸出双手，向蔡元培他们鼓掌，高声说："欢迎！欢迎！你们辛苦了！"

唐绍仪在袁世凯和蔡元培他们中间做着介绍，大家都用微笑相互致意。

走进铺着猩红地毯、挂着吊灯的宽敞大厅，宾主依次坐下。由唐绍仪主持，袁世凯恭恭敬敬地接下了信和选举状。信是孙中山邀他南下的手书，选举状是参议院举袁世凯为临时总统的。

他连声点头笑着说："谢谢，谢谢！谢谢孙先生，谢谢诸位。"

蔡元培十分温和地重复了敦请他南下的话，并小心地问："请问，您是否还有其他的困难，而不能随我们一起去？"袁世凯显出一片诚恳，坚定地说："没有什么困难。什么也阻止不了我南下的决心。孙先生和几万万人民信任我，你们专程来京，真使我感到惭愧和不安。我正在准备。请你们稍等候些时间，准备就绪，我就随你们一起去。"继而，他又显出急切的神态，说，"我做梦都想飞到南京去啊！"深情地将目光注视着蔡元培，接着说，"我非常崇敬孙中山先生。先生为民国革命事业而奔走，有大禹治水的精神，不辞劳苦，我早就想拜望他，亲耳聆听他的治国方略。再者，我对南京充满眷恋啊。你们也看到，北京这个样子，死沉沉的，一片暮气，哪如江南山青水秀，莺歌燕舞，花红遍地，给人清新！南京城，是我少年时代无限快乐的地方，那里有我难忘的许多风景、许多故事。"

说着，眼睛渗出了晶莹。然后，他又大讲了一通江南人才多和国家兴旺离不开江南人才的道理，说得蔡元培的心感到那样温馨、甜蜜。

蔡元培最后说："我们为国家有您这样的领袖感到幸福。"

汪精卫动情地说："有了袁大总统，我们的中华大地很快就可中兴！"

袁世凯谦逊地说："全赖大家。"

晚上，外务部首领胡惟德受袁世凯的委派，带领北京各界名流，举行异常盛大的宴会，欢迎蔡元培他们。

席间，频频发出敬酒辞后的掌声。大家道不尽的热情，说不尽的温暖，纷纷赞叹新中国正如旭日东升，充满朝气和无限希望，赞扬南方革命的伟大，赞扬孙中山和袁世凯的非凡。人走马灯似的转来转去，灯影渐渐模糊起来；蔡元培感到头有些晕，微微地涨得难受，但他还是强撑下来。天色很晚，他被人搀着，离开了宴会。他笑着对人说："唉，一高兴就忘了酒量了。"

几天之后的晚上，蔡元培他们刚刚洗漱完毕，准备脱衣睡觉。忽然，东城方向响起了激烈的枪声。

蔡元培和宋教仁连忙把衣服穿好，从门缝往东城方向望去，只见火光冲天，正传来越来越近的喊杀声。

钮永建、魏宸组也起来了，他们找不见了汪精卫。他们趴在门侧，侧耳听了片刻，钮永建说："可能是发生了兵变。这枪声越来越近，正在向我们这里转来，形势不好。快！大家做好准备，收拾一下快走！"这时候，汪精卫慌里慌张地赶来了，喘着粗气说："快，快跑，我们躲向六国饭店去！那里我有朋友。北京兵变了！烧了多少家，杀死许多人。听说是第三镇的兵闹的！"

枪声很快就在附近响起，一阵比一阵密集，越来越急。有人高声喊着："冲啊！煤渣胡同住来几个南蛮子，带有很多钱。弟兄们，我们抢了他们去！"

汪精卫催着大家快走。

院子外面的大门被砸得"砰砰"响。

"开门！开门！"一阵急似一阵。

"快开门！老子要宰了你们，再不开门，老子就要活剥了你们这些王八蛋！"接着，喊杀声越来越响，门外的炸弹爆炸声把屋子里的东西都震得直抖。房顶上掉下灰尘，五个人拎了皮箱，翻了墙，向六国饭店逃去。慌乱中，蔡元培的袍子被撕扯烂一长口，鞋子也丢了。他们什么都顾不了，狼狈地奔跑着。

刚走不多远，在他们住过的地方，猛然响起巨响！火光很快映红了天。随着枪声响，又传来被抢人家绝望的哭喊声和怒骂声。声音渐渐离远了；当他们走进六国饭店时，满脸蜡黄的蔡元培一边抹着头上的虚汗，对宋教仁和钮永建说："北京真是乱！前天有人说，大白天的，店铺被抢了，人被杀了后扔在街头没有人管。真不像话，今天我算是亲身领教了。"

汪精卫故意加重语气说："都说北京西山来有一帮子土匪，他们昼伏夜出，见人杀人，见物抢物。有妇道人家被糟蹋后，上吊死了许多。这景象却发生在北京，八成是宗社党干的！"

钮永建也跟着骂道："就是啊，袁世凯逼宫，清廷退了位；他们不服气，所以就四处捣乱！"

又一阵枪声猛地响起。他们蹲在地上，可以听见窗外不时飞过流弹，发出"嗖嗖"的响声。

到了第二天，枪声仍然响着。

汪精卫像狗一样爬着，钻出屋子去找他的日本朋友铃木。

铃木他们也都惊慌失措，正在急切地发电报，请驻华使馆的人来搭救。他们在电话里高喊着："北京发生了暴乱！六国饭店被危险包围着，万分紧急！"

西城也被变兵抢掠了！

到处是惊恐的呼喊声、枪炮声。接着传来消息：天津、保定、通州都发生了兵变，死伤平民数百人。

蔡元培他们从早到晚，一整天没有吃东西，饿得肚子直叫。等着，等着，一直等到夜半时分，听说有几千外国兵开进了北京，枪声停了，周围又恢复了寂静。

第三天一早，梁士诒带着人四处找到蔡元培他们，送来许多食物，不停地向蔡元培他们表示慰问，说："前天夜里，乱兵发动进攻，他们要杀袁世凯先生，现在已平定下去。当时，袁先生首先想到的就是派人保护你们，直到现在，我们才找到你们的行踪。"蔡元培向梁士诒表示感谢，并请他转达五位专使对袁世凯的感谢。

梁士诒嘱他们先住下，吃好，睡好，暂时不要外出。临走时他又讲道："北京太乱了，宫保若离开，就更不堪设想。洋人派来了兵，土匪活动无常，整个时局令人焦虑。现在全国倡行革命，人心动荡，北方秩序很难维持。像目前这种情形，如果不能及时地调度、弹压，难以确保地方的安全，就很容易引起外国对我国用兵的祸事。这一点真该让人切实注意。"

又过了两天，兵变彻底结束了。

东单和西单的门楼上挂着几颗被烧得分不清眉目的人头，墙上贴着安民告示。大街小巷都在议论兵变，有人甚至叫骂着喊道："都是因为几个革命党非要袁宫保离开北京，若他真走了，不闹翻了天也差不多。"

蔡元培和宋教仁听人讲，什么袁世凯在兵变的夜晚如何镇静，说他换上短衣，穿上马裤，掂着手枪亲自去追打乱兵乱匪。人们还传说，袁世凯给外国人发出了公开信，请他们不要再派兵，局势已稳定下来，再不会发生这样的兵变，肇事者都抓起来砍了头。此时，孙中山给蔡元培发来电报，说他准备带领劲旅开赴北京平乱，又询问兵变的详情。

蔡元培笑着，说孙中山想问题就是太简单。北京乱成这个样子，哪里是你所能够想象的呢？接着，蔡元培他们就几天来的情形，迅速给南京参议院发电：

> 北京兵变，外人极为激昂。日本已派多兵入京。设使再有此等事发生，外人自由行动恐不可免。培等睹此情形，集议以为速建统一政府，为今日最要问题，余尽可迁就，以定大局。

袁世凯设宴款待了蔡元培他们，为他们压惊；他对他们说："这里的事情太令人担忧，我实在走不开。参议院选黎元洪为副总统，能否请他代往南京受职呢？"接着，他又说了许多安慰的话，请他能够理解其苦衷。蔡元培他们表示能够理解，说他们尽量请参议院批准临时政府设在北京。

此后，袁世凯通电全国：

> 专使到时，决意南下，组织临时政府，统一南北，用慰国民之厚望。今遇此变，实行维艰，公等幸谅。且驻京外交团及吾国驻外各代表等，均云方今欲巩固民国，保全共和，舍速建设统一政府，别无他法。想全国心理，均表同情。因兹事变，南行无期，组织政府势必从缓，凯实焦灼万状。

春初，北京又下了一场雨夹雪。樱花和梨花在这冰雪中含着苞，仰望着远天。重重的乌云久久不散，天地间的迷茫和寒冷在肆虐着嫩叶们，它们要把这初到的春天扼死。让灰暗永远统治着辽阔的大地。天又下起了稀稀拉拉的冰澌。街上有不少行人摔倒了，爬起，又摔倒。他们骂着这鬼天气，艰难地行走着。

在这冰雪中，南京的参议院议决了六条统一政府组织办法，他们同意袁世凯在北京受职，宣誓，拟派国务总理及各国务员名单，向南京交代后，孙中山辞职。

这决议通过电波，从已是浓春的江南穿越千山万水，传到这冰封雪锁的北国。

蔡元培的心，不知是酸，还是甜，抑或是苦辣。他为北迁感到不安，但他又觉得无可奈何。

南京，还将是什么样的一座城市？

宋教仁感到心里空荡荡的，一种莫名的失落感油然而生，他望着得意忘形的汪精卫，从心里感到恶心，想呕吐。他正在想，此刻，孙中山是在南京鼓楼，还是在广州越秀山上？自己回到南京后，又该如何向参议院表白呢？一天前，唐绍仪悄悄对他说过一件事：兵变的翌日清晨，唐绍仪和袁世凯在屋内谈着一些事情，曹锟匆匆赶来，说："报告大总统，昨夜奉大总统密令，兵变之事已办到！"袁世凯破口大骂他："胡说！滚！"唐绍仪他是不会说假话的啊。

这该是一个大骗局吧！

他在想，若真是这样，恐怕事情就糟透了。现在即使对孙中山讲这些实情也晚了。蔡元培已经代表专使将电报发出去，孙中山也同意袁世凯在北京正式任职，大势已去矣！什么都让给了袁世凯。中华民国啊，此时只剩下一纸《临时约法》。

渐渐，北京已是春花怒放，但却给人一种没有一丝暖人的春意。

宋教仁的眉头越皱越紧，胃隐隐作痛，他紧捂着胃部，脸如一张草纸般难看。更令人心疼的是，袁世凯已经在北京就任了临时大总统，正装模作样地宣读着就任中华民国临时大总统的誓词。宋教仁听到一个声音在北京的天空正回响着：

> 民国建设肇端，百凡待治。世凯深愿竭其能力，发扬共和之精神，涤荡专制之瑕秽，谨守宪法，依国民之愿望，蕲达国家于安全强固之域，俾五大民族同臻乐利。凡兹志愿，率履勿渝！俟召集国会，选定第一期大总统，世凯即行解职。谨掬诚悃，誓告同胞。

这声音多漂亮，像花儿一样明丽！

可它掩饰不了前些天的枪声和那背后的一片虚伪，尽管他也自称公仆。宋教仁的胃越来越疼，他努力用手支撑着。终于，眼前猛地一黑，他仿佛掉进了黑暗的深渊，失去了知觉。

等他醒来时，已是在一家洋人开的医院中。几个洋医生跑前跑后，准备为他做手术。一个像是负责人模样的医生对他说："您的胃正发着溃疡，需要割除坏死的一部分。请您安心，我们会很快使您恢复健康的。"

"需要多久？"他一下子坐了起来，又一阵剧烈的疼痛。

"最少也得两个月。"洋医生用生硬的汉语说。

"不！"宋教仁强忍着病痛，摇了摇头，说，"你们给我一些药，我不能在这个时候动手术。"洋医生把他扶下，让他躺在床上，说："这是袁世凯先生安排的。他让我们用最好的药，请最好的医生为您动手术。请您放心，我们一定尽职尽责的！"

他们争论了半天，宋教仁发起斗牛般的脾气，高声喊道："我即使死，也不做手术！"

洋医生摊开双手，耸了耸肩头，佩服地说："支那人真了不起！您，革命家，中国男人……"

114. 龙卷风

春天像一个失魂落魄的醉汉，从地上满身泥泞地爬了起来，将残落的花儿撒向四野，抹在一堆堆干瘪的坟头上。

老铁匠的坟前，枯草丛中，生出了嫩绿的小草，一朵朵野花儿如繁星般装点着墓地。

大憨和小马来为老铁匠扫墓，两人祭奠完毕，起身向天桥走去。

放眼永定河两岸，许多荒草地，没有人耕种。风吹过时，草丛中显露出一具具僵尸，有各种各样的姿势。许多人说，北京城墙外聚集了越来越多的狼群，它们吃惯了鲜嫩的人肉，要冲进城里！成群的野狗在僵尸旁转悠着，挑拣着去啃。黑老鸹、野鸡、山鹊儿们铺天盖地而来，令人惊颤。上坟的人常常不敢单个儿来，一不小心，若跌倒在地上，就会引来一群狗把人活活吃掉。地上一摊摊血迸散着。

尽管头顶上的阳光如亿万顷金叶正在风中闪耀着，而人的心头却像污黑的焦泥裹起了一般。成群结队讨饭的人艰难地从这荒野中穿过，有人挂着扭曲的破棍，有人担着挑子，一头是鬼一样的子女耷拉着脑袋，一头是破旧的衣物。

大憨望着这些，眼圈儿早红了，扭过头来看小马，小马也在抹眼泪。两人走在崎岖的小路上，不时遇到刚复苏醒来的蛇，它们在草丛中正饥肠辘辘地寻着食物。穿行过白骨时，它们使劲缠绕着，要挤出血来，却总是枉然。于是，它们懊丧地又爬向另一个方向。蛇蜕挂在草上，飞舞着，发出"吱吱"的声响。

忽然，一条眼镜蛇被小马惊动了，它猛地竖起头，吐出锋利的信子就要冲刺向小马。大憨飞剑把它斩成两截！鲜红的蛇血如一丝线，溅在小马的脚上，蛇的头却依然立着，怒视着半天才倒。

434

大憨说："从前有高祖斩蛇，今天我们也斩了蛇。我们斩的是清廷的孽鬼！都说慈禧就是蛇精所变的呢。"

小马用无限感激的目光望着大憨说："大憨哥，斩了这世上所有的毒蛇，我们就做造反的英雄，把革命的大旗重新打起来吧！我们不能亲眼看着袁世凯就这样篡了权，夺得了王位，去胡作非为，让这世道混乱不堪。他总要抛弃同盟会的！"

大憨说："这旗，我们一定要重新打起来的！只是现在袁世凯迷惑了天下许多人，他还没有露出真面目。大家还以为他搞的真是责任内阁呢。表面上看，他遵守《临时约法》，推唐绍仪做了总理；内阁中的同盟会员占了多数，给人耳目一新。其实，这是他的老把戏。内务总长、海军和陆军都是他的人。万一将来发生什么事，他完全可以凭其实力翻脸不认人。黄兴是革命的大元帅，我们同盟会举他做陆军总长，袁世凯他就死活不让，而自己紧抓住兵权不放。这就是例子。他从心底里就根本不与同盟会合作，是一味地骗人，骗了人还买你的好。我们的大旗一定要准备好，待风一吹动，我们就带领人马与他斗争，拉他下马！总有一天我们会胜利！"

两人正走着谈着，来到一棵巨大的银杏树下，却见树丫上挂了一具尸体。死者在自己的腰上系了一条布，上面写着：

过路君子，有心善之人，请不要管我，若您手头宽绰，恳请去找到天桥西北刘家胡同，救下我的家人。全家断炊多日，老母顽疾难医，我刘城淮上辈子没积德，实在忍心不下，才走如此道路。到了阴间，我会超度您的……

小马说："春荒、瘟疫，该老百姓遭受多少灾难呀。我们满以为打翻了清朝，天下就吉祥如意，谁想热闹了一阵，天下依然黑暗！穷人照样贫穷，富人照样霸道，地痞流氓、贪官污吏，仍然是横行无忌！孙中山提出土地国有、平均地权的理想，何日才能实现？"

大憨用剑割断了绳子，把死者掩埋在土中。他拍了拍手上的泥土，说："这个人我觉得挺面熟的，记得他是进过少年王府的刘城淮，狗东西无情无义，翻脸不认人。当年他叛变后，出卖许多人；弟兄们要杀他，结果他逃跑了，想不到他是这样的下场。天地真小啊，狗日的刘城淮，他罪有应得。"他们在路上走着，走着，猛然发现有一个人影从死尸堆中闪过，一包东西掉在地上。

小马捡起一看，大惊失色，竟然是血淋淋的人肉。

大憨说："世道竟到了这样的分上了。大白天有人偷人肉吃。前几天，有人说天桥有人卖人肉包子的，这就是干那生意的吧！"

说着，两人来到天桥，他们想先找一个地方歇一歇，迎面看见一处茶馆，就走了过去。刚刚坐下，一个衣衫褴褛的老人牵着一个蓬首垢面的小女孩，来到他们的跟前。小女孩的背上插着一根草标。

大憨忍不住流下泪来，把腰里带的钱掏出一把，全塞给老人，拉起小马，头也不扭地走了。

风吹起云天雾地的黄沙，打在人的脸上，将满街用灰色遮住。满世界被风沙裹着。一阵龙卷风呼啸着，肆无忌惮地在城市的身躯上蹦着，跳着，手舞足蹈。有人被风悬起，举向空中，又狠命地抛向别处。更有成百上千的人没命地奔跑，发疯似的狂喊，人相互践踏着，叫骂着。肆无忌惮的龙卷风如有意调戏人一般，东一头，西一头，为自己的恶作剧而得意忘形。

大憨紧紧拉住小马，大声说："快趴下，千万别仰头！屏住气息。"

龙卷风从他们身上践踏去，放荡不羁地向另一个方向滚动着。

许多树木被拔倒，许多房屋的顶盖被揪成空荡荡的洞。有老太太在废墟上跪下磕头，求神灵保佑。也有人装神弄鬼，声称是天兵天将在惩罚人间。更有人说得有鼻子有眼，说中华民国不得人心，让天神都发怒了，卷去了袁世凯家的大门楼。

掌灯时分，大憨和小马赶回家，阿莲和小菊都不见了，共和正在里屋"呼呼"睡着。周围一片漆黑。大憨悄悄地摸来摸去。狗蛋的柜台也上了木板，封得严严实实。这更使他倍感满世界有一种不踏实。就着夜色，大憨焦急地把共和摇醒，问她："你妈和你姨呢？"

共和指了指外间，揉着眼说："在堂屋的八仙桌上。"

小马明白了她的意思，冲到外间，燃起灯盏，在桌子上找到了一张纸。可以看得出，是小菊的字，很秀丽。

小马高扬起纸，抱住大憨，欢呼着，说："大哥！嫂子生产了！现在慈安医院接生。走，我们接她去！"

大憨搓着手，傻了一般，不知该怎样做才是。半天，他说："哎呀，这咋弄！得多煮些红鸡蛋，还要多买一些红糖。在老家是要做九，送朱米的，满月的酒，现在就要买，多买一些。"小马拉住他走，正赶上狗蛋从外面跑回来，后面跟着德平和兔儿哥。他们咧着嘴，大喊着："胖小子！大胖小子！"

不等大憨立住脚，兔儿哥从厨房里钻出来，将锅底上的灰抹在大憨脸上，高喊着："大憨哥哥，大喜！大喜！闹大喜咧！"几个邻居闻讯赶来，带了许多慰问品，如鸡、蛋、糖、面，忙不迭地向大憨贺喜。

他们正闹着，小菊和阿莲被人用车子送回来了，阿莲幸福地笑着，抱着襁褓里的孩子。

狗蛋慌里慌张地挑起一串鞭炮，喊着"俺侄儿乖乖"。满院子里响起了"噼噼啪啪"，清脆的响声格外悦耳。大憨和小马向大家让烟卷，请大家屋里歇。小菊笑嘻嘻地忙乎着到厨房烧茶、做饭。热腾腾地闹了一会儿，人们都散去。

狗蛋从怀里掏出一封信，递给大憨，说："这是开封的弟兄们给你的。"大憨看了，心情异常地激动，他脸膛上泛起了红光。

小菊把孩子抱过来，让大憨看，逗孩子说："快喊呀，这是你的爹爹！"大憨把孩子小心地接过来，将信给小菊他们看。他把孩子抱在怀里，用脸与他亲昵，颤抖着声音说："儿啊，爹五十岁上有了你。爹的事业有了继承的儿孙，有了香火。爹高兴，真高兴啊！"

孩子被他扎得直哭，一声声，格外的激昂、热烈。一旁小菊要接过去，无论如何他不让。他侧耳听着，在大憨的耳中，这哭声犹如激悦的军号声，催人奋发。他咧着嘴，听着，听着，笑得哈哈响。这昂扬的哭喊声，使他想起很多。小菊把孩子强夺过来，嗔怪他说："大哥，你看你，哪有这样当爹的？把孩子扎疼了都不管。你那胡子像坚硬的毛刷，谁受得了？"

阿莲赶忙抱起孩子喂着，一边把大憨叫到跟前，拿着那封信，深情地说："大憨，你就去吧。我在这里有他们照应，你只管放下心来。到了那里，把中原的革命大旗重新举起！同志们这样信任你，把希望都寄托在你的身上。你，还是去吧！"

她明亮、秀丽的眼睛放射出热情、温和、善良、贤惠，也放射出坚定、刚强和勇敢，照耀得大憨的脸膛金光灿灿。大憨紧握住她的手，抚摸着她白皙的脸，当着狗蛋他们的面，吻着她泛着红光的嘴唇。

狗蛋他们笑着出了里屋。

大憨连阿莲和孩子一块儿抱起，举过头顶，又轻轻放在床上，又把阿莲抱在他宽厚的胸怀中，竟抽泣起来。

阿莲满脸泛起红晕，她用细嫩的手抚摸着他满是胡茬、如钢针般坚硬的脸，两眼柔情似水。

孩子哭了。

"啊——"一声接一声，格外雄壮！大憨把他接过来，亲了又亲。

孩子哭得更有劲儿！

"啊啊——啊——"大憨仿佛听见冲锋的军号，"滴滴答答"地响彻天穹。

大憨把孩子高高举起，像仰天举起一把火炬，让他使劲儿哭喊。

他说不出有多高兴，这昂扬的哭声在他的耳中成了歌声。是什么歌儿呢？该是当年袁寨月夜小伙伴儿们游戏时歌唱的余响吧！这歌声有多熟悉，又像是船政学堂当年的军歌。他仿佛又重新回到了那个年代，又来到轮船上，又看见了波浪滔天的大海和那浪尖上奋飞的海鸥，还有那列强用罪恶的炮弹送来的耻辱！愤慨！此刻，热血在他身上汹涌着；他哼起了船政学堂的校歌，越唱越有力量：

> ……
> 海浪逐日高，
> 水师志气豪。
> 挺身望风云，
> 背依神州笑。
> 大炮指敌寇，
> 立时唱咆哮！
> ……

他尽情地唱着，引来外屋忙碌的狗蛋他们。

狗蛋的眼湿漉漉的，他和着大憨一起唱着，唱了一遍又一遍。紧接着，小马也跟着唱。他们并肩站立，放声高唱。

孩子不哭了，安详地睡去。

阿莲和小菊望着他们，脸上泛起幸福的笑容。阿莲用手摸了摸小菊的脸，轻轻刮了刮她的鼻子，小菊一头扎进阿莲怀中。

115. 唐内阁

西装革履的唐绍仪一大早就起身，来到了中南海。满眼绿树红墙，一片郁郁葱葱；他走在深郁的绿树下，听着鸟儿们一片片叽喳着，放缓了脚步。他怀疑自己又回到了哥伦比亚大学的校园，似乎自己正在走向教室去聆听法学教授讲课。"人生而平等，不论贫富贵贱"，这声音一直在他的耳畔回响。

他把头高高地抬起，把胸膛挺起，望着周围的景色，心情格外激动。他仿佛听到自己正与同学们一起歌唱着：

> 太平洋，
> 我蓝色的海洋，

你无边无际的笑容，

　　扑打着我的胸膛……

　　他多想趁此忆起那个金发碧眼的明娜利亚，再回味自己火热而甜美的初恋；而他强迫自己避开、避开，他一再告诉自己：民国初建，容不得儿女情长！

　　今天是第三次内阁会。

　　告别专制，走向共和。这是天地间多么豪迈的事业！

　　是啊，多少年的风雨，追随自己的好朋友袁世凯；有许多宏大的抱负，马上就要实现了。丰泽园的暇瞩楼就是内阁的办公处所。自己就要在这里承担起天下大任了！《临时约法》规定，总统的命令，若不经过内阁的副署，就不能生效。自己肩上的担子有多么沉重啊！尽忠民国！他在劝自己。清廷退位了，让出了中南海和北海，他们退居在乾清门以北、神武门以南的地方，苟延残喘，惟度余生，成一具僵尸。总统府包容北海、中南海、团城，称"三海"。这里是该生出簇新的气象的！同时，参议院迁来北京了。黄兴的陆军总长没能担任，留在南京组织"留守府"，主持南方事宜。革命军还集结在那里呢。如今，内阁的成员们就要和自己一同处理国家一切事务，共同负责。这是多么艰巨而又神圣、光荣的事业啊！

　　唐绍仪掏出怀表看了看，自己来得太早了，不觉笑起自己。他在想着如何开棋局。此前，阁员们的名单已经由参议院通过了：

　　外交总长，陆征祥；

　　内务总长，赵秉钧；

　　财政总长，熊希龄；

　　陆军总长，段祺瑞；

　　海军总长，刘冠雄；

　　交通总长，施肇基；

　　司法总长，王宠惠；

　　工商总长，陈其美；

　　教育总长，蔡元培；

　　农林总长，宋教仁。

　　这几人中间，只有熊希龄是叫喊着君主立宪的；陆征祥、施肇基、刘冠雄是什么事都无所谓的非派；赵秉钧、段祺瑞，不用讲是北洋的人，其余都是同盟会的人。连自己在内，同盟会五人入阁，是明显的优势，天下会太平的！

　　唐绍仪的嘴角撩了起来，拢不住笑容。

但这笑容又很快为忧郁所遮掩。他想，袁世凯与孙中山是应该真诚地合作起来的，自己应该成为他们合作的一座桥梁，让中华民国的旗帜能高高飘扬。举目东望，遥想在朝鲜的日夜，自己刚刚回国，初识袁世凯。两人一同敞开胸怀，有多少共同的抱负，令人感到相见恨晚，所以才有后来乃至今日的合作，自己才被袁世凯提名为内阁总理。是啊，不能辜负了这期望，这期望何止是袁世凯一人，它还代表着四万万五千万的老百姓呢！中华民国是一个新时代！同时，也有风言风语传来了北洋军人们对自己非议的消息，这会是真的吗？他想。

"少川兄！"忽然身后有人喊，转过一看，杨度！

"哈！皙子，是你呀！"唐绍仪和杨度笑脸对着笑脸，手拉着手，一起向怀仁堂走去。离开会还早，先到那里看看。

那是袁世凯大总统办公的地方。

袁世凯正在屋内和杨士琦谈着什么事，望见唐绍仪和杨度进来，连忙起身相迎，笑着说："少川，皙子，Good morning！"

"Good morning！Yuan."

唐绍仪和杨度他们也笑着问候。

袁世凯说："我们是崭新的政府，新政府应该有新气象。从今后，我们要好好学西洋话，大家时不时要与洋人打交道，得懂一些外语才是！少川，你在欧美待的时间长，以后多向我们讲讲西洋世界的文明。清朝之亡，非列强，而在清朝也，如灭六国者非秦也。闭关锁国，闭门造车，带来的是赔钱赔地，丧权辱国！我们应该睁大眼睛，看到一个真实的世界啊！"

他们一同走出怀仁堂，来到室外绿阴下的空地上，闲谈着风云变幻的昨天，无限感慨。等了片刻，唐绍仪告辞去。

杨士琦看一看怀中的表，说："我也该走了，你们详谈吧。"

袁世凯对杨度说："皙子，我正要请您来谈一件事，我久仰三湘英才，尤其敬慕王闿运先生。您能否代我向他问好？在他愿意的情况下，我很想拜托他完成一件大事。咱们屋里谈。"

杨度的眼睛格外明亮，点点头。

袁世凯说："若先生有意为民国效力的话，我想请他来主持国史馆，整理国故精粹，发扬优秀传统。天下人也会更钦佩他的。"

杨度说："恩师对总统也是素为敬仰的。在十年前，他曾对我和夏寿田讲过，说您将来必胜于曾帅。今天，一切果然应验。他若知道您邀请他共谋大业之事，真不知会有多高兴的！"

屋子里只剩他们两人了，除了他们的呼吸声，一切都格外静谧。

杨度欠了欠身子，说："恩师曾言，天下至载湉辈，必灭无疑，而又必生大劫大乱。能平宁天下者，则只有您一人可不孚众望。他又曾言，数百年来，中国皆为专制政治，人心信奉的除了皇上之外，别无他物，故中兴不在于国体，而在于人。天下依赖于像您这样除旧布新、重铸河山的伟人。先生的话，在今天看来，是先见之明。我也曾想将他荐举给您的。我们想到一起了，多巧！"

袁世凯依然不言不语，静静地望着杨度，又向地上瞅着。

杨度忽然觉得有点儿失言，于是又很快转过话题，说："现在外界都在赞扬唐内阁呢！"

袁世凯的眼睛猛地瞪大了，狐疑地望着杨度。杨度说："大家都在赞扬唐少川政治有为。民国开端即有这样一批俊才，是您的洪福所示。我这几天一直在想着，究竟唐内阁主张的联合同盟会，南北携手，遵守《临时约法》，能否与民心国情相合拍呢？"袁世凯陷入了深深的忧虑之中，前几天，卫辉县的那个许长义带着那枚无齿的钥匙，找到了家中。封金赏银，送他一批财宝，他竟跪在地上，高呼起来："我皇万岁，万岁，万万岁！"

杨度所讲的王闿运那些话，使他想起了武昌起兵时，在视师肖家港之夜，张一麐、倪嗣冲他们力主自己称帝救国的事；赵秉钧他们曾商定，待朝廷退位，即组织临时政府拥自己为大总统，同时，如果南方政府不取消，赵秉钧他们就高举起大旗，拥自己做皇帝。火候还不到，不能，不能这样。当时，自己劝阻了他们。

他在想，怎么？唐绍仪今天变了一副脸色，有点儿不听话了。这个书呆子信的是《临时约法》！

适才杨士琦讲到英、美、德、法四国银行团在京集议，要停止预付中国借款，抗议唐绍仪向比利时财团借款之事。他们说，这样做违背了四国优先借款的诺言。还有人在讲，唐绍仪与孙中山过往甚密，那么这笔钱是真的接济了革命党的军费吗？

这个唐绍仪如今擅自做主，看起来应该是个不安分的人。把内阁交给他，太令人不放心了。

袁世凯乍想起唐绍仪推荐王芝祥的事。

参议院议决北方接收统治权的事时，规定谘议局改为省议会，公举各省的都督。有人以为南京第三军军长、广西原副都督王芝祥可做直隶都督，想用王芝祥来抑制北洋。唐绍仪竟自己做主，满口承应下来。他眼中真的是没有了我袁世凯吗？好啊，我也要看看，你唐绍仪究竟有多大的能耐，可以统领得了整个内阁！内阁独立？

想到这里，他对杨度说："唐少川这人是个干才，精力充沛，我与他的私交不是一天两天的。我很信任他，他会很好地领着责任内阁作出一番惊人的成绩的！不过，许多事，必须我们集思广益才好，这样可以不走弯路，可以让天下人对中华民国更充满信心。"

　　杨度感慨道："是啊，回想那年的经济特科，梁士诒我们差点儿没有掉了脑袋。多亏了您的搭救，才幸免。我们图的都是什么呢？是国家中兴，是普天下人民文明开化。可是，不仅清朝的朝廷反对，举国多少人能想得通这样的道理？天不灭中华。有了您，我们就可以放开做事了！来日我回到湖南老家，一定要说服先生来京，辅佐大总统。"

　　说话间，赵秉钧匆匆赶来，愤愤然对袁世凯说："大总统，他唐绍仪是老几？整日颐指气使，指责我和段祺瑞，究竟他是大总统，还是您是大总统？内阁的会我不参加了！您另找他人去侍候唐绍仪吧！"

　　杨度惊愕地望着他。

　　袁世凯看都不看他，冷笑道："你们这些人，都是胸怀太不宽阔了。唐绍仪说你们两句，你们就受不了吗？让让他，凡事总不能因一言半语就撂挑子吧！"赵秉钧的脸红了，他看了看杨度，低头说了声"唐绍仪太傲慢"，又退了出去。

　　杨度望着袁世凯，不知他在想什么，走也不是，不走也不是。

　　袁世凯等许久，才转身对杨度说道："皙子，您看到了，这些人有多没出息！为了中华民国，他们不是同舟共济，而是各打各的算盘。要办成一件事真难呀！这唐绍仪也是，您是见多识广的人，怎么能和这些行伍之人一个样呢？皙子，若少川哪一天丢下我，您会不会来帮我？"

　　杨度急忙推托："不，不！大总统，您不能这样讲。唐绍仪是最适合的，他不会丢下您不管的。我明白，我这样的才力，只能帮您打一打闲杂。"

　　"不！"袁世凯显得生气的样子，上前一把抓住杨度的手，大声说，"皙子，您比少川强！我早就看得出来了。只是现在民国始建，我不好打消唐绍仪他为国尽力的兴头，况且，他在南北谈判中立下大功劳，不得不用他，才让他做内阁总理。您放心，早晚我要让您来替下他的。若我身边没有您，民国不就成了一句空话？皙子，我可是实心实意对您讲的啊！"

　　杨度的手哆嗦着，被袁世凯抓得那样紧，他想挣脱，却挣不脱。

　　袁世凯从怀中掏出一枚金壳怀表，塞进杨度手中，激动地说："皙子，您才是我的知音。您当是诸葛孔明再世。"杨度的眼睛湿润了，他望着袁世凯恳切的面孔，说："我的《出师表》早就送您了。若您吩咐，皙子愿效犬马之劳，当仁不让。皙子愿为您而鞠躬尽瘁，死而后已。"

袁世凯点了又点头，说："晳子，您的前途，就是民国的前途；民国的前途，就是您的，也是我的，是我们大家共同的前途！"

唐绍仪望着窗外，树叶一天比一天更绿了，可麻烦的事也更多了。知了开始令人讨厌地叫个不停，揪着他的心。多少天来，他才真正明白，自己只是袁世凯手中的一张纸牌。这张牌已经打这么长时间了。

蔡元培推门进来，说："少川，何必有这么大的火气呢！"

他站起身，请蔡元培入座，喘着粗气说："蔡先生，我实在干不下去了。袁大总统总顾自己，俨然没有国家和民族的尊卑观念，只有个人意志。都怪我瞎了这双眼，我，我真伤心，实在失望啊。刚才他又提到向比利时借款的事，说我独断专行，在没有他同意的情况下借了这笔款，给他惹下了麻烦。连姓熊的也骂我独裁侵权！"

蔡元培劝他不要生气，说："少川，这是他们演的一场戏。什么借款惹了麻烦事？什么侵犯财政总长的职权？我们刚推翻清朝，建立起中华民国，还要再受列强的窝囊气？这罪恶的侮辱，难道就没有一个尽头吗？少川啊，当年，我们走出国门去寻求济世之道时，向往的是西方的民主政治，而袁世凯他满脑子想的是什么？他跟着朝廷做事久了，是放不下专制的手脚的。皇权在他脑袋里已经生了根，所以他不能容忍您，不能容忍同盟会。他手中的宝贝，除了北洋兵，就是清朝皇帝的老一套。他搞惯了那一套，让他接受民主共和政治，我看很难。"

"这帮子人，缺少基本的文明，简直是一群畜生！"唐绍仪越说越气，"您看，赵秉钧身为内务总长，国务会议他从来没有到过。打电话请他，他说他忙。忙的是什么呀！哪一次我去总统府，都见他在那里。他们合伙在排挤我呢！"

蔡元培明白他指的是那些在背后嘀咕，说唐绍仪想把袁世凯赶下去，天天在给袁世凯出难题、惹乱子。段芝贵在路上遇见唐绍仪的马车，横冲直闯，差一点儿没有把唐绍仪的马车挤翻。这个老袁的干儿子担当总统府拱卫军统领，扬言要放唐绍仪的血呢！他随口骂了声："这群臭流氓！"

"他们要逼我让出这总理，我正不想干呢！这脸要被他们丢尽了。"唐绍仪痛苦的面容，满是疲劳、憔悴，他拿起一张写满了英文的纸，用力晃动着，让蔡元培看。他愤怒地说，"您看，四国列强提的是什么？退还比利时人的一百万镑，要我们保证，以后只能借四国银行团的钱。我们的财政预算必须交四国公使备阅，还要我亲自去四国公使馆，向他们道歉！我个人丢脸没有什么，我们四万万五千万人的脸面呢？谁能咽下这口气？我们第一天成立国务院，第三天就出现这样的事。我真痛心得没法儿再讲。而他们还在四处扬言，说什么我在生活上奢侈透顶，什么我挥金如土，玩的女人成百上千，扔的东西不计其数。无耻之至啊！袁世凯竟用这样的手段对待自己几十年的朋友。没什么希望了。"

这时电话铃声响了，他抓起听筒，听出是袁世凯的声音，就大了声说："总统，我怎么做好呢？王芝祥是直隶人，藩台起义他是立了功的，参议院和顺直议会才推他为直隶都督。您对这个事也点头了，您让我发电报叫他来京等候。现在他来了，您又强调任免都督是您的特权，不让推举。您怎能让他去做南方宣慰使呢？"他更大声喊道，"这不是出尔反尔吗？我不同意您的意见！"接着，"啪"的一声使劲把话筒摔下。他讷讷讲着，"人无信而不知其可也。当年的信誓旦旦，如今皆空空如也！我要当面去同他理论！"

撇下蔡元培，唐绍仪怒气冲冲地来到总统府。

一脚踏进丰泽园，唐绍仪的头立刻低下了。袁世凯恶声恶气地说："少川，你这么大的火气，是冲谁啊？你不用急，我这位置早晚是要让给你的。我老了，你应该做总统的！"

说罢，他面色铁青着，看也不看唐绍仪。

唐绍仪说："不。不是，不是；大总统，你听我说。对王芝祥的任免，是关系到内阁的威信和职权的大事，你说过，说过的，我们不能随意违背《临时约法》！"

袁世凯说："是啊。少川，你如今真的是变了。请王芝祥督直的电报，我要查明是否系奸人托名擅电。若是，我要严惩！你也想一想，他是革命党，若让他督直，这不啻为引狼入室。君子不党。我们只用圣贤，不用党人！这是我的一贯立场。将来他和南方联合起来，我们还有余地吗？你和我，怎能生二心？"

"你以前是答应过的，现在如何能够食言？"

"谁答应的？是你，我并未预闻。"

两人高声争论着，总统府内没有一个人来劝。文秘们悄悄溜走了。

唐绍仪说："这是内阁的职权，我要发表！"

袁世凯说："我不盖印，你发表也生不了效！"

唐绍仪说："那我不在你的命令上签字，委任状发不出去！"

"哼！"袁世凯恼羞成怒，指着他的鼻子说，"唐绍仪，你太高看了自己。你以为喝了几天洋墨水，就懂得了天下吗？总统府轮不着你来指手画脚。只怕王芝祥拿到我的委任状，就不会听你摆布了吧。"

唐绍仪把牙咬得"咯咯"响，慢慢转过身去。他仰起脸，让怒火平息下来，如何也不能平静。中南海的绿树此刻似乎都成了张牙舞爪的妖魔，一齐向他扑来，要把他撕个粉碎。他脸上涂满泪水，长长地叹息道："我唐绍仪，我怎么能与这样卑微的人共事呢？"

他狠狠地甩了袖子，对自己说："该走了！"

在他的背后，他感觉到那轻蔑的目光正随着他，巴不得他快一些走。不知道什么时候，他又来到了寓所前的街巷。街头，一个耍猴的汉子扭动着肥肥胖胖的五短身材，手持小镗锣，正站在那里，把镗锣敲得连声响；地上的小猴儿穿戴着花衣，随着锣声翻跟斗。周围的行人驻了足，无聊地喝彩叫好。唐绍仪的鼻子一酸，难受得直想哭。他越看越觉得汉子就是袁世凯，那可怜的猴子被遮掩了面目，分明就是自己！那看客们，那不分是非的一张张脸都在扭曲。呸！

唐绍仪离开北京，不辞而别，去了天津。他把辞呈留给袁世凯。

蔡元培的耳边还在回响着那天唐绍仪从总统府回来说的话：前统一中国，非袁世凯莫属，而今振兴中国，又如何离开孙袁合作？吾去矣！袁容不得我！

公元一九一二年六月二十八日，《政府公报》上刊登了袁世凯对唐绍仪辞呈的批文：

> 该总理于共和之宣布以前，南北奔驰，为民国效劳甚至。及就任总理，经营擘画，错节盘根，困苦艰难，非可言喻。民国草创，正赖长才，岂容听其退休，失兹臂助？特以情辞恳挚，出于至诚，不得不谅其苦衷，遂厥初服，应即准如所请，免国务总理本官，任为高级政治顾问。仍望趁此宽闲，勉自调护，以养疴之余暇，备政治之谘询，将来倚重正多，当有以副国民之望。

蔡元培"哼"了一声，把报纸一甩，说："袁慰亭是一个骗子！可恶！唐绍仪，他是个孩子，幼稚啊。"

他连连叹了几声"唉"，对在座的宋教仁、王宠惠、王正廷三人说："袁世凯这个人，他素来会演戏！前些天，张绍曾他们对他说，同盟会国务员已决定全体辞职；以后再有混合内阁，同盟会员不再加入。他竟对人讲，当放大眼光，从中国全局着想，从世界大势着眼。他要大家破除成见，协力同心，共同建设，体当局之苦衷。他自我标榜用人唯才，可实际上，除了北洋的赵秉钧、段祺瑞，我们，他信任过谁？"

宋教仁也愤慨地说："对！我们都辞职，让他安了心去做皇帝吧！"

王宠惠说："沐猴而冠！袁者，猿猴也，自己敲锣，自己玩把戏，是滑天下之大稽呀。"

他们你一句，我一句，正在商量如何向袁世凯辞职。

这个月的中下旬，他们已经两次联袂辞职。袁世凯没有批准他们，今天他们要再去面辞。

蔡元培高喊着："什么共和？换汤不换药。我们都成了木偶，他们牵线，我们比划；他们打锣，我们唱歌！"把手指都拍疼，发肿了。他厉声讲着，骂着，大家都义愤填膺。

宋教仁一挥手，说："走，这一次，无论如何要辞去这名不副实的职！"

"走！"

"走！辞职去，我们不干了，不玩了！"

大家嚷着，向总统府走去。

"你懂得什么呀？你以为，离开了唐绍仪，这个总理就没有人做了吗？你们都是在做戏呀？共和这两个字，不是你们讲的乱当家！什么革命党？和清朝一样，都是祸国殃民。天下是你们几个跳梁小丑喊出来的吗？我告诉你们，民国是四万万人民的选择：不是我的，也不是你的，决不是你们哪一个人的？你们胡搅蛮缠，毫无责任。泱泱大国，你们，你们胡言乱语，你们都是败类，一群败类！"丰泽园的总统府内，新任国务总理陆征祥正面红耳赤，坐在袁世凯面前低着头受训。几个随员立在两旁，连气也不敢出。陆征祥把新内阁比作杂烩，声称要纯洁；他正被袁世凯痛骂着。袁克定和杨度在一角坐着，各自看着文件，不时用笔画着什么，偷偷得意。

"真是一群饭桶！"袁世凯挺直了胸膛，像骑马练蹲式地坐在一张木凳上，大声斥责道，"我早几天已经给黎元洪和各省的都督发了电报，对他们讲，咱们从两千年专制的旧邦，一跃而成为共和政体，这是多么了不起的变化啊！可是，总有人四处造谣，说我要做皇帝。竟还有人劝我顺从历史，废了共和。你们记住，若谁敢在我面前再提共和的不是，我要亲手杀掉他！"缓了缓语气，他接着说，"有一个对历史很有研究的人也来探问我有没有像人讲的那样，讲我要废除共和政体。呸！这不是在骂我吗？我是在对全国的国民宣誓忠诚下就职的，怎能自食其言，让天下的人民骂我呢？古往今来，皇家子孙有几人是良好结果？你们要通过各种途径，告诉孙中山先生，告诉黄兴先生，还有第八师的将士们，世凯痛恨专制，为了国家复苏生机，愿不辞劳苦，忍辱负重，努力谋求振兴之道。若有人倡言破坏，借端煽惑，不顾大局，我只有从国民之公意，与天下共弃之！共伐之！共诛之！"

蔡元培、宋教仁、王宠惠、王正廷四人相互交流了眼色，他们缓缓来到正

446

厅，一同向袁世凯递交辞呈。

袁世凯恭敬相迎，对他们说："你们怎么了？在这个时候，大家都误会我，诸先生也要看我的难堪吗？你们一个个都怕承担责任，撇下我，真让我孤掌难鸣，受天下诟骂？我实在不理解诸位。"

蔡元培说："总统先生，事到如今，您该做的也做到了，我们不愿看到的，也都看见了。古即有尧舜让贤的美德，请允许我们遵循此古风，为总统招贤纳良，尽快腾出空位来吧。究竟其中的道理如何，我们都不必多讲了！"

袁世凯极力显示出语重心长的样子，说："蔡先生，我代表四万万人民，坚决挽留总长。您还不给面子吗？"

"那么，元培亦对于四万万人之代表而辞职！"蔡元培仰起头，毫无理会的意思。宋教仁他们也背着双手，昂起头，像慷慨就义的英雄一般壮烈。

"啊哦，原来是这样啊！"袁世凯笑着说，"对，对。现在是中华民国，不是什么清朝。这是你们的自由。"

116. 谭人凤

南中国的风，在腥热的雨中扫荡着长江，浓郁的乌云几乎贴在地面上，逼得人们喘不过气。紫金山上的树木一片片蔫拉着。南京鼓楼附近的双龙巷、石婆婆巷、平仓街、金银街、豆菜桥、小粉桥，直到草场门、挹江门、凤凰台一带，满街都是臭烘烘的气味儿熏人；有人高喊着："老天爷下屎下尿了欤！""臭气冲得一米多高，熏天欤！"一阵阵泼下的雨水中，人们闻到了难忍的恶臭，都在传说天上撒下了屎尿，兴国要大不幸。于是，一些人家设起了香供，求神佛保佑家中平安，免遭灾疫。

谭人凤冒雨来到黄兴的留守府，把淋湿的雨具一甩，怒气冲冲地说："黄先生，我尊敬的大元帅，您倒好啊！袁世凯逼走了唐绍仪，挤走了蔡元培、宋教仁他们，一个劲儿地裁减南方军队，你，你，你竟不坚持保留，反而自动请求辞职，放弃了军权！"

黄兴温和地劝说道："谭老前辈，天下太平了。我觉得这么多军队，给国家增添了这样沉重的负担，实在没有必要。请您能理解。"一面吩咐人送上热汤。

"我能理解，尊敬的革命大元帅！"谭人凤气得直哆嗦，指着他说，"你呀，黄先生，你不是我们的同志。你不以保障共和为意，徒博得功成身退的虚名声，我以老身之名劝你千万不要辞去职务。没有了军队，袁世凯翻脸不认人，你拿什么来与他斗！"

黄兴把热汤恭恭敬敬端送到谭人凤的面前，请他息怒，唱下热汤驱寒。谭人凤把碗推开，溅了满桌面，说："袁世凯在大量增募兵丁，你竟天真地裁兵，顺资遣散。徐绍桢、林述庆、李燮和他们是多好的革命良将呀，都因为你而下台。你可设想，来日讨伐逆贼，维护共和事业，拿什么来讨伐，光靠一张嘴，一双空手吗？"

黄兴说："国家能有今日，从君主立宪制转而变为民主共和，您我皆为人民之公仆，这是何等伟大的创举。现在，国家裁兵节饷，遇到困难，我们理应分忧，又如何为南方一隅所考虑，拥兵自茧，给国家增添负担呢？"

"嘭！"

一声巨响！随着一群人拥进院内。

谭人凤往门外望去，见满院的人正在等候。他们把留守府的大门用圆木砸烂了。

黄兴一筹莫展，唉声叹气，说："他们又来了。"

原来，他鼓励各军将士为国分忧，都解甲归田。可是，裁去的官兵有许多难处得不到妥善安排，散布在民间，酿成一些官兵骚扰社会的现象。他们成群结队地到城乡吃大户，索要粮食，美其名曰"酬劳革命"。甚至有些将士抢了大户人家，把人的妻妾掠走，玩够了又卖给妓院。各地都有此类事，杀人越货，变兵为匪，绅士们到处告状。又有一些将士则天天找黄兴，要历年所欠的饷钱。

谭人凤说："这就是您裁军的后果。"

黄兴出去与他们交涉，谈了半天没有任何协议达成。

无奈，他垂头丧气地回到屋内，对谭人凤说："谭先生，我被人刺了多次，差点儿把命丢掉。我是为自己图利吗？陈之骥的第八师是因为无家可归，我才把他们留下，可他们——那些被遣散的将士们，他们却说我在练自己的私家军，天天来要我发补饷钱。若他们都留下来，我又到哪里弄钱呢？这只是暂时的，大家都不理解我的苦心，我真难受啊！"转而，他又坚定地说，"无论他人如何待我，我只求问心无愧！"

谭人凤也表示同情，说："厪午，从此番道理来讲，你是社会楷模。而从国家共和事业来说，你是大错特错。袁世凯是以奸诈来进取阶级的，你把军队解散，是你帮了他的忙。"

黄兴诚恳地说："老前辈，您不顾年高来到南京，是为了革命事业。令后生景仰，无限钦佩。可是，您换一个位置想一想，到哪里去得到这几十万大军的军饷呢？我总不能让他们去抢掠百姓吧！唐绍仪向比利时借款的事，您也看到了，四国银行是明目张胆地欺侮我们。我们自己没有钱，又借不到钱。我不解散他们，该怎么办呢？"

"列强，"谭人凤感觉到自己委屈了黄兴，握着他的手说，"万事不要太急，您不要辞职。辞了职，就中了袁世凯的贼圈套，他会向世人卖我们同盟会的不是，丑化同盟会。最后，他还是肆无忌惮！"

黄兴说："真到那时，我们再行动起来，唤起天下英雄与他斗！"

谭人凤说："真那样也就晚了。明日我就去北京，我要当面理清袁世凯让我们裁兵他来增兵的道理。请您务必慎重，好生保重。"

两双手握紧了，顿了又顿。黄兴的眼圈热了起来。

留守府里静静的，闹事的人都走了。黄兴手下的秘书劝他们说：南京留守府连办公的钱都没有了！请大家能理解，革命原来就不是为自己谋求升官发财的。尽管有些士兵不满，他们骂着，可是他们看黄兴也拿不出来什么钱，也就不再闹了。他们自认倒霉。不少人发牢骚，说：再打仗时，先把腰包填满。

谭人凤正要离开留守府，有人给黄兴送来一份电报。

黄兴看了，请谭人凤看。

谭人凤接过电文，默默念着：

武昌黎副总统、各省都督鉴：

世凯束发受书，即慕上古官天下之风以为历代治道之隆污，罔不系乎公私之两念。洎乎中岁，略识外情，目睹法、美共和之良机，谓之深合"天下为公"之古训。客岁武昌起义，天下景从，遂使二千余所专制之旧邦，一跃而成为共和政体。世凯以衰朽之年，躬兹盛举，私愿从此退休田里，共享升平，乃荷国民委托之殷，膺此重任。当共和宣布之日，即经通告天下，谓当永远不使君主政体再见于中国。就职之初，又复沥忱宣誓，皇天后土，实闻此言。乃近日以来，各省无识之徒捏造讹言，摇惑观听，以法兰西拿破仑第一故事妄相猜惧，其用心如何姑置不论，大抵出于误解者半，出于故意者亦半。民国成立，迄今半年，外之列强承认尚无端倪，内之各省秩序亦无回复，危机一发，稍纵即逝。世凯膺此艰巨，自不得不力为支持，冀挽狂澜。乃当事者虽极委曲求全，而局外者终难开怀以相谅。殊不思世凯既负国民之委托，则天下兴亡，安能漠视！倘明知不可为而复虚与委蛇，致民国前途于不可收拾，纵人不我责，自问何以对同胞！区区此心，可质天日。但使内省不疚，尚复惶恤其他。惟当此艰难缔造之秋，岂容有彼此猜疑之隐。用是重为宣布，凡我国民，当以救国为前提，则自能见其大。万不能轻听悠悠之口，徒为扰乱之阶。若乃不逞之徒意存破坏，借端莹惑，不顾大局，则世凯亦惟有从国民之公意，以天下共弃之。事关大局，不敢不披沥素志，解释嫌

449

疑。知我罪我，付之公论。特此宣告，维祈亮察！

世凯叩。宥。

谭人凤"呸"了一口，说："这电报半月多了才发过来，是正月十五的门神画儿。"他摇摇头，握紧了黄兴的手，顿了再顿。黄兴再三感谢，搀扶着他，一直走出留守府的大门。

临别时，谭人凤一再交代他，说："要想办法把军队弄起来。没有军队，就没有刀枪，怎么能够与人交锋呢？从前，赵匡胤杯酒释兵权也好，朱元璋火烧庆功楼也好，和袁世凯一样，他们都善于用这一套把戏。你看，袁世凯他这里实际上有两种意思。其一，他要开戒杀人，斩除革命党，为自己造舆论。其二，他是放长线、钓大鱼。他一再表白自己为共和而操劳之时，就是为来日恢复专制造下基石。据有人讲，袁世凯刚任内阁总理大臣时，就说过：'共和仅为一二党魁所议论，并非真为民人所主持。'他多次对人讲，中国人民做惯了顺民，很难成为共和国民，国人十之有七愿拥戴旧皇室。他还对辛亥武昌革命大骂不止，说自此数十年中国恐将无宁日，而把革命党比作庆父！这样的人，我们不提防行吗？"

谭人凤赶到北京，在湖广会馆遇见齐白石。两人曾在王闿运家中谋过面，今相逢于北京，非常高兴。

齐白石讲了杨度的情况，说："皙子正如日中天，您可由他带着，去见袁世凯，在总统府得个一官半职的。"

谭人凤问："那你呢？为什么不去找他引荐？"

齐白石爽朗地笑着，说："我啊，一个木匠，最喜爱这木工活计，眼看着自己能让人间变得如花似锦，方便了他人，比什么都强！皙子拉我几次，我全然无兴趣。你尽管去，你是三湘的人杰，是革命党的领袖，有资格去做总长。何必像我这样固守清贫？"

谭人凤也哈哈笑着说："嘤嘤鹿鸣，求其友声。我和姓袁的不是一路人，又如何走进一家门？"

齐白石请他随自己到住处，去看自己几年所画的花鸟画。满室若琳琅。谭人凤频频点头，说："皆为上品之作。满纸背透出的不是风月，而是不俗的风骨。好啊，白石先生铁笔神仙，绣的是万里江山喽。"齐白石连称"不敢"，接着又告诉他说："王闿运先生就要来北京啰。"

谭人凤问："来这儿做个啥子哟？"

齐白石哈哈大笑，说："进大总统府，陪皇帝玩儿！"

谭人凤一拍脑门，说："噢，我明白了。袁世凯听说有这样一个人是曾国藩的幕僚，是要用他来装点门面的。不过，王先生可是工于帝王之学的人啊。不打贼，贼也要招的喽。"

两人越谈话越多，晚上几杯酒下肚，把话扯成一缕缕，绕过来，绕过去，到鸡叫三遍时还未扯完。

第二天，谭人凤起身时，太阳已经红彤彤地挂在东天了。

他洗漱了一番，舞了几路剑，飘起的银须更显得神采非凡。他每天都要这样，必须练起来才感到有精神，若不是这样练得筋骨松动，浑身发出热，就如病了一般难忍。

与齐白石共进了早餐，匆匆收拾停当，谭人凤往中南海奔去。油光漆亮的新华门，两列卫兵如临大敌，在五色旗下，持枪站岗。谭人凤亮出自己的身份，经过负责处同意，走进大门，由人带领，搜了身，向总统府走去。他笑问："还怕我这老身？"

袁世凯听到人传信，即带着陆征祥他们早早在怀仁堂外恭候。

谭人凤走过来时，袁世凯显得格外亲热，问了黎元洪，又问了孙中山、黄兴他们，说自己很想念他们，并显得十分诚恳的样子，邀请他们能早日赴京，以期共商国计民生之大事。

谭人凤扫视了群人的脸孔，觉得他们都像是心怀鬼胎，眼睛里都流淌着泪一般的恐惧和不安。一个个挺直的身躯，努力保持着几分威武，可总让人觉得掩饰不住的是糟糠、污浊。

他仿佛嗅到熏人的酸臭的腐朽味儿！

他开门见山地说："大总统阁下，我行前已接到电报，您说对于南方革命军并无裁撤之意。我今天来，正是为此事，大总统既然诚意慰留，即应代为解困；现在黄留守统兵数万，却无饷分发。这该让人如何做，如何想，又如何看？"

袁世凯端正坐着，温和地说："此事累黄留守为难，殊深抱歉。但是现在库币如洗，慰亭亦难以周转，以解燃眉之急。请转达暂时勉强支撑，俟有来源，我一定竭力补助。"

恰在此时，有人送来黄兴辞呈的电报。

袁世凯拿着电文，让谭人凤看，说："克强要辞职，去上海生活，其辞意如此坚决，我真不知如何再强以所难，只得成其高尚之志！若不然，恐人要骂我呢。"

谭人凤真想在此时大骂一通黄兴，可他又想，前些天黄兴发过辞呈电是不错

451

的。那么，这一封电报是不是真正黄兴发的呢？袁世凯是搞惯了假东西的，莫不是借机骗得天下的耳目吧！于是，他冷冷地道："那我就只有告辞了。但是，我有一点想让您听清，黄兴在南京做留守是那样艰难，不得已才裁撤军队，而您对北方却大力加强征兵。这该是不公平的事！"

袁世凯干笑着，说："是这样，国家共和始兴，百废待举，不意北方强人纷纷出来骚扰，危害民国，这才加强拱卫京城的。您误会了。"

陆征祥也说："北方虽集结重兵，但纪律松弛，总统府时时都会有危险。所募新兵，人数极少，意在保卫总统。"

谭人凤猛然笑起来，笑得袁世凯他们很不好意思。他哈哈大笑着，笑声越来越大，如同疯了一般。

袁世凯他们都惊呆了。

他笑得快喘不过气来时，才转过身，指着袁世凯他们说："哎呀，袁慰亭，你们真会演戏！你们演的是什么戏，你们自己不明白吗？我谭人凤年龄也不算小了，你们还如此拿我当三岁小儿来骗！你们太不聪明了。"

117. 齐白石

回到湖广会馆时，齐白石约了几个同乡，慕名来要同他会餐，以叙同乡情谊。谭人凤正要辞别，忽然感觉到四肢无力，喉咙肿痛、干涩、嘶哑，身上阵阵发冷，渐渐双目蒙眬，面对周围的摆设总感到头晕目眩，恍恍惚惚。

齐白石用手背量了量谭人凤的额头，惊叹："哎呀呀，烫，真烫！谭先生，我这就为您去请郎中。"

同乡们跟着忙碌，中间有懂得医学的，向前去诊了脉，焦急地说："不能请中医，快，快送到洋人医院里去。这种稀奇古怪的病，是容易被误治的。用中药调理，太慢！"

齐白石想起一位外国朋友，曾经和自己交流过绘画艺术，颇为投机，要去找他请西医来。

大家说："您快去吧！"

谭人凤安详的面容，越来越苍白，银须白发在此时灰淡发黄，呼吸越来越急促。有人用热水浸泡了毛巾，敷在他的前额。

大家的心都悬着，忐忑不安。

齐白石满头大汗，空着双手，满脸愧疚地赶回来了，他说："那位洋人知道谭先生是革命党，无论如何都请不来。没有办法，只好请前街的同仁堂洪先生，他一会儿就过来。"

说着，洪先生来了。观、闻、问、切之后，他用一只竹片撬开了谭人凤的嘴，看了又看他的舌苔，翻了翻他的眼皮，然后不慌不忙地开了几样药，安排了熬煎的方法。

齐白石问："洪先生，这病——"

"没有什么，"洪先生让人去拾药，掏出一包银针，一边说："这位病人是生性好强，心火太旺，肝火太盛，连日奔波而过于疲劳，伤了心脉，所及太虚。扎上这几根针，开了窍，通了脉，慢慢调着用些汤药就会好的。"

有人骂起洋人来，向洪先生讲了刚才请洋医生的事情。洪先生淡然一笑，把几根针扎在谭人凤的头上，说："这病是有数不清的样数的。中医治的，西医不一定能治；西医能治的，中医不一定能治。可这洋人就大不相同了。他们不远万里，漂洋过海，就是真正为我们的国家兴旺发达而来的？见鬼去吧。都是几个没有廉耻的东西胡吹的，说什么洋人好得不得了。这位先生的病是怒火攻了心，只能浚疏开通，就不能用洋人的药片儿猛治。我们该学西医的快，但要明白，西洋医学虽然好，但洋人的心不好。像刚才那医生，哪里有医德！他们仇恨革命党，靠他们是不行的。这主意，那主意，都是想法弄咱们的东西；洋人是不会真心帮助中国人治病，让中国人强盛起来的。"

齐白石愤慨地用拳头砸了自己的膝盖，恼得抿紧了嘴，说："洪大夫说得对，洋人是靠不住的。我们凡事真该自强！"

大家深有同感，纷纷骂起四国银行。

谭人凤猛地抖动了几下，脸上慢慢有了红润；他望着眼前，十分感激，向大家道不尽的谢。

洪先生把针一根根拔了下来，意味深长地说："只有中国人自己才救得了中国人啊！洋人来到我们这里，都是有所求，千万别信他们嘴上说的。圆明园被焚，义和团被杀，才有几天！我就不相信什么太平天国、捻军、义和团比洋人杀我们罪还大！洋人，终究还是洋人！"

药拾来了，洪先生听齐白石讲了谭人凤的身份，说："景仰！景仰！您才是真正的高人。我治得了身，治不了心，不能救治我们中国千千万万人的心病。您这样大的岁数，还为救国救民而奔波，您是世间的楷模！我要亲手烹药，治好您的病。"

谭人凤的眼里闪出了泪花，激动地要起来，被洪先生扶下。

过了几天，谭人凤的病好了。他舒展筋骨，试了试力气，对齐白石说："我又能四海驰骋了！等一天，我们去长城看看；我好久没有射箭了，真想在长城上射几把！"

齐白石特意为他画了一幅《虾情》，亲手送给他。

画面上是一个将军似的虾王，正轻拂着自己的长须，一副憨态中藏着威武，铠甲生出锃亮的光辉。杂草铺垫在身后，若新婚的床，隐约可见另一只娇小的虾露出秀丽的身影。谭人凤红了脸，说："木匠兄弟，你的画使我想起了那些红颜知己；我怎么越看越像皙子和他们提到的小凤仙啊。小凤仙她是我们大家的好朋友，若有机会去看她，就会使人更年轻。"

两人正说笑着，小马找到了这里，将大憨的一封信交给谭人凤，请他有时间到家中去坐一坐。

谭人凤响亮地笑着，说："大憨的名声，我早就有所闻。他是一位奇逸英雄。我们现在就去吧！"齐白石还要忙一些活儿，就让谭人凤和小马去了，说："多谈一谈，大憨是位哲人呢。要不要我回头去接您？"小马说："我送来就是了。您放心。"

他们走了，齐白石仰望着天空，自言自语道："老天，别一个劲儿地刮风下雨了。孙先生该来北京了，您多给一些笑脸吧！"

谭人凤和小马到家时，大憨、铁如、冷公剑他们都恭候在门口迎接。铁如说："谭老，您是南方革命的代表，大憨是中原革命的代表，我们在北方。南、北、中，今天是天下一家，共议革命，我们该好好庆贺庆贺。"

在屋内坐定，谭人凤向大家讲了孙中山、黄兴、黎元洪的情况，谈起南方裁军的情况，大家同声愤慨。大憨讲了这一段日子他在河南家乡开展宣传鼓动的情况，提到阎子固他们在豫南闹腾的火热。大家议论纷纷，座中有人不时"啧啧"称赞，有了喜色。

冷公剑问谭人凤："听说湖北有一位叫张振武的革命同志，您可知悉？"谭人凤眼一亮，说："知道！他是著名的革命三武之一，另外两武是孙武、蒋翊武。现在他们三武都在武昌，他们与黎元洪合作不太愉快。怎么？他也到北京来了？"

"来了，他来到的时间和您来的差不多。"冷公剑从怀中掏出一张布告，让大家看。他说："现在，张振武和同来的方维都被袁世凯他们杀害了！他们是被诱杀的，想不到袁世凯的手段极为卑鄙啊。"

小马说："谭老，今天您来了，大家想和您商量，向您请教举行二次革命的问题。现在袁世凯他已经向革命党挥起屠刀！"

冷公剑说："黎元洪他本来就不是革命的一员，革命党不自信，他是被逼做了革命军政府的都督。他觉得张振武他们不合己意，让袁世凯给了张振武一个蒙古调查使的空头衔。张振武要联系旧日革命志士，准备二次革命，相信了他，自投罗网。黎元洪借袁世凯的刀，把张振武他们杀害，这笔血债应该偿还。"停了停，他擦了一把泪水，接着说道，"张振武来到时，袁世凯、冯国璋、段祺瑞、王士珍他们轮番宴请，显示出南北一家。我们劝他不要大意，他不听，反说我们缺乏胆量。他标榜自己是虎穴探宝，他说：'我是天下闻名的有功之员，他们能奈何于我哉！'咳，可惜呀。"冷公剑越讲越气愤，站起身来，挥舞着拳头说，"他不知道这是黎元洪和袁世凯定好的计策。黎元洪给袁世凯发了一封电报，在电报中历数张振武'蛊惑兵士，勾结土匪，图谋不轨'，请袁世凯秘密处决。"

众人沉默。

冷公剑说："那天的一早，张振武他们就被军警逮捕了，京师步兵统领宣布了他们的罪状和死刑，我们来不及营救，他就这样被杀害了。黎、袁合谋，残渣余孽们极力破坏革命组织，眼看着往日的革命团体都完了。我们应该再振雄风，共谋二次革命，推翻袁世凯，建立真正的共和政治！"

大憨说："此次谭先生来，我们想请老英雄帮助我们谋划几个事。袁世凯下手把同盟会之外的几个小政党撮合成了共和党，妄想抑制同盟会，孤立同盟会。我们能否也联合其他力量，组织新的革命政党，壮大革命的力量呢？您德高望重，更有号召力。"

谭人凤思索良久，说："此事非小，还是待孙中山先生和大家聚齐，再议定此事吧！"

大憨说："不。此事不能再等了。袁世凯已经公布国会组织法，参议院、众议院两院议员的选举法，通令全国选举国会。这是一个重要机会。前些日子，我们和宋教仁先生商谈，他说到成立国民党的事。我们要靠合法手段来维护革命，就不能不扩大革命党啊。"

谭人凤说："那好，我要再等一等，见了孙中山、黄兴诸位，再详谈这些事。"

小马说："孙先生就要来了，我们的耳朵打听到，袁世凯邀他来京共商国是，他后天就要到！"

谭人凤吃惊地说："袁世凯这人手段卑鄙之至，孙先生他怎么这样轻率地来会他呢？万一他再搞个张振武那样的把戏，杀害了，后悔就来不及了。"

大憨说："不怕。少年王府的弟兄们精心教了一批徒弟，还有我以往的朋友，他们在少林寺为我们培养的少年革命军。我们把他们集中起来，保护好孙先生的安全。袁世凯若敢下手，我们就把他的家小干掉，先放出这样的风，吓吓他。这些都准备好了。"

谭人凤一拍大腿说："好！我全力支持你们，大家一起干，我们与袁世凯血战到底！"铁如、小马齐声说："干！与他坚决斗到底！杀他个片甲不留！"

118. 万国蔬菜

北京西直门外的三贝子花园，繁花似锦，蝶飞蜂舞，树阴下的绿草如才洗过般净。小马来到大门外，对守门人员亮了自己的身份后，被人领进了院内。

宋教仁正出门送人，瞅见小马，高兴地说："小马，是什么风把您吹来了？走吧，我们到客厅谈。我正要打发人去请您。您是天上掉的，还是地下钻出的？"说笑间，他拉了小马的手，十分亲热地带他在大厅坐下。

小马说："渔父先生，湖南的谭人凤先生来到了北京，现在就在我们那里住。"

宋教仁弹起来似的站立起，说："快带我去看他！以前，我是见过他的。上个月我在长沙宣传咱们的革命，曾向人问到他，人说他在南京。我到了南京再打听他时，人告诉我，说他早就离开南京到了北京。回来之后，我找他到处找不到，原来他在您那里。"

小马说："我们那里议事不方便，是否来您这里？"

"那太好了！"宋教仁说，"我派车去接他。我们要好好谈一谈。小马，这几天，革命党大喜不断，一个又一个，真让人喜煞。来，我们坐车，一起去接他。这车还是老袁送给我的呢。"

"不用派车了，我给他信儿，他很快就会到。"小马走出去，捏住嘴角，怪叫了几声，回过头来说，"谭先生喜爱步行，身子骨很硬朗，他再等一个时辰就来到了。还有大憨他们，都来！"

"伸开手，让我看看，您手里是什么东西？如此神奇！"宋教仁笑着吩咐人备茶，将屋内很好打扫一番。他邀小马到他的试验场好好看一看。

满目都是绿油油的蔬菜，各种瓜果有许多，小马不但不知名堂，连见也没有见过。他满眼闪着光，傻笑着愣在那里。宋教仁一一指着向他做了介绍，说："孙先生今天就要来到北京，袁世凯要装模作样地举行盛典，以大总统的规格来欢迎他。全北京都挂起了彩旗。他要装出个拥护革命拥护共和的样子呢！不论他怎样玩把戏，我们只要有公开的法律，将议会控制在我们的手中，他就得乖乖地按照法律做事。"说到激动处，脸竟憋红了。停了停，他接着说，"明日，我们要成立国民党，大家要请孙先生做理事长，领导革命。这几天是喜上加喜啊！来日，我们的国民党在国会选举中必定成为最有影响力的党，能够执政，神州大地就会成一个美丽的家园。就像这里，万国蔬菜，像百花一样，争奇斗艳。那该多好啊。"

小马为他的乐观情绪所感动,天真地说:"是啊,渔父先生,这农事试验,原来就是为来日的中国准备的。那时,您做了内阁总理,领导全国的百姓做事业,我们就再也不受列强的窝囊气。世界上就再没有无家可归的穷苦人!"

有人说,客人到了。宋教仁与小马一起到大门的外面去迎接,一边说:"做内阁总理,还真有人提到呢。"

"谁?"小马问。

"袁世凯!"宋教仁颇为得意地说。

小马猛吃了一惊,说:"渔父兄,他怎么这样对您信任?您不是和蔡元培先生一起辞过职吗?"

宋教仁面色严肃地说:"他让赵秉钧不断给我钱,来拉拢我。通过赵秉钧表示他的意思,他说,来日一定要请我宋教仁做他的内阁总理;只是有一条,就是我不能再提政党政治的主张。"

小马"噢"了一声说:"他是让天下人尽归于他。"

宋教仁说:"对。我们成立国民党,是因为袁世凯极端仇视同盟会。我们现在要毁党造党,我已经与谷钟秀、伍廷芳、岑春煊、董之云他们商定,把'统一共和党'、'国民共进会'、'国民公党'、'共和实进会'这四派,与同盟会合并起来,打出国民党的新招牌。我们实行孙中山先生的为民主义。谭先生和大憨他们来了,我要详细与他们谈。同盟会是武装暴动的革命团体,现在进入共和,吸收新生,成一个大党,就可参加国会竞选而获胜。若我们成第一大党,根据民主制精神,就由我们出来组织政党内阁。那时,神圣的法律、庄严的国会,迫使袁世凯与我们合作,他再也不敢胡作非为。若他敢妄为,他就会成为叛徒,落下全国人民代表机关的叛逆名声,为全国所讨伐!而且,法治亦为举世所趋。"

正在讲着,随着谭人凤洪亮的声喊,大憨他们来到了眼前。

宋教仁紧紧握住谭人凤的手,请大家到屋内歇息。他说:"值此大喜,我要诸位品尝我自制的花酒!我采了三十六种名花,加蜜加醇,造成这酒,和了五谷又酿,喷香呢!还有人专门送来了德州的五香驴肉,天下第一等佳肴。"

大家说说笑笑,进了大厅,宽大的桌上早摆满了许多水果。大家围成一圈,谈笑风生。宋教仁向大家讲了筹备国民党的理由和经过,因为大憨在这之前曾对大家提起过,所以人们并不感到突然。谭人凤以为这样做是有道理的,但是,他不赞成没有军队、放弃军权的做法。有人又讲了汪精卫上蹿下跳的活动,宋教仁不以为然,他说:"一个跳梁小丑,任他怎么翻,也起不了风浪。"

大憨提到了要保护好孙中山的安全,说:"信已由人送给袁世凯,明白告诉他讲，若孙先生有三长两短，袁家的子孙就别想安宁，别想走出家门。"

铁如他们深表赞成，说："对待流氓，是不能和颜悦色的。"

谭人凤笑了，说："哎呀，怪不得那个章太炎骂我们革命党是土匪，是地痞流氓。我们这样做会不会为人留下把柄？"

铁如说："到了现在，也只能这样做了。袁世凯他是个什么事都做得出来的卑微小人，必须防着他。章太炎他是什么货色？听说他在湖北招摇撞骗，搞什么征婚，非湖北女子不娶。呸！他拍黎元洪的马屁，现在他又来北京拍袁世凯的马屁。王赓是袁世凯的贴身爪牙，如今和章太炎打得火热。这人从前鼓吹排满，现在鼓捣拥袁，说他什么好呢？章太炎打出了统一党的招牌，骂参议院是奸府，劝袁世凯速速行动，撕毁《约法》。这是中国读书人的堕落！人说他学问好，学问好就可以乱放狗屁！"

宋教仁说："我和章太炎是共过事的朋友。今天他怎么变成了这个样子呢？袁世凯用钱去买人心，真有这些见利忘义的人投进他的怀抱。国会选举就要开始了，我们必须加紧工作，极力鼓起人们对我们的信任！"

"对！"大憨说，"若孙先生明日参加我们的大会，咱们就多向社会讲这样的主张，让人都加入我们的阵营。不怕几个弄古文、耍笔杆的家伙首鼠两端！前有阮大铖等，后有章太炎，都是没有气节的文人。国民党成立了，他们算什么？我们这里人才多得是。我怕的是孙先生被袁世凯迷惑住！袁慰亭这家伙生就的爱骗人，而且骗人的功夫还很深。我就被他骗了几十年呢。"

这时，饭菜备齐，宋教仁请大家入席。他说："胜利在望，谭先生远道而来，值此国民党成立、孙先生莅临之大喜，我们特地设了龙全宴。大家请！"

"什么龙全宴？"小马说，"这不是五香驴肉吗？宋先生硬把驴肉说成龙，是指驴为龙啊。"

大家都笑起来，伸出筷子吃，赞不绝口。

宋教仁说："这是德州的特产，宁津保店的八锦。人都说，天上有龙肉，地上有驴肉。我们今天就尝尝这八锦龙全吧！"

大憨笑着说："说起这保店八锦，我以前是不陌生的。我有一位朋友是保店的。那一年，我身无分文，漂泊到朋友家。朋友说，一定得尝尝他们家乡的特产。这道菜，关键在于做之前要腌活驴。这是天下一绝啊！"

大家都愣愣地望着他，停住吃，听他说。

大憨愈加得意，接着说："怎么样？入口滑嫩，嚼起来没有一点儿渣滓吧？这肉之称八锦，是指心、肝、肠、肚、口条、脆耳、蹄筋和精肉。祖传的是这竖切横断，心肝要成片儿切，肠肚成条儿切，蹄筋成块儿切。这样才有味儿！"他说着，吃着，摇着头。

小马说："那活驴如何腌来？大憨哥，咱们说好了，等宋先生做了内阁总理，我们遍请全国的老百姓吃龙全宴！"

大憨说："这腌活驴是一绝！唉，人呀，也真残忍。德州人把驴拴了，一连着三天不让它进食，也不让它喝水。在驴的四周放上柴火，放一只盛了花椒、丁香、桂皮、茴香、盐等佐料的高汤大桶。柴火一点着，驴被烤得燥热，就会饥渴难忍，不顾一切去喝高汤。它越渴越喝，越喝越渴。等它胀圆了肚子，瘫软之后才杀，放血、劈、片、剔后，再浸、翻、搓、揉、洗。武火猛煮，文火炖上，要一天的工夫。你们说，这样作出来的腌活驴，能有比它更好吃的吗？"

大家吃着，夸着，都说："经大憨这样一说，以后吃什么都没有味儿了！"席间也有人说，这样对待驴，实在太不公平。又有人说，若什么都讲不杀生，那人该如何生活？

宋教仁说："哎呀，只顾吃肉，忘了我酿的花酒。来，干！为了国民党的胜利前程，干杯！"

大家一饮而尽，齐声喊道："好酒！"

突然，"砰"的一声枪响从门外传来。大家放下酒杯，冲出去看时，担任警戒的一个青年的脑袋被打开了花，正斜躺在墙根上。他的胸前，有人放了一封信，上面写着"宋教仁收"。

宋教仁正要伸手去取信，小马急忙拉住，喊道："莫动！恐怕有炸弹！"一边顺手扯过一根长棍，拨动信，信"轰"的一声爆炸起一团烟雾。

人群中一阵惊愕。大憨握紧了宋教仁的手，担心地说："渔父先生，您一定要小心啊！"

宋教仁毫不在乎地说："这又算得了个什么？我既然投身于事业，就早将生死置之于度外。吾死何足惜！"

"不！"谭人凤大声喝道，"渔父，您怎能这样讲？您现在是大家的领袖，您的生命不属于您个人。您要负责任的。人固然不畏死，但是决不能随便去死。事事都要小心才是啊！"他再三告诫大家，"凡事一定要考虑周全。我们奋斗，为的是生，让天下百姓都获得生的机会，怎能随便牺牲了自己？"

宋教仁感谢他的一席话，脸上泛起红晕，惭愧地低下头。

一群人正说话间，大憨查看了现场，他猛转过身，跳上屋顶，却见一个黑影疾驰向东南方向。小马要追，被他拦住，他说："显然，这是老袁的人。我们刚才的话，很可能被他窃听去。告诉大家转移会场。注意安全。"

众人不约而同地抽了一口凉气。

孙中山一脚踏上北京，仿佛置身于梦幻中，浑身都充满了激情。

北京城发生的变化太大了，这变化不在于街道的楼房越来越多，而在于气象，在于人脸上的表情。与往日相比，百姓满脸的菜色和怒气，如今都如盛开的鲜花。

是啊，到底是中华民国了！

这就是袁世凯吗？满面红光，神采飞扬，洪亮的声音，待人是这样诚恳、忠厚、亲切。前些日子，英国人莫里循向自己介绍了世界各地对袁世凯的好评，称他是共和英雄，是中国的希望。

他感到一种难得的亲切正弥漫着。他在想，对于这样的人，不应该苛求他完美无缺，应该鼓励他为民主共和事业出大力！孙中山一直沉醉于宴会上的热闹气氛；他想，这就是中华民国，一派喜气洋洋，人人都可以说话——再没有等级森严的不平等！

宴会之后，宋教仁他们来看望孙中山，告诉他：明日举行国民党成立大会。孙中山说："渔父，你为革命作出了大贡献，实在不容易。我一定去！"

宋教仁还没有走，很快，袁世凯带着赵秉钧他们又来了。孙中山被他们的热情紧紧包围。袁世凯笑着对宋教仁说："渔父，您应该帮我的忙，却坚决辞职。我们都该向孙先生学习啊，中华民国的希望，在乎大家齐心协力。可是目前，大家太多的对我信任不足。当然，我该自责。我也希望你们所有的同志，都把今天当做今天，而不要当做过去；我们要一同战胜困难，中兴祖国啊！"

宋教仁的脸红了，他抬头望去，见孙中山的眼光充满了和蔼、信心，颇为不好意思地对袁世凯说："大总统，以前我们没有别的，只是希望您和我们一样，恪守法治，哪里是敢有什么企图呢？有许多事情都因为误会才引起来的。"袁世凯也一再表示歉意，拉了宋教仁的手，说："让我们一同承担困难，在孙先生的精神照耀下，早日把中国建成美丽、富饶、强大的国家来！如果有前嫌，也都怪我。咱们放下它，拉起手来，齐心向前。"

众人用力鼓掌。气氛更热烈。

孙中山说："对。我们人人都应开阔胸怀，有力出力，有人出人，为国尽忠，精诚报国。这样才能使中国屹立于世界之林！"

宋教仁要告辞，袁世凯也说告辞；他们都嘱咐孙中山休息好。最后，袁世凯留下唐在礼照料孙中山的起居。

他们都离去的时候，夜已很深了。

孙中山第一次见到袁世凯，他想，在清朝腐朽势力的包围中，袁世凯能够有这样的思想，是相当不容易的。自己若能劝他离开北京，把首都迁往南京，那不是更好吗？国民党明天就要成立了，在这之前，宋教仁他们曾多次与自己商议过，希望由自己做党的领袖。如果说服同志们同意，自己出面请袁世凯也加入国民党，让他来做党的领袖，会有益于事业的。新的中国，一切都令人欣喜。

这一夜，他失眠了。

孙中山一直在想，袁世凯到底是一个什么样的人呢？

119. 孙中山与袁世凯

国民党成立大会之后，选出九位理事，孙中山被一致推为理事长。袁世凯向他表示祝贺，送来一些贵重的礼品，并一再表示，以后多听取国民党的意见。同时，宋教仁提出要去南方省亲。行前，袁世凯让人给他送来一套珍贵的西服和一笔可观的钱。宋教仁连连表示感谢，又一再婉辞谢绝。

袁世凯请孙中山搬进总统府，说："这样我们可以谈得更方便。"

于是，天一亮，他就和梁士诒赶来，一同进了早餐，即请孙中山畅谈建国方略。

孙中山重申了他的三民主义，分别阐述他关于民族、民生、民权的主张。他讲，天下应该耕者有其田，才能解决国计民生，又谈到发展铁路，改变币制，增强流通，讲到他愿献身于人民富强事业的宏伟抱负。

袁世凯目不转睛地望着他，连连点头称赞。

孙中山越讲越得意，他觉得，袁世凯和自己一样，是有强国之志的，如今真有相见恨晚的感觉。

袁世凯说："立国之要，首在于人才济济。我有一位英国朋友叫莫里循，他多次在我面前称赞您，称您是共和的旗帜。请孙先生多推荐贤良，振兴民国。梁启超以往是误会过我的，但兹后，我们经常通信来往，现在我们化解了成见。上年组阁的时候，我还请他回来任司法部的副职。我以为，他是赞成共和事业的，我们应该吸收他那样的人回国参加政治。"

"对！"孙中山点头称是，说，"无论是谁，只要放弃仇恨共和的态度，拥护共和，赞成共和，我们都要争取过来。现在是民国初建，需要各方面的圣贤、豪杰、英雄，需要尽情发挥他们的聪明才智。同盟会暗杀清朝的权贵，并不是恶意毁灭人性命，而是为了反抗清朝的残酷压迫。"他接着说，"同盟会改组成国民党，在召集国会后成立正式政府时，一定全力支持您当选总统。您是唯一能领导共和民主事业，像华盛顿一样的领袖！我，黄兴，我们都放弃竞选。"

"不！"袁世凯激动地站起身，说，"孙先生，您说的这一点我是不能赞成的。您德才兼备，年富力强，有着崇高的威望，您做总统才最合适。请您不要怀疑我的诚意。我已年衰，只是临危受命，深感才短。我是不行的，应该由您来担当如此重任。我和大家鼎力相助，全力支持您，使咱们的国家能早日富强！"

孙中山说："不，一定要由您来担任大总统，我们今天要，明天还要，最少在十年内。我们请您担此重任是为了加强您的责任，便于您来放手做一切利国利民的事业。我们的共和国家还很年轻，少不了要经过一段艰难的道路。但是，人心齐则泰山移，只要大家拧成一股劲儿，什么样的困难也难不住我们，挡不住我们前进的步伐！您该当仁不让才是。"

袁世凯说："您见多识广，道理比我多。我只怕力难胜任。"

孙中山和他并肩站立着，庄重地说："建设共和国家，是每一个中国人责无旁贷的。我以为有两条是最基本的，一是有一支强大的军队，抵抗列强侵略，二是开辟交通，发展经济。十年内，咱们尽力为这两项任务奋斗。您练成一百万精兵，我造好二十万里铁路！"

袁世凯紧紧握住孙中山的手，连声说"太好了"，继而振臂高呼道，"孙中山先生万岁！"

孙中山也举起拳头高呼："袁大总统万岁！"

最后，两人握紧双手共同高呼："神圣的中华民国万岁！"

临睡前，孙中山想着白天和袁世凯交谈的情景，忽然生出疑惑：他是不是在敷衍我呢？

他想起了平均地权让耕者有其田。袁世凯怎能会没有一点异议呢？

他让唐在礼喊来梁士诒，说："梁先生，我们是同乡，也算得上同志。我请您帮助我解一难题。"

"什么难题？"

梁士诒异常殷勤地问。

孙中山说："我与袁项城交谈时，所见略同。中国以农业立国，倘不能于农民自身求彻底解决，革新又谈何容易！而要解决这一问题，必须耕者有其田。袁项城在这一点上竟不但不反对，而且以为是必然、当然。他家是闻名的大地主啊。"

"孙先生，"梁士诒探向前身子，显得格外亲切的样子，说，"您环游各国，亲眼看到大地主的剥削。再者，咱们都是南方人，南方佃田的百姓很苦，而北方不同。袁世凯不了解南方。他们北方自耕农是大多数，因之佃农很少，所以他无异议。"

孙中山明白了，说："袁项城果然是雄才大略，虚怀若谷。我更加坚定了自己为社会做一种事业的信心。"

梁士诒要告退，孙中山叫住了他，说："我来北方，亲聆袁项城之言忠恳，深受感动。有人误会我，特别是前清的遗老们，说什么我断送了大清的江山，要让我直着来横着去。民主革命绝非仅在于排满，而是实行各民族的平等。我想就此去拜望前摄政王载沣，消除民族误会，希望皇族不要为谣言所惑。请您帮助我联络好，另，请帮我给黄兴先生发电，电文请记。"

梁士诒准备好纸、笔。

孙中山一字一句地说：

> 弟到京后，与项城接谈两次。关于实业各节，彼亦向有计划，大致不甚相远。至国防、外交，相见略同。以弟所见，项城实陷于可悲之境遇，而绝无可疑之余地。张振武一案，实迫于黎之急电，非将顺其意，无以副黎之望。弟到此以来，大消北方意见。兄当速来，则南方风潮亦可平息，统一当有圆满之结果。

梁士诒问了晚安，请孙中山睡好，就匆匆离去了。

孙中山放宽了心，很快睡着，进入梦乡。笑靥如馨香，弥漫着。

他梦见袁世凯已就任正式大总统，亿万人都在欢呼，大地上铺满了四通八达的铁路，奔驰着羊群一般的汽车，烟囱如森林般，到处都是笑语和花香。

他梦见自己在大地上奔走着，到处受到欢呼、拥戴。他走啊，走啊，走到哪里，哪里一片欢笑，哪里就建起了试验农场，哪里的人民就身强体壮，举止文雅，学校中的书声琅琅，到处飞扬着美丽悦耳的歌声，一片片鲜花盛开着。

忽然，他脚下猛地一空，掉进了一口枯井，里面徒有四壁，无论如何都找不到上去的办法。脚下渐渐涌起冷气，低下头一看，原来是一根木橛钉在井壁上，自己正踩在那木橛上，下面是望不见底的深深的黑洞。冷风阵阵从脚下袭来！他再抬头看时，井口有一个不知姓名的人探来头，递下一条破旧的草绳，做着鬼脸。

破绳也要抓住！

他一纵身，竟飞着出了这枯井。来到地面上的时候，环望四周，一片白茫茫的雾气，不知道哪里是路，也不知道自己该干什么。一会儿，一只狗从雾中飞奔过来，在他面前极尽妩媚，又跑来一群狗，争着向他献媚。他鄙夷这些狗，转身走去。

不知不觉，他走到海边，望见冲天的波浪中，有一艘航船飞驶着，乘风破浪！成群的海鸥搭成一条软梯延伸到他的身边。于是，毫不迟疑，他踏上去了，一步一步地走向船。船上聚集着许多人，更多的是洋人，五颜六色的面孔，像皮影艺人造下的道具堆放在那儿，都那样冷淡，淡然地望着他。

又有几个人登上了甲板，看清了，原是谭嗣同、秋瑾、吴禄贞、张振武，还有一群人涌上来，打着两面旗，旗上分别写着"黄花岗起义"和"武昌起义"。他们一齐向自己围拢来。

船不知要驶向那里，海风将船吹瘪了。许多人狼狈地跳下海水，原来海面上漂着数不尽的钞票，美元、英镑，人们争着去抢！有男女赤条条的，笑着去抢，一点儿没有羞耻……

这时，有人把自己推下了海水，自己惊恐起来，挣扎着要喊，却喊不出声。两眼涩得难受，胸口憋得痛苦难忍，这是什么地方呢？

"啊！啊！"

他惊叫出了声。

"孙先生！孙先生！"

唐在礼把他扶起来，帮他揉着胸口。

孙中山明白，刚才是在做噩梦。他伸手摸了一把脸，全是虚汗。

唐在礼为他擦洗罢脸，倒了一杯茶水，让他漱一漱口，安慰道："孙先生，您这都是太劳累了，气脉不畅通，才形成这样的梦。我们北方人称为'掩住'。传说，人在荒野中行走，由于心理过于紧张，常常神魂颠倒，硬是在一个地方兜圈子，走不出去。有经验的人，就用拳头砸向自己的鼻子，流出了血，神志清醒后，才能走出这样的圈子。可是，有很多的人不懂得这个道理，就说是被鬼迷住了魂。"

"噢，是这个道理。我懂得，我原来是学医的，知道一些。"

孙中山感谢他推醒了自己。

唐在礼说："那我这就成了班门弄斧啦！孙先生，您原是学医的，为何不建设了药铺、药堂，坐下来为人治病，却如此颠沛流离，四处奔波，自找苦吃呢？"

孙中山感激地望着他，说："是啊。世界大千，有些人的病，是药所不能治得好的。我正在寻找一种药，能让人完全清醒。"他说着，自己笑着。

"这样的药，您找到了吗？"唐在礼问。

"我一直在寻找。"孙中山的眼中闪烁着光芒，他激动地说，"无论是千山万水，还是虎豹豺狼，都挡不住我去寻找这救世人良药的脚步和决心。"

许久，他陷入了沉思，袁世凯的眼睛为何那样藏满云雾呢？该是辛苦所致吧！民国的建设，真太难为他了。自己该如何替他分忧解难呢？自己宁愿相信，每一个人都有诚挚，并不是所有的人可以要做魔鬼！而到底，他是从旧官僚中走出来的，我们应该求同存异，携手建设中华民国……

袁世凯悬着的一颗心终于落了下来。他想不到孙中山会这样爽快地来到北京。张振武之案发生才几天的时间，会不会因此而形成对自己的大不利？现在看来，不必担心了，事情本来就是黎元洪引起的，应该让黎菩萨来承担这个责任。

孙中山很快又离开北京了。

袁世凯松了一口气。在与他交谈的十几次中，没有一次是不和谐的。孙中山他真是个坦坦荡荡的人啊！

袁世凯眯缝着眼睛，回味着自己和孙中山的交锋。他想，孙中山他们这些革命党只能是一个鼓吹者，他们对政治热情万丈，他们不了解中国的现实，对于权谋则一窍不通。

几天来，黄兴和孙中山四处求拜，向人宣传共和绝对不仅为排满，而是换取国家新生，他们对清室再三解释。尤其是黄兴，到处拉人加入国民党，不但拉一般人，连赵秉钧他们都拉。拉就入！赵秉钧来问：入不入？还有杨度，都被拉，这成为笑料。要入！别人可以不入，赵秉钧必须入，将来有文章可做。陆征祥是个笨蛋。赵秉钧，你要做内阁总理，你以国民党的名义做总理，天下还有谁敢再说我袁世凯打击国民党！

新任财政总长周学熙来了。

周学熙是自己人。想当年在朝鲜，他和那个傲气冲天的张南通不一样，他懂得理财，是管家的好手。这些年，家中的实业，天津也好，开滦也好，全都依靠他去经营。现在国家也是这样，要依靠他才能理好财。他说，自唐总理向四国银行团赔情道歉之后，日本和俄国又加入银行团，成为六国银行团。他们在巴黎达成协定，借款总额为六万万两，分五年支付给中国，其用途由他们监督，以征收盐税为条件。贷款，就必须接受这个协定！有一个英国人，偷偷给财政部写了一封信，建议中国另辟借款的途径——英国克利浦斯公司愿借，但也要以盐税为担保。

周学熙说："借是可以借的，只是盐税已经作为庚子赔款的担保。若让六国银行知道，就不好办了。"

袁世凯说："那就别让他们知道。"

二人正在说着，赵秉钧来了，他兴冲冲地说："国民党出了大乱子，有好笑话可看。"

袁世凯问："窝里造吗？"

赵秉钧从皮包里掏出一张报，说："看这消息'沈佩贞怒打宋渔父'！国民党选举主任、干事，浙江女子沈佩贞、尹志锐，江西女子吴木兰，湖南女子唐群英，她们组成什么'女子参政同盟会'，对国民党理事、主任、干事中无一女子的现象表示不满。她们一齐冲上主席台，大骂宋教仁是骗子！嘻嘻，国民党！"

袁世凯说："好啊！孙中山跑日本去了，黄兴回湖南老家，宋教仁代理他们的理事长。让他们去乱，捣乱有赏嘛！"

大家都笑起来，说"乱了好"。

王赓说："如今要选国会，北京城的茶馆、酒楼生意都好得很。国民党一个个像耍猴的，摇头晃脑，他们演说什么要为百姓做多少好事。有人坐车有人拉轿子，混白食的人就多了。国民党拉人入党拉疯了，在饭馆拉，在旅店拉，在妓院里也拉。让人的嘴都笑歪啦！"

袁世凯说："可不能小看这个。给梁启超发电报，请他再组织一个民主党，与国民党对抗！"

赵秉钧说："对！我们不要低估了这些乱糟糟的事，有许多事情都是哄起来的。民国初建，现在的人心充满渴望，许多事情是很容易被鼓噪起来的。国民党他们是同盟会变成的，而同盟会是革命党。革命成功了，加入国民党就有了身价，可以争个一官半职，加入的人就会多。国会选举中的席位就会被他们夺去。这个宋教仁，听说挨了骂之后，窜到南方去了。他的嘴皮子很利，我们要多注意一些。"

王赓说："派人跟上，合适的时候，把他的脑袋换个位置。"

赵秉钧说："是。宋教仁是个喂不熟的家伙，任怎么拉他，他都不理睬！"

袁世凯点了点头。赵秉钧会意了，说："黄兴这个人也是不可小看的。他和孙中山一样，但他是个会领兵的人。据说，他们两人现在闹得不可开交。这个孙大炮也是一个官迷，自命不凡，要国民党众向他宣誓永远忠于他，黄兴就是因为这个与他吵翻了。呸！我们不用怕。他们到处拉票，正说明他们没有力量——这是一群乌合之众。国民党成立前，孙中山来到北京，同盟会组织成敢死队，恫吓我们说：谁若敢动孙中山一根毫毛，敢死队就杀谁全家！真是以小人之心度君子之腹。什么狗咬人？叫的不咬，咬的不叫。让他们跳吧，叫吧，多行不义一定会自毙的。"

袁世凯向左右看了，大声说："这一段大家辛苦了！今天我来宴请大家，有上等的好酒，你们喝个够！"

赵秉钧带着喊了声："大总统万岁！"

周学熙、王赓等人齐声跟着高喊。袁世凯用手制止住他们，亲切地说："诸位，民国始建，靠我一人，即使是累死，也做不成什么事。凡事都要靠大家共同策划，共同努力。革命党、国民党没有度量，总是捣蛋，我们不能让他们随心所欲。当然，我是个懂得远近的人。"

赵秉钧说："我们跟大总统是跟定了。我们是您的手和脚，是您的耳和目，只要您让我们动，我们就马上到位。"

袁世凯猛瞪大眼，说："若要你死呢？"

赵秉钧一时语塞，迟了片刻，意识到自己的张扬，才说："那当然，那当然，在所不辞。"

袁世凯笑了，先端起酒杯，对赵秉钧他们说："弟兄们，袁慰亭与你们共创大业，不讲同年同月生，但求同日死。"说着，他绷紧了面庞，颇为不安地说，"宋教仁之流何其毒辣！他们散布谣言，讲我想趁孙中山来京之际把他杀掉。你们想，你们跟随了我这么多年，我是那样的人吗？现在，他们在我的周围密布杀手，随时准备杀净斩尽我袁家老老少少。我，我究竟造了什么孽？这不但让我一人遭此祸端，而且还要连累我的全家！他们口口声声为国为民再造福祉，背后却是这样下流无耻。他们是民国的罪人！"

赵秉钧挺起胸膛，振臂高呼："誓死保卫袁大总统！"

众人一阵高呼："誓死保卫袁大总统！"

赵秉钧又高呼："打倒国民党！"

众人又一阵高呼："打倒国民党！"

一阵呼喊后，他们将酒杯碰响。赵秉钧用力过猛，竟将杯子碰破，急忙双手捂住，做一饮而尽状。

第十二章　截杀宋教仁

大憨提出要找同志会，那人摆着手说："不能急，同志会的人，他们也不全可靠啊。袁世凯在河南的爪牙到处收买革命党；有人经不住诱惑，投了过去。现在，他们正预备截杀宋教仁！"

120. 同志会

大憨来到了开封，从马道街进了相国寺，找到在这里说书的许兆真，二人直奔卧龙巷去找同志会的住处。

一路上，两人看见许多人围看一张布告，走过去一看，原来是袁世凯发布的命令：

前清之季，各处官绅制止革命，捕戮无辜，不无过激行为，亦系职守使然。共和成立，咸与维新，自应既往不追，共相更使。乃旧日官绅仍多疑畏匿迹，或竟托非其所。而不知大体之官吏，亦辄苛求瑕隙，于其返里之时，陷诸刑网，均于民国政体乃共和之真意有乖。特此通告各省行政长官，自今以往，除现在犯罪者外，概不得追论反正以前罪状，肆意诛求。其播迁流寓之人，亦宜各复乡里，以安生业。

许兆真说："看，袁世凯在玩什么鬼把戏！他名为安抚，实际在利用发动力量扼制民众。如今他的尾巴翘起来，该屙真屎尿真尿，现出原形了。不过，他比起清朝，真是天壤之别。可是现在许多人恨袁世凯，却称呼什么小皇帝宣统爷！国人真是不可救药。"

大憨说："呸！什么咸与维新？袁世凯他开始磨牙了！民国自建立以来，他似乎天天在做杀人的事。他玩着花样来骗人，先骗后打，骗够了就开始动他的真把戏去杀人了。越是这样，他越是心虚，害怕人做他的小活儿。这之前，他发布申令，严禁一切秘密组织活动，说明他要随时抓人、杀人。而这是吓不倒人的！"

街上的行人都在驻足看布告，有人高喊着："天天禁这禁那，却没有人管一管百姓的死活。粮店布店都快被人抢光了！"

北道门和东西土街那里有几家粮店被人哄抢了，饥饿的百姓们把草根都挖来吃——秋天无收，蝗虫夺走了人口中的食粮。灰蒙蒙的街道两旁时常可以看到有人倒毙而亡，饿死的人伸直了僵硬的手臂，如路标指向地狱，告诫世人：与其饿死街头，不如拼上命去抢。大街上有人手拿着烧饼，不知从何处蹿出来，抢了就跑！漫天叫骂声和喊杀声，夹杂着长长的哭号；狗叫声，鸡叫声，东西南北一阵阵如潮水般涌来涌去。

大憨和许兆真正走着，在卧龙巷口突然被一群妖里妖气的女人拦住，撕扯着。她们脸上擦着厚厚的廉价的粉，口红涂在嘴唇上，令人惊栗。她们大声嚷着去陪宿，嬉皮笑脸地说给两个钱就行。

许兆真使劲咳嗽了两声，喊道："你们快跑吧！本大人就是出来查禁花柳的，要陪宿，走，跟我到省街去！"

"那好啊！那好啊！大老爷你快把我带走吧。"她们更大声地喊着，上来就撕扯两人。

许兆真笑着说："原来你们不怕呀？"他急忙摆着手连声说"我不是，我不是"，一边用力挣脱逃走。大憨从腰里掏出一些碎银子，往地上撒去，任她们扑倒地上你争我夺，两人才逃脱。

来到卧龙巷，许兆真回过头来看了半天，没有发现什么可疑的人跟踪；他在一个小门楼下边轻轻拍了门头，立刻有人从院子里喊着"许先生，三缺一，打牌，正缺您呢"，走来开了门。

屋内坐着几个人，他们见了大憨，都热情备至，紧握他的手说："我们终于见到您了！"大憨说："谢谢大家，开封的水深，谁都摸不透。我接到了你们的信，因为前些天孙中山先生到北京，我们极力保护他的安全，所以直到现在才来。此来，一是和大家谈一谈，不能丢掉斗争，要想想办法发起暴动；二是对大家讲一讲，再等几天，全国就要进行参议院、众议院的初选，两院是国家政治基石；我们一定要造好声势。民国属于人民，反对独裁。袁世凯已经准备向人民扬起屠刀，我们必须做好反击的准备！若袁世凯敢下手，我们在家乡闹他个人仰马翻、鸡犬不宁，让他心神不安。"

许兆真说："太艰难了，要办成起义的大事业，实在难得很啊。去年秋天，我们策动在嵩县羊山占山为王的王天纵造反，还有洛阳东关下园的南大定，但都失败了。王天纵他的部下想的是当官，丢掉土匪的名声。所以，后来他投靠了袁世凯。同盟会的刘镇华更不用说，他见风使舵，带着当年革命党镇嵩军投了敌。袁世凯的姑表兄弟张镇芳，在这里做着都督。我们的一言一行都受他的监视。此时，要您来，是因为您见多识广，大家就是想请您来指点迷津，让我们开阔视野的。我们好好议一议，看该怎么办好。"

大憨说："对，丢掉幻想，随时准备战斗。但是，要敢干，而不能蛮干。豫东是平原，一马平川，无险可守。豫西有伏牛山，南有大别山，北有太行山，那里才是打仗的好地方。但是，要有当地人牵线，即使是土匪，我们也要开化他，让他成为我们的力量。"说着，猛然想起宝丰马街相识的徐冠中，他是老同盟会，便问他现在情况如何。他明白，徐冠中与鲁山宝丰一带的趟将即土匪有许多来往，是个遇事非常有主见的人。

有人说："徐冠中就在开封，是我们同盟会的军师。河南贡院以铁塔为证，宣告朝廷的科举制度结束。现在，河南成立了一所留欧美预备学校，就在铁塔前边。徐先生就在那里教书。听说他以前当过水兵，是个见多识广的人呢。"

是夜，大憨和许兆真告别了同志会，乘了人力车，拐弯抹角，车夫一路急步快跑，奔向明伦街，去找徐冠中。明伦街坑坑洼洼，颠簸得两人龇牙咧嘴，两边的房屋上生满了野草，发出"呜呜"的声音；车夫喘着气说："二位，你们吃得太胖，得给我加钱。"许兆真说："你看你，把我的屁股掔成几瓣儿了！我给你加钱就是了。你别喊苦了。"

河南贡院高大的牌坊在夜色中显得非常壮丽，像一尊仰天长啸的雄狮正怒视黑暗的苍穹。贡院的台阶是用青石砌成，踏上时给人异常肃穆的感觉；两人拾级而上，跨进校门，满眼都是郁郁葱葱的松柏和古槐，扑面而来浓浓的清香。大憨用力吸了吸鼻子，说："老许呀，像这样的地方，应该是全世界最美丽的学堂。我曾经看过牛津、剑桥的校园，那里远没有这里漂亮。我们应该很好珍惜它啊！"

学校正在上晚自习，明亮的教室中传来琅琅读书声和歌声，随风吹来，伴着铁塔风铃阵阵，大憨感到格外亲切。他恭恭敬敬地站立定，面对夜色中的铁塔深深地连连鞠了几个躬。

许兆真望着大憨激动的神情，不由自主地随着点了点头。

大憨仰起头，凝望着铁塔，胸膛挺了又挺，提高了声音说："铁塔，它是咱们大中华一面永远不倒的旗杆啊。千百年来，它是我们犀利的长矛，可以划破黑暗夜空；它是我们如椽的大笔，可以写满世界如画的文章。老许，一想起这铁塔，我的腰杆马上就挺直了。"

许兆真连连点头，说："是啊，老兄名字和人是大相径庭啊！你的心挺细致呢。有人告诉我说，我们不知道几千年的科举到底是从哪一年开始的，但我们知道它是在这里结束的。而如今，这里老学堂办成新学校，一片新风。我相信，等几年，这里一定会办成天下有名的大学。我们有了我们自己的大学，我们的国家就会有层出不穷的优秀人才，把我们的大中国建设成人间最美丽的花园。"

大憨侧耳听了听，教室里传来阵阵读书声，他露出欣慰的笑容。他对许兆真说："许先生，你听，这是英语。读懂了它，走遍天涯海角，都能找到饭吃。英国人、美国人都说这种语言，他们的势力遍布全世界。我们派出学生，去学他们的技术和思想，这是一件大好事。"

许兆真点头称是，说："天下事真巧呢。这所学校以前是什么地方？这里是天下文人追名逐利的科场，是河南贡院。现在是什么地方？它是面向世界的新学府。看，它满墙写的是'新民，明德'。好啊。我知道，这是《大学》中的一句话。这《大学》不是那大学；同一片土地，培养的是新旧两类人。这就是时光的变化吧。这样的大学，只可遇，不可求。我们一定要建设好！当然，那些腐朽的狗东西们抱守残缺，反对新学，他们仇恨它，会想法破坏它。据说河南省政府有几个狗东西，他们嫉恨林先生，在想办法难为校长林先生，要毁掉它！真令人痛心啊。"

徐冠中正在寝室备课，听门卫报告后，悄无声息地来到校门外，灯影婆娑，他一时认不出大憨。大憨也没认出他。许兆真向他做了介绍，他迅速往左右扫视了一下，轻声说："走，到我屋内去！"

一进屋门，徐冠中颤抖着声，高声喊着："我的大憨哥，你咋会在这里见面呀！"他紧紧搂抱住大憨，一时激动得"呜呜"哭出声来。大憨说："眨眼快十年了，我们能在这里见面，实在不容易。不容易！"许兆真对他们说："你们哥两个难得一见，你们先好好叙一叙；相国寺书场太乱，我还要回去应付一些事，得先走了。"

送走许兆真，徐冠中亲手做了几个菜，取出一瓶老酒，对大憨说："来，今晚我们兄弟喝一个痛快！一别十年，不知从哪儿讲才是。"

大憨说："你后来又见到铁头没有？"

"没有啊。"徐冠中皱了皱眉头说，"上一次老马他们去北京找你，我让他们带话问你好。可风声太紧，他们没来得及再等下去，就赶了回来。再后来，我听说你又回来过，你回来为什么不找我呢？"

"当时你不是在宝丰马街吗?"大憨问。

"对。"许冠中说:"我是在那儿待了一段。自甲午海战之后,我漂泊四方。在武汉,我从朋友那里知道你去了广东。回到河南后,先在开封教书,为了躲避迫害,我离开张钟端他们,去了你的老家项城教了半年书。朱丹陛牺牲后,我又逃到汝南;后来,我随人一路唱梆子戏,讨饭到了宝丰。宝丰马街的书会天下闻名啊,正月十三,成百上千的艺人聚集在那儿比书,选书状元。那一天,我囊中羞涩,随意现编现唱,唱甲午大战,唱得满场人聚拢来听我一个人唱,人人热泪盈眶。于是,人都说我唱得好,我就成了书会上的书状元,被人留在那里一直唱了很长时间。在宝丰逗留期间,偶然中,我遇到了办新学的林伯襄先生。林先生他四方求贤。那时,他正在筹办河南留学欧美预备学校,便邀我帮他办学。我就这样来了。这个学校好。这个学校是科举制结束的地方。这里,如今派出的都是少年英才,我们要要靠他们,才能从根本上救国救民的啊。林伯襄先生是开明的教育家,他为学生讲校训,讲明德新民,讲救国救民,讲天下兴亡匹夫有责,每讲一次都讲得学生和老师都号啕大哭。什么新民?新民就是梁启超先生倡导的少年中国!大憨老兄,这里是开风气之先的地方,可总有一些王八蛋百般刁难我们这个学校。这里的风尚多新、多好啊!我们给学生讲课,讲得最多的是甲午之耻,有多少学生听了都摩拳擦掌!"

大憨握紧拳头,十分认真地说:"有机会时,真该去拜会林先生。留学欧美,开化中原,功德无量啊。"

徐冠中说:"林先生他也是我们同盟会的人,以往,他同张钟端是很要好的朋友呢。现在,我们大家都是朋友,是同志。老马他们说您是北方革命党的领袖。大憨,我真佩服你。"说着,他压低了声音,凑近来,说道:"大憨,我想向你推荐一位了不起的人物。"

大憨眼前猛地一亮。

徐冠中轻声说:"这个人他叫白朗。他早就想同你交成朋友。"

大憨想了片刻,说:"我好像听人讲过他,他是不是那个绰号叫白狼的人?北京有人说他神奇得很!"

徐冠中说:"对!就是他。那一年,我在宝丰马街唱书时,他混在人群中听。我唱《血战黄海》,他听得满脸是泪,当场号啕大哭。之后,我们认识了,相谈甚欢,他与我结成拜把的兄弟。那时,他正带了几十个人的队伍在伏牛山中扯旗造反。他深感孤掌难鸣,势单力薄,一心要找到革命党。现在他的队伍发展壮大如火如荼,有好几百人。现在,他们正遭受李纯的陆军第六师围剿,处境尤为艰难。他的人经常与我联系。他们一直急着与同盟会,与孙中山联系上,获得支

472

持。你看，你是否能为他牵一条线？他急着与全国的革命连成一片呢。"

大憨点了点头，说："袁世凯欺骗了孙中山。宋教仁他们刚刚改组同盟会为国民党。现在，孙先生去日本了，黄兴回了湖南老家。革命只有宋教仁在操劳，而他又忙着竞选，群龙无首。怎么办呢？你告诉白朗，要他继续与敌人斗争，我会想办法让南方的同志与他相配合的。这次若来得及，我一定去见见他。"

徐冠中说："白朗他是个好人。你不要以为他只是个土匪呢。他小时读过私塾，当年因打抱不平，被人诬告，坐了牢。后来他走南闯北，教过书，行过医，当过兵，还出过洋，在日本上过军事学校。他眼见世道黑暗，受不了窝囊气，才拉出队伍来号令天下造反。人都以为他是穷凶极恶的土匪，只会杀人放火。其实，他是一个能文能武的人。他出身洋学堂，见多识广，志向远大，一心救国救民。他拉起一支队伍，号动天下造反，不是追求个人的荣华富贵，而是要造就一个新中国。他每到之处，百姓们热烈欢呼。他的队伍都是穷苦人出身，人人怀深仇大恨，打起仗来如群虎下山。所以，官府正到处通缉他，悬赏多多。"徐冠中边说边拿出一张密藏的告示给大憨看，接着说："我建议你在这里能多待上一天，咱们与他见见面。豫西的革命烽火旺盛得很！现在，那里到处传唱《趟将歌》，号令天下人起来造反，均贫富，分田地，让人人有饭吃。白朗、李凤朝、刘朝栋、郭荣、常建福、王大度、蔡椒红，还有被张镇芳追杀的杜启宾，他们一个个都是英雄汉！他们杀富济贫，做得有条有理，快枪快炮，若有你的指导，肯定会有第二次大革命的烈火燃起呢！"

大憨摆了摆手，说："不，你们高看了我。我是一个很平庸的人。我的能力还不足以领导他们去开创改天换地的大事业，但我一定会想办法帮助他们。等一天，我想去登封少林寺看看，听说铁头还在那里。据说他在那里教了一班子有志青年，习少林武功，个个身手非凡。前些日子，他的徒弟们还曾进北京保护过孙中山。我想领他来开封，与你，还有同志会的弟兄们见了面，大家一起商议该如何把中原大地的烽火点燃起来。若能见到白朗，那当然更好！老徐啊，如今的革命与往昔不一样了，要快速。郑州南北铁路线是个好战场；我看，咱们选几个手脚快的青年，在京汉线上来往跑着，递送革命消息，将南北方与中原联结起来。开封作为一个联络站，在郑州设上联络转接处。这样如何？"

"那太好了！"徐冠中猛地一拍桌子，将酒和菜都震得溅出来。他说，"咱们与老马他们同志会的人再认真计划计划。"

大憨说："老兄，在我们真正的同盟会战士每个人的心中，都正在燃烧着一盆火！大家都在坚持斗争，这就是革命的希望所在啊。白朗那里有困难，我们一定要想法帮他解决。打仗要粮草，要医药。我在天津和上海都有能弄到药的朋友。起义军经常与敌人作战，辛苦备至。以后我们要把前方和后方紧紧联系起来，把物品给他们送去。也请你告诉白朗，他是我们的同志；北京的同志们，还有南方的同志们，都会关注着他，他并不是孤军作战！"

徐冠中把酒倒满两小碗，端起，说："来，为了中原革命的烽火熊熊燃起，我们干杯！"

这时，窗外猛发出"笃笃"的一声响。二人同时闭住了气息。徐冠中悄悄从腰中拔出短剑，闪电般掷过去，猛听"哎呀"一声。

二人走出屋外，见一团模糊的身影正局促地呻吟着。

徐冠中一把扯起他，就着灯影一看，大惊失色，问道："怎么是你？"

那人喊了声"徐先生救我"，便昏过去。

徐冠中招呼大憨把人抬进屋里，忙乎了半天，才救醒那人，那人感激地望着二人，讲了缘由。原来，大憨一到开封就被人盯上了。他们正要下手时，老马的同志会先结果了凶手，救下大憨，又派人一路护送大憨，保护其安全。刚才，那人是因为不小心踩动了窗外的瓦片，被徐冠中误伤。

那人刚讲完，屋外响起一阵急促的脚步声。

徐冠中拉他们两人进了内室，藏在夹墙之中。夹墙里面颇为宽敞，虽然阴暗，但门窗设计很合理，便于隐蔽和逃生。约摸半夜时分，三人屏住呼吸，听到周围平静下来才走出来。徐冠中向那人表示歉意，苦笑着说："不得不防啊，这些天北京向四方派出许多爪牙，到处搜索革命党。我们有许多同志惨遭毒手。"大憨提出要找同志会，那人摆着手说："不能急，同志会的人，他们也不全可靠啊。袁世凯在河南的爪牙到处收买革命党；有人经不住诱惑，投了过去。现在，他们正预备截杀宋教仁！"

121. 截杀宋教仁

国会大选进行了复选，国民党获得了胜利：众议院议席五百九十六个席位中，国民党得到二百六十九个，共和党、统一党、民主党他们加在一起才得到一百五十四个；参议院议席二百七十四个席位中，国民党得到一百二十三个，共和党、统一党、民主党加在一起仅仅六十九个。

宋教仁举起酒杯，对国民党同志说："让我们庆贺这胜利吧！国民党成为国会中的第一大党，就应该按照《约法》来组织责任内阁，他赵秉钧就要下台！他那样的鼠辈做总理，简直是大中国的耻辱，是中华民族的不幸。今天，这耻辱和不幸的日子很快就要结束了！今天的胜利，是我们同志共同努力的结果，是我们希望之中的，也是袁世凯他们所想不到的！他们一定会嫉恨得狠，他们一定要绞尽脑汁，设法来破坏我们，陷害我们。我们要警惕，但是也不能惧怯！胜利属于我们，正义属于我们，未来也一定属于我们！让我们干杯！"

他举起酒杯，从家乡湖南走向湖北，走向安徽，走向江苏，走到大上海，他还要从这里走向北京，让全国人民一起高高地举起这胜利的酒杯，祝福中华民国，祝愿神州大地早日来到一个美好的明天。

南京的同志劝他要小心，说："宋先生，目前袁世凯势力仍很猖獗，他是不会容忍我们大张旗鼓地庆贺胜利的。您一定要慎重防卫！"他说，"无妨，我此行是为了统一全局，调和南北，堂堂正正，我有什么畏惧的！国家大事，比天还大；虽然有危险，我仍然奋勇前进，为捍卫共和、民主而奋斗！"

在上海，同志们、朋友们同样劝他要小心，说："要慎重防卫！大上海是冒险家的乐园，流氓最多的地方。袁世凯会不会派人破坏，来偷袭您？胜利固然是可喜可贺的，而我们的敌人会少不了恼羞成怒。要慎重防卫！"

几天过去了，宋教仁安然无恙，他异常自信地把酒杯举得更高，迎向春风。

晚十点，公元一九一三年三月二十日的上海车站，雨正从容地轻轻洒着春意。

国会的开幕典礼正在向宋教仁招手，呼唤他快些赶到北京去。那里，许多同志都在等待着与他一同举杯庆贺这胜利！

火车等急了，发出了一阵阵"呜——"的声响，大喊着，震得人们要跳起来，它鼓足了劲儿，要一鼓作气，载着宋教仁飞向北京。黄兴他们都前来送行。欢送的人群如潮水般涌来。宋教仁踏上了火车，向送行的同志们挥手致意，笑着说："再见！"

"再见！再见！"

人群高声回应着。

"砰！"忽然，枪声响了起来，伴着火车尖叫的笛声，蒸汽如一团白雾喷向四周。

宋教仁被击中了，缓缓倒了下来。

人们涌了上去，黄兴、于右任、廖仲恺、陈英士他们都急忙上前，把他扶上汽车，送往附近的沪宁铁路医院抢救。

凶手逃去了。凶手在夜幕中滑倒后，继续开枪阻止追捕的人向前，站起来，接着又逃去了！但有不少人看清了，凶手是个矮个子，穿着黑呢子军服。一群人迅速追赶过去。

宋教仁醒来了，他躺在病床上喃喃说道："如今外患日深，库伦等地的形势极其险恶，我本来要奔走南北，调和，统一，共同对外。可是……"没有说完，他昏了过去。

医生说："子弹头涂有毒药，伤势太严重了。"

许久，宋教仁又一次醒来。他呼吸急促，自觉生命垂危，说："快，快，快给袁世凯发电，报！"

黄兴含着泪，按照他所说的写着：

> 望总统开诚心，布公道，竭力保障民权，俾国会得确定不拔之宪法。则仁虽死犹生！

晨四点，三月二十二日。

宋教仁静静地放下了高高举起祝贺胜利的酒杯的手，没有闭上双眼，停止了心脏跳动，停止了呼吸，不会停息的是灵魂！

长江的浪涛被风急卷着冲向远天，愤怒地呼喊着："捉拿凶手，严惩国贼！"

这怒吼声震撼着大上海，上海的每一块土地都溅起这怒吼声。

这怒吼声冲向云天，飞向神州大地，飞越波涛万顷的海洋，飞向在日本国正在加紧革命活动的孙中山和无数的华侨，以及一切正直、善良、关心中国命运的人们。

江苏都督程德全曾受袁世凯电令来医院看望。此时，他悬赏一万元，通饬军警，限期破案。

很快，袁世凯发来了电报：

> ……民国新建，人才至难，该凶犯胆敢于众目昭彰之地狙击勋良，该管巡警并未当场缉拿，致被逃逸，阅电殊堪发指。前农林总长宋教仁，奔走国事，缔造共和，厥功甚伟。迨统一政府成立，赞襄国务，尤能通知大体，擘画勤劳。方期大展宏猷，何意剧闻惨变，凡我国民，同深怆恻，应即交国务院从优议恤，用彰崇报。所有身后事宜，业经电饬陈贻范同钟文耀妥为料理。方今国基未固，亟赖群策群力，相与扶持。况暗杀之风，尤乖人道，似此逞凶枪击，蔑法横行，匪惟国法所不容，亦为国民所共弃。应责成江苏都督、民政长迅缉凶犯，穷究主名，务得确情，按法严办，心维国纪，而慰英魂。

晨，二十四日。

湖北路文元坊，应桂馨宅，涌满了警察。据人提供线索，上海流氓帮匪头目

476

应桂馨、流浪军人武士英被捉拿归案。上海警察局他们立即电报北京：武士英系凶手，应桂馨系杀人主犯！这里人赃俱在，铁证如山，已经搜出手枪一支，另有应桂馨与赵秉钧、洪述祖之间往来函电、密电本多件并迅速散诸报端：

一九一三年一月十四日

赵秉钧致应桂馨函："密电码送请验收。以后有电直寄国务院可也。"（附密电码1本，上注"国务院应密，民国二年一月十四日"）

一九一三年二月一日

洪述祖致应桂馨函："大题目总以做一篇激烈文章，方有价值。"

一九一三年二月二日

应桂馨致赵秉钧电："孙、黄、黎、宋，运动激烈，民党忽主宋任总理。已由日本购孙、黄、宋劣史，印十万册，拟从横滨发行。"

一九一三年二月四日

洪述祖致应桂馨函："冬电（二日）到赵处，即交兄手，面呈总统，阅后色颇喜，说弟颇有本事，既有把握，即望进行云云。兄又略提款事，渠说将宋骗案情及照出之提票寄来，以为征信。望弟以后用川密与兄。"

一九一三年二月八日

洪述祖致应桂馨函："宋辈有无觅处，中央对此似颇注意。"

一九一三年三月十日

应桂馨致洪述祖电："八厘公债，在上海指定银行，交足六六二折，买三百五十万，请转呈，当日复。"

一九一三年三月十一日

洪述祖致应桂馨函："来函已面呈总统、总理阅过，以后勿通电国务院。因智老已将密电本交来，恐程君不机密，纯令归兄一手经理。请款要在物件到后。为数不过三十万。"

一九一三年三月十三日

洪述祖致应桂馨电："蒸电已交财政长核办，债止六厘，恐折扣大，通不过。毁宋酬勋位，相度机祖，妥筹办理。"

应桂馨致洪述祖函："《民主》记遁初在宁之演说词，读之即知其近来之势力及趋向所在矣。事关大计，欲为釜底抽薪法。若不除宋，非转生出无穷是非，恐大局必为扰乱。"

一九一三年三月十四日

应桂馨致洪述祖电："梁山匪魁顷又四处扰乱，危险实甚，已发紧急命令，设法剿捕之，转呈侯示。"

一九一三年三月十八日

洪述祖复应桂馨电："寒电应即照办。"

一九一三年三月十九日

洪述祖致应桂馨电："事速进行。"

一九一三年三月二十一日凌晨二时

应桂馨致洪述祖电："所发急令已达到，请先呈报。"应桂馨又致洪述祖电："匪魁已灭，我军一无伤亡，堪慰。望转呈。"

赵秉钧致洪述祖函："应君领纸，不甚接头，仍请一手经理，与总统说定方行。"

上海，所有的国民党员都佩戴黑纱，前来悼念宋教仁。在他的遗体周围摆满了鲜花和花圈。挽联如雪花翻飞。人们痛哭着，深情注视着他。

黄兴亲手送来自己写了挽联和花圈，人们望去都惊愕不已。挽联上写着：

> 前年杀吴禄贞，去年杀张振武，今年杀宋教仁。
>
> 你说是应桂馨，他说是赵秉钧，我说是袁世凯。

人们的心都明白，洪述祖是赵秉钧的秘书，而在他的背后和幕前，是袁世凯、赵秉钧与应桂馨、武士英这一群人。

宋教仁睡卧在鲜花丛中，静静地睡着了。他才三十二岁！三十二个春秋，从南到北，他奔波跋涉千万里，擎起自己的心脏作为世纪的明灯，去照亮千万人走出黑暗。今天，在上海，他睡下了，没有一丝鼾声。

黄兴狠狠地擦了一把眼泪，跪在宋教仁身旁，深深地吻了他，轻声说："渔父，遁初，我的好兄弟，你安息吧！"

"砰！"猛一声枪响，子弹从黄兴的耳边飞过。黄兴闪电般顺势一滚，急忙循声望去，只见一个穿了精悍短衫的小胡子正瞪着血红的眼，拿手枪向自己瞄准来。

几个人扑上去，就要生擒那汉子，小胡子索性将手枪扔去，从腰中掏出一枚炸弹，冷笑着，说："我告诉你们，这宋教仁是第一个，还会有第二个，第三个。谁想同中华民国作对，我们就让他躺下，休想再起来。告诉你们，我和我的兄弟都是青龙会的人，我们就是要杀尽祸国殃民的革命党！来呀，咱们都升天吧！"

说着，他一边装着要拉响炸弹的样子，一边向门口方向移动脚步。周围的人则不自觉地为他闪出一条路来。

黄兴大喊一声："门外的人别拦他，让他走！"等到那汉子一扭头，他顺手拔出手枪，击中他的脑袋。人们上前做了认真检查，在他的怀中搜出藏匿的几份日文证件，原来他以日本商人的名义居住在上海已经有许多年了。

日本人为何要插手宋教仁案呢？

黄兴想起前些日子有人告诉他，日本人现在既支持袁世凯，又支持国民党，极力鼓动双方大动干戈。

他们是想乱中占我中华！

黄兴猛地瞪大了双眼。此刻，他想起许多往事。前几天，有朋友亲口告诉自己，说孙中山与日本人签订了一个条约，日本人答应帮助孙中山推翻袁世凯，而事成之后，则要分满洲土地给日本人。也有人说，孙中山已经同意了这个条约。甚至有人还说亲眼见到了条约的副本。还有人准备就此事当面质问孙中山。林林总总。事情果真会如此吗？孙中山他绝不是那种出卖国家的人，他将自己的一切都献给了建设新的中国这项革命大业，怎能以这样的条件做代价呢？孙中山，他会这样吗？

不会！

狗日的日本人，他们向来爱乘人之危，到处挑起事端。难道他们不能就这样以诱饵收买了孙中山吗？让他卖国家民族大义……

绝不会！

黄兴几乎要喊出声来。旋而，他又想起了孙中山一次次激动难捺的面孔。自己和孙先生有过隔阂，有过争吵，深深明白他急于求成的心理；若果真如此，那么，革命成功后，这一切该如何向国人交代呢？孙先生他太容易上当受骗了，当年袁世凯欺骗过他，如今日本人也会欺骗他。

怎么办呢？怎么办呢！

日本人亡中国之心已经有了几百年。他们使尽各种办法，从来不择手段。那么，此刻到底该如何办呢？黄兴的心越发沉重，一滴滚烫的泪珠牢牢地嵌在他的脸上，分外明亮。

他在心中一遍遍哭喊着：我的孙中山先生，你，此刻，你在哪里呢？我们之间能解除误会吗？要知道，革命是神圣的，是天下千千万万百姓的事业，而你却三番五次要我们向你宣誓尽忠！你这样做，和清王朝又有什么区别？我们无数人流血牺牲的革命还有什么意义呢？你知道吗？中山先生，你这样做其实是在亵渎革命的名义啊！你怎么能怪他人与你不一心呢？

孙先生，你在哪里啊，你在哪里！

孙中山一回到上海，直奔宋教仁的灵堂。他听了黄兴他们所讲的宋教仁被害经过和应桂馨宅发现相关的电报、信函，以及日本人差点儿没爆炸的炸弹等事情，他浑身颤抖，眼中喷发着仇恨的怒火。他饱含热泪，跪在地上，挥笔写下挽联：

　　　　作民权保障，谁非后死者；
　　　　为宪法流血，公真第一人！

　　写完，他亲手将毛笔折为两截，一字一句地说："不杀袁贼，誓不罢休！"
　　治丧典礼结束，孙中山随黄兴、戴季陶、居正等人一起来到黄兴家中。稍作休息，他即请大家商议如何开展革命的下一步计划。
　　黄兴一拳砸在桌子，愤怒地高声喊道："一定要讨回公道！"
　　居正说："凭什么讨回公道？就凭我们的一张嘴、两只手？袁世凯已经向六国银行借了一大笔款。有了军费，他就不怕天下的人来造反！而我们呢？您在南京做留守，将各省的革命军尽数解散。没有刀枪，赤手空拳，我们如何向他讨这个公道！袁世凯是不讲道理的人，哪里会有公道？"戴季陶连连摆着手，说："别总讲过去的事了，问题在于目前的形势和我们的对策。南方的都督，还有我们的人，怎能说是没有办法对抗了呢？"
　　孙中山说："对！在他贷款还没有成功之际，在南方五省我们开展讨袁，组织起军队，联合日本人，快速作战，讨伐袁世凯！"
　　黄兴一听"联合日本人"，头皮立即发紧。他怒目而视，欲逼问孙中山。
　　柏文蔚和陈其美说："讨袁可以，钱呢？第一次革命之后，民众并没有得到多少好处，早对我们失去了信心。现在该如何组织军队？联合外人，外人靠得住？我们没钱没枪，只会高声喊，总不能赤手空拳吧！"
　　戴季陶说："袁世凯是个十足的大骗子！他发往各省通电，说什么现在有一个暗杀组织，执行了宋教仁，黑名单上还有他袁世凯。嫁祸于人，这谎言也太笨拙了。我觉得，事情的真相很有必要向全世界公布，我们吁请世界舆论指责袁世凯！"
　　"指责又能顶什么用？"黄兴望着他们，一副轻蔑的神情说，"必须尽力组织特别法庭，审判应桂馨和武士英。依我看，不懂军事的人才动不动就讲打仗。哪有这么简单！现在，袁世凯窃据职位后，大量扩充北洋军，而我们的南方五省，无论财力还是人力，都没有十足的把握与他对抗。若硬打，恐怕连这五省也保不住。再者，边地省份正闹什么独立，到处是野心家要自立山头。现在，随时会有列强瓜分中国，而今我们正面临中国自行分裂而亡的危险。若内战一起，人民会更加遭受苦难，我们就会完全失去民心。不如在国会即将召开时，我们诉诸法律。这样，我们才能以国民党政治之优势，来对付袁世凯军事之优势。"

随后，人们并不多言。

孙中山长长地叹了一口气，说："悔之晚矣，则恨莫大焉！"

廖仲恺忍不住愤怒，说："法律，法律，袁世凯只有屠刀，他如何能让我们去与他对簿法庭！"

于右任说："仅仅我们来争论，是很不够的。能不能征求更多人的意见？我们问问广东的胡汉民、湖南的谭延闿他们。"

孙中山闭起双目，长叹了一口气，满脸失望地说："革命到了今天，人人竟如此软弱。共和被人用作纸牌！我们为何不让四万万人民一起争得自己的权利？"接着，他极其认真地对黄兴说，"我对袁世凯已经彻底失望了！与他那时相比，如今他指使人所做的这一切，表现得很清楚：他是个只知道揽权，只知道顺昌逆亡的政治蛀虫。中华民国又如何靠他来兴盛？"

黄兴知道，孙中山是在埋怨自己支持袁世凯做总统，他不屑地望了一眼孙中山。

柏文蔚说："孙先生，我们不放弃武力伐袁，但也不要放弃合法的斗争。用法律与他斗争，也是一种方式，一条路。现在是中华民国，国家政体谁也没有改变。我们组织起特别法庭，让世人都看得清袁贼的面目，我们再动员，会更有利！"

黄兴说："对，新时代自有新办法，既然是中华民国，便要有新的法律行事。我们先进行文化讨伐！组织特别法庭，传讯赵秉钧，请中外记者来宣传事实真相。这些证据都在，必要时，让世人皆看到总统是如何杀人，如何这样卑鄙！全国人民一致痛骂他，民心向来不可违，我们同样可以把袁世凯赶下台。现在已不是专制独裁的清朝！"

廖仲恺、于右任几个人又讲了几句"不能太乐观"的话。但是，大家终于多数同意黄兴的文化讨伐，先用法律来解决，没有谁再讲武装讨袁的事。

孙中山的心在隐隐作痛，他透过屋内因为抽烟弥漫的烟雾，向黄兴望去。不知是因为什么，他觉得这张面孔变得如此陌生，当年在日本初识这满脸燃烧激情和正义的脸膛，如今变了样。但到底是什么样，他自己也是说不清。他觉得，黄兴离自己越来越远了。此时，不仅是黄兴，还有更多的面孔，在这些日子里，他感觉到他们都变了。他隐约地感觉到，真正的同志太少了，亲密的同志更是越来越少了。这些日子，好像大家都在用异样的目光审视着自己，他们说自己不如黄兴，甚至已有人明确透露出一种意思：黄兴才是实干家，而你孙中山只是一个令人尊重的理想家、宣传家。黄兴的目光有许多欲言又止的东西，他时时流露出怀疑，谈话不冷不热，再没有当初的直抒胸臆，完全失去了当年那份亲切。

是啊，武昌的炮声震撼着世界时，自己还在国外；武昌城头，硝烟弥漫，战火纷飞，是黄兴、宋教仁、居正他们在血雨腥风中艰难地战斗着。清王朝的灭亡是浴血奋战的同志们用最宝贵的生命换来的，多少战士，奉献出世上最珍贵的青春。可是，自己却一直在海外，远离斗争最前线。同盟会在风雨中与清王朝进行殊死的搏斗，还要与君主立宪的顽固派们进行斗争，这些立宪的先生们害了多少革命同志啊！在这样的时刻，大家误解自己，一定还有其他的原因。无论怎么样，大家要团结，一致讨袁，绝不能闹分裂！

孙中山在心里劝慰着自己：要能够接受委屈，现在黄兴提出用法律弹劾袁世凯，肯定会无济于事的，因为袁世凯是无法无天的人。要时刻准备着组织革命、宣传革命，武装讨伐袁世凯！此刻，他想向大家明确阐述自己的主张，可是，当他看到那些人的表情时，格外沮丧。他在想，要说服这些同志，需要时间。他想对大家说，袁世凯如今什么都不害怕了，我们只有动员起五省的军队，一致与他斗争，革命才有希望夺得胜利。从黄兴他们的眼光可以看出，同志们之间有许多隔阂和雾团存在，一言两语解释得清吗？

中华民国的旗帜，就要被袁世凯践踏，现在，现在，还能沉默吗？还能犹豫不决吗？他的心中充满了矛盾和苦痛，不知道话语从何说起才是。眼前的烟雾越来越重，他呛得直咳，可是，吸烟人仍在慢条斯理地吐着烟雾。

他无奈地揉了揉眼睛，眼前烟雾越来越浓，令人感到窒息。

122. 赵秉钧的好处

春天的鲜花和锣鼓都被漫天的风沙遮掩去了。袁世凯烦恼地望着窗外。这些天，宋教仁的死，赵秉钧做得不利索，那些信函、电讯被国民党搜去了，这会引起多少麻烦！他真想痛骂赵秉钧、洪述祖、应桂馨和武士英他们，纯粹的一群笨蛋！他曾经对他们多次讲过，暗杀是需要艺术的，当然，也需要胆量。在这一点上，应该学人家当年彭家珍炸良弼，那才更让人钦佩。唉，他叹了一口气，对自己说，眼看清朝结束，一切顺利，都是什么同盟会、国民党乱中添乱！昨日，黄兴来了电报，说宋教仁被刺案是不能由普通法庭审理的。他说，是因为案犯牵涉到内阁总理赵秉钧，任何人都得遵守民意。若普通法庭来审，会审总理吗？

此时，袁世凯转过身来，坐在桌案前，忽然觉得自己身上袭遍了倦意。自从洹上归来之后，常感觉到身心俱惫，有些力不从心。随身的侍从医生说：心事过度，该静养一些日子。他们还一再提及纵欲伤身，说这和抑郁心志一样不利健康。他在心里骂道：好男人当学龙飞凤舞。什么过度！满眼如花似玉的娘儿们像春天的原野，每一日都令人浑身香酥滑润，劳累不堪，心烦意乱，唯此销魂，他娘的，孤苦的夜晚如何能离开得了这春色！特别是老五杨氏，每每有新花样，总让人乐不可支，若神仙一般。而且，只有这些才能让人精神百倍！

袁世凯心里骂道，老子的事，你们指手画脚，懂个屁呀。

他想起了赵秉钧的好处。这个奴才是很会揣测人的心思的，是他弄来了德国人发明的那种春药，格外让人提神的。这个貌似憨厚的家伙还有大用。他想，赵秉钧被自己劝说请假了，先让段祺瑞代替他。他在心里说，赵秉钧啊赵秉钧，无能的赵秉钧，你先躲一躲吧。他们都在紧盯着你赵秉钧！你要想办法让武士英他们死在狱中，病死也好，自杀也好。下手的人没有了口供，让他们上海地方检察厅折腾去！

袁世凯想着这些，脸上露出了得意。

"总统，"梁士诒轻轻唤着，进了屋内，来到袁世凯面前，双手呈上一份文件，说，"这是第一届国会的颂辞，请您过目。"说罢，退到一边等候。

袁世凯接过来，逐字逐句地默念着：

中华民国二年四月八日，我中华民国第一次国会正式成立，此实四千余年历史上莫大之光荣，四万万人亿万年之幸福。世凯亦国民一分子，当与诸君子共深庆幸。念我共和国家由四万万人民心理所缔造，正式国会亦本于四万万人民心理所结合，则国家主权，当然归之于国民全体。但自民国成立，迄今一年，所有国民直接委任之机关，事实上尚未完成。今日国会诸议员系国民直接选举，即系国民直接委任，从此共和国之实体借以表现，统治权之运用亦赖以逐渐进行。诸君子皆识时俊杰，必能各抒谠论，为国忠谋。从此中华民国之邦基益加巩固，五大族人民之幸福日益臻进，同心协力，以造成至强大之民国，使五色国旗，常照耀于神州大陆，是则世凯与诸君子所私心祈祷者也。

谨颂曰：中华民国万岁！民国国会万岁！

"很好。"袁世凯点了点头说，"就这样吧。"

梁士诒说："梁启超他们那里已经说好，共和党、民主党、统一党三家，合并为进步党。大家准备推黎元洪为理事长，与孙中山对着干。他们又提到钱的问题。"

"这个好说，"袁世凯说，"国会的参议院和众议院，就不会光是国民党他们的人了。回头你让王赓来做那件事，把国民党给我用钱买过来，全买过来。"

梁士诒说："康有为的母亲病故了，他要回海南奔丧。您看这钱数，给他多少合适？两万行不行？"

"不行。"袁世凯说着，写了一张字条，给梁士诒，说，"最少要给他十万元。"

梁士诒惊讶地接过字条，又说："也是因为钱的事，如今东北筹边使章太炎到处指手画脚，没人理睬他。他去人府衙中发号令，却碰了一鼻子灰。孟宪彝、德养源、陈昭常他们，狠狠把他嘲笑了一番。现在他正在家里生闷气呢。"

袁世凯说："章太炎只会几篇文章，他把这顶帽子看得很珍贵。以后就再送给他一顶更花一些的高帽子，让他更加高兴才是。天下的秀才都是属猴的，不听话时，抽打两鞭子就老实了；给一顶花帽儿，它就不知道东西南北了。"说完，他仰起头哈哈大笑。

梁士诒也笑了，连声说："是！是！"

123. 不值钱

大憨一早就起来了，他在院子里和小马舞动着刀枪。二人你来我往，一人用刀，一人用枪，你劈我砍，道道银光闪动，如白练飞舞，让人眼花缭乱。

小菊忘情地拍手叫好，像孩子似的看入迷了。

阿莲在屋里喊着："快些吃饭吧！"他们停了下来，擦洗着，还在谈论刚才哪一个动作没有到位。

狗蛋敲门进来了，拿了一张报纸，对大憨说："好好看一看这位议员的声明。多好玩呀，换了民国，什么鸟儿都出来扑腾。看，进步党的菜包子把戏，露出了人肉馅儿啦！"

小马顾不得擦干湿着的手，说："让我看看：'日前有某某送来洋蚨二千余翼，当将该款分送各义举备用。某君忽遭函迫胁未能实践脱党之约，语多威吓。不知政党作用，当以政见为结合，非金钱所能引诱。'这唱的戏多热闹啊！"

小菊说："什么戏？又是小丑登台，玩的都是一些什么兵器？"自个儿笑个不停。

大憨说："袁世凯用这一招，不知得花多少钱呀。进步党要与国民党对抗，出了一个王赓，搞脱党有赏。只要是议员，愿脱离国民党，再加入进步党，得钱四千元。个人得三千，经纪人得佣金一千。他们漫天都在拉客呢！钱能通神，真不假呀。"

小菊说："那好，得了钱，人一走不就了事吗？白赚几千元，真是实惠！"说罢，她呵呵笑个不停。

"嗨，看弟妹说的。袁世凯他精着呢。"大憨哈哈笑着说，"既然得钱，就得签名盖章，以后再不能脱离了。一手交据，一手才得钱。"

狗蛋说："行情不一样呢！脱党后成了进步党，能揭国民党的短，骂隐私的是上等，仅仅是脱了党的为下等，若脱了又入的，是中等。三等价钱不一样。出了一个叫屈荣崇的经纪先生，做了一个下等的交易，结果卖方从买方把钱都拿走，他一个钱也没有得，就告给法院了！他在状子里说：'人家买狗买羊还要收行用钱，我该得的钱得不到，不是白费了心吗'？"

阿莲随着大家一起大笑起来，说："真是什么生意都有人做。如今这世道良心也真太不值钱了！道德只在嘴上，一个个全无廉耻心。"

大家围坐在一起吃饭，又讲起查拿湖北商人裘平治的事。他们骂湖北佬情寡义薄。小马说："若说做生意，九头鸟最会做。看那姓裘的，他想着劝袁世凯做皇帝，'暂改帝国立宪，缓图共和'，想不到没有拍住马屁，他的头差一点儿丢了。"接着，狗蛋说："这是袁世凯卖了九头鸟。天上九头鸟，地上湖北佬。什么湖北佬九头鸟？只不过是不讲做人的良心罢了。天下人谁是真正的傻子？狗东西！看来，还是人家袁世凯的本领更高一筹。不过，没钱了，他会不会连中华民国也卖了呢？好价钱啊。"

"他们正在卖！"大憨说，"那个威尔逊，他标榜自己不干涉中国内政，却把美国从六国银行撤出；他想单独向袁世凯借款。现在，五国银行看袁世凯要打仗，就开始与他签订什么'善后大借款'合同。五厘的利息呀，搞八四扣，两千五百万磅，实得两千一百万磅。四十七年后还清，就是六千七百八十多万磅。他们要求用盐税担保呢！参议院的王正廷已经通电各省，不予承认；他们还要弹劾赵秉钧和周学熙。袁世凯他们是真正的要用黑心钱做坏事儿，他要动真格的了！如今百业俱废，一切都是不值钱的呀。"

阿莲说："袁世凯不消灭掉国民党，他就不会死心。我们再也不能与他只讨回公道了。这个流氓，他哪里在做事前讲过道理！黄兴先生他们要同他讲法理，想得也太天真了。"

大憨说："流血看来是免不了的了。我们必须做好准备，与他斗到底！河南有个白朗，闹了上千人。我想等两天去会一会他，帮助他发动中原烽火，烧毁袁世凯的老巢！"

小马说："大哥，让我去吧！阿莲姐带孩子太不容易了。我正想锻炼锻炼，给我一个机会吧。您在家陪陪阿莲姐。"

狗蛋也争着要去。

大憨说："你们都不要争了，家里的事同样重要。我对白朗的情况更熟悉一些，我去了还要亲眼看看几个地方，找上几个得力可靠的朋友，在开封、郑州、洛阳、信阳设几个联络站，为中原革命供应枪弹、医药和经费。"接着，他用眼光征求着阿莲的意见。

阿莲美丽的脸庞上绽开了红霞，她说："去吧，我们在这里多观察袁世凯的动静，你放心去吧。我们这里不会有什么闪失。"说罢，她站立起，缓缓走向桌案后的宋教仁遗像，默默不语。

大憨也跟着走来。

屋子里沉寂得可以清楚地听见人的呼吸声。阿莲强忍住抽泣，渐渐泣不成声。大憨拈上一撮香，连鞠了几个躬，沉痛地说："渔父先生，多亏了您，我和阿莲才结合，有了这样一个家。可您，这样年纪轻轻的就离我们去了。此刻，袁世凯正磨刀霍霍，要屠杀革命党，要把国民党斩绝灭尽。大憨要去中原发动革命，寻找革命朋友，与袁世凯坚决进行斗争，要为您报仇雪恨，维护共和民主。惹您在天有灵，请您多保佑革命党，我们一定要打倒袁世凯，换来新天地！"

香烟袅袅升起，吐着乳白色的烟雾。阿莲的泪，滴滴浸透她胸前的衣衫。她对着宋教仁遗像深深鞠了几个躬，撮上香说："渔父先生，您这样年轻就走了。您在天之灵，多保佑我们的革命事业顺利开展。大憨此行就是为了您所希望的革命推向高潮。不久，我们就可以告慰您的英灵。渔父，您是可以看到一个新中国的。"刚刚说完，她捂住胸口，猛地大口大口呕吐起来。

大憨急忙抱住她，她微微笑了笑，晕了过去，任大憨如何唤也唤不醒她。

墙壁上宋教仁的笑容十分静谧。

124. 满园芍药

满园的芍药在风中摇摆着。

杨氏拉了叶氏、郭氏，来到芍药园赏花。三人在花中穿行，忽然听到有人在不远处朗朗读着什么。

杨氏听了，眼睛一亮，轻声对叶氏说道："听，这故事好像很熟呢。讲一个美丽的姑娘的情爱，很动人咧！"

三人仔细听着。

读书声越来越响亮，充满了激越的情感，夹杂着京剧的道白韵味，随风飘荡在芍药园内。

她们都被惊呆了。

读书声正响着：

> 车行一点半始至，憩以村店，店据岗而门，正临苍碧小畦，中间以秾花。左望，长桥横贯，直出林表。右望，则苍山如屏，葱翠欲滴。山下长河一道，直驶桥外，水平无波，莹洁作玉色。背望，则斜阳反迫，村舍红瓦鳞鳞闪异光。远望而巴黎城郊在半云半雾中矣……

"真美，这地方，我在梦中是去过的啊。"郭氏说着，随手掐了花朵，放在鼻子下面嗅。

"好妹妹，你怎么会去过？"杨氏笑着说，"巴黎不在中国，离这里，隔了大海，要坐上船，很多日子才能到的。"

叶氏听清了，原来是袁克文在这芍药园里读书。读的书，她曾偷偷看过，是袁静雪从袁克文那里带给她的。

一晃几年了，那年袁克文去南方游玩，与自己一见钟情。两人私订了终身，以照片相赠，为定情物。等了一段日子，袁家娶亲的人来了，自己满心的欢喜。等到了袁府里，拜了天地，揭开盖头，眼前的人却是半老的胖男人，这哪里是袁克文！莫非是眼睛被红烛照花了？再看，还是陌生的老头子。原来，是袁克文撒了谎，误了自己如花似锦的春梦。再见到袁克文时，自己就成了他的姨妈了。

想到这里，叶氏止不住伤心，泪水流在脸颊上，鼻子酸得难忍，哽咽起来。

杨氏明白了是怎么一回事，劝她说："别哭了，好妹妹！都怪我不好，带你到这里来，坏了你的雅兴。"一边说，一边拉起她要走。

读书声停住了。

袁克文从花丛中站立起，咳嗽了两声，手持着书本，慢慢走过来，低下涨得通红的脸，向她们问了安好。

他说："我不知道是你们在这里。我读闲书，扰了你们的清静，请原谅。"

杨氏说："看二爷说到哪里了，是我们扰了你的兴呢。都是六姨见了这芍药，有了诗兴，感动得哭了。你看，这如何不好意思，我们走了。我们去别处看一看。"

郭氏不知内情，天真地说："呀，这花儿是漂亮得很呢。二爷，都说您的诗写得好，能学那《石头记》的书家，为我们三个各画上一幅？"接着，自个儿"咯咯"笑了。

杨氏滴溜着眼珠儿，对郭氏说："哎呀，八太太呀，看那边是雪白的芍药，盛过牡丹不知多少倍。我们去看一看，让二爷在这里读一会儿书吧。"

同时，她用手指捣了叶氏一下，示意她留下与袁克文说说话，一边拉着郭氏向另一个方向走去。

袁克文往前走了几步，对叶氏说："都怪我，让你委屈了这几年。我心里也常不好受哩。"

叶氏望了望这张曾被自己亲吻过、爱抚过、与自己的脸紧紧贴在一起俊俏的脸，想起袁世凯那松弛无力毫无表情又散着臭味儿的老得令人恶心的脸，只觉胸口闷得难受。她用手捂着胸口，眼前猛感到一阵漆黑，腿软了下来。

袁克文一步跨上前，扶住她，把她抱在怀里，斜放在自己的腿上。他不敢高声呼喊她的名字，怕被人听见，只忘情地去吻她，认真端详着她。认真端详着，认真吻着，吻着。

叶氏的肌肤依然如玉般那样美得透亮，浑身散发出令人难以抑制情欲的芬芳香气，富有弹性，极其柔嫩的双肩、高耸着的乳房和那小巧而鲜红的嘴唇，袁克文再也控制不住自己！他忘情地撕扯下她的衣服，然后小心地把她放在地上，用手轻轻抚摸了一遍又一遍，饿狼般猛地扑在她身上用力冲撞。叶氏苏醒了过来，任袁克文揉搓着自己。她不愿睁开双眼，任体内的激流奔腾着。她感觉到全身都在向外胀，又热又痒，两腿间被一双手拂得难以名状地往外涌出快乐，乳房被紧压着……她呻吟不已，喊着。又一阵眩晕，犹如风筝随风飘去。许久，她睁开眼时，那张俊俏的脸离自己很近，很近，甜甜的、醇香的一股气息扑面而来。两具青春的肉体紧紧相依靠，密不可分。她轻轻地说："豹岑，你该把我带得远远的，我们一起离开这里。你答应过我的。"袁克文把舌头塞进她嘴中，继续抚摸着她。两双眼睛相互凝视着，狠狠地凝视着，仿佛在较劲儿，要把对方看穿，看个透。她紧咬住他的舌头不让他松开，猛地一使劲儿！他狠命地拔出来，血，从他嘴角流了出来。她眼里噙着泪，抽搐着，笑着。

他哭了！但他没有哭出声。

两人又紧紧拥抱在一起，热烈地亲吻着，相互抚摸着，任芍药瓣瓣堆埋在他们身上。

袁克文说："我好恨。"

"你恨谁?"

"恨我自己，还恨我爹。"

"不恨我吗?"

"也恨。"

"为啥不敢找我? 我总是守空房。"

"怕碰见我爹。"

"啪!"她甩手一巴掌，狠狠打在他的脸上。

她的脸上冷冰冰的，陡然浮起一股怒气，扭曲着。她理了理发丝，整了整衣服，拂去身上的花瓣，站起身来，向四周望去。

杨氏和郭氏静静地站在远处，采摘了许多灿烂的花朵儿，拥抱在怀里。她们仿佛什么事也不知道，连往这边看都不看一眼。

她离开了芍药园，像风一样轻轻地飘走了。风卷着成堆的花瓣儿，充满妩媚、恋恋不舍地舞着。袁克文还跪在那里。书，静静地放在他的身后。"巴黎茶花女遗事"和"林纾译"几个字上，落下几片花瓣儿遮掩起。

第二天晚上，袁世凯照例坐在大餐桌的首席位上，吃罢饭后，擦了嘴，说了一句"你们吃吧"，就离席了。

袁克文悄悄地望了一眼叶氏，她脸色红红的，正在慢慢吃着，好像不认识自己。

郭氏和杨氏也异常平静。

人都走了，袁克文呆呆地坐在那里，皱着眉头，一动也不动。他想，爹发现了吗？家人走过来，对他说："二老爷，客厅里有人候着您。"

是谁？

会是爹要审问自己吗？

他身上猛地惊颤了一下，立刻又恢复了平静。他想，即使是发现，也没什么好怕。来到客厅一看，灯光下正端坐着一个三十出头的人，身旁放着几册捆成一摞的书。是马君武！

"贵公兄!"袁克文热情地喊着马君武的字，迎上前。

"豹岑兄!"马君武紧握着他的手，说，"您要的几册书，才给您带了来，恐怕您等急了。"

袁克文邀他到居室中，两人携手离开客厅。

"老兄怎敢到我家中来?"刚坐定，袁克文问马君武说。

马君武说："您的信我收到了，拿上就可做尚方宝剑，哪里不敢去?"笑了一阵子，又说，"我曾在南京做过实业部次长，令尊大人可是多次赞扬过我的。我如何不敢来?"

袁克文说："我的父亲，他很快就要向你们问罪了。借款的事情，许多人都反对。他们却一意孤行，要借机向南方派兵呢。唉，他们是他们的事，我们来谈我们的事。南社那边怎么样?"

马君武说："我对他们讲了您的意思后，他们说，交朋友可以，但吸收您入社，恐怕对南社不利，对您也不利。其实，我觉得也是这样，以诗文会友，只要心灵相通，能切磋文艺，共同进步，比打出招牌来要好。"

袁克文说："谢谢贵公兄，我知道，这都是南社的朋友们在为了我好呢。有无名称无所谓，我只是很敬慕他们几位的才华和为文的风气，才想和他们结识，并没有其他意思。他们崇敬孙中山先生，这一点我也想过的。我不问政治，只讲艺术。柳亚子、陈去病、黄节他们还有于伯循先生等人的诗，我是颇为喜爱的。读了常觉有龚定庵的遗风，比那少气无力的诗作要强上不知多少倍。"

马君武说："辛亥年间，许多学识出众的人物都曾入过南社。他们的诗，您最喜爱的是谁的？"

袁克文说："若论诗品，我最喜爱陈去病的《岭南集》，其中的《图南一首典赋别》，我早读过，写得相当不俗。其意多而言少，气盛而不骄，实属上品。"说完，自个儿吟诵着：

> 恻恻中原编尉罗，
> 侧身天地一婆娑。
> 图南此去舒长翮，
> 逐北何年奏凯歌！
> 短铗独携当仆健，
> 孤维将护赖君多。
> 补天填海千秋事，
> 莫便伤春赋绿波。

马君武说："豹岑胸中有豪迈的气在荡涤着积郁呢。"

袁克文说："有时是这样，读了佩忍的诗，胸中真痛快得多。若讲起诗的真正功夫，我对苏戡苏子谷的诗，更为喜爱呢。他的《过莆田》写道：

> 柳阴深处马蹄骄，
> 无际银沙逐退潮。
> 茅店冰旗知示近，
> 满山红叶女郎樵。

我看，几乎与王维的诗，甚至比他的更耐读。"

马君武说："豹岑，感谢您对我的朋友们如此厚爱，此番来府上颇有些唐突呢。若让我掏出心里话来讲，我想问您个究竟，此时外间都在谈论，说令尊大人想做皇帝呢。"

袁克文皱了眉头，说："这个事情，我是极为不愿涉及的。我那曹丕哥哥很热心，还有那个杨度。从黎元洪那里又来了个章太炎，与那些挎刀的人联手，整天围在家父身边转悠。谁知道呢，看那样子，家父并非想做什么皇帝，赶走的皇帝还没有处理好，有好些事令他烦忧不堪，他哪有闲心做这皇帝！"

马君武指着几册书说："这里有拙作两本，译自海外。若您有兴趣，可粗翻一下。前番我们在一起作戏场，朋友们都忘不了您待人的坦诚。日后我们还会有那样的机会在一起玩耍吗？"

袁克文笑着说："一定会有的。"接着又讲道，"做戏的人，常常是很认真地做人、做事的。冠冕堂皇的人，常常变法儿演戏，生怕演得不像呢。哪天有空，我们再约了朋友，自个儿吹拉弹唱，尽情地玩闹上一番。有了痛快的感觉，人一辈子，就是莫大的幸福，会受用无穷。"

马君武说："这才是人生的真谛吧。"接下来就告辞了。

两人向门外走去，正遇见章太炎和王赓一前一后向客厅走进。马君武狠狠"呸"了一声。

章太炎没有抬头，低耷着，继续向前走。前面是灯影处，他站在那里，半天没有动。灯光依旧。

袁克文把马君武送到大门口，说："贵公兄，章太炎的文章是很有才气的，您为何鄙夷他？"马君武叹了一口气，转而又挺起胸，说："也该是自孔夫子以来，我们的文人雅士，都是这样的德性吧！他们做学问，求的是饱满生活，荣华富贵，夜夜做梦都是趴在达官贵人的腚下。我看不起他们！国家危亡，人民苦难，他们全不管。整日都是说了谎话去害人，要么踩了别人的头皮往上爬，要么是用愚昧的药来迷惑人，让人堕落。他们身在困苦中可以哀叹世道之艰，得意时可以大谈特谈什么淡泊名利。一个个虚伪之至！若论我最敬佩的，是张衡、蔡伦、郦道元他们这些人。他们不能称作文人，他们是我们民族真正的志士，是真正的圣贤。孔孟之徒，名虽高，却无实用，除了做步入青云的敲门砖，就是骗人，骗天下人，让世人都安分守己，去做奴才。这等货色，早晚要被清扫，若不清扫，我中国就会无宁日，更谈不上振兴！斯文，应该扫地，这年月！"

袁克文被他的激情所感染，紧握着他的手，顿了再顿。他不知道自己应该如何表达心中的敬佩之情。他端详着他的堂堂仪表。马君武是他素为敬佩的朋友。这位朋友不但写诗，而且译诗，慷慨激昂，心底坦荡，学识渊博。在这年月，遇有这样的奇才，既作出好的诗文，又作出好的人格，真是自己的幸福。他不觉吟起马君武的一首诗：

> 唐宋元明都不管，
> 自成模范铸诗才。
> 须从旧锦翻新样，
> 勿以今魂托古胎。

马君武笑了笑，抱起拳头揖别，转身去，静静地走了。他的背影如铁铸一般，显得伟岸、庄重，满身都是逼人的正气。

袁克文恭恭敬敬地点了点头。

125. 章太炎

"他妈的，这群人会有什么本事？除了捣乱，狗屎本事没有丁点儿！"总统府内，袁世凯望着堆放在那里的电报，对赵秉钧说："人不用怕，智庵，不要怕人说什么，我们手中的家伙，只要不被夺去，让枪炮说话，才算得上力量。那一批货，现在到没到？"

"到了，已经运到了，都运到了，都是纯正的德国洋枪，此刻如数都运到。"赵秉钧说着，呈上一具名单，说，"张继、王正廷两个小子，正煽动参议院的一群驴子们，日夜闹腾。他们骂政府是专制横行，祸国殃民。他们扬言要号召各省的百姓都发动起来，抵死力争。黄兴串联了安徽的柏文蔚、江西的李烈钧、广东的胡汉民他们，说我们蔑视国会，违背《约法》，丧失主权，要坚决否认借款。"

"放他妈的个狗屁！如何一个否认？"袁世凯瞪着鼓鼓的双眼如同与赵秉钧在吵架，吓得赵秉钧直咆哮着往后退缩。

赵秉钧满脸堆笑，一个劲儿地对他奉承、附和，低声说："他们是捣乱！去年我就和财政一起向那个参议院作过请批报告的，那时都通过了。如今这些家伙，借国会的名义来捣乱，其用意决不在于借款上。他们是要乘机造反！孙中山、黄兴都是他们事后的主谋。三个都督柏、胡、李执迷不悟，皆为国民党的干将，他们要酿成大乱，乱中夺权！"

袁世凯说："智庵，你不要出面了。直隶那边，你一定要看守好。我已经训斥了三都督他们，现役军官，当绝对服从；行政长官，亦当绝对服从。他们都越职擅权，信口雌黄，不是荧惑捣乱，又是什么呢！我们要严拿查办一切不法之徒！除暴安良，乃当务之急。你想，国有国法，而这国法又该由谁来定？难道去让一群居心叵测的人编了圈套儿来处处束缚我们的手脚，那这许多事该如何办？

去他娘的!"

赵秉钧说:"那当然,那当然。"

二人正说着,王赓进来了,说:"大总统,章太炎授勋仪式,马上就要开始。您是否去看一看?"

袁世凯毫不犹豫地说:"走!"

勤政殿里,章太炎身着大礼服,正神色肃然立在那里等候。

袁世凯向他祝贺,赞扬他革命精神是天下第一,亲手把勋章和证书授授给他。

章太炎的嘴唇激动得直哆嗦。他说:"总统先生,请允许我向您致意。我半生奔波,苦苦追寻,深有感触。窃以为,只有您才能拯救万民于水火之中。不才之人章太炎,愿追随您左右,为国尽心尽力!"

袁世凯请他坐下,亲手把茶水送至他面前,让周围的人都退去,十分恭敬地说道:"枚叔先生,慰亭久仰您的高风亮节。今授先生勋位,是彰先生之节操,令万民景仰,举国习先生之风,早日中兴。"

章太炎非常谦逊地摆着手,说:"过奖了,过奖了。枚叔性愚,赖先生高看,实惭愧万分。"说着,他挺起胸膛,面色显得格外红润,紧盯着袁世凯的脸,说:"记得少年时,读《明季稗史》,能觉悟到王夫之、顾炎武两先生之英明。再至后来,从俞樾师,越发感到民族之振兴,当以实业强国。庚子之乱,革命浪潮催人奋发。驳康、梁,斥载湉,激扬文字。想不到,俞樾师怒若雷霆,枚叔坚信革命,乃作《谢本师》。几度风霜,仆以为民族主义如稼穑然,要以史籍所载人物、制度、地理、风俗之害,为之灌溉,蔚然以兴。不然,徒知主义之可贵,而不知民族之可爱,吾恐其渐就萎黄,全无生机也。今逢慰帅执国,喜不自禁。"

袁世凯又大力夸奖了他一番,说:"听说黄兴扬言要起兵,为宋教仁报仇,不知道您知道不知道这件事。"

章太炎说:"南方瘴气太盛,故谣言亦盛,大有山雨欲来风满楼之势也。"

袁世凯说:"您可知道,前有张振武,后有宋教仁,都是黄兴所要暗杀的人。他们都死在黄兴的手中,却不知缘由,还对黄兴表示效忠呢!先生可听到对北方的什么话语吗?"面色露出虔诚的恭敬来。

章太炎淡淡一笑,说:"如清明之雨纷纷杂杂,好像有人私下议论,说总统欲做皇帝,举您派人到清室送贺礼、为隆裕服丧等为例。我以为其实不足信,总统意在安民,决无自立朝廷之意。"

袁世凯一愣,怒声说:"这是哪儿来的话?"霍地站起了身,又坐下,喘着粗气，接着说，"枚叔先生明察，慰亭受国民之重托，被强推为总统，这绝非吾之本意。您想，我身居北京，为政务所忙，十分向往田园生活啊。我想不出做皇帝有什么好处。帝王的后代有好下场的吗？没有不败的王朝！今为总统，当为万民公仆；我若为皇帝，不仅害己，亦贻害子孙也！"

章太炎忖思着，说："中外历史上，皇帝也有好的。若能如公整军经武，奋发图强，一举而胜列强，立天下非常之功勋，则天与人归，群情拥戴，又如何不可做？我们往日革命，皆为争民族独立，其意不为反朝廷。"

袁世凯摇了摇头，更加严肃地说道："我日思夜忖，欲为国为民作出非凡的事业，使我中华转弱为强。无奈国民党徒其性喜捣乱，处处与我为难，与中华民国为敌，唯恐天下之不乱！"

章太炎笑着说："那些人皆鸡鸣狗盗之徒，有何等出息！如暴徒之为疯狗，见不得血，闻不得腥。食尽血腥，即食人成性。实卑鄙之至，不足挂齿。"

袁世凯起身，着人取来一些珍珠、金玉和一万元钱票给章太炎，说："枚叔先生，您我相识既久，谨送薄礼，致以新婚之喜，恳请笑纳。"

章太炎再三推辞不过，只得授受。

突然，段祺瑞闯了进来，急匆匆地报告说："山东周自齐发电，言张勋造反，拆毁泰安至兖州段铁路，战情紧张，请予以发落。"

袁世凯摆手让他退下，对章太炎说："辫子军人心惶惶，扣留了津浦路上的火车，为备战所用。这都是黄兴之流所蛊惑致使。绝无战事。"

章太炎似懂非懂地点头应是，莫名其妙地笑了。

段祺瑞的鼻子气得更歪了。他对着墙上的大幅地图东瞅西看，骂咧着说："贱娘的！报来的都是假情报，参谋部天天都是吃的屎吗？连情况真假都不辨，要你们有何用？"

参谋部的随从们不敢声张，憋住气息惶然立在旁侧。

段祺瑞不知道袁世凯的用意，只顾自个儿喋喋不休地骂。

"叮铃铃……"电话响了，是袁克定打来的。他在电话里面喊着："歪鼻子，你在骂谁呀？周自齐和张勋他们是误会！现在误会已经解除。这边是大借款的事。你来一下吧，好好地训训这些混账！"

段祺瑞连声答着："是！是！"接下来"啪"的一声把话筒摔在桌子上，紫红着脸，对随从们说，"参谋部的弟兄们！你们先标着前面的情况，弄清各方面的情况。回头我要好好地犒劳你们！"

他背剪着手，挺起胸脯，一副得意的样子，眯起眼睛，打量着众人，故意吐着长腔说："弟兄们，你们跟着我段祺瑞也有好几年了。我一直想重用你们，可是，总是愁着没有机会呀。现在段某我成了总理。总理是什么？就是宰相。一人之下，万人之上。现在，我可以帮你们的忙了。你们呢，凡事也都给我留着意。"停了停，他低了头，思索着，又猛抬起头，说，"我马上要去象坊桥一趟，那里有几个什么玩意儿议员，要我回答他们的质问。贼娘的！多好的事情都要被他们搅乱。借款的事都定了许久了，他们还来叽叽喳喳地闹。烦了老子，我让他们都趴下！我要带上大队的人马去管教管教他们。你们好好地干，多长几双眼睛，多长几只耳朵。等晚上回来，我要宴请大家。还有，每位兄弟都把自个儿的帖子送来，若弟兄们不嫌弃，芝泉与大家换了帖，结为生死兄弟，从今后，我们就是一娘同胞。我们有福同享，有难同当！你们有谁，嫌我段某人出身卑微吗？"

随从们都欢呼雀跃起来，兴高采烈地议论着。

有人喊："跟着段大人干！"随后，更多的人欢呼起来，声音越来越响亮。

段祺瑞眼前格外明亮，他好像又回到了小站，设想着自己就是当年的袁世凯，而且更胜于他，各个方面。他认真地点了点头，细心做了安排，心事重重地走了。这些天，他心里时常窝着一团火。他听到多方面传来的情报，袁世凯对他不满意，甚至想让他靠边站，多次提到要重用年轻人。谁是年轻人？只是袁克定一个人吧！他非常讨厌袁克定那副志得意满的样子，指手画脚地，颐指气使，全不把他当一回事。他在心里说：云台，袁克定，你个小鸡巴孩儿，你算老几呀？我和你爹在小站练兵时，可是以兄弟相称呼的。今天你却称我为兄长，是没大没小呀。你爹是总统，我是总理，哪由得你对我唤狗唤鸡一样？他在心里盘算着，思忖着，袁世凯呀袁世凯，这些年无论从哪儿说，我也都对得起你了。你把你的干女儿张佩蘅许配给了我，我懂得你的心思，你是在拉紧我。没有了我们，你就什么都别讲了。可你的儿子袁克定他算什么呀？我亲眼看你与清廷那里来往那么勤，你是想哪一天做了皇帝吧？想当初，你在小站拉拢人，靠的是施恩，我们哪一个人都得过你的好处，有好几个都是你的好女婿咧！好啊，姓段的也要学学你，我也要练上自己的兵……

走着，走着，不觉来到象坊桥，走进了众议院的院子。此时，天下了小雨。

他"吭"了一声。

他身后的士兵们猛一跺脚，大声喊叫道："立正——敬礼！"震得小院直抖。

他瞪大了眼，向那些议员们狠狠地瞄了一周，说："你们有什么事情？讲吧！我这样忙，却要听你们呼喊废话！有屁就放吧你们。我段某人听着呢。"

议员们稀里稀拉地聚拢来，有人斗着胆子说："借款的事，政府不咨交国会表决，是不是缺着手续？"

段祺瑞吼了一声："什么手续？国家大事，该你们操的心你们操，不该操的心，他妈的别乱操！操他妈的也没有用。现在木已成舟，没有必要再说废话！"接着又喊着说："你们他妈的没有事了吗？"他连看他们一眼都没有就气昂昂地扭头走了。大队的人马簇拥着他，很快离开了众议院。

议员们唉声叹气，苦笑着，眼巴巴望着他们离去。

段祺瑞回到陆军总部还未停下，接到电话，马上又随着梁士诒迅速赶到了总统府。

袁世凯怒气冲冲地说："芝泉，你们看，事情这样下去，还了得吗？黄兴他反了！民国初建，一切都需要稳定。他却要捣乱，胡作非为。奉军的张作霖、河南的雷震春、赵倜，还有冯国璋、王士珍、段芝贵、张勋他们，都在呼吁我们讨伐黄兴。天下全被黄兴他们搅乱了！捉拿季雨霖，撤销黄兴陆军上将。你来看着办吧！"

段祺瑞立正，应声回答："是！"

出了门时，雨还在下着，洒落在他的脸上，脑袋稍稍清凉了一些。

望着满是乌云的天空，段祺瑞皱了皱眉头，忽然想起了唐绍仪和赵秉钧。他在扪问自己，段祺瑞啊段祺瑞，你是中华民国第三个总理，袁世凯会如何待你呢？还仅仅是一个代总理！其实，只有陆军总部才是要经营的地方啊！

他反反复复想：现在，袁世凯要向国民党开刀了。他在将刀口正对着黄兴！他这些天总是骂黄兴，骂黄兴在湖北制造军事叛变，骂他指使鄂军第八师师长季雨霖倒黎元洪反袁世凯，又骂黄兴派人去兖州劝张勋不要效忠袁世凯，而冠冕堂皇地一再讲什么凡事以国家为重。黄兴啊黄兴，你此刻在干什么呢？

他想着，笑了，他忖思着：这是一个好机会，打吧！打起仗，我的陆军才更有用场，我才能借机安插上我段祺瑞的人。我的人就会只听我段祺瑞的，而不会听你袁世凯的。

袁世凯，你算个什么人？

段祺瑞在心里骂着，他对袁世凯越来越不满意了。他多次对自己说：跟着这么样一个卑微的小人干，将来会有好的下场吗？宋教仁案又浮现在他眼前。有用的就用，没用就扔，就杀人灭口。这样的流氓行径，说不定什么时候就会降给每一个不合乎袁世凯口味的人。

不能，绝不能再和这样背信弃义的人共谋事业。

他想，袁家父子得了这中华民国的总统位子，马上就把拉套的小站故旧都扔在一边了，他们会不会再学那朱元璋，演起火焚庆功楼的戏呢？

126. 金发碧眼

袁世凯的双眼放射出激动的光辉。他日益虚肿的面颊上重现出红润。他面对眼前的一群记者，尽力挺起自己的胸膛，努力让他们用照相机摄下他最端庄的姿态。

金发碧眼的弥勒说："尊敬的总统先生，外电有许多人在谈借款和宋教仁先生被刺一案，议论纷纷。请您谈一谈，您对待国民党与共和，是如何的态度。"

袁世凯向他们鞠了一躬，说："举世皆睹，世凯极力赞同共和，事事尊重国民党等党派。今天已不是大清帝国，而是五族共和、全民平等的中华民国。总统亦为民众之公仆。借款一案早有国会批准，绝不应再受到非议，而宋案亦水落石出。至于居心叵测之徒，离间政府，当属另外。请各位在合适的时候，对世人讲清楚，袁世凯来自人民之中，深爱共和，愿为民众事业极力效劳。世凯愿做四万万人民之子！无论如何受人误解，中伤，乃至陷害，世凯绝不改此如磐信仰。"

弥勒点点头，带头鼓掌，他接着说："我们很欣喜地看到，在古老的中国大地上，由于您的出现而焕发出如虹的气象。但也有不少人在议论，以为中国更适合帝制。中国有几千年专制历史，乍改共和，挫折百生。请问，您对此有何想法？"

袁世凯握紧拳头，微微笑着说："曾经有许多流言，不断诽谤本大总统，以为世凯从旧制而出，必有皇权意识，君主观念极浓。殊不知，是世凯最早接受全世界意识。当我在直隶和山东任内，我就大力推行与洋人合作，经济迅速发展。再者，吾幼时即向往西人文明，痛恨科举制度，后乃极尽全力革除此弊政，兴西洋文明之风。此二者皆为我拥赞共和民主之基础。"他欠了欠过于紧张的身子，继续说，"言世凯反对共和，拥护旧制的谣言，流传已久。此种谣传，自不能免；然既投身为公仆，又如何能逃脱诽谤？是与非，世人皆可明察。我已决意献身民主共和之伟大事业，自当为民国之成功而尽力效劳。倘有破坏之危险，决非生于我辈，必是为那些用心不良的暴徒，他们以破坏国家为能事，别无他长！但是，我毫无畏惧，我之志在于愿作中国之华盛顿，决无意于拿破仑！"

弥勒问："那么，请问总统阁下，当前之中国，最重要的事情在于什么？"

袁世凯不假思索地说："和平！不拥戴和平者，无以谈！对内对外，均应以和平为首要。共和始建，民国始生，百业待举，百废待兴。没有和平安定之环境，百般都无从谈起。我以为，此点问题应为世人所理解和支持。但是，有些人，生性残暴，觊觎总统之位已久；人民不授之，乃居心于险恶，蓄意百般破坏。此必不为民众所答应，亦不为共和制度所允许。"

弥勒说："我来到中国，不断听到有人鼓吹反对中央，欲为第二次革命。请总统阁下谈一谈此种问题之现状。"

袁世凯说："此类人物，以滥施暴力革命为能事，全然不知建设之道理。他们不懂我国国情、民情，空谈理想愿望，以幻妄代替现实，无睹中国必然之趋势而肆意破坏。这样的人有两类，一种为虽然受政府之俸禄，却欲壑难平，一种为欲得显赫之势而未能。但是，此无道理之人，妄为破坏民主共和，我有亿万民众之依靠，何种困扰可生？若有胆敢试图颠覆共和之暴徒，慰亭我决不答应。无和平，则无共和，而无共和，则无中国！"

弥勒笑着感激袁世凯接受了他的采访，告辞了。其他的记者七言八语，接着问了几个类似的问题，被他敷衍塞责，看没有什么新意，也都散去。

袁世凯把他们送走后，对屏风后面的人们说："都出来吧！"

段祺瑞、冯国璋、段芝贵等人嬉笑着涌了出来，纷纷赞扬袁世凯应答自如。袁世凯说："你们看见了吧。他们洋人也是人，有什么可怕的？去他娘的。洋人的记者干什么的？他们一张嘴就是公平，就是民意，其实都是探路的狗，是摸路的贼。哪里实惠，他们就往哪里钻，探听消息，为他们的主人尽忠。中华民国发达之后，我们也要有自己的记者，能文能武，派往世界各地，照看全世界。孙子说，知彼知己，百战不殆。就是这个道理啊！当今之中国，为列强所瞩目，吾辈尤要注意，特别是树立自身之形象。当然，攘外必先安内。黄兴要造反，天必诛杀之！国民党，罪在不赦。"接着，他领着他们来到巨幅地图前，拉开帷幔，详细谈起兵力布置情况。

段祺瑞挺起胸膛说："国民党不除，则百事不宁，而师出当有名！若免去胡汉民、李烈钧、柏文蔚三都督之职，他们必然要怒起反抗。那时，我部即名正言顺地讨伐！"

袁世凯点了点头说："哦。我意亦在此，我们要让世人看到，是黄兴辈在图谋不轨，是他们意在破坏，擅自挑起战火。最紧要者在这里。"说着，他用手指了指武汉，一边说："这是个起祸端的地方。"

众人都朝那里望去。

他接着说："现在，黎元洪应该早早离开这里，同时，我们当免去李烈钧之职，让黎元洪兼领；然后，渐渐驱除。现在，由贺国昌护理江西民政长，以欧阳武为江西护军使，兼第一师师长，节制江西的陆军全部；再以陈廷训为江西要塞司令，节制湖口和九江一带的江防部队。所有这些都归陆军部。京汉路打江西，津浦路打南京。"

段祺瑞立刻更高地挺起胸，大声喊道："是！"

袁世凯十分满意，再点了点头，说："至于安徽，广东，柏文蔚和胡汉民，由孙多森、陈炯明取而代之。现在，关键在于李烈钧部。"

冯国璋详细谈了黄兴和孙中山的矛盾，说："此应派出高人，使离间之计，让他们大吵大闹，弄得成为路仇。孙中山他是早就主张与我们进行武力对抗的。这家伙是个大炮，少于心计。我们应该尽量离间孙大炮与其他国民党徒。我们多方下手，让他们分崩离析！"

"对，可以行动了！"段芝贵说，"这帮子乱党，意见极不统一。正是我们出击的好时候！"

袁世凯坚定地说："现在，命陆军第六师李纯、海军郑汝成、李鼎新，待命进发！"

段芝贵他们齐声喊道："是！"

袁世凯笑了，他好像看到了万船竟发向江南的恢宏，仿佛他已经胜利，正审讯那些叛离了他的人们。他紧盯着南方；他的双眼，狠狠闪动着磷火般惨淡的光。

梁士诒进来了，他扫视着这群神色如此紧张的人，凑近袁世凯耳边轻声说："上海地方检察厅又来传赵秉钧。"

袁世凯面色立刻变了，说："那个叫周予儆的，现在怎么样了？"

梁士诒无可奈何地说："已安排好，让她告黄兴是血光团团长，以暗杀要人，推翻政府，自己要坐总统为目的。我们再要北京检察厅将这个案子移交上海，转饬会审公廨审理。可是，上海说，无原告，无证据，没有办法开审。"

袁世凯说："不理他们！"

梁士诒张了张嘴，欲言又止，悻悻地告辞，走了出去。

袁世凯又把他叫了回来，说："你转告国民党，我们已经看透了，孙中山、黄兴之流，他们除了捣乱之外，别无任何本事。我受四万万人之重托，决不允许人随意捣乱，毁我国家！他们若胆敢另行组织政府，我就要举兵讨伐。国民党中当然并非莠人，但对莠辈，我们的力量未尝不能平定。你不用拐弯抹角，就这样直接对他们讲。"

梁士诒的脸扭曲得变了形，他极力表现出俯首帖耳的样子，连声答应着。他心里明白，自己与段祺瑞他们不一样。段祺瑞是袁世凯真正的贴心人，他们可以无话不谈，而自己则只能看袁世凯的眼色行事，凡事要试探着来。同时，袁世凯正向自己暗示，在自己与杨度中间，他很想找一个人来组阁，因为段祺瑞只是代理内阁总理，陆军那一块是袁世凯时刻离不了的左右手。

今日，昨日，明日，竟是一个样！

梁士诒感到悲哀，袁世凯所重用的，永远都是他小站上的那些人，那些人大多是北洋武备学堂的牌牌，自以为是铁铸的，谁也夺不去。他们目空一切。唐绍仪到底还是辞去了内阁总理的职。他们大吵了一场，一个显得那样正直，一个显得那样激切。唐绍仪跟袁世凯是从朝鲜就开始了的。但他还是不能成为袁世凯的心腹，因为他不是带兵的人啊。

梁士诒想着心事，不知不觉，出了中南海，信步走在大街上。他看到一街两行的景致和昨天没有什么两样。所不同的只是街道上流行着短衣帮，没有了光天之下抬着轿子的衙役去耀武扬威。民国的服装是短袖短衫，满街不再摇摇晃晃那些红顶子。树木和房舍如旧。昨天是清朝的天下，今天和昨天又有什么差别！

想着，想着，他的头上猛地被什么东西一击！

抬头看时，自己撞在一根绑在树上的晾衣服竿儿上。行人望见，有人指着嬉笑，说的什么听不清。

一辆马车隆隆驶来，从梁士诒贴身处擦过，差一点儿没有把他撞倒。从车厢处伸出一张脸，啐了一口，很快又缩了进去。

127. 寻找白朗

"咔嚓嚓嚓……"

一阵霹雳，暴雨下得更猛烈了！

大憨披了一身蓑衣，来到禹州。他走进城西南郊聂政台，穿过山门，拾级而上，走进正殿，稍稍歇了一口气。他要避一避雨。

聂政台上，聂政神像英姿雄发，一手仗剑，一手紧按膝盖，怒目远视。神像两侧，分列几个战士，群情激奋。

大憨不觉被他们所感染，浑身精神倍增。他随着聂政的目光放眼望去，神台周围汪洋一片。他叹了一口气，自言自语道："今年的麦子又完了！"接着，脱下蓑衣，寻了清亮处挂了凉起来。

"咔啦啦啦啦！"

一阵更剧烈的雷声猛地响起，震得大憨的耳朵直痒。他觉得雷刚滚过头顶。

"扑嗒！"

闷闷地，发出什么东西落在地上的声响。

大憨循声望去，见殿门前的古柏下面，一条丈余长的蛇，正在地上翻滚，只一会儿就僵直不动了。蛇嘴中还噙着一只鸟儿。他心里猛一惊，从蛇的身上可以看出，它受到雷击，被打死了。再往古柏上端望去，冲天有雷电烧焦的树枝，似烽火燃过，异常凄惨。天越来越暗；一阵阵猛烈的风吹来，又湿又冷。大憨浑身像筛糠似的抖动着。周围阴森森的，更令人恐怖。已经几天没有吃上饭了，大憨的肚子"咕咕噜噜"叫得他很难受。

他一直在寻思，究竟白朗在什么地方呢？

他乘火车来到郑州，几经周折，见到联络站的人，他们告诉大憨，河南都督张镇芳正在清洗国民党，在开封全城捕杀许多人。河南同志会的人四处逃散了。开封鼓楼上，夜夜都能听见严刑拷打的惨叫声。张镇芳在开封大开杀戒，而且悬赏百万，许多人被无辜杀害。曹门、宋门、大小南门、西门、北门，日日有重兵把守，革命党血流成河。在河南留欧美预备学校的徐冠中，乔装打扮，先是逃往陈州，不能存身，逃往许昌，又转道从洛阳去了西安。他临走时，托人给大憨留下了一封信。

徐冠中在信中说，革命党内出了叛徒，张镇芳在河南大肆捕杀革命党人，他要逃出去，暂时躲一躲。若大憨来河南，可以直接去宝丰找白朗，那里自然有人接应。

于是，大憨坐火车到了许昌，悄悄打听白朗的情况。街头一位卖茶的老汉悄悄告诉他说，袁世凯派兵剿杀白朗，白朗逃进了大山，现在在母猪峡与宋老年、李鸿宾联合。他们打下了唐县，转到豫西，接着又打下鲁山、宝丰。天下穷苦人积极响应白朗，他们的队伍有一千多号人，现在他们正准备打禹州，再直捣开封！

大憨渡过颖河，几经周折来到禹州城。禹州城冷冷清清，不时有巡街人挑着铜锣高声喊着"无事不要外出"；街上一律不让陌生人驻留。传说白朗从玉皇山向这里开来，已经到了三峰山，要严加防范。

大憨暗暗高兴。无处夜宿，没有办法，他才来到聂政台，打算先住下，待第二天的早上天一亮，就往三峰山奔去。

风一阵紧似一阵，天渐渐暗了下来。

大殿里的聂政神像披着厚厚的铠甲，落满了尘埃。大憨抵不住冷风，跨向前去，要扯下神像上的长袍，披在身上御寒。

"谁？"猛地一声喊，从神像背后闪过一道黑影，跳下一个人来，把大憨惊呆了。

那人手持长刀，脸用黑布蒙着，说："你是哪里来的？荒山野岭，前不着村，后不着店的，你来这里干什么？"

大憨镇静下来，说："我是来禹州走亲戚的，此刻被大雨隔在了这里。"

蒙面人"哼"了一声，说："我看你不是走亲戚的。你的口音是东乡人，哪里跑这么远走亲戚！我猜，你应该是官府里派出来的侦探，是来打探我们消息的。"他一边说，一边用长刀逼近大憨，说："别动！你老实交代，你身后还跟着什么人？"

"你误会了，误会了。这位朋友。"大憨悄悄后退，说，"我们素不相识，一无仇，二无冤，你怎么凭空说我是什么侦探呢？"正说着，他猛退后一步，闪过身，从腰后拔出手枪，对准了蒙面人，大喊道："放下刀！你是什么人？"

蒙面人舞起刀，劈头向大憨砍来，叫骂着："老子是白朗的兵，前来巡哨。爷要杀了你这狗侦探！你别要什么花样了。一个外乡人，腰里带着手枪，你不是官府的鹰犬，能是什么好人？"

大憨躲过刀影，飞跳起，站立在神台上，大声说："朋友，朋友，不要打了。我们是自己人，有话慢慢谈！你没看见，我这枪一直没有开吗？"

蒙面人追杀来，怒斥道："狗杂种，谁信你这一套！爷爷是不怕死的。若想动手，你就只管开枪！怕你是想活捉了我，好回去报功请赏吧？来呀！"一边骂着，一边挥刀左右砍杀。

大憨再躲起来，说："我们干什么自己人相拼？若你不相信我，这枪我扔了。刀，你也扔了；好好谈，怎么样？"

蒙面人点了点头，说："你先扔，我后扔。"

大憨把枪扔了，蒙面人把刀也扔了。两人相对站定。蒙面人一把扯去自己脸上的黑罩，是一个面目颇为清秀的年轻人；霎时，他语气猛转为温和，说："就凭这一点，我相信你不是官府的走狗！可你到底是什么人呢？"

大憨说："你真是白朗的兵？"

那人说："对，我们明天就要攻打禹州城。我和几个弟兄已经来侦察了好几天，弄清了情况。那么，你远道而来，满身正气，可该是革命党朋友？"

大憨抱起拳头，致以谢意，说："对！我是从北京来寻找白朗将军的。有一个叫徐冠中的人，是我的朋友，他介绍我来这里找你们。他还说自然有人来接应我。接应的人可是你？"说着，大憨从怀中掏出信，说，"看，这是他走之前留给我的。"

那人接过信，看了后，说："朋友，我相信您了！徐先生的字，弟兄们一看就能认出来。"他伸出来手，爽快地与大憨相握了，介绍自己，"我叫李惠君，登封人。从现在起，咱们就是自己弟兄了！不打不相识啊。"大憨也介绍了自己，笑着说："真是踏破铁鞋无觅处，得来全不费工夫。兄弟，什么时候能领我见白将军？"

李惠君说："最迟今天夜里。"说着，他从怀中掏出两块烧饼，递过来。大憨迟疑了一下，想说自己不饿，但还是接住了一块。李惠君明白了他的意思，自己先咬下一口，慢慢嚼了咽下，大笑着说："老兄，你还怕我下有毒药呀？放心吃吧。再等不多长时间，白朗他们就领着大队人马先赶来。我们从这里想法攻城！您先将就着吃一点儿，马上人来了，大家要好好商议事情！"

两人正在谈论着，台下传来了几声凄厉的兽叫声。

李惠君兴奋地拉起大憨的手，说："走，我们去迎接他们。白朗他们来了，这是他们的信号。"说着，他把手插进嘴里，使劲吹出尖利的响声！

很快，随着一声声回应，一阵清爽的风吹过，白朗、宋老年、李鸿宾一行人沿着台阶上来了。

雨，不紧不慢地下着；山道上的绿树在风中频频点头。

李惠君对白朗他们都做了介绍，大家高兴得抱成一团。接着，大殿里点燃了蜡烛，照得每人的脸都是红彤彤的。白朗脱下自己的长袍，亲手披在大憨身上，说："穿上吧，兄弟，夜里这山风吹来会冻坏人的。天又下了雨，别说是春寒天气，即使是暑天，人也会顶不住这寒气的。"

大憨让人取来一块白布，飞快地在上面画满城市分布图，对他们讲了袁世凯的军力布置情况，讲北洋已经做好屠杀革命党的准备情况，又讲了北京和开封的形势。他提高了声音说："你们打出了咱穷苦人的威风，打得好！咱们南方的同志正准备第二次革命。大家齐心协力，要推倒袁世凯！重铸共和！"

白朗异常兴奋，连连拍手大声喊着"好"。他紧握着大憨的手，激动地说："大憨同志，您可是从天上来的啊！徐先生说，一个大憨，胜得千军万马。我早就想和您见上一面。前些日子我派人去徐冠中先生那里讨教，有多少次，阴差阳错，都没能与见上面。兄弟，咱们一起干吧！有您在，我们心里头就更踏实了。现在，我们纵横驰骋中原，让袁世凯首尾不能相连，让他日日坐卧不安。待明日打下禹州城，咱们痛饮一番！"

屋外的风吹得满山的树木"呜呜吱吱"地响，如无数的野兽正围在台下，正发出瘆人的吼声。白朗和宋老年、李鸿宾一起商议作战计划，决定趁着风大雨急，加紧强攻，打它个落花流水。

大队人马出发之前，白朗他们要大憨和几个战士在台上等候，好好休息休息。大憨坚持要随队伍出发，说："我来找你们，为的就是同你们一起战斗！我们总是坐而论道，说实话，我还真正是第一次参加这样大规模的作战呢。"

白朗说："那好吧。"

离开聂政台，战士们向禹州城奔去。雨水越来越大，漫天的雷霆越来越急切，令他们无比振奋；他们远远地听到颍河决堤报警的锣响，仿佛听到了欢庆胜利的乐声。

风继续猛吹，雨下得更加猛烈了。

"白朗的兵来了！"

"分财分粮了！"

天亮时，白朗他们攻破衙门，砸开监牢，敞开粮仓。禹州城的百姓们放声高喊着。他们奔走相告，潮水般涌上街头。经过一夜激战，白朗的军队终于攻占了禹州。唢呐社、鼓乐社、高跷、旱船、狮子和龙，一齐拥向街头，闹腾着。

天晴了！

最显眼的是一十八台大鼓，分两列，整齐地排在十字街口东面西面。三十六个汉子跳起来，抢起鼓槌，后缀的红绸如一团呼啸的火飞舞。"嘭嘭嘭，嘭嘭嘭嘭嘭！嘭嘭嘭，嘭嘭嘭，嘭嘭嘭嘭嘭嘭嘭嘭嘭！"他们用尽全身的气力数着鼓点，猛劲儿敲着，敲得山崩一般响；他们要吐尽多少年积郁的怒气、怨气！

白朗和大憨骑着两匹高高大大的白马，并肩走在队伍的前面；宋老年、李鸿宾他们率领着人马，向欢呼的人群抛洒着大把大把的铜钱。白朗对大憨说："这是我们的规矩。我们是义军，分了财产给地方的百姓，人家有了吃穿，才会拥护你。"大憨说："这样啊？怪不得老百姓说你们好！"他又问，"钱财都散给了老百姓，那你们平日吃的用的，又该怎么办？"白朗笑着说："这个嘛，我不能给你说。这正是我们和土匪不一样的地方。"他们说说笑笑，望着长长的人流，如条条巨龙汇聚向十字街。

李惠君带着几个人沿街贴着文告。他们向世人宣布：白朗义军为普天下百姓打仗，翻天覆地，要让穷苦人当家做主人。满街的爆竹一串接一串响着，弥漫的硝烟散发出令人心神激荡的火药味儿。

大憨使劲用鼻子吸了，说："噫——兮！真带劲儿！"

白朗说："嗨！更带劲儿的还在后头呢！我们造成声势，要拿出准备攻打开封的派头。然后，我们像您所说的那样，发挥我们的所长，东一刀砍他腰，西一刀砍他腿，让他们捉摸不定，头不能顾头，脚不能顾脚。"

宋老年说："对！今天晚上即开拔，我们折向南，打下方城，攻克南阳。气死狗日的李纯和张镇芳！"

有人搬来一张大方桌，放在十字街的正中，鼓乐声都静了下来。

白朗跨腿登上去，向四周的群众挥了挥手，大声说："乡亲们，我们打败了官兵，禹州就是我们穷苦人的天下了！有田有地，再不用缴纳什么苛捐杂税。大伙儿只管过自己的营生！有谁再敢来作威作福，欺压百姓，或者他霸占着荒野，不让开采，看我们会回来削了他的二斤半！"

人群爆发出一阵笑声。

白朗大声讲着，他的嗓子有些涩哑了。有人为他递上一碗热水；他捧起喝个干干净净，然后，提高声音更加大声喊道：

"乡亲们，大家都看到了，这些豪强劣绅无恶不作，作威作福。天下百姓有冤有苦，却无处申告，束手待毙。十户有八户不能活！我们义军是为穷苦人谋天下的，今天杀了知县，惩处了恶吏，大家自个儿管自个儿的事。你们安心过日子吧！"

人群又一阵欢呼，有人带头喊着："白狼好！白狼好！"

白朗一再向人群抱拳，接着，他大声说："父老乡亲们，没有法过日子的，有枪拿枪，有刀拿刀，你们学着我们，团结起来吧！天下的穷人是一家，大家都起来与官府斗！只有拿起来家伙儿斗，才能不受王八蛋们的欺侮。现在，清朝被推下去了。是谁推的？就是咱穷苦人！是咱们武昌的新兵弟兄，咱们天下所有的老百姓打倒了清朝。今天，是中华民国，是新的中国了！可是，北京的袁世凯袁大头，他不让咱们老百姓搞共和，他还想做皇帝，继续欺压我们。现在，南方有个孙中山，他是咱们穷人的头儿，专为咱们穷苦人谋福利。可是，袁世凯发兵要打他！我们帮不了孙先生的大忙，就拿起家伙儿捣他老袁的老窝儿，让他顾头不顾腚，拉扯住他的后衣襟儿，让他前进不得。干吧！愿意跟我们走的，只管跟我们走！今天闹了事儿，明天才会有好日子呀！起来吧，大家闹他个鸡犬不安，让天底下的贪官污吏都不得个安生。若有那些不长眼的家伙又欺压穷人，义军会从天降来，剥了他们的狗皮！"停了停，他鼓起全身的气力喊道："今天，我们捉了禹州城几个罪恶滔天的王八蛋，要当着乡亲们的面惩罚他们，杀一儆百，教训那些孬种！给我带上来！"

话音落时，几个士兵推上来一群缩了头的东西——捆成一团的贪官和豪绅。他们翻着白眼，像猴儿一样拐了腿。乡亲们一看都笑得前仰后合，拍着手叫好。

白朗说："这几个家伙，全都是作恶多端的坏东西。今天我们把他们割除了，天下的土地成了无主的地，乡亲们只管种，只管收！来呀，上第一道菜！"

立刻有人抬来两大桶屎汤，摆放在被捆者面前。又有几个士兵用马勺盛了，逼这些家伙张嘴喝。他们无论如何咬紧了牙，就不喝。

宋老年在一旁说："打碎了牙，灌进去！"

几个家伙被灌了进去，立刻大口呕吐起来。其中一个叫曹策文的家伙满头稀顶，他用力挣扎着，要跳起来，被人强按下。他破口大骂："白朗啊白朗，你个白眼狼！无法无天的东西；你，你们全无人性，作践老爷，你不得好死！"骂着，骂着，他要用头去撞人，高喊着"我不活了"。两个年轻人扭住他，抓紧了他的臂膀；此时，冲上前一个妇女，掂了一只鞋子，朝他脸上狠狠打去，一边打，一边骂："狗日的坏东西，你能称作人吗？"有人说，这个妇女应该喊他叔父；她一边哭泣着，一边诉说这个曹策文如何偷鸡摸狗，为了贪占别人的土地，竟把自己的亲侄儿逼死，霸占了自己的儿媳妇。人们哈哈大笑，说，这是家务事儿……

曹策文气急败坏，骂着："狗东西们看什么笑话？别听她胡说八道。白朗这些土匪，挖人家的墓，偷出来东西卖了，去买军火；这才是罪恶滔天！"

白朗厉声呵斥道："呸！曹策文，你在这里称王称霸，丧尽天良，害了我多少义军兄弟！你占田千顷，为官不仁不义，草菅人命，霸占多少个良家女子，逼得多少人妻离子散，无家可归；你身为贡生，还算个知书达理的人，可是为了讨债，竟让恶狗活活吞吃佃户的心肝肺。你，你个禽兽不如的东西，你假装斯文，男盗女娼，穷凶极恶。你活在世上就是世上的耻辱！你哪里配谈什么人性！"此时，人群中走出一位白发苍苍的老者，上前对着曹策文的脸，"呸"了一口黏痰，怒数他如何打死自己的儿子，霸占了自己的儿媳和两个女儿，忍不住挥手狠扫了他几个耳光。又有几个人要冲上来控诉，被士兵们拦住，劝他们注意维持秩序。

白朗大声说："这样的东西，让大家伙儿说，该如何处置？"

人群立刻爆发出一阵愤怒的喊声："杀了他！"

"宰了他！"

一个头缠红布的军士高高扬起鬼头刀，一刀劈下，曹策文头颅滚落在地，像死狗一样无声息。

人群爆发出热烈的欢呼声。仰天大笑的锣鼓又欢腾起来！

大憨感受到这震撼人心的力量，在心里说：普天下，如果到处有这样的民众，神州大地就会有熊熊燃烧的烈火。推翻袁世凯，再造共和，还愁什么呢？

禹州夜晚的街道，到处都沸腾起来。梁北、褚河、郭连、朱阁、火龙、方岗一带的百姓都喊叫着，从四面八方赶到禹州城。他们看十三班社火如何玩花样。夜空被映红了。街上的商贩们说："这比那过年还要热闹，要是天天这样该有多好！"男女老少挤满了街道。义军在禹州城周围撒满了岗哨，时刻注意着许昌和开封方向的动静。

州衙的后殿里烟火通明，白朗正和义军的将领们讨论作战计划，还讲到兴修水利的事。大憨望着白朗瘦高、精壮的身材，为他的魄力所感动。他想，白朗和洪秀全、义和团那些装神弄鬼的义军不一样，这是一位极有战略眼光的英才。即使是在南方，在那些革命党中，这样的人也很少见，更不用说官军中难有这样出众的将才。白朗岂止会打仗，他还懂得民生啊。

大憨想起了孙中山和黄兴他们，孙中山先生并不为黄兴他们完全拥戴。有人说，孙中山常常被他们所孤立，甚至有人不负责任地讥笑孙先生，说他只会周游列国，不懂打仗，是空头革命领袖。是啊，若孙中山先生有白朗这样的人才在身边，革命武装该会有多么强大呀！

　　"大憨先生，请您谈一谈，看我们这个方案如何？"

　　白朗打断了他的沉思，正和蔼地望着他。义军的将领们也都用期望的眼光一齐请他谈一谈。

　　大憨抱拳谢了，说："你们太高看我了。对于军事作战，其实我是不懂的。我只能提醒大家，不能仅仅依靠自己的力量。我们要扩大视野，把眼光放得更开一些，争取与全国的革命力量都紧紧联结起来，就像一张巨大的网一样，我们织起天一般大，罩得住地，就更容易捉到官府、官军这些鱼虾！现在，咱们义军的力量不够强大，要想法与南方五省的革命力量联系，一起聚成洪流，汇聚成江河，冲垮袁世凯的围剿！"白朗他们像孩子一样天真地听着，用灼人的目光表示赞成大憨的意见。大憨指着作战地图，说："就目前来讲，袁世凯的重兵，一路由河南通向湖北，是段芝贵率领的毅军赵倜、王占元、李纯的两个师，他们准备打九江。一路由山东通向苏北，是冯国璋率领的张勋、雷震春部，他们准备打南京。这之中，黎元洪在武汉是很重要的接应。湖北没有裁兵，有八九个师的兵力。袁世凯要出兵，就必须通过武汉，现在黎元洪是举足轻重的一个家伙。我们要想办法扰乱黎元洪的后部，牵制湖北的敌人，从侧面来援助江西。我们尽量避免同敌人正面交锋，因为我们的装备差，与他们的洋枪洋炮相差太大。我们的阵地也最好以山区为主。"

　　白朗猛一拍桌子，大叫一声："好！"把人们惊得一愣，他感慨道，"大憨兄弟，我们太缺乏您这样的眼光了。从前我们以为，去一处，杀一处，就能把天下的不平踩掉。谁想，我们只是奔命，不懂得大局。像这样的敌砍乱杀，什么时候才能安住日子？如果我们与孙先生黄兴他们联系得上，天下的革命力量形成一片，那该是铜墙铁壁。任敌人处怎样来剿，他们也奈何不了。"

　　宋老年和李鸿宾说："今天打了禹州，何日我们再打下开封，打下武汉，全中国就都是我们的了！"

　　大家谈着，笑着，对未来充满了信心。起义军中有些战士家乡就是禹州的，白朗让他们回家住上几天；他们说："队伍随时就要出发。还是和大家在一起吧，这样免得回到家中儿女情长的。"有人对大憨说，禹州一带，老百姓敢作敢为，有谁报仇，直接把人杀了，自己也不去官府，直接在十字路口立一块招牌，写上自己杀了谁，然后扬长而去。起义军有许多这样的人。大憨非常感动，对白朗说："您看，天底下只有我们的战士才有这样的胸怀。袁世凯他哪里会有这样优秀的人才呢？他们大大小小，上上下下，抱定的信念是什么？他们只知道升官发财，都是为了自己。"宋老年说："对！禹州人对义军真是没啥说的。刚才有一位老汉送来一对祖传的宝瓶，是纯正的上等钧瓷。他一定要我们收下，我们多不忍心啊！俗话说，黄金有价钧无价。像这样贵重的钧瓷，能值上好几百两的银子。赶上年歉收时，说不定能换几顷地。老人不舍得留着，送给我们，要我们换军火，狠狠打击袁世凯。老百姓盼的是真正的改天换地！"

大憨听他们介绍了钧瓷的生产情况，心里想，若有机会去神垕，亲眼看看人是怎样把泥土变成神姿百态的宝器，那该多好。他想对白朗说，等革命胜利时，要把神垕的钧瓷厂家组成起规模，让全国的人民都能看到这样的宝物。

白朗望着大家疲惫的脸色，劝道："都先休息吧，弟兄们！明天一早，我们就要赶路，养足精神。"

而此时，人人心中都燃着一把火。他们谈兴越来越浓。大憨为大家讲到遥远的西方，他们造的汽车和火车如何如何跑得飞快，众人都瞪大眼睛，夸他懂得那么多。最后，大家商定，打南阳，攻许昌，最后战开封，白朗做总司令，由大憨做总参谋，李惠君做他的助手和联络官。大憨连说："不行，不行。我吹牛还可以，真打仗就两眼摸黑了。"他们一直谈论到很久很久。

128. 李烈钧不得不反

夏日的夜空，星河撒满了璀璨的明珠，不时有流星划过，将天穿刺开一条长缝，瞬间，这长缝又愈合了。

李烈钧打马飞向湖口。

田野刚泛起潮湿，露水已结满了草叶儿。鄱阳湖畔的蛙声此起彼伏。远远可以望见营房了，李烈钧的心跳得更急。

袁世凯发出命令，先拿李烈钧开刀，他派几路大军来进攻江西。尽管李烈钧于六月十日已通电，解除都督，撤回调往湖北要与李纯较量的江西军，可袁世凯仍然按照原计划，接连派来重兵，气势汹汹。

李烈钧不得不反了！

白天，他和柏文蔚他们在上海参加了紧急会议，孙中山在会上严厉批评了幻想阻止袁世凯南下而妥协求和的做法，决定不讲成败，据上海、南京，宣布独立！李烈钧表示，火速赶到江西，重振旗鼓，要痛击李纯，兴师讨袁，全力响应上海、南京。

李烈钧想起孙中山的满脸怒色，他从心底感到惭愧。五大国借款时，孙中山致电五国公使阻止，无效，就电令胡汉民，要广东独立。胡汉民说："广东情况复杂，独立尚非其时。"孙中山又命令陈其美，让上海独立。陈其美他们却说："外国租界在上海甚多，一旦用兵，洋人干涉，会更困难。"孙中山气得把手都拍肿了，他要到日本去，组织起革命力量，再回来与袁世凯斗。国民党的大多数人都反对孙中山这样做，以为阻止袁世凯派兵南来，才是最迫切的，要不惜一切代价争和平。他们说，宋教仁被刺，大借款，可以由法院和国会来解决——纵使袁世凯多么毒恶，他也不敢解散国会！还有人出主意，想着国民党让汤化龙他们组阁，由新内阁出面提请国会追认借款合法，借此来消除国民党与袁世凯的矛盾。再后来，有人推出岑春煊、王芝祥、汪精卫、章士钊为代表，想让他们代表南方，与袁世凯协商议和。而袁世凯却大喊："不谈议和的事，因为南北问题不是问题，而问题是地方军人要造反，中央必须武力解决！"那时，李烈钧自己也发了迷！

李烈钧在心里狠狠骂着袁世凯。他想起前一些日子，袁世凯如何向自己下毒手，是如何狡诈。六月八日，袁世凯发布命令，免了自己的都督，要自己来京听候酌用，派黎元洪兼领该职，任命欧阳武为护军使，任陈廷训为江西要塞司令。袁世凯指责自己运械调兵，进逼鄂边，他拉拢一师师长欧阳武来拆台！什么运械调兵？确实，自己曾向日本人买两千支步枪。袁世凯曾经规定，增兵购械，必须经陆军部特别核准。军火运到九江，袁世凯下令扣留，自己不服，一定要发还。袁世凯就密令九江使戈定远倒戈驱逐自己，不成，又定北洋六师师长李纯来做九江镇守使。自己拒绝了他，当李纯强行上任时，两军就对上了。直到后来王芝祥出面，由自己在日本时的同学、时任公府军事参议的耿议来做九江镇守使，军火发还，才算平息了事。现在，袁世凯借口"军民分治"安插他的人，自己提汪瑞闿任江西民政长，抢在了袁世凯前面，让他中央任命的计划落了空。可汪瑞闿却要先到北京谢恩，随后才来到南昌拜见自己。自己因为汪瑞闿先拜袁世凯，不见这个忘恩负义的人，这样又得罪了袁世凯。袁世凯发兵来，就是要拔掉自己。李烈钧破口大骂：袁世凯呀袁世凯，我李烈钧已经对你仁至义尽，你为什么还不满足，还要派兵来呢？我哪里还有退路！

李烈钧在心里对自己说：袁世凯这个流氓，没道理可讲。胡汉民解职了，柏文蔚也解职了，国民党的三都督都解了职。你袁世凯是要消灭国民党所有的军事力量啊！你是在逼着我们讨伐你！他在心里盘算着，在湖口组成讨袁军，由林虎和方声涛任左右翼司令，按计划，湖南、广东一动，就可重创袁世凯的北洋军。

七月十二日上午，阳光灿烂。

沙河镇的林虎旅营地静悄悄的。林虎和方声涛正巡营。

"嗵！嗵！嗵！"

接连从李纯的阵地上射来炮弹，将营房炸飞了几间，血肉和硝烟一起飞上了天空。士兵们冲出营房，乱作一团。

林虎立即指挥反击。

枪炮声震得营房倒塌了许多，漫天滚起乌黑的硝烟。鄱阳湖水被震起浊浪。

在这枪炮声中，李烈钧在湖口宣布：江西独立！

一支电波从湖口飞向四面八方，向全中国的人民发出热切的呼唤："民国肇造以来，凡我国民，莫不欲达真正共和目的。袁世凯乘时窃柄，帝制自为，灭绝人道，而暗杀元勋；弁髦《约法》，而擅借巨款。近复盛暑兴师，蹂躏赣省，以兵威劫天下，视吾民若寇仇，实属有负国民之委托。我国民宜亟起自卫，与天下共击之。"

李烈钧被江西省议会公推为讨袁军总司令，欧阳武为都督。江西军战士们举起火红的战旗，呼喊着冲向阵地，与李纯的部队展开战斗。战线上频频传来捷报。炮火一天比一天激烈，讨袁军将士拼死以战，很快打得李纯部丢盔弃甲。

长江的浪潮激动地拍打着两岸，把这胜利的喜悦和战士们的英勇顽强送向远方。嘹亮的军号声尽情欢叫着。

七月十五日，江苏独立了！

七月十七日，安徽独立了！

七月十八日，上海和广东都独立了！

七月十九日，福建独立了！

……大东南，所有的山川与河流都发出怒吼声：袁世凯下台！

中南海，大总统府；袁世凯的脸上正挂着冷汗，他的嘴唇颤抖着。他命令段芝贵为第一军军长兼江西宣抚使，归副总统黎元洪节制指挥，立即开赴湖口！他接连发出命令：调汤芗铭率战舰火速开往前线，与陆军协同作战；湖北海军等军舰，沿江直下，攻下湖口。

大总统府的空气又闷又热，充满了熏人的烟草焦臭味儿、长了疮的脚汗臭味儿、狐臭味儿。还有谁偷偷放出的又酸又辣的臭屁，悠悠扬扬，飘在屋内，轻拂着这一张张罪恶的脸。

袁世凯扫了一眼黎元洪的电报：这个黎菩萨，让他兼江西都督，他舍不得离开湖北，而推举欧阳武为任。此刻，他痛骂李烈钧辈如何妄乱，表示要"处军人之职，受国民之托，惟知服从命令，拥护共和，名誉生命，皆所不计"。

他让人发电，申告天下，李烈钧辈如何挑起内战，痛斥李烈钧、欧阳武他们这些祸首罪魁，是"捏词诬蔑，称兵犯顺，视政府如仇敌，视国会若土苴，推翻共和，破坏民国，全国公敌，万世罪人"。

唐绍仪和蔡元培来电报了，他们说，民国是中华民国，不是袁世凯的民国；他们请袁世凯为了天下和平，尽快辞职。袁世凯想破口骂一声"狗日的孬种们"，可他觉得嘴唇仿佛被人用胶粘住了，如何也张不开。

他在凝思着。他摇摇头，再摇摇头：推翻清朝，本来与他们国民党没有任何联系。湖北起义，孙中山远在国外，毫不知情；现在，桃三李四，他们来抢果实。我袁世凯不答应，全中国老百姓都不会答应。南方人精明，算盘打得太快了。

前线打着仗，北京的国民党在捣乱。宁调元、熊越这些人制造不尽的谣言和动作。

于是，他宣布：戒严！

湖口戒严，攻守之处都要戒严！

北京戒严！

他要人发布命令：叛党们要破坏中华民国，欲涂炭生灵，只要我袁世凯一息尚存，一日在职，我就要以兵力勘定，行使《约法》的权力，尽职于国民厚爱！

他的嘴唇依旧张不开。

渴！

他想喊。

喉咙干涩得快冒烟了！可是，一张张脸都没有表情，全在忙着起草文件、处理电文、标记战情，没有一个人来问自己渴不渴。狗娘养的们！

孙中山的电报也发来了：他通电全中国，以民命为重，以国危为急，同时向自己劝以早日辞职，以息战祸。

袁世凯在心里痛骂道：狗屁国民党，什么救国救民？都他妈的一群野心家！捣乱有术，男盗女娼，你们治理国家，肯定会把国家带到危险边缘。渐渐地，他的眼前闪过云烟，一切都模糊不清了。他不知道自己在什么地方。

总统府的气味依旧。

人们在歇斯底里地喊着他，他听见了这焦急的喊声。可他却望不见他们，隐约觉得前面一条小路在蜿蜒伸展，他的脚步迈不开，可他觉得身子正在往前移动。前面是什么？为什么有这么多的烟雾呢？忽然，他看见一群血淋淋的人正从不远处向他奔来，他们拿着棍棒和绳索，要捉拿他。面前是沼泽，亮着水和草，还有鼓起的气泡，他摇了摇身子，在水中隐下去。他觉得自己藏起来了，什么都看不见听不见了。可身子却变成了龟的形状。他感到自己在下沉，无可奈何。

等了很长时间，袁世凯才醒过来。他望见南中国的大火正熊熊燃烧，国民党如何有这样死灰复燃的力量？自己派去了那么多的军队，为何不能迅速歼灭他们呢？

任凭他们怎么喊，他没有一句话。

袁克定趴在他耳旁轻轻说："段祺瑞在搞自己的一套人马，每天都对中层以上的军官进行训话。同时，他还利用战事之际，将亲信分插各部，加强统治。"

袁世凯仍然没说话，他的嘴唇哆嗦着，没有一点儿血色。

李纯的人马都退下去了，阵地上还响着昨夜的厮杀声。到处是弹坑，堆着数不清的尸首、破碎的衣片。血腥气熏得人直呛。江水滚滚东流去，江面上时时可看见漂浮的死尸。岸边的芦苇乱蓬蓬的。

清晨的江风拂卷起李烈钧、林虎他们的衣襟，微微的寒意袭来，不时响起喷嚏声。炮台阵地上一片寂静。

"报告！孙先生电！"

传令兵飞身下马，把一封电报交给了李烈钧，转身又飞马离去。

李烈钧拆开一看，喜上眉梢，说："弟兄们，请听：'现有海军部次长汤芗铭，奉袁政府之命，统率楚字军舰四艘，泝流而上。此人是同盟会老同志，此行即倒戈讨袁，慎勿发生误会。'我们有海军来支援，就可以更稳固地守住湖口了！"

太阳从东方升起来，金辉映红江面。

李烈钧对林虎说："汤芗铭一来，我们有了舰队，即可挥师西进，收复武汉，活捉黎元洪，打败袁世凯！"

林虎喜气洋洋，他命令号兵们集合起来，擦亮军号，一字列开，准备用嘹亮的军号声，迎接楚字军舰的到来。

李烈钧说："汤芗铭那里肯定是孙中山先生做好了工作的。汤芗铭这个人，我以前知道他。当年他中过举人，后来去法国学海军。那一年，孙中山去发展同盟会，到了巴黎，汤芗铭先是签名加入，后又偷去同盟会花名册，出卖了孙先生，向出使法国的孙宝琦告了密。孙先生一怒之下开除了他。他毕业回国后，在武昌起义时，随舰队在九江起义。南京临时政府成立，孙中山不计前嫌，起用他为海军部长，命他出师北伐，率舰至烟台。现在，要他来帮助我们，孙先生真是雪中送炭啊！通知马垱要塞，放行。"

西边李纯的部队，这时也宁静下来。

瑟瑟的风，吹得江水一片碧蓝，岸边的野蒿、芦苇、嫩柳，又仰起了头，绿莹莹的。一群沙鸥，"吱吱嘎嘎"叫着又飞来。

战壕中有人说："多美的天呀，若不是打仗，我们下水洗澡，打水戏，摸了菱角和莲藕，还有那茭白、芦蒿、鸡头草、螃蟹、蚂虾什么的，吃上一顿，该有多美。"

"更美的你还没有说呢？"另一个接过话题说，"明净的月夜，湖口岸上的姑娘们来水边，一个个脱了衣服，白白净净苗苗条条，跳进水里洗澡，笑着，闹着。你从旁边儿潜过来，钻进她们中间，抱住一个在水里，嗨嗨，那劲儿就别提了！"周围的人都笑着，炮台热闹起来。有人提议，说："不开枪，没有火药味儿，憋得人难受。谁会唱小曲儿，来上一段儿让大伙解解馋吧！"

他们七嘴八舌喊着："对！来一段儿荤得流油放光的。弟兄们听了，解解闷儿！"

一个瘦精的战士，奶声奶气地说："听我来一段儿！"

马上有人笑着说："菱角，八成你是个花木兰，女扮男装来打仗的。唱吧，打完了仗，我们要剥开你的衣服，看你是不是女儿身。谁叫你长得怎漂亮，都想着你是个姑娘呢。"

菱角红了脸，羞答着说："还真是你们说的，我确实是女儿身。我的爹爹，在上海被洋人用狼狗咬死。我成了孤儿，为混一碗饭吃，才投军。我也是奔共和来的呀。"

几个士兵"嗷"的一声叫起来，喊着"阿姐来一段儿"！

菱角抿了抿前额，放开喉咙唱起。甜润的歌声飞起来了，熨慰着战士们焦渴的心田。歌声飞来飞去，在灿烂的阳光里变成无数的金蝴蝶、银蝴蝶，漫空闪烁着。凉爽湿润的风们扑来了，轻轻抚摸着这歌声：

正月里探哥那个正月正，
俺和阿哥去呀观灯；
观灯是假的，
哥呀，
啊哈表的是人情。

二月探哥那个龙抬头，
俺和阿哥下呀扬州；
下了扬州城，

哥呀，

啊哈二人看花楼。

三月探哥那个三月三，

俺和阿哥下呀江南；

打起船上坐，

哥呀，

啊哈钱要一大串。

四月探哥那个四月八，

俺给阿哥摘呀黄瓜；

大的摘到手，

哥呀，

啊哈小的才开花。

五月探哥那个五端阳，

糯米粽子白呀砂糖；

还有几个咸鸭蛋，

哥呀，

啊哈拿去过端阳。

六月探哥那个三伏天，

白洋布褂子绸呀布边儿；

褂子刚做好，

哥呀，

啊哈拿去过伏天。

七月探哥那个七月七，

天上牛郎配呀织女；

牛郎在河东，

哥呀，

啊哈织女在河西。

八月探哥那个是中秋，
俺劝阿哥别呀发愁；
爹妈不同意，
哥呀，
啊哈我俩手扯手。

九月探哥那个九月九，
俺与阿哥手呀扯手；
说不完的话，
哥呀，
啊哈实在难分手。

十月探哥那个望门来，
深秋冷风吹呀人怀；
一天望三遍，
哥呀，
啊哈怎么不快来。

十一月探哥那个降寒霜，
水桶就在两呀肩上；
扁担压着肩，
哥呀，
啊哈妹正把你想。

十二月探哥那个下大雪，
红绸儿被窝暖呀不热；
三更五更难睡着，
哥呀，
啊哈快把妹来接。

　　李烈钧和林虎他们闻声赶来，和战士们一样，陶醉在这歌声的美丽中。李烈钧大瞪双眼，喉咙节儿一上一下，不停地蠕动。听着这甜美的歌唱，他的心飞向自己的少年！

菱角唱着，越唱越高兴，越有精神，泪流满了脸，更显得秀丽、娇艳。几个年轻的战士，手挽着手，站在他的对面，摇头晃脑，与他相和着，每当他唱到最后一句，他们用尽力气同声唱"哥呀"、"姐呀"、"啊哈……"

歌声把人的思绪拉得又细又长，拉得很远很远；阵地上宁静得出奇，只有风儿们迈着轻盈的舞步，送来江面上沙鸥的鸣叫。

"报告，发现楚字号军舰！"

放哨的战士跑来报告。李烈钧一挥手，大喊着说："军号队准备，全体注意——热烈欢迎！"

江面上远远地驶来舰队，冒着长长地黑烟，向岸上靠近，舰上的人影犹在眼前。

"嘟——嘟嘟——"

欢快的号声冲天响起。

李烈钧指挥着众人，队伍整齐地排列着；在军号手们嘹亮动听的欢迎曲中，他们送上虔诚的致意，一齐向舰上的水兵们敬礼！舰上的许多军人也在招手。

突然，舰上的炮口迅速转向炮台，猛然发出轰击。很快，一朵朵蘑菇云在炮台战士中升起，许多人被炸得血肉横飞。

李烈钧愣住了，直到舰上涌来成群的士兵，他才醒过来。

此时，西侧的李纯阵地也发起进攻。成群的士兵高声呼喊着："冲啊！杀呀！"林虎从地上爬起，满脸都是烟灰，他的耳朵被削掉一只，正滴着血。

"打呀——向汤芗铭开炮！"

李烈钧发疯了一般，用尽力气喊叫，指挥战士们反击。泪，从他眼角汩汩流出。炮台许多地方被炮火击毁了，数不清的战士倒在血泊中。刚才唱歌的菱角被击中了胸膛，他背朝上，涌出大片血，如巨大的丽花在愤怒地开放。敌人两面夹击来，李烈钧和林虎抵不住攻来的敌军，沮丧的命令撤退。

湖口很快被汤芗铭舰上的北洋军攻占了。瑟瑟的风在哭泣着。

李烈钧找到一匹马，跨上飞奔去。他抓起自己的领章帽徽，狠狠地撕了个稀巴烂，咬破了自己的嘴唇，将血涂抹在自己的脸上。他恨自己为什么这样轻信了汤芗铭！自己明明知道这个小人曾出卖过孙中山，自己为什么这样麻痹大意呢？他仰天发誓，如果见到汤芗铭，一定要亲手宰了他……

他纵马飞奔！前面是一道壕沟，马只顾向前冲，来不及调整，一下子折进壕沟中，把李烈钧摔下马来；他的头正砸在一堆白色的鹅卵石上，鲜红的血迅速向四周开放着。

当他醒来时，周围静得无半点儿声响。已是第二天的黄昏了，漫天飘着淅淅沥沥的雨。他想动却浑身疼得难忍，又昏了过去。

等他再醒来的时候，他正躺在一个庄户人家的床上，两位年迈的夫妇在为他熬煎汤药。他们见他醒来，高兴得笑个不停，说："孩子啊，你终于醒来了。你昏睡有三天三夜，真让人担心啊！"

老太婆念着"菩萨保佑"，端来药汤让老汉喂他。

李烈钧蠕动着嘴唇，轻声说："我，是你们的，亲生，儿子。"

129. 风雨飘摇

湖口失守的消息传到南京时，黄兴正握紧电话筒，使劲喊着："无论如何，一定要守住浦口！"

七月十二日，他才来到南京；十五日，他迫使江苏都督程德全宣布独立，他就任讨袁军总司令。在这之前，他反对孙中山的讨袁，坚持合法斗争。可是，三都督的职被解除，冯国璋和段芝贵两路大军逼来，他悔之已晚。二十三日，孙中山被撤去铁路筹办全权职务，上海的租界和香港英督都接袁世凯的要求，公开缉拿革命党的领袖们。他为自己看不到袁世凯的嘴脸感到深深的痛心。临来南京之前，他握着孙中山的手，泪流满面而无一句话，两人用目光相互鼓励，相互嘱咐多保重。

七月二十三日，徐州失守了，第三师的冷遹抵抗不住张勋和田中玉的攻势，退出柳泉，丢了徐州。形势越来越紧张了。前方来信说，张勋在徐州对辫子军们鼓气，讲什么打下南京城，放假三天。辫子军都急红了眼，一鼓作气，直向南奔。黄兴派出刘建藩的骑兵去增援冷遹，抵挡不了多久。张勋沿着大运河，经骆马湖、宿迁、泗阳、清江、泾河、宝应、高邮，直奔扬州，正强攻镇江。

另一路，冯国璋从津浦路南下，很快陷蚌埠，破临淮关，直逼滁州。柏文蔚丢了临淮关，刘建藩丢了蚌埠，徐宝珍又从运河西，进攻津浦线上的讨袁大军，前线如冲决的河水，溃退向浦口。

黄兴一再命令浦口的守军，大声喊着：即使剩下一人，也要顶住，一定要保住浦口！可是，一个个前线传令兵，都惊慌失措地报急来，说没有军饷，缺少弹药、粮草和医药，已经有不少人叛逃了。

黄兴骂着："你们他妈的都不听我的指挥。我还是不是司令！"他亲手毙了几个传令兵，驱赶他们立即赶回浦口前线。江苏代理都督、一师师长章梓一把夺过他的枪，愤怒地说："姓黄的，你随便杀我的兄弟；你知道吗？我的一师还有多少人马？"

天将近黑时，指挥所的周围蒙上了浓浓的白雾。黄兴和参谋们一天没吃饭，仍端着油灯查看地图。黄兴接到一封封电报，南京、安徽、江西，讨袁军全局溃散。他的心口一阵疼痛。

"啪"的一声，他手中的油灯摔碎在地上。

一群参谋围上来，他摆了摆手，让大家都退去，有气无力地说："弟兄们，你们去餐厅吃点儿饭吧，我想休息一下。"章梓缓缓过来，安慰他说："总司令，你不要怪我。你看，程德全跑上海去了。岑春煊也跑上海去了。柏文蔚将军能够支撑战局？我们好好谈一谈下一步如何安排吧。"

黄兴点了点头。

夜晚，他们两人化了装，走出南京，直往上海。

南京城的讨袁军们，都在忙碌着，来来往往，往前线运送弹药。几个年轻的声音在喊着：

"快呀，浦口吃紧，拼上命，我们也要把这送去！"

"死了那么多兄弟，我们活着，还有什么价值？与北洋军拼了吧！打死一个够本钱，打死两个赚一个！"

"我们换上前线的弟兄来，走，只有怕死鬼才逃窜呢！"

黄兴的脸上热辣辣的，脚步异常沉重。他回望着仍亮着灯光的指挥部，在心里说：南京，我对不住你。他往前走着，走着，仿佛看见无数的人正朝他涌来，那些人打着火把，都举着刀和枪。在人群中，一面大旗迎风飘扬，旗上写着巨大的"黄兴"两字。他隐约地听到人们在喊着：总司令，大元帅，您领导着我们，一齐冲向前去吧！走着，走着，他面前挺立着大山一般的身影，那是孙中山先生。他想说，孙中山先生，我不是逃跑，我，我是为了……他想喊出声。在夜的黑暗中，孙先生那明亮的眼睛明得刺眼，逼得他抬不起头。那目光中有多少痛惜和批评。

他又看见了另一双眼睛，那是一双铜铃般的大眼。这双眼射出的是冷飕飕的、血腥的、逼得人战栗的绿光！黄兴握紧了拳头，他想向那双眼砸去，可那双眼却更加狰狞地逼过来，令他止住脚步。他的心中生出了丝丝怯意。

这双眼，在去年的秋天，在北京，欺骗了他，也欺骗了孙中山，欺骗了无数的革命党。是这双眼，害怕宋教仁执政而泛起民主大潮，指使特务杀了宋教仁；又是这双眼，害怕革命党在全国蜂起，向五大国借款，出卖全国人民的尊严；也是这双眼，发出向南方五省讨伐命令的贼光，使多少革命党人、革命战士倒在血泊中。

还有一双眼，像一盏明灯，正从三湘大地飘来。他必须仰起头，才能看得清，那是老英雄谭人凤明察秋毫，曾拥怀多少风云的眼。黄兴不敢正视这双眼！

这双眼，曾在南京临时政府北撤后，南方大裁军时来批评黄兴无原则裁军，不留下一支革命力量，断言会后患无穷。自己为什么不接受这双眼的忠诚呢？这双眼在说话：黄兴，你在革命最紧要时，离开南京，你应该受到惩罚！我谭人凤这么大年纪还坚持斗争，你有什么资格退却？在誓师讨袁时，你是如何向全国人民讲的？'此行若得死所，乃所尸祝'。你还没有战死，为何就要逃向上海？

黄兴羞愧交加，闭上了眼睛，不敢抬头。风，在他耳边吹来隆隆炮声。

南京在风雨中飘摇。

黄兴离开南京，程德全立即宣布取消江苏独立。他在电报中委任杜立川为第一师的师长，代行都督。冯国璋、张勋西路大军急赶往南京，一路上，杀喊声震天。

雷雨，紧裹着南京。一条条闪电凶猛抽打着城头。挹江门、定淮门、草场门、汉中门、水西门、朝阳门、武字门、通济门、光华门、太平门、玄武门、钟阜门，环绕整个南京城的城门垛上，都堆满了石头。年轻的战士们在城门周围埋下无数地雷。渐渐地，弹药开始紧张了，但他们同仇敌忾，严阵以待，毫无畏惧。每一个城门就是一个阵地。战士们在一起聚集，将每个人的手指都咬破，血滴在酒碗中。大家发誓：饮血酒，对苍天，誓与南京共存亡！

南京的百姓们走出一条条街巷，将饭食送上城门。他们嘱咐战士们："南京城是光荣的。太平天国时，曾剃头的兵那么狠毒，也没有让南京人屈服！"有人骂黄兴狼狈逃窜，又有人劝道："他算什么？南京人没有他，照样守城杀敌。"

袁世凯发布命令，说：南京守城士兵，即使是取消独立名号，也要杀，一律不留降兵。冯、张二部如虎如狼。这消息传来，南京军民共同守城，他们相互勉励着："杀剩一个人，也要与袁军拼！决不能当降兵而亡。"

浦口厮杀得越来越激烈了！

第八师的师长陈之骥是冯国璋的女婿。袁世凯发电，若他投降过来，可以保留他的第八师。第八师官兵知道后，有人提议杀掉陈之骥。陈之骥曾是同盟会的会员，当年，陈裕时、赵恒惕的两个旅扩编成第八师，黄兴就是让他领导这个师的。这个师的官兵大多是湖南人，而且许多人是同盟会的会员，不少人是日本士官学校毕业生。所以，又有人说："陈之骥未必要投袁，我们何必搞内讧，自相残杀？"战士们高声骂着程德全，说："这样的叛徒，他若从上海回来，我们先杀了他。他说取消南京独立，难道就取消了吗？取消了独立，我们不照样被杀头吗？"

八月八日，湖南籍的官兵们，还有城内湖南会馆的乡亲，大家聚集在一起，放声高唱杨度的《湖南歌》：

> ……中国于今是希腊，
> 湖南当作斯巴达……

歌声越唱越激昂，含着热泪和怒火！

士兵中一个叫何海鸣的人挺身而出，他振臂高呼着"共和万岁"，说："乡亲们，弟兄们，我们重新宣告江苏独立！与袁世凯决战到底！"大家热烈欢呼，一致拥他为讨袁军总司令。于是，何海鸣带领一队人马，驻进都督府。他亲自起草文件，通电全国，要把南京的消息告诉全国人民。

陈之骥派人包围了都督府，何海鸣很快被捆绑起来。都督府内外都站满了陈之骥的人。何海鸣怒斥陈之骥，说："呸！姓陈的，你枉做过革命党，目睹革命之危在旦夕，竟肆意投敌！"

陈之骥冷笑着，对众人说："以我们现在的兵力，如何抵得过北洋军？不如和了。我们自古就称颂和为贵。和了，我们还可以保全兵力，避免损失。现在我宣布，为保全第八师弟兄的性命，取消独立！"

墙上的挂钟默默指向两点。自上午八点，何海鸣只做了六个小时的都督。陈之骥冷笑着命人把何海鸣押下去，他说："待我们迎回冯将军，再用他的头来祭我们阵亡的将士们！"

何海鸣也冷笑着说："陈之骥，你个无耻叛徒，杀得了我，能杀得了所有的革命将士吗？你没有看到吗？袁世凯要杀尽南京人呢！"

陈之骥对左右人等说："别理他，姓何的小子，写写画画还可以，只是嘴上劲头不小。"

八月十日，陈之骥渡江去浦口，第一师的二十九团冲过来，与第八师守军开战。英勇的将士们终于控制了局势，重新把何海鸣放了出来。第八师溃败了。大家仍然拥何海鸣为讨袁军司令。

何海鸣带领人马，浩浩荡荡，重新走进都督府。他命令：第一师占领各处险要口，严防敌军偷袭。接着，他大声宣告："江苏独立！"

二十九团的青年战士多，而且许多人接受同盟会的宣传教育，此时，他们成为守城的中坚。前沿传来消息，北洋军在海军的掩护下占领了天堡城。他们立即开赴前去，人人脱光上衣，手持大刀，硬冲向敌阵，一次次把天堡城夺了回来。

天堡城上，你来我往。敌我双方，你占我抢，我占你抢。二十九团的战士们丢了五次，抢回了五次。守城战士面对敌人陆海军共同进攻，头顶上倾泻着如雨的炮弹，毫无惧色。

狮子山炮台上，守城战士极力顶住从老江口攻来的敌人。炮火在狮子山上到处开花，炮台陷入火海之中。许多战士被炸成碎片，血肉涂抹在炮台上。鲜红的血涂满了炮台。敌人攻来了，我守城战士只剩下一人，他一人操炮，继续向敌人打去！一阵弹雨又覆顶而来，最后一个战士在炮火中涅槃了。被炸飞的头颅飞向天空，又落在炮台上，依然双眼圆睁，怒视着敌人。

长江水的怒涛，沉默了，呜咽着，满身疲惫，无奈地流向东方。

密密麻麻的北洋军从四面包围住南京城，将所有的炮火抛向城内。城内到处炮火纷飞，横尸遍地。

安徽都督、讨袁军总司令柏文蔚于二十一日赶到了南京，大家推他做江苏都督。柏文蔚问何海鸣："城内还能坚持多久？"

何海鸣说："坚持到只剩最后一个南京人！"

柏文蔚说："单靠与北洋军硬拼，即使展示非凡本色，对共和事业，对国家与民众，又有何补？我们应该与外围各省军队联系，杀出重围，让整个东南连成一片。"

何海鸣颇不耐烦地说："守不住南京这块阵地，又有什么东南可讲？"

两人争吵起来。

隆隆的炮声，更密，更近，有人从安徽送来信。信的内容是，祁耿寰、刘国栋他们说，胡万泰溜出都督府，形势严峻，请他速回安徽主持抗击袁军大事。

于是，柏文蔚走了。何海鸣派人护送他出了南京。

守城战士说："狗东西们，黄兴也好，柏文蔚也好，都是高喊共和的人；他们来一个，逃一个。他们都是骗子，都是首鼠两端的小人。我们打我们的！这些做了大官僚的人，总是贪生怕死。"

四面的战火燃烧得更加凶猛。何海鸣命令：四处出击，打开重围，与敌军决一死战！将领们准备布置强攻。

这时，朝阳门守军报告，北洋军正挖地道攻城，触动地雷阵，死伤敌人无数。

何海鸣哈哈大笑，说："我南京城铜墙铁壁，从来都是易守难攻。让袁世凯的人马都来吧！"

130. 北洋军攻克南京

北洋军重新布置了进攻方案；由张勋从东面包围，主攻太平门；由雷震春从南面包围，打南门；由冯国璋包围北面，打北门。西面江心洲、三汊河、老江口一带，由刘冠雄封锁。后续不断的北洋军，他们层层包围住南京城；长江江面，一艘艘战舰将炮口对着城中心，不停地轰击。

张勋对手下的将领们说："传我令，若攻下南京，三天之内，一律放假，尽日不封刀！"辫子军们越打越勇，不少人合计着，如何多抢几个南京姑娘。有人知道张勋的心思，说，辫帅为什么下这么大狠劲来攻城吗？辛亥年，他在城北一枝园建立江防军大本营，大行宫和花牌楼一带，杀了很多人。江浙联军打来，辫帅溜出汉西门，从大胜关那里偷着渡江，才逃得一条命。南京人在下关捉来他的爱妾小毛子，有强壮汉子把小毛子轮番睡了，后来由徐绍祯辗转救出，把小毛子送回他身边。他屡屡发誓，一定要杀尽南京城的男人，报这耻辱。辫子军中，北方人很多，大家早就垂涎南京姑娘，把她们说得比花还美。一个个色眯眯地说着污秽不堪的话。

张勋眨巴着眼，不让自己的部下再攻城，他对扬州军第四师的师长徐宝珍说："徐将军，您掘地道、埋地雷是有绝招的。若您立了大功，我保荐您荣升高官！"

徐宝珍的部下有许多人在日本士官学校专学爆破。他们勘察好地形，先排除守城军布下的地雷，集结数不清的炸药，在猛烈炮火的掩护下，大面积炸毁城墙。

北洋军发出震天吼声，决堤的潮流般涌进南京。张勋下令：首先封闭湖南会馆，凡此是有湖南口音的，一律砍杀。他说："湖南人都是革命党，全作乱匪处置！"

冯国璋的部队紧跟着冲进了城。

四面的门全部打开。很快，大街小巷都被抢掠，到处杀声、哭声连天。冯国璋部放火烧了下关，大火冲天而起，许多人家在烈火中丧生，凄惨不忍人睹。一些洋人目睹此景，禁不住吐出舌头，说："这样的军队用来杀自己的同胞，全世界也很少见。中国人不敢这样对外人，而全无忌惮如此对待自己，真是不可思议。"六朝金粉之地，尤其是秦淮河畔，从晏公巷，到徐家巷、来凤街、胭脂巷、长乐街、六角井。红花绿柳下，辫子军许多人赤身裸体，在光天化日大发兽性，将姑娘们撕得一丝不挂，根本不遮人眼。柳叶街的临河草地上，一群辫子军正在淫声荡气，比赛着奸污几个少女。许多人围着，拍手大笑。更不用说那些青楼，数不清的妓女们在黄昏时分被赶上街头，辫子军用刀砍伤了她们，逼得她们满街发疯似的跑。

秦淮河的水，玄武湖的水，都在夜风中鸣咽着，人不时可听见接二连三的跳水声。

清晨，天下起了雨，秦淮河与玄武湖不见了花船和少年们的嬉戏，没有了歌声、乐声。殷红的河水，血腥气呛人，一具具泡得鼓胀起来的尸体漂浮在水面，如成群的大鱼翻了肚儿，臭气弥漫开，冲天的臭！满街的绿树下，吊着一个个不忍羞辱而寻了短见的人，在风中转着。

大小街巷已经没有了枪声，也没有了哭喊声，只有遍地的血泊、倒毙的百姓们。十室九空，到处浓烟滚滚。

数不清的北洋军穿得不男不女，许多人把衣服打成捆，用枪挑了起来。一些辫子军换上了便装，逼着车夫赶起装满金银财帛的车，偷偷溜出了城门。他们抢够了东西，决心不再当兵，而要赶回他们的家乡。他们要回家去置田买产，安度他们梦想的日子。他们哼着小曲退伍了。

有三个日本侨民被辫子军砍成肉泥。许多洋人或紧闭楼内，把贵重的东西扔给抢掠的北洋军，或早在枪声刚响时，就逃向上海租界。数不清的外国旗帜化成遍地飞舞的纸幡。

雨继续下着，南京遍地都是红得瘆人的血水。一团白雾盖在鼓楼上空，久久不散。

131. 冷冷清清

章太炎又来到了北京，他给袁世凯写了一封信，告诉他，自己住在共和党的总部。他希望能得到一种答复，最好能见一面。满院的花木随着阵阵秋风吹来，瑟抖着，显得很憔悴。太湖石干得发黄如尿渍。他抚摸着桂花、丁香，嗅了嗅，又摇了摇头，唉声叹气。

袁世凯没有回信。来的是一群警察，他们自称是奉警备司令陆建章之命，来保护章太炎的安全。日日夜夜，这群监兵守候住处周围，许多朋友来访，都被他们厉声呵斥，挡了出去。

寒来暑往，菊花开了又败，败了又开，有多少往事萦绕在他的心头。

他在院子里踱来踱去，心渐渐泛起阵阵酸楚。

与前一次来相比，这次来北京，袁世凯冷得不能再冷了。不但不表示一点儿热情，竟还派来监兵，这不仅仅是不信任，其中包含着侮辱。院子里冷冷清清。他想起了孙中山，当年，自己与汤国梨举行婚礼时，孙先生不但来致贺礼，而且再三表达期望同手共振中华的心愿，那眼神异常忠恳。他想起自己曾经误会过孙先生，辱骂孙中山狼子野心，而人家却捐弃前嫌，如此慷慨。再看一看从南至北，这一路所见的片片废墟，人民苦不堪言，心里疼痛难忍。他要亲眼看一看北京是什么样景象，要亲自对袁世凯说：中华民国再也不要打仗了！

袁世凯下令解散了江西、河南、广东三省的议会，通缉一些议员，枪决、逮捕了一大批国民党籍议员。这个地地道道的骗子、刽子手，今天终于完全露出了他狰狞的面目。

章太炎咬紧牙，在心中大声骂着：为何天下多少百姓遭苦遭难而令人痛心？为何袁世凯背信弃义而令人失望？

汤国梨轻轻走来，搀起他的胳膊，扶他回屋歇息，说："先生，别为这样的人伤了心，伤了身体。饮些汤吧。"章太炎随他进了屋，坐在椅子上，猛地咳嗽起来。汤国梨殷勤地为他捶着背，又拿来热水敷了的毛巾，擦过脸，催他躺在床上歇息。

他仰着脸，望着汤国梨说："阿梨，枚叔我一介书生，手无缚鸡之力，足无涉水之劳，为神州破散至此，深感痛心啊。回想起往事，上海入狱，东京办报，答铁铮，抨乡愿，斥儒术。如今，万般休矣！我什么都不愿再想，但愿闭门读书。你看，我们如此受到人监视，若囚犯一般，有何尊严为人所重？我要给陆建章写信，让他为天下而三思，莫刚愎自用，一意孤行！"

说罢，又禁不住咳嗽起来。

窗外的月光，稀稀疏疏的竹影，远处传来戏楼上的丝弦鼓箫。他颤抖着双手，铺开案上的纸，拈起笔，饱蘸浓墨，挥笔写道：

> 谁教两犬竞呀呀，
> 貂尾方山总一家。
> 恨少舞阳屠狗侣，
> 扫除群吠在潼华！

他说："阿梨，这是我在庚子年所作的。今书与你，以此共勉。"

汤国梨激动地望着他，点点头，说："南京一战，人民受尽磨难，惨不忍睹。此禽兽不如行为，中外人等皆不忍言。北洋一部，实乃衣冠禽兽，丧尽天良。袁氏当国，却依此等力量为砥柱，不仅不惩罚此无道之师，反而授勋授位。天下人民，当共伐共诛之。"

二人相扶拥着，正要解衣入寝，突然门外有人相告，喊着："章先生，湖南杨度先生求见。"

汤国梨悄声说："皙子是个厚颜无耻的人，诡计多端。他这个时候来，是要干什么？枚叔最好不见他。他是袁世凯的一条狗！他不会安什么好心的。就说我们入睡，请他改日再来吧。"章太炎说："不。人家深夜而来，肯定有事相告。我们如何能拒之门外？我倒真是要亲耳聆听这位高人的高见。"

杨度携着夫人来到客厅，将一些礼品送上，请章太炎收下。他满脸都是大不自在。接着，他讲明自己的来意，说："夜不能寐，此来拜望，扰您休息，深为不安。大作《訄书》，袁公嘱我向您请教，以此论证中国之前途。先生能否借晳子一读。"

汤国梨示意章太炎不要理会他。章太炎笑了，说："噢，原来你是为袁世凯办事才来的啊。"接着，他打趣道，"晳子兄，听说您将出任内阁总理呢。依兄之才华，定为袁大总统之砥柱，撑大厦于九天！可喜可贺呀！"

杨度不好意思地低下头，说："枚叔先生，请不要讥笑晳子愚笨不堪之能。内阁之事，晳子实无意也。我只想借袁世凯之身之名，为国家为黎民做一番成就，谨尽心尽力矣。内阁总理之职，我从未去想过，都是外人所传言。赵秉钧因宋案而辞后，段祺瑞暂为代理，进步党议员要弹劾，袁世凯即决意改组。先曾请徐世昌，后又请张謇，张謇婉辞不就，即荐热河都统、前唐内阁时财神熊希龄。目前已经正式任命熊氏为总理，很快就会就职的。枚叔先生将我列为沐猴之伍，羞煞人也！晳子深夜打扰，实属无礼，恳请谅解。"

章太炎表示歉意，说："误会，误会。恳请杨先生多原谅。我性自直，不知得罪了多少人却自个儿不知。只是《訄书》随身无带，且无任何价值，总不能使贤兄满意呀。"

杨度要告辞，章太炎紧紧挽留，说："我来北京，心中痛楚万分，真想伏案大声哭尽烦闷。可欲哭却无泪！我想到青岛去住一段。但您看，周围日夜有监兵，我如困兽焉！请允我修书，拜托您转给袁大总统。若让我离开北京，我哪能去反对他！这是什么日子啊。"

杨度哑然无声，说："那我就试一试吧。枚叔先生，人人都有一本难念的经啊。"他想说，多少人不从袁世凯，都被秘密杀害，却恐怕章太炎误会，就苦笑着告辞。

章太炎整夜都烦躁不安，他找出那年的大勋章，决意明日去总统府闹一番。

第十三章 骗子

袁世凯只手扯起熊希龄，走出屋子，站在清凉的绿阴下，显得意味深长地说："秉三，缔造一个崭新的国家，真正不容易啊。数一数前几个朝代，唐也好，宋也好，明也好，有哪一个朝代像民国这样荟萃英才，同求共和的？这是改天换地的大变革呀！无论别人怎样骂我，可他们不能不承认，在我的身边，即使是我的敌人，我也能容忍。若孙中山、黄兴能改邪归正，我会马上请他们来共谋大业！只有这样，才能使民国免于灭亡啊。"

132. 熊希龄

袁世凯望着黎元洪等人的通电，对杨士琦他们说："你们看，黎元洪领衔十九省的军事长官，联名要求先选总统，后制宪法。这个黎菩萨一肚子诡计；他想干什么呢？这怎么能行呢？"

杨士琦说："这是黎副总统的高见。他出于国家所考虑，名不正，则言不顺。我国无正式总统，各国不承认。不承认，则随时会有清朝复辟、列强瓜分的危险。先选您为正式总统，利国利民，是高瞻远瞩之举呀。"

"复辟是有人要做的，"冯国璋说，"张绍轩的辫子军占了南京，搞得全城到处一片乌烟瘴气。日本人一再提出抗议，要罢斥他，还要追究他的责任！"

孙宝琦搭话说："是为三个日本侨民被杀的事，日本人纷纷要求出兵中国。这事很难办。人家早就想着找借口呢。"

辫子军在南京大杀大砍，奸淫烧杀的恶行，许多国外报纸都发表文章，谴责张勋没有人道。袁世凯对此早有所闻，对阮忠枢说："烦您去一趟南京，对这个张绍轩讲清目前的形势。共和时代，他的辫子军搞得太不像话了！我们要顾全大局才是。哪能这样肆意妄为呢?"

杨士琦说:"是啊，我怎么也不明白大辫子老张勋为什么这样做。"

段芝贵说:"国民党完蛋了，张绍轩以为我们会把清王朝的儿朝廷请出来，你们看他在干什么?"

冯国璋说:"张绍轩一心想的是保皇。这家伙明目张胆，要打大清的旗号。他在都督府的辕门，升起了一杆写着'张'字的帅旗，军中搞的是什么白边红底的蜈蚣旗。五色国旗被他扔在脚底下！这个家伙实在不像话。他手下的军官，不穿咱们的军服，而是穿前清的蓝制服，招的兵也都是必须带辫子，前前后后都是大辫子。军令传达，他还要用龙头令箭。更可笑的是，他把都督府内外一律涂上原有的色彩，一片朱红，又找来原来的吹鼓手、炮手，每天吹三次开门乐礼，放三次开门炮，官制都改成了前清的。城内的老百姓都啼笑皆非，说张大辫子想在南京立上紫禁城，立了国都，重新打起清朝的黄龙旗，要迎溥仪南去呢!"

袁世凯对冯国璋说:"华甫，看来直隶这边，您还是安排一下吧。您不到南京去，张大辫子就会惹更大的祸！南京，非您不能坐得住啊!"

冯国璋说:"那张勋会轻易让出来吗？还有黎元洪，他会离开武昌，把长江都交给我们吗?"

袁世凯说:"这个不用愁。先让阮忠枢去劝张勋，请他张绍轩做长江巡阅使，就说这比都督大。再等一段，若稳下来，就让段芝贵去劝说黎元洪，替换了他。"

杨士琦说:"今天在座的，都是咱们自己人。我请诸位商量一下，该如何处理大总统选举法和国会选举的事。"袁世凯说:"你们好好谈吧，我要和熊希龄谈一谈内阁的事。你们最好在十月十日之前把这个事做好。"

熊希龄应约来到居仁堂，袁世凯笑吟吟地迎上来，拉着他的手。

熊希龄做内阁总理是他自己根本就想不到的。这个时候，谁愿意出任内阁总理? 总理之位，前车可鉴，唐绍仪、赵秉钧、段祺瑞，走马灯似的转来转去；许多人说，袁世凯是最爱玩卸磨杀驴的把戏的。杨度早就面带喜滋滋的神色，做梦等着来做呢，为什么袁世凯不让他出面，而挑上了熊希龄呢!

熊希龄想，这里面肯定有文章!

熊希龄没有听清袁世凯在说什么，他满脸强装出笑容，殷勤地望着袁世凯，等着他继续说话。

袁世凯仿佛看透了他的心思，说:"秉三啊，民国始建，劫乱乍起，无论是谁，都该责无旁贷啊。您是有名的湖南神童，做过翰林。大家以为您担当起总理之责，是最合适的。季直先生对我说，天下舍熊希龄别无二人。何故也？唐绍仪主理内阁的时候，您是功勋卓著的财长，各方面对您评价都很好。您又如何怕这四万万人民交来的担子太重而自得轻闲呢？"

熊希龄真不知该从何说起，只无所谓地问了一句："季直先生什么时候到？若无他这样的名流入阁，我是断不敢以微弱之力而误国家前程的！"

袁世凯"哦"了一声，说："他很快就到的。他已复电，愿来就任工商总长的位置。咱们的内阁，都照您的办，您说了算。要从里到外，都与共和民主相适，让世人有口皆碑。我们要完全消除党见、杂念。梁启超您看到了吧？他一再请您来。他以前是在海外要与我做敌对，说要用一辈子的时光来与我干。可他到底是个圣人，眼界开阔，对全世界的政治进行了比较，终于理解了我，又千里迢迢来帮助我。只要是为国分忧的仁人，都会尽心尽德服务于民国的。孙中山若悔过自新，我同样会礼遇他，请他来为民国铁路事业辛苦操劳的。"

熊希龄渐渐被说动了，说："若大总统不嫌弃，我又如何自暴自弃？我也一直在想，咱们此次组阁，若能以全国的大名流来共同服务民国，该是何等光荣的事业啊！不但全国人民放心，还会充满信心，即使是列强也会刮目相看的！共和事业之中兴，其首要在人才啊！"

袁世凯格外温和地拉起他的手，捧着一般握了又握。

熊希龄受宠若惊，腼腆地站起身来，躬着腰对袁世凯说："总统日夜操劳，呕心沥血，为的是四万万人民和千万里江山。秉三愿俯首听命。"

袁世凯说："咱们是想到一起了。您看这样如何！在外交上，孙宝琦经验很丰富，列强对他很信任，让他来主持。内务这一块，朱启钤是一把好手，他对民国忠心耿耿，而且与人为善，会使各方面都协调起来的。这样，上下同心，众志成城。陆军还让段祺瑞来领。刘冠雄的海军是别人替代不了的。交通上，杨度您是知道的，您看他怎么样？若不然，杨士琦也可以。他们两位深谋远虑，交通事业会非常得心应手。其余的，您自己来定吧！"

熊希龄的心猛地一震，他真想说：你袁世凯什么都确定下来了，还对我讲什么？剩下的只有司法、财政和教育，我还能说什么呢？于是，他学着袁世凯的样子，也拿出一副诚恳的语气，说："这样好，这样很好。梁启超是您赞扬的人物，让他理财会更加让人放心。他也很热衷于务实的。以前，人总称他政论家，他很不满。他多次向人讲，说他是政治家。教育上让汪大燮来主持，会贤达如遍地雨后春笋，举国热爱知识，振兴事业，大有希望。工商让张謇来主持，他兴办实业，办缫丝，务农桑工厂，发展矿业，可谓得天独厚。司法让周自齐来做吧，他也很务实的。务实的人威望很高，不差于王宠惠。总统以为如何？"

"很好！好得很！"袁世凯说，"就这样定下吧。不过，我觉得梁启超理财，恐会擅自以情绪代替理智。您理财更好，因您以前理财经验是成功的，而且，如今为总理，您定能通盘考虑，平衡全局。财政是一国之大计，如何让与他人？请您来担当兹重任吧！至于梁启超，他做司法的主持会更好。我们受千百年专制政治的熏陶，应该让梁先生来焕然一新，借他山之玉以攻玉，会更加符合世界之大趋势。"

熊希龄说："周自齐不就闲了没有事吗？这是个人才咧。"

"让他来主持交通吧。"袁世凯说，"务实的人去主持交通，诸如铁路、航船事业，会更稳固。皙子与你们是不错的，他是个难得的栋梁之才。若以他为教育，代替了汪大燮，也是很不错的。"

熊希龄说："一切都该按总统所言才是，我自觉眼光要狭隘得多呢。平心而论，以我之才，理一国之财政，会更加得心应手，而总理内阁，实不如唐绍仪、赵秉钧他们。"

袁世凯说："哎呀，秉三兄您又见外了。我们遇事是要商量的。我的意见，是可以采用，也可以推倒。哪能学清朝的专制独裁，一人说了算呢？您若固执己见，我会说您谦虚得不合体。走，今天我要为您摆上天下第一等的宴席，来祝贺您为天下第一等的内阁总理。"

这时，梁士诒在外面报告，说日本使者为南京侨民被害事前来交涉，已经到了门外。

袁世凯对熊希龄说："秉三，您先在内室躲一下吧，我得应付应付这狗日的日本人。都是绍轩惹下的乱子啊！"

熊希龄进了内室，屋内豪华的摆设令他目不暇接。无意中，他朝袁世凯的桌上望了一眼，不禁"啊"了一声，几乎晕眩过去。他连忙扶住椅子才稳住身体。他蹑手蹑脚地听了听外屋的动静，袁世凯正与日本人讨价还价，谈得正激烈。于是，他转过身来，翻起桌上的一份报告，认真地看着。

报告是姜桂题写"交与司法部"的案卷。

熊希龄恼恨得咬紧牙，想把姜桂题马上抓过来用力砍碎。

他在热河时，居住和办公的地方，都不出承德避暑山庄。庄内的风景令他陶醉。那一天，一时心血来潮，他派人查点山庄内的珍藏宝物，看中了乾隆喜爱用的一把扇子，私自藏起。后来，姜桂题来山庄与他商谈一件事，他就把这扇子送给了姜桂题。没想到，姜桂题不动声色，把扇子转交之后，密报了此事。

监守自盗，这可是要坏大事的呀！

他正在暗自着急，忽听外间袁世凯起身送客，大着声喊"沙扬那拉"，立即正襟退在远离桌案的地方坐定。

袁世凯推开门，唤他出去到外间继续谈内阁的事。

熊希龄的额上沁出了一层虚汗，面色发白，嘴唇哆嗦不停。

袁世凯已明白了是怎么回事，故意装着什么都不知道的样子，亲近地对他说："怎么了？是不是为内阁的事，这几天一直没有休息好？可要注意身体啊。秉三，我可是全赖您，才能安邦定国，成就中华大业的。您务必要保重贵体安康。"

熊希龄站起身，庄重地说："一切听从大总统，请放心。"

袁世凯只手扯起熊希龄，走出屋子，站在清凉的绿阴下，显得意味深长地说："秉三，缔造一个崭新的国家，真正不容易啊。数一数前几个朝代，唐也好，宋也好，明也好，有哪一个朝代像民国这样荟萃英才，同求共和的？这是改天换地的大变革呀！无论别人怎样骂我，可他们不能不承认，在我的身边，即使是我的敌人，我也能容忍。若孙中山、黄兴能改邪归正，我会马上请他们来共谋大业！只有这样，才能使民国免于灭亡啊。"

熊希龄的心里说不出是什么滋味儿，他真想对袁世凯的脸狠吐上一口黏痰，再骂他个"骗子"，但他必须笑着点头称是，而且要装得很温驯。

姜桂题那嘴脸此刻又浮现在他的眼前。都那么大年纪了，为什么还要干这事！这帮子人，真是近墨者黑，近朱者赤。

他感到恶心。姜桂题是什么人？捻军的儿子，投了僧格林沁，认贼作父，回头杀捻军，随左宗棠杀西北回民，围剿白朗，杀了天下多少人；他守了热河，大张旗鼓，让人种植鸦片！这个家伙，怎么盯上了自己呢？是啊，自己怎么赶上了这么一个年代呢？又怎么遇上了这样无耻的小人呢？

来日，该如何生活！

他摇了摇头。

133. 风筝

杨度站在中南海的树阴中，浑身轻飘飘，感觉自己犹如一只风筝，在淫荡的风中，数着楼台，点着湖影。当风小时，要下沉，醉醺醺地摇着摆着。当风大时，直上云天，迎风展翅，令人阵阵喝彩——完全不能属于自己。风吹在他宽阔的额头，撩起一两根发丝。他的眼角，说不出是热还是酸。总统府的秘书通知他尽早搬出纯一斋，因为徐世昌要从青岛来了。

现在，他看见袁世凯，既感到恨，又感到可怜。南方的战火平息后，袁世凯杀那么多的人，撤的撤，换的换，关的关。他实在不理解这些。袁克定对他说：

"这就叫政治，政治不能讲手段，只能讲效果。"这就是政治吗？有些流氓味儿呢。

梁士诒看见自己，那副得意忘形的嘴脸说明了什么？原来就是为了交通总长的位置啊。那意思是说：姓杨的，我没有入阁，你不是也没有入阁吗？呸！你知道我没有入阁的资格？熊希龄让我主持教育，我曾对他讲"我帮忙不帮闲"。用得着你得意吗？沐猴！梁秘书长，什么货色！

杨度总觉得心里酸楚楚的，有一种失落感。袁世凯啊袁世凯，实在让人感到失望，民国怎能是这样的面目呢？

他在心里想着，为满耳的庸俗、满目的凋敝而失望。这是个没有朋友，没有友谊，没有道德，没有道理的岁月啊！

章太炎被软禁了。前几天，自己又一次去看他的时候，他对自己说："袁世凯把我捂起来，让我孵小鸡儿。可我不是鸡蛋！"

原来，章太炎憋得难受，悄悄跑到车站，他要离开北京！可是，冲来几个监兵，拎起他，如拎小鸡儿一般，捉回了共和党总部。章太炎气极了，将袁世凯授给自己的勋章都佩带上，冲进大总统府。他把最大的一颗勋章当做扇坠儿，喊着要见袁世凯。愤怒之至，他把屋子里的摆设全砸了个碎！结果，他被人拳打脚踢之后，捉住送到龙泉寺。汤国梨来找杨度，通过多种办法才见到章太炎的面。

"皙子兄！"

夏寿田来了，正笑着喊杨度。他如今是发红的总统秘书啊！

杨度转过身来，掩不住的满脸愁容。

"怎么了？与夫人斗气了？"夏寿田走近，拍着他的肩膀，逗着他笑，往四处扫了一眼，见没有人，急拉住他的手，说："快，皙子，随我来！我有要紧的事要告诉你，到处找你呢。"

杨度一愣，问："怎么？"

两人进了纯一斋的内间，把幔子拉起后。夏寿田说："蔡锷要来北京。袁世凯得到一份情报，说蔡锷要割据川、滇、黔，另建大汉国，脱离中国。现在，他密令蔡锷进京养病，并派人在铁路沿线埋伏，准备刺杀他。"

"若松坡不来呢？"杨度问。

"不来？"夏寿田说，"假若不来，袁世凯就派兵去攻打云南。战火会重新焚烧起来。蔡锷依现在的兵力，恐难以阻挡。"

"那该怎么办呢？"杨度急得团团转，搓着手焦急地说，"这该怎么办？这到底该怎么办是好呢？"

夏寿田说："莫着急，您找一位和梁启超亲近的人，让梁启超以老师的名义，发电报给蔡锷，就说世道如此，旅途要防人图财害命。这样，蔡锷就会明白了个中的意思，我们也避开了嫌疑。"

杨度说："即使是这样，那么，松坡来到以后，会不会——"

夏寿田说："您是说，像应桂馨、武士英那样被袁世凯投毒？他不敢。尽管蔡锷有病在身，他的武艺，一般人是近不到跟前的。况且，我们这里做好准备，看看能否找人日夜陪伴着他。而我得到了消息，袁世凯也并非一定杀他，可能还想着用他。"

"那为什么还要在路上劫杀他？"杨度怀疑地望着夏寿田。

夏寿田说："这就叫两手。若在路上杀不了他，就表明蔡锷是非凡之人；若路上能杀了，一切就不讲了。袁世凯还能再嫁祸于黄兴他们！杀不了蔡锷，袁世凯就在八大胡同为他准备了一个地方，用美女子缠住他的身，拢了他的心，软化他。"

杨度说："这两手！袁世凯！"说着，他从抽屉里拿出了一沓报纸，摔在桌上，对夏寿田说："看！这是他的《政府公报》。看看他干的都是什么事？"他怒气冲冲地拍着报纸，嘶哑了喉咙，用力咽着，憋得满脸通红，接着说："一年前，他袁世凯说各地议会为一地立法机关。他讲什么议会一经成立，不按法定程序，就不能取消。他还指责别人对议会干涉，声称什么'不容以一部分人之私见，任意要挟，希图破坏'，要对破坏者'以惩不法'。这才几天？他就私自下令，先解散了江西省议会。他动辄以《约法》为据，《约法》哪里给了他这等权利！"讲着，讲着，他破口大骂道："独夫民贼，狼子野心！他满口民主共和，满口仁义道德，哪里有半点儿慈善之心！《癸丑人物表》中的人，他通知各地一律查拿，他杀了多少议员、党人！对孙中山，他表面上是多么恭敬，而背后又何其阴毒！他除了命内地缉拿，还命令特务们在香港布置，与舰上的人合伙来害孙先生。让特务们佯装着欢迎，杀害后扔进大海。对孙先生是这个样，对黄兴、柏文蔚，对以前的李烈钧，他都要斩尽杀绝！各领事馆都被他串通好，不留革命党。他既狠毒，又狡诈，怕的是清朝也比不过他！像他这样动不动就把人暗杀掉，蛮横不讲道理，不是小人又是什么！与此等人为伍，是吾辈之奇耻大辱！"

"皙子，息一息怒气吧。"夏寿田轻声劝他，说，"您是以君子之腹，来度小人之心，如何能够理解他？若您冷淡了他那样的小人，麻烦的事不说，他还会四处造谣，讲您是因为没有弄上交通总长，就发牢骚。他说您是心胸狭窄呢。"夏寿田说着，看了看表，拉起杨度的手，向屋外走去，说："走，我们去看一场戏。该开演了。袁世凯是主角呢。您看了，就会宽心了。"

杨度不明白他的意思，跟着他，一起向居仁堂走去。

夏寿田边走边说："大辫子张绍轩现在被他调出了南京，冯国璋就该坐稳了江苏都督。他准备让段芝贵去湖北，李纯坐了江西，汤芗铭、傀嗣冲坐湖南、安徽，长江就被他控制得差不多了。两广的龙济光、陆荣廷，四川的胡景伊也都投靠了他。眼前只有云南的蔡锷和浙江的朱瑞，他不放心。现在，他要把他们两个调过来。朱瑞已先来了。"忽然，两人同时停下脚步。夏寿田往周围仔细看了，习惯性地吸了吸鼻子，接着说："袁世凯发电给朱瑞，要他到北京面商。您知道他怎样骗他？朱瑞先是穿军装来到，由人领着，换了便衣——和袁世凯穿得一模一样，狐皮袍子和狐皮马褂。他同他拉家常般地讲了些偏题，对朱瑞在战争中的中立表示不高兴，但也没有说什么。今天您看着吧，居仁堂要演好戏啦！"

果然，居仁堂前，站满了岗哨，如临大敌。杨度不知袁世凯要演什么戏。夏寿田和杨度穿过岗哨，走进居仁堂内，去整理一些文案。不多长时间，有人在外面报告，喊着："朱都督到！"

袁世凯穿着大元帅服，走出内室，来到当庭座椅上坐下。他面色冷淡，直望着小心翼翼正向前走来的朱瑞。

朱瑞看了看自己身上的便服，又望望袁世凯威武的戎装，显得异常局促。

袁世凯仿佛不认识他，仰望着正前方，严厉地说："军人以服从命令为天职，面见本总统，当以普通将军服装，以示为庄重，而不得随意着装。"说完，他连眼角都不扫朱瑞。朱瑞红着脸，低头站立在那里。

杨度用肘触了夏寿田，做了个鬼脸。夏寿田笑了，用手指往袁世凯那里又指了指。

袁世凯起身离去，一句话也没有再说。

朱瑞像一尊泥胎神像，立在那里，不知如何是好。他低头瞅着自己的服装，想起前天见袁世凯的情景。到底袁世凯要我穿什么衣服呢？衣服还有那么多的讲究吗？这该是他要找事吧！

呸！

朱瑞扭转身，大步走出居仁堂。

134. 少年张伯驹

秋风阵阵，大雁鸣叫着，排成人字队列，又向南飞去。

张镇芳和雷震春来到了北京。袁克定一颠一颠地走来，领着他们去见袁世凯，一边给他们讲着很快就要进行的大选。

同行的有张伯驹，是张镇芳的继子，他对袁宅里的一切都稀奇，东张张，西望望。他望见袁克文在不远处站着，感觉到总有似曾相识的印象，对张镇芳说：

"那就是二哥吗？我好像在哪里见过的？"

袁克定对张镇芳他们说："表弟是先知先觉的神童呢。"

总统府的事务太忙，袁世凯顾不了回家来陪他们，派来梁士诒领他们在北京到处玩。

梁士诒一见张镇芳的面就学着用河南话说："张五大人，河南人中啊！"但明显走了调。

张镇芳鄙夷他那副腔调，说："怎么个中啊？"

"河南人中啥都中！啥都中！"梁士诒点头哈腰地说，"中，是河南人的一个体面字，就是河南人。您看，河南人居天下之中，天地之中！这是其一。河南人遇事冷静，不偏不倚，三思而后行，合乎物理事理，居于中而不乱，这是其二。河南人待人以仁义为上，仁者，忠也，中也，这是其三。自古，胜利属于仁义之师，又常有人说得中原得天下。一切都是上天早就安排好的啊！前些年，都讲颐和园长，颐和园短，好像颐和园就是朝廷，就是国家。颐和园是什么？'与乎袁'！一切都给姓袁的！这不是应验了吗？今天是中国，中华民国，国家如日中天，是中原人的国家。汉室复兴，王族共和，只有中原人才能掌国。这能是瞎说的吗？"

张镇芳的心被他说得痒痒的。他觉得这个广东人并不可憎，甚至令人感到格外亲切。

梁士诒见张镇芳的脸色转温和了，接着说："袁大总统就要拥为中华民国正式大总统了。同志会、潜社、集益社的同仁们组织了一个公民党，代表天下人民，公民，拥戴袁大总统。国民党已经完蛋了！他们再捣乱也休想了！孙中山、黄兴他们已经跑到日本去，难以再兴风作浪。公民党、民主党都一致拥护袁大总统，只等到十月六日的大选，中华民国就从此迈开大步，走向世界新纪元了！"

张镇芳一挥手，走来几个人，他们手中捧着一对宝瓶，蓝红相间，熠熠闪光。他笑着说："把两件钧瓷送给这位大人。"

梁士诒连忙推让，说："不敢，真是不敢。我听人又说，黄金有价，钧无价。这样的宝物，我怎能受用得起呢？"

张镇芳说："先生辅佐总统有功，使我国家兴旺，人民安康，如何这样谦逊？一点心意而已，恳请笑讷。"

雷震春也在一旁赞叹："袁大总统有梁先生这样的干才，当为神州亿万黎民之福祉！"

梁士诒收下后，邀他们一同去各自转一转。接着，他眼珠一转，又兴致勃勃地说："湖南有个王闿运，你们知道吗？就是那个当年曾劝曾国藩自立为王的老夫子。如今他也来了！大总统准备请他主持国使馆。看，我们袁大总统的胸襟是天下一般的人所比得了的吗？"

张镇芳"噢"的一声轻叹，说："王闿运早就有英明之见，可惜未遇明主。今天他该劝袁大总统什么了？敝人总觉得共和民主不适于中国。我国人民一盘散沙，没有专制，就没有神州统一，没有朝廷，就没有伦理，那么天下不就大乱了吗？自从上古轩辕黄帝铸鼎，就是要统摄天下，以明德教育人民。什么共和只怕那会是人在梦中的话吧！如今，大总统平定东南之乱，天下太平，该顺万民之意志，重整河山，重振朝纲才是啊！"

梁士诒说："我想，大总统把王闿运请来，是否有此意，很难说。等一等，看大选之后有什么情况再说。同时，我也把张五大人的意见转给总统，供他参考。"

张镇芳没再说什么，随梁士诒去看历代帝王像。

张伯驹对一切感到都那样新奇。这里的景致很有情趣。所有的树木，若虬龙蜿蜒，一座座房舍，如同高大的庙宇。他隐约觉得这仿佛是在梦中，说不清心中有多少东西想呕吐出来，昏沉沉的。

"表弟，我看你是演戏的好材料，随我们去玩耍吧？"一个少年从地上钻出来一般，猛地站在他面前，闪亮着眼睛说。

"你是谁？怎么这样对我说话？"张伯驹疑惑地望着这少年，觉得他会有什么恶作剧，紧紧提防着。

少年"呸"了一声，转身走去，背影显出傲慢、轻蔑、蛮横，让张伯驹感到无限的自卑。

袁克文翩翩走来，拉了他的手，温和地说："别见怪，表弟。这是老三，性格急得很，爱挑逗人。可他心肠很好呢。"

张伯驹似懂非懂地点着头，环顾周围的景物，说："不知这里该是哪里，曾有多少梦中所熟悉的物件。您看这怪不怪？看见了您，我以为在开封、天津时，曾与您在一起玩了许久。想不到如今我们是第一次见面。而我也是第一次到北京来。今天的事，我在以前好像经历过。"

袁克文说："对呀，我也好像在以前遇到了今天的事情。见了您，我也很惊讶呢！人做梦该都是另一番天地中生活，如人所说人有魂儿前后拥着吧！"

两人边说，边玩，不觉走进袁克文的书房。里面有几个妖艳的女人在比比划划唱不停。袁克文把他们赶了出去，拿出自己的诗笺，对张伯驹说："表弟，听说您是神童，少小即会做诗。这里有拙作几篇，请您过目斧正，该是见笑哩！"

张伯驹恭敬地接过来，翻阅了几篇，格外欣喜地说："二哥，您该是天下第一等才子呢！这诗里，如青莲居士之风气，一片神仙世界。让人读了大作，总生出忘我的冰清世界。这是吟花之绝唱，弄风月之瑰丽辞篇。这样的清净之品，我是第一次看到呢。"

　　"哪里是这样？表弟，您说错了。"袁克文拉开书橱上的帷幔，轻轻取出几卷芜杂的书，让张伯驹看，一边说，声调抑扬顿挫，似乎在做京剧道白。

　　张伯驹不觉自个儿笑了。他瞧了几眼，是上海滩前两年颇为流行的鸳鸯蝴蝶类的书，有《玉梨魂》、《九尾龟》、《上海繁华梦》，还有几张《繁华报》。看着，他脸早已红得发涨，推开了去，说："表哥，我听爹的话，是不爱这些东西的。爹说，看这些东西会玩物丧志。"

　　袁克文笑得前仰后合，指着他，继续用道白似的语调说："表弟呀，你哪里懂得我的心思？"边说，边把这些书报收拾起来，重新送上书橱，拉张伯驹坐下后，神色颇为严肃地说："世上只有这些文章才会留给后世的。先前，我曾读了《革命军》那样的作品。猛读时，觉得他们都是忧国忧民的。我也随着振奋。日子久了，觉得原来他们都是功名利禄之人。这几天，家里来了好几等人；湖南有一对师徒，王闿运和杨度，还有云南的蔡锷。他们一来，还真让这里焕然有了新的风尚，大家都谈论国家和民族的事情，个个慷慨激昂。还有先前的那个章太炎，其实他们除了嘴中喊几句，什么都没有用的！这些人，呵呵，他们和我爹一样，都被功名利禄的污浊所包围，全然不知这人生都是一场梦咧！"

　　张伯驹瞪大了眼，一点儿也不明白眼前这位袁兄，为什么见面伊始，就这样敞开心扉来，侃侃而谈。

　　袁克文看出了他的疑虑，说："表弟一来，我就看出您身上有佛根的。您将来必定是成大器的人，因为你是将尘世间的一切都看破了的啊。照前几年的一句时髦话语，唯美，和该引为同志。"

　　张伯驹随着他的语调，禁不住也学了京剧道白的模样，念着说："我家爹爹大人已经安排完好，或者让我和您家的克端、克权他们一起去出国留学，或者让我到军旅中去，锻造自己。他原是反对我学诗作画的。"

　　"您不像！"袁克文异常自信地摇了摇头笑着说，"您不是那些猎取利禄的人。因为您长得太清秀了，像个金童，哪会是那种作恶多端的俗人？给了您刀枪，您也不会去杀人也。您这双手如此白皙、柔嫩，雪白如玉，原是只能用来描绘风月的。我在这里没有知己的朋友，乍望见您，一见如故。所以，我才有这样的依赖。真想同您谈个昏天黑地，吐尽肺腑之言！"

　　张伯驹笑了，一边在心里说：原来，矫揉造作是可以传染给人的。他一边换

536

了河南家乡话说："是的，表哥，我也知道自己确实是性情中人一个。这些年来，跟着我爹南来北往，眼前除了一片片勾心斗角，全然没有让人惬意的事情。今日听您一席话，感觉格外清爽。人一辈子应该像您这样自然活着，才不枉为人。"

袁克文说："表弟若有兴趣，我带您结识几位朋友。过上两天，家父被选为大总统之后，总统府上的事也就清闲了。我带您去上海认识那里几位朋友去。他们可都是清新绝俗辈也。"

"怎么？伯父不是已经做了总统吗？还要选什么？"张伯驹皱了眉头问。

袁克文说，"嗨，你没有看呀，咱们中国自古就是什么都讲一个过场，讲脸面。现如今来了几个洋人，他们和家父商量着要搞大选。公民团已组织好，要演好选举这场戏呢！"

张伯驹说："我们自己的事，关洋人什么事呢？去年我在法政学堂读书，先生对我讲，洋人欺侮我们，就是因为我们不单单是武器不如他们，还有更要紧的事，就是制度和思想。洋人管我们的事，是要想办法骗我们的吧？只要能从我们这里得到东西，他们什么手段都可以用的。"说着，他一本正经地问袁克文说，"表哥，您说说看，伯父和孙中山，他们两个人，哪一个更强大一些？"

"当然是家父！"袁克文爽快地说，"家父是务实的人，而孙中山只不过是一个梦想家。孙中山到处鼓动人做事，而他自己是什么事也做不出来的。家父做事，讲的是眼前。您看，令尊大人从开封到这里，就是家父嫌令尊做事不力，讨伐白朗没有手段，而一定要把他召回来。若换上孙中山，恐怕就不会这样做。家父是帅才，令尊是将才，他许多方面和孙中山一样，是文才。帅才无论如何要强似文才的。当然，从政和为文是两回事。表弟，您今年多大了？曾记得您是属鸡的！今年十六岁吧？等您大一些年龄，才会明白这种道理的。"他挺起胸膛，将手指做成兰花印，再三比划着。

"我虽年方十六，其志不在仅仅为文。表兄弟，您一定是小看了我的。"张伯驹一时为袁克文的话语激怒，红着脸争辩说，"我虽然看不惯官场恶俗，可我知道该如何做人的！文有什么不好？武又如何一切都好？我愿做一个能文能武的人，上得马来，可以仗剑从云，力砌干城。静下心来，可以运筹帷幄，兴天下人之精神，如何像表哥所讲的，我只配为文？"

"误会！误会也！"袁克文说，"我的好表弟，吾久闻您八岁能做诗篇，如何敢小看了您？对！我还有两位朋友，一位叫张学良，其父为改邪归正的东三省杆匪胡子头目张作霖是也；一位叫溥侗，是前清皇室的子孙。他们二人都喜爱做诗文矣，演唱戏目，煞是好耶。您可愿与他们交友？他们都曾提到过，很钦佩您呢。"

张伯驹不好意思地说："表哥请不要见怪，我年少不懂得事理。其实，我也很佩服表哥的气度呢。我早就有志振兴中华国家，愿交天下豪杰，立鸿鹄之志。好！哪一天我们四人会一会。我也是喜爱学唱戏文的，与他们切磋切磋，那该多好！"

袁克文说："丛碧，我的好表弟，您该是我的兄长，是袁寒云我袁克文的好兄长。以前，我不知如何为诗为文，只觉得可在戏中尽诉志向，抒发豪情。今天，我从您身上看到为人的品位。果然是观其面可知其心，您满面正气。如此坦荡。走！走！走！此刻，我们一起去找溥侗去。溥侗他是重情义之人，和其他的满人大不一样。我们或许都是志趣相投的好兄弟呢。"

张伯驹说："为什么要和满人交往？姓溥的会不记仇恨，恼怒伯父他们把清朝赶下台吗？"

袁克文说："看你，表弟呀，怎么连这一点道理都不懂？他们该感谢我爹呢！没有我爹，说不定他们满族的朝廷人等，都要暴尸街头！"

"怎么？"张伯驹惊愕地挺直了腰杆，问道。

袁克文像舞台上的演员，做了一个亮相动作般，继续念念有词地说："当年，南方烽火遍地燃起，革命党、革命军咄咄逼人。紧接着，北方也兴起了革命。天下大乱，革命的人群如神兵天将，一定要把满族的朝廷拉下马！是我爹力挽狂澜，改变时局，救了清朝廷的小命，让他们享受着与朝廷一样的待遇、显贵。春天，隆裕死时，全国都表示悼念。逢年过节，家父都要派人去慰问他们；遇有重大措施，也报告给他们讲。有这等的下台君王吗？"稍停顿，袁克文呷了一口茶，轻轻吐出茶叶，缓了语气，接着说，"清王朝的人是应该感谢我的爹爹大人，可是呢，他们执迷不悟，竟还有人不但不感谢，还要杀我爹爹！他们组织了宗社党，在各地散布我爹爹的谣言，制造混乱。当然，他们中也有好样的。我刚才所讲的溥侗，就是一个明白事理的人。兄弟，清朝压迫我们，文字狱罪恶滔天！还有那扬州大屠杀，哪一件按道理不能够杀了朝廷？请问，如果我的爹爹他发动兵变，杀尽满朝权贵，像法国人那样，把皇帝送上断头台！他们还有什么说的吗？"

张伯驹点头称是，正要说什么，有人在外面喊着："张公子！张公子！请到总统府去，大总统想和你说句话呢！"

袁克文笑了，也停止了他的道白，说："我去啦。老把戏。"

"什么把戏？"张伯驹不解袁克文的意思，问道。

袁克文又一字一句地做了道白，说："吾爹爹大人先问尔等读过什么书，写过什么文章，然后，再夸尔等才学不凡，希望尔等为国尽忠。吾听到这些，都听腻了也！"他把一个"也"字拖得很长。

张伯驹终于忍不住哈哈大笑！袁克文也笑了，捧腹大笑。两人拉手，相约等一会儿还要相聚，在一起切磋棋艺、书画鉴赏。

135. 茶客

清晨的太阳没有露出脸，满天是灰蒙蒙的一片死气沉沉。天上不时有一两声老鸹叫着；满地枯黄的树叶翻飞，打着旋儿。几条褪了毛的狗从胡同里蹿出来，聚集在饭店的招牌下，冷冷地望着行人。三三两两的人在茶馆里静坐着，听流浪艺人唱着小曲儿。茶馆墙壁上贴着许多字条，写着"莫谈国事"、"国泰民安"、"平安无事"等标语。人们相互用目光打探着，不敢交谈。新来的茶客大声喊着："掌柜的，带一碗八宝茶，放足了冰糖！"

掌柜的小跑着赶过来，一把拉下他坐在座位上，悄声说："我的老爷子，可别大声喊。您老可是新到的？那街上有人咸吃萝卜操不完的淡心，他们专抓高声言语的人。老爷，您可别没事儿找出事儿呀！"边说，他边打着揖退下，小心翼翼地一头钻进柜台内，吩咐人拎茶。

街上的人群排成队，一个个穿着杂色衣服的大汉腰里鼓囊囊的，他们恶狠狠地扫视着一街两旁，半天才过完。

茶客中有人猛地喊着："狗！"一边走向门口，去看人群背影。

有人憋不住气，说："今天到底是干什么呀？一大早就派出那么多警察，还换成便衣。是杀人吧？不像。是捉人吧？也不像。"一旁人答道："不知道啊？当朝的袁太子要到德国去。听说是去取经，我们要学那德国。老袁是发烧烧昏了头，总是搞一些糊弄老百姓的把戏。还有那琉璃球徐世昌来到北京了，听说是受溥仪的礼封。这中华民国不知道怎么个回事儿，街上一会儿戒严，一会儿搜人，弄得人不敢乱出门，也不敢乱讲话。清朝的文字狱现在又兴起来了。"

"那也用不着这么多的人护驾呀！"一位老旗人膀大腰圆，端坐着，一手捉了茶盅，用响亮的声音说，"太子出国，元老回朝，都不必造那么大的声势。派这么多的便衣，是干什么的？哼！是去吓唬人的！这阵势，爷见的多了。"他看见周围的人都聚拢来，注意他讲话，诡秘地放慢了语气，压低了声音说："你们可知道，今天是阳历十月六日，中华民国要选出大总统。这几千几百的便衣，他们排成了队，是带着铁公鸡儿，要督选的。"

"督什么选呀？全中国就一个大总统，没有一个人与他竞选。还怕抢位子吗？"一个人在一旁嘟哝着。

老旗人"哼"了一声，说："做贼的才心虚呀！听我朋友的小儿子讲，满北京的警察、地痞流氓，还有那兵油子，都换了衣裳，配了家伙，去做什么'公民团'。他们要去包围国会选举的大会场，若选不出他们中意的大总统，就不准议员们离开。这是什么手段呀！"

茶馆掌柜挤过来，抱拳对老旗人说："恳请这位老爷莫再讲了！千万莫再讲了！两天前我的茶客老爷谁讲一句孙文比袁世凯强，我的桌椅就全被砸烂了。您几位爷看，这桌椅，还有这茶具，都是新换上的；我是恳请老爷子们千万莫再讲，你们只管听小曲儿。"

老旗人向门外瞟了一眼，说："掌柜的，不必吓成这个样子。"接着，他从腰里掏出一把钱，"哗啦"一声摊放在茶桌上，大喊着，"今天的茶钱，我包了！大老爷们儿，有多少天了，连个话儿都不敢讲，这叫什么日子！来呀，随便讲！专讲那总统府的新鲜事儿，像那段祺瑞要练私家兵、大总统把干女儿许配给了段祺瑞、冯国璋两员大将，安人心，买人心。什么袁世凯请了洋人莫里循做秘书，什么袁克定要去德国请顾问，助袁掌国！什么梁士诒秘书长拉皮条，什么杨度想当总理，什么大总统派人去海外刺杀孙文、黄兴、李烈钧……讲！我们讲它个痛快！"

大家啧啧称赞，使劲鼓起掌来。

茶馆掌柜退下，他拉起小伙计，让他去门外放哨，说："一有人过来。你就跑进屋报告！眼珠子放勤快着点儿。"

转身，他又拉起冷落一旁的流浪艺人，塞给他几个铜钱，一边说："小先生，不讲有没有人听，您就只管唱，只管拉！千万不要停下来！"流浪艺人是一个年纪轻轻的瞎子，他听不懂周围的人讲的什么，运了运气，拉了拉琴弦，哭丧着脸对茶馆掌柜说："老爷，我，我饿坏了。你给我弄点儿东西吃吧！"

茶馆掌柜吩咐人准备了饭，连声说："行！行！快吃，吃了快唱！先吃一点儿充充饥！"他一边望着老旗人慷慨激昂，用手指比划着，讲得群情振奋。他也在心里说：什么这不满那不满？怎么不讲你们旗人入关之后的威风啊？那时候，你们是不把我们当人看的。

瞎子吃了一点东西，狠劲喝了几碗茶，拉着弦子，仰起脸来，在一旁独自唱起来：

> ……小二姐她慌忙把楼来下，
> 搀起了单公子来到绣花房。
> 点亮蜡烛说起那红彤彤的话，
> 提起来十年前往事有多心伤！
> 公子说，

540

二姐呀二姐您别伤心，

如今我已经高中头名，

得上天下第一的状元郎……

这时，突然从茶客中响起闷闷的一声枪响："砰！"

霎时，一切都静下来。

一个有三十出头的汉子站起身来，向众人作了一个揖，自己亮出了身份，说："我是京畿军政执法处的，大家都不要怕。是我的枪走火了。刚才这位老伯讲的话，我仔细想想也对。这世道，就是这样安排的，你们记着，以后不要这样忘乎所以地谈论了。今天选举大总统，城里的军警都抽调去做公民团了。我的心也是肉长的。你们千万不要再这样议论总统了。大总统有令，要对革命党杀得有声有色。我们也是迫不得已啊！"

看门的小伙计急忙跑进来，对茶馆掌柜说："有一队军警向这里冲过来！"老旗人满脸惊慌，正想站起来身，肩膀被汉子按住了。大家都不知该怎么办。茶馆掌柜的脸色发白，冒出虚汗。汉子镇静地说："大家别怕。有事我来挡着！"说罢，他一手提枪，一手掂起流浪艺人的衣领子，捉住往门外推，大声喊着说："走！狗鸡巴捣的屁孩儿，竟还唱这样有伤风化的曲儿。走，到局子里住上几天去！"

门外停下一队军警，领头的人问："怎么回事？哪里放枪？"

汉子把流浪艺人猛一把推倒在地，答道："遇上个小杂种，趁我不注意时，要掏我腰包，撸响了家伙。他娘的，真气人。"

几个军警走进屋子，扫视了周围，望着墙上的标语，见没有什么事，就退了出去。汉子随他们走了。

茶馆掌柜怔怔地坐在柜台后面，不敢抬头。豆大的汗珠儿涂在他脸上，他紧闭双眼，浑身哆哆嗦嗦。老旗人苦笑着摆了又摆手，示意大家都离去，随后从怀中抓起大把的钱放在桌子上。

桌子上的钱格外刺人眼，泛着贼亮的光，令人心寒！

"掌柜的！"

老旗人努了努嘴，那意思是要他过来到跟前。茶馆掌柜赶紧跑来，止不住地点头哈腰。

老旗人指着那银钱说："你把这钱快些收了。我想和您商量一个事情。"

"听您吩咐！"掌柜的眼珠儿转个不停。

老旗人四周打量着，看屋内只剩他们两人，就大着胆子说："帮我留意着革命党，我真想快些找到他们！"

茶馆掌柜把钱推给他，说："你快走吧，今天我不营业了。不营业了，不营业了！"一边连忙求饶。

老旗人说："你别误会。我可是真心实意地想找他们。我亲眼看到，清朝和老袁都不是什么好气象。听人讲，那些革命党大多是才高八斗，敢作敢为的英雄。我真想聆听他们的高见；我想和他们一起干！"

茶馆掌柜连声点头称是，一边忙着收拾，以便催促他快些离开这里。老旗人摇了摇头，异常失望地离开了茶馆，他将头仰起，闭了双眼，再摇摇头。

茶馆又恢复了冷冷清清。孤零零地望着：天依然是灰蒙蒙的，几只老鸹唤着狂风，吹得所有的枝头都裸露着，没有一片树叶显示生机。满街的树木窸窸窣窣，像一只只箫在鸣咽着，在灰蒙蒙的天色中徘徊着不尽的悲愁，隐隐约约。

渐渐地，天空洒下凄厉的雨，如泪。

136. 袁大总统

秋阳如雨，将喜悦抛洒在太和殿里里外外。

十月十日十点，三千名卫士挺举着闪亮的军刀，开进大殿外的广场，他们排成两列，铺成一条宽敞的通道。议员们在一旁恭候。一队彩舆接连而至，那是总统府的秘书长梁士诒，那是总统秘书夏寿田，那是侍从官长荫昌，那是军事处的代理处长唐在礼。他们下了轿，分列两侧恭候。

紧接着，一座八人抬的大彩轿飘来。梁士诒他们连忙迎上前去。

袁世凯微笑着，捋了捋胡须，轻轻从轿内出来，在梁士诒他们的簇拥下，一边向欢呼的人群招手，缓缓走向主席台。

钴蓝色的陆海军大元帅服套在他宽厚的上身，微微颤簸着，来到主席台。他望着远天，此时心潮起伏。一切仿佛在梦中。头顶上的太阳照耀着眼前，一切都那样明亮，明亮得刺疼了眼睛；他感觉到许多人都变成了绽放的花朵，正在自己的光辉中开放。

他面南而坐，对面是议长议员席位，东侧是他的文官武将门，西侧是各国的公使，特别是莫里循，被聘为中华民国政治顾问，笑容格外灿烂；还有清皇室的人，以及蒙古、西藏的代表们。会场静悄悄的，人们用不同的目光正接受着自己的微笑。

此刻，他想起家乡的柿树林，想起在朝鲜的日子，想起小站的军歌，他在心中对自己说：紫禁城，我，来了！从项城到济南，到南京，到天津，到北京，这条路有多远！

我，来了！我来了！

他想放开喉咙向远天喊去，让所有的生命都沐浴着这声音。

此刻，他将嘴唇紧紧地抿起来；双眼湿润了。

太和殿啊太和殿，有多少皇帝在这里登基，成为万民之上的天子。有多少腥风血雨在这里演绎一幕幕天下最动人的戏，又有多少人在这里号令天下，多少人因为这号令而倾家荡产，这无情的号令每一声都牵动亿万人的命运。昨天，这里还是康熙，还是雍正，还是乾隆，还是慈禧，今天，河南项城人，我，袁慰亭，我也来了！多少年的梦想，今天终于成为现实了！太和殿，我在这总统的位置上面南而坐，正沐浴着这秋天的阳光。

啊，我的太阳！

袁世凯脸上的笑容猛地消逝了。

金黄的太阳正照亮他的眼前。在这之前，参议院的议长王家襄他们却要袁世凯面朝北，向全国国民代表议和议员宣誓。总统府的设想是北面为主席台，南面为外国使节、政府高级官员等人，东西两侧为参议院的议长议员们。王家襄他们强调说：“不能这样，议长议员不能列两侧，因为我们是中华民国！民国，应以民为主！所以，应将议长议员席设在北座南向居中处，听袁世凯作为民国总统向全中国人民宣誓！”

呸！什么民国以民为主？

袁世凯差一点儿没有吐出口，他在心里暗自得意。他瞥了一眼王家襄他们，他们正凝视着自己，他不禁颤动了一下心。

国会尽早我要解散你！他在心里说。他想起了选举总统时，曾让李进才他们组成公民团，监视、逼迫着代表们选举。因为自己早就知道，国会议员中有不少人是用钱买的，一心谋求私利，捣乱。第一轮选举竟未达到票数！第二次投票，仍然不足法定票数！第三次，他们要在自己与黎元洪两人中进行决选，多急人啊！亏着李进才他们施加压力，第二次投票，自己正式当选民国第一届正式大总统。那时，掌声响起，天已是夜半。

仪仗队演奏着各种乐曲，十八行省的民歌、小调，都揉进乐曲中。这意味着十八行省共同欢庆这一时刻。

袁世凯面色凝重。他在心里说，我告诉你们，你们别想与我做对，想都不要想。哼，国会，哪里为国家着想过！这狗日的国会啊，国会，我迟早要收拾你们这帮子混账东西。还有黎元洪，必须整治温驯。

袁世凯在心里发着誓，他感到身上一阵阵发热，像有无数的小针尖儿正刺在他的脊背上。他低头瞅了瞅自己的制服，是什么在闪光？啊，是金黄色的绶带！

金黄色！这是皇袍的颜色让自己浑身上下有了不自在。他想起在商量会场选址时，有人提到设在总统府所在地中南海，有人提到设在国会会场，还是梁士诒懂得他的心思，坚持设在一片金碧辉煌的太和殿。

他又向那群金发碧眼的人望去。

那些蓝眼珠儿、灰眼珠儿都在微笑着，传来缕缕友善、温和，莫里循他们笑得最甜蜜。

这群狗！迢迢千万里来抢食的狗们！

袁世凯望着他们，心里骂着，脸上却装着微笑。他想起去年夏天，《京津泰晤士报》上发表的英国人的社论。他们对是否承认袁世凯的国家，提出要看能否奉行前清与他们所订的条约。他承认了英国在西藏的特权，答应了俄国在蒙古的特权，还有日本人、美国人、德国人他们的好处。是啊，没有这群洋人，自己从哪里弄来钱和枪炮呢？更重要的是要靠他们出谋划策！

他用目光向他们微微致意。

你好，澳大利亚的莫先生，全心全意为英国人服务的《泰晤士报》驻北京记者莫里循（G. E. Morrison）。那是美国人，法学博士古德诺（E. J. Goodnow）。还有那两位日本人，一位是东京帝国大学的法学教授有贺长雄，一位是日本炮兵大佐坂西利八郎。目前，他们都认为中华民国的国会是不理想的，不利于洋人在华利益。袁世凯对他们点头致意。他们的面孔又红润起来。

典礼开始了！

礼炮隆隆，军乐阵阵，全体起立，向五色国旗致敬；旗面上的红、黄、蓝、白、黑五色格外耀眼，成横长方条，表示汉满蒙回藏五族共和。众人高唱国歌《中华雄踞天地间》：

> 中华雄踞天地间，
> 廊八埏。
> 华胄从来昆仑巅，
> 江湖浩荡山锦连。
> 勋华捐开尧天，
> 亿万年。

袁世凯握紧拳头，面向议长议员们，郑重宣誓：

> 余誓以至诚遵守宪法，执行大总统之职务。谨誓。

紧接着，台下响起"万岁"的欢呼声。

544

他微笑着，频频向高呼"万岁"的人们点头。他挥手回应着，大声喊着："诸位万岁！"按照议程，马上就要读宣言书了。

他清了清嗓子，用那口河南项城家乡的话，一字一句地读着：

> ……余取渐进而不取急进，以国家人民之重，未可作孤注之一掷，而四千年先民之教泽，尤不可使斩丧无余也！……此种政体，吾国四千年前已有雏形，本无足异；乃事权牵制，无可进行，夙夜彷徨，难安寝馈……

这声音飘荡在太和殿的上空，让人感到喜悦，让人感到不安。喜悦的是那群洋人，莫里循他们蜂拥来，争相与袁世凯拥抱。他们告诉他：世界各国很快就承认你的国家！不安的是一群年轻的心，他们隐约感到，共和制度迟早会让这个总统抛弃。袁世凯与莫里循他们紧握了手，他向他们表示感谢，不停地与他们合影。小站的兄弟中，王士珍、姜桂题他们走来了。袁世凯急步迎上前扶住王士珍，说："啊，聘卿！你终于又来到我的身边了，我的好兄弟。多少年，你不出来看看哥。"他眼含着泪花，学着与洋人拥抱的样子，把王士珍紧抱在怀里，呜咽着说。接着，姜桂题、段祺瑞走过来，他们紧紧抱成一团。还有赵秉钧、杨士骧、杨士琦、杨度、熊希龄、阮忠枢、袁乃宽他们，他们都走过来。袁世凯与他们并肩而立。他们面对镜头笑着。

忽然，天空暗了，有星光闪烁着。此时的日食，太和殿又走进黑暗中。袁世凯笑着说："换天了。"

段祺瑞奋力举起拳头，高喊："换天了！"

大家跟着喊道："换天了——"

星光又退去，阳光依旧。人们好像刚刚从梦中醒来。古德诺走来了。他身后跟着一群群记者。他请袁世凯与各国的使者合影，说："袁，请允许我代表欧洲，还有澳洲，向你，和你的国家，祝福。同时，我希望您不要忘记德皇威廉二世阁下所走的道路。"

有贺长雄挤身过来，用纯熟的汉语抢着说："袁总统阁下，贵国的天神中我记得有一位叫伏羲的。他的卦形图案说明了新与旧应相融——中国向美国、法国能学到什么呢？共和应与君主制融合，才能保持你们的秩序和进步，使新旧两种势力谐调起来。而且，我可以负责任地说：议会政体对于贵国是极不理想的。总统阁下在以后的日子，会越来越发现它的生硬和障碍。只有君主制更符合你的国家和人民。"

很快，他被这群洋人和洋人的声音包围了。

王家襄、汤化龙他们望着这一切，没有走上前来。他们发现，袁世凯被他们选为大总统，在宣誓之后，连看他们一眼都没有！他们摇了摇头，感叹道："这是一个秋天。"

秋天的太阳把太和殿照得金光灿烂，不知从哪里飞来一群蚂蚱，它们飞向袁世凯的元帅服上，洒下一缕缕粪便，又自由自在地飞去。

军乐队的乐曲仍然在不知疲倦地歌唱，他们演奏的是欧洲、美洲、非洲世界各地的乐曲，意味着全世界都在歌唱。

只有秋天的风，被紫禁城的红墙包围着，在阳光下颤抖不停。

137. 一笔大生意

秋风吹得越来越急切，大憨登上火车，奔向北京。车窗外，满目苍凉，一片萧条。他想起和白朗相处的一段日子，使他异常激动。他深深感觉到，白朗的身上，有着黄兴他们所不能比的豪气。不仅仅是因为白朗明大义，识大体，还因为白朗无私无畏，有超人的慷慨。他亲眼看到，白朗从不近女色，不贪钱财，遇事冷静、沉着，常与战友们在一起商量，神情是那样和蔼。白朗满身的正气，与起义军战士同吃同住，这样的英雄又如何不赢得天下穷苦人的拥戴呢？

大憨后来才知道，他面前的白朗并不仅仅是一位被逼造反的农夫。吴禄贞做第六镇统制时，白朗曾在吴禄贞手下当参谋。吴禄贞被害后，白朗和中州大侠王天纵在登封嵩山上落了草，自封"扶汉大都督"，要唤醒无数穷苦人民。这是位能文能武的英雄！大憨想起孙中山、黄兴、宋教仁、谭人凤、居正他们，依东南一隅，国民党这些优秀的人才一次次闹起了举世的狂澜。从辛亥年的枪声，到二次革命的失败，这中间他们到底缺少了什么呢？应该说，他们缺白朗这样的能文能武、智勇双全的英雄。孙中山，他身上太多了书卷气，一片诚心，一腔热血，却容易轻信于人。黄兴，过于自负，常让人感到刚愎自用，不能容人。宋教仁，太天真，太爱显示英雄骄气。若白朗能早日与他们合作，这天下该会如何仍然在黑暗中呢？

此时，他陡然想起往日家乡传说的南蛮盗宝。在河南老家，人对南方人是充满鄙夷的。为什么会有这样的态度呢？和南方的朋友在一起时间长了之后，便会看到南方人更多的是一股躁气，他们被精明滋养成圆滑。遇到重大事情，他们更多的是保全了自己，全没有白朗这样的人能舍生取义。前些日子，他听到南方有朋友讲孙中山与日本人打得火热，说日本人答应帮助孙中山倒袁，而事成之后，孙中山必须答应日本人在中国的一切优惠条件。若照这样讲来，中华民国建立还有什么意思呢？多少人用鲜血和生命换来的今天，又有什么价值呢？不！不应该

546

是这样!

大憨望着窗外闪过的一个又一个村庄,心里增添了许多惆怅。袁世凯名正言顺登上前台。在此一个月前,大憨和白朗在一起时患上了痢疾,如何也治不下。没有办法,白朗派两名弟兄,把他送到了开封,找到刚从西安回到河南的徐冠中,安排住进了医院。开封有老同盟会的同志,告诉大憨北京的消息:袁世凯正式登上中华民国大总统的宝座,很快就要粉碎国会,拆散国民党。大憨顾不得病未好,强支撑着孱弱的身体,奔回北京。

自己已经有好久没有见到小莲了!还有孩子共和他们。小马和小菊他们呢?没有意外吧!想到这里,他的鼻子竟酸疼难忍,止不住趴在座位上哭起来。

"喂!老乡,哭什么来着?"邻座的一位商人模样的中年人拍着大憨的肩膀,关心地说。

大憨强忍住,擦了一把眼泪,抬起头说:"没有什么。谢谢!"

中年人掏出自己的名片,双手呈来,对大憨说:"老乡,我看您也是实在人。您大概是做生意赔了钱吧?没事儿!这是小弟的住所,若您不嫌弃,将来咱们合作做一笔如何?这年头,生意还真不好做。别伤心。钱是龟孙,扔了再挣。莫泄气!"

大憨听着声音,觉得有些耳熟,一时想不起在什么地方见过这人。接过名片,他使劲儿想,还是没能理出头绪。这到底是谁呢?

中年人直直地望着他,猛一拍自己的脑袋,"哎呀"一声,说:"看我这什么记性!老乡,您可是河南项城人?"

大憨迟疑着说:"您——"

"我是——"中年人向周围望了望,见许多旅客都昏沉沉地睡着,轻声说,"我是海龙啊!我爹叫铁头,您不记得了吗?我听着您的声音,看着您的面孔,都觉得很熟呢。那年您回老家时,我见过您。您不认得我。乡亲们说,您是我爹的好朋友。您该是俺大憨叔?"

大憨霍地站起,冲过去,把海龙紧紧抱住,粗重的呼吸逼得海龙直扭头,说:"好侄儿!我如何不记得你爹?好孩子……"

两人紧抱在一起,惊醒了邻座的一些旅客。他们不解地望着两人这番举动。

海龙把大憨拉到僻静处,说:"大憨叔,现在,我在做一笔大生意,您和我一起做吧!还有我爹,狗蛋叔,咱们一起做!"

大憨惊诧不已,说:"你爹?他现在在哪里?他还好吗他?他……"

海龙正要说,猛望见车厢的一头走来几个警察,就住了口,拉大憨回座位,一边悄声说:"等到了北京,我再详细说给您。我要到北京住上一段呢。"

列车喘着粗气停了下来，众人探头望去，车驶进了石家庄。大憨想起了当年在这里遇害的吴禄贞，心头非常沉重：石家庄啊，血之地！窗外已是夜色，车站上昏黄的路灯下排着长长的旅客队伍。吴禄贞的血，难道就这样白流了吗？大憨轻轻擦了擦眼角。

来到北京时，天仍然未亮。大憨领着海龙走进他们当年的居所，却无论如何也找不到自己的家人。狗蛋也不知去向。前房门被人用砖累实了，院子里的房屋都塌成窟窿。只有枯草瑟瑟响着，在夜风中让人感到不安。侧耳听了又听，还是没有动静。

海龙说："走吧，大憨叔。先到我那里去歇息，待天亮后，咱们再来打听。说不定他们早搬走了。"

大憨的头昏沉沉的，他用拳头朝额上使劲捶了几下，发疯似地喊："阿莲——你在哪里！若你们有三长两短，我咋过……"

周围响起了参差不齐的狗吠声。

邻近的一户人家亮起了灯光，随着门"吱扭"一声响，一位老人披着衣服，站在院子里咳嗽了几下，说："是谁在这里喊呀？这里住户人家早就搬走了。听说是回什么上海了，一家好几口，都走有好多日子啦！"正当大憨和海龙还想问老人具体情况，老人带着气似的把门摔上了，再也不理。

凛冽的夜风一阵儿紧，一阵儿缓。附近有打更的，敲着报时的梆子，一声声催人心头紧。大憨垂头丧气地站立在那里，猛然，他拉起海龙，说："嗨！咱们翻墙跳过去看看。"

两人跳进院内，搜索了半天，找不到任何东西。四处寻觅着，大憨走近后墙上的神龛，刚要把手伸过去，里面"哗啦"一声，蹿出几只老鼠。两人急忙走过来，海龙擦了支火柴，在神龛前寻着，只见上面写着一行字，字迹斑驳陆离，依稀可辨是他们平时传送密信的鸟羽文："大憨哥，袁世凯要把北京的革命党杀尽，正四处捉拿您。我带着嫂子和孩子，还有小菊，我们一起到上海。请您回来时，去天津河西，找那个鼓书艺人老何何振民，他知道我们的详细地址。"

大憨心头一阵轻松，指着对海龙讲了鸟羽文，说："以后我教你怎么写这些字。"此时，忽听见西厢房的废墟上有动静。海龙催大憨快走。动静声一阵紧一阵缓响着。两人猛地拔出匕首，寻着声响探去。慢慢走近时，才看清是两个妇女，被人绑成一团。她们的嘴中塞着成团的破棉絮。她们正极力挣扎着，浑身一个劲地颤抖。大憨为她们解开绳索，掏出棉絮，她们连连磕头求饶，哭着说："老爷，行行好吧，你们！我们一无银钱，二无家产，把我们绑来，实在是榨不出来油水的！"听她们冷静下来说，才知道原来是这个院子已成了匪盗的赃点。刚才大憨和海龙进来时，有一个看守的小匪盗瞅空跳出去跑掉。两个妇女是从王府中抢掠的婢女，被一帮子匪盗糟蹋后押在这里，等着那王府的人拿银钱来赎她们，并声称天亮就要撕票。

大憨和海龙把她们两个举过墙，让她们回去。她们仍哭哭啼啼，说找不到那王府的地址。

大憨对海龙说："看，我们救人，却惹出了更麻烦的事情，还要把人送回。"海龙急忙拦住大憨说："大叔，不能这样送她们。那王府的人诬赖我们，我们该怎样解释？快，不能耽搁。我们有要事。"正当他们在讲着话，远处赶来一群人，他们举着火把，大喊着"抓匪盗呀"，围了过来。

海龙说："看，大叔，让我说中了吧。咱们惹了麻烦啦！快跑！不如躲开为好。"伸手拉住大憨就要走。

大憨苦笑了一下。两人纵身跳上墙，飞身攀过邻近的房顶，朝东北方向跑去。脚下的瓦片发出响声，大憨体弱差一点儿没有摔倒。海龙连忙背起他，急跑去。身后远远地响起了枪声。

约有半袋烟的工夫，他们来到东单一处僻静地方，停下来歇一歇。大憨说："海龙啊，大叔真有点儿老了，身子骨不如以前硬朗了。"

海龙笑着说："哪里是这样？大叔，您久病刚愈，还未恢复过来，等一段，又可以大显身手了。"

海龙扶着大憨来到了西太平庄，走进一处普普通通的四合院。满院的树木顶着金黄色的树冠，仰起脸望去，蓝天格外清澈。清晨的风微带着凉意，抚摸着院子的各个角落。天刚刚亮，鲜红的太阳从东天倔强地升起。铁头正光着膀子，挥舞着一对石狮子，"嗨嗨"喊着，一旁站着五六个青年。其中一个姑娘手持两把大刀，刀把上的红缨飘着，衬得她异常英武。

铁头舞到得意处，先是只手托一尊石狮子，另一只手将一尊石狮高高抛起，再稳稳接住；后来，他将两只石狮交替抛向天空，轻松自如地像玩一般，看得大家眼花缭乱，发出阵阵喝彩。铁头猛抓住石狮子，轻轻放在自己的肩头，又起腰，作出亮相的动作。看他脸上没有一丝倦意，眼睛炯炯有神。人群又齐声鼓掌称赞叫好，喊得像山响。大憨也看呆了，跟着叫起好，惊动铁头扭过头，将两只石狮放在地上，一把搂住大憨，两人抱头痛哭。

海龙对众人讲了在火车上巧遇大憨，又讲了他们夜晚寻亲不遇，差点儿被人作为匪盗抓去的事。

铁头擦不尽的泪水，呜咽着对大憨说："我在少林寺设坛教徒，后来被张镇芳、赵倜他们驱散。当年，白朗将军起义，他们炸军火库，我在开封隐名埋姓，差点儿没有被人捉去，这才几经周折，辗转逃到北京，在这里开武场，隐藏姓名，维持生计。想不到，想不到在这里我们兄弟又见了面！"两人说着，说着，讲不完的衷肠。铁头将自己的徒弟们介绍给大憨。讲到面前那小姑娘时，铁头不好意思地说："这是俺小闺女，叫毛妮儿。大憨，你知道海龙是她妈带过来的，你该还记得吧？孩子他们后来受大罪了……"

大憨乍想起儿时的事，看见铁头眼角直红，忙说："过去就过去了！爷儿几个，这不又团圆了吗？大喜事，大喜事。要高兴。"一句话说得铁头喜欢得像孩子似的，他一挥手，对徒弟们说："孩子们！力举千斤，演给你们的大叔看看！"

青年们"呼啦"一声，闪电般从院墙根处抓起大石块，齐刷刷地托举在头顶上，又齐喊一声"哈哈"。他们把石块扔得高高的，学着铁头舞石狮的样子，玩出一个个花样来。他们的步伐整齐有力，一个个满面红光。

大憨连声夸铁头教授有方，惊愕不已。

铁头笑着说："大憨，这叫猪娃儿功！我给它起了个名字，叫天蓬元帅大功夫！这都是我让他们抱猪娃儿抢出来的啊。他们用心练，都聪明着呢。"

"啊？什么天蓬元帅大功夫？"大憨不明白。憨憨地笑着问。

海龙在一旁解释说："我爹为了培养他们的功夫可没少想办法。在少林寺的时候，为了他们几个练好力气，想了许多办法。我爹为他们每人买了两只小猪仔，让他们每天沿着太室山、少室山跑，将小猪从山下掂到山上，一路跑着，不能停息。天长日久，猪长到三四百斤时，他们仍然能举上举下，提起来轻轻松松，不费力气。"

大憨笑得前仰后合，不住地夸铁头有办法，办法好，说："我前些日子在南阳一带，随白朗打仗。白朗他多次提起过你。他说，你的徒弟在起义军中了不起。你为起义军培养的好人才，以一当百，你们个个都是英雄汉。今天，我真正亲眼领教了，有这样的好人才，我们何愁不能打败小凯儿他们！"

铁头脸色沉了下来，说："是啊。小凯儿他真正变了。我们当年的好朋友，今天成了杀人恶魔。前些日子，他让陆建章任军政执法处长，到处搜查国民党，秘密处死了多少革命党人。他一心想解散国民党，解散国会，搞什么政治会议，他该是梦想着做什么真龙天子吧。"

海龙笑着说："大叔，我们在这里设厂卖药，正组织英雄敢死队，准备与白朗他们联系上，南北使命，内外响应，打倒袁世凯！我们再造共和，掀起革命浪潮！"

550

"啊哦，原来你们做的，就是这样的大生意呀！"大憨高兴得合不住嘴。

他们个个兴奋得真想跳。

铁头抬头看看，太阳已经升起很高，说："快些吃饭吧！大憨，你猜是谁来给我们做饭的？你猜一猜！"

"俺娘！"毛妮儿张口喊道；她一咧嘴，露出一对洁白发亮的小虎牙。

铁头白了她一眼，说："你这孩子，就你多嘴！我是想让你叔猛一高兴的！"

太阳升到树梢上方了，将寒意和尘埃都驱除尽。深秋的风，传送来说不清的凉爽与惬意。铁头的妻子满脸刻着深深的皱纹，红布一般的浸透着羞涩。她热情地招呼大憨，问着"他婶子在哪？有几个孩子了"，从厨房到庭院，踮起一双小脚，跑前跑后，一边加了几个菜。大憨看了看铁头，又看看海龙他们，海龙的年纪真是与铁头不相上下；他想开个玩笑，说说当年铁头如何娶亲娶来一大家的笑话。有孩子在跟前，他感到不好意思，就住了口。

吃饭桌上，大家有说有笑；大憨猛问了一句："铁头，狗蛋呢？他没来找过你吗？他知不知道你们住的地方？"

铁头笑了，说："狗蛋啊，前天他还在这里；现在，他上西山了！去时还带了一个大人物呢。"

"谁？绑票呀！"大憨气鼓鼓地把碗筷一放，说，"人老几辈儿，谁做过这样的事情？"

"谁？是袁家的三少爷！"铁头不慌不忙地说。

"咋啦？狗蛋怎么能作出这样的事情？他是咋的？哎哎，我说，小凯儿再不像话，我们也不能这样做啊！绑票那可不是人干的事儿。他给凯儿卖了干什么？是做人质吗？"大憨焦急地问。

"不是！不是！"铁头望着大憨的神情直想发笑，说，"你看你急的。袁家的三少爷是个正直的孩子。袁世凯讨伐国民党，他很讨厌那些做法，要与他爹理论，结果，小凯儿把他打了狠狠的一顿。袁世凯骂他受革命党的毒太深，把他关起来，让他反省。他挖了墙洞，逃了出来，找到狗蛋，到西山上入伙去了。袁家什么样的人物都出呀！"

大憨笑着说："嘻嘻，原来是这样啊。这下可把小凯儿个货给气坏了！他又该撅着个嘴骂了。小凯儿好装，弄啥都装；装不像就骂人。"

毛妮儿重复着"嘻嘻"，说："俺大憨叔说得真可笑！我还记得老家俺六婶子她们骂架儿，前前后后，几辈儿的肮脏事儿都翻出来。嘻嘻，咦嘻嘻，真好听。"铁头拿起筷子，装作要打她的样子说："小毛妮儿，你不学好！看我打你的头，打你几个铁疙瘩！"众人都笑了。

吃罢早餐，海龙领着一群青年在院子里习武，留下大憨和铁头在屋里。

　　大憨讲了小站一别，自己遇到的后来的情形，又介绍了白朗的义军的近况。铁头唏嘘不止，也讲了自己如何修发为僧，又如何在少林寺夜遇同盟会，在革命党的感召之下，怎样为革命斗争培养力量——童子军。提到他在二次革命失败后，赶回家乡，而他当年的妻儿流落在外，讲着，竟不能自已，失声痛哭起来。

　　大憨揉揉眼，说："这些年我们都漂泊在外，经历了这世间多少事。若细心想一想，你会明白许多事理。当年，咱们几个星夜投军，为的是什么？都是袁世凯的一席话，把我们骗出了家门。这样也好。经历的事情一多，什么事都想开了。咱们，连狗蛋几个弟兄，咱们都是穷苦人出身啊。人常说，大方，咱穷苦人就是大方。穷苦人不自私，有一副善良的热心肠。一旦醒过来，就会想到更多的人，想到民族的危亡，国家的前途。袁世凯他就不一样了！他年轻的时候，曾经和咱们一样，也有热血，想建功立业，伸张大义，希望能励精图治。他经历了那么多危险的事，都不曾灰心。可是他后来机会来了，由原来的受人宰割，遭人欺侮，到高高在上，一手遮天，想法也就不一样了。小凯儿他脑袋瓜子里装的那些皇权，现在都生出枝叶了。你说，他能不想法排除异己，经营他的帝王梦吗？"

　　铁头惊喜地说："大憨，这些年咱们不见面，你竟有这样的见识。你真变得有大出息了！"

　　大憨倒不好意思起来。

　　铁头说："你别慌，大憨！马上我派人把狗蛋找回来，咱弟兄三个好好喝一喝！我真想听你多谈一谈这世间的道理所在。你先歇息，我去街上买一些菜肴。"

　　大憨拦住他，说："你看你，怎么把我当成了外人不是？人常讲，要吃还是家常饭，要穿还是粗布衣，还有那，过日子还是结发妻。咱们还是这家常饭好！"

　　铁头的妻子斗着胆子走过来，试着往前站，大憨连忙把座位让给她，请她坐下说些家常话。她说："大憨，要说人都这么一把年纪了，我稀里糊涂的，真不知道做些什么才算好。我记得你啥子亲戚呀是小王楼的？说不定，咱们两家还有亲戚呢。"

　　大憨不明白她的话，说："我姨家，还有我姑奶奶家，都是那个小王楼的。"

　　"咦——对了！"她激动得直拍腿，连铁头在旁边对她翻白眼都不觉察，放开了喉咙，说："咱俩，是姨表亲戚。论说，你该喊我表姐哩！"

　　铁头说："你看你，你干啥咧你？我们谈正事，你来插什么杆子！一边去收拾家务好不好？"

　　她拉起椅子，往前凑了凑。她不理铁头，对大憨说："好表弟唉，不知道你知不知道，咱那老家东南角，就是咱大姨家那个村，那几个表兄弟干了个大事呀!"

铁头和大憨都惊疑起来。

她清了清嗓子,得意地说:"他几个对老袁家也是不满,重修那个钢叉楼呀几十丈高!咱老家的人说,袁世凯他是个老鳖精修成了仙变成的祸害。这一修钢叉楼,他就倒霉了!你想想,老鳖怕的就是钢叉,他还不害怕吗?他快完了!他不修德,官再大也没啥出息。"

铁头和大憨都哈哈大笑。

大憨说:"我的大姐呀,您说得对,这是天命,天意,也是民意。他袁世凯登了台,不想着为民造福,光想着当皇帝。看吧,天地不容,民心不许咧!"

138. 议会

袁世凯得知儿子去西山做了土匪,气得直骂,把在家的几个孩子都叫到跟前,痛数他们的不成器。他拿自己走过的道路做例子,说:"现在你们知道个什么?像你们这样小小年纪,我就懂得天下为己任,想着成就大事,哪像你们胡吃狗油!我请有名的先生给你们讲学问,送你们去国外读洋书;我还不是为了让你们有出息?光宗耀祖,你们懂吗?"说着,说着,他咳嗽得不能平静下来,被人搀着,扶进寝室。孩子们相互张望着,不知道他们家又发生了什么事情;他们不知道他在说什么。他挥一挥手,让孩子们都退去。滴滴浊泪像一条条蚯蚓,涂满他的脸上。他捂着胸口,想喊人却喊不出声来。许久许久,他才缓过神来。

梁士诒鬼鬼祟祟走进来,俯在他的耳边,说:"您提出的增修约法,国会的那一帮子人还是迂腐得很,不同意。他们说,正式宪法即将完成,没必要增修即将废止的临时约法。施愚、顾鳌、饶孟任、黎渊、方枢、程树德、孔昭焱、余啟昌他们八人,国会竟不接待。他们看不起总统派去的代表。这究竟是什么意思?"

袁世凯稍安静了一下,强撑着坐起,在梁士诒的搀扶下来到会客室,呷了一口浓茶,冷静地说:"这国会专制的局面什么时候能结束呢?各省的都督和民政长,有没有什么动静?国会实际上是国民党议员操纵,侵犯政府特权。要顺乎事情发展的天意,解散这个奸党!"

"是!是!"梁士诒从文件袋里掏出两份电文,说:"我正要告诉您,安徽的倪嗣冲,还有张勋、姜桂题他们,也都这个样说。国民党就知道捣乱!呸!"

袁世凯满面愁容,说:"自古结党就是为了营私。国民党就是这样的啊,他们唯恐天下不乱;乱了他们可以从中夺权,宋教仁就是在党派之争中丧生的啊!可他们编了许多'证据',硬诬赖别人。真可恶!国民党一天不灭,国家就一天不安宁。您是秘书长,这些事就由您直接负责,把他们这帮子乱臣贼子解决了事。前天，梁启超跑到这里来找我，劝我不要解散国民党。他懂什么？我告诉他，命令已经发表出去，说什么都晚了。湖口之乱，他们是清楚的。广东、湖南是乱党的老窝。必须尽快处理清。"

梁士诒嘴张了几张，没说什么话。

袁世凯颇不耐烦地说："让芝泉来，去顺治门外的彰仪门大街，把那里的北京国民党党部先给收拾了。整天他妈的像个老鸹窝，叽叽喳喳，叽叽喳喳。捣翻他，不能手软。不过，你要记住，像前些天处理学生闹事儿一样，赶走就是了。可不能出了人命——我们要带好头，不能让后人骂我们野蛮。知道吗？"

梁士诒连连点头称是，说："那里的事情昨天就已经解决罢了。今天要收拾参议院和众议院。国会里的脓包很多，他们不让我们的代表开会，他们也别想开会！"

袁世凯表示满意，说："找芝泉来，我要和他谈一件事。黎元洪为副总统，久在湖北，也不是个事儿。我想让芝泉代替了他，让这个副总统好为国为民集中精力办事。"

"听说，"梁士诒吞吞吐吐地说，"听说段祺瑞正积极培养自己的人。他施恩于士兵，让兵士们天天为他祈求神灵保佑平安。怕他到了湖北，会不会拥兵自重？是否——"

袁世凯冷冷地笑着说："什么事也没有！芝泉是我一手提起的，他会叛离我吗？即使他叛离了我，他也成不了气候。他可是我的女婿！想学我的路子，还要个工夫。"

梁士诒点头哈腰地离去了。夏寿田进来报告，说："汤化龙议长来求见。"

语音未落，汤化龙已经跨进门内。他十分焦急地说："大总统，我代表进步党，代表众议院，以议长的身份向您请求。请您发还这些议员的证书、徽章。议员除名，国会来解决，外力干涉是不合法的。若政府怀疑，可提出证据，国会来依法处理。怎么会出现军警包围党部、搜查议员家宅的事呢？国会不存，于政府有何益？国会可都是百姓的代表，是选出来的……"

他越说越激动，表现出愤慨的情绪。

袁世凯把头斜靠在椅背上，闭了双眼，连理也不理他，静静地养神。夏寿田对汤化龙苦笑着，摇了摇头。

汤化龙蔫着脑袋退去了。

袁世凯对夏寿田说："以后，像这样不三不四的人，不要理会他。"继而又温和地说："皙子呢？前些天，让他搬出纯一斋，听说他很不高兴。真是小孩子的脾气。皙子之才，天下有几人可比？我不能不用他啊。请您转告他，我一直在想着要让他代替这个熊希龄的。他心里边要有个准备才是，告诉他要多想一些国家的大事，不要和那个蔡锷一样，整日与那个风尘女子小凤仙绞在一起；那是什么出息？"

夏寿田十分恭敬地站立着，望着袁世凯那毫无表情的脸，不知说什么好。他使劲地咽了几口唾沫。

袁世凯说："耕父，你们都是经国之才，一定要学会懂大体，识大局。国会在几个人的手掌中被玩弄，现在已经被人玩腻了。本来嘛，国会就是一群乌合之众。全中国那么多人，谁选举他们哪一个了？嗯？有什么好法子呢？你们几个讲的办法，我看不错，召集起来政治会议，或者什么其他的会，代替那破烂不堪的国会。反正都是代表民心民意的，我们总不能光开顶风的船啊！"

夏寿田似懂非懂地点点头。

袁世凯说："这几个人，您看他们怎样？杨度、赵惟熙、马良、蔡锷、樊增祥、梁敦彦、宝熙，还有饶汉祥、杨士琦几位。请他们组织政治会议。当然，杨皙子做议长，如何？"

夏寿田毫不怀疑地连声答是。

这时，有人送来一沓文件，袁世凯看了一眼，脸色猛一红，很快又镇定下来。夏寿田下意识地瞥了一眼，原来是将要举行的光绪帝后"奉安"典礼，请求袁世凯批准的文件。

"爸爸！"突然一声清脆的喊声。

门口站着一位西装革履的精悍男子，携着一只硕大的皮包，正笑吟吟地望着袁世凯。

夏寿田细看，才认清是袁克定，连忙趁近接他的皮包，一边说："云台何时抵国？"袁克定好像没有看见他，径直向袁世凯走去，说："爸爸，您好！"

袁世凯笑着起身迎接，说："云台，好孩子，你可回来了！"

随后，梁士诒领着段祺瑞、熊希龄等人蜂拥而来。他们纷纷与袁克定打招呼，问候辛苦。

袁克定一副绅士派头，不屑一顾地望了他们一眼，对袁世凯说："爸爸，您先忙吧，待有时间，在您清闲时，我再给您详细汇报。"

袁世凯解嘲似的说："孩子啊，我哪里曾有清闲呢？"说着，转过身来，对大家说："我侪身为公仆，恪尽职守，我称做是殚精竭虑，精益求精，精神抖擞，精忠报国，乃至精疲力尽；现在，我们却遭他们议会一再误解。此乃天下之大冤枉啊。"

大家跟着他一样皮笑肉不笑地"嗨嗨"着。袁世凯义正词严的样子，激起他们的同感。你一言我一语地，声讨议会误国的罪行。

袁克定望着他们，插嘴讲道："世界上的议会是分了几种的，尤以德国议会政治最为精良。日耳曼人强调的是净化民族，强化民族，皇帝的思想谁也不敢有半点的违抗！唯我东方，如千年大厦，遭遇风雨，就要倒塌。出此议会，强词夺理，欲毁我梁柱，不知其何等用心！"

他们纷纷称赞袁克定讲得有道理，请他继续讲下去。袁克定为他们介绍德国的社会、经济、文化，讲得头头是道。

梁士诒率先鼓掌！

他们争先恐后地说国会的罪恶。夏寿田插嘴道："今日的议会，如毒瘤生于背间，仰不得，卧不得，不早日割除，肌体就难得康复。"众人连声称是，说着"割了才好"，一边悄悄望着袁世凯。

梁士诒说："总统大人教子有方。若来日让云台领导中国，我大中国将成为东方强国。自强不息、厚德载物的民族精神，一定会更加发扬光大，照遍全球！"

段祺瑞马上接住话题说："那当然！那当然！慰帅育此良材，是国家之大幸，民族之大幸，千年文明之大幸。凡事我们必须以统一为先决，若军队，声令出，则步伐整齐。若总统以云台为统帅，我们一定要全力辅佐，共谋振兴国家之大业！"

袁世凯"哼"了一声，挥一挥手，一副不高兴的神情，说："以此而言，实为不妥。云台从国外考察，得来的都是西洋人的皮毛，还要多从咱们自己国家实际出发，不能忘掉自己的根本。中国不会成为德国，也不会成为英国，同样不会成为美国。中国只能是中国。自汉，依唐，依宋，至元、明、清，谁曾改变过国体？我做梦都想让国家迅速强大，实在是力不从心啊！你们不要以为我会如同专制皇帝那样，把权力传给云台，那是旧日封建朝廷的做法。我们是新国家，权力为大家共同拥有。你们怎能让我重蹈前清旧辙而取灭亡呢？"

说着，他看大家都默不作声，一边走向段祺瑞，一边对大家说："将来，等我老了，国家还交给大家。芝泉，你的名字很好啊，祺瑞。还有华甫的名字，国璋。国家祥瑞之兆，在你们身上表现得最为充分。国家离不开你们啊！芝泉，将来我要把国家大事多托付给你和华甫，让你们多为国家操心。云台他是一个普通公民，赖诸位多指教、多帮助为是啊！"说着，他用十分温和的目光望着众人。段祺瑞"嘔"的一声跪倒在地，抱住袁世凯的腿，哭着说："宫保大人，若您觉得愚儿我有二心同您，愚儿芝泉就死在您面前！"

冯国璋则不动声色，木头人一般挺立在那里。

袁世凯怒目而视："芝泉，怎么会说出这样混账的话？你怎么了？"转而，他笑着说："芝泉呀芝泉，国家要富强，文明，就得摆脱专制，不能让一人操持。大家要齐心协力，精诚团结。芝泉，我把国家交给你们并没有别的意思，不是让你一人承担此大任；你也要按照法，把该交的权力交给他人。新的国家，就是共同管理，共同辛苦。至于我，你们可以看我的实际作为。我告诉你们，人心可以惶惶然，而苍天终究不可欺！天下可以辱骂我，甚至中伤我，诬陷我；我不是曹操，可以负了天下，我尽心尽力，任人评说！"

说完，他怒视着众人。

众人鸦雀无声。

"大总统万岁！万万岁！"

猛地，段祺瑞挺起胸膛，奋力举起拳头，歇斯底里般放声喊道。

"大总统万岁！万岁！万万岁！"

众人一阵阵高喊着。他们争先恐后，一声声高喊着。

"中华民国万岁！弟兄们万岁！万岁！万万岁！"

袁世凯也举起拳头，高喊起来。他的眼角流出热泪；渐渐地，他觉得自己浑身正生长着无穷无尽的力量。

139. 梁各庄奉安

风，呜呜咽咽地撒着泼，来回旋荡。

梁启超、赵秉钧、梁士诒、朱启钤、荫昌、段芝贵、陆建章、马龙标一行，浩浩荡荡的人马从京汉铁路高碑店车站，经过涞水、易州，直达西陵梁各庄。他们受袁世凯的特派，带着袁世凯亲笔为光绪帝后写下的"奉安"祭文，前往致祭。

一路上，朱启钤对梁启超说个不停，介绍"万年吉地"的事。他说："光绪也真正可怜啊。清朝的规矩是，皇帝登基的那一天，一员王大臣就要会同钦天监，到指定建陵的地方去勘定万年吉地。可是，慈禧就是不提这事，下面的人也不敢乱讲。直到他死后，才以宣统的名义，谕派溥伦他们去勘定这片地方。"

梁启超兴致勃勃地说："先帝真是太命苦啊。他生前忧郁不得志，徒有满腹的鸿鹄之志而不得展。唉！如今，大总统念及旧情，也算是对他的在天之灵的慰藉。他若有知，该感谢才是。"

其他的人听了，都暗暗发笑。

梁士诒对赵秉钧咬着耳朵说："真是一个书呆子！"

迎面来到梁各庄前的永福寺喇嘛庙，大家稍事修整，即往寺庙东隔壁的行宫。光绪的梓宫，就"暂安"在行宫正殿，陆军第一镇步队第三标统带扎拉芬，奉命守卫在此。大家先到此拜谒。

赵秉钧说:"梁各庄气象不凡啊! 先帝在生前不展宏图,眠于此福地,放眼燕赵雄风,该是何等高兴! 大家看,此崇陵坐北面南,四周丛山环抱,方圆数里如明镜映照着日月。我,来年若有追随先帝的福分,伴先帝而眠,亦不枉此生奋斗。"

梁启超听罢,满脸布着阴沉。他扭转过头,朝远处望去,只见一位老者,衣衫褴褛,木呆呆地立在野地里。

"这人是谁?"

他不觉脱口而问。

梁士诒在一旁说:"这个人呀,王大臣六班公所的忠臣呀。"

有人解释说:这人叫梁鼎芬,忠实于光绪,曾在光绪梓宫前久跪不起,痛哭光绪。崇陵建成之后,这位遗老看陵园内没有成阴的绿树,就派人到北京买了几百只陶瓷酒瓶运回来。接着,他又领着人在崇陵的"宝城"上,把雪装满瓶子,然后封上红纸签,写着"崇陵雪水",重运到北京。他将雪水瓶带上,分送到各亲贵、遗臣家中去募捐,说服人买树秧,用来栽植于崇陵。于是,崇陵才有了树阴。他整日想着光绪,念着光绪,自己掏钱在这附近买了田亩,吩咐人来日把他埋在这里,以日夜伴光绪而眠。

又有人讲,梁鼎芬每天都要来这里看金井坛的上面有无动静,手抚着那些梧桐和翠柏,整日不语。

起风了,遍地荒草起伏着。

致祭的人们都各怀心事,木偶般站立在那里。赵秉钧望着崇陵周围,心潮起伏。

崇陵前面是一座琉璃牌坊,其左右各建下马碑一通。沿牌坊入宫门,又有一碑亭,碑却无一字。亭东为宰牲亭;宰牲亭东北处,为珍妃、瑾妃的园寝。碑亭不远处为护陵河的五拱桥。整个布局与隆恩殿连成一体,不紧不疏,如一幅美丽的风景画。

赵秉钧的脸色渐渐变红,气喘得一阵粗一阵细。朱启钤悄声问他:"老兄,怎么了? 可是心里不好受?"赵秉钧摇了摇头,低声说:"老毛病了,一遇见这样的场合就胸闷。没事,过一会儿就好。"

段芝贵望着这些人的动静,想起了袁世凯交代给他的话:不动声色,严密注意每一个人。

他听到赵秉钧他们的话,佯装着没有听见。他在想,袁世凯为什么派这样一群人来致祭呢? 国务院通知各省,一律下半旗,学校停一天课。还有,春天在隆

558

裕梓宫奉移时，袁世凯竟通知各官署下半旗志哀。清朝的遗臣们，以前到紫禁城，怕人看见，多偷偷摸摸，穿着便服进城，现在竟敢公然戴花翎、穿蟒袍，甚至顶马开路，从骑簇拥。六月，袁世凯正式发布尊孔令，称孔子为"万世师表"。十月十日，他就职民国大总统，七十六代衍圣公孔令贻从曲阜带来孔氏世谱等物，特表祝贺。十一月，他又发尊孔令。袁世凯他到底卖的是什么样的药呢？刚当上民国的正式大总统，他就向"大清皇帝陛下"讲，他是"奉大清隆裕皇太后懿旨"，才办"共和立宪国体"的，是为了"慰大清隆裕皇太后在天之灵"。连遗老们都在谈论，袁宫保不再办共和，而要恢复前朝了！

一缕蓝光猛地闪过段芝贵的脑海：九龙壁！看来，自己的干爸爸确实要往这边走。

正在他沉思时，一百二十八人齐喊一声："啊——"独龙杠抬起了葫芦金顶、金龙棺罩，一色的紫色团花麻驾衣、黄手套、黄靴罩、黄套裤、黑毡帽都涌向前。

辞灵致奠，嘈杂的哭声淹没了祭文，段芝贵只听见断断续续的字句："钦维圣后，充昭坤德……帝枢潜斡，默造民国，爰顺天心，益彰让德，黄图仰智，苍生蒙泽……同颂女中之尧舜，三千禩神功神德，民不能忘……神器不私一姓，大同则天下为公；惠泽流于手春，让德则万邦惟宪！"

突然，一个人高声喊着："你是谁？你是哪国人？"

段芝贵定睛一看，是刚才那个神情呆滞的梁鼎芬正指着西装革履的孙宝琦怒骂着："呸！你忘记你是谁了？你不是孙诒经的儿子吗？你以前是大清的官，今天却这样一身兽皮。你就这样来见我们的先帝吗？你有廉耻吗？你是什么东西！"

一旁的劳乃宣也喊着："问得好！你是什么东西！呸！"

梁鼎芬怒声喊着："你是孙幕韩吗？你真的是孙诒经的儿子吗？当年八国联军进攻北京，你随光绪帝狩猎西安。后来，你做了出使法国的大臣，回国后代理顺天府尹。再后来，你做了出使德国大臣，回国后充帮办津浦铁路大臣。大清国待你不薄啊，姓孙的！当年，你任山东巡抚与庆亲王联姻，满汉通婚，大逆不道；孙中山跑到法国闹事，你拿到他的机密文件，你送还原件给了孙中山，又把东西送给庆亲王，换来好价钱。山东独立时，你被他们推举为交涉长；武昌兵变，山东独立，你被他们推为山东总统大都督。你，你，你首鼠两端，现在是什么外交总长？你见了先帝，却不下跪！你是个啥东西？"

孙宝琦怔了，随口答道："啊，对，对，我不是东西，我不是东西！"说着，他一边溜了去。

銮仪卫启动了，前面是太宁镇绿营马队开道，队伍中飘着直幅黄帛、金龙、红边的"驱路"、彩绸扎的影亭、黄缎绣花伞。沉重的鼓乐鸣着，漫空飘着纸钱，遍地铺满了纸钱，纸钱如雪被风搅着，裹着，漫天飞舞不停。

风呼啸着，乌云聚积在四周山顶，纷纷扬扬飘起了雪花。

身穿孝衣的两排人，手中托着木盘和檀香炉，他们一边走，一边在"呼小呐"；紧随着的是统带扎拉芬率领的仪仗队，再随后是一群和尚、道士、喇嘛们，他们手执法器，不断地吹奏着，念诵着。最醒目的是两只两丈多长的大铜号，伸开向前，一起一落地鸣唱着，仰天放声大哭。队伍的最后，王大臣们执佛恭送，着青衣、青靴，戴着去掉顶翎的秋帽，他们号嗬着。这号嗬声，如群狼在漫野中哀鸣。

梁启超感到恶心，几乎要呕吐。他强忍着，愤怒地看着人群。他很不明白，光绪和隆裕为什么会得到这样的礼遇，梁鼎芬他们又为何这样猖獗，赵秉钧又为什么发出那样的感慨。他想起自己漂泊海外的日子里，自己因为国体的事情与康有为闹翻。自己曾经追求的事业，君主立宪，想再振雄风，如梦一般被阳光吹去！国家好不容易接受了共和，明白了共和才是中国的选择，可袁世凯他又为何在这时把奉安的事看得如此重呢？他想起了前些日子解散国会的呼声中袁世凯那张诡秘的脸，还有自己的学生蔡锷来京后与袁世凯的貌合神离，以及章太炎被软禁等传闻。他隐隐感到难忍的沮丧。他为自己受愚弄感到悲哀，禁不住大口吐起来！

风雪越来越大，树枝儿挣扎着……

梁启超用力吐着，他要把酸臭的污秽全部吐出来。

一旁有人责怪他，说他弄脏了这处圣洁之地。他翻眼望着那个人，握紧拳头，怒气冲冲地向那人走去，那人赶紧溜走。段芝贵见此情景，忙走过来，搀扶着梁启超，帮他捶着背。

梁启超苦笑着对段芝贵说："谢谢！"

140. 黎元洪北上

段祺瑞的脚刚刚迈进武汉，黎元洪的心就战栗不已起来，他满头都是虚汗。他佯装糊涂，问东问西；段祺瑞直截了当地说："我谨代表袁大总统，热诚欢迎黎副总统北上，共商军国大事。国事至上，不必推诿，速准备启程。"黎元洪嘴里嘟哝着，不知道是说些什么。他也斜着眼，向窗外望去，指着什么比比划划的，令段祺瑞异常厌恶。段祺瑞不耐烦地望着眼前这个胖老头子，皱着眉头，正要说什么。旁侧的汤化龙解释说："黎副总统一急，就用他家乡的方言讲起来。他的意思是，湖北有许多棘手的事，离不开他，请段将军能够谅解。"

黎元洪安排人先陪段祺瑞歇息，立即召集来幕僚，商谈该如何应付这突发事。他焦急得在屋内来回踱着步子，听着大家七言八语讲个不停。等了许久，他才说："看来，此番不去，万万不可啊。不论如何，我得去。到那里，见到袁世凯，我就立即动身回来。我走后，拜托参谋长金永炎先生来代理都督任，赖依各位仁兄操劳湖北大计。"金永炎等人商议着，待黎元洪一到北京，他们就给他发电报，请他迅速回来。黎元洪还是放心不下，满面掩不住忧愁，对幕僚们说："袁世凯早就要我离开武汉。那时，他让我去江西做都督，又让我去湖南做都督，我始终未答应他。他因为太忙，也不计较这些。现在他腾出手来找我的事了。如果我不离开武汉，他这个人翻脸无情，哎呀，这，这怎么能行呢？我们还是做好两手打算，若我真不能回，还是那句话，就保举金永炎先生做湖北都督。"

有人提议，用金钱、美女来笼络段祺瑞，让他不再催促北上，或许能帮忙说话。黎元洪摇了摇头，无可奈何地说："怕是这个歪鼻子，他不会吃这一壶酒啊！你们想，他的老婆张佩蘅是谁？是袁世凯的干女儿呀！他和袁世凯是分不开的左右裤腿，他会上我们的当吗？我们听天由命吧。"

最后还是有人提议只管这样试一试。

晚饭后，黎元洪吩咐人侍候好段祺瑞，用眼神示意他们去找一些美女陪他。他一边对段祺瑞说："段将军，值此良宵，楚地的姑娘，比狗肉要好吃得多。不亚于南方的辣子，请用用鲜。"

其余的人也都附和着说笑。

段祺瑞面不改色，用鄙视的神情冷笑着说："黎副总统，现在我已经在汉口为您准备好专列。这是袁大总统的旨意，并请汤化龙先生同行，请尽快准备启程吧！"

黎元洪猛地泄了气，强装着笑容说："那好，咱们这就走吧，我想见袁大总统的面，早就等急了。"

列车鸣叫着离开了武汉，黎元洪的心酸楚楚的。他在想着袁世凯为了拉他所用的那些心计。对南方战争结束后，袁世凯亲书"中华民国副总统府"长匾，派人专程送往武昌，挂在湖北都督府的大门之外。应该说，自己对袁世凯平南方之乱、选总统后再制宪法，还是帮了很大的忙的。杀伐湖南革命党，连谭人凤都看不进去。后来，自己又以私人名义，请求"奖叙袁克定翊赞共和之功"，这不是为袁家大业想着帮忙的吗？可他袁世凯竟不顾这一切，一定要自己丢掉湖北！难怪他忘不了当年做直隶总督所经历的事啊。他左右摇晃，随着列车"咣当咣当"响着，车刚驶进孝感车站，紧急停了下来。他正要问有什么事时，段祺瑞来到黎元洪的车厢，说："副总统大人，北京来电，命芝泉权代湖北都督，由周自齐暂代理陆军总长职。芝泉因此就不再陪同副总统去北京了。"

黎元洪想不起来该说什么好，漫不经心地抬起头，要向周围寻找自己熟悉的什么人。段祺瑞留下来几个士兵保护他，交代了几句，满脸冷冷的，头也不扭，直接下车去了。

列车又驶动了，黎元洪难受至极，胸口憋到难受，想骂一通，泄一泄气。可他向身边望去时，那几个士兵都正恶狠狠地盯着他。汤化龙也不知到哪儿去了，他把头又低了下去。

不知什么时候，他睡得昏沉沉的，等醒来时，已经到了北京。袁世凯的专车正停在那里等候着。这是在做梦吗？

他正揉着眼睛，迎面走来梁士诒他们几位专使，亲亲热热地把他拉走了。他在想，梦一般的北京啊，我会有什么样的命运呢？

黎元洪在心里问着自己，想起了辛亥年的战火，自己被逼为湖北都督；难道今天他们要逼自己成为一人之下万人之上的副总统，为这个千疮百孔的国家殚精竭虑吗？

茫茫北国，一片片大雪笼罩着。整个北京又飘起了雪花；远远望去，几座城楼，如万顷芦荡中冒出一座座破落庙宇，"呜呜"的风飘荡着，犹如无数野魂在呼号。

中南海的雪与绿树相映，周围如同一片片琼楼玉宇。朱红色的立柱与金黄色的飞檐，闪放出逼人的威严。袁世凯带领一大群人，正站在雪地上，欢呼着，喜洋洋地鼓着掌，迎接黎元洪的到来。他们的热情放出扑鼻的香，熏得黎元洪头更晕。

黎元洪被安排在瀛台。他昏沉沉地听人说，这里就是副总统的行馆。什么？他惊诧地叫一声，几乎要跳起来。侍从笑得甜蜜蜜地说："对，这里就是您办公的地方。若您没有什么吩咐，我就出去了。"

黎元洪好像看见光绪的身影就在周围晃动，他推开帷幔，向窗外望去。窗外的雪还在飘着，竦竦的树影就如一群群冤魂，正聚集着商议什么。他们是谁？是戊戌年的谭嗣同他们吗？是辛亥年的新军战士吗？是被自己所杀的张振武、方维他们要来报仇吗？

汤化龙呢？你躲到哪里去了？你怎么不来陪陪我呢？

"这瀛台……"他哽咽着，嘶哑着喉咙喊。他感觉到无边无际的孤独正向他涌来，压迫着他，把他逼迫到阴暗潮湿的墙角。瀛台是什么地方？是光绪忧郁而终的地方。他猛感到胸口像撕裂一样疼痛，他强忍着，终于忍不住瘫倒在地。眼前是坚硬的黑暗——他闭上双眼对自己说，这难道是报应吗？真的就这么快就有了报应吗？他眼前浮现出周荣棠的面容。周荣棠是吴兆麟的传令兵，那时武昌兵变，周荣棠凭着私交来劝降。周荣棠说，黎元洪，反了吧！莫忘了你的祖先，你原是洪秀全的族亲，洪秀全是你的曾祖父。如今是你报太平天国的世仇家仇的时机，还是反了吧……当时，在场的只有自己和周荣棠，自己怕周荣棠说漏，便抽刀亲手劈死了他。难道今天是周荣棠神差鬼使袁世凯，要把自己逼死这沉冤的瀛台为他偿命吗？

他摸索着，抓住一根绳子，不经意地拽去，"啪嗒"一声响，屋内如白昼般霎时亮起来。他挣扎着，扶了椅子坐下，好半天才镇静下来，认真打量着屋内的设施，觉得颇亲切。大红的棉被，燃着炭火的铁炉，墙壁上挂着貂皮袍，几盆亮闪闪、黄澄澄的金钱橘摆在宽大的办公桌一旁。使屋子里弥漫着浓郁的芳香。透过一层薄纱幔可见一幅巨大的漫画，上面有一群赤裸裸的男女在嬉戏，有河流、树木、草原、天空，一派宁谧、祥和。

他由此联想起黄陂老家那木兰山如诗如画的风景，幼年时，曾听那些田螺姑娘、牛郎织女的传说，这画上的故事就是那一灯的传说吗？

坐在皮背靠椅上，他悠悠然望着画上的女人们，她们鲜嫩的肉体多诱人呀，不觉身上燥热起来。他望着，望着，眼皮涩得睁不开了。他看到自己变成了洪秀全，走进了这群赤裸裸的男女间。他身旁站着几个漂亮的女人；明媚的春光中，他们一起走向河边的草丛中。其中一个女人止住了脚步，挽着他的胳膊说："天王洪秀全，你的太平天国不是女人多吗？听说你的妃子个个赛过天仙，让她们来比一比！看，我这丰腴的躯体、硕大的乳房、细嫩的皮肤、修长的腿、宽厚的屁股，还有我的眼睛像海水一样湛蓝迷人。她们能与我来比吗？你来吧！"她把他的衣服撕成碎片，扬起手，随风抛向四野，两人滚在草地上扭着。他不能自禁，试着想去做，却看见自己变成了丑陋的太监。眨眼间，旷野中只剩下自己一个人站立在风中，孤苦伶仃的样子。那些男男女女都不知去向，四野都是苍茫的雾。

醒来时，天已经亮了。他感觉到裤裆里湿漉漉的，想起梦中的事，望了望墙上的彩画，骂了句"妖孽"。门外响起脚步声，他急忙正襟危坐，极力作出端庄的样子。

"副总统大人，早上好！"一声阴阳怪气，是梁士诒进来了，看见此景发起笑。

黎元洪起身打过招呼，请他在外间客厅中坐下，寒暄一阵，彼此相互问候。

梁士诒告诉他，中午，袁世凯要隆重举行欢迎宴会，庆贺副总统光荣北上。

说着，凑近黎元洪，悄声说："副总统大人，我曾经听人说过，湖北黄陂有一族人，是当年的太平天国洪秀全的后人。那么贵府上，正是那里自外迁徙而至。副总统的名字，又偏偏与洪连在一起。您，副总统大人，可是天王的一脉？"

黎元洪惊得双手哆嗦不已。

"不用怕。"梁士诒用十分平静的语气说，"袁大总统早就知道这些事情，他特别着意让我对副总统大人讲，是天王的后代也不用怕。因为清朝已经结束，现在是中华民国。中华民国和太平天国的理想本来是一致的，都是谋求国家富强，人民安康。我们每一个人，都是国家的仆从啊……"

黎元洪浑身大汗淋漓，晕了过去。当他醒来时，梁士诒早已离去，四周一片寂静。

一天，两天，三天，天天都是丰盛的宴席，满耳都是对袁大总统、黎副总统的赞扬和祝愿。梁士诒给黎元洪送来了一个大红包，临走时，说："袁大总统安排，副总统的月俸为一万元，办公费用二万元，若嫌不够，尽可吩咐。"

屋外，雪还在下个不停。黎元洪哀叹道："茫茫大雪，举目无亲，有家也难归啊！"

"怎能说无亲呢？"有人应声掀开门帘。他转过身来，望去，原来是汤化龙来了。汤化龙笑吟吟地说："我的副总统大人，大总统袁世凯托我向您提亲来了。他要娶您的千金做他的儿媳妇。你们两位总统成了亲家，怎能说举目无亲呢？"

黎元洪怔了一下，很快明白了怎么回事，说："哎呀，简直是一场儿戏。你不知道吗？我的女儿才七岁呀。"

"那又何妨？"汤化龙说，"他的儿子也很小呢。你们两家门当户对，此乃天作地合之喜啊！"

黎元洪摇着头，连声叹息，说："罪孽呀！罪孽！懵懵懂懂做了个都督，迷迷糊糊做了个副总统。看起来，我逃不出去了。我的孩子也逃不出他的魔掌。"他跺了跺脚，仰头叹息。

汤化龙劝慰他说："别犯愁了。女儿家，嫁给谁不是嫁？他是大总统，他的话可是白说的？"转而又低声说："您请求作专使，要去答谢各国，袁世凯他怕您不回来，才不让您出洋。现在，段祺瑞解散了咱们的湖北军，又回来做他的陆军总长，段芝贵去任都督，两湖、江西、安徽、江苏等地，都是他们北洋的地盘。老袁，他也该放心了。"

"哈哈，我如何不放心？"一个响亮的声音响起。袁世凯掀开棉帘，哈哈笑着进来，指着他们，说："济武，宋卿，你们在说我的什么不是呀？"

一时，黎元洪和汤化龙都很尴尬，半天才醒悟过来，附和着干笑，站起来迎接他。黎元洪打量着袁世凯，找话题说："总统的这件大衣是狐皮吧，这真是名贵的好东西啊！"

袁世凯立即脱下，双手递给黎元洪，说："亲家若喜欢，您就收下，我正想送您御寒呢。收下，您一定要收下！"

黎元洪尴尬地笑着，只得收下，再三致谢。汤化龙抱起拳头，连连行了揖礼，一边告辞了，涨红了脸嘟囔着"罪过"，汲汲遑遑离去。

袁世凯拉着黎元洪的手，说："亲家，咱们真该说一说交心的话。您辞去湖北都督的事，我逢人便夸。您识大体，咱们得合力同心，拧成一股绳，共同担负起天下的重任啊。我来找您，是要向您请教一件事，熊希龄在热河时，行宫发生盗宝案与他有关联的。我已准了他的辞呈，让他来做全国煤油督办，戴罪立功，立功赎罪。孙宝琦这个人很能干，出过洋，见识广。你看，让他代理总理如何？"

"很好，很好。"黎元洪非常不自然地作出笑容，他一边望着袁世凯，一边躲闪着袁世凯强逼来的目光，心不在焉地回答着，鼻尖上沁出了汗水。

"孙宝琦是做实事的人。"袁世凯带着几分鄙夷的笑，望了他一眼，说，"熊希龄自吹是名流内阁，其实，他多是纸上谈兵。他是马谡一类的人物，不能打仗的。他念念不忘的，不是国家重托，而是处处嘀咕什么湖南是他祖宗地，提出湘人治湘，搞独立，搞割据！他是总理，却顾不了大局。梁士诒、周自齐他们早就对他不满，军人对他也不满，连刚才走的那位汤化龙，大家都对他不满！他是拿着民国做纸牌，不经意地耍着玩呢。您看，我的亲家，治国该有多难！幸好您来了，能为我分忧解愁，咱们多合计合计。"

黎元洪颇显虔诚地说："总统，您久居朝廷，德高望重，治国之策，久娴于心。而我则德寡能鲜，居身偏僻狭隘，才绌识浅，怕会拖累您，唯恐误国矣。"

袁世凯说："亲家，咱们是一家人了，您还把我当成外人呀。我心里早有一个打算，今天说出来，请您参谋。民国建设，必须分两个时期，一前一后。前者，增修约法，后者，制定宪法。过了春节，就要开约法会议，选举议长。菊人兄您熟悉吗？他也要从青岛赶来。咱们大家一同携手努力，还会有什么办不成的事吗？"

黎元洪连声说："对，对。总统一向尊重民众，遇事总是向他人请教，此实为举世楷模。国民党标榜民生，他们爱造反，让人民死于战火；民权，则一人说了算；民族，则仇满排外。他们哪里可与大总统的胸怀比！总统之誉，如东方红日，普照大地！"

袁世凯"嗯嗯"地谦让，说："亲家过奖了，我哪里担当得起这份荣誉。"

黎元洪不由自主地向前探了探身，表现出亲昵的神情，说："念我数千年之历史，人皆习惯于承受，而弱于开拓。倒是异族入进，每一次必换来疆域版图扩大。您看，元朝疆域过宋，前清超过了朱明。按理说，咱们可以请几个洋人来为咱们谋划谋划。"

袁世凯击掌大笑，说："亲家，咱们两个想到一起去了！前一阵，我的几个儿子对我说：'列强侵入，掠夺，就因为各国私有。若世界大同，人人平等，不就少了战争吗？'孩子们的话虽可笑，可我总是悟出了一些道理。建设民国，没有洋人来帮忙，不行啊。洋人虽贪婪，却如补药呢。"

141. 河南急电

赵秉钧的死亡传来时，袁世凯哽咽着说："智庵呀，民国才安定，我正要用作栋梁，为国家顶风遮雨，为何您这样先离开我而去呢！"他派朱家宝、袁克文前去吊唁，又派荫昌代表政府去致祭。同时，他亲书一副挽联，连同治丧费一万元，着人送去。接着，他约来雷震春，悄悄说："赵秉钧暴亡，应该说，这是死有应得。可恶的是他的爪牙王治馨。王治馨这个人，把顺天府尹交给他，太不能让人放心了。他们这些家伙，把京城搞得乌烟瘴气，你要多注意他们。有机会时，要洗去他弄脏的京城警察。这个人早晚该干掉。宋教仁案，他到处张扬，惹是生非，现在他又造谣，说什么应桂馨、赵秉钧都是卸磨的驴。这个狗东西！你酌情办理。"

雷震春答道："是！他们这帮子小人，都是有眼无珠的家伙。和孙中山、黄兴他们一样，成事不足，败事有余，全都该灭绝，清扫出民国。"袁世凯说："震春啊，听说庆王前段日子很不好过，因为奉安礼他没去参加，挨了人不少骂。孙宝琦代他受不了少过。您方便时，替我去看看他。我什么时候也忘不了庆王啊。想当年多少风雨，朝彦啊，只有咱们两个最有缘，我哪点顾不到的，就由您来安排办吧。"

雷震春揉着眼睛说："朝彦怎敢忘大总统之隆恩！当年壬午朝鲜兵变，我们相识，后得兄一手提拔，才有今天。弟愿肝脑涂地，为兄之事业鞠躬尽瘁。刘永庆、吴凤岭在世时，不断对我谈起您，说，天下只有您才能安定。若他们活到今天，不知该有多高兴。"

袁世凯泪眼涟涟，拉着雷震春的手，抽泣着说："是啊，若无您和弟兄们的相助，慰亭哪有今天！永庆是我的表弟，我们自小就很好，凤岭从小在我家长大。谁想，他们咋恁无福气呢？您可要多注意身体，不要学他们那样不爱惜身体。"

566

雷震春安慰他说："别太伤心了,慰亭兄,愿苍天保佑您早日登基。天下黎民才真正重沐恩裕。"

"你怎么也这样骂我?"袁世凯一副生气的样子说,"朝彦,我的震春兄弟,以后要多替我来解释,我哪里敢有做皇帝的思想?天下人民千百万,只是这样想让我们统一了想法和做法,好一心为公,哪里是要我重演专制皇帝的悲哀?"

雷震春说:"我和五大人张镇芳先生在河南共事时,就提及这事。皇帝有什么不好?大家都有心让您大展宏图,为国施展才智,您该多辛苦,怎能动不动就与传承子孙家天下连在一起呢?您误解了我的意思,其实,还有许多人也误解了您。大年初一,华甫和芝泉到家中来给您拜年,跪下磕头,您很客气。他们又去给克定拜年,磕了头,克定却挥手让他们出去。他们就不高兴,说克定以皇太子自居,全不知道小站练兵时我们大家与您的情谊。哪里是这样!克定久居国外学习,接受现代文明,最讨厌此等繁文缛节。他们的心眼太狭窄了。"

袁世凯抱歉地说:"回头我要让云台给他们赔礼!这都是我之教子无方之过。"

正在这时,门外急切地响起报告声:"大总统,河南急电!"

雷震春要告辞。袁世凯挽留住,说:"不是外人。"接过电报,他大惊失色,几乎要晕倒。雷震春急忙扶住他坐下,朝电报稿一看,原来是白朗军要攻打项城,扬言要挖掉袁家祖坟,把项城人斩尽杀绝!雷震春怒骂道:"白狼老贼,天诛地灭!"袁世凯无力地说:"把张镇芳撤下,速派唐天喜去项城。着田文烈、赵倜、段祺瑞他们,务必五月份前消灭白狼。"雷震春忽然想起一件事,说:"听人讲,辫子张勋发牢骚,说:'宫保有事才有人,无事就无人。'他不满长江巡阅使的职位,曾与白狼的人密谋联合,阴谋颠覆国家。"

袁世凯点头称是,说:"这个家伙,派人盯紧他。"

第十四章　白朗起义

白朗他们亲手处决了一些恶棍，召集民众开会，宣传起义军的主张，号召天下的人民为再造共和奋起反对袁世凯。

142. 白朗起义

春风催开了百花，白朗军日夜转战，兴高采烈。他们自去年回师豫南，连破新野、邓州、唐河。袁世凯令河南，河北两省会剿，他们东进光州、光山，固始、商城，杀败王占元的二师人马，大年初一又打下六安、霍山。这一带是繁华商埠，起义军得到了很多的补充，他们准备与段祺瑞的人马大战一回合。

夜半时候，侦察的战士报告白朗，袁世凯派人去紫荆关用炸药摧毁了白家的祖坟，叫嚣什么破了风水。将士们异口同声怒骂不已。白朗骂了一声"卑鄙"，笑着说："我们还信这个吗？袁世凯这样信风水，咱们也派人去挖他的祖坟，把他娘的尸骨鞭打碎泥，气死他个王八蛋！"宋老年也笑着说："只有袁世凯这样的腐朽，才自以为有龙子气脉。他哪里知道，我们穷苦人何曾葬得什么风水宝地！我们何曾有自己的半亩田产！他们只不过是学那崇祯掘李自成祖坟，倒是李自成建了大顺，而朱明王朝溃烂如泥。"

一轮春月当头高照，四野不时吹来芬芳的风。起义军士兵三三两两坐在地上，谈天论地，全无睡意。

白朗的弟弟白瞎子拍着宋老年的肩膀说："哥说得对！袁贼如此做，正说明他心虚。其实，他真是胆怯成性呢！洋人的传教士，就是那些特务，到处煽风点火，唯恐我中国不乱。那些传教士被我们捉住杀了一些，洋人就嫌袁世凯没有才能，扬言要派兵代平我辈。袁贼就吓坏了！他发命令，枪毙那个六安县弃城逃走的殷葆森，撤换了懦弱无能的张镇芳，换成段祺瑞主政河南。大哥被他们悬赏捉拿了多少次。他哪里知道，我们的老家就安在嵯岈山上，我们的军火，还都是他们送来的、卖来的。段歪鼻子不是剿匪司令，而是送枪司令！"

李鸿宾挥着手，对战士们深情地说："弟兄们，我们的队伍发展到了今天，是如何不容易呀！这些天，我总是听见大家说，袁世凯背叛革命。真是这样吗？不！袁世凯他本来就不是革命的。我们在黑夜里摸索咱穷苦人的前程、道路，大家图的是什么？建设一个新天下！一个没有人欺侮人的新天下！为了这个新天下，咱们多少弟兄都倒在血泊中。我们要利用我们山里人的优势，东打西戳，刺得袁贼天天不得安宁。我们要唤起天下的百姓，和我们一起干！"

宋老年带头鼓掌。激悦的掌声在群山中响起，如亿万只飞鸟正拍打着翅膀。白朗让其余的战士回营歇息，留下李鸿宾、宋老年、白瞎子等将领，大家商议下一步如何开展行动。

有人提到去打开封，让袁世凯腹地溃烂，然后蔓延到全国。然后，以西安为国都，重建中华民国。白朗首先赞成。他就着火把，指着地图上的襄河流域说："现在段歪鼻子带着大队的人马，想把我们扼死在这里。我们要学那深水的鱼，从他们的缝隙中溜出去。这一带是我们下一步的落脚点，在这里，我们要夺取他们的枪炮工厂，装配利器。段歪鼻子无论如何聪明，他也想不到我们会向这里打来。他还以为我们去打庐州、打南京去呢！"

几天后，他们来到了老河口。

老河口是湖北光华县的一个镇。这里的驻军原来曾与白朗起义军有交往，其中的一位协统是白朗同在吴禄贞手下的弟兄，他听说白朗到来，连夜打开了城门。

白朗他们亲手处决了一些恶棍，召集民众开会，宣传起义军的主张，号召天下的人民为再造共和奋起反对袁世凯。

这时，一位衣衫褴褛的老汉高呼着"救命"，真奔向会场。

他报告白朗，镇上有一个洋教士，取中国名安希孟，每天夜晚手举一盏马灯，口中喷着烟雾，在镇子里吓人。洋教士四处散布谣言，说，若有谁不信从他的教义，他就请天主显灵，惩罚谁。于是，镇上有许多人加入了洋教，除了信守礼拜之外，还要为洋教士送来财物。洋教士得寸进尺，随意走进当地人的家门，看中了谁家的姑娘，就要带走，说是天主要降恩于她。有姑娘被逼在教堂中陪他玩，生下混血儿，遭受到乡邻的歧视，跳了河。镇上不时有幼儿失踪，夜间四处狼嚎。洋教士对人说：这是白狼军来叼小孩儿。老汉经过几天观察，发现是洋教士剖开幼儿的心脏、肝、肺、肾，烹熟了作下酒的菜吃。洋教士瞅见老汉来追踪，就要开枪打他，吓得他没命似的奔向会场。

白朗一听，火冒三丈。他咬紧牙，屏住气，大吼一声："把这个洋狗子安希孟带上来！"

宋老年带着几个士兵，飞也似的冲向教堂，捉住了洋教士安希孟。

人群中骤然响起如雷的吼声："打死他！"

洋教士安希孟翻着白眼，用流利的汉语说："亲爱的乡民们，我神圣的孩儿们，我安希孟是无辜的。这些土匪把我安希孟没有道理地捉住，是违犯了国际法规的！我安希孟要向贵国的袁大总统告发你们。你们是这个国家的罪恶。"

老汉冲上前去，脱下脚上的草鞋，左右开弓，朝他脸上狠狠打去。紧接着，又有几位乡亲冲上来，揪起洋教士怒打着。

一位中年人控诉说："袁世凯当国，老河口来了安希孟这样的妖怪！要说洋妖怪并不可怕，可怕的是这里的县知事为他撑腰，有谁敢违背洋妖的旨意，就受罚受打。这哪里是中华民国？连清朝都不如！来了个洋妖安希孟作威作福，大家都说是妖魔鞑子要成精了！"

李鸿宾一拍桌子，怒声斥道："狗鸡巴捣的洋妖！哪里只是咱们老河口的乡亲受他的欺侮？神州大地，到处都是！袁世凯他生性怕洋人，以前他做山东巡抚时怕，现在还怕。他需要洋人帮他买军火，镇压天下。我们不怕！大年初一，我们打下六安县城，那个作恶多端的法国传教士奚凤鸣就被我们杀了！今天又冒出来一个安希孟，做尽坏事，丧尽天良；乡亲们！不论他是哪里的洋妖，只要他犯罪，祸害百姓，我们人人都可杀！"

"杀！"

"杀啊！"

随着阵阵喊声，宋老年手起刀落，一条血柱喷起。大家一片掌声！洋教士安希孟像条死狗，血肉模糊，瘫在地上。

大家又一阵欢呼，军民同声唱着：

> 好白狼呀，
> 白狼好！
> 劫富济贫，
> 替天行道。
> 天下百姓齐欢笑。
> 人人都说白狼好！

白朗环望着老河口的人群和街道，心里想着：自己的队伍，风风雨雨，奔波这么久了，弟兄们早就该休整一下。下一步该往哪儿去呢？晚上召开一个军事会议，让大家好好商量商量，以后到底该是如何一个打法！到底是打开封，还是打武汉，或者打西安，让弟兄们都放开谈一谈。忽然，他想起了大憨。大憨现在在哪里呢？他的身体可曾恢复？若他今天也在，那该多好啊……

老河口像过年节一样，鞭炮声"噼噼啪啪"响着，震得人耳朵痒痒的。男女老少们唱着，跳着，说不出的兴奋。知县被赶跑，吓得逃了个远远的，一批恶霸被惩治处决了，老河口人要自己人管自己的事，实行自治。鞭炮响着，用它鲜嫩的小手，捅破一家家紧闭了多少年的窗户，一直响到第二天清晨！

老河口的树，一夜间全绿了，火红的花喷放在枝头，引来成百上千的喜鹊们在枝头跳着，唱着，相互传送着动人的消息：白朗军要打下江山，让普天下的老百姓都像老河口人一样，平平安安地过上日子。从今后，天下就是老百姓的了！喜鹊们飞舞着，引来黄鹂，引来八哥，引来燕儿、雀儿、画眉儿、白鹇，引来了大地上数不清的美丽得让人心颤的鸟儿。在绿树红花间，在村头的草地上，绿野的黄花、白花、蓝花、紫花、橘黄花、粉红和粉黄的花上，涂满了动人的晶莹和欢欣，只有醉人的梦魇飘在晨风中不愿醒来。

白朗的队伍要开拔了。战士们挥舞着手臂，向老河口人告别。老河口人几辈子民没有遇到过这样好的军队，士兵们进了户家，打扫院子，帮做家务。整个镇子上没有听说一家丢过东西或遭过欺侮。许多乡亲怀疑这是在做梦。镇上几位头面人物拦住了白朗、宋老年、李鸿宾他们，请他们在这里住下，安营扎寨，乡亲们愿意和起义军一起与袁世凯的军队斗到底。走在队伍最前面的王生歧被老乡们拽下了马，他笑着说："老乡们是要把我当成女婿招下亲呀？你们不嫌我是个穷孩子吗？"

一位白胡子老汉被当地人称作"神仙"，他一把握住王生歧的手，激动地说："好孩子，你真是有这样的心思，大爷给你做主。看一看老河口的姐儿，有你中意的，我来撮合！谁敢不给我面子？"

大家都笑了。

太阳也笑了，把红彤彤的光辉遍洒人间，照亮了起义军的前途。

白朗向老乡们介绍了目前的形势，起义军的任务，他无比自信地说："乡亲们，我们很快就会打回来的！老河口永远是我们的家。我们很想在这里建个大本营，可是，我们的队伍还太小，袁世凯的大军就要追来，硬打是打不过他们的。我们避开他们，先打西安，后打成都，等队伍壮大了，彻底消灭袁世凯的日子就会不远了！中国大地到处都是我们的家乡。放心吧，乡亲们，父老们，白狼的兵就是全国的老百姓，全国的老百姓，也就是白狼的兵。我们走到哪里，都饿不着，冻不着，累不着。袁世凯是什么东西？他不得好死的！"最后，他放声高喊着："父老乡亲们！胜利一定会属于天下的老百姓！白狼的兵打下了西安，就派人来接你们去建设国家。西安，那可是大汉朝、大唐朝建立国家的地方啊！天下终归百姓！"

老"神仙"抹着眼泪对周围的人说："我看白朗将军，才是真命天子啊。"人群忽然哭成一片，他们哭喊着，有人说："白朗走了，官府会杀回来，谁来保护我们？"

白朗的队伍向前开去了，浩浩荡荡，在阳光下映照着一条正游弋向前的金龙。

143. 模范团的事

白朗逃窜的消息传到总统府，袁世凯气得把茶杯摔碎了几个，他破口大骂段祺瑞："狗日的东西，我给你那么多人马，已经握在手心的跳蚤，硬让你给放跑！"

夏寿田把张电报稿呈给他。他看了看更加恼怒，几下就撕成碎片，嘴唇气得直发抖。

夏寿田说："总统息怒。其实，白狼并不可怕。他为什么能势如破竹，长驱直入？因为他富有煽动性。您听他说的是什么！他骂我们以意思为法律，欲帝制自为，摈除贤士，宠用爪牙。他把什么库伦、西藏问题和宗社党的滋生，都加在我们头上。我看，他没有打进西安，他就不会成为气候。况且，对他，我们宜抚而不宜再派人剿杀。"

段祺瑞气呼呼地摔门而去，"砰"的一声门响。梁士诒连忙追过去。夏寿田说："总统，都怪我言语太直切，得罪段将军了。"

段祺瑞猛然折身回来，涨红了脸，厉声骂道："姓夏的，你小子可是湖南人。我怀疑你是革命党！"他转身对袁世凯说："总统大人，只怪我无才呀。陆建章有本事，您让他去剿匪，可白狼如今怎么样？他不是照样活着吗？"

袁世凯立刻转为笑脸说："小孩子呀，芝泉，我的意思被你误会、误解了！我哪里嫌弃你！我是以为，白狼只有两万人马，却被我们的人说成几十万、几百万，这不是遍地白狼了吗？我让你回来，是离不开你，你不能误解我。我要和你好好商量办模范团的事的！"

模范团的事，袁世凯和段祺瑞商量了多次，袁世凯坚持让袁克定做团长，段祺瑞坚决反对。为这件事，他们快闹翻了天。"模范团？好啊！"段祺瑞冷笑着说，"总统大人，现在练兵也好，带兵也好，小站的办法都不能用了。还是令公子云台行！袁克定，这名字多好，德国的博士，第一流的人才！岂止可做模范团团长，做副总统也可以的！子承父业，天下一统，那多好！"说罢，仰起头来，哈哈大笑。"芝泉，你，你，你怎么能够这样来说？"袁世凯指着段祺瑞，忍不住怒声问道："芝泉，民国初建，共同管理，我们是讲过多次的。芝泉，我待你是不薄的！我哪里值得你这样无礼？云台他不行，我怎么样？我来任模范团团长，总该可以吧！"段祺瑞笑得很不自然地说："总统大人，共同管理，您确实说过。是啊，不过，现在我什么都不想说了。您，您千万要多保重。您来做模范团团长，为全军作出模范，实在是我邦国万幸。真该办模范团呀。陆建章督办西路剿匪，多少人？赵倜的，刘镇华的陕军一、二两个师，川、甘、陕的省防军，林林总总二十多万啊！还有飞行学校的飞机，一齐去对付白狼的两万人。结果怎么样？赵倜夜堕深渊，陕军标统马国仁被白狼杀死。白朗占了秦州，打下临潭，杀我统领高云彩，他们离西安仅几十里地。派人去抚？派哪一个人去抚？大总统，我怕你派去的人，会连同白狼一道去西安为都，与我辈抗庭！"

夏寿田说："总统，白狼绝对成不了气候，他占不了西安！白狼，白狼，他名字起坏了。他只能来回窜，不会成事的。刚才有电报，您没看清就撕碎了。白狼进了终南山、子午谷，被陆建章部大败。在富水关，他又遇到镇华镇嵩军，白朗他们损失异常大。我们应该趁机派人打入其内部，伺机干掉他，以防他会死灰复燃！这样的人，一旦再生，那就不可想象，天下会有多少人重聚于他的麾下。"

段祺瑞显得很平静地说："原来是这样，噢，那，那好啊。想当年，小站练兵时，总统大人多么辉煌，如今不虚当年啊！我祝愿模范团能再振小站的威风，欣欣向荣！王士珍、冯国璋、我，我们都不中用了。王士珍归隐了，华甫坐守着东南，只有我在您身边遭受没趣。我也该退下去了。"

说罢，他扬长而去。

袁世凯愤愤地对夏寿田说："继续讲，我听您说得很有道理。离开段芝泉，世道就不存在了？不知为何，他现在越来越不像话了。"

夏寿田接着说："白狼这个人和黄兴不一样，他智勇双全，以义领先，为人忠厚，易得人心。若他真的在河南、湖北、陕西三省交界那里建大营，我们还真难攻下他呢。现在，他走错了棋，狼只能在大山里奔跑，藏身，我们赶紧派人想办法，双管齐下好。"

梁士诒在一旁说："寿田先生来总统府才这么长时间，就跟总统学到了真谛。不简单啊！跟着总统，就是学到的本事又多又快。现在总统让我做税务督办。唉！"

袁世凯说:"你们两个再议一议,政事堂的人选,该多筛选几遍为妥。"

梁士诒红着脸说:"总统,我们秘书厅被撤了,您还让我做秘书长的事,杨兄士琦他知道了,不会生气吗?我不再打扰总统了。我的事,都谈完,该告辞了。我告辞了——"说着,他两眼流着泪,头低下抽泣不已,独自品味着委屈。

袁世凯没有理会他,好像刚才根本就没有提什么事,换了一副口气,对夏寿田说:"请徐国务卿来,我有要事同他讲。"

夏寿田出了门,剩下梁士诒在袁世凯身旁。可袁世凯一直未搭理他。

一会儿,徐世昌来了,他翻眼看了看梁士诒,只顾和袁世凯打招呼:"慰亭,总统阁下,菊人不才,您总要我出山,这如何是好。像杨晳子他们,才是真正的人杰呀!"

梁士诒灰溜溜地走了。

袁世凯望着他远去的背影,说:"这个人,和段祺瑞一样,都想自己拉一套人马。我撤了他的秘书厅,他就像个死了儿子的寡妇婆娘一样,总是哭哭啼啼的。没出息!"

徐世昌说:"慰亭,本来我们有约,如今二年的期限已到,吴笈孙去接我的时候,我的弟弟徐世光,还有那个华世奎,他们都说我背叛了清室。这些榆木疙瘩,哪里知道我的苦衷!您讲得对,国务卿责任重大,共和政体,天下为公,我们该学伊尹之任。我们都是国民一分子,徒以全国人民群相推挽,撑持危局!国家兴亡,匹夫有责啊。我自书了一副匾额,叫后乐堂。你我都在为国民做公仆,那些愚蠢辈却把这费心劳神的事当做私利。"

"是啊。"袁世凯说,"杨士琦、钱能训,他们作为您的左右丞,阮忠枢、夏寿田他们做了内史厅,总长们不能再乱发脾气,事情就顺畅多了些。那个军事处要不得的啊。陆海军的统帅办事处,我拟了六个人,您看看如何?"说罢,递来一张纸。

徐世昌看后,连说:"这样好,这样好。王士珍也回来了,荫昌又出来了,陈宧是黎元洪的人,代表黎元洪。黎元洪是九头鸟,得抓牢,不让他飞才是。总统英明!"

袁世凯说:"陆军给段祺瑞,海军给刘冠雄、萨镇冰他们,合适的时候,也得换下来。奴大欺主呀。我想再设一个军需处,让唐在礼办些实事。等些日子,黎元洪的废督叫不响,咱们就变一变巡按使、道尹、县知事。在京师建立将军府,永息割裂之端,再建立起参政院,替下政治会议,交给黎元洪。像那李经羲、赵尔巽、那彦图,还有那梁启超、熊希龄和汪大燮这一帮子人,都有机会为国家办事。各有名分,便名正言顺。"

徐世昌揣测着袁世凯的心思，不敢多说话，只一个劲地点头。

袁世凯看着徐世昌的神态，劝他说："徐相国，您与我有多少年的交情了？还用得这样疑惑吗？您就是我，我就是您啊。"他一边说，一边把一份材料递过来。

徐世昌双手接过，看着，轻轻读着，说："这个劳乃宣，还给我写过信呢。他一再提出什么要还政于清，称中华不称民国，这可以。怎能只仅任五年，就要由大清赐您世袭王爵呢？这成什么话！要还政清室吗？这些人，这些人，是不是脑子里钻进了臭虫！还有一个叫刘廷琛的人，我曾想聘他作为顾问，他说，他不愿做民国的官，他写给我的一篇《复礼制馆书》，讲什么民主不适合中国。他说，您改变国体的话，他，他说，举国不服，列强不认，只有还清室……"

他不敢再说下去了。

袁世凯怔怔地望着远方，眸子里像在燃烧着火焰。这火焰裹在一片蒙蒙的烟雾中，顷刻弥漫在尘土中。春天以来，许多清室遗老遗少都猖言复辟，国使馆的宋育仁到处煽言还政于清。他们的劲头如此火爆，究竟要干什么呢？闹吧，闹得乌烟瘴气，我再收拾！

想着，他眯起眼睛笑了。

徐世昌看不懂他的意思，试探着问道："慰亭，肃政史夏寿康那篇文章，我读了。我想和您一谈。若真是还政于清，很多事情怕不好办呢。"

袁世凯说："这没有什么要紧的。什么还政于清？不就那几个人在瞎嚷吗？我已经交内务部，让他们查办。什么还政于清室？宣统已经让位了，满人是根本就没有资格做皇帝的。若真要皇帝，不要民国，也该是汉人！清室是从明家取得的，应该找个姓朱的，是朱元璋的后代最合适。真不行，叫朱启钤来做这新皇帝吧！我真是越来越懒惰，何曾有一日得闲？我常想，让贤与他人后，国体巩固，我就还回洹上钓鱼、植田。白居易于香山看晚霞，是至妙境界啊。菊人，您不来帮我的忙，还让那帮子混账小子围着我？这日子会让人没法儿过的！有人叫嚷什么还政于清，还政于清，也是一种民意呀。清室何曾不想复辟？他们做梦都想！宣统的年号还在他们那里用着；对我们的人，他们还动不动就上谕，赐给，赐谥。他们穿的用的都是旧的。难道他们不想复辟？他们不敢，不能！菊人贤兄，这都无关大紧要，紧要的是民国许多事不该这样出现。皇帝有什么不好呢？我现在手中的权力与皇帝又有何不同呢？万民拥戴，大势所迫。皇帝常常不是你想不想做，而是逼着你做的。若你不做，则天理不容。看那朱洪武，往前数那赵家、李家，不都是被逼着做了皇帝的吗？被迫呀。"

徐世昌沉默不语，两人对面坐着，只听见古德诺送来的那只挂钟，正发出

"吧嗒吧嗒"的钟摆声。

夏寿田送来一沓文件，对袁世凯说："总统，这是莫里循他们送来的材料。奥国的皇太子被塞尔维亚人杀了，他们向塞尔维亚宣战，德国与奥国人一起，向俄国、英国和法国他们开战，这一次世界大战爆发了！他问，我们是否派兵？或是否与德国人联合？"

袁世凯思索片刻说："到底老莫是我们的朋友，处处想着我们。我们有两万劳工去西洋还没有回来，就算是我们派了兵吧。您召集孙总长他们商量商量，看看应该怎么办。我的意思是，最好中立，两边的人我们谁都不得罪。"

门外响起异样的脚步声，袁世凯他们转过脸望去，见满脸怒气的有贺长雄正站在门口。

徐世昌转脸望着袁世凯，意思是为何这样让他放肆。袁世凯曾经交代卫士，对于这样一个日本人，可以任何时候来总统府，而不得阻拦。许多事情，需要这个人帮助。

有贺长雄粗哑的嗓门喊道："总统君，您应明白大日本帝国对中国的善意。日置益曾秉大隈首相之意，亲口告诉过您：中国是应该有一个皇帝的。但这个皇帝必须与大日本携手亲密合作。而我也可以负责任地告诉您，德国人，英国人，美国人，都不能阻挡日本国在中国强健的迈进步伐！你的国家必须选择日本！"

夏寿田勃然大怒，用手指着有贺长雄说："你，一个日本人，有什么资格在这里这样和我们说话？"

袁世凯作出一副不理会有贺长雄的样子，提高了声音对徐世昌对夏寿田两人说："在欧罗巴、美利坚和东方之间，我们有权利作出我们自己的抉择。凡事，都要有利于中国。这是天经地义的。"

有贺长雄仍然怒气冲冲地站立在那里。

"让雷震春过来，"袁世凯说，"堂堂的中华民国大总统府，外人可以随意出入，总统府，一个日本人长驱直入；还有个法统吗？从此后，我收回任何特别权利！"

夏寿田指着有贺长雄，用日语大喝一声："狗东西，滚！"

有贺长雄低下头，喊了一句"哈依"，悻悻然而去。

夏寿田破口大骂："这龟孙日本人，八格牙路，他只听日本话！"

144. 江南的藕

天津的风硬得干巴巴响，吹得大憨的眼睛红肿起来。早晨，他在西大街河边一家粥棚相聚，见过几个约好的朋友，用罢早餐，正巧遇上了海龙。海龙告诉他说，阿莲、小马和小菊他们在上海都很好，大憨的心里也就踏实了许多。但他仍然坐卧不安，心总在思念小莲，特别是年幼的儿子，现在是什么模样呢？他一遍又一遍地问着自己。处理了一些事务，大憨决定先去青岛办理一些事情，再乘船去上海。几天后，来到了青岛，船被扣起来，人被押进船舱，接受日本人的检查。几个日本士兵喊叫着，口中不时发出"八格牙路"，大憨听着感到格外恶心，在心中骂道："这是世界上最丑恶的声音！"

日本人占领了青岛，替代了德国人。

乌云笼罩着青岛，大憨想起了那年在这里和袁世凯共度春节的事，好像就在昨天。昨天是什么日子？大清帝国就如一只破船在风雨中飘摇着，时不时被耸上浪尖。如今，经过多少烈士的生命和鲜血，终于换来了中华民国，一个新的时代。可为什么这天又和昨天一样呢？乌云仍然笼罩着人的头顶。大憨扶着船上的栏杆，一个日本兵斥责他回舱内，他只好又回去。

船上有人在议论。说日本人对德国人宣战了。正因为山东是德国人的势力范围地区，所以，日本人在这里大杀大抢，要把德国人在山东的利益全都夺过来。有人绘声绘色地讲述着日本人如何兽性大发，把中国人当做他们任意驱使的畜生，烧杀抢掠，奸淫，无恶不作。又有人在讲，天津租界的房价涨得令人咋舌，德国人如何强迫中国人为他们挖战壕，银行的存款不准提走，载沣、劳乃宣、吕海寰、周馥等人逃出了青岛，宗社党的溥伟如何扬言要和日本人一起复苏大清。大憨听着，不时向周围的人扫瞄。突然，他发现前排左边有三四个人，一动不动地听人们议论着。大憨再仔细看，原来是日本人打扮成中国人的模样。他真想大喊一声，让周围的人都停止议论，免得有什么不测。他隐约觉得有人正紧盯着他。

大家仍然在议论着，那几个日本人好像察觉到了什么线索，正侧耳听着。大憨定睛望去，见一位老人慷慨激昂地讲着："袁世凯是要复辟了，据说他要当大清朝廷咧。保定军校你们知道吗？抽出来人筹组成了模范团，袁世凯每人赠他们一把军刀，学日本天皇收买贴心的武士，准备让他们杀伐全国不服气的人呢！最明显的是袁世凯废除都督，要学那赵家朱家的皇帝，让文人掌兵，地方军都归属那各省的民政长，各省的观察使都改成了道尹，民政长改成了巡按使。他果真是要复辟的啊。你们看，各省的大小头目们都成了将军，什么'武'字，什么'盛'字，他要把那些将军都调到北京，像那云南的蔡锷。将来，将军府成了一个冰凉的空头衙门，大权总揽于袁世凯一人。他在欺骗天下人！你们看哪，这些天报纸上都是登的什么！劳乃宣要袁世凯退位，声称清廷优待袁世凯世袭王爵；这段祺瑞发表谈话，说他与袁世凯没有任何间隙，说他们合作得很好。这正话可要反着听啊。劳乃宣是个脓包，袁世凯故意在耍他玩，让他替他卖狗皮膏药刮风熏人，免得人来日不知道朝廷，忘了朝廷。段祺瑞肯定和袁世凯闹翻了，你们听说了吗？段祺瑞住的地方就是袁世凯花几十万元给他买的。现在他不听话了，袁世凯派人要杀他！段祺瑞的家中，都是袁世凯的人，人人都拿着炸弹呀！"

旁边有人在悄悄说："这是什么人，他怎么知道那么多事情。若是袁世凯的人听见了，他又活不成了。"

大憨正要挪一挪坐酸的下身，一双手扶在他的肩膀上，一个声音紧俯向大憨的耳边，压低了声音说："大憨，我是铁头，你别动。现在我带着几个人在保护你；你已经被袁世凯他们的人盯住了，千万不要单独到外面去。有危险。"

那几个日本人没有注意到这些。

大憨不再动，一边紧张地观察着周围的动静。他在想，这几个人是袁世凯派来故意放风，混淆视听的吗？船舱外面天黑了下来，昏黄的灯照得船舱内朦朦胧胧。人们仍然在嚷着。那个抨击袁世凯的老人还在谈着，许多人听他讲着什么。几个贼兮兮的人正向他靠拢。

忽然，大憨看见那几个日本人身子晃了几晃，歪倒在座位上，鲜血浸出了衣服。而周围的人并没有觉察这些。

铁头拉起大憨，悄声说："快走，有人来接应我们。我们赶紧乘船离开这里。"几人个拥着大憨很快离开船舱，通过软梯，钻进停泊在艇下的一只小船。船上的日本兵还在转悠着，他们在灯光下如一具具草人晃动。

铁头紧紧握住大憨的手说："好兄弟呀，你知道吗？袁世凯派人追你这么多天了，都是这几个人在保护你。走吧，我们一起奔赴大上海。现在，有几个与你一起来天津的人，在你离开不久，就被他们暗杀了。情况紧急，咱们要火速赶赴上海，保护你的家人！"

几个青年人齐声叫了大憨"师傅"，大憨认得他们，记得在大憨家里和海龙一起与他们见过面，就抱拳向他们致谢。一句感动的话没有说，他的眼角先湿热了。

小船驶进黑暗中，向青岛的另一个方向靠去。岸上黑黝黝的，不时有几声军犬的狂叫声。

铁头满头大汗，指着几个青年人，说："这是海龙他们立的功。海龙在和袁克文成了朋友，他从他那里知道，袁世凯本来想在天津把你暗杀。小凯儿真毒啊，他听说你逃脱了，是要去上海组织义勇军，就安排手下，密谋了几个日本特务，打算在路上下手。不成，就继续跟踪。同船还有好几个人，都是他们的人。再晚一会儿，岸上的日本兵上船来，发现了就晚了。你该感谢的是他们几个；他

578

们用的是梅花飞镖，干掉了那几个日本人。"

大憨谢了他们，对铁头说，"他们可曾是日本黑龙会的人？"

"对！"铁头说，"日本人非常狡猾，在我们这里到处布置了特务，其中有许多都是黑龙会的人。他们与宗社堂抱成一团，到处杀害革命党。据情报员讲，孙中山先生在日本，现在也正在危险之中。"

绕过数不清的暗礁、岗哨，他们的船终于靠岸了。

来到岸上，找到一个小旅馆住下，房东劝他们赶快离开，说日本人正在到处搜索带有凶器的人，已经有许多人被他们无辜捕杀了。大憨气愤地说："这成了什么世道！说起来已经是中华民国了，列强仍然任意侮辱、杀戮我国人民。"铁头劝他说："这么大的国家，就像一块肥肉，谁来，谁割一块。大憨，我想明白了。我们谁也不能依靠，只有像白狼那样，要奋起自救才是一条真正的路啊。"

他们离开了青岛，频频回首，望着这块土地上空的烟云。天亮了，大地破落不堪，到处是残垣断壁。高耸的洋楼挺直了胸膛，正炫耀着淫荡、无耻和罪恶。一群德国人被日本人押上船，一个个垂头丧气；日本人端起了刺刀，趾高气扬。街头上三三两两的英国人、美国人在穿行，却很少见中国人。

来到上海时，大憨按照海龙给他的地址去找人，却如何也找不到。大家都非常焦急。腰里的盘缠快花光了，这里的旅社要价又高，眼看连吃饭都成了困难，该怎么办呢？

连着找了几天，无论如何也找不到阿莲他们的影子。以往同盟会的据点，早已被他人拆掉或改作别的用场。大憨已经几夜未睡，眼睛布满了血丝，走在街上，人望见他，都躲着走。铁头他们都很可笑，对大憨说："上海人把你当成红眼睛的强盗了！"大憨眼睛一亮，说："对啊，若没有了钱，我们就做一次强盗吧！"说完，他自个儿笑了起来。

"哪路的强盗？"突然，一个熟悉的声音在他们的背后传来。

大家扭过头去，见一个瘪三模样的人用帽子掩住了脸，抱着胳膊站在那儿。周围行人并不介意地望着这些。那人慢慢地把帽子掀开，随手扔去，露出英俊的脸膛，笑着，用洪亮的声音喊道："大憨哥——"张开臂膀，向大憨扑了过来。

"啊，小马——"大憨紧紧地与小马抱在一起，两人相互捶打着背，哭着。

大憨将小马向铁头他们做了介绍。小马擦去眼泪，高兴地说："一看就是铁头大哥。大憨哥常向我讲过您呢。我刚才早就发现你们了，怕有人注意，才在这里等你们。走，到家去吧！嫂子和小菊他们都在家里做好吃的呢。你们只顾在街上转，忘记了今天是什么日子啦！"

"啥日子?"大憨问。

"元旦!"小马一手拉着大憨,一手拉着铁头,说:"上海人过元旦,比过年要热闹。大家都说,元旦是新年,除夕是旧年。如今是中华民国了,中华民国提出不过旧年;现在是新天地,要过新年,庆贺元旦!"铁头说:"什么新年?旧年就不好?他妈的,我们祖祖辈辈过了几千年了,出了个中华民国,说不过就不过了。别又是在玩耍什么鬼花样了吧?"说着,小马叫了包车,让大家坐。铁头坚决不坐,他说:"我们是中华民国的人,怎么还骑在别人的脖子上?我们的中华民国,没有了老爷,有的是先生;先生就是文明人,是公仆。公仆如何欺压他人?我们还是步行好。小马,我们步行,你给我们讲一讲两旁的景致,让我们开一开眼界。"

大家都笑了。拉包车的汉子也笑了,说:"照这位先生的话,我们拉包车的就断了吃饭的门路。若真这样,人也高兴!"

铁头从怀里摸出几角钱,给了车夫,说:"请收下。我的钱不多了,若不然,一定要多给的。这算是我们误了您的事,是补偿费。"车夫推辞了不要,说:"我一天也拉不上一趟的。不能这样亏理。"一边把钱推过去。

这时,一个孩子手拿着一叠报纸,边跑边大声喊着:"买报啊,买报!《亚细亚报》、《顺天时报》、《民权报》、《东方杂志》,有买的,有送的,买一送一,大甩卖啦!"

大憨顺手买了两张,不经意地看了一眼,突然一怔,"啊"了一声,断断续续地说:"狗蛋……海龙……他们……被袁世……凯儿杀……"被小马扶住。

铁头他们接过报纸,详细地看了,如五雷轰顶。几个徒弟连忙扶住铁头。小马催大家快些将铁头和大憨送进附近医院,说:"上海的特务多,别让他们发现了。青洪帮和北洋的人打得火热,大家快走。"

许久,铁头缓过气来,对小马说:"没有什么。我的好兄弟,我的好孩子,他们都为了天下最光荣的事业献出了生命。我,应该高——兴!"他颤抖着说着,泪水如泉涌出。

大憨也醒过来。他让人多买几张报纸。

小马说:"对,我们多买几张报,好好放着。我们要牢记住这血海深仇,为了民国的事业,坚决与袁世凯斗到底,斗出我们的新国家!"

远远地赶来一队巡捕,他们包围住大憨他们。小马用英语对他们讲,这是自己乡下来的亲戚,要到上海找一点活儿干。巡捕们走了。大憨叹了一口气,说:"狗蛋和海龙被袁世凯杀害,肯定不会放过我们。铁头,咱们在上海拉起人马,大干一场吧!"

铁头几个徒弟也说："对，为师傅报仇，为师兄报仇，我们学那一街两旁的讲武堂，练得精兵，准备倒袁！"

铁头讷讷地说："我曾出家，今又归家。袁世凯，他逼人太甚。哼！"他把牙咬得"咯咯"直响，随后一挥手，对大家说："走！我们安顿下再讲！"

小马领着大家向前走去，不时地指着街两旁的广告说："这都是洋人的，他们把买卖做在大街上，人一看就知道他们的招牌。什么时候，我们也能做这样的大招牌多好啊！"

大憨说："洋人坏得很啊。原来，我也曾设想，中国要学洋人，学洋人的技术和制度。可是，我们亲眼看到的却是，他们在想方设法搅乱中华民国；他们源源不断给老袁送枪炮，明目张胆地抢去我们的煤矿、生意。哪一天，我们要把洋人都杀绝！把这广告做他们的尸布！"

"洋人也有好的啊。"小马笑着说，"正像中国人也有坏东西一样。不是全好，也不是全坏。走吧，咱们家里还有一位洋先生，是美国朋友，帮了我们不少忙。他还救过黄兴将军呢。"

铁头说："你们想得都太简单啊。道理讲，应该是这样吧。凡是人，该都有血性，都有一棵菩提在心中长着。只是现在来中国的洋人，好人太少了。"

大憨走着，猛感到恶心，忍不住张开口，狠劲呕吐起来，殷红的血顺口流出。

小马惊叫道："大憨哥！您怎么了！"

大憨摆了摆手，平静地说："没有什么事儿。走吧，我们回家去。"说着，他仰面倒下！小马他们连忙把他背起来。头顶上想起了轰隆隆的雷声。

一摊血在街道上怒放着，像一丛丛报春的牡丹。漫天飘起了淅淅沥沥的雨；小马他们的脚步远去了，脚步声久久地如一阵阵春天的雷霆，无限愤怒地隆隆响着。

阿莲看见大憨，大声喊叫着"我的大憨啊"，一头扑在他怀里放声哭起来。众人再三安慰。小马向大家互相做了介绍，小菊说："想必大家都饿坏了，先吃饭吧。"阿莲不好意思地望着大家，请大家到客厅里先歇息，一边对小马说："千万不要让他们放开吃，更不要吃硬食。每人只准喝上两碗肉粉米粥。"

铁头作出颇不高兴的模样说："弟妹你可是嫌我们人多呀！不让吃饱，我们就不在这里吃了。"

阿莲说着，笑得直响："铁头大哥，我哪里敢有这样的意思。你们饿了几天，若猛劲吃得太饱，会伤胃的。等到明天歇过劲儿来，我们再请大家猛吃海喝！"

铁头爽朗地笑着说："弟妹真贤惠！您的意思我懂。那年，我有几位兄弟从监牢里放出来，放开猛吃，竟胀死了！这个道理我懂。我那样问，是逗你呢。"

大家正三言五语的谈论，大憨又呕吐起来，吐出大口大口的鲜血。满屋的人都怔住了。阿莲又急得直哭。

小马问："布伦先生呢？他怎么一直未出面呢？"

小菊沉思了一会儿，异常冷静地说："布伦先生去为我们买药去了。到后天才能回来。大憨哥这病，我能治。"接着，她向大家解释，布伦买的"药"是一些枪弹。在浦东一带，他们以同盟会为基础，成立了一支革命武装，与海外的革命党保持着联系。布伦是孙中山的朋友，专程赶到中国，在上海以洋医生为名，为革命武装置办军火。大家都流露出钦佩的神色。

阿莲用手抚摸着大憨的脸，说："这些日子，你的身体损伤太大了。等布伦先生回来，你好好治一治。"

小菊对小马说："你去。让大家先吃饭，你快到街面上去买些新鲜的藕来。要快！"她一边耐着性情对大家说："这江南的藕可是好东西啊。只有这浜湖里的嫩莲藕，才能治得大憨哥的病。因为阿莲姐和大憨哥是一家子，莲，就是藕，就是莲藕，心连心。"

一席话说得大家都笑了。

阿莲止不住流着泪说："小菊妹妹，若真是有我能治得大憨的病，把我的心扒出来，我也情愿的。"小菊劝她别伤心，说："你忘了吗？我生我们家阿宝时，大出血，狗蛋哥请来一位老中医，将藕截了六七节，捣成泥糊，配了红糖煎服，很快就好了。那老先生说，藕在药书上叫灵根，性寒，甘凉入胃，能消瘀、清热，若煮熟了，则滋补胃阴。大憨哥咯血，可用这生藕治呢。"

提到狗蛋，屋子里空气凝固了一般。大憨流着泪说："我的狗蛋兄弟啊！袁世凯杀害了他们！"接着，大憨一边把报纸拿出来，一边让设供祭奠。

阿莲和小菊抱头大哭不已。

过了一段日子，大憨的病果真好了。布伦对小菊跷起大拇指，连声说："妙！"小菊给大家讲了一个故事，说明孝宗喜爱吃螃蟹，结果贪吃多食，连日腹泻不止，连太医都没有了办法。后来，有一位民间医生，用嫩藕泥与酒共热，让孝宗服下，治好了病。孝宗就把那医生招了驸马，人都称莲藕驸马郎。大家都笑个不停。布伦激动的地说："中国人，聪明，善于创造奇迹，伟大。"

铁头摸了摸布伦高高的鼻子，装出一副奇怪的样子，说："布伦先生，您的鼻子这么高，怎么和其他的洋人不一样呢？"

布伦风趣地说："因为我和你们是一家人了。"

他用急急巴巴的汉语介绍了孙中山、黄兴、李烈钧他们在海外的情况。他说，他从同情孙中山，到理解支持孙中山，对中国的革命志士们非常崇敬，他是一个国际主义者，愿意帮助中国实现真正的民主共和。他说，他也是穷苦人出身，穷苦人应该帮助穷苦人。

铁头点点头，问他说："照你这样，穷苦人好。天下的穷苦人是一家。那么，八国联军攻打北京时，这些士兵都是富家子弟吗？"布伦说："不是。不是那样。八国联军都是强盗，而强盗，都是想发财的人，他们，有穷苦人，也有富人。穷人未必好，乞丐有枪刀，就是强盗；偷拿夺枪的人，都是，坏的。"他说，他曾经是穷苦人，后来在教会读书，做了大学的教授，看到八国联军侵略中国，就决意考察中国，向全世界介绍中国的真实。他说，西方人的报纸，天天都在辱骂中国人懒惰，需要世界帮助；可是，八国联军却是瓜分中国人的财富！他越说越结巴。众人却没有笑，而是十分认真地听他讲。

大憨接过布伦的话题说："对。穷人未必就都是好人。穷富原因很多，未必勤劳就能够富裕，但勤劳、聪明、智慧的人肯定不会一味受穷。袁世凯的几个干将，出身原来都是穷苦，而现在却是富甲天下！怎么讲？他们是中华民国最大的敌人。他们未必是聪明智慧的人，而是选择了为富不仁；他们是天下穷苦人的敌人！穷苦人一无所有，应该明白一个为什么。消灭贫穷，让人有饭吃，这才是我们真正的民国。将来，我们要办学校，教化天下，让天下穷苦人学聪明，让所有的人懂得相互爱，便是天下大同。"布伦带头鼓掌，他把手掌拍得发麻，说："是的。大憨先生说得好，伟大。"小菊望着阿莲，说："姐姐，大憨哥真了不起；他漂过洋，见识多，心胸开阔，所以有见识。"她提议，请布伦每天教大家学习英语。大家热烈欢迎。

铁头出面，大家办起了精诚武馆，与浦东的革命党武装接上了头。布伦从朋友那里弄来一台电报，与日本的孙中山他们联系上了。听到孙先生他们的日子很艰难，大家心里都不好受，七言八语地商议如何接济他们。大憨说："我们广招学徒，多挣些钱。既可为孙先生他们集资，又可培养些人才。袁世凯，他作孽，活不了多久了！"铁头说："连自己的兄弟都无情杀害，他没有天良。他变了，他现在是一个魔鬼！若苍天有眼，是不会让他这样猖獗的。愿狗蛋他们的英灵保佑我们。天，早就该变晴了。"

武馆外的岗哨报告，说："有几个日本浪人，扬言要来比武。"

几个徒弟说："趁机会干掉他们！狗日的日本人，到处寻找事端，就是想在我们的土地上耀武扬威。不让他们得意！"

小马说："不妥，大上海比武，是不能随意这样做的。最好使出我们的功夫，狠狠教训他们，煞去他们的威风，把他们这群王八蛋赶走。"

铁头和小马领着人走出门时，那几个日本浪人已经匆忙离去。街面上成队的军人、警察，排成队列，打着旗帜，吹着"嘀嘀哇哇"的军号，正向城东关岳庙方向涌去。

小马说："袁世凯他们在搞新的鬼把戏，他命令全国的军人都去关岳庙宣誓，要全国的军人都服从他。这是北京模范团的做法。看起来，袁家父子他们是要真正玩皇帝把戏，他们要废除共和了。"

街上尘土飞扬，通过的队伍迈着整齐的步子，不时发出"忠于总统，捍卫民国"响亮的口号声。

大憨对铁头说："我们的队伍，也要集中起来宣誓！不倒袁贼，誓不罢休！"铁头重复着大憨的话，对徒弟们一挥手，说："回去，我们酒祭先烈，一定要打倒袁贼，建设真正共和。"

徒弟们坚定地齐声应答："是！"

145. 新华宫

苍白的太阳挂在天上，稀疏的树木耷拉着有气无力的树叶；铺天盖地的燥热！满街萧条，店铺关了门，只有三三两两的乞丐横倒在路边，不时有脱了毛的狗在街上闲散着相互追逐。

新华宫，一个崭新的名字。这里不再是清朝的皇宫，而是中华民国的办公处。此时，里里外外一片张灯结彩，几案上堆着鲜艳的瓜果，花花绿绿的西瓜切成牙儿，瓜瓤如血淋淋的人头被切开，狰狞得骇人；人们座位中置放着许多粗大的罗缸，里面装了大块的冰，消去逼人的暑热。这时刻是袁世凯的生日，段祺瑞他们张罗着为他办得轰轰烈烈。古德诺、莫里循他们也都送来巨大的花篮，以示庆贺。小站的故旧们更是早早来得急，与杨度他们分列两侧；容光焕发的袁世凯被他们簇拥着，正得意洋洋地听人唱戏，人群中不时发出一阵阵响亮的喝彩。袁世凯笑逐颜开，随着鼓乐声、器乐声和演员们格外卖力的唱做念打，摇头晃脑。这些天，杨度和严复他们送来《贼孙文》、《无耻黄兴》几本小册子，每一册都印刷十几万册，他们说天下人争相观睹，皆啧啧称赞。一帮人将《贼孙文》改编成京剧，就是现在就要演出的一场戏。冯国璋、张勋、李纯、曹锟、姜桂题他们尤其高兴，连连向袁世凯点头，送着不尽的媚眼。台上戏正在唱的是《西游记》中的《安天会》。饰演孙悟空者本来邀请的是京剧名角谭鑫培，但是他无论如何都不来，费尽心机躲了起来。最后只好请来刘鸿声。刘鸿声得意洋洋，打扮成孙悟空，贼头贼脑的模样，他特意留了一副八字胡，胡子角儿向上高高翘起，口中念念有词，称自己是天府大圣仙府逸人，自命不凡，比为"东方德国威廉第二"，唱着交代自己大闹天宫，逃回花果山水帘洞，被天兵天将围困，忽然纵起筋斗云，奔向东胜神州，祸害中国。玉皇大帝诏令广德星君降生陈州府，率大树将军冯异、桓侯张飞、通臂猿李广、忠武王曹彬，捉拿住孙悟空，孙悟空他们乖乖投降。这里的广德星君说话声调处处模仿袁世凯，其余人等分别模仿冯国璋、张勋、李纯、曹锟他们。孙悟空模仿孙中山，身后跟随的黄风大王、独木将军等，分别模仿黄兴和李烈钧他们。冯国璋、张勋、李纯、曹锟他们在演到戏文中班师回朝一节时，全体起立，放声歌唱《圣天子》。台下爆发出雷鸣似的掌声。袁世凯不住地点头；人们山呼海啸喊着"好！好！"

突然，舞台转换成另外一幅场景：在一座孤岛的石头上坐着一个人，望着明月当空，正用凄凉的语调念叨着：

> 在下姓孙名中山，广东香山人士也。小子向来不务正业，学医不成，奔走海外，使唤妖术，欺骗华侨，趁中国多事，潜入国门，窃取了临时总统一名。想不到今日身世凄凉，望家乡万里，仰望头顶一轮明月岂不惨杀人也——

然后，他如泣如诉，可怜巴巴地唱道："孙逸仙坐东瀛自思自叹……"人群中立刻爆发出狂笑声。袁世凯也随着哈哈大笑，用手指着孙中山，对身边的人说："你们看，这个东西他多么可笑！"

众人又一阵大笑。

此刻，一个衣着褴褛、满面灰尘的道士，脖子里搭着一条长蛇，乜斜着眼，踉跄着，奔走在新华门到天坛的路上。他不时举起手中长长的道情筒，向太阳瞄准，作出射箭的姿势。在他的身后，跟着一群嬉戏的孩子嘻嘻哈哈。孩子们打闹着，向他掷着石块、土块，而他却不时折过身来，向孩子们笑着，做着鬼脸。孩子们玩耍腻了，四散开去，只有他一个人歪歪斜斜地走着，喝醉了一般。

一只飞鸟从他头顶掠过，洒下的粪便落在他头顶上。他仰起脸，狠吹了口气，运足气力，一边拍打着道情筒，一边浑身扭着，扭着，放声高唱起来：

> 西山呀真正怪，
> 嗨嗨怪呀实在怪，

十个妖怪它呀么投了胎。

黑瞎子变成了多尔衮，

獾子变成洪成畴，

唉嗨嗨吴三桂他是那鸦鸟变得来。

唉嗨嗨呀嗨嗨唉嗨嗨唉嗨嗨唉嗨嗨！

和珅呀本是漫野的狼变成，

海兰察是一头驴子摇摆摆，

摇摆摆唉嗨嗨呀嗨嗨！

年羹尧他是一头头拱地的猪，

蟒蛇他变成了曾大帅。

猴子成精变成了张之洞，

玉面狐狸变成了慈禧老太太，

老太太唉嗨嗨呀嗨嗨老妖怪呀么老妖怪！

看只看癞蛤蟆成精吞下了日和月，

变成了当今的总统皇帝袁世凯。

一个个妖怪成了呀精啊

天地都变了旧模样，

播下了罪孽种成千上了百，嗨——

唉嗨嗨呀嗨嗨唉嗨嗨呀嗨嗨！

　　路两旁的行人，不是驻足听他唱着，不明白他到底在唱什么。道人唱罢，对天坛方向作了一个揖，又转回身，向新华门方向作了一个揖，然后高声喊道："我是当年的齐天大圣，而今要来人间扫除妖孽，收尽妖魔也！"拿手中的道情筒乱舞一番，低下头作出一副认真寻找着什么东西的模样，口中喃喃念叨着："这新华门到天坛的路，怎么有这么多畜生的蹄印子？想必是有那妖魔鬼怪去拜了天坛。诸位，请帮我来数一数，这个蹄印儿是步兵统领江朝宗的，这是警察总监吴炳湘的，这是总统府总指挥使徐邦杰的，这两个么，一个是荫昌的，一个是陆锦的，中间这个，就是那蛤蟆精——唉嗨嗨呀嗨嗨唉嗨嗨！"

　　他招来了更多的人观看，人们笑着，谈论着去年冬至日袁世凯祭祀天坛的事，不知道这人究竟要做成什么事才这样疯癫。道人见围观的越来越多，耍得更加起劲儿，他一蹦一跳，手搭凉篷，向新华门望了又望，"乌里哇啦"地叫了一番，怪声怪气地说："想那蛤蟆成精，比起熊、獾、猴子、蛇、狐狸，要神通广大。噢——我看见了！那癞蛤蟆头戴爵弁，身上穿着十二团的大礼服，下着印的千水纹，紫缎裙儿被风吹着，呜啦啦啦，急急耶律令，看袁世凯，你往哪里逃去也!"他将手中的道情筒舞得"呜呜"响，直冲新华门，指着新华门破口大骂："贼儿子给我出来，若不然，爷爷的千钧棒就要劈开你的脑袋! 出来!"

站岗的卫队士兵看他的模样怪，也被逗笑了，半天才想起该叱他走。道人丝毫不理会。他又耍了一通，解开腰带，对着新华门撒了一泡尿，拿起道情筒将尿渍画了一个大圈，说："这玉井龙渊，生养的千年大鳖，本是那当年的法海呀!"

卫队长听到嘈杂声，出来看到这种情景，勃然大怒，命人把道人赶走。道人闪电一般走了，尘土中留下一只精致的药盒格外耀眼。卫士们探起头张望着，谁也不敢去捡起药盒，都说恐怕道人是革命党，那药盒可能是炸弹。

卫队长"呸"了一声，走上前去，亲手把药盒打开，从里面揪出一片黄绢，望见上面写着几行诗句。他读着，笑出声来念道："'紫气东来，遍地妖怪，蛤蟆唱戏，鱼虾搭台。'他娘的，这道人在搞什么名堂呀?"接着，他将鼻子凑近嗅了又嗅，隐约觉得绢上有奇香。他转身向新华门内走去，正遇见兴冲冲往外去的袁乃宽，将刚才的事情讲了一遍。

袁乃宽看了看药盒和黄绢上的诗，皱了皱眉头，猛地哈哈大笑，从怀中掏出几张银票，给了卫队长，神秘地说："这是吉祥之兆啊! 哪里是革命党在骂人？这分明是神仙点化，吉祥如意。去吧，别让外人知道。"说着，他把药盒要过来，折回总统府。

卫队长傻子一般站在那儿，手拿着几张银票，呆望着袁乃宽的背影，"嗵"的一声倒在了地上。

一行人从他身旁走过，陆征祥、曹汝霖、施履本和日置益、小幡酉吉、高尾亨他们，径直走向总统府。

卫队长醒来，手舞足蹈，放声哭喊着："大中国完蛋了!"

他的喊声异常刺耳，飘荡在新华门内。他摊开双手，向一棵棵树哭诉着："我的老爷，神仙，神仙点化我们，我们大中国要完蛋了! 日本人，凶狂、蛮横的日本人，趁火打劫，给我们，给我们，给我们提出了二十一条，把我们大中国都送给日本人了! 大总统，还想当皇帝，当什么皇帝呀! 我，我可是留过洋的，我，我，我去过日本，去，去过德国，德国。洋人，洋人，我还不知道吗? 要什么把戏呀!"

卫队长的哭诉声引来了杨度和夏寿田他们，他们不明白他为什么这样子。杨度对夏寿田说："这年头，怎么这么多疯子呀。天热得人心烦，都憋得难受吧?"夏寿田苦笑着说："我们都疯了。"

杨度望着卫队长的神情，越发感到奇怪，拉住夏寿田，悄声说："看，看见了吗？看他脸上是什么？"

夏寿田细细看去，皱着眉头说："什么也没有啊！"

杨度笑了，说："哎呀，若你就当成有什么东西在他脸上，那不就有了吗？"

"你的意思是，自己只管欺骗自己，别管他人如何！"夏寿田说。

两人哈哈大笑，转身向前走去。

146. 日本人提出了二十一条

袁世凯望着袁乃宽手中的药盒，和那黄绢，厉声说："宽儿，何方的妖道，竟敢这样放肆？查一查，立即把他干掉！国民党，国民党，他妈的，贼心不死，天天捣乱。"

袁乃宽战战兢兢地说："也是！"

袁世凯望着他的背影，想起了朱尔典，他在想，这两个人的走势，怎么越来越一样呢？袁家小子，连说话都有了洋调。

袁世凯不知道，袁乃宽又回到他身边后，时常听人说到朱尔典最受总统的喜爱，于是，就不断套朱尔典的近乎，不断偷抄一些机要文件，希望朱尔典能帮他的忙。

日本人提出了二十一条，由日置益亲手交给了袁世凯。半年来，袁世凯总觉得一些事不太妙，日置益的话常在他的耳旁响："日本人会尽力帮助袁世凯君的，如果袁世凯君接受了此种要求。"什么帮助？像他们那样君主立宪吗？这些条件我能接受吗？民主，叽叽喳喳，实在无用。可是，明目张胆地回到皇帝，还欠火候！眼前，使不得什么叽叽喳喳的民主。他想着，想着，一次次用力抬起苍老的手，抚摸着朱尔典送来的这尊地球仪，细数着太平洋沿岸的土地。他不觉叹了口气，自言自语道："黑龙会啊黑龙会，使我们中国自动依赖日本，要灭我中国，你何其毒！"说着，他无力地拍了拍地球仪。

地球仪转动起来；他用手数着欧洲，喃喃自语："欧罗巴，德意志，美利坚，日本倭寇。唉！"一边不住地叹息。

窗外的绿色照得办公桌上如同闪烁着一层磷光，让人感到阴冷。他在想，列强们正忙着打仗，只有这群日本人才能插手中国的事情。日本人！他妈的纯粹一群贪得无厌的狗！

他在心里恶狠狠骂了一句，在这条虫子形的地上，使劲掐了一把，却掐不动，再看看中国，这是海棠叶的形状啊！虫，虫子要吃海棠叶儿——若我中国变成金鸡该多好啊。他想起了外蒙古人在俄毛子的指使下闹成立蒙古帝国的事，他用手比一比，外蒙古割去，我正好像一只金鸡！鸡，是叼虫的。想到这里，他不禁暗暗心喜。转而，他的脸色又沉了下来。他在想着，日本人，在朝鲜的时候，我就受过你们的气，今天，你们还不放过我！我袁世凯早晚要收拾你们。今天，今天，我大中国少粮无钱，有兵不能打仗，到处都有贼人打自己的算盘。狗日的，我要委曲求全，暂时屈服你，度过这苦日子，来日再算这笔账！日本人，狗日的日本人，你们一次次明火执仗，背地里又多次甜言蜜语，为何不给我一个面子呢？

二月二日，两方进行第一次秘密会谈，一直谈到三月中旬，仍然没有进展。日本人谈最后修正案，这边也谈最后修正案，两方谈不成，日本人扬言就要打仗！

袁世凯在心里骂着：狗日的日本人，你们吓人、骗人，欺人太甚啊！你们……

前天下午的三点，日置益送来了最后的通牒，要求在今天下午六点前答复。几天来，朱尔典他们三番五次地来，奉劝袁世凯忍辱负重，接受要求，避开危机。怎么办呢？若接受，可息事，但要落千秋骂名！

他抬眼望，窗外仍是暗淡的绿色，眼前只有莫里循他们坚持要揭露日本人的阴谋，提出向全世界公布事实真相。

夏寿田轻轻咳嗽了一声，对他说："总统，他们都来了。"

他们，他们是谁？日本人还是自己人？袁世凯感到心胸发闷，小腹阵阵疼痛，喉咙干涩，痒得难受。

夏寿田扶住他，让他坐下，先安静一会儿，劝说道："总统千万要多保重，值此时期，狗日的日本人，日本人他们要挟我们，可他们总是不能完全灭绝我的。留得青山，总有柴烧。人在檐下是要低头的啊。此前各省将军说与日本人相拼个鱼死网破，我看难说……我们初建民国，整个是一大盘散沙，人心不齐，如何比得上往日有朝廷一呼百应！筹安会那里，大家都希望总统为国为民计，早日结束此等局面而壮大国家，统一民心。狗日的日本人！"

袁世凯沉思片刻，有气无力地说："狗日的日本人。怎么，你们也知道日本人是狼子野心？我知道了，你们也是为了国家，不像孙中山他们那样天天与诡计多端的日本人勾搭在一起，还天天高喊什么救国。唉，天下有识之士，都该像你们这样为国家辛苦啊。"

夏寿田愤愤地说："孙中山他算什么样的人？他满口仁义道德，实则男盗女娼。你知道吗？他是个好色之徒。他把朋友的女儿都强占了去。人常说，朋友之妻不可欺，况且是朋友的女儿呢？……道貌岸然的无耻之徒，他，他可以做宋家小姐的父亲呀！……一边高喊救民于水火之中，拯救天下，一边就那

589

么轻易地把夫人和儿子撇下。虚伪之至。据说，现在孙宋两家闹得不可开交呢。"

袁世凯的精神猛地复苏了，眼睛闪出亮晶晶的光。多少年了，他每每听到自己的敌人的丑闻或恶闻时，总会很快提起精神的。夏寿田的一席话正中下怀。他说："孙中山是这样的人啊，我以前可一直是把他当做君子看的。"

他浑身的力量因为夏寿田一席话都积聚起来了。他站起身，用清亮的声音说："走吧，大家都等急了。"

147. 曹汝霖出卖国家，背叛民族

宽敞、豪华的总统府纯一斋中，袁世凯一进门，全体人员都立正站立，请他先入座。

袁世凯"嗯嗯"地摆手，请大家坐下。

黎元洪、徐世昌和政事堂的左右丞、各部的总长、各院院长、外交次长等，都沉默不语。他们你看看我，我看看你。

首先由外交总长陆征祥介绍通牒的内容，并详细报告他与朱尔典交谈的情况。室内许久没有一人说话，有人止不住哭起来。

袁世凯向大家点了点头，掏出手绢，擦了擦眼，呜咽着说："日本人，薄情寡义、贪得无厌的日本人，他们早就想吞占我大中国。还是在朝鲜时，我就清楚这一点。前年夏天，熊希龄先生发电报给我说，犬养毅来华，鼓动国民党与我们对抗，他们要让岑春煊做总统，一南一北相割裂。现在，他们不是要分裂我们，而要蚕食、吞并我们。陆征祥诸君，极力与日本人，禽兽不如的日本人，相争，终于使日本人撤回第五号，修正了许多。现今，天下混乱，我们力量不如人。我们的人，了解了日本人的军力，他们准备了几百年，要占领我们的土地。我们不能跟人家打。朱尔典先生的话，我们当牢记，埋头十年，卧薪尝胆，或许来日能抬头，否则，亡国之祸，不可免也！"

很快，像哭丧一样，大家都哭成一片。

只有外交次长曹汝霖不动声色；他不看众人，也不看袁世凯。

袁世凯愤恨地望着曹汝霖。曹汝霖的脖子用力拧着，昂起头，冷眼相对。前些天，曹汝霖吹嘘说："二十一条我早就知道。"袁世凯当时气得怒骂："既然早就知道，你为何不早来报告我！"此刻，袁世凯看着他那副得意样子，真想命人把他毙了。

哭声越来越痛。袁世凯提高声音说："经此大难，大家务必以此为奇耻大辱，卧薪尝胆，奋发有为，刷新事业，定年限，下决心，群策群力，期达目的！决不

为亡国之民，匹夫有责……各位若有良知，当日以亡国灭种为警，摒除私见，各尽职守，协办成功。苟利于国，死生以之！"

黎元洪狠狠地望着曹汝霖，在心里骂着，不觉脱口而出："姓曹的，你不是人！你，身为中华民国外交次长，你是数典忘祖的无耻奸佞小人，是日本人养的狗！忘恩负义的狗啊……"

他高声骂着，涕泪交加，拍案而起；许多人也都站立起，面对曹汝霖怒目而视，一齐厉声呵斥道："曹汝霖，出卖国家，背叛民族，无耻小人，民族败类！"

曹汝霖开始还强硬，正要昂起头，面对如山的人群，愤愤地将头扭向一边。

陆征祥愁眉苦脸，不知该向着谁才是。一边是副总统，一边是背靠日本人的外交次长，得罪谁都不是。他向袁世凯望去；此刻，袁世凯正在擦着红肿的双眼。他长吁了一口气，哀叹道："如今办外交，也真难啊。"

黎元洪大声说："曹汝霖，全天下的人都会记着你的！"

"哼！"曹汝霖腾地站立起来，恶狠狠地望了望众人，用不屑的口气说，"我不是中国的首相，我只是一个替人担当了罪名的小卒子。我不怕落下千古骂名，将来，自然有人替我担当。"

众人瞠目结舌。

曹汝霖望了望袁世凯，又望了望段祺瑞。

嘈杂声响起来。有人骂着曹汝霖，也有人骂着革命党，骂革命党勾结日本人，要用此等险恶手段逼退袁大总统。更有人大骂日本人，说日本人欲图吞食中国，不是一个人两个人，也不是一天两天，而是全日本上上下下都在做着吞食中国的梦，要灭亡中国，亡国灭种。

整个纯一斋沸腾起来。

夏寿田哭得最痛，他唱起了《湖南歌》，用尽全身的力气唱；但是，他的声音早被这越来越沸腾的嘈杂声所淹没。

段祺瑞来到了总统府，黑沉着脸，将辞呈送给袁世凯。

袁世凯说："怎么了？芝泉老是耍小孩子脾气呀。"

段祺瑞说："我在您的眼中从来就是一个小孩，您想哄就哄，想打就打。今天，我长大了，您看，我人都已经成了白发苍苍的老头了，还能不懂些事理吗？"

袁世凯佯装厉声问："还是云台说了你的不好那些事吗？别人瞎传，您就随便信了？要说，我还觉得您真有些不懂事呢。"

段祺瑞哈哈笑着，说："干爹大人，您和我那云台兄弟，真是都会演戏呀。说话就那么不负责任？二十一条的事，云台说什么您问我能否动武，说什么是我讲到如果动了武，不出三天，就会亡国。所以，人都骂我段祺瑞是软骨头，卖国贼。让他们骂吧，反正我是您的干儿子，云台是我的干兄弟，咱们一起挨骂。总长的挑子，您不是早就想让王士珍来担吗？我们陆军无用，全在于芝泉无能。这下好了。我近来身体欠佳，想在西山多住些日子。我和您的干女儿都在那里住。有什么事，您就着人喊一声。现在，孩儿告辞了。"说罢，起了身，连招呼也不打，气昂昂地走了出去。

袁世凯无可奈何地对人说："芝泉他辜负了我呀。在这样的时候，他要图自己的轻闲。养病好啊，陆军不会再有人提出增加部员薪金了。那个徐树铮，浮报购买洋军火竟有四十万，都是跟谁学的这么胆大呀？免去他的次长，给我好好查一查。"

文案们很快写好了条文。袁世凯看后让人补发一个命令：赐给段祺瑞人参四两，医药费用五千元，留任统率办事处办事员及管理将军府事务。

有人报告说："陈宦这个人对总统很忠诚，在四川正卖劲修蜀王府，显示国泰民安。"

袁世凯没有动声色。

有人报告说："湖南的汤乡茗正在到处抓革命党。他对付犯人很有办法，搞了一张大铁床，烧红后，那些犯人一看见就招。湖南杀人成群，遍地鲜血！"

袁世凯仍然没有动声色。

文案们都退下，他们在背后咬着耳朵，猜测袁世凯在想什么，不知道袁世凯究竟想得到什么消息。

袁世凯自言自语地说："华甫呀，你什么时候来到呢？"边说，边不在意地拿起桌上的一篇文章，用笔圈了，让人送到《亚细亚报》发表。

这篇文章是古德诺写的。他要回国了。袁世凯请他写了《共和与君主论》。古德诺常说，中国只适于君主制。

文案们在揣测袁世凯的心理，他们悄悄议论着："以前，清朝的遗老们骂总统是曹操。现在好了，他们都夸总统是圣贤。总统屡提要荡涤专制瑕秽，今天这样反复对君主感兴趣，他到底是想什么呢？"

"报告总统，冯国璋将军到！"

突然，侍卫报告着，引来冯国璋。

袁世凯赶快离开座位，笑迎上前，说："华甫，华甫，刚才，我还在念叨您哪。"冯国璋说不尽的温暖话，着人送来南京的一些特产，声称是慰劳总统和总统府的办事人员。

袁世凯拉着冯国璋的手，走进密室。

刚坐定，冯国璋就问，"总统，我在外间听到许多传言，对您很不利。不是您要我述职吗？我得先问问这件事。"

　　袁世凯说："噢，有这样的事。我本想请您来谈谈，我们是否召集一个军事会议。有人说，这样召开会议会引起日本人怀疑，就作罢了。南京是不是也很乱？大家都抵制日货，仇视日本人，会引起麻烦的。你们要劝告老百姓，万里长城今犹在，不见当年秦始皇。我们让他日本人几分又何妨。"

　　冯国璋摇了摇头，说："不是这样。总统，有个梁启超，据说在云台举行的一次春宴上，听到人说您准备实行帝制，他就把家眷都搬到天津租界了。以前我问过您，您说没有这回事，怎么现在这事越传越盛了呢？"

　　袁世凯说："该讲的我都讲了。若人们把我逼急了，我在英国置办点家产，我就到那里住下。我再也不回来！"

　　冯国璋说："我说也是这样。大家总是误会您，苦了您的心。人真正地都无聊。您会有传说的那样？"

　　袁世凯长长叹了一口气，显现出为难的样子说："华甫呀，当年咱们在小站练兵时，那气势多好啊。您，王士珍，段祺瑞，我比你们为三件国宝。如今，您看看这成什么样子了。您在南京多辛苦了，王士珍归隐才来，段祺瑞他却退居西山。唉！我请您来，更重要的是与您商量几个人调换位置的事，藩镇割据，会使民国灭亡的啊！"

　　"总统放心，华甫永远忠于总统！"冯国璋立即起立，大声保证，胸脯挺得高高的。

　　袁世凯把他扶住，按坐在座位上，说："华甫，我永远都信任您的。您要明白。不要胡思乱想。"

　　冯国璋翻看了一眼，见他面不改色心不跳的样子，暗自佩服他的说谎功夫真正到家。他想起了张勋到南京时，张勋醉酒对自己说："老头子让我监视好您。"当时，自己也掏出怀中的电文说："大帅，老头子也让我监视您呀。"现在，老头子他又搞新把戏了，自己一定要多提防着。

　　袁世凯说："东北的张作霖，是胡子出身，湖北的王占元，也不是好东西，他们对自己的上头都不满。我想平息一下他们的气儿。"冯国璋早就听说过这些事。红胡子张作霖在南北议和后，不买张锡銮的账，袁世凯想调开张作霖，解决二张隔阂，张作霖不同意。看起来，袁世凯准备收拾他。湖北的王占元，也是个师长，不买段芝贵的账。现在，袁世凯应该是想把张锡銮和段芝贵对调。想着这些，冯国璋脱口而出："总统，若开了此例，会不会形成赶走上头的风气？我们该奖就奖，该罚，也一定要罚。"袁世凯掏出一只金笔，亲手送给他，说："到底是自己人。华甫，我是想不让他们起乱子啊。以后发现苗头就提醒我，将来您是该做副总统、做总统的。我老了，就得把国家交给您才是。他们，我都不能放心。您要多替我想着些才是。"

冯国璋连忙跪下谢恩。他想，老头子是对自己不信任，才这样拉拢啊。民国建立，禁卫军一直在自己的手中。辛亥年南下，北洋的二、四、六镇各有一部归自己统领，王占元、陈光远、李纯，都成了自己的铁哥儿们。袁世凯肯定害怕自己搞割据，他安置郑汝成在上海，杨善德在松江，张勋在徐州，这不明明是对自己的监视、制约吗？老头子不放心，才把他的家庭教师周道如那个老姑娘嫁给自己。段祺瑞打小算盘，拉人拉得太多，现在被袁世凯赶下去了，自己也得小心才是。

冯国璋抬起头看时，袁世凯的脸上正浮现出狡黠的笑。冯国璋看清了，那是鄙夷的笑，恶毒、阴险的笑。这时，他的脊背猛一阵抽搐，冰凉，麻木。

袁世凯亲手把他扶起来，说："华甫对我是负大责任的人啊。南京那地方，我们调走了张勋，他一直不满，现在还在四处造谣。我该找他的事，还没找呢。平白狼时，我要他去，他竟向我提出增兵。他这个家伙，是善于搞说谎的把戏的。听说他对别人讲，说我让他监视别人。狗屁！他娘的，他故意把我说成下流的奸佞，不知道谁信他的那一套。您一定要看着他，盯着他，盯紧一些。知道吗？"

冯国璋愣一下，差一点儿没有讲出自己与张勋的事。他点了点头，说："总统英明，洞察秋毫。谁若敢图谋不轨，一定得不到好的报应。"

148. 桂花开了

石驸马大街的桂花开了，花簇锦团，引来无数的蜜蜂，漫空都是香。杨度背着手，仰起脸来，再三端详着自己家门的匾额。上面是袁世凯亲手书写的"旷代逸才"四个大字，正被清凉的风吹拂着，闪着亮光。他越看越得意，浑身都是爽朗。

他从纯一斋搬到这里之后，远离了总统府。这一切都是因为从青岛来了个徐世昌。姓徐的来到，不但把自己撑了出来，而最重要的是夺去了自己的位置。那年，杨士琦断言杨度来日必成宰相的话，常常萦绕在他的心怀。熊希龄下台了，杨度还是没到位。如今来了个老谋深算的琉璃球儿！袁世凯想的是什么呢？

有多少天，杨度在思索着这些问题。夏寿田常到这里吃饭，因为其家小还都在老家。夏寿田带来了许多总统府的消息。于是，他更多的时候在想着有贺长雄、古德诺两人所发表的文章，思索着国体、政体的许多问题。他在想，中国就目前来说，有谁能替代袁世凯呢？孙中山和黄兴，或者岑春煊吗？他们都不行。他们结怨甚多，而且民主共和在民众心中太肤浅了，许多民主共和的口号，都有些空洞、浮夸。让溥仪出来，就像那些遗老们所讲的，还政于清室如何？更不行！目前，只有袁世凯才能稳定住国家大局。袁世凯这个人呀，他到底要走哪条路呢？

杨度想着这些，在树阴下踱着步。院子里太闷了，屋子里太闷了，该走出来，透一透风才好。客人要来了，该迎接才是。

杨度想起了自己所写的那篇《君宪救国论》，袁世凯一定很欣赏的。若不然，他为什么让段芝贵把这篇文章悄悄印了，分发给各省的军民长官呢？前些日子夏寿田谈起袁世凯想搞一个研究国体问题的摊儿。徐佛苏、丁世峄几个人，听说曾秘呈袁世凯，倡言请改行帝制。这是个好机会！袁世凯的意思是，由杨度在幕后策纵，不要出头露面，因为世人都知袁世凯与杨度交往深，怕人说袁世凯在演木偶戏。袁世凯卖的是假药。

杨度想，这有什么怕人说的！

他想到当年自己逃身东瀛，在樱花树下与宫崎、孙中山、黄兴他们交谈的情景。那时，自己主张的就是君主立宪啊！中国国体，千百年来习惯于君主。去了一个君主，代之必有另一个君主；若无君主，则群龙无首。让老百姓人人当家做主，那有可能吗？民主，从来只是幌子，是骗人的假药。君主若能明达，就像贞观之治，从谏如流，路不拾遗，又有什么不好呢？立宪就是让君主从善如流，以德才使国家富强文明起来。溥仪他只是清朝遗老们手中一具傀儡，孙中山他们异想天开，不着实际。只有袁世凯，才能真正救得中国。前清亡了，民国乍建，百废待兴，百业待举，要钱无钱，要枪无枪，日本人乘这国难，提出了二十一条，袁世凯能不作难吗？自己寻觅了多少年，今天才真正找到了袁世凯，理解了袁世凯。他不让我出面，那是他的想法。这样一个改朝换代的大转折时期，自己应该挺身而出，这个机会自己必须抓住，一定要由自己来写戏文，唱主角。这样，日后……

他想到了老师王闿运，先生曾劝曾国藩立一代帝王，曾国藩硬是失去了改天换地的好机会。今天，自己应该像湘绮先生那样，劝袁世凯实行君主制，重整河山，重振中华！人，一生一世，能有几次这样的机会呢？又有几个人在一生中遇到这样值得自己辅佐的君主呢？诸葛孔明，刘伯温，说不定就是自己前生前世的胎。天降我杨度辅佐袁世凯，实为中华亿兆人民之幸矣。

他设想着，应该找几个像样的名士，组成这样一个筹安会才妥当。所找的人，应该以学问使天下折服，这样才能众望所归。目前，梁启超回广东去了；前汤山春宴，袁克定向他透帝制的想法时，他梁启超装不够的滑头。他不行。学贯中西的严几道严复，他行。虽然严复他鄙视袁世凯，但他严复脾气怪，是一个通大理的人。自己向他讲清大势所趋，利国利民的好处，他一定会做筹安会的事的。刘光汉刘师培也行，他国学的功夫是有名望的。他的《国情论》，堪称《君宪救国论》的双璧。袁世凯对他也有好感。那个章太炎，其实也行，只是他和袁世凯因一点小事就闹僵了，埋头读他自己的书；请他来做筹安会的事，实在太难。当过安徽都督的孙毓筠，当过山东都督的胡瑛，当过长江水师总司令的李燮和，这几个人都行。组成这样一个会，筹一国之安，对国家前途、形势做深入、全面探究，请来全国的有识之士共同讨论，这该是多么辉煌的事业！

新的中国，就要从此喷薄而出，光照环宇！

杨度想着这些，他不时走向胡同的一端，到街口去看这几个人的影子。已经相约好，今天要在这里成立筹安会，发表宣言。今天，对历史，对自己，都是一个神圣的日子啊。他们该来了吧。

桂花飘落在他的身上，花香沁透他的心脾。他的脚步更轻快，自个儿哼起京戏，有板有眼地唱起来。忽然，有一个洋人脸庞从他眼前闪过。再三理了理思绪，才想起来这个人是莫里循。这些天来，莫里循经常出入中南海，与袁世凯他们有说有笑，似乎正在谈论什么借款的事情。据夏寿田说，当前洋人开空头票的很多。只有他莫里循借来了一千多万，帮了总统府的大忙。但是，莫里循公开表示反对帝制，反对日本人的要求，多次向袁世凯讲不能与旧的势力妥协。莫里循想做什么？他到底是洋人。据说袁世凯早就与他有交往，并且得到过他的帮助——莫里循曾多次在南方游说，劝说革命党拥护袁世凯做中华民国的大总统。甚至有人说，黄兴、宋教仁他们就是听了莫里循的话才赞成袁世凯，放弃了孙中山。是啊，洋人，让袁世凯走他们的道路，还是为了他们自己。

远远的像风一样飘来了一架乘舆，细细打探，怎么像徐世昌的呢？杨度望着望着，心里猛一紧缩，失声自语："徐世昌要插手筹安会？这，这，他是没有打过招呼的啊。这个老家伙，居心何其险恶！你徐世昌，你为什么……"

乘舆渐渐近了，是自己的老师王闿运。满面红光的王闿运从里面出来，异常兴奋地对杨度说："皙子，这么远出来迎接，你是怎么知道我要来的呢？"

杨度的额上沁出来了一层细细的汗，忙赔着笑脸说："愚生实在有愧于先生，愚生有失远迎。我要去看您，您却先来看我。"

王闿运仰望几株婀娜多姿的桂花树，使劲嗅着花香，兴致勃勃地说："桂花好清香，酿得酒，会更富情趣。皙子，我借了徐相国的乘舆，你把我当成徐相国了吧。"

杨度搀扶着他，不好意思地低下了头，说："我对先生的敬仰，怎能移往徐相国呢？"

"我知道，皙子，"王闿运作出气宇轩昂的模样说，"徐相国是抢了你的位子，你好恨他。是不是这样啊？我今日来，就是要劝你，万事绝不能太认真。忧虑太多要伤神呀。你，还有更大的事要做。"

转眼来到家门前，杨度请王闿运先进去。王闿运望着长匾，笑着说："好啊，老夫的门生，是旷代逸才。名副其实咧！"

杨度红透了脸，说："愚生不敢，正想摘下呢。"

"不能摘！"王闿运跨进门，径直走向客厅，说，"袁家父子给你送来，就要挂起来嘛。熊希龄，徐世昌，他们想挂，还没有呢。只是，为师奉劝你，和他们这帮子人，千万不能贴得太紧。老夫观察那袁氏父子，其福相远不能与曾帅比。他们都有失于太平庸，太浅薄，而显得薄情寡义呀！皙子。"

杨度把他让在上座，吩咐人送来最好的茶叶，亲手沏好，恭敬地奉上。王闿运接着说："我看袁世凯他满目凶光，煞气太盛，少了人王帝主应有的坦荡。他其实是个奸诈无比的人。皙子，你万万要提防他。凡事一定要留个余地，留余、给个后路。"

杨度恭恭敬敬地答道："是。"他在心里对自己说："老师到底是与曾国藩打过交道的人，城府深厚。留余？对，凡事可以急流勇进，也应该急流勇退；一定要给自己留一个后路。"

王闿运呷了几口茶，夸这茶味儿好，高兴时，津津有味地讲了他如何在总统府写对联的事。

杨度多次听人讲过，王闿运做了国史馆的馆长后，常卖老资格，称袁世凯为世侄，袁世凯颇不高兴。自己的先生虽八十多岁了，还爱开玩笑。他常打扮成怪模样，对人说："我这么大年纪来做官，就是觉得官最容易做。"他对袁世凯说，总统府应该有这样一副对联，楣联为"旁观者清"，联语为"民犹是也，国犹是也；总而言之，统而言之"。他对徐世昌说，政事堂应该题一块匾，写上"清风徐来"四个字。他到处指点，让人难堪。今天没请他，他却自个儿来了，是不是他也要插手筹安会的事？看样子不像。

王闿运东一句西一句地扯着，杨度漫不经心地敷衍着，他在想，严复、刘师培他们几位，该来了吧？怎么还不来到呢？

王闿运谈兴正浓。他从吕不韦谈起，谈到汉唐，谈到宋明，直到前清，一桩桩帝王趣事，被他描绘得灿烂夺目。谈到最浓时，他忽然止住，要杨度来谈谈感受。杨度支吾着，前言不搭后语。王闿运大笑不止，指着他说："皙子呀，你的功夫，实在还不到家呀！帝王之术，我给你讲了多少年，你怎么会不通了呢？都是你留洋在异邦，心底不纯所致啊。"

杨度为严复他们迟迟不来感到焦急，而看样子王闿运不准备走，是要在这里用餐。这多不方便！严复、刘师培他们，和先生不是一道的人，会不会影响自己筹安会的事？他越想越着急，但还必须装出洗耳恭听的样子，不时地对先生的话语表示出赞赏，陪着他笑。

中午用餐的时间到了，王闿运笑着说："晳子，你心不在焉，是不是想着准备什么好吃的招待我呀？我看你心事重重啊。"

杨度脱口说出"严"，差点儿说出"严复他们怎么还不来"的话。他立即意识到失语，便随即改口说："腌好的腊肉，不知先生是否喜爱，还有家乡的酒。"

王闿运点头表示很好，说："晳子呀，说实在的，我真想在这里住一段。看你这里多好，清幽，娴静。满园桂花的芬芳，让人留恋不舍。真是好居处啊。"

杨度的心里更加紧张了。他正在暗暗叫苦不迭，又听王闿运说道："晳子，不要多想，你这里，我不能住。国使馆那副摊子，我没心去操劳了。明天或者后天，我再到几个地方转转，我呀，该看的去看看！下个月初，我就要回老家去读书耕田。在这里，简直是活受罪呀。"

杨度忽然想起，明天才是筹生会成立的日子，自己记错了！怪不得严复他们还没来。他感到自己刚才那样胡思乱想，实在对不住自己的先生，脸上猛地感到燥热。他连忙安慰王闿运，说："先生，学生深深感到惭愧，恳请您多给予指教，指点迷津。在这个年代，学生也深知宦海莫测，常不由自主，随波而逐流。"

王闿运瞪大了眼睛，拍头桌案，说："好！晳子，你现在才是真正懂得我的学问了。有这样的心肠，又有这样的情操，为师感到高兴啊。你的那篇文章，夏寿田拿给我看了。写得好！晳子，听说你们要成立一个做学问的什么会？"

杨度看掩不住筹安会的事，就把前后经过讲了出来。

王闿运摇头晃脑地说："这样很好。晳子，真正的学问，从来不在书上。你终于悟到了这一点。别问帝王姓，只做帝王师。这才不枉了你苦苦追求的多少年。袁世凯，说到底还是值得造就的一个人。念我多少年，总未有显过身手。你遇上了这样一个人，应该是幸运的。我劝你不仅要筹安，也要学会筹能啊！袁世凯的出身，你该是知道的，对他要多留些心。人，总有瑕疵障世人目。他有奸相，也有善根。晳子呀，若你能化腐朽为神奇，袁世凯，他真能给中国带来变化呀！中国，最最需要者，不是那个孙中山，而是眼前这个袁世凯。有人骂他权奸，骂他独裁，其实只是一个骂，不在情理。你该记住，中国五千年来需要皇帝，中国五百年后，同样需要皇帝。若中国没有皇帝，或不需要皇帝时，中国便不是中国。无论将来谁有多么大的能耐，谁都离不了皇权这样一把金如意。自古中国是一盘散沙，只有皇权才能使天下凝结。我知道，当今世界有各种各样的洋人，他们都是夷，都是有各自的企图的。国家之间从来都是亲戚盼着亲戚富，邻居盼着邻居穷。皙子，你要好好地想一想，到底日本人为何打中国？他们和所有的洋人一样，是禽兽，要吃我们的肉。他们，所有的洋人都心怀鬼胎，他们都不会容忍中国强大起来。看吧，他们以后还会打中国。他们一定会仇恨这个袁世凯的。皙子，记住，对于所有的人，尤其是洋人，绝对不能相信他们。特别是日本人，时时都要防备着他们。你要为袁世凯出好谋、划好策，保护我们的大中国强盛起来；你才能有出息。但是，袁世凯父子，满脸凶煞，不够厚道，你一定要多多提防啊。"

杨度强装出灿烂的笑容，一边声称"当然"，一边亲手搀扶着王闿运，请他到餐厅去。宽大的餐厅里收拾得幽雅、清静，一张大方桌上，摆满了丰盛的菜肴。这原是为严复他们准备的，现在敬献给自己的先生，杨度感到很舒畅。

王闿运惊叹之余，说："皙子，太破费了。"

杨度说："先生，就咱们两人，不邀他人相陪。您不见怪吧。"

王闿运说："我喜欢这样。皙子，咱们好多年未详谈了，今天可愿同为师敞开胸怀谈一谈？"

杨度恭敬地端坐，如同温驯的小学生在听启蒙先生授课。他平静地说："先生，我更喜爱听您谈古论今。"

王闿运微微闭上眼睛，把身子轻轻靠在太师椅的后背上，跷起二郎腿，将长长的指甲叩着椅子的扶把，不紧不慢地说："皙子啊，我来京城这些日子，深感南北之间，门户太深。袁世凯所重用的，大都是北方人。长此以往，会形成举世混乱。来日一旦袁氏撒手归去，天下就会战火纷飞，多少百姓将陷于水火之中啊。您一定学会游刃有余，看清局势，分清主次。古往今来，南人之聪明，北人之凶悍，总是水火不能相融。缘于何？势也。何谓势？地以气脉而构成风水，在于人而成命相。帝王之业，在于命理，以势分成天下。所以，你要学会辨别天下大势走向。缘何袁世凯不用南人？注意，南人是他提防的火，北人是他提防的水，而世间正是五行相克相生，少不得南方嘉木所生火，火中所生金凤凰；少不得北方有黑水所生水，水中所生龙——龙凤相配而成吉祥！天下事理皆由此而生，即阴阳搭配。做帝王的，就得保持水火不能相融，相消相长，均有其度。他要拉一方，打一方，再打一把该拉，拉一把该打的，反反复复，才能保得住自己的江山稳定。万不要听他们讲什么唯才是举！皙子呀，袁世凯他就是可成一代帝王的人，你造就他没有错。从来，读书人要做事，不如先把书扔掉再去做；若不然，就会为学问所累。记住，你要做袁世凯的左右，就必须忘掉你曾经写过什么震撼人心的《黄河谣》。那些吟诵铁马秋风、金戈铁马的人，常常打不成仗，做不好官。要做好官，你就要忘掉尊严和人格，丢去耻辱和良心。凡事总要以志气为胜，那就会忘记你是在做官，而不是在做人。做官和做人，是完全的两码事啊。为师给你讲两个你所熟悉的人，一个是蔡锷，一个是袁克文。蔡锷是一个了不起的人物，别看他不言不语，整日和小凤仙纠缠在一起，弄得家庭不睦。那是假象！他是梁启超最得意的门生，深谙为官之道在于隐蔽。他是位刚烈无双的豪杰，能轻易放浪形骸，沉湎于酒色吗？不会！越是少言无语的人，城府越深，越不容易捉摸他的心思。蔡锷身在京城，心在四野，日日想的都是造反，除掉袁世凯！袁世凯想把他囚在京城，与云南相隔千万里，又有那么多的暗探，监视人的行踪。他以为这样就可以拢起他的心。看吧，将来，真正毁掉袁世凯的，恐怕还是蔡氏。有朝一日，他一定要离开京城，重返云南的。这样的人，你要多结识，给自己日后留个后路。袁克文看起来满腹经纶，琴棋书画，样样皆通，可他太肤浅，肚子里一咕噜，脸上就显现出来。这样的人，能成大器吗？他的诗我读过，太秀气，活脱脱是一个曹植。袁世凯就说他不成器，是李后主，是宋徽宗，只知用女人的鞋子盛酒喝的那一号人。俗语说得好，慈不掌兵，义不掌财。真说对了。没有一颗敢杀掉天下所有人等这样毒辣的心，你是当不好官的。晳子，你是个做宰相的料，记住，只能做宰相，别的什么都不要会，尤其是不要超过袁世凯讲出的那些极其平庸的话语。朱明王朝的法宝，就是骗和吓，朱元璋是历代朝廷中造神造庙最多的一个，他就是为了让百姓有所惧。老百姓是什么？是一堆泥巴，可以掺上东西，盖起高楼大厦，也可以铺路填坑。什么时候，你都不要把他们当成人来看。你在日本读书，日本人脱亚入欧，你很容易受欧罗巴人蛊惑人心的邪说所熏染，千万要明白这一点。什么防民之口甚于防川，民载舟覆舟的话，都是假设给人听，不中用的啊。"

杨度抱拳再三致意，说："先生的话，学生会记取的。"

王闿运独自斟酒，左扭右扭，才吸起。他吸酒时发出响亮的尖叫声令人笑个不已。连喝了十几盏酒后，他脸上放起了红光，才摸起筷子夹菜，闭住眼睛大口嚼个不停。

喝着，说着，王闿运摇着头，哼起家乡小调，不禁放开声唱起来。他忽而把杨度当做蔡锷，忽而把杨度当做袁世凯，忽而把杨度当做他王闿运自己。渐渐，他像鬼神附体般指东说西……

杨度强忍住笑意，细细地品味着先生的话语，正要伸手为王闿运夹菜，突然门外有人报告，说袁克定领着几个人来了。

王闿运戛然而止，挥手让他出去迎候，然后，自己趴在桌上睡下，佯打起呼噜。

袁克定是奉袁世凯之命，前来询问筹安会的准备情况的。杨度告诉他，只欠明日天一亮，东风一吹，筹安会就扬声天下，如飞天袖中的缤纷落英，撒向人间，亮起一片绚丽。

袁克定给杨度带来几本书，嘱他写出关于帝制可行的文章，准备以多种形式发表。他希望，一方面有这样的文章，让人觉得帝制势在必行，另一方面，有广泛的社会自发呼吁，诸如各行各业的请愿团，到街上游行。两人在正房内谈论着这些，策划着要用多种形式做，要把这实行帝制的戏前戏、戏中戏，都用心演活，演得有声有色。

王闿运能听到这些，渐渐地，听不清，听不到一句；他因为多饮了一些，脑子昏沉沉的，自个儿趴在那里睡着了。他的呼噜声如奔流的河水，一浪高过一浪。

很快，他进入了梦乡，又回到了当年和曾国藩在一起的日子。

他又望见了曾国藩！

曾国藩的脸，忽然又变成了袁世凯的脸，充满了甜蜜的笑容，正向他凑过来。

呸！他吐了一口。这样一张丑陋的脸，竟要亲吻他。

鼾声停止了，他抬起醉眼，想喊杨度过来扶他，挣扎着站起来，两只手却麻木如木棍，腿也不听使唤。猛地，一阵天旋地转，他什么都不知道了。

杨度和袁克定继续谈论着，一直谈到掌灯时分。

袁克定要走，杨度邀他留下用餐。

两人走向餐厅，望见瘫倒在地的王闿运，大惊失色。

第十五章　真龙天子

此刻，他睡眼惺忪，在蒙眬中感觉到自己正被人穿上沉重的龙袍，带着四周垂旒的平天冠；周围阴森森的，聚拢着数不清高呼万岁的人，都像阴风裹就的魑魅魍魉，正露出狰狞。他们在怂恿自己去坐在御座上。这是在干什么呢？怎么像做梦一样呢？

149.《顺天时报》的两个版本

筹安会的锣鼓咚咚锵锵打了一阵子，袁世凯心中异常喜悦，对杨度说："皙子啊，您不愧是经世之大才！国民的精神，被人搅和到这种地步，经您一调治，很快就鼓腾起来了。以后，国家的前途和希望，都寄托在您的身上了。您一定要忘我奋斗，造福于天下的黎民啊！"杨度谦逊地说："哪里是我们几个人的能耐，都是您大总统的威望！您如同东方的太阳，一露出光芒，就成了天下人向往的方向。各省的将军们，一听说筹安会成立，都发电发信，要求入会。看来，大家对国家前途十分热心，我们该顺乎民心才是！古德诺的文章，许多人是欢迎的。他说中国不适宜于共和，而君主国体优于共和不能为中国所用。真是一针见血！到底是旁观者清。"

袁世凯拿起几张《顺天时报》，颇为得意地说："您看，这是日本人办的报纸，他们原来是与我们唱对台戏的。现在，他们也看清了我们中国的形势，大唱君主制的赞歌。他们说得很有见地啊，中国行君主制则天下兴，而盲目实行共和，则祸国殃民。这里有几篇文章，您好好看一看，写得很好。"

杨度恭敬地接过，细细一看，刊头和报尾，都有许多不一样的地方。他的脑海闪过一丝疑虑；这报纸，也是《顺天时报》？怎么与自己平时所读的《顺天时报》不一样呢？难道会是日本人搞的两种版样？日本人是善于欺诈的啊。难道，是日本人在……

袁世凯兴高采烈地说："晳子，这是犬子云台亲手送过来的报纸，他也很喜欢呢。我一直在思忖，你们两个都留学在国外，你们接受西方文明，应该是赞成共和民主制度的。可是，你们都经过左右比较，认真地权衡之后，说君主制优于民主共和；洋人中古德诺、有贺长雄他们也是这样以为。只有莫里循他不同意，我想，慢慢地他也会同意的。古德诺、有贺长雄他们也是这样以为。看，杨士琦在参政院提出变更国体时，很多省的代表都递来拥护君主制的请愿书。民国之初，为什么没有这种气象呢？还是你们说得对，君主制深入人心。当然，也有几个人忌妒你们，肃政厅的一群王八蛋对您和孙毓筠不满，让我给顶回去了！他娘的，骂着别人是独裁，就没看到他们自己在干什么！筹安会只不过是讨论此事，他们就不允许别人说声长短。真不像话！晳子啊，你们的脑子里有什么，就直接说什么，要尽心尽力地做天下人所做的事，说天下人想说的话。国民党是善于捣乱的，其余孽可能会恫吓、威逼，这个你们不用怕。我已安排好，咱们的将士，都为保卫你们的安全而百倍警惕。"

杨度再三表示感谢，退出去了。夏寿田匆匆忙忙，送来一沓电报纸，呈给袁世凯，然后肃立一旁。

袁世凯看了又看，手拿着电报纸，口中"啧啧"不已。

筹安会刚成立那阵，汤芗铭就从湖南发来电报，希望大总统俯从民意，"速定一尊，申数千年天泽定分之大意，慰亿万苍生一心一德之归诚"。段芝贵联合十四省的将军，呈请速正大位。

但是，冯国璋和张勋这两个人为什么没有动静呢？日本人多次挑拨，说这两个人与大总统有隙……袁世凯纳起了闷。

张勋会有什么吗？阮忠枢受命到徐州去劝说，张勋他讲得很好啊。袁世凯翻着，翻着，眼前猛然一亮，最底层的电报纸中，这不是张勋和冯国璋两人发的电报吗？他默念道：

> 大总统将为应天顺人之举，勋受数十年知遇之恩，自当效命驰驱，惟处置清室，应预为筹议。昔丹朱谓之虞宾，商均仍奉舜社，皆服其服，如其礼乐，客见天子，以示不臣。我大总统舜禹同符，先后一揆，此后宣统帝及诸太妃如何保卫，宗庙如何迁让，陵寝如何保护，皇室财产及经费如何规定，我大总统霄虑所及，无待勋之哓哓。特优待条件载在约法，……恳将勋所陈，提交参政院议决，宣示海内外，使天下万世晓然于大总统之对清室，无

异于舜禹之对唐虞。想参政诸老多先朝旧臣，当能仰体大总统圣德之高深，别无异议，则有清到后在天之灵爽，与隆裕逊位之初心，实凭鉴之。

袁世凯把电报纸放下，对夏寿田说："您看，辫子帅还是很通情达理的啊。"

夏寿田说："是，是。不但一般将军这样以为，连张绍轩这样的臭石头也这样讲，可见君主优于民主，实为大势所趋向，如江河不能倒流！更不用说冯华甫将军，他说，他对您心悦诚服。"

袁世凯说："绍轩见识远大，优待清室，我是不会改变的，请您让政事堂给他回一个电。华甫嘛，我还能怎样说他？当初他投军来小站时，是候补知县，我破格重任他为新军督操营务处。他的副都统是如何擢升的？他的老婆是谁？我想，他的心里应该是非常有数的。"

夏寿田一个劲儿地说："那当然，那当然。红胡子出身的张作霖来了密电，说东三省的人民都渴望您改了国体，顺了时势。他说，内省若有反对者，他愿率部平乱，坚决维护您的政治。全国上下，一致称颂您，只有东逃异邦的孙、黄之流，极力中伤，造谣，蛊惑人心，其何足挂齿！孙、黄辈实为螳臂当车也！"

袁世凯的脸颊猛地抽搐了一下。孙中山和黄兴因为中华革命党宣誓形式而闹翻的消息，他早就听说了。这几天，雷震春那里不断捉到革命分子。孙、黄屡向国内派来些奸细。听说他们在上海又建起秘密据点，密谋第三次革命呢！

袁世凯前些日子曾听人讲，孙中山在日本和宋家二小姐已经结婚，暗自高兴。他在想，什么革命党？蔡锷被个小凤仙迷住了，整日醉酒当歌，没出息的样子。孙中山也是这样的一个人，迷于女色，会误大事的。平心而论，自己非常佩服孙中山的那股劲头。如今他却沉湎于女色，难免会乐不思蜀。这样好！

可这几天，总让人感到事不会这样简单。越是顺畅，越是令人担忧，因为君主制的路，不应该这样备受人所赞扬的。

为什么呢？

袁世凯想起狗蛋他们。狗蛋带着海龙来到了中南海，说是来看望自己的，谁想，他们竟然要用怀中的毒药害死自己。你们究竟为的是个什么呢？他在心中一遍又一遍地骂着，说，这都是南方革命党的罪过，他们教唆、欺骗了狗蛋他们，让他们头脑发昏！还有项城老家的朱丹陛，也是受了孙中山他们的欺骗！再想一想永庆和凤岭他们几个自己的贴身弟兄，早就离开了人世，他们比这几个人有头脑。听说大憨跑到上海去了，正在筹划什么革命。这究竟是为什么呢？

难道说我袁世凯真的遭受着众叛亲离吗？

他又想起莫里循。莫里循此刻一再反对君主制，多次论述中国应该走民主共和道路的好处，甚至提出要放弃中华民国顾问的身份来威胁。他在想，莫里循呀莫里循，你不了解我们的中国。我们亿兆黎民没有几个识字的人，你若对他讲天下没有了皇帝，他就会感觉到天下没有办法再存活下去生命。你们英国不照样有国王吗？

唐在喜在项城老家为母亲的墓地守护，他让人传过来信说，每当早晨雾霭沉沉时，洪土窪总会有一条金色的巨蟒在树丛间游弋。家乡为此唱了几天的戏，乡亲们都欢呼着，说家乡要出一个真龙天子，以后，项城就会成为与南京、北京两地并起并坐的中京。

他想起了当年随爷爷去城关赶会听到的风水传说，人讲项城县是出龙出凤的宝地，还有南蛮子破风水的故事。

他又想起洰上钓鱼时的岁月，许瞎子断言的情景又浮现在眼前。

还有，还有，家乡的柿树林中，那个汉子讲的皇帝故事，小伙伴儿们高喊万岁，打土龙，烧扬州，等等，等等，一切都似乎就在昨天刚刚发生。是啊，一切不都是游戏吗？古往今来……

命！

他自信地说出来。

他想对自己说，偌大一个中国，换上哪一个人来掌握国家的权力，都得以君主的身份出现。全中国，自古都相信这些。他自言自语地说，让天下人都当家做主，这日子，恐怕最少需要一百年。

风越吹越冷，棉花胡同的蔡锷住宅，霜花如雪，房舍和墙头上的枯草在风中颤抖着。杨度一大早就来到这里，告诉门人，说有要事立即见蔡锷。

蔡锷坐在堂庭正生着闷气，见杨度进来，颇为恼怒地讲了昨天还未亮时所发生的一件事。昨天，蔡锷早早起来，猛听得门外一阵嘈杂。他听到门人在说："这是蔡将军的府地，你们凭什么来检查？"一个粗暴的嗓门喊着："不管是菜将军还是肉将军，一律得检查！"接着，一个自称刘排长的人领着一群士兵，冲进屋来，翻箱倒柜，折腾得遍地狼藉，然后骂咧着离去。蔡锷打电话向军政执法处的雷震春问此事，雷震春说："这是误会，查出姓刘的家伙，立即枪毙！"雷震春解释说，蔡锷住处原为天津盐商何某的私宅，一个姓福的替盐商管理这里。后来，姓何的欠了洋人一大笔钱，姨太太就把值钱的东西藏在姓福的人家，想着躲避洋人。姓何的死去了，姨太太也跑了，经手这笔账的刘排长就想趁机来逼姓福的，想把钱财据为己有。想不到姓福的搬走了，才发生这场误会。

蔡锷说："哪里是误会！分明是对我信不过，来查我与革命党有无联系。袁大总统太不够朋友了。我不会再从政的！"

杨度讲了张镇芳、那彦图他们成立请愿联合会的事，说筹安会改名为"宪政协进会"。他抱怨梁士诒和杨士琦争权夺利，募集公债，使得纸币贬值，民不聊生。转了许多弯，还是拐到梁启超那篇文章上。梁启超对帝制很反感，写了一篇谈国体问题的文章，怕得罪袁世凯，使进步党受害，就一直未发。袁世凯、杨度派人赠他二十万，极力拉拢，却惹恼了他，他就冒险发表了这篇文章，猛烈抨击帝制。袁世凯找不到合适的人来回击他，让杨度请蔡锷，动员梁启超收回那篇文章，不要再写反对帝制的文章了。

蔡锷笑着，一副无可奈何的样子说："人各有志，不能相强啊。我是赞成帝制的，云南会馆军界请愿，改行帝制时，我第一个签了名的。大总统又如何仍然对我不放心呢？梁任公久居国外，受异风所熏染，不赞成帝制，仅为一家之言。这又有什么可怕的呢？走吧，好几天没有见小凤仙，我们一起去看看她吧！"

杨度连声相应，自我解嘲，说："就是啊，我们该去看看朋友，比这斗来斗去的要强上百倍。我也许久没有去云吉班，心中早就想去了呢。"

蔡锷望着杨度宽阔明亮的前额，在心里感叹道：晳子，你太天真了！袁世凯用你当枪使，你竟深感荣幸！

他在思索着，王伯群带着自己的密函已经到了昆明，云南的朋友们送来了电报密码本；张孝准来信，邀请自己去东京，去和那里的李烈钧他们商量反袁大计。在云南，不久就会举起讨袁大旗。梁启超那里也已派人买好了从北京去天津的火车票，意大利租界那里，梁先生该正翘望着自己吧。小凤仙啊小凤仙，咱们伺机外出游玩，杨度他是多好的幌子啊。

棉花胡同多了几个陌生人，可以看得出，他们对外出的蔡锷和杨度紧密监视，正准备跟踪追索。

杨度说："松坡兄就是这样宽容，袁大总统若知道有人监视您，说不定会枪毙雷震春呢。有些事，总统是不知道的。他的手下人，为了献殷勤，就用非常手段来讨好。唉！"

蔡锷打趣着："这样好啊，安全得多啦！郑汝成被人炸死，就是防备不严才出的事。我得感谢人家帮我守护呢。"

来到八大胡同，蔡锷暗示小凤仙为杨度找来的新朋友，恰好是一位懂诗书的妙龄女子，杨度与她一见钟情，忘乎所以，如胶似漆。蔡锷陪着小凤仙坐了半天，趁着酒兴邀她郊游。二人来到北京东车站附近，蔡锷对小凤仙说："我要远游了，请您多保重，静候我的消息。"小凤仙含着热泪说："蔡将军放心去吧，我懂得您的心。山高路险，祝您平安如意。"蔡锷平静地抚慰着小凤仙，转身离去，走向车站门口正等候在那里的曹福，趁擦身而过的刹那，从曹福手中接过车票。

车到天津后，蔡锷来到意大利租界中见到梁启超，二人住进日租界的同仁医院中。张孝准也赶到了，大家在一起商议了详细的行动方案。最后决定，蔡锷与张孝准化装，同去日本，与那里的李烈钧、熊克武他们联系。

梁启超异常激动地握着蔡锷的手说："松坡，国家、黎民之重任，就在你们的肩上了。这些年来，我一度被袁世凯所蒙蔽。现在，我已经彻底看清他的面目了。他是个善于耍把戏的人，你什么时候也不要相信他！他当皇帝看来是当定了。听说，梁士诒、朱启钤、周自齐、张镇芳、雷震春、江朝宗、袁乃宽他们，成立了一个什么筹备处，密令各省向参政院上请愿书，准备共推袁世凯为中华帝国皇帝。推戴书也已经写好了。时机一到，他就登台唱戏，哄骗天下的人民。松坡，你们看得清，今年的国庆为什么没有阅兵、宴会那些庆祝活动？老袁是要人们忘记这是中华民国的天下，他要打出中华帝国的旗。若不推倒袁世凯，天下和清朝又会有什么区别？"

蔡锷说："先生请放心，学生心中有数。到了日本，我请孝准先生替我作出在各地旅游的样子，每到一处，给他袁世凯发一张明信片，让他觉得我一直未出日本。而同时，我给他先写好信，说我请假东瀛就医，很快就回北京。我迷藏了他，立刻转日本去上海、香港的船，直往云南，联合滇军，挥旗讨袁！"

梁启超微笑着点了点头，一手拉着蔡锷，一手拉着张孝准，走近窗口，说："天就要亮了，你们是扫荡残云的英雄啊。这里我送你们一首打油诗，作为你们没有美酒的壮行歌：

故园西望路漫漫，
挥袖重写新阑干，
曾记野狐为世诋，
无奈江山少少年。
东瀛有台磨青剑，
血灌中华齐苍天，
横穿皆为铁甲兵，
直扫恶魔心胆寒！"

蔡锷与梁启超泪眼相应，送上自己的照片，轻声说："不成功，则成仁。"

150. 筹备处的人等各怀鬼胎

蔡锷离京的消息传来，袁世凯对雷震春大骂不止，怒气冲冲地说："饭桶！混蛋！你们当他真是东渡就医？全是假作戏演给我来看的。这是一头病狮啊，一旦他出了牢笼，归之于山野，那还了得吗？"他慢慢镇定下来，对众人说，"有许多人会说他蔡锷是一个英雄，和孙中山一样，是一个抗拒权力的豪杰。你们怎么看？呸！天下人都他娘的瞎了眼——没有是非啊！我大中国刚刚步入复兴之路，需要的是改天换地的大动荡吗？他们与日本人拉拉扯扯，日本人想干什么？他们一次次大游行，开大会，声讨我袁世凯违背天下，他们真的是在为中国人打抱不平吗？他们一直在想占领我大中国的山山水水，是狼子野心！蔡锷、孙中山他们能是什么好人吗？他们是不是出卖国家的东西，将来的人才会看清楚，一百年两百年之后，才能真相大白！我只想告诉你们，大明朝是怎样灭亡的？满族人只有八万人入关，一往无前，明朝有八百万大军，却一败涂地；满族人他们打着为明朝消除祸端的旗号，占领了北京，夺去了天下——他们依靠的是什么？是一群读书人出身的汉奸！天下多少事情，都坏在蔡锷、孙中山这样一群道貌岸然的东西手中啊！革命党人中间，只有黄兴，他才是一个君子。你们要让天下人明白，蔡锷、孙中山他们与日本人一起祸害中国的图谋！我从来不反对革命，但是，我历来追求稳定，要消除动荡。你们未必明白这其中的道理。"

雷震春感慨道："是啊，蔡锷城府太深，连我也给他骗了。原来他嫖妓、劝进、夫妻反目、母子斗气，全都是蒙混。我该挨打嘴！"说着，竟真的打了自己的脸。

张镇芳和那彦图说："雷处长何必刻苦自己呢？"他们力劝他平心静气。

袁世凯说："我们该分两路，多方设防。香港那里，朱尔典可以替我们守视，若他蔡锷经过，即押解来京。实不得已时，我们在昆明将其就地正法！云南才是蔡锷要去的地方。"

有人告诉他，蔡锷确实身患重病，恐将不久于人世。这时，他才稍稍平息下来。

大典筹备处公开了，百官聚会来公府。袁世凯对张镇芳他们几位说了许多宽慰的话，尤其对雷震春说了很多京畿安全之类的嘱咐。张镇芳他们说："国民代表大会投票赞成君主立宪，没有一张废票。此为民心所向，参政院向我圣主推戴再推戴，实为考语所称，尽瘁先朝，无负民国。我等已通告全国，明年改元为洪宪元年。"

袁世凯作出心酸的样子，说："大位在身，就永无肩息之日，予忧勤惕厉，如何看作安富尊荣？历代的皇帝，殃及子孙。予为救国救民，牺牲一身，还将牺牲子孙后代！登极之典未举，不当称臣，谨请各位铭记。黎元洪和溥仪皆可封王，黄兴也可封亲王。中华帝国巩固，诸位当合力共建新朝。予与汝等同甘苦，共患难，虽九死而无憾矣！"

"万岁，万岁，万万岁！"

面前猛然响起了这洪亮的喊声。

他用和蔼的目光抚摸着他们的面孔，一个个仔细端详着。他感到他们是那样的亲切、诚恳、忠厚。

这是朱启钤，是老友徐世昌的干儿子，做筹备处的处长。他是明孝陵之后，朱家的后代啊。

这一群是外员。他看了看梁士诒，又看了看杨度，在心里说：两头好骡子，都要为我好好拉车呀！你们两人当年都受过我的庇护的，如今有不服的道理吗？梁士诒，你那张嘴巴太爱表白你的本事了。我能不知道你理财上有本事吗？你和洋人打得火热，替英国人造枪，替法国人招工送往战地，开辟中美航线，朱尔典他们看你都很重。可我说过你多次，你多次与各省的军政们密电来往，不请示，不汇报，太多傲气，你是当耳旁风呢！你喊什么财源枯竭？你总理全国公债局，为自己表功声扬。若和你一般见识，庄蕴宽他们参劾你们五路财神，我是不饶你的！好小子，有本事，你让蔡乃煌卖大烟，帝制经费有两千多万元。还有你的变国体大请愿，好啊！那个叶恭绰是你的助手，你们几个人拉成帮了。哼！什么时候不听话，我是要教训你们的。

他接着往住处员群里看，周自齐，张镇芳，孙毓筠，唐在礼，曹汝霖，江朝宗，吴炳湘，施愚，顾鳌，什么货色都有啊！曹汝霖，你是日本人的狗儿子，我现在不得不用你！江朝宗，我让你把我的女儿说给溥仪，我要封他懿德亲王，怎么样了？孙毓筠文章写得不错，表兄弟张镇芳他们都是自己人。你们都要卖力拉我的车，我才善待你们！那是几个科的主任，总务沈铭昌，撰述王式通，内务阮忠枢，礼制郭则沄，会计袁乃宽，文牍陈燕昌，警卫张士钰。好啊……

他在心里说：筹备处，人才济济，你们干吧。我，袁慰亭是不会亏待你们的！

他们仍然都跪着，匍匐在自己的双脚下，像一群被驯服的狗，正等着自己抛起食物呢。对，从古到今，完全一样。

于是，他温和地说："众卿平身。不当称臣，不当称臣！"

筹备处的人等各怀鬼胎，各自汇报完毕，就四散退去。袁世凯对雷震春再三安排："值此时刻，务必要注意各色人等的动静，尤其是那些想辞职的人，一律

609

严加看管——绝不能让世人说我们新朝多么不得人心。"

当天晚上，袁世凯要宴请筹安会的六君子，请愿联合会和大典筹备处的人。袁克定匆匆忙忙送来一张便笺，对袁世凯说："爹，请您看看豹岑的大作。"

袁世凯接过，见只是袁克文的一首诗：

> 乍著微棉强自胜，
> 荒台古槛一凭陵。
> 波飞太液心无往，
> 云起苍崖梦欲腾。
> 偶向远村闻怨笛，
> 独临虚室转孤灯。
> 绝怜高处多风雨，
> 莫到琼楼最上层。

袁世凯打量着袁克定，想起了家人说的一段事：袁克定听说袁世凯嫌他身有残疾，欲立袁克文，就扬言要杀掉袁克文。而袁克文则不屑一顾，声称自己深得黄老真谛，独向无为、自然，愿做修身养性的大名士。望着，袁世凯的眼中射出凶光。

他异常平静地说："云台，你说呢？"

袁克定扑通往地上一跪，可怜兮兮地说："爹，孩儿绝无半点儿不轨之处，外间人传说我要杀弟弟，那是天大的误会。我是看不惯弟弟沉溺于风花雪月，才说我恨不得杀了他。哪里是二心！"

袁世凯说："嗯。你好聪明啊。你把我比成曹操，那才是真正的误会。民国，不是清朝。明白吗？以后，你要恪守长子的职责。兄则友，弟则恭，家中和睦与否，都要唯你是问。你明白吗？"

袁克定这才喘了一口气，战战兢兢地说："豹岑的诗若流传开去，会不利于我们的帝国事业的，是否把这些诗焚烧掉？"

"传出去才好呢。"袁世凯拿起一沓电报，摇晃着，面带愠色地说，"我的儿子应该是做什么的都有啊，龙生九子不成龙嘛！《顺天时报》的调子变得温和多了，日本人他们还在找麻烦吗？"

袁克定的心头，猛一阵惊悸，他下意识地想到，假造《顺天时报》的事情，难道父亲知道了吗？不会。他转念思索着，假造《顺天时报》，模仿日本人的口气写文章，劝父亲改行帝制，只有五姨太和自己两人知道，绝不会泄密的！他仰起头，掩不住内心的惊慌，费了很大劲儿才压住阵脚，说："父亲在上，儿自从德意志回国，始终未忘德皇所说的一句话，中国宜君主，不宜共和。日本人也是这样以为的，大隈曾讲过多次，他说保证不干涉我国内政。"

袁世凯说："你会相信日本人的话吗？他们总想把我国变成高丽，他们设计在骗人不是？你再派人多方探听一下。我总觉得，日本人在诱我进圈套。他们同意我实行君主制吗？不牢靠！知道不知道？现在他们派出个小幡，联合英国人、俄国人，还有法国人，要我缓行君主政治！他们逼着我自食其言。我们的事已这样定了，不讲他们那么多。全国的老百姓赞成帝制，我们如何压制他们呢？什么多国劝告？我看实际上都是日本人在捣鬼。他们今天反对，明天赞成，总是要我们给他们一些好处罢了。你摸一摸底，他们到底要要什么把戏？究竟哪些人赞成或反对？日本人说话从不算数。"他停了停，又说，"还有朱尔典，他和我谈了一件事，他说我们对欧罗巴战争为中立国，日本为英国的同盟国，这样，日本人捣乱，英国人不好出面反对。若我们加入了什么协约国，与美国成为同盟，英国人就可以来主持公道了。可日本人竟知道了这些秘密，这是谁泄露的？除了那个曹汝霖，还有没有其他人？好好查一查！"

袁克定心中暗暗欢喜，他觉察到，父亲正在沿着他设想的路线往前走。若父亲元旦顺利登基，那么，子承父业，自己就可以实现自己的抱负了。他响亮地回答道："是！"

袁世凯忽然皱了眉头，"哼"了一声，严厉地说："以后要改一改你的臭毛病，留了几天洋，就自高自大，什么人都看不起！冯国璋和段祺瑞都被你得罪了！你懂得什么叫政治吗？"

151. 改元洪宪

1915 年 12 月 12 日，北京城的鞭炮不许随便点燃。因为鞭炮声和枪声一样响，谁知道哪一声是枪响！雷震春说，哪里有人敢违犯，立即抓起来重重地收拾他。北京城的老年人讲，这北洋就是不一样，大中国放了上千年鞭炮，说不让放就不让放了。有人接着讲，北洋的"洋"字是个祸根，洋人放鞭炮吗？听说洋人高兴了光拍手，抱住号筒喇叭像哭一样吹个不停。而且，洋人吃饭是不用筷子的，哪一天全中国也该把筷子都烧掉吧。又有人说，官府从来就是只许自家放火，不许别人点灯，老百姓说了没有用。现如今缺少什么呢？只缺陈胜，缺李自成，缺义和团。

这一天，没有阳光，也没有一缕风，灰蒙蒙的雾中，紫禁城静静地上演着一场戏。袁世凯决定不再使用大总统的名号，他说，自己是在迫不得已中接受全国亿万人的一片苦心，才做中华帝国的皇帝。他宣布，中华帝国的年号自1916年1月1日起，改为洪宪。他摇着头对莫里循和古德诺他们说："你们看，全国各地的请愿书，像新年瑞雪一样涌来了。有谁敢辜负了全中国人民最热忱的期望呢？不敢啊，我可不敢。民心，是任何人都不能违背的。"在恍惚中，他往前走去。于是，在文武百官一声声"万岁万岁万万岁"的呼喊中，他扫视着面前的人群，郑重宣布：改天，改地，建设新的中华帝国！

于是，一片沸腾……

改换中华民国，总统府改为新华宫，太和殿改为承运殿，中和殿改为体元殿，名字都改换成新的，要告别旧世界。包括砖瓦屋顶，也要改原来的黄色为红色，因为洪宪的颜色是红色。他不想让人知道，自己是赤帝转世所生，昨天生成朱元璋，年号为洪武，今日成袁慰亭，年号当为洪宪。红色，大红，是我的吉祥！于是，中华帝国的国歌在猎猎飘扬的国旗辉映下升起来——新的国旗是五色旗上绘一轮红日，意思是"五族人民共同拥戴一个君主"！

静静的太和殿即承运殿，笑眯眯地迎来了它没有生机的春天。

袁世凯在人群中努力地寻找着那个叫有贺长雄的日本人，这位中华民国的法律顾问，还有那个日置益。正是他们提出二十一条，并且在春夏之交的五月七日向中华民国发出最后的通牒，要求在两天两夜之间答应签字！

渐渐地，他眼前一片模糊，只看见一条条火红色的巨龙在腾飞，在新的国歌声中放飞，飞向苍穹，让全世界都仰望。

他向周围望去，眼前的圆柱上缠绕着盘龙，满目的红色令人喜悦、温暖。那是御座，扶背上雕着龙，座垫上披着绣有黄龙的锦缎，座前的御案上也雕着龙，衬着三座古鼎、三座古色的香炉，座后摆着九折雕龙嵌宝屏——到处都是龙，龙在尽情飞舞着。

此刻，他睡眼惺忪，在蒙眬中感觉到自己正被人穿上沉重的龙袍，带着四周垂旒的平天冠；周围阴森森的，聚拢着数不清高呼万岁的人，都像阴风裹就的魑魅魍魉，正露出狰狞。他们在怂恿自己去坐在御座上。这是在干什么呢？怎么像做梦一样呢？他走近了座位，似乎看见一条吐着信子的蛇，正盘卧在那里。他想起来，现在该是在杨度、张镇芳和袁克定他们提了多次的演习登极吧！

他想到登极，乍想起了英、法、日、俄、意五国公使奉告缓行帝制的事，猛然间气喘吁吁，胸口发闷，腹中生胀，想呕吐……

他努力扭转身，又回到銮舆中，对人说："回去！"

话一出口，他就后悔了，怎么能轻易说"回去"呢？回哪里？回到中华民国，还是回到项城老家或洹上村？回去，在家乡是不吉祥的意思，是死亡啊。

唉，回去，多不吉祥。昏沉沉的天和地，一片昏昏沉沉，他懵懵懂懂地又睡着了。

他在朦胧的雾中看见一队汽车，正向东厂胡同黎元洪的新宅开去，陆征祥代表帝国政府，带着册封的武义亲王令和王服送给了黎元洪。而黎元洪竟病怏怏地，他不受封，不给面子，要回籍休养。呸！

他看见溥仪前面站着两个人，一个是江朝宗，想通过世续做媒，把袁家小女儿许给溥仪为妻的江朝宗。一个是张勋，正闹着要保存清室帝号的大辫子张绍轩——此前，自己曾派袁乃宽去交涉废除帝号、迁出大内、交出玉玺！

他看见一群人正挤眉弄眼地嘀咕着，那是徐世昌、赵尔巽、李经羲、张謇，他们不愿称臣。好啊！旧侣和耆硕故人，好多个呢，都不愿称臣，我不是准你们了吗？徐世昌、汤化龙、熊希龄之流，一群老朽一个个闹着辞职，是和我过不去吗？想走？插翅也难飞！雷震春已受我特命，要严加看管一切可疑的人。

惶惶然！周围几乎所有的人都如此。

莫里循又来了，他说，日本人反对中国实现共和，希望中国采用君主立宪，是因为他们害怕革命党泛滥，害怕共和思潮的泛滥，而会影响到他们的天皇制。最重要的是，日本绝不允许中国真正地走向富强——甲午一战，中国惨败，若中国实现国家统一，实业发展，恐怕会难以避免报复！所以，日置益他们不惜采用一切手段来推进二十一条。日本人所做的一切都是要扼制中国的发展，要利用中国的贫穷、愚昧、软弱来发展他们自己。莫里循作为中华民国的政治顾问，目前要做的，就是揭露日本人的阴谋，让全世界都看到日本人的面目，唤起列强来制止它！

天色将晚时，袁世凯擦了擦前额的汗水，在明亮的电灯下一字一句地读着袁克定他们写就的新闻通稿，望着"第一次朝贺大殿之盛仪"一行标题，知道此刻不是梦。

家人点燃了蜡烛，蜡烛是红色的，缠绕着栩栩如生的双龙；大厅内的电唱机正放着《百鸟朝凤》，是家乡人特意用乐器演奏了，被录制下来，放了一遍又一遍，异常悦耳。等上片刻，自己还要去新华宫，参加那里的答谢各国公使的宴会，还有当年北洋的那一群故旧。他认真盘算着，回味着，喃喃念着一个又一个不能怠慢的名字。

"圣上"，一个声音在耳旁响起。他扭过头来，看见张镇芳正恭恭敬敬地站立着；他点了点头，轻声说："对，去新华宫。"

中华帝国的旗帜在新华宫前迎风飘扬着，一切都重新开始了。

有相当多的一批人不再来这里，袁世凯对夏寿田说："他们是在做样子，显示自己有气节。是啊，该请的，一定要多请几遍。不过，对有一些人，也不能太勉强。"他似乎怕夏寿田不明白自己的意思，接着说，"像蔡锷这样的大英雄，我们要想办法请他来，和他们一起建设中华帝国。"

夏寿田似懂非懂地点了一遍又一遍头。

杨度、张镇芳他们如穿梭一般在袁世凯的身边奔忙着，一个个满面红光，像涂了油彩。各地的电报像雪片一样飞来，什么样的内容都有。一个最让人提得多的话题是"云南的事情闹得越来越大"。

袁世凯派曹锟出兵云南，把云南籍的各省文武官员，杀的杀，捉的捉。凡是与蔡锷有来往的在京各部署人员，一律撤去职务。同时，他命令湖南巡按使沈金鉴，查抄蔡锷在湖南的所有家产。沈金鉴报告说，蔡锷的母亲和蔡夫人早已闻风而逃，现不知去向，家中空留四壁。

他喊来李经羲，赐给他一件狐皮大衣，说："蔡锷受他人唆使，与万民为逆，您是他的老上司，你们好好去云南开导他。他若悔罪自投，我绝不计较前科。帝国始兴，举国欢腾，我正要他做重振军威的大事。请他速回，速回！还有其他人，我都是要重用的啊。希望你们理解我的苦衷，帝国的事业刚兴盛，用人的地方很多，国家财力很困难，哪能让我们自相残杀，搞内讧，让日本人渔人得利呢？松坡是个明白人，他会回心转意，以大局为重的。你们苦口婆心，就是为国家出了大力。拜托你们了。"

丰泽园里，成立了"征滇临时军务处"。袁世凯异常焦急，外交要亲自管，军事要亲自管，戡乱要亲自管，许多不受封，不来就职，筹安会的人只知道喊万岁，别的什么都不会。他恨不得生出三头六臂。

李经羲他们走后，袁世凯的眼角挂起了泪珠儿，晶莹透亮，泛着美丽的光泽。他想骂他们，骂他们让自己骑虎难下，只得如此。

夏寿田轻轻捶着他的背，劝他放宽些心，不要同这些人一般见识，说："蔡锷若能醒悟过来，那该多好。南通的张季直又来信了，说他一辈子的心愿，就是搞一些实业。若上下团结一致，大家同力兴办实业，帝国不出三年，就会腾飞！我们现在怕洋人，有求于洋人，没钱打仗，没钱办事，办工厂，开矿藏，修铁路，造轮船。洋人不借我们钱，就是因为蔡锷他们天天闹腾，洋人信不过我们啊。蔡松坡实在是不识时务，不识大局，鬼迷了心窍喽！"

袁世凯端详着夏寿田，声音微微嘶哑着说："午诒，里里外外，您亲眼看见这里的一切。您是我们中国帝国的证明人，将来，别人骂我时，只有您才能为我洗冤辩诬啊。"

614

这时，袁乃宽带着一个青年走进了春藕斋，什么话也没有说，跪倒在袁世凯面前。

袁乃宽哭着说："圣主明察，袁乃宽不肖子孙，罪该万死！"

袁世凯向他们望去，见袁乃宽的背上插着一把荆条鞭，青年是袁乃宽的儿子，叫袁英，是颇有造反名望的，人都称他"袁不同"。此刻，臭小子正昂着头，跪着单腿。

他明白了，这个孩子和自己那些不争气的孩子搅和在一起不断非议时势，在集会时抨击社会百态。帝制公开后，这袁英就积极同革命党人秘密来往，策划反对自己的活动。几天前，袁英给张作霖写了一封信。他先是称颂张作霖英勇非凡，积德行善，富有正义，是东北人民厚望的英雄，后竟策动他起义，进关来讨伐袁世凯。哼！小猴想耍老猴呀！毛还太嫩呢。

袁世凯翻眼看着袁英，想起来以往曾在洹上见过，那时，他就是个爱惹事的孩子。张作霖把那封策反信交给了段芝贵，段芝贵则转给天津警察厅的厅长杨以德，杨以德把袁英送给了雷震春，雷震春告诉了袁乃宽，这才有父领子请罪。袁世凯笑他那神情，说："袁不同，你见我，见你的老爷，为何只跪下一条腿啊？你是属狗的吗？"

袁英依然昂着头，怒气冲天，大声喊着说："呸！我反的不是老爷，反的是背叛了民国的大总统。你只有我老爷之名，所以我只跪单腿；若不然，我爹不称你老爷，我不但不跑，我还要骂你呢！甭讲了，要想杀，就快一点儿杀了吧，我才不怕死呢。"

袁乃宽正要责骂他，袁世凯哈哈笑着说："傻孩子呀，为何要反我呢？"

袁英大声说："您以前信誓旦旦，声称要忠于民国，可实际如何？您喊着'孙中山先生万岁'，不等他把铁路修完，就把他赶到了国外。您杀了多少好汉！您不讲情，不讲义，如今又像背叛清朝一样背叛了民国！您为了做上皇帝，竟卖了朋友又卖国，把全中国都卖给了日本人。国家有难，匹夫有责。我是堂堂的中国人，为何不能反对您？我反您，不是要杀您，而是要您辞职，还回到洹上。您年老了，真没人伺候您，我袁不同愿意伺候您。这又有何不对？我从小就知道您爱骗人，可您不知道您现在正受着别人的骗。您身边的这些人，还有您的袁大公子袁克定他们都在骗您，他们想利用您来争名夺利。大中国眼看着就要毁在您手中。我，天下所有的良心人，不反您，还反谁！"

袁世凯对夏寿田说："把那些材料找给他看，看看他就明白了。小赖种孩儿，能懂得什么？"转过又对袁乃宽说，"这个孩子也是想做名士的，和豹岑是一类的货。带回去严加管教。袁家出了这样的子孙，是我辈作的孽。这不怪孩子，带回家去吧。反省之后，想通了道理，和张镇芳的孩子一样，送到云台的模范团。有血性的孩子，是一块好料，将来有大前途。"

袁乃宽连忙拉袁英谢恩，袁英竟狠狠地"哼"了一声，理也不理，仰起头，挺着胸膛走出了春藕斋。

袁世凯对夏寿田说："外面都说新华宫乱得很，这帮子臭小子也来帮倒忙。请陆国务卿来，我们好好谈谈周自齐的事。您对雷处长说，勾克明和沈祖宪他们都放掉。"

勾克明是新华宫泄密案的主角。周自齐到日本，日本人要趁袁世凯称帝之机，逼袁世凯补签二十一条中第五项的七条，他们再三要袁世凯保密。周自齐去赠勋位，就是签约的幌子。袁世凯同意了这些。欧洲间谍很快将目标对准中日密约，都想方设法要盗得密约。法国公使馆有个叫方璟生的华籍职员，与新华宫做内侍的勾克明是旧识，他们就利用勾克明的特殊身份来盗窃密约。勾克明的母亲曾在袁世凯家做过奶妈，他本人从小就在袁家，所以袁世凯很信任他，让他做了自己的贴身侍从。勾克明得到方璟生送来的钱，偷出中日密约草案，让法国人拍照后，又放回原处。终于，法国人把密约公布出来了，中日密约被泄漏。袁世凯立即实行大搜捕，很快查出了方璟生和勾克明所为。勾克明被逮捕，沈祖宪被认为有嫌疑，也逮捕了起来。

夏寿田纳起了闷：袁世凯又要干什么呢？

陆征祥来了，一看袁世凯的脸色，他就知道是泄密案的事。他轻轻来到袁世凯面前，小心翼翼地讲了日本人如何隆重欢迎沙皇特使的事，说："中日密约被人偷泄，日本人肯定不信任我们。他们讨好俄国人，其实是俄国人要把兵力调往西线，东线被日本人接管，是他们利用俄毛子来对付英国人和美国人。"

袁世凯想到了这些，努力装出一副轻松的样子，继而又怒气冲天地说："帝制本来就是我们自己的事情，洋人硬要说三道四，指手画脚，不管他们！云南那边不平定，我们这里先不讲登基的事。让外交部告诉洋人，别再瞎折腾了。狗日的洋人，到底是想怎样？他奶奶的！我家的事情，他们天天来管。"

陆征祥代替了徐世昌，凡事都要揣测袁世凯的想法，现在，他弄不清袁世凯为何猛然这样发火。他不会知道，袁世凯想起了勾克明是自己的亲信，却靠不住。还有，几个姨太太为争妃子的事正整日吵闹，闹得他心中烦得难忍。

152. 大西南

袁世凯和妻妾儿女们一起用罢餐，心里仍然想着云南的事情。他起身离席时，听见几个姨太太还在吵吵嚷嚷，知道他们因为封妃封嫔而勾心斗角，无名之火顿然升起。他狠狠地瞪了一眼沈雪梅，沈雪梅嘟哝了一句"我要去灵隐寺削发做了尼姑"，更使他恼怒，他"砰"一把茶壶被他推开，摔在地上成热气腾腾的一片片碎块儿。

五姨太太杨氏连忙起身唤大家歇息，一边走向袁世凯，要揽了他去消消气。她甜甜地说："大人，一定要多保重了身子。国家这么重的担子，都交给您一个人，累坏了怎么办？"

她扶着袁世凯去洗手间。袁世凯想一个人进去，她坚持伺候。猛然，袁世凯咧了咧嘴，捂着肚子喘息不已，低声嚷叫着"疼啊"。杨氏低头一看，见袁世凯小便处淋了血，惊得肩头直颤抖，"啊呀"一声叫了出来。袁世凯连忙制止住，厉声说道："不准向外人讲！这是火气太旺，常有的事。现在正是非常时分，怎能让别人知道我害了病？多吃一些补品，或许就会好的。"杨氏含泪点头说："您多保重。"

两人出了洗手间，阮忠枢迎面走来，他向四周扫了一眼，压低声音说："圣主在上，臣有要事相告。"

袁世凯提了提神，领着他进了密室。

阮忠枢一坐下就说："我去徐州，见到辫子。他先发制人，说他顾国家之危急，要您批准他招几营兵马。讨白狼的时候，他用的是这一招，现在要讨云南，他还想用这一招。他挟制人，乘人之危，是尝到了甜头。您让马龙标去徐州帮办军务，这家伙说您在分割他的兵权，严词拒绝。我如何也说不服他，马龙标只得回来。"

"冯国璋那里怎么样？蒋雁行该回来了吧！"

袁世凯向前探了探身，紧盯着阮忠枢的脸，好像怕他说假话在逼问一般。

阮忠枢叹了一口气，皱紧眉头，说："唉！这个人，也是个死脑筋呀！您调他做参谋总长，他竟说您是要夺他的兵权，把他变成第二个黎元洪！蒋雁行去看他，他一丁点儿病也没有。他拉着蒋雁行的手一个劲儿地哭，一把鼻子一把泪地说您把他当成了外人，讲了许多什么跟您一辈子如何铁心的事。可恨的是王廷桢那小子，把您出卖了。他说您让他取代冯国璋。冯国璋暗中联络了靳云鹏、李纯他们，恐怕会割据东南呢。"

他说着，心里在盘算着，袁世凯明明接到了蒋雁行的密电。为什么还要问我？是不相信我，还是不相信蒋雁行？他想，袁世凯当年平武昌的时候，你以病为借口向清廷要高价，现如今，段祺瑞、冯国璋他们都在效法你呢。你对谁都不相信，会连一个贴身的朋友也没有的！你怕段祺瑞拉自己的人，把他赶下了台，怕冯国璋另树势力，要用江宁镇守使王廷桢来替换了他。你这样做，会使人离心离德。他们动不动就以病为借口，这是危险前兆！到底该不该给你说呢？

袁世凯看出了阮忠枢的心思，格外亲昵地说："您心里在替我担忧？请把话直说出来，我们是老朋友，该肝胆相照，赤诚相见啊，斗瞻，斗瞻，您与我……"

阮忠枢擦了一把眼泪，沉痛地说："天下到了这种时候，您太劳累了，看到您的脸色血气不足，我很难受咧！圣上，听我直言相告，现在是内忧外患，日本人作祟，想以乱来图我河山，听说孙中山回到上海了，正准备联合蔡锷共同作乱。到处都是乱，我们北洋的弟兄不能乱啊！云南狼烟正盛，唐继尧、蔡锷、李烈钧，兵分三路，要打下四川、广西，目前正是我们用兵的时刻。若段祺瑞、冯国璋、张勋他们再闹腾，弄翻了脸，以后，会难说……"

袁世凯紧紧握住他的手，抽泣着说："斗瞻啊，或许这一步棋是我走错了，不该称洪宪。可泼出的水，又如何收回呢？只有您懂得我的苦衷。我现在身不由己，心如刀绞啊。斗瞻救我！"说着，他猛感到腹内疼痛难忍，忍不住大口吐了起来。污秽之中，几块淤血很刺人眼。阮忠枢上前扶住他，他强撑着，顺势拉了阮忠枢，一齐跪下，抱头痛哭。袁世凯说："斗瞻，咱们多少年的弟兄了，我求您，帮我，帮我一把！过两天，您和荫昌、田中玉他们，分头去看看冯国璋、张勋他们，请他们千万要以小站时的情分为重，平稳了，别再折腾我！"

两人苦苦相议，谈了半日。他们走出密室时，夏寿田送给袁世凯一封电报。

袁世凯打开一看，是湖北王占元发来的。他心头猛一沉，想到前些天王占元不满张锡銮任湖北将军提出要辞职归田的事，难道王占元要趁火打劫，也要造反？

他颤抖着，打开电文，读着，心里平静下来。电文上写着：

> 宜昌神龛山洞，有欧人深入探索，见洞内有石质龙形起伏蟠田，长约五十余丈。当此一德龙兴之日，肇造万年磐石之基，神龙化石之遗形，适蜿蜒效灵于江滋，天春民悦，感应昭然。请予以表彰，并付使馆记录，垂示来兹。

他强忍着腹中的疼痛，笑了，又想到此前有人报告，湖北得雪四十余县，乃"圣主当阳之征"，黄陂柳树早青，桃花早开。这些……

年节又到了，杨氏嘱人特意买来家乡河南项城老家高丘寺的大炮仗，传说高丘寺的爆竹是镇邪的宝物，奠基、红白喜事，人都常用这里的爆竹。杨氏还考虑

618

到，袁世凯的祖上是在高丘寺不远，汾河北岸的袁阁。这些年来，他很信方士之谈，有人说高丘寺的爆竹能唤出汾河的秃尾巴老龙，别处都旱涝成灾，独有高丘寺方圆几里是风调雨顺。于是，她让袁乃宽亲自点燃炮鞭，要为家中驱除灾害。鞭炮响了许久，清脆又悦耳。袁世凯的脸色明显红润起来。

他读着前线发来的捷报，对袁乃宽喜滋滋地说："云南的事，到底是可以平息下来的。蔡锷快完了。"

袁乃宽尽力说着好听的话。他明白，袁世凯前些天吐血，体力明显衰竭，再也受不了太大的刺激了。他和杨氏、袁克定他们商议着，正月初五，把公府的武官们即各省将军的儿子，都请来，大酬之后，演几天戏，让袁世凯和大家都开开心。他听见袁世凯的语气有了转变，连忙附和着说："就是，就是。蔡锷，蔡锷，做菜用的肉鹅，逢年过节，宰了这只菜鹅，他的气数就尽了。"说罢，他自个儿先笑起来。

袁世凯好像没听到袁乃宽的话，自言自语道："一开春，广西稳住，天下就太平了。"他的眼睛被巨大的红烛照得很明亮，泛出喜悦和激动。自从去年接受帝位后，一连串的事情让他心力交瘁，脸上的肌肉显现出蜡黄色的虚光。

红烛也是项城家人送来的。家乡的绅士们听到帝位的消息都奔走相告，他们传说着什么袁世凯要把河南项城建成中都，什么项城县人人都是七品的官，他们公推袁世彤晋京祝贺。袁世彤嗤之以鼻，整日画自己喜爱的梅花，根本不理那些绅士们。绅士们凑集在一起，商定请人用上等的羊油、蜂蜜和灯笼捻子一等东西，做成一对九斤九两九钱重的大蜡烛，写了贺词，派人送到北京。

袁世凯望着巨龙腾飞的烛体，蜡烛怎样烧，龙头只会向一旁卷，而不化，非常高兴。

儿孙们拜过年，都聚集在大客厅去看电影，袁克定则受命去段祺瑞家拜年，袁克文去徐世昌家拜年。夏寿田等人去其他官员、外国使馆、清室去，代表袁世凯向他们拜年。

袁乃宽试探着对袁世凯说："春天粮草又该涨价了。梁士诒那里，不知还能弄到多少。"

袁世凯仍然望着红烛，没理他的话，笑着说："宽儿啊，你把地图拉开！"袁乃宽应声"是"，猴子般跳起，去大厅里把巨幅地图的帷幔拉开。

袁世凯望着大西南的地形，用手指指点了几处，嘴角挂着笑，频频点头。云南独立时，他曾发令平定，并声言："不难迅速消失，无须多用兵力。"在他的指挥下，三路军马奔向云南。

第一路司令马继增，率南昌第六师、奉天二十师、二十七师两师一部。安徽安武军十五营，河南唐天喜的混成旅，从湘西，经贵州，攻打云南东部；

第二路司令张敬尧，率岳州第三师，南苑第七师，保定第八师第十五旅，由四川正面进攻云南，为全线主力；

第三路由广东龙济光率部从广西进攻云南南部。

他曾命曹锟在六个月之内，务必平定云南。

云南的护国军，蔡锷第一军，三个梯团，仅有三千多人，等于一个旅的力量；李烈钧第二军，要守滇南，唐继尧的第三军留守。区区蔡锷三千人马，如何抵得住我两个师、一个旅！更何况蔡锷仅仅一旅的人马，要对付四川将军陈宧五个混成旅、两个师、一个卫队团！

他想，这个陈宧，从一个普通的幕僚，被自己提成将军，该是自己人吧！他入川时，自己曾让他管理四川、云南、广西三省的军事，他该感恩戴德不尽。不怕他不老实，张联棻被自己派去做他的参谋长，去严密监视他的行踪，敢有二心，定斩不饶。

袁世凯想着，想着，他想起云南独立之后，贵州相继独立的事。蔡锷军队曾打过了几个胜仗，他们得意非凡，占了几个地方。而很快，第三师的吴佩孚旅，第七师的张继尧部，会同川军的熊祥生旅反攻泸州，大败蔡锷，夺回了泸州。四川的形势已经被稳定住了，还愁云南、贵州的形势吗？

他正欣喜时，猛听外面传来一声巨响，把他震惊得一愣。

袁乃宽溜出去，跑回来报告，说："西北角一间破屋倒塌了，没有什么损失。"

袁世凯悻悻地走出大厅，仰望夜空，举目茫茫，一片灰暗。他隐隐听到，一些人家刚刚点燃守岁的爆竹，长长短短地响着。刚才那阵欣喜，此刻被满目的阴暗所笼罩。

西北角，房屋倒塌！

这能是好事吗？他想起了许长义对他讲过的风水道理，西北作天，东南当地，西南属人，东北为鬼。这四个角，怎么偏偏在西北角这"天"的方位塌了屋子呢？天，塌了——是什么事情在预兆吗？

袁乃宽悄悄说："四叔，天太冷，回屋歇一歇吧。"

他摇了摇头，继续望着天空。

东方已渐渐发出亮色，是鱼肚白。成群的乌云如同万千魔鬼扑向大地，狰狞的面目、姿态，不断变幻着。

他想起了刚才袁乃宽说的那句话，"梁士诒那里，不知还能弄到多少"。是啊，卖了鸦片的钱和去年的救国储金，现在都用光了。再想，向洋人借款借不成，只好发行钞票，物价马上就会乱了人心。该怎么办呢？那么多的银子，若不淌进洋人的怀抱，该会济多少事啊。钱，钱啊，到哪里去筹集这急需用的钱呢？清朝的屁股，却要让我袁世凯擦。他痛苦地摇摇头。

没有钱，如何打仗！他想起了模范团，若不是云南起事，代替了北洋，不会有这一群狼狗般的将军们动不动就要钱、要军饷、要枪械。一个蔡锷，给我找了多少麻烦事儿……

日本人坏，不仅是高丽时的大鸟坏，如今的大隈也坏！他们只恐怕中国不乱，扬言要干涉帝制，承认护国军为"交战团体"。五国公使说，若战事扩大，他们要管一管中国的事。洋人坏，洋狗，一群跑到中国土地上抢食的畜生们，没有食喂你们，你们就要狂吠，咬人！

袁乃宽喋喋不休地讲着，派往日本的三千只耳朵，传送过来惊人的消息说，今天，日本国上上下下，大大小小，都在认真研究中国；他们把中国所有的乡村都画在他们各色各样的地图上，连每一个村庄、每一口水井，都清清楚楚地标在他们的地图上。现在，全日本都在办学校，用清朝配给他们的银子办学校，日本老师讲给学生说，日本是一只天虫，中国是一片海棠叶，所以要吃掉中国！

袁乃宽咬了咬牙，接着说，最可恨者，是有一些人竟然以所谓革命的名义，向日本人出卖我们的各种资料，包括我们的大山有哪些险关、我们的大河有哪些渡口；他们美其名曰袁世凯政府无能，希望来日让日本人迅速熟悉中国地形，能够带领中国走向光明，能够保护中国百姓安全！

袁世凯用力摇摇头，有气无力地说：我们，自从当年黄遵宪写的《日本国志》，介绍日本的历史、制度、风俗，就再没有谁认真研究它；知彼知己，既不知道别人，也不知道自己。

袁乃宽说，近来，日本国派来的间谍越来越多，成千上万，他们已经深入到中国的每一个省！

袁世凯闭上了眼睛。他在心里说，难道这一切都和帝制有关吗？他们到处鼓动人反对自己的民国政府，绝对是司马昭之心。再看看这些读书人，他们慷慨激昂，义愤填膺，整日高喊立宪，高喊民主，而他们真的就是四万万中国老百姓的代表吗？

云南，云南那里刚起事时，肃政使庄蕴宽就提出取消洪宪，撤销大典筹备处；又有人提出不是不办帝制，最好缓办——解决了因帝制带来的麻烦，军队稳定住之后，还愁来日再提起帝制，接着办帝制吗？

他在心里对自己说，看来，洪宪的事情，可能有些关口进得太急了些，应该缓办，平息一下怒火，太累人了。

忽然，他觉得肚子里一阵翻滚，喉咙里又苦又酸，又大口大口地吐起来。

袁乃宽和几个人忙跑来扶住他。地上的污秽中，淤血块格外耀眼。

袁世凯一头栽倒在地。他感觉到四处一片黑暗。在这黑暗中，他不知自己要摸索多少年。黑暗，黑暗，无边的黑暗！他隐约地听到一个声音："他骗尽了别人，别人才来骗他。他如今成了真正的孤家寡人。"这声音这样平和，不知从哪里传过来，是谁这样说。

153. 都说清朝是正统

"放风筝啦——"

"放了风筝，去了霉气，消灾咧——"

一群群的孩子涌出了北京，赶到郊外，喊着，闹着，把五颜六色、奇形怪状的风筝放飞，天空好像花的海洋。

许多老年人赶罢了龙潭庙会，也都催着儿女们用车拉着，用轿抬着，或受人搀扶着，来到郊外看风筝。永定河畔成了人海。一位银须老人放开钟鸣般的喉咙说："老爷子们儿都快憋死了。放风筝好，把霉气放干净。咱老百姓该过太平年了！"

"啥子太平年？"另一位精瘦的老人接过话题说："我看这世道没有什么太平的征兆！听说了吗？今年是大龙年呀。龙潭庙会上一位道长说，天下要发生大变化呢！龙年是灾年，放了风筝，求得吉利，大家都是在自己哄自己。人都在说，当今的皇上袁老爷子天天在尿血啊！"

银须老人向四周打量了半天，见没有人盯探，就压低了声音说："怎么了？这不是好事吗？老袁归了天，咱们的日子不就松开了紧箍的麻绳儿吗？"

"嘻！"精瘦老人一摆手，颇为忧郁地说，"老袁归了天好说。谁继位？他那瘫儿子袁克定呀？小袁比他爹，那要强得多！怎么个强法儿？孬点子多！知道吗？大爷处原来就在北海团城住，这去年因为'养病'，搬到汤山去了。这小子是德国通，最懂得耍把戏。听说他假印报纸，骗得老袁团团转；最后，老袁的姑娘到街上买蚕豆儿吃，把包装用的真报纸带回家，老袁才发觉小袁的鬼把戏。现在老袁气成一身的病，不得不取消演皇帝的戏。"

"原来是这么回事呀！"银须老人点了点头，显现出恍然大悟的神情，说，"真是这样，如果老袁死了，小袁能做皇帝吗？"

"事就出在这里！"精瘦老人说，"若小袁做了皇帝，学着外国人，咱们造那飞艇大炮什么的，说不定还真能够强国。可是，那些放出去的将军什么的，他们会服气吗？若他们不服气，这天下不就该炸了锅的乱吗？若小袁做不成皇帝，群狗相咬，互不服气，不想让，还是个乱。总之是个乱字！老百姓就别想过好日子啦！"

他们两人正说得有滋有味儿，忽听得身后"哗啦"一声响，有人把铁锁链子缚在了他们身上。

两位老人闭上了眼睛。他们知道，碰上了便衣特务，说漏了嘴，这下完了。等了半天，却没有人说话。他们扭头一看，是一群老汉，大家哈哈笑着。

银须老人说："我还以为碰见了雷神爷的人了呢！他们神出鬼没，都是催命鬼呀！"

一位红脸老人说："雷震春这个王八蛋躺倒了。听说他作恶太多，有人在他的后院里放了一口棺材，上面写了一封骂他的信。他手下的人把棺材抬出去时，里面装的都是炸药呀！当下就把后院炸了一个大坑，他的房子也震塌了。北京城里人都说孙大炮回来了，在这郊外把大炮瞄准了老袁的窝儿，就等着开火哩！"

"这怎么没见孙中山的大炮呀！"有人插话问，装出东张西望的样子说。

红脸老汉说："孙中山领的是神兵天将，我们这凡夫俗子如何能看得见？都他娘的装神弄鬼！"

另外一个人说："真正的神兵天将，还确实有。听说新华宫到处都放了炸弹咧。不过，老袁的人讲，不是孙中山的人放的，而是宗社党，和日本人一起干的勾当。宗社党和日本人他们准备炸死老袁，把溥仪皇上还请过来，恢复清家的皇位。我看呀，要说卖国，有史以来，清朝最无耻！大清朝最不要脸！可我不明白，全中国的老百姓都怀念他们，到处说清朝是正统。唉，这样的老百姓，活该受罪！"

有人接了话茬，说："我看哪，孙中山与袁世凯他们也是一路货色。改天换地的人，都是只把自己看作真命天子，以为自己得逞了野心便是在拯救万民。所以他们自命不凡。其实呀，最坏的不是袁世凯，也不是孙中山，而是妄想将我亡国灭种的日本矮子鬼！"

人声嘈杂，他们议论着：

"对！都是他们日本人在捣乱。他们趁火打劫，乱中取胜，好瓜分我中国呀！"

"中华民国是什么玩意儿！老袁收拾不住了，这不才立了自己做朝廷！可他哪里是龙种？今年是大龙年，龙王要发兵乱了江山，抓了老袁！"

"西山十怪，你们还记得吗？袁世凯是癞蛤蟆托生的，过不了今年的五月端午，他就要完蛋了。"

他们正七嘴八舌地说着，突然听见一阵刺耳的警笛声传来，扭转过身看去，只见几队警察和士兵正赶着人群，大挥棍棒，逼迫人们散去，回到城内。

红脸的老人"哼"了一声，轻蔑地望着那些警察和士兵说："狗娘养的，在老百姓面前是这样，见了洋人又都像兔子一般。连看风筝都害怕，生怕老百姓聚集起来造了反。狗娘养的也太心虚了。"

警察和士兵驱赶着人群，像驱逐着溃散的群羊，有人与他们争吵、扭打着。天越来越暗了，风搅得风筝乱翻。来不及收线的，线扯断了，人碰了人的，大家都在叫着、喊着、骂着。

"轰隆隆隆——"

天边滚起了雷霆。放风筝的人群挤得一团团的，不知道该往哪里去。天真的孩子们望着这些，感到非常可笑，他们放开喉咙，大声唱起来：

> 正月的雷，
> 遍地的贼！
> 问问您娘嫁给谁！

> 风来了！
> 雨来了！
> 老和尚把您娘偷卖了！

孩子们一遍又一遍地唱着。雷越响越近，渐渐往人们头顶上空聚来，猛然响起来。皮钱大的雨点儿落下，砸在人身上、头上，许多人叫骂不休。

雨越下越大，转眼成了茫茫的雨雾，对面只看见人在摇晃，脚下的水像无数条银蛇在乱窜，雨箭四处射成串串水泡。

"咔嚓嚓嚓——"，一条闪电若鞭悬过，随着一阵剧烈的雷声，一棵老柳树被雷电劈倒，巨大的树干訇然倒下！

茫茫的大地上，无数的人都被风雨搅得晕头转向。有的被踏倒在地，再也没能站起来；有的掉进了壕沟，挣扎着要爬上来；有的向荒郊外更远的地方跑去，发疯似的人群到处乱跑。泥淖般的地上，散落了数不清的尸体、鞋袜、衣帽、枪支……

五颜六色的风筝们歪歪斜斜地躺在泥水中浪笑不已。

小马在雨中站立着，他用手搭起凉篷挡住雨雾，向四周望去，努力辨认哪座坟茔是老铁匠的。快到清明节，大憨和铁头他们嘱咐他，趁着来北京与革命党接头的时间，为老铁匠，还有狗蛋、海龙他们扫一扫墓，同时，寻找一下铁头失散的妻子和女儿。他来到这里时，恰好逢北京人在永定河畔自发举行风筝会。他亲眼看到警察、士兵来驱散人群，百感交集。

雨渐渐停下来了，小马终于找到了老铁匠的墓。石碑还在，墓穴因为雨水浸泡，明显下陷。他在石碑前鞠了几个躬，又去找狗蛋和海龙的墓，无论如何也找不到；坟墓太多了，有的坟就埋在其他的坟上，层层叠叠，许多石碑都陷进泥水。

风越来越紧，吹得他浑身直哆嗦。他脱下衣裤，拧了又拧，再穿上时，感觉稍好一些。

放眼四周，许多洼处成了湖泊，漂着尸体，衣衫散落得到处都是。他深一脚浅一脚地走着，猛觉踩在一只硬东西上，弯下腰捡起，原来是一把手枪，枪膛里还有子弹。再往旁边找，又寻到两把。

小马异常高兴，忘记了寒冷的风，连着捡到五六把手枪，还有几个子弹匣，他想，这肯定都是那些警察和士兵们溃散时掉的。

他抓起一把手枪，高举向上方，扣动枪的扳机，"砰！"一声清脆的枪响划过原野。

还能用！

想了想，他把子弹装在衣兜里，将手枪绑在腿周围，向城内走去。

天上又一阵乌云在翻滚，可能还会有暴风雨。他加快了脚步，跑步一般。这次来北京，小马意外地遇见了胡鄂公。胡鄂公现在是陈宦的秘书，临时到北京来，与革命党秘密接上了头。胡鄂公告诉小马：蔡锷和梁启超已经奔向大西南，在云南、广西，讨袁的烽火正熊熊燃烧。天津、上海、广州、西安、太原、奉天等地，革命党正积极发动武装斗争。同时，胡鄂公又忧虑海拉尔、大连等地的宗社党越来越猖狂，他说，日本人要利用讨袁来进一步侵占中国。谁来收拾河山？

在北京，小马还要多方探听袁世凯的行踪，弄清袁世凯家庭中的情况。临来前，上海革命党的领袖居正说，要争取从袁世凯家庭内打开突破口，摸清一些事情的真相，搞掉袁世凯！必要时可暗杀其子女。小马探听到，袁世凯在居仁堂，深居简出，防守很严密。袁克定还在汤山，养了一批策划帝制的谋士，有三个分队的拱卫队护卫。袁克定常与雷震春来往，二人结成儿女亲家，他们同谋捕杀北京城中的革命党。袁克文住在"流水音"，曾挂名为"陆海军总稽查"，但他嗜爱戏曲，对帝制并不热心。袁克良住在延庆楼，袁克端常在天津住，其他几个儿子由于欧洲战争，刚回到北海住。袁府的侍从有一千多人，许多侍从是贴身卫士。

让小马感到惊讶的是，探听到日本人准备抛弃袁世凯，把冯国璋作为争取的对象。这样的消息应该迅速报告革命党的总部，不但要倒袁伐袁，还要防冯，粉碎日本人乱中求胜的阴谋。

　　天色很快转黑，脚下更不好走。小马艰难地前行着。他在夜色中瞪大眼向前望去。他看到袁世凯憔悴的病容，也看到孙中山灼人的双眼。夜风吹动着树枝，不时发出"吱吱"的声响，令他警觉，也令他兴奋。他仿佛看到远远的天边正燃着一堆篝火，在篝火旁，一群精灵正在跳着，高唱着"革命"……

第十六章　魂兮归来

在昏暗的世界里，他觉得向前迈动一步很难，前面很远的地方好像是一座山峦。看清了，是太行山，山下是一片绿水环绕的村庄，是洹上村。那里的青草正探伸起头，向他呼唤着，招着手。忽然，那手都变作了写满"为日本去一大敌，看中华再造共和"的纸幡。

154. 梁启超西去广西

梁启超来到上海，等到春节后，在正月十六元宵节次日晚上，他见到了两个自称是广西陆荣廷处的来人。他们作了自我介绍，一个叫唐伯珊，一个叫陈协五。

唐伯珊说："梁先生，陆将军素来仰慕您的学识和品德，特派我们邀您到广西一游。"说罢，留下一封信，告辞离去。

陆荣廷现在是怎样的态度呢？

梁启超想起一件事，民国前，两广的提督，一个叫龙济光，一个就是这位陆荣廷，他们后来都做了都督。袁世凯封各省将军时，龙济光被封为上将军，而陆荣廷则被封为一般将军。再后来，龙济光被袁世凯封为一等公加郡王，陆荣廷封侯爵。陆荣廷愤愤不平时，袁世凯请他来北京，同他商量，派来一个叫王祖同的人为广西巡按使，会办广西军务。事实上，这是为了监视陆荣廷。

陆荣廷表面上逢迎王祖同，说了许多赞扬袁世凯的话。接着，他称病请假，同时发电给留在北京作公府武官的儿子，让他速回广西看看自己。袁世凯发觉陆荣廷图谋对抗，秘密派人把陆荣廷的儿子用毒药害死在路途中。事后，他又派人表示哀悼，发电吊唁。陆荣廷咬碎了牙。但是，他没有声张。

蔡锷云南起义时，陆荣廷中立。

梁启超想，陆荣廷的出身和别人不一般，他是可以争取过来打击袁世凯辈的。

陆荣廷，原名陆亚宋，小时候就失去了父母，到处漂泊流浪，是被逼成的盗贼棍儿、赌博头儿、十足的要饭花子儿。光绪初年间，陆荣廷在龙州水口圩加入三合会，当上了"大哥"，从此成了一方的草头王。但据说这人并不是普通的草寇，而颇有美名，被人称为"义盗"。传说他为盗有"三不抢"，一不抢穷人，二不抢当地人，三不抢中国人——他专抢专杀法国毛子。因为法国人占了越南，欺侮中国人。陆荣廷能有此境界，该是个做大事的人。光绪二十年，龙州的广西提督苏元春招降了陆荣廷，任他为健字营管带。陆荣廷人气越来越旺。如今，他一步步向上爬，做得越来越大，成了广西王。袁世凯不信任他，杀了他的儿子，他是应该能够争取过来的。陆荣廷邀自己去广西，是否会因为云南起义，他们也要起义的事呢？

梁启超想着，轻轻打开信封，里面只装了一张银票，共五千元钱。他刚装了进去，突然听到"笃笃"的敲门声。打开门一看，竟是岑春煊！老朋友了，他一来上海就找到这里。两人谈了许多相识相别的话。梁启超称赞岑春煊有骨气，起兵反袁，比那位瞿鸿机先生要强得多。岑春煊也称赞梁启超深明大义，文章写得好，是读书人中的豪杰。最后谈到陆荣廷送钱邀请游广西的事。

岑春煊说："我在南洋时，曾给他写过一封信。这个人和袁世凯之间有着深仇大恨，只是他城府太深，未免怕事。若我们晓之大义，他肯定会步蔡将军之尘的。就目前讲，讨袁胜利与否，陆荣廷是决胜负的一步棋！"

梁启超表示同意他的认识，说："是啊，若西南连成一片，袁世凯就过不了广西，灭不了蔡锷。天长日久，北洋军自己就会溃不成军。我一定尽力说服他，让袁贼四面楚歌！"

二人铺开地图，指点着如何西去广西的路线，猛听得阁楼上的一丝呼声。岑春煊吹灭油灯，一把按下梁启超，却许久听不到动静。

岑春煊拉着梁启超走出屋子，向院内望了又望，不见一点儿动静。问门房的老看守，看守用自负的语气说："我可保证，用良心抵押，绝无一人影进来。"

岑春煊说："也许是我们多疑，请您严加防守。"

回到房内，梁启超说："我们换个地方吧。"说罢，两人收拾行李搬了别处。

第二天早上天刚亮，日本"考察中国时局"的中将青木就赶来了。他身后带着几个人，拦住了要往外走的梁启超。

梁启超满脸惊慌，急转过身，准备从屋子里另一个门逃出去。

青木高声喊住了他，说："梁先生，莫害怕，我们是朋友。难道您忘记了吗？当年是谁帮助您躲得慈禧的天网，让您安全抵达东瀛的吗？"说着，他大步跨上前，一副亲切的样子，做了自我介绍，然后对他说："梁先生，我以为，您去广西找陆将军，以海路为最合适。我可以保证，您每到一个地方，都有人帮助您。吃住之事，概由我们作为朋友负责到底，而绝无任何不安全！"

他掏出一张早拟好的日程表，双手呈给梁启超。

梁启超异常惊讶，不明白自己的行踪为何都被日本人所掌握，半信半疑地望着。

青木说："梁先生，各个陆路、港口处，袁世凯都严密防查。一出上海，您就会受人监视。请让我们为您化装，改变容貌。放心，我们没有半点儿企图，只是景仰您对事业的奉献品格。您是中国最优秀的、最伟大的英雄，我们甘愿效劳！"

夜深时，甲板上的海风吹得梁启超很舒服，出了上海，一直在舱位下层的锅炉旁，又热又熏人，太难受了。

遥远的海面上是几点渔火。

船是向香港开去的。梁启超的心飞向昨天，戊戌年的强学会、变法维新，逃亡日本，与康有为决裂，到重新回到袁世凯麾下，又离京赴津门，拒绝袁世凯，投入讨袁的大军。这一切，犹如梦境。还有谜一样的日本人，他们到底要干什么呢？他们会不会利用中国战乱之际来插手，图谋祸乱中国，霸占中国？

"梁先生，请回舱。让您受委屈了，多原谅。"

天快亮了，一个日本人恭敬地请他离开甲板，免得被人发现。

他回到舱内不一会儿，又昏沉沉地睡着了。

再一次醒来时，已经到了香港。他从板缝中望去，船上登上许多凶神恶煞般的人，正吆喝着检查。他不由惊出一身冷汗。一路上，风风雨雨，总是穿行在夜色之中。停了两天，在日本人帮助下，他又扮装换乘一艘运煤船，经过越南，终于到达广西，来到镇南关。早有一个小伙子在此等候。他想起了青木的话，这一切都太顺利了，忍不住心中愁云重重。

一踏进八桂大地，满目的红绿，满耳的鸟鸣莺啼，令他心旷神怡。

奔南宁途中，他时时听到接待者说"四时皆似夏，一雨便成秋"。放眼望去，路上行人衣装确实是有的棉，有的单，与天津卫的衣着打扮完全两样。再往四下看时，云雾之中，到处是竹做的楼房。远处应该是有人在村头打鬼，他们戴着红布头巾，腰束了红腰带，手拿着牛角号吹个不停。更多的是茂密的榕树下，三三两两的人聚集着，像是在做什么祈祷仪式。

梁启超呆了一样，驻足不前，静望去。

陪他行路的小伙子见他好奇，笑着对他解释着。他说，他叫毛妹妹，是这里的土著。他们这里姓黎的和姓莫的最多。男的常起了女的名字。又讲了这里的民风和特产，特别是提到歌仙刘三姐的传说，眉飞色舞，喝醉了一样。

梁启超听着，想对毛妹妹说，生为中国人，该有多好啊，南北万里，奇风异俗，变化万千，有数不完的风景。礼失求诸野。若来日建立了真正的共和民主国家，自己什么也不做，独自去各地看看，把这奇异的风俗、风光，认真地记下来，该有何等痛快！

见到陆荣廷时，陆荣廷热情备至，痛快地说："任公，您还在路上时，我就借了您的名字给袁世凯发电报，给了他重重的一拳！"

梁启超来到之前，蔡锷率领的护国军因为弹药不济，援兵未到，转移了阵地。袁世凯大喜过望，破格嘉奖收复叙府、纳溪、綦江一带的冯玉祥等人，声称"大股悍寇亦经溃败，当不难指日荡平"。为了尽快扑灭云南的烈火，袁世凯原想派北洋两师从广西进攻云南，被陆荣廷拒绝。他就让陆荣廷的亲家、云南蒙自土司、龙济光的兄长龙觐光组织部队，越过广西去打云南。龙觐光来南宁招募兵勇，陆荣廷为了得到袁世凯的枪炮和军饷，佯装配合龙觐光，并主动提出攻贵州，进驻了柳州城。

梁启超的到来，陆荣廷大喜过望，让人打开酒坛，隆重宴请。

当天夜晚，梁启超给陆荣廷谈了许多，从戊戌年谈到辛亥年，谈到今天，从北京谈到天津、上海、广州、香港，谈到日本和美国，分析了天下大势所趋，以及袁世凯倒行逆施终将被天下人抛弃，整整谈了一宿。雄鸡高唱时，他们仍谈兴正浓。

陆荣廷激愤难平，抓住一只大碗，将手指咬破，血滴在酒中，一口气喝干，把碗猛摔在地上！

他眼含着热泪，紧握住梁启超的双手，颤抖着声音说："任公在上，我陆荣廷也是个吃过辣椒、喝过烈酒、头往天上长的男人！袁世凯他害了我的儿子，还要夺我的八桂故乡。他害我性命，辱我同胞，我如何不想反！只恐怕孤掌难鸣，徒以卵击石。而今，蔡将军高举义旗，我，我如何沉默作哑巴！听了您的话，我心里开了窍，明白了天下的大道理。我今天就宣布独立，与云贵连成一片，铸造铜墙铁壁，砸碎袁世凯伸出的手！"

630

梁启超也咬着牙喝下一碗酒，脸涨得通红，爽朗地说："干卿，广西独立，是顶天立地的义举。袁世凯貌似强大，其实内虚外空，内外分离。段祺瑞、冯国璋最清楚他用的把戏，现在他们也正为自己做打算。他们反对袁世凯称帝，为的是自己越俎代庖。日本人亲口告诉我，北洋将领已经都接到冯国璋、段祺瑞的秘密命令，屯兵不前，逼袁世凯给饷械。现在，他再也派不出像样的兵来。此时，干卿，您宣告广西独立，起兵反袁，将扭转神州之局势。干卿，干卿！您当为八桂豪杰，民族英雄。以武鸣人，天地当歌也！"

陆荣廷一把抓住梁启超的手，连声说："放心，任公！"

他咬着牙，止不住热泪汩汩流淌，转身望着远天，呜咽着说："我的裕勋儿呀，爹要用袁贼的血，洗去你的大冤大屈。"

155. 失去了民心

广西独立后，龙觐光父子被陆荣廷生擒。龙觐光被逼，电劝其弟龙济光也独立。正在四川的蔡锷听到此消息，发令立即反攻北洋军。很快，江安、綦江、南川、彭水一线被蔡锷部攻克。长江欢笑着，将这胜利的消息送往云贵高原，送往八桂大地，送往两湖两广，送往北京，也送到新华宫。

袁世凯刚刚发布命令，任命龙觐光督理云南军务，兼云南巡按使，现在听到广西独立的消息，乌黑的眼圈上松弛的肉帘抽搐不已。他想一把撕碎了电报纸，两手却僵直，冰凉，抬不起来。他想吼叫，喊骂，喉咙肿胀得难忍，嘴怎么也张不开。他闭上眼睛，感觉到头猛一阵疼痛，炸裂一般，就什么都不知道了。

许久他才醒来，阮忠枢和夏寿田站立在他的左右，扶持好他，刚刚喘了一口气。屋子里的电灯坏了，异常的阴暗，鬼火般的烛影在有气无力地摇晃着。

他强睁着双眼，艰难地问阮忠枢："斗瞻，冯国璋冯华甫，他还在销假视事，不能理解帝制的事吗？他，还有张勋张绍轩，愿不愿联合北洋，拥护中央？护，护国军，实在太，太猖獗。"

袁世凯的意思，阮忠枢很明白。从帝制被承认接受开始，袁世凯就听到北洋要解体的一些传说，冯国璋和张勋都发表通电，辟谣拥袁。袁世凯还想让他们再辟一次谣，来证明北洋的团结，就派阮忠枢去来往于冯国璋和张勋之间，说服他们帮一帮故旧的忙。他们表面上没有说什么拒绝的话，但也没有发电响应袁世凯之意。阮忠枢自作主张，以他们的名义发表了北洋团结甚为紧密的电文，他们也没有否认。

于是，阮忠枢上前一步，俯在袁世凯耳边说："圣上，他们发电报了，都是照您的意思所办的。"

袁世凯闭上眼睛，轻声念道："那才好，那才好。华甫是不会忘记我的。"

这时，袁乃宽和张镇芳过来，说要伺候袁世凯休息，领来一个法国医生。阮忠枢和夏寿田再三请袁世凯放宽了心，好好治一治身体，就退了出去。袁世凯猛想起这群洋人，他恨透了洋人！他指着法国医生，怒声说："洋人，你，请出去！我不想看到你们！"

袁乃宽一再替法国医生解释，说他医术高明，检查后，动一动手术，病就会好了。接着，他又举曹操拒绝华佗医头的例子。

袁世凯大骂："小宽儿，你是个奸细！你约了洋人，想让我死得快吗？连神通广大的徐郎中我都不相信，我会相信什么洋人吗？"

袁乃宽不再做声；张镇芳想说什么，张了张口，又闭住口不言。法国医生听不懂，但他明白袁世凯不欢迎自己，呆立在一旁搓着手，不时向外张望。

"圣上！"

"圣上！"

随着喊声，直隶巡按使朱家宝闯了进来。他扫了众人一眼，急不可耐地掏出一张电报纸，呈给袁世凯。袁世凯抓过来，看着电文，仰起头，猛喊了一句"皇天负我啊"，又晕了过去。

大家慌作一团，袁乃宽连连责怪朱家宝送来这样的电文。

袁世凯又醒过来，对朱家宝说："只有您是忠于我的。"两溜浊泪挂在腮上，他使劲儿地摇了摇头。

张镇芳接过电文，看了后没有言语，转身走向电话机，他要雷震春来一趟，准备想办法把冯国璋监视起来。原来，阮忠枢以冯国璋他们的名义发表通电后，冯国璋得到日本人的支持与帮助，又有许许多多反袁世凯的人包括护国军派来密使催他迅速起兵倒袁。他对护国军很客气，说自己不是护国军的敌人，同时，他还要利用这种时机发展自己的力量。于是，他疏通了靳云鹏、李纯、朱瑞、汤芗铭，以他们五人的联名，征求其他省的将军，要强迫袁世凯取消帝制，惩办筹安会和请愿联合会的"十三太保"，保全南北议和。朱家宝曾首先劝进称臣，接到密电后，就急忙赶了过来。

夏寿田和阮忠枢又赶了过来，问发生了什么事。身后跟着一群侍从都惊慌起来。

雷震春也赶了过来。

满屋子的人围着袁世凯，袁世凯哭着说："完了。前天夜晚，我望见天上有巨星陨落，那该是一种征兆吧！这一次，我望见和文忠公的那一颗星一样啊。我听祖上说，我们袁家的祖坟选错了，受弓箭、刀枪所伤。袁家的人有禄无寿，没有过去五十九岁关口的。想了多少办法，都没有用。我，也，完，了——"

大家都沉默不语，望着他花白的面颊和黑青的眼圈，还有那臃肿的身躯，不知该怎么办。夏寿田猛然想起西山十怪的传说，这时的袁世凯多像一只奄奄一息的癞蛤蟆！端午节，人要剥了蛤蟆皮做药，他能过得去这个端午节吗？

忽然，袁世凯向左右寻找着，眼神显现出急切和不安。

"是云台，还是豹岑？"袁乃宽低声问道。

他摇了摇头。

"是杨士琦吗？"张镇芳想起杨士琦曾说他是袁世凯的锦囊，试着问。

他努力地点了点头，挥手让人们都退下。

杨士琦被人唤来。一进门，他就跪在地上，匍匐向前，抱住袁世凯的手痛哭不已。他仰起泪水涂满的脸，泣不成声，竭力悲痛说："圣上，您还是做总统吧。"

袁世凯也痛哭起来。

他要杨士琦扶他坐起，紧拉住杨士琦的手，用渴望的眼神望着他，仿佛一个天真的孩子，问道："士琦，我究竟，错在哪里呢？"

杨士琦想说，关键错在称帝不是时候而失去了民心。他想讲：日本人乘西方列强发动战争而妄图独霸中国，插手国乱，加速国土分裂，四处插手，是其一。袁克定那些人急于称帝，造假报纸，印假文件，蒙蔽了你，使你判断失误，是其二。北洋军各自为政，分崩离析，群魔乱舞，和西南那些野鬼们连成一气，举国不宁，人心惶惶，对你失去信心，是其三。还有你袁世凯为群丑包围，小人得势，等等。

但他说不出，恐一说出，袁世凯接受不了。

连服了几剂汤药之后，袁世凯的病情好了一些。他由杨氏挽扶着，颤巍巍地走出屋外，站在花坛前的树阴下，向远处张望着。

他和杨士琦商量，平息南方，就要先取消帝制，若南方仍然不退去，北洋就可再出兵。今天下午，他为提出撤销承认帝位，召集立法院，请其同意，并决议他仍任大总统的事。同时，他着人请徐世昌、黎元洪和段祺瑞等人来公府，要举行紧急会议。

徐世昌先来了，他扶住袁世凯，眼泪盈眶，嘴紧闭不语。黎元洪也来了，和徐世昌一左一右，挽扶着袁世凯缓缓走进公府。袁世凯不肯，他坚持要等段祺瑞，一定要亲自迎接。他喃喃地说："芝泉是我的老交情。他嘴上爱发火，他的心是好的。"

等了好久，段祺瑞终于来了。他远远地望着袁世凯他们三人并立，都在那里站立着等待他，急忙赶过来，紧握住袁世凯的手，双膝跪下，呜咽不已。

袁世凯强装出笑容，额上沁出了一层密密麻麻的虚汗。他十分和蔼地微笑着说："芝泉，您到底还是来了。您不生我的气吧？唉，我，还有他们两位，我们，都老了。以后，芝泉啊，就要靠您来支撑国家。芝泉，芝泉，您是不会介意我对您重用不够的吧。芝泉，是这样吗？"说罢，他亲手扶起了段祺瑞。

段祺瑞相扶着袁世凯一步步走进公府会议厅内，直到他在主座上坐下。大厅里坐满了人。

袁世凯环顾众人，打起精神，说："帝制取消，南方就没有理由再闹了。天下也就会因此而一片太平了。"他紧盯着段祺瑞、徐世昌，目光仍然灼人。他要求他们表态。

徐世昌低下头。

段祺瑞说："也只好如此了，南方闹腾，争的也就是这个问题。"

突然，倪嗣冲站起身，大声说："臣愿亲自率兵平南，为圣上效犬马之劳。区区南国小省，何足挂齿！"

大家都朝他看去。

袁世凯把朱家宝送来的密电让人递给他，笑着说："丹忱，你们都别唱戏了。"接着，他扫视了在座的各位，十分威严地说："徐先生，您不要再推辞了，请您再任国务卿。南方的事，就拜托您了。陆征祥还做外交，冯华甫一直不来，由芝泉做参谋总长。"

帝位案撤销了，洪宪年号也被取消。会议通过袁世凯的提议，由黎元洪、徐世昌、段祺瑞联名发电，劝南方护国军议和，并请蔡锷等人来京任陆军总长等要职。接着，大家纷纷称赞袁世凯虚怀若谷，光明正大。他们一齐起立，长时间鼓掌表示欢迎。

袁世凯向大家表示感谢，并请张一麐执笔，发表申令。

张一麐对袁世凯说："唉，你为那些小人蒙蔽了！"

在申令中，袁世凯强调自己"入山唯恐不深"，他发还并销毁各省推戴书，责备自己一番。

会后，他又让发电报，密谕前线北洋战士，说：

> 发还推戴书，系为势所迫，并非根本取消帝制。蔡、唐、陆、梁，迫予退位，君等随予多年，恩意不薄，各应激发天良，为予致力，富贵与共。如予之地位不保，君等身家性命亦将不保。

634

申令发表后，袁世凯很快接到唐绍仪、康有为等人的劝退书，言辞异常激切。唐绍仪甚至骂他"廉耻道丧，为自来中外历史所无"。他毫不生气，非常平静地嘱人发电，请他们帮助调停时局。四川停战了。消息传来，他苦笑着，狠劲用手指掐了又掐地图上的西南几省。

手指甲被折断了，手指钻心似的疼。

他想，难道我真的碰不得你吗？于是，他找来一把短剑，用锋利的刀刃，在西南那几省的图案上刮着，终于刮破了。他觉得这样不解气，干脆用刀割去它们。忽而他又想到，这样不好。若把他们割去，就说明我的版图上没有了这几个省，岂不是把他们白白地让了出去？

地图上，西南几省一片空白！他的手颤抖着，埋怨自己一时糊涂，作出了这样的蠢事。他用力摇摇头，叹着气。短剑掉在地上，锋利的刀尖神差鬼使般刺进他的脚面。他对自己说："完了。"他的脚因为浮肿，明亮亮的，勉强裹一层棉纱，塞进了鞋子。刀尖正刺向脚面，血很快染红了脚面上的棉纱。血是黑紫色的。身边的人都惊呆了，木鸡一般愣着。待人醒过神来，搀起他去歇息，唤医生包扎，他又晕了过去。他喃喃念叨着"都完了"，大家都吓呆了。

袁世凯脸上灰黄，呼吸微弱，只有嘴唇上端的胡须，闪动着一片灰白。

156. 袁世凯感到了疲惫

清明之后，天就一直未再下雨，又干又涩的风吹得人心中格外的烦躁。一群骡马拉着大车慌慌张张驶过街头，卷起一阵尘土。满街都是骡马留下的粪便；京城内外，不时有张牙舞爪的旋风奔走着，将腥臊的尘土到处抛撒去。整个北京成了尘垢遮蒙的世界，看不清树木，看不清房舍，只有漫天飞舞着灰黄的尘土，一片片若尘封的废墟刚刚露出端倪。丰泽园里，老花工每天一早就赶来，用水洒洗花园，把庭堂前后打扫干净。

袁世凯的脸上气色好转了许多，头发脱落了不少，若癫癣一般。他两眼一直逼视着前方，动也不动。

他紧盯着庭堂前的石榴，白的，黄的，紫的，红的，如火一般热烈，如霜雪一般圣洁，如玛瑙一般璀璨，傲然怒放着。榴花们摇曳着，如一群高贵的少女，正无畏地嘲笑那些钟情的求婚少男。她们正浪笑着！多少天来，他总要花很长的时间来看榴花。望着初绽的、含苞的榴花们，他的心里总是隐隐作痛，念叨着：停住吧，我的春光……

这榴花使他想起小时候家乡项城老家的村头高高低低的土墙边盛开的榴花，齐鲁大地上漫山遍野盛开的榴花，扬州城头、泽国湖乡的星罗般的榴花，还有安阳洰上村前前后后，装点着养寿园彻夜不眠欢乐的榴花。榴花啊，你的长裙，你的发髻，你的妩媚，你的放浪，曾让一个乡村少年，胸怀过多少风流啊！

孩子们都长大了，尤其是一群儿子，如龙如虎，让人喜爱不已。云台，袁克定，长成几十岁的人了；若无前些日子的风波，让他来主理江山，那该多好。他那样精力充沛，精通好几个国家的语言，久闻宦海的风雨烟云，一定会把握好国家的千钧巨鼎。模范团的挑子交给他了，让他多培养一些他自己的亲信，没有一群吹喇叭抬轿的好铁杆儿，如何发号施令让人臣服！上元节时，女儿叔祯从外面带回一张《顺天时报》，被自己发现竟有一真一假——袁克定啊，云台，原来你在做游戏，骗得老子沾沾自喜，这样快就称帝，才惹怒了冯国璋、蔡锷那群狗儿呀。你是个混蛋！做假有什么不好？可你做的不是时候，也不该对我来做啊！况且，人一生不能总做假，该做假时才能做。袁克文那张脸，怎么如此让人憎恶呢？那是什么气色？是一片迂腐！孩子读书读多了，要学着装成仙风道骨。娘的！唐玄宗梨园敲鼓，敲得唐王江山破落，马嵬坡流泪；宋徽宗描金画鸟爱曲曲儿，大宋的街道上拉满了北国的马粪。自古玩物必丧志啊，我不争气的纨绔儿郎！爹多想把你们都培养成智勇赛过仲谋的将军，镇守我的四方——可你们，你们一个比一个不成器，没有出息。爹哪里还有心去经营这帝国！爹从乡村少年，去投考，去投军，像流浪汉一样，经过了多少生死，才有今天。而你们全不知世事多艰，无所思，无所为！实让我心痛。

他想起了妻妾，恨得牙咬得痒痒的，真想亲手用刀劈了她们几个。于氏的身体越来越难看，松弛的肌肉，失去了该有的贵夫人的光泽。自那年她玩那条红腰带绳儿，反辱骂了自己，讥讽自己的母亲是二房，自己再也没有挨过她。看那眼，也让人感到可怜，可也太让人伤心。人在落魄时，多需要温存、鼓舞，可她竟毫不通事理，瞧不起自己，奚落自己。她哪里如沈雪梅那股辛味甘味掺和了情爱！沈雪梅呀沈雪梅，我多亏了你一席话激发雄心壮志，使我百折不挠，愈挫愈勇，才有了今日雄视天下，扭转乾坤！金氏、李氏，还有那早逝的吴氏，高丽国把你们嫁给我，你们为我生儿育女，和我一直度过难挨的日子，我待你们一半是妻室，一半是朋友。你们还想家，思念自己远在异乡的父母吗？老五越发漂亮起来，天津卫的水，怎么没有把你的牙染黄呢？能说会道，左右逢源，这个家多亏了你来调治呀。你比沈雪梅要强许多，她只会任性，却领不住这一班子娘们儿。只有你，像那《石头记》中的辣凤姐，敢作敢为，能大能小，事无巨细皆躬亲，一本账千头万绪理得清清楚楚。那些龙袍凤冠，你还保存着吗？是谁让你添置的？是袁克定，还是袁乃宽？哼！是你们一伙在一起搞的！你们想着让我做了帝国的皇帝，你们跟着显贵，乱糟糟地嚷嚷，起哄！可你们想到过替我分忧吗？云南那里折腾什么护国军，你们可想到过带兵平乱，或替我运筹帷幄？六姨太，叶家的女子，糊里糊涂地嫁过来，你还想重新做了我的儿媳妇吗？敢！打断你的狗腿！张家的女子老七，在辉县时，你就命丧黄泉，是你命薄，就不该享今天的福。看你那爱哭的小脸，就不是个有福的样儿。爱哭啼的人，能做得了什么事？八姨太太，我的郭姑娘，我做军机大臣时娶了你，那是我官运亨通时的好事。可娶了你不久，我的官运就转下了，你现在还闹是嫔是妃的争吵，我真想把你休了！不是孩子们都大了，我会把你当成人来看吗？九姨太太是天津刘家的姑娘，我在彰德娶了你，你为我冲销了灾。我如何不善待你？今天，帝制风波乍消，你们还要闹！再年轻几岁，我把你们都杀了！还是九儿好，你学着念佛吃斋行善，什么都不管不问。他们若都像你这样多好。

风吹来，一阵清凉。榴花瓣瓣随风飘荡在地上，成群的蜜蜂和苍蝇都赶来啜吸花蕊上的芬芳。这蜜蜂是谁？阮忠枢、杨士琦，你们辛苦奔忙，还有陈宦、汤芗铭这些将军，和龙济光、陈树藩、唐天喜，你们是我的"东南柱石"、"西南柱石"，安邦定国，靠的是你们。你们是这金黄的蜜蜂。段祺瑞、冯国璋，你们是苍蝇！当初，我是如何待你们的？你们自己也讲，没有我，就没有你们的今天，我为你们撮合了家，你们和我的亲儿女又有什么样的区别？可今天，你们都心怀鬼胎，翅膀都硬了，要飞起来建新窝，把我抛弃了！奴大欺主，全怪我当初对你们太重用。狗娘养的，忘恩负义之徒！你们就是这苍蝇，不像这蜜蜂是采蜜，给人香甜，而是糟蹋我的江山，祸害我的神州大地！

榴花无言，随着阵阵风吹来。花瓣如雨，飘忽着，铺满了袁世凯的脚下。花影朦胧中，他恍惚望见两个精瘦的小个子男人正得意洋洋，勾肩搭背。他素来讨厌小个子男人，曾不止一次对手下人说，一个男人若心计很多，城府很深，是靠不住的。蔡锷！还有孙中山，都是小男人，你们都是逆贼，但说心底话，我佩服你们。你们未能为我袁世凯所用，太可惜了！蔡锷啊，全怪杨度对你监视不严，又有个夏寿田对你通风报信，你远了我。若我得了你，让你帮我练就新北洋兵，这模范团还会惹得段祺瑞一肚子不高兴吗？蔡锷呀蔡锷，看你外表精瘦如柴，想不到你胸中藏着百万雄兵啊！没用你练兵，没让你出来与老北洋对峙而保持平衡，是我的失策。现在什么都晚了。你命大，来京时，离京时，一路上那么多的杀手，竟让你平安无事。丢了你，我丢去了南中国啊！你不是停战了吗？回来吧，咱们不计前嫌，重新合作吧。我以黎元洪、徐世昌、段祺瑞三人名义向你议和，三省的问题解决后，我一定重用你。你为什么一反常态，扬言要把我赶出国外，杀了杨度他们，抄没我的家产，还夺我子孙三世的公权？这，这不是明明要置我于死地吗？蔡锷，我不怕你与我做对。你有钱打仗吗？美国波士顿银行我有

637

两千万元的借款，我已取出一百万做战费，而你连枪炮都不足。你能与我打下去吗？只要我的南天两柱石不倒，打，我还会败在你那群乱兵手下吗？

孙中山，到底也是一个小男人。你和蔡锷他们都高举什么共和的大旗，其实，你们是什么人你们自己最清楚。

他狠狠地吐了一声：呸！

天已经许久没有落雨了。春荒和瘟疫肆虐着大地，各地告急的电报发来，多少人家都饥饿而亡，更多的人流离失所。今天，难道真要大动荡？赈济灾民迫在眉睫，还要打仗，乱贼们哪里是体恤民情！清王朝已经结束了，天下已是汉家的天下，你们闹腾的是什么？蔡锷他们这样闹，陆荣廷也这样闹，这是革命党在作孽作祟！冯国璋，你也来搅和！我知道，你是日本人给了你两个臭钱，要把你扶起来，利用你来消蚀我大中国。你不怕人骂你是汉奸？你真的代替我掌国执柄，天下人会服你的气吗？黎元洪，你小子有福气，辛亥年闹兵，新军逼你做了都督，民国又逼你做了副总统。现在，许多人叫喊着，要让你来做总统。好啊，实在不行，就让给你。让给你太平天国洪秀全的子孙黎元洪，也比让给冯国璋这副日本人的招牌强。天下兵火，何日能熄呢？黎元洪做了总统，天下就太平无事了吗？

袁世凯感到了疲惫。

他转过身来，苍白的太阳正往南移。他狠狠地向太阳望了去，一片浮云掠过太阳。他看到成群的鸽子围着太阳，用它们的翅膀去拂去太阳上面的尘埃。这些鸽子是从哪里飞来的？是四川鬼城飞来的精灵吗？是当年周王的尸骨所化吗？它们的眼睛充满着怒火，嘴角滴着血，该是要把太阳啄碎，或要把太阳劫持走吧！

此时，他想起了莫里循。这个英国人他到哪里去了呢？他因为借款有功，宣传中国有功，被授予嘉禾勋章，成了一个大英雄。而如今，到哪里去了呢？

他突然感到一阵心悸。他不由自主地抬起脚步，悄悄地，缓缓走向居仁堂。他想着，一定要像记载二十一条那样，让来世的人们明白事实。百年之后，子孙后代一定能昂首吐气。日本人啊日本人，你们为什么每人捐出一碗米？你们教育子孙什么要生存就要打中国，你们全国上上下下攒足劲，你们早就包藏了灭亡我中国的祸心！日本人啊日本人，百年来，你们从未有停止对于我大中国的颠覆！你们到处收买汉奸，毁我长城，什么黑龙会白龙会青龙会，都是在变着法儿在我们的土地上制造混乱。你们好乱中取胜。可怜我的国家有多少人不明真相，竟把你们拜做师傅，结为朋友，使我国家乱中添乱。乱，乱，乱，到处是一片混乱。我知道，你们想乱中取胜，趁火打劫！你们，你们不要高兴得太早。我们的国家虽然还很贫穷，但不会一直贫穷！有朝一日，中国人一定要收拾你们这群贼寇！

他咬紧牙齿，在心里默默念叨："我袁世凯，永远是你们的敌人。"

于是，用力提起笔，他颤抖着，饱蘸浓墨，亲手写下一副挽联：

> 为日本去一大敌，
> 看中华再造共和！

还有什么吗？

还有吗？

他疑虑未消，四下探寻着，思索着。

对，金匮石屋，决定国家前途的嘉禾金简，自己要在嘉禾金简上写下总统继承者。今日在金匮石屋，写下，将来就定下了，也就这样，就这样定下了。谁也不能改变。

他努力写下"黎元洪"之后，写了"袁克定"，最后，又写了"徐世昌"。突然，他持笔的手僵硬，不能放下笔。于是，他努力握紧笔，重写下"黎元洪，段祺瑞，徐世昌"三人的名字；他把袁克定的名字换下了。他在心里说：我的子孙，一定要避开……

室内越来越浓烈的霉烂气味儿弥漫着，他感到头晕，想呕吐，眼前一片昏黑。在昏暗的世界里，他觉得向前迈动一步很难，前面很远的地方好像是一座山峦。看清了，是太行山，山下是一片绿水环绕的村庄，是洹上村。那里的青草正探伸起头，向他呼唤着，招着手。忽然，那手都变作了写满"为日本去一大敌，看中华再造共和"的纸幡。

157. 四面楚歌

龙济光宣布独立了。

袁世凯在事前就得到了龙济光发来的电报，朱执信、林虎他们在广东组织起民军，要"倒袁屠龙"。龙济光修造了明碉暗堡，固若金汤，但是，他经不住民军遍布广东的攻势，召集了各界名流，表示接受陆荣廷的通电，宣布独立。同时，他给袁世凯发电，告知民军已抵虎门，准备攻打广州，请求对策。袁世凯让人发电报，让他"独立"以保全自己，缓和民军攻势。果然，民军停止了攻城。梁启超赶到广东，走进了龙济光的将军府。

没有几天，民军在与广州商团代表谈与龙济光合作时，龙济光的代表提出取消护国军。在争议中，他们开枪打死陆荣廷的代表汤叡和广州商会会长吕清等人。经过曾任两广总督的张鸣岐的多方调解，事情才平息下来。最后，肇庆成立了两广护国军都司令部，岑春煊任司令，梁启超任都参谋，他们要继续讨袁。

紧接着，浙江宣布独立。巡按使屈映光兼浙军总司令，他发来密电，讲他只安民而不讨袁。

江苏的江阴、吴江、金山、太仓宣告独立了。他们昙花一现，终于又平静下来。山东的靳云鹏也想独立，发电报请袁世凯辞职，若不然，他就要如何如何。

袁世凯自从一次又一次晕倒后，如今，他一直躺在病床上。此刻，他读了靳云鹏的电报，吩咐人："让姓靳的来吧，我要和他谈退位的问题。路上再免他的将军职，让张怀芝替换了他。必要时，可以干掉他。"

陕西的陈树藩赶走了陆建章，自任陕西护国军总司令，宣布独立。

夏寿田趴在他耳旁对他说："什么独立？广东独立，是陆荣廷想去抢两广的位子占了广东。陕西独立，他们是要交换利益。张作霖也想独立，是要官位的。他们都在试探着来，动不动就独立。我们不必理会他们太多。关键在那个冯国璋，他要召集人去南京召开什么会议。目的很明确，学孙中山他们，搞一个南京政府，选他自己为临时大总统。人心不足蛇吞象啊。"

袁世凯用眼睛打量着夏寿田，在心里说：到底是官宦子弟，看事情都入木三分。你说得对。午诒，若我早用了你，而不用梁士诒，许多事不就可以避免了吗？姓梁的、姓熊的，他们和段歪鼻子一样，都想着结党营私，架空了我。天下人负了我啊！

想着，他摇摇头，又闭上了眼。

夏寿田看他睡下，就起身向门外走去。屋子里又闷又热，充满了尿臊味儿、汗臭味儿，熏得他想吐。他要出去呼吸些新鲜空气。

他一脚迈出门槛，迎面一阵凉风。

袁克定来了，来到近前，紧握住夏寿田的手，小着声音说："午诒兄，多亏了您，日夜帮家父操劳。您是再世的诸葛孔明，忠心耿耿，为国家鞠躬尽瘁，请受小弟一拜。"说着，他就要跪下。夏寿田急忙拉住他，深情地说："云台，您来得好。多在令尊身边伺候，他常在梦中喊您的名字。他需要您来帮他支撑天下。来日，您继承父业，更自然、更熟悉今日时局。我对皙子讲过，天下昏聩，不识云台之意在于振兴国家。云台，人一老，脑筋都疲了，像老牛筋一样，如何能让国家上上下下焕发生机！看一看，黎元洪、徐世昌，不说那段歪鼻子、冯狗子，他们满脑袋都是明哲保身。若振兴国家，我看，还是让像您这样留洋归来的人主持政局，才能荡涤污泥浊水，使河山一片清新。没有见过大海的人，是干不成大事的！"

他慷慨而谈，话语越讲，调门越高，唾沫星子溅在袁克定脸上，自己还全然不知。

袁克定点了点头，说："午诒兄，我们都曾渡过大海啊。海风吹过的心胸，可以装得下万里风云，而那久居庙堂，小门户中拨算盘的人，又如何能理解我们的志向呢。"说罢，他显得满面愁容。

阮忠枢匆匆忙忙地赶来了，从他们身边走过时，诡秘地看了他们两人一眼，想说什么，却又闭了口，径直走向居仁堂。

袁克定望着阮忠枢的背影，"呸"了一口，对夏寿田说："看那个样子，油乎乎的，又滑又脏。"他知道夏寿田常受阮忠枢的奚落，故意当着夏寿田的面这样说。

夏寿田说："云台，总统一时一刻也离不开您的。您去看看吧，阮忠枢从冯国璋那里回来，说不定是个两面光光的人。您要多提防他，别让他和冯国璋串通起来，让总统生气。我脑子昏沉沉的，想让风吹一吹，清醒一下。您先进去吧，我随后就过去。"

袁克定刚进去不久，夏寿田远远地望见段祺瑞带着几个人，正向这里奔来。他闪身躲在一棵大树背后。

段祺瑞没有看见夏寿田，一直向前走去。歪鼻子尖尖上抹了一点红胭脂似的，闪着亮光。那副怒气冲冲的样子，像是一个讨账的打手。夏寿田鄙夷地扫了他一眼，慢慢踱着步子，走向花圃。

他在想，这姓段的大概又闹什么名堂来逼袁世凯给他放权吧。袁世凯曾对自己讲过，他对权力毫无眷恋，只是对一些人太不放心，怕他们掌权后误国。其中，不能放心的人就包括段祺瑞。

五将军的密电被袁世凯发现后，他的心猛地冷透了。他想不到他亲手培养的人，现在都变成了要谋取他位置的头儿。黎元洪、徐世昌、段祺瑞出来了，黎元洪每天都和袁世凯一起办公，政事交给了徐世昌，军事交给了段祺瑞。袁世凯想来想去，以为段祺瑞做国务卿更方便，因为梁启超那些人对段祺瑞很感兴趣，而北洋的将领们对他也很信任。于是，他就让段祺瑞来替代徐。段祺瑞再不是以前的段祺瑞，坚持要恢复责任内阁制。没有办法，袁世凯让他"总理国务，组织政府"。

段祺瑞做了国务卿，兼陆军总长，海军仍交给刘冠雄，外交总长陆征祥，财政总长孙宝琦，内务总长王揖唐，交通总长曹汝霖，司法总长章宗祥，教育总长张国淦，农商总长金邦平，王士珍做了参谋总长。稍后，周自齐替代了孙宝琦，曹汝霖兼了外交总长，政事堂更名国务院，称为责任内阁。段祺瑞步步紧逼，先是要求取消大元帅统率办事处，陆军部负责其所管的事务，接着要求模范团和拱卫军归陆军部。袁世凯看透了他，敷衍了事。段祺瑞又想让徐树铮做他的秘书长，袁世凯仍然拒绝。段祺瑞看到袁世凯不放权，而国内财源枯竭，就硬派徐树铮做了自己的副秘书长，又私自以陆军部名义把第二十师调到北京，听候他使用。今天来该是他想向袁世凯交涉什么吧。

想到这里，夏寿田又折回居仁堂。他听到段祺瑞刚发脾气，吵着什么，而阮忠枢说了一句"冯国璋所提八条，全国都反对"，室内很快静下来。

袁世凯对刚进来的夏寿田说："午诒啊，你给他们回电，说我愿退位，但要有一个妥善办法。"转过头来，对段祺瑞和袁克定说，"征湘，定陕，固鲁，这三条路不能改。冯国璋要召开南京会议，学辛亥年的革命党，很好啊！他很有本事，让他做征滇军总司令，做内阁总理也行。只要国家得以安全，我如何不能够退！"

这时，机要秘书送来一份电话记录，送给袁克定，段祺瑞斜着眼望去。袁克定看罢，直接装进自己的文件袋，欣喜地说："冯国璋正在和倪嗣冲、张勋他们吵闹呢。他们要召集国会，来解决总统退位的事。"段祺瑞的脸色又恢复了平静。他刚才为南京会议而暗自高兴，现在变成了争吵，恐怕南京会议不太如愿！五将军密电被人发觉后，冯国璋直接向袁世凯提出了退位，袁世凯被震蒙了。他派阮忠枢去南京疏通冯国璋，劝他不要再提退位的事，最好以宣武上将军的名义，联合未独立的各省军政长官发一个通电，拥戴袁世凯继续做大总统。同时，也是显示北洋的威风和团结一致。而冯国璋顺水推舟，就主张联合没有独立的省份，来南京商量国事。想不到，半路杀出了张勋和倪嗣冲。他们看透了冯国璋的心思，张勋要惩办南方护国军，倪嗣冲相呼应。他们都反对冯国璋，说冯国璋是自己想做总统，更多的人都反对提出的"八条"，即袁世凯仍做总统，待国会召开，依法产生新总统。南京会议延期召开后，倪嗣冲竟带领三营卫队去南京，鼓动人们趁机大打一场。南京会议将不了了之。

袁世凯又闭上眼睛，渐渐发出均匀的鼾声。

夏寿田用细微的声音说："诸位请回府歇息吧，总统已经许多天没有睡好觉。让他多睡一会儿吧。"

袁克定向大家表示感谢，只有段祺瑞未理他，仍然怒气冲冲地离去。

158. 魂兮归来

满世界都是疲惫的风；他们一声声喊着失望与无奈。

天越来越热，满眼的树叶像生了锈斑，参差不齐地耷拉着，挂在干枯的树枝上。黄鹂、斑鸠，在高一声低一声地争叫着，麦雀儿直冲几云天，放声高歌。它们从收罢麦子的田野里飞进都市，饥饿地寻找食粮。今年的麦子几乎绝收，有经验的商人正组织人去农村收购麦子，准备囤积居奇，赶在第二年春上卖个好价钱。

成群的风瘫倒在骡马的蹄下，任南来北往的大车把它们碾得粉碎，或被鸟儿衔起，化作醉醺醺的尘土，飘荡，飘荡，不知向何方。

居仁堂前聚集着成群的鸟雀儿，叽叽喳喳叫个不停。庭堂前落了一层灰白色的鸟粪。

法国医生贝熙叶又来了，跟在袁克定的身后，走进居仁堂。

袁世凯的呼吸一阵急，一阵缓，躺在床上，闭着眼睛。听到脚步声，他睁开眼，以为是杨度来到近前，喘着气喊："皙子啊，你……来……了！是你，还有狗日的……洋人，都是……你们……骗了……我……病……会……好……吗……"

贝熙叶颇通中文，听见"皙子"，以为是叫自己，就紧应声说："总统阁下，我，是我。我没有骗您的！您，确实是尿毒症，动手术，必须的。病毒，已经传遍了身体，要动大手术的！请放心，病毒清除，您会恢复健康的。"

袁世凯膀胱处又一阵剧烈的疼痛，忍不住大叫一声"啊——"又昏了过去。

袁克定望着袁世凯痛苦的病容，仿佛不认得了。

他深深地跪下，望着眼前这张眼窝深陷，黄黑色的皮肤松弛成皱褶，这，这，就是父亲，影响了中国社会和历史的父亲吗？他回想起自己造假报纸，发假电报，与人一起骗了父亲，使父亲错误判断形势，称帝失败，名毁旦夕。他跪在袁世凯的面前抽泣不已。恍惚间，他想到了彰德洹上……

他用力摇着头，摇了又摇。

在一旁记录袁世凯口述，替他发电、传令的夏寿田和阮忠枢，搀扶起他，劝他别哭坏了身体，一声声喊着："云台，保重。"

袁克定哭得更痛，放声哭累了才歇息下。

贝熙叶检查再三，说："尿毒弥漫日久，病人排尿困难，是否抽出，缓解病人的痛苦？"

袁克定表示同意。

但是，贝熙叶抽出的却都是紫黑色的脓血。他摊开双手说："很遗憾。总统阁下反对西方的医术，骂我为妖魔，拒绝了手术，现在已无法进行手术治疗了。你们的中药大讲通顺，以气理治疗。可是，现在，病毒渗透太深；请你们，另请高明吧！"

袁世凯口中"咕噜"了几声，大家都静下来。

他又醒了，将目光向屋顶上的井藻狠狠射去，那是蟠龙，那是飞天，它们都在飞舞，身边布满了云朵。他狠劲地望去，云朵离他越来越近，很快，他觉得自己融化进了这云朵中，和云朵一起飞舞，飞向屋顶，飞向蓝天，越飞越高。

他急促地说："我，要，回家，回，老家。"

现在，他很清醒。从云朵中露出的一条条人影，他都能不假思索地认出他们是谁。这些人影有故去的人，也有现在的。他细数着他们。此刻，一个个格外清晰，正向自己走来——

那是吴长庆，那是李鸿章，那是朝鲜的李熙和闵妃他们，还有大鸟圭之玠；

那是大憨、二憨、狗蛋、铁头；

那是小站上的新兵，姜桂题、张勋、段芝贵、吴长纯、王占元、张怀芝、雷震春、吴风岭、赵国贤、田中玉、陆建章、曹锟、王怀庆、倪嗣冲、阮忠枢他们。

龙、虎、狗三大将呢？

他努力找，怎么也找不到！他想骂他们在此刻都逃得远远的。

他努力张望着，寻找当年小站皑皑白雪、阵阵歌声。最难忘是那冲天的歌声，他在心中放声高歌：

　　东方白，

　　大旗开，

　　新军兵士大步迈！

　　……

此时，他周身热血沸腾，猛感到头涨；但是，他感受到更多的是光荣，是豪迈。

他想说，有了这样的歌声，才有中国真正的新军。而只有拥有了这样的新军，才能真正拥有一个新的世界！

他还在寻找，他疲惫的目光扑向一座座金碧辉煌的宫殿。

那是奕劻，那是荣禄，那是慈禧，那是李莲英、小德张他们。

曾经与自己侃侃而谈的光绪皇帝呢？他想说，我并没有辜负你……

那是梁启超、康有为、翁同龢、唐绍仪、袁安、载沣、铁良、江春霖一大群人，他们熙熙攘攘，正向自己走来。

猛地，天空中飘荡起无边无际的云朵，云朵上写满了"共和"；渐渐地，无数的云朵翻滚着，变成漫天的十八星条旗和五色旗！他听到一阵阵歌声：

东亚开化中华早，
揖美追欧旧邦新造。
飘扬五色旗国荣光，
锦绣山河普照，
我同胞鼓舞文明。
世界和平永保。

他知道，这是孙中山他们中华临时革命政府的国歌。继而，这歌声又转
换为：

中华雄踞天地间，
廊八埏。
华胄从来昆仑巅，
江湖浩荡山锦连。
勋华捐开尧天，
亿万年。

这是北洋兄弟自己创作的中华民国国歌《中华雄踞天地间》。

在这歌声中，走来了孙中山、黄兴他们。

他们背后跟着成群的战士，如云海翻腾着，旌旗猎猎，一望无际，浩浩荡
荡，正向自己端着刀枪冲来！

还有莫里循、古德诺、日置益他们，还有李熙、闵妃他们，他们的眼珠儿一
会儿变成黄的，一会儿变成蓝的，一会儿变成白的、黑的、绿的……

那是自己的妻妾，还有儿女们。其中有那个三儿媳，她捧了一碗肉汤，请自
己来吃。什么肉？女人屁股上的！呸！

那是那个当年在广西吃过人肉的岑春煊，后面跟着瞿鸿机，再往后面，是蔡
锷、李烈钧和陆荣廷他们；

一群带枷的人走来，那是背叛了自己的陈宦、陈树藩、汤芗铭，人称药剂
"二陈汤"。他们的脸都被草纸捂着，每人手持一册《帝制始末案》，正将这册子
撕成碎片儿，撒向空中，化成无数的纸钱；

那是杨度、杨士琦、夏寿田、张镇芳、王闿运、章太炎他们，正站立在那里
向自己招手；

那是光绪、谭嗣同、义和拳和白朗他们的人，都掂了自己的头颅，颈上喷出

鲜血，和万顷红霞连成一片！

黎元洪走来了；

徐世昌走来了；

王士珍、冯国璋、段祺瑞，龙、虎、狗三大将，他们三人与黎元洪、徐世昌他们手挽着手一起走来了。

他们五个人把自己抬起来，放在金椅子上，高举过头顶，一起走向云端，向太阳奔去！

他们五个人的身后跟了许多像蚂蚁般的将士，团团相聚，渐渐凝结成又黑又黏又臭的汁液，化成黑色的雾气，弥漫在太阳的光芒中，向大地射去——所射之处，黑色的火焰熊熊燃烧着，在大地上，山间、水间，大平原，如洪水奔腾着，燃烧着，吞没了一切！

他感觉到自己的身上发热发痒，胀得难受。

原来自己的身上生出了数不清的羽毛，灰褐色的羽毛。

自己是一只什么样的鸟儿？是一只呼唤灾难、仇恨祥和的恶毒的乌鸦吗？是一只呈示吉祥、散布喜瑞、令人景仰、令人赞叹、令人拥戴的凤凰吗？

不是，什么都不是。此刻，他看见自己是一只从未见过的怪鸟。他抚摸着自己的身躯，感觉到自己的背变成了坚硬的龟壳，身躯下面只有一只粘满脓血的粗壮的腿，自己的脖颈怎么成了蛇的形状？头呢？眼呢？整个面孔呢？怎么全不见了！

他们五人飞奔着，冲进了火辣辣的太阳。太阳里面，除了岩石，什么也没有。

他感到自己正站立在一块极为丑陋的岩石上，浑身流出脓血，向四周漫去，如洪水一样，很快就淹没了所有的岩石而充满太阳。周围一片漆黑。

猛然，一切都静止；在黑暗中，闪闪放着逼人的金光——自己身下巨大的金椅子，横亘在天穹！啊，金椅子！这把金色的椅子，越来越明亮，从那金色的坐垫上，在一片耀眼的金色中，升腾起自己的太阳，正将这又黏又稠又臭又热又亮的脓血狠狠喷向大地，汇聚成一条汹涌澎湃的河，正泛滥着，吞没了群山，吞没了一切。

大地，一片黑暗；大地，一片恶臭；大地，一片腐朽……

他想跃起欢呼，欢呼自己终于用黑暗征服了世界，毁灭了世界！渐渐地，他的两肋下生出了翅膀，一阵风吹来，翅膀抖动。他越飞越高兴，整个世界都在自己的黑色中寂静地沉默。

讨袁的大军呢？你们的喊杀声，我怎么听不见了！他得意地飞翔着，任意扇动翅膀，忽高忽低，将巨大的太阳紧紧抱在胸前。

大地上狂涌起冲天的黑浪！在黑浪中，生长起成群的庙宇，那样巍峨、壮丽！在黑浪中，数不清的鸟儿在飞，鸣叫着，叽叽喳喳，遍布整个世界。

他知道，那是历史的精灵，从三皇五帝，到汉，到唐，到南北宋，到明，到清，到中华民国，一个个装模作样的小男人，忸忸怩怩，极力争夺那只耀眼的金椅子；兄弟之间，父子之间，互不相让，极尽残忍，惨不忍睹。

黑浪呼啸着，奔腾着，不知要流向何方，要流多久！他仿佛看到自己正变成一轮太阳，一轮黑色的太阳，正逼向整个天穹，要吞噬所有的光明，吞噬所有的霞光，让一切都变成沉重不堪的黑色才干净。

但是，黑暗总是被一缕缕光明刺破；他感觉浑身越来越冷，越来越轻松，轻松得摇摇晃晃，不知要飘向何方。

他尽力地挣扎着，渐渐平静下来，终于看得清自己儿时玩耍的乡间；一阵锣鼓渐渐响起，项城老街，那棵高大的古槐正伸展开宽大的怀抱，瑟瑟的风传来一声声呼喊：

冲——
冲——
冲船喽！
冲到河北河南喽！
河南的大哥你快划过来，
河北的大姐等着咧……

歌声飘来飘去，缓缓融入黑色。

他眼前的一切重新变成了无尽的黑色，像儿时没有月亮没有星光的夜晚。渐渐地，他透过黑暗，又看到了儿时绿树掩映的袁寨和鳞次栉比的楼房，还有那保存着铁碑家谱的袁家祠堂。村前村后，寨里寨外，依旧是莺飞燕舞，散落着一片片高高低低的房舍。自己家的东厢房前，桂树、海棠依旧，墙边闪放着一丛丛无比鲜艳的榴花，杏儿、桃儿和梨树都在风中摇曳着毛茸茸的蓓蕾。转眼是村庄四周的寨海子，明亮的水面漂着菱角和荷叶，有几只鸭子游弋着，晃来晃去；田野依旧坦坦荡荡，一群群草垛有气无力地瘫倒，任牛犊和羊群来回踏着碎步。他又看见了当年穿着红棉袄绿棉裤满头饰着金银笑个不停的二姐，还有儿时的那群小伙伴儿们，大憨、二憨、铁头、狗蛋和黑孩儿，以及那个会编草莽会讲故事的汉子，大家重聚在柿林中，嘻嘻哈哈，热火朝天地演习着那场高喊"万岁万万岁"

的游戏……

　　他听见乡间又响起一阵密密麻麻的锣鼓，一个花脸正扯起喉咙高声唱着："狼烟遍地黄沙飞呀呀呀——"

　　渐渐，一切都变成无边无际的苔藓，铺天盖地，遮掩住一切，只有黑色与白色在搏杀；

　　渐渐，一切都变成失去了色彩的哀鸣。满世界都是叹息，不尽的叹息！

　　又一阵阵锣鼓陡然响起，炸裂一般，揪起一声声呼喊，与隐隐约约的鸡鸣厮杀着。他听得清这呼喊声正歇斯底里地挣扎着要把自己抛撒向四面八方：

　　　魂——兮，
　　　归——来！
　　　魂——兮，
　　　归——来——兮！

　　终于，一切都陷入寂静。漫天的乌云终于散尽，一颗，一颗，又一颗，一颗颗星星闪烁在东天；如潮的星星像一条河，横贯长天，争相闪烁，正冲破寂静的黑夜，天边越来越明亮！

后　记

　　初稿于 1982 年 8 月，值大学暑假，河南省项城县汾河岸边家乡草房中，遍野瓜果飘香，荷锄而归，听蛙鸣阵阵，夜晚有土炕与煤油灯作伴；修改于 1984 年 11 月至 1989 年 12 月，于河南省西华县双狼河畔，寒霜覆盖屋舍，门前荒草中有野兔穿梭，此时曾颠沛流离，几番病苦，几遇病危，感慨良多；第三稿于 1995 年 10 月，郑州金水河畔，此时曾遭遇病痛，背部手术后久不愈合，疼痛难忍，常常大汗淋漓而不绝于笔墨；第四稿于 1996 年 12 月，夜宿北部湾涠洲岛，海风卷怒云滚滚，听海鸥歌唱，看仙人树高数丈；第五稿于 1997 年 7 月，河南开封铁塔湖畔卧龙坡上，逢香港回归之夜，心潮澎湃；……第十九稿于 2004 年 6 月，广州珠江畔，满目椰树冲天，一片花红；第二十稿于 2005 年 7 月，南京玄武湖畔豆菜桥寓所，阳光明媚，热浪灼人；第二十一稿于 2010 年 10 月 10 日晨，北京中国现代文学馆侧兰溪宾馆，秋风送爽；第二十二稿于 2011 年 2 月 3 日夜，河南项城家乡，红烛高照，爆竹声声，震天动地，漫天礼花竟放；第二十三稿于 2012 年 10 月 15 日晨，上海东川路 800 号寓所，朝霞满天；第二十四稿于 2013 年 2 月 28 日夜晚，北京掠燕湖畔，狂风大作之后，万籁俱寂；第二十五稿于 2013 年 3 月 22 日晨，江西茨坪，细雨蒙蒙，井冈山杜鹃花开，有歌声飘向远方。

图书在版编目（CIP）数据

1916 / 高有鹏著. —北京：中国国际广播出版社，2014.1
ISBN 978-7-5078-3640-0

Ⅰ.①1… Ⅱ.①高… Ⅲ.①袁世凯（1859~1916）—生平事迹 Ⅳ.①K827=52

中国版本图书馆CIP数据核字（2013）第230069号

1916

著　者	高有鹏
责任编辑	贾　鹏　孙兴冉
版式设计	国广设计室
责任校对	徐秀英
出版发行	中国国际广播出版社（83139469　83139489[传真]）
社　址	北京复兴门外大街2号（国家广电总局内）
	邮编：100866
网　址	www.chirp.com.cn
经　销	新华书店
印　刷	北京艺堂印刷有限公司
开　本	787×1092　1/16
字　数	600千字
印　张	42
版　次	2014年1月 北京第一版
印　次	2014年1月 第一次印刷
书　号	ISBN 978-7-5078-3640-0 / K·239
定　价	88.00元

CRJ
中国国际广播出版社
欢迎关注本社新浪官方微博
官方网站 www.chirp.cn

版权所有
盗版必究